DOCUMENTS HISTORIQUES

SUR LA MAISON

DE GALARD

IMPRIMERIE J. CLAYE
RUE SAINT BENOIT 7

LABOR

PARIS

DOCUMENTS HISTORIQUES

SUR LA MAISON

DE GALARD

RECUEILLIS, ANNOTÉS ET PUBLIÉS

PAR

J. NOULENS

TOME DEUXIÈME

PARIS

IMPRIMERIE DE J. CLAYE

RUE SAINT-BENOIT

1873

EXTRAITS

DE QUELQUES RECUEILS

RELATIFS

AU TOME PREMIER DE CET OUVRAGE.

———

DOCUMENTS HISTORIQUES SUR LA MAISON DE GALARD, *recueillis, annotés et publiés par* J. NOULENS. *Tome I, grand in-8° de LI-718 pages. Paris, impr. de J. Claye, 1871.*

M. Noulens va reprendre incessamment, croyons-nous, sa belle publication, *Maisons historiques de Gascogne,* dont nous avons fait connaître l'objet, le plan et la méthode, à l'occasion d'une des plus importantes notices de ce livre. Pour réparer enfin une trop longue négligence, nous parlerons bientôt de deux autres notices, publiées depuis longtemps, mais qui n'ont encore obtenu dans les pages de la *Revue de Gascogne* qu'une mention et une promesse. Puis nous attendrons des généalogies nouvelles, qui doivent porter à huit le nombre total des volumes de cette magnifique collection (il n'en a paru encore que deux); enfin nous tâcherons de tenir avec plus d'exactitude nos lecteurs au courant des principaux renseigne-

II.   *a*

ments historiques de tout ordre renfermés dans les travaux nobiliaires de notre laborieux compatriote.

Le volume dont nous venons de transcrire le titre ne fait pas partie de cette collection de notices généalogiques, quoiqu'il s'y rattache intimement. La famille de Galard, l'une des plus anciennes et des plus illustres de toute notre province, aura certainement sa place, et une large place, dans les *Maisons historiques de Gascogne*. Mais les documents qui établissent la généalogie et l'histoire de cette noble race auraient occupé trop de pages dans ce recueil général, qui n'admet pas d'ailleurs la publication complète des archives d'une famille. Il n'en faut pas moins se féliciter de voir paraître, en dehors de la galerie d'histoire nobiliaire gasconne entreprise par M. Noulens, cette série de pièces authentiques, qui constitue l'histoire positive et vivante d'une famille d'ancienne chevalerie, depuis le xie siècle jusqu'à notre époque.

Histoire vivante, en effet, malgré les apparences ! Ce n'est pas l'histoire écrite avec art, même par un homme de génie, qui mérite le mieux ce titre ; c'est plutôt le passé subsistant dans les monuments et surtout dans les actes écrits. Il en coûte un peu à notre curiosité, à la fois empressée et paresseuse, d'aborder la lecture de vieilles donations faites à des églises ou à des moutiers, de contrats de vente, d'échange, d'emprunt, entre des seigneurs féodaux, d'actes de foi et hommage, de pièces de procédure, et autres paperasses plus que poudreuses, dont le sens ne se révèle pas sans un travail parfois pénible de réflexion et de rapprochements. Mais la certitude est là, mais la vraie histoire est à ce prix, mais la vie jaillit de ces débris informes, comme les feuilles et les fleurs du printemps éclosent des germes couvés sous la neige de l'hiver. Je ne m'étonne pas, quant à moi, de la page émue qui termine la préface de ce beau volume, et dont je veux citer quelques mots.

«... Durant six années, dit M. Noulens, j'ai vécu... dans les nécropoles de nos monuments nationaux. Dans le silence des vastes salles d'étude où étaient rangés les cartons, les registres et les liasses, la surexcitation du travail produisait en moi un phénomène étrange, une hallucination toute locale. Une infinité de voix du passé, en des langues diverses, semblaient converser à voix basse; c'était comme l'immense murmure de la société féodale. Des existences humaines ou provinciales, gisant dans la poussière des archives, paraissaient alors revivre et reparler.

« En finissant cette préface, au Cabinet des titres, la vision m'est revenue, et j'ai poussé malgré moi ce cri d'évocation : Mânes augustes d'une maison dont l'histoire résume celle de mon pays natal, reprenez vos épées, vos targes et vos crosses, levez-vous ! Allons, debout, messeigneurs ! »

L'histoire des Galard touche en effet à toutes les parties de notre histoire provinciale, soit ecclésiastique, soit politique, civile et militaire, au moins dans la longue et importante période comprise entre les dates de la première et de la dernière pièce de ce dernier volume (1062-1379). Nous le démontrerons dans une étude assez étendue que nous consacrerons à cette publication, quand elle sera terminée; elle doit avoir, croyons-nous, trois volumes, et nous savons que le second est déjà sous presse.

Il suffit de dire ici que les pièces insérées dans ce recueil sont extraites, les unes d'ouvrages estimés où elles ont paru déjà, comme l'*Histoire de Béarn*, le *Spicilége* de D. Luc d'Achery, le *Gallia christiana*, etc.; les autres, en beaucoup plus grand nombre, de diverses archives nationales, municipales ou privées. Dans tous les cas, la transcription a été faite avec l'exactitude la plus littérale, les textes sont soigneusement annotés partout où il le faut, chaque document est précédé d'un sommaire, quelquefois assez long, qui en indique l'objet et les circonstances essentielles.

Il est inutile de louer l'exécution matérielle de ce volume vraiment splendide et qui répond de tout point à la réputation si bien établie des presses de M. Claye. Mais je dois signaler les beaux et curieux dessins dont il est orné. En voici la liste :

1° Croquis approximatif du château de Galard, près Condom, depuis longtemps détruit (p. 22). Ce petit dessin n'a pas grande importance ; il en est tout autrement des trois suivants, exécutés *ad naturam* avec un soin extrême :

2° Ruines du château d'Espiens en Brulhois, beau dessin de M. Léo Drouyn [1] ;

3° Château de Terraube, très-finement gravé par Alexandre de Bar ;

4° Ruines du château de Larressingle, eau-forte de M. Léo Drouyn ;

5° Deux *fac-simile* de chartes condomoises, exécutés par M. Albert Soubdès ét reproduits par la lithochromie ;

---

1. Le dessin est de M. Tertre et la gravure sur cuivre de M. Léo Drouyn.

Plus un certain nombre de reproductions de sceaux, armoiries, etc.

Cette note bibliographique étant déjà achevée, nous recevons le numéro du 20 mars de l'*Indépendant de l'Oise*, où M. J. Noulens, rédacteur de ce journal depuis les derniers temps de l'Empire, fait ses adieux à ses clients. Nous savons qu'il laisse à Beauvais de vifs regrets et de chaudes sympathies; mais il nous est bien permis de nous applaudir d'une détermination qui va le rendre sans partage à ses belles entreprises historiques, pour lesquelles ce n'est pas trop de toute l'activité d'un tel travailleur.

LÉONCE COUTURE.

Revue de Gascogne, tome XIII, troisième livraison, mars 1872, pages 143-145.

———

DOCUMENTS HISTORIQUES SUR LA MAISON DE GALARD, *recueillis, annotés et publiés par* J. NOULENS. *Tome I, Paris, impr. Claye, 1871, in-4° de XLI-718 pages.*

« L'abondante moisson de documents historiques » dont M. Noulens commence aujourd'hui la publication est « le produit de six années de recherches dans les bibliothèques et les dépôts manuscrits, soit de Paris, soit des départements. » Rarement, dans la vie d'un travailleur, six années auront été aussi bien employées. A force « d'énergique volonté de découvertes, de longue patience, » M. Noulens a réuni un tel ensemble de documents, quelques-uns peu répandus, d'autres entièrement inédits, que je ne connais guère de livres aussi utiles que le sien, non-seulement comme histoire d'une grande Maison, mais encore comme supplément à toute histoire du Midi. Quand l'ancien rédacteur en chef de la *Revue d'Aquitaine* nous aura donné une série de beaux et bons volumes pareils à celui que j'ai entre les mains, on n'hésitera pas à rapprocher les *Documents historiques sur la Maison de Galard* de cette histoire généalogique de la Maison d'Harcourt dont le mérite est à jamais proverbial. Aux pièces, transcrites avec une fidélité parfaite et qui embrassent, dans le tome Ier, les trois siècles compris entre l'an 1062 et l'an 1379, l'auteur des *Maisons historiques de Gascogne* a joint de savantes notes, où il discute avec sagacité et résout avec bonheur une foule de questions difficiles, tantôt redressant les erreurs de ses devanciers, tantôt soudant d'une main sûre un nouvel anneau à la chaîne interrompue. Une intéressante introduction sur les origines de la Maison de Galard (avec d'ingénieux aperçus philologiques, de magnifiques gravures, — châteaux de Goualard, d'Espiens, de Terraube, de Larressingle, de l'Isle-Bozon), une table chronologique et analytique de toutes les pièces, une autre table par ordre alphabétique des personnes et des familles, concourent à rendre encore plus précieux un volume splendidement imprimé, et vraiment digne, à tous les points de vue, de l'illustre et généreuse Maison à la gloire de laquelle il est consacré.

T. DE LARROQUE.

Revue des questions historiques, sixième année, tome XI, vingt-deuxième livraison, 1er avril 1872, page 610.

Documents historiques sur la Maison de Galard, *recueillis, annotés et publiés par M. J. Noulens.*

La première place revenait de droit à cette belle publication, dont le luxe typographique de l'imprimerie de M. Claye et dont les illustrations artistiques ne sont que les moindres mérites. Ce magnifique ouvrage, arrivé à son troisième volume et qui n'en aura pas moins de cinq, ne contient pas seulement les matériaux et les preuves de l'histoire de la Maison dont il s'occupe plus spécialement; c'est un recueil de documents qui intéressent toutes les provinces du sud-ouest de la France. Il ne donne qu'un regret, c'est que, ce livre ayant été tiré à un très-petit nombre et n'étant pas destiné à être livré au commerce, les bibliothèques et les savants ne pourront se le procurer facilement.

Annuaire de la noblesse, année 1872, pages 392-393.

DOCUMENTS HISTORIQUES

SUR LA MAISON

DE GALARD

TRANSCRIPTIONS LITTÉRALES.

—

DE 1332 A 1364.

Notice de l'abbé de Lespine sur BERTRAND DE GALARD,
seigneur de l'Isle-Bozon.

BERTRAND DE GALARD, coseigneur de l'Isle-Bozon [1], en Lomagne,
et de Plius, nommé dans une sentence arbitrale du 22 juin 1332,
fut un des seigneurs qui rendirent hommage au comte d'Armagnac en 1343 ; il est qualifié damoiseau.

Bertrand de Galard, chevalier, fit hommage au roi d'Angleterre en 1363 et, à cause de GUIRAUDE, sa femme, en 1364. Ce fut
peut-être lui qui épousa JEANNE DE ROVIGNAN, rappelée en 1450.

Mss. de l'abbé de Lespine, dossier de Galard, Cabinet des titres,
Bibl. de Richelieu.

1. Bertaud de Faudoas était coseigneur de l'Isle-Bozon, le 29 avril 1358. Un
passage de l'*Histoire généalogique de la maison de Faudoas*, p. 32, en fait foi :
« On étoit convenu de donner 500 livres de rentes sur les biens de Béraud à
« l'un des males qui naîtroit de lui et d'Agnès (de Rabastens) à son choix. Il
« nomme le premier malé déjà né, au défaut duquel le second, et ainsi des autres,

19 JUILLET 1363.

BERTRAND DE GALARD *est signalé comme ayant fait hommage
au prince de Galles* [1].

LES HOMAGES ET SEREMENT DE FOIALTÉ FAICTZ SI BIEN A NOSTRE SEIGNEUR
LE ROI D'ANGLETERRE EDWARD TIERTZ, COME A EDWARD, SON EISNEZ
FILZ, PRINCE D'AQUITAYNE EN LEZ PARTIES DE GUYENNE.

Les fourmes et homages faicts à nostre seignour le prince
d'Aquitaine :

Bourdeloys et Bazadoys, en la senescalie de Gascoigne.

En l'église Saint-André de Bourdeaux, XIX juillet 1363 :

    BERTRAND DE GALARD ;

    Bertrand de Durfort, etc ;

LE XV JANVIER 1364.

BERTRAND DE GAILHARD, à cause de GUIRAUDE, sa femme.

Collection générale des documents français conservés en Angleterre et
publiés par Jules Delpit. Vol. in-4°, Paris, Dumoulin, 1847, p. 86. *Procès-
verbal des hommages rendus au prince de Galles du 9 juillet 1363 au
4 avril 1364.*

« et lui affecte les terres de Plieux, l'ISLE-BOZON de Pomarède, en Lomagne, et
« celle de Marignac. Béraud étoit mort l'an 1373 et inhumé dans l'église des
« Frères mineurs de Toulouse, laissant veuve Agnès de Rabastens, son épouse,
« dame d'une extraction aussi noble et aussi ancienne qu'aucune autre famille de
« Languedoc. »

    1. D. Villevieille a également relaté cet hommage en son *Trésor généalogique*:
« Monseigneur BERTRAND DE GALARD, chevalier, fit hommage au roy d'Angleterre
« en l'église de Saint-André de Bordeaux le 10 juillet 1363. »

Du 5 au 23 mars 1338.

Solde de 169 livres 17 sols, à Viguier de Galard, pour lui et sa compagnie.

Pour Vigier de Galart, quatre autres escuyers, montez, au pris, et dix sergents, les deux arbalestriers, du cinquiesme jour de mars, l'an trente huit, jusques au dit vingt troisiesme jour de may, par soixante dix neuf jours, quarante et trois sols par jour... viii^{xx} ix l. xvii s.

Fonds français, vol. 7877, fol. 140 v°, 2e col. Bibl. de Richelieu, Cabinet des titres.

Du 13 juin au 1er octobre 1347.

Quittance de Viguier de Galard, comme capitaine de Balarin [1].

Viguier de Galart, à Balerin, quatre escuyers et vingt sergens, du 13 juin 1347 au 1er octobre, sous M. de Montfaucon, chevalier, capitaine pour le roy en Gascongne, outre Garomne. A Toulouse, 12 novembre 1350.

Sceau : *une cotice et un lambel.*

Titres scellés, tome II, page 14. Cabinet des titres, Bibliothèque de Richelieu.

1. Balarin est un ancien castel situé entre Condom et Montréal et peu distan de celui de Goalard, berceau de la famille qui nous occupe. La terre de Balarin, au xviie siècle, passa dans les mains d'une branche des Galard et lui donna son nom. C'est celle qui est aujourd'hui personnifiée par M. le marquis Hippolyte de Galard de l'Isle et son fils le comte Hector, gendre de M. le duc d'Uzès. Nous introduirons dans les documents relatifs à ce rameau une double vue du château de Balarin, reconstruit sous Louis XIII, et qui ne garde de la forteresse féodale que les fossés et quelques murailles.

5 SEPTEMBRE 1349.

Noble Viguier de Galard *apparaît à cette date avec Arsieu de Berrac,*
*comme tuteur d'*Arsieu ou Ayssieu de Galard, *fils mineur de* Géraud,
seigneur de Terraube.

Noble Viguier de Galard et Arsieu de Bearraco, damoiseaux,
tuteurs de noble Arsieu de Galardo, fils mineur de feu noble Géraud
de Galardo, coseigneur de Terraube, donnèrent procuration à
messire Gaission de Galardo, prieur de Grasse, et à Béraud de Berrac
(Bearrac), clerc, pour traiter avec le comte d'Armagnac, l'évêque
et la ville de Lectoure, touchant les limites de leurs juridictions
respectives. Fait à Condom, le 5 à l'issue de septembre 1349 [1].

Trésor généalogique, par D. Villevieille, vol. 43, folio 131. Cabinet des
titres, Bibl. de Richelieu.

---

8 MARS 1352.

Quittance déclarant que Viguier de Galard, *capitaine de la salle de*
Balarin, a reçu de Jacques Lempereur, trésorier des guerres,
pour lui, quatre écuyers et dix-neuf sergents, 30 écus 7 sols et
3 deniers tournois.

Sachent tous que je Viguier de Galart, escuyer, capitaine de
la salle de Balarin, ay eu de Jacques Lempereur, trésorier des
guerres du roy, nostre sire, par la main d'Evein Dol, son lieute-

1. Les consuls et les habitants de Terraube donnèrent procuration, en vertu du
mandement du bailly de ce château, à nobles hommes messire Sicard de Montaut,
comme père et tuteur de Gilbert, son fils, à Pierre de Galardo, chevalier, coseigneur de Terraube, à noble Arsieu de Galard, aussi coseigneur et détenteur

nant, en prest sur les gages de moy, ıv autres escuyers et 19 sergents à pié de ma compaignie, desservis et à desservir en nostre présente guerre de Gascogne, en la garde dudit lieu, sous le gouvernement de mons. Jehan, comte d'Armignac, lieutenant dudit seigneur et sire, pour 40 escus sept sols trois deniers tournois; desquels 40 escus sept sols je me tieng pour bien payé. Donné au siége métropolitain d'Auch, sous mon scel, le huitième jour de mars 1352.

Sceau : une bande et un lambel.

Sceaux [1], volume 54, folio 3839. Cabinet des titres, Bibl. de Richelieu.

<hr />

5 FÉVRIER 1353.

Autre quittance du même VIGUIER DE GALARD.

Sachent que je VIGUIER DE GALART, escuier [2], capitaine de la salle de Balarin, avons eu et receu de Jacques Lempereur, trésorier des guerres du roy, nostre sire, par la main de Evein Dol, son lieutenant, en prest sur les gages de moy, des gens d'armes

de la justice du lieu pour le compte de noble VIGUIER DE GALARD, justicier. Ce mandat les investissait du droit de fixer les limites du château de Terraube et de la juridiction de Lectoure, 11 mars 1351. (*Trésor généalogique de D. Villevieille, vol. XLIII, fol. 131.*)

1. On trouve, dans la même collection, d'autres quittances délivrées par le même VIGUIER DE GALARD, le 23 juin 1352, le 1er février 1353, le 15 février, le 15 mars et le 2 avril, même année. Ces titres sont scellés des mêmes armes que ci-dessus, c'est-à-dire d'une bande et d'un lambel.

2. Nous croyons devoir transcrire ici le texte des règlements de Philippe de Valois et Jean 1er, relatifs à la solde des gens de guerre et de leurs officiers. On y verra qu'un écuyer, comme Viguier de Galard, monté sur un cheval de quarante livres et caparaçonné de cuir ou de corne, recevait par jour 7 sous, 6 deniers; et

et de pié de ma compaignie, desservis et à desservir en la garde
dudit lieu souz le gouvernement de monseigneur Jehan, conte
d'Armaignac, lieutenant dudit seigneur ès parties de la Languedoc, six livres tournois, compte en trente-quatre sols tournois, pour droit desquelles six livres tournois je me tieng pour
bien paiez. Donné sous mon seel, le quinziesme jour de février,
l'an 1353.

Sceaux, vol. 54, folio 3839. Cabinet des titres, Bibl. de Richelieu.

s'il était capitaine ou connétable, il touchait double paye. Il avait, en outre,
droit à un pennon à queue et au choix des armes selon sa fantaisie.

« ORDONNANCE DE PHILIPPE DE VALOIS 1338, TOUCHANT LA SOLDE
DES GENS DE GUERRE :

« Le noble à pied, armé d'une tunique, d'une jambière ou gambière et d'un
bassinet, recevra pour sa solde 2 s. tournois, s'il est mieux armé, 2 s. 6 d.;

Le chevalier, avec une bannière, aura 20 s. tournois pour sa solde;

« Le chevalier avec une double bannière et l'écuyer avec sa bannière recevront
« la solde ordinaire;

« Le roi ni ses successeurs n'exigeront rien des barons, comtes et nobles, ni de
« leurs sujets, nobles ou non nobles, pour les frais de leurs guerres;

« Les arbalétriers à pied auront 15 deniers, les fantassins sans arbalète 12 D.;

« Les écuyers ayant un cheval de moins de 25 livres, non couvert, auront 7 s ;

« Un chevalier avec bannière 20 s.;

« Un simple chevalier 10 s.;

« Un écuyer ayant un cheval de 40 liv. au moins, couvert de fer, de cuir, de
corne, 7 s. 6 den. »

(*Ordonnances des rois de France de la troisième race, tome II, page 123.*)

RÈGLEMENT POUR LES GENS DE GUERRE, JEAN Ier, 1351.

Un banneret aura 40 sous tournois de gages par jour, un chevalier 20 sous, un
écuyer armé 10 sous, un valet avec lui armé de haubergeon, bassinet à camail,
gorgerette, gantelet et chape, 5 sous.

Les gens d'armes seront distribués par compagnies, lesquelles seront depuis
vingt-cinq jusqu'à quatre-vingts hommes à la volonté des capitaines. Le connétable,
les maréchaux, le maître des arbalétriers, les maîtres d'hôtel, feront une première

10 MAI 1353.

VIGUIER DE GALARD *reconnaît avoir touché de Jacques Lempereur, par l'entremise d'Evein Dol, son lieutenant, une avance de 9 livres tournois.*

Sachent tuit que je VIGUIER DE GALART, escuyer, capitaine de la salle de Balarin, ay eu et receu de Jacques Lempereur, trésorier des guerres du roy, nostre sire, par la main d'Evein Dol, son lieutenant, en prest sur les gages de moy, des gens d'armes et de pié de ma compagnie, desserviz et à desservir en ces présentes guerres de Gascogne, en la garde du d. lieu, sous le gouvernement de mons. Jehan, comte d'Armagnac, lieutenant du d. Sgr ez parties de la Languedoc, 9ª t. Sous mon scel, le 10 mai 1353.

SCEAU : *une bande et un lambel*[1].

Sceaux, vol. 51, folio 3839. Cabinet des titres, Bibl. de Richelieu.

revue de ceux qui se présenteront pour être gens d'armes. Chaque compagnie fera sa revue en particulier et le capitaine y assistera.

Les valets ou haubergeons passeront en revue comme les gens d'armes.

L'arbalétrier, qui aura bonne arbaléte et sera fort, qui aura bon baudrier et sera armé de plates, de crevellière, de gorgerette, d'épée, de couteau et de cuirasse, de bras de fer et de cuir, aura 3 sous tournois de gages par jour.

Le pavoisier, armé de plates ou de haubergeon, de bassinet à camail, de gorgerette, de harnais de bras, de gantelet, d'épée, de couteau, de lame, de pavois ou autre armure, aura 2 sous 6 deniers.

Les piétons formeront des compagnies de vingt-cinq à trente hom.

Le connétable ou capitaine aura doubles gages, et un pennoncel à queue, avec telles armes qu'il jugera à propos.

Les arbalétriers et pavoisiers feront une première revue, lors de laquelle seront écrits les noms et surnoms du capitaine et de ses compagnons. (*Abrégé chronologique d'Édits concernant la noblesse par Chérin, page 15.*)

1. En cire rouge : — une autre quittance du même VIGUIER DE GALARD porte la date du 2 décembre 1353 et des armes identiques.

7 SEPTEMBRE 1353.

Viguier de Galard apparaît sous la bannière du comte d'Armagnac, et concourt à la prise de quelques villes sur les Anglais.

Ce comte, nommé Arnaud-Guilhem comme la plupart des siens, venait de succéder à Arnaud-Guilhem V. La guerre n'avait pu distraire celui-ci de ses malheurs domestiques, et il était mort le 7 septembre 1353, sans laisser d'autres enfants qu'Arnaud-Guilhem VI, qu'il avait eu d'Alienor de Peralta, sa première femme, issue d'une des familles les plus anciennes de l'Aragon. Arnaud-Guilhem, en héritant du nom et des biens de son père, hérita aussi de son amour pour les combats. Il s'attacha au comte d'Armagnac et l'aida à repousser les Anglais. Béraud de Faudouas, coseigneur de Plieux et de l'Isle-Bouzon et gouverneur de Fleurance, Thibaud de Barbazan, frère aîné de Thibaud et oncle du comte de Pardiac, Viguier de Galard, capitaine de la salle de Balarin, accoururent aussi se ranger sous les étendards de Jean d'Armagnac et prirent quelques places.

Monlezun, *Histoire de Gascogne*. tome III, page 315.

16 DÉCEMBRE 1353.

Autre quittance de Viguier de Galard au trésorier susdit comme faisant partie de l'ost de Jean d'Armagnac, lieutenant général du roi ès parties de la Languedoc.

Sachent tuit que je Viguier de Galart, escuyer, capitaine de la salle de Balarin, ayant eu et receu de Jacques l'Empereur, trésorier des guerres du roy, nostre sire, par la main d'Evein Dol, son lieutenant, en prest sur les gages de moy, des gens d'armes et de pié de ma compagnie desservis, et à desservir, en la garde du d. lieu, sous le gouvernement de mons. Jehan, le comte d'Armagnac, lieutenant du d. Sgr. ez parties de la Languedoc, 6ᵏ t. Donné sous mon scel[1] le 16 décembre 1353.

SCEAU : *une bande et un lambel.* Autour on peut lire cette légende : s. VIGUE DE GOLART[2].

Sceaux, vol. 51, folio 3839. — Fonds Clairembault; dossier de Galard, parchemin ; Cabinet des titres, Bibl. de Richelieu.

---

18 FÉVRIER 1354.

Nouvelle quittance de VIGUIER DE GALARD, *écuyer, toujours en qualité de capitaine de la salle de Balarin, au même trésorier des guerres que ci-dessus.*

Sachent tous que je VIGUIER DE GALARD, escuyer, capitaine de la salle de Balarin, ay eu de Jacques Lempereur, trésorier des guerres du roy, nostre sire, par la main d'Evein Dol, son lieutenant, en prest sur les gages de moy, v escuyers et xiv sergents de pié de ma compaignie, desservis en la garde dudit lieu, sous le gouvernement de M. Jehan, comte d'Armagnac, lieutenant dudit seigneur ès païs de Languedoc, etc. Donné sous mon scel le dix-huitième jour de février 1354[3].

Fonds d'Hozier et Clairembault; dossier de Galard, parchemin ; Cabinet des titres, Bibl. de Richelieu.

1. En cire rouge.
2. Ce sceau étant le même que ceux dessinés plus bas, nous nous abstenons de le reproduire ici.
3. Le sceau est rompu; on peut néanmoins, quoique fruste, y lire une partie

1er AVRIL 1354.

Quittance de VIGUIER DE GALARD, *sire de Balarin, pour un prêt de 19 livres tournois, obtenu de Jacques Lempereur, trésorier des guerres.*

Sachent tous que je VIGUIER DE GALART, escuyer et capitaine de Balarin, ay eu et receu de Jacques Lempereur, trésorier des guerres du roy, nostre sire, par la main d'Evein Dol, son lieutenant, en prest sur les gages de moy et de x autres escuyers et de xiv sergents de pié de ma compaignie, desservis et à desservir, en ladite garde, sous le gouvernement de mons. Jehan, comte d'Armignac, lieutenant dudit seigneur ez parties de la Languedoc, dix-neuf livres tournois, desquelles dix-neuf livres je me

de l'écriture circulaire, notamment les cinq lettres : B. GVOL. — Il existe dans la collection Gaignières, volume 51, folio susindiqué, deux autres quittances, datées, l'une du 14 janvier, l'autre du 27 mars 1354, toutes deux scellées d'une bande et d'un lambel.

La brisure était indicative de l'état de cadet, soit pour les individus dans une branche, soit pour les rameaux dans une famille. Elle était par conséquent un moyen de différencier les aînés des puînés. Cette définition s'accorde avec celle du père Ménestrier qui est celle-ci : « *Brisé* se dit des armoiries des puînés et cadets d'une famille où il y a quelque changement par addition, diminution ou altération de quelque pièce pour distinction des branches. » (*Nouvelle méthode raisonnée du Blason*, par le père Menestrier, page 171.)

Les façons de briser étaient diverses : elles consistaient à remplacer les pièces par d'autres en maintenant les émaux et réciproquement, à déplacer les figures, à introduire des pièces nouvelles et à réduire le nombre des anciennes. C'est d'après l'une de ces manières que les transformations héraldiques eurent lieu dans les maisons de Bourgogne, de Clermont (Dauphiné et Savoie), de Maillé, de Foix, de Choiseul, d'Anjou, d'Artois, de Montmorency, de Bourbon ; et, à l'étranger, dans celle de Bon à Venise, de Clark en Angleterre, etc.

Le mode de briser, adopté par les branches cadettes dans la race de Galard,

tiens pour bien payez. Donné sous mon scel le premier jour
d'avril 1354 [1].

SCEAU : *une corneille.*

Sceaux, vol. 51, folio 3840. Cabinet des titres, Bibl. de Richelieu.

1er JUIN 1354.

Quittance dudit VIGUIER DE GALARD.

Sachent tuit que je VIGUIER DE GALART, escuier, capitaine de la
salle de Ballarin, ay eu et receu de Jacques Lempereur, trésorier
des guerres du roy, nostre sire, par la main de Evein Dol, son
lieutenant, en prest sur les gaiges de moy, un autre escuier et
quatre sergens à pié de ma compaignie, desservis et à desservir
en la garde dudit lieu souz le gouvernement de monseigneur Jehan,
comte d'Armaignac, lieutenant dudit seigneur es parties de la
Languedoc, six livres tournois, desquelles six livres tournois je

---

leur est commun avec les maisons d'Orléans qui portaient : *de France, au lambel
à trois pendants d'argent ;* d'Artois qui avaient : *de France, au lambel de gueules,
chargé de neuf châteaux d'or.* Il advenait fréquemment que la brisure figurait seule
dans les sceaux, par la raison que le nom, placé autour en forme de légende, repré-
sentait les armes spéciales de la famille, comme on le voit
par l'exemple de Viguier de Galard. Celui-ci faisait uniquement usage du lambel et de la bande qui symbolisait la
qualité de chevalier banneret.

1. D'autres titres semblables, émanant de Viguier de
Galard, le 18 avril, le 2 octobre, le 20 novembre 1354, sont
également conservés, soit dans le fonds Clairembault, soit
dans celui Gaignières, *loc. cit.* — La quittance du 1er juin 1354 est enrichie du
sceau ci-contre.

me tieng pour bien paiez. Donné à Port-Saincte-Marie, le premier jour de juing, l'an 1354.

Sceaux, vol. 51, folio 3841. Cabinet des titres, Bibl. de Richelieu.

1ᵉʳ JUILLET 1354.

Autre quittance dudit VIGUIER DE GALARD, *écuyer.*

Sachent tuit que je VIGUIER DE GALART, escuier, cappitaine de la salle de Balarin, ay eu et receu de Jacques Lempereur, trésorier des guerres du roy, nostre sire, par la main d'Evein Dol, son lieutenant, en prest sur les gaiges de moy, un autre escuier et quatre sergens à pié de ma compaignie, desservis et à desservir en la garde dudit lieu sous le gouvernement de monseigneur Jehan, conte d'Armaignac, lieutenant dudit seigneur es parties de la Languedoc, six livres tournois, desquelles six livres tournois je me tieng pour bien paiez. Donné à Agen, souz mon seel, le premier jour de juillet, l'an 1354.

Sceaux, vol. 51, folio 3841. Cabinet des titres, Bibl. de Richelieu.

---

2 SEPTEMBRE 1354.

Quittance de gages militaires donnée par VIGUIER DE GALARD
à Jacques Lempereur.

Sachent tuit que je VIGUIER DE GALART, escuier, cappitaine de la salle de Balarin, ay eu et receu de Jacques Lempereur, trésorier des guerres du roy, nostre sire, par la main de Evein Dol, son lieutenant, en prest sur les gaiges de nous, des gens d'armes et de pié de nostre compaignie, desservis et à desservir en la garde dudit lieu, sous le gouvernement de monseigneur d'Armaignac, lieutenant dudit seigneur es parties de la Languedoc, seize livres tournois, desquelles seize livres tournois je me tieng pour bien paiez. Donné sous mon scel, le deuxiesme jour de septembre l'an 1354[1].

Sceaux, vol. 51, folio 3841. Cabinet des titres, Bibl. de Richelieu.

---

12 DÉCEMBRE 1354.

Autre quittance dudit VIGUIER DE GALARD.

Sachent tuit que je VIGUIER DE GALART, escuier, capitaine de la salle de Balarin, ay eu et reçeu de Jacques Lempereur, trésorier des guerres du roy, nostre sire, par la main d'Evein Dol, son lieutenant, en prest sur les gaiges de moi et des gens d'armes et de pié de ma compaignie, desservis et à desservir en la garde dudit lieu sous le gouvernement de monseigneur le conte d'Armaignac, lieutenant dudit seigneur es parties de la Langue doc, sèze livres tournois, desquelles sèze livres tournois je me tiens pour bien paiés. Donné sous mon seel le douxiesme jour de décembre l'an 1354.

Sceaux, vol. 51, folio 3841. Cabinet des titres, Bibl. de Richelieu.

1. Une quittance du même existe à la source précitée et à la date du 1er juillet 1354.

15 AVRIL 1355.

*Viguier de Galard reçoit pour lui et ses gens la somme
de 15 livres tournois.*

Sachent tuit que je VIGUIER DE GALART, escuyer, avons eu et
receu du dit Jacques Lempereur, trésorier des guerres du roy,
nostre sire, par les mains de Guillaumin Larchier, son lieutenant,
en prest sur les d. gaiges de moy et des gens d'armes et de pié
de ma compaignie, desserviz et à desservir en cette présente
guerre de Gascongne, sous le gouvernement de mons. le comte
d'Armagnac, lieutenant dudit seigneur es parties de la Langue
d'oc, en la garde de Balarin, quinze livres tournois, desquelles
quinze livres je me tieng pour bien payé. Donné sous mon scel
le 15 d'avril 1355.

Sceaux, vol. 51, folio 3839. Cabinet des titres, Bibl. de Richelieu.

---

30 MAI 1855.

Jacques Lempereur compte à VIGUIER DE GALARD, *chevalier, sire de
Pouypardin, cent livres tournois, pour solde des gens d'armes et de
pied de la compagnie de ce capitaine.*

Sachent tuit que je VIGUIER DE GALART, escuyer, sire de Pouypardin, ay eu et receu de Jacques Lempereur, trésorier des
guerres du roy, nostre sire, en prest sur les gages de moy et des
gens d'armes et de pié de ma compaignie, desserviz et à desservir, en ceste présente guerre de Gascongne, en la garde dudit
lieu, sous le gouvernement de mons. le comte d'Armagnac es
parties de la Languedoc, cent livres tournois, desquelles je me

tieng pour bien payé. Donné au Port-Sainte-Marie, le trentième jour du mois de may 1355.

SCEAU : *une bande et un lambel.*

Fonds Clairembault, dossier de Galard ; Cab. des titres, Bibl. de Richelieu.

---

10 JUIN 1355.

Autre quittance militaire de VIGUIER DE GALARD.

Sachent tuit que je, VIGUIER DE GALARD, chevalier, sire de Pouypardin, ay eu et receu de Jacques Lempereur, trésorier des guerres du roy, nostre sire, en prest sur les gaiges de moy et des gens d'armes et de pié de ma compaignie, desserviz et à desservir en ceste présente guerre de Gascongne, en la garde dudict lieu, sous le gouvernement de mons^r le comte d'Armagnac ès parties de la Languedoc, cent livres tournois, desquelles je me tieng pour bien payé. Donné au Port-Sainte-Marie, le dixiesme jour du mois de juing 1355 [1].

SCEAU : *une bande, un lambel et un cimier en demi-vol* [2].

Sceaux, vol. 54, folio 3844. Cabinet des titres, Bibl. de Richelieu.

1. Viguier de Galard, le 15 mars, le 1er août, le 1er septembre de ladite année 1355, le 26 juin et le 22 juillet 1356, donna des quittances analogues pour solde militaire. Celle du 1er août 1355 fut par lui scellée à Nogaro.

2. Le 26 juin 1355, on voit les mêmes armes appendues à un acte analogue.

ANNÉE 1372.

*Dans le rôle des seigneurs gascons qui combattaient en 1372 sous
le comte d'Armagnac, on trouve* VIGUIER DE GALARD, *Giraud d'Armagnac, Fauqué de Castillon, etc.*

Giraud d'Armagnac.

Manaut d'Armagnac.

Le sire de Bergognan.

Géraud de Rivière.

Bernard de Bernède.

Le sire de Saint-Aubin.

Bernard de Corneillan.

Le sire de Verlus.

Fauqué de Castillon.

Le sire de Lau.

Le sire de Lupé.

Le sire de Saint-Martin.

Baraston de Bascous.

Peyramont de Larée.

Odet de Benque.

Jean de Bourrouillan.

Amanieu de Fieux.

Le sire de Mau.

Le sire d'Averon.

Me Jean de Fabrica.

Le bâtard de Barbazan.

Le sire de Betous.

Hugon de Pardaillan.

Géraud de Lanavère.

Tolet du Trey.

Genses de Montesquion.

Sicard de Montaut.

Othon de Caumont.

Pierre d'Affremal.

Bernard de Luppé.

Martin de Fosses.

Ramond de Sariac.

Pierre de Bétous.

Amaneu d'Antras.

Gaillard de Ferrabouc.

Le sire de Montagut.

Arnaud de Lafitte.

Guillaume de Lafargue.

Guillaume de Vicmont.

Montasin d'Arcamont.

Le sire de Lagraulet.

VIGUIER DE GALARD.

Arnaud de Malartic.

Le sire de Gimat.

Jean de Gayolle.

Jean de Faudouas.

Manaut de Castera.

Sire Bertrand de Faudoas.

Pierre de Bayle.

Pierre d'Aurensan.

Le sire de Rouillac.

Bernard de Rivière, sénéc. de Bigorre.

Bertrand de Mont.

Jean de Montaut.

Othon de Saubole.

Pierre d'Espagne.

Histoire de Gascogne, par J.-J. Monlezun, tome III, p. 500. — Registre
de Montauban, Chartrier du séminaire d'Auch.

16 MARS 1373.

VIGUIER DE GALARD, *seigneur de l'Isle-Bozon, fut l'un des témoins du mariage de Mathe, fille du comte d'Armagnac, avec Jean, duc de Gironne, fils de Pierre, souverain d'Aragon. Viguier fut également garant de la constitution dotale de la noble future.*

Le seigneur Menaut de Barbazan prit les armes pour le comte d'Armagnac, contre le comte de Foix. Celui-cy les fit tous deux prisonniers de guerre au siége qu'il mit devant la ville de Cazères, et les fit conduire à son château d'Ortais, en Bearn. Il exigea d'eux une rançon avant de leur rendre la liberté. Froissart, auteur contemporain, qualifie nôtre Menaud avec le sire d'Anchin (je crois qu'il faut lire d'Antin), *grands barons de Bigorre,* ajoûtant qu'ils prirent sur les Anglois la ville, cité et château de Tarbe. Il fut caution, par acte du 16 mars 1373, avec Arnaud-Guilhem, comte de Pardiac, Jean de La Barthe, seigneur de la vallée d'Aure, Odon de Montaut, Gensès, seigneur de Montesquiou, Arnaud de Lomagne, seigneur de Jumat ou Gimat, Jean, seigneur de Manbac, Arthus de Caumont, seigneur de la Capelle Saint-George, Odon de Montaut, seigneur de Gramont, VIGUIER DE GOLARD, seigneur de l'Isle-Bozon, de la dot de Mathe d'Armagnac, fille de Jean, comte d'Armagnac, mariée à Jean, duc de Gironne, fils aîné de Pierre, roy d'Aragon, fut présent à deux traitez de paix conclus entre Jean II, comte d'Armagnac, et Jean d'Armagnac, comte de Comenge, d'une part; Gaston, comte de Foix et Gaston, son fils, d'autre, le premier à Ortais, le 20 mars 1378, et le second à Barcelonne, le dimanche des Rameaux 1379; et assista à ce second avec Béranger de Manhaut, évêque de Lectoure, et Jean,

seigneur de Manhaut [1], qui sans doute étoient proches parents
de Rose de Manhaut ou Magnaut, comme on l'écrit aujourd'hui,
son épouse nommée dans son testament cy-après rapporté.

Histoire généalogique de la maison de Faudoas, page 59, un vol. in-4°.

---

15 MARS 1373.

Extrait de l'histoire de Gascogne par Monlezun, attestant que VIGUIER
DE GALART *fut caution de la dot de Mathe d'Armagnac, mariée au
duc de Gironne, héritier présomptif de la couronne d'Aragon.*

Marié deux fois, il (Jean, comte d'Armagnac) n'eut point d'enfants de Régine de Goth, nièce de Clément V, qu'il aima tendrement et dont il fut tendrement aimé. Béatrix de Clermont lui
donna, outre Jean son successeur, Jeanne d'Armagnac, mariée
au duc de Berry, frère de Charles V, et Mathe d'Armagnac. Celle-
ci, née longtemps après son frère et sa sœur, fut accordée en
1372 à Jean de Gironne, fils aîné de Pierre le Cérémonieux. Ce
jeune prince avait déjà été fiancé à une fille de Philippe de Valois, mais la mort frappa la princesse à Béziers et l'enleva au
milieu des fêtes qui la conduisaient en Espagne. Jean rechercha
alors et obtint la main de la fille du comte d'Armagnac, à qui
son père promit cent cinquante mille florins d'or pour dot.
Le mariage ne fut terminé que l'année suivante. Il fut célébré
avec pompe dans le château de Lectoure, le 16 mars 1373. Arnaud

---

1. Il est possible que Manhaut ou Maignaut soit le même lieu que Manhan
dont il a été souvent question, tome Ier, pages 417, 419, 433, 426, où il est dit et
répété souvent que Vigué ou Viguier de Manhan était frère utérin de Bertrand de
Galard, écuyer, seigneur de l'Isle-Bozon.

Guillaume, comte de Pardiac, Jean de Labarthe, seigneur d'Aure, Odon de Montaut, Genses de Montesquiou, Menaud de Barbazan, Arnaud de Lomagne, seigneur de Gimat, Jean, seigneur de Magnos, Ortheus ou Arstriac de Caumont, seigneur de la Chapelle St-Georges, Odon de Montaut, seigneur de Gramont, VIGUIER DE GALLARD, seigneur de l'Isle-Bouzon, se rendirent caution pour la dot promise; et en attendant l'entier paiement, le comte d'Armagnac abandonnait aux jeunes époux la vicomté d'Auvillars. Ce mariage ne fut pas heureux; Mathe mourut six ans après, sans laisser de postérité.

Histoire de Gascogne, par Monlezun, tome III, pages 429-430.

---

8 JANVIER 1375.

Aux pactes de mariage de noble Obriette de Manas, fille du seigneur d'Avensac, avec Becon de Constantin, on trouve parmi les répondants des conditions stipulées dans le contrat, BEGUÉ (VIGUIER) DE GALARD, *et parmi les assistants, Aimery de Preissac, Vital de Francs et* JEAN DE GALARD.

Noble Becon de Constantin épousa, par pacte arrêté en la cité de Lectoure, le 8 janvier 1375, noble Obriette de Manas, assistée de noble Jean de Manas, seigneur d'Avensac et fille de feu noble autre Jean de Manas, chevalier. Messire BEGUÉ DE GALARD, chevalier, devait jurer les conventions pour le seigneur d'Avenzac, et, à son défaut, messire Sicard de Montaud, chevalier, devait le faire pour Becon de Constantin. Il fut convenu que s'il provenait un fils de ce mariage, il succéderait à ses père et mère en la moitié de leurs biens; et pour le cas où Obriette de manas survivrait à son mari, il fut décidé qu'une somme de 1200 florins d'argent lui serait réservée sur les biens du défunt. Le seigneur de Castelnau, Gaillard de Bexens, JEAN DE GALARD, Aimeric de Pressac, Vital de Francs et frère Manaud, gardien des frères mineurs de Lectoure, assistèrent à ces pactes [1].

Archives de la Noblesse, par Lainé, Art. de Constantin.

16 MARS 1377.

Des seigneurs du voisinage tyrannisaient les consuls et les habitants de Lectoure; ils avaient même voulu s'opposer à ce que la justice fût rendue par les magistrats de la cité. Le comte d'Armagnac, par son intervention tutélaire, avait empêché le retour de ces oppressions. En récompense de ce service, il demanda la cession de la moitié du pouvoir judiciaire, ce qui lui fut accordé. Tous les nobles et notables de la juridiction furent convoqués à Lectoure pour résoudre cette question importante. A cette assemblée on remarque trois membres de la maison de Galard, VIGUIER, *chevalier,* ARNAUD *et* JEAN.

Noverint universi præsentes pariter et futuri tenorem ac seriem hujus præsentis publici instrumenti visuri, lecturi, inspecturi, audituri, intellecturi, ac etiam percipituri, quod cum consules, seu consulatus et universitas civitatis Lectorensis habeant jurisdictionem omnimodam, quo ad merum, mixtumque imperium bassamque et altam jurisdictionem in civitate Lectorensi, totoque districtu ejusque jurisdictione, et ad eos in solidum cognitio causarum criminalium, excessuum et delictorum privatorum et publicorum quorumcumque pertineat et expectet,

---

1. L'original en parchemin du contrat d'Obriette et de Becon de Constantin fut communiqué à M. Lainé, qui l'utilisa comme on vient de le voir.

acthenus pertinuerit et expectaverit sine adjuncto quocumque, et quod propter eorum impotentiam, temeritatem, ac minas, damnaque eis inferebant, dicebant et procurabant, et chotidie inferunt, dicunt et procurant, ac faciunt multi potentes præsentis patriæ nobiles et innobiles, homicidia quamplurima fuerunt perpetrata, retractis temporibus, infra civitatem Lectorensem ejusque districtum et jurisdictionem, rapinæ, tumultus, sediliones, incendia, strages, vulnera, furta, et alia quamplurima crimina, excessus et delicta acthenus fuerunt perpetrata, de quibus nullam punitionem seu saltim non condignam fecerint consules anni præsentis, neque eorum prædecessores, nec ausi facere, nec adimplere fuerunt, nec facere poterunt. Et quod si de aliquibus fecerunt, quod pro eis eisdem consulibus et aliis civibus et habitatoribus Lectoræ, minæ et dampna inferuntur et verisimiliter timent consules anni præsentis omnesque cives et habitatores et incolæ civitatis Lectorensis, quod adhuc plurima dampna, homicidia, rapinæ, tumultus, incendia privata, seu publicæ injuriæ, furta et alia diversorum generum crimina committantur et perpetrentur, de quibus non erunt ausi facere justiciæ complementum, neque essent nisi manus fortis et auxilium ac juvamen eis quo adjuvetur. Propter quod delicta remanent impunita contra jura, franchisias, consuetudines, privilegia, seu libertates ac bonos mores et longevos usus, cum nulla delicta debeant impunita remanere, et ob hoc justicia leditur atque offuscatur, et cum scriptum sit : Per me reges regnant et potentes distribuunt justiciam, et quod quamdiu rex sedens super solium nichil malignum sibi adversabitur, et justicia de cœlo prospexit, enim pax et justicia osculatæ sunt, et ratione justitiæ boni efficiuntur meliores, et formidine pœnæ mali efficiuntur boni. Et quod propter eorum impotentiam subjectorumque inobedientiam et protervam jurisdictionem et justitiam quam habent in civitate Lectoræ ejusque pertinentiis non possint habere, exercere, nec decenter punire maleficia, delicta et crimina quæ in dicta civitate et ejus pertinentiis frequentius contingit evenire, nec passis dampna ressaysire, nec violenter opressis et injurias passis facere justitiæ complementum. Et ob præmissa plura incommoda intollerabilia insequuntur, quia delinquere volentibus, delinquendi audacia non aufertur, eo quia sic perpetrata maleficia frequenter remanent impunita, ut apparet prospitius indiciis et eventibus manifestis, volentes tanta adversitate pericula evadere, atque indempnitati tranquillitati, totius rei publicæ civitatis Lectorensis, et eorum consulatus salubriter providere, ut decet et convenit, et bonis moribus congruit, et a quibuscumque municipibus et consulibus provideri opportet, et est decens et convenit, ac consonum juri, et rationi. Est sciendum quod præmissis attentis et consideratis dampnisque illatis ac etiam inferendis, de quibus verisimiliter formidant, ex veris similibus conjecturis, consules et universitas civitatis Lectorensis, cives, incolæ, habitatores et singulares dictæ civitatis ejusque districtus et jurisdictionis, quod venerabiles et discreti viri Johannes de Marsolano, Arnaldus de Pomareda, Petrus de Johanne, Johannes de Qüercu, Petrus de Maenco et Guillelmus de Helisara, consules anni præsentis, civitatis Lectorensis, ut consules et administratores et münicipes dictæ civitatis Lectorensis, et nomine eorum consulatus et universitatis Lectoræ, et magister Petrus de Petrucia, civis et habitator dictæ civitatis Lectorensis sindicus, et sindicano nomine yconomus, actor, factor, procurator, deffensor et negotiorum gestor dicti consulatus et universitatis prædictæ, ac singulares civium, incolarum et habitatorum ejusdem civitatis, ejusque districtus et jurisdictionis, ex potestate constat per quoddam publicum instrumentum per me notarium infrascriptum ac collegas meas die hodierna retentum, et ante inquisitionem præsentis instrumenti prædicti sindicati, dicti magistri Petri de Petrucia, cujus tenor talis est : Noverint universi præsentes pariter et futuri seriem et tenorem hujus præsentis publici et instrumenti visuri, lecturi, audituri, intellecturi, ac etiam percepturi, quod die datæ hujus præsentis publici instrumenti perpetuo firmiter valituri, in præsentia mei notarii infrascripti et aliorum notariorum, subscriptorum in hac parte, colleguorum meorum et etiam testium subscriptorum, ad hæc et ad infra scripta vocatorum specialiter et rogatorum ; personnaliter existentes venerabiles et discreti viri Johannes de Marsolano, Arnaldus de Pomareda, Petrus de Johanne, Johannes de Quercu, Petrus de Maento et Guillelmus de Helisona, consules civitatis Lectorensis, et Geraldus de Busca, Arnaldus de Dilceto, magister Johannes de Bernesii, Guillelmus Deussa, Johannes de Marsolan, Arnaldus de Pomerada, Johannes Deucasso, Petrus de Johan, consules, magister Petrus de Peyrussa, sindicus, dominus Geraldus Senherii, Arnaldus de Dosset, Geraldus Labusca, Bertrandus de Costantino, Bernardus Daurrac, filius Bernardi, Brunus Darton, Bertrandus Sonhe, Geraldus de Las, Guillelmus del Pores, Bertrandus de Masero, Petrus de Servat, Petrus del Castanh, magister Johannes Bernes, magister Raymundus Arnaldi del Ramau, Bernardus Darton, Giraldus Darton, Bernardus Roqua, Johannes de Pelat, Raymundus Daurinhar, Johannes de Costantin, Richardus de Mons, Bernardus de Lacoma, magister Jacobus Carera, magister Bernardus Barca, magister Bernardus de Labadia, magister Sans Martin, magister Geraldus de Caussada, magister Geraldus de Lacrost, Raymundus de Narre, Jacobus Labessa, Fanequimus de Virisfors den Anclesa, magister Petrus Barca, Petrus de Lafon-

tan, Ramundus de la Higa, Bernardus de Lobaysin, Michael de
Lasera, Johannes de Fonte, Johannes Dolvi, Bernardus de
Lafargua, Ramundus de Seran, Johandes de Pans, Johannes de
Tayssoneta, Petrus Dagurs, Petrus Delcayre, Johannes de Mar-
solan, sartor, Petrus de Johaneta, Petrus de Lamota, Arnaldus
Vaquia senior, Arnaldus Vaquia junior, Raymundus Guillelmi
Saubeste, Arnaldus de Lagarda, Augerius Dellac, Dominicus
Pagesa, Johannes Daubosc, magister Johannes Volet, Martinus
de Cama, Raymundus de Noalhas, Alnaldus Guillelmi Auffert,
Bernardus Descale, Johannes de Casaus, Arnaldus Guillelmi
Codre, Guillelmus de Mont, Johannes de Lubet, Johannes de
Jauffre, Raymundus Danises, Galhardus de Gaudomviela, Johan-
nes de Clave, Raymundus de la Bigada, sæcularius, Raymundus
de la Borgada, tavernerius, Petrus Dolmora, Johannes de Figues,
Raymundus de Capdemala, servor, Dominicus de Pans, Petrus
Cogot, Stephanus de Rollan, Aymericus Dausan, Arnaldus de Sen-
clava, Raymundus de Lagraulet, magister Arnaldus de Buzet,
Bernardus de Cormalh, Johannes de Talhafer, Arnaldus de La
Jus, magister Guillelmus Deuprat, Bertholomeus de Lagardera,
magister Johannes de Mons, Johannes de Briffa, Bertrandus de
Bertaut, Bernardus del Viran, Johannes Dausan, Bernardus
Laseuba, Raymundus de Lartigola, Vitalis de Lomanhosii, Ayssur
de Baserasia, Dominicus Cortes, Guillelmus de Vives, Dominicus
de Barast, Fortanerius de Boyssat, Vitalis de Moyrac, Dominicus
Dautin, Bernardus del Casso, Martinus de Vassieyra, Sans de San,
Johan Arnaldus de Bassat, Petrus Gayraud, Vitalis Toram, Guil-
lelmus Daygius, magister Guillelmus Bicton, Guillelmus Destin,
Bartholomeus de Mureto, Petrus de Golenx, Petrus den Julhan,
Geraldus de Berduzan, Arnaldus de Descoafigua, Arnaldus de
Condom, magister Raymundus Sabaterii, Guillelmus Denayraut,

Beraudus Simon, Geraldus de Cayssan, Raymundus de Roge, Sans deu Bessenhet, Raymundus de Carbonel, Petrus de Servat, brasse, Petrus Lassera, Vitalis de Malus, Johannes de Basetii, magister Hugo de Samoys, Bernardus de Fangueda, Bertrandus de Laplanha, magister Guillelmus de Sant Pau, Johannes de Lamoliera, Johannes de Geneva, Petrus Ricardi, Bertrandus Lana, Geraldus de Boe, Johannes de Ponsan, ARNALDUS DE GOLART, Petrus de Fana, Geraldus de Manciet, Gauterius de Gandomviela, Johannes Arcbote, Johannes del Castera, Bertrandus Dartiguanadal, Geraldus de Montardon, Johannes de Lobane, Johannes de Marissot, Geraldus de Maestre, Johannes de Marnos, Fortanerius de Frescat, Geraldus de Laporta, Galhardus de Vic, Petrus Cosin, Petrus de Brascon, Geraldus Lo Turc, Bernardus de Cabuon, Johannes de Barbalada junior, Sans de Malus, Johannes de Pujole, Petrus de Lacassanha, Bernardus de Nasaussa, Fortis de Baset, Johannes Tutulum, Guillelmus Pascau, Helias Audoyn, Raymundus de Collenx, Dominicus de la Cort, Petrus Bernardi Trompador, Petrus de Malopassu, Dominicus de Podanhon, Fors Gavelli, Fors de Barbasan, Brunus Fau, Arnaldus Dauban, Johannes de Balli, Petrus de Lafontan, sartor, magister Dominicus de Cuho, Manaudus Molie, Vitalis de Maurin, magister Dominicus de Sent Christofle, Ayssin de Castropugon, Bernardus de Lassera, Johannes Gay, Geraldus de La Rocanh, Arnaldus Raymundi Dauhx, magister Johannes Labola, Petrus Dabena, Johannes de Sancto Stephano, Vitalis Lafaya, Arnaldus de Galabrum, magister Johannes Sergant, Bartholomeus de Sera, Johannes Brian, Geraldus de Nasaussa, Raymundus de Julhan, Raymundus de Sentiols, Geraldus de Maestre, Sans de Vic, Bonen de Bersegua, Jacobus de Serant, Jacobus Lacosta, Raymundus Darabin, Johannes de Saletas, Geraldus de Peyrosa, Raymundus de Las Vinhas, Arnaldus dels Ancles, Johannes de Caussada, Geraldus de Laroqua, Bertrandus de Samatan, Geraldus de Marsan, Fors de Benac, Johannes de Labat, Petrus Bec, Bonan de Maldon, Petrus Costa, Arnaldus de Filho, Dominicus de Sancto Johanne, Vitalis de Lassus, Fors de Pis, Johannes de Bauheriis, Bernardus de Darmanhac, filius Johannis, Vitalis de Maenc, Johannes Delberge, Bernardus de Laforgua, Helias de Sant Johan, magister Geraldus de Moade, Bernardus Lambert, Bernardus de Noeran, Petrus de Peyrosa, Johannes Desservos, Raymundus de Lasseras, magister Petrus Delportet, Michaël del Sorbe, Petrus Montfaucon, Gassia de Botœra, Benedictus de Bernades, Vital Marque, Bosoni Despenat, Bertrandus de Caparan, Johannes Canilhe, Arnaldus Barta, Petrus de Payas, Bernardus de Longuas, Geraldus de Canaret, Johannes Daubernia, Geraldus Lo Groule, Fors Guillelmi, pair, Petrus de Fortane, Petrus de Sent Luc, Petrus de Costabaste, Petrus de Bernie, Arnaldus de Lafeuguera, Bernardus de Bordis, Bernardus de Gaudonivilla, Johannes de la Cassanha, Bernardus de Barbaros, Bans de Garos, Geraldus de Johan, Petrus de Las Vinhas junior, Geraldus Clamens, Petrus del Got, Bernardus Cortes, Geraldus Delbuget, Arnaldus Canen, Johannes Arcbote, Bernardus Damaldon, Geraldus de Castet, Sans de Nicholau, Bernardus de Pis, Ramundus Destalens, Sans Calhau, Raymundus de Johan, Johannes de Petrucia, Arnaldus del Casso, magister Petrus de Porgogon, Arnaldus de Capdefer, magister Bernardus de Boncu, Arnaldus de Lamasera, Petrus Satz, Vitalis de Caussada, Petrus Delpin, Geraldus de Lossa, Arnaldus de Manhan, Sans de Sant Johan, Dominicus de Lobane, Dominicus de Fonte, Geraldus Arcbote, Johannes Faure, Bernardus de Pans, Bernardus de Lacostera, Petrus de Calbernia, Boson Dausan, Petrus Descale, Arnaldus de Carbonel, Vitalis de Mala Ruppe, Petrus de Tholosa,

Bernardus de Garas, Lamentius Demora, Geraldus de Perès, Petrus Calhau, magister Martinus Delorast, Stephanus de Malomdrico, Geraldus Garel, Arnaldus del Soles, Johannes Caubet, Petrus Dauserolet, Arnaldus de Lasseras, magister Geraldus de Lasfarguas, Bernardus Descalenx, Martinus de Nasieyra, Geraldus del Mirailh, Johannes de Granbosc, Bernardus Tissenhe, Gayssiot Deubuc, Sans de Peres, Johannes Lasserra, Bernardus dels Peres, Petrus Gilaberti, Johannes de Barbalata senior, Vitalis de Bigaros, Petrus Destucat, Petrus de la Roset, magister Guillelmus Stephanus Arode, Vitalis de Nasiera, Bernardus Denassausa, Petrus de Bona, Fortanerius Daros, Sans Deberge, Johannes de Belengue, Bernardus de Fossetas, Johannes de Masot, Bernardus Igos, Bernardus de Campan, Geraldus de Cesan, Bernardus de Nauclesa, Sans Lagarda, Geraldus Darmagnac, Petrus Descuros, Raymundus Guillelmi Daubas, Vitalis Lamoliena, Dominicus dels Soles, Petrus de Lamolera, Ot de Massas, Johannes Calhau, magister Asam Lafaya, Petrus Blay, Dominicus del Casso, Raymundus de Cassanaut, Helias de La Roqua, Arnaldus Volant, Johannes de Choa, Arnaldus de Boquet, Fors de Laroe, Petrus de Rege, Yson Dayrœn, Geraldus Delluc, Geraldus de Laforgua, Bernardus de Fort, Arnaldus de Grustosa, Johannes Pascau, Petrus del Mercadiu, Sans de Bera, Bernardus de Cassanaba, Jacobus Darton, Bertrandus dels Perès, Bernardus de Samatan, Petrus de Caussada, Dominicus Delluc, Geraldus de Lomanha, Johannes Prohensau, Bernardus de Tanoas, Yson de Garan, Johannes de Lestela, Bernardus Delsur, Petrus de Bolonha, Bernardus de Capdemala, Guillelmus de Mauro, Petrus de Las Vinhas, Petrus Pascau, Dominicus de Carida, Raymundus Delluc, Bernardus de Johan, Bertrandus de Lagardena, Geraldus del Plan, Petrus de Loberas, Gayssias Deuga, Arnaldus Guillelmi Dosset, Petrus Del-

prat, Nicholaus Davoa, Dominicus de Prat Barbera, Dominicus
Delluc, Odetus de Baron, Sans Despernes, Petrus dels Soles,
Jacobus de Mons, Raymundus de Pomareda, Augerius Degruos,
Bernardus de Lapeyrera, Petrus Degolas, Arnaldus Delan, Ray-
mundus Daur, ensan, Dominicus Brunet, Geraldus de Castet,
Bernardus de Sent Mont, Sans de Martin, Dominicus de Born,
Sans Delluc, Johannes de Golart, Bernardus de Labat, Johannes
de Baron, Jacobus de Lasala, Petrus Roqua, Geraldus de Laber-
rera, Martinus Tosin, Petrus Manda, Johannes Manda, Petrus
Lua, Arnaldus Audoin, Estuit del Freysso, Franciscus de Fonta-
nilhas, Geraldus Costa, Arnaldus dels Fés, Johannes de Laroset,
Arnaldus de Camarada, Bernardus de Longas, Johannes Lorman,
Dominicus de Barast, Johannes de Laumet, Johannes Biran
junior, Arnaldus Taubin, Raymundus de Setre, Johannes Dizam,
Bernardus de Boquet, Vitalis Lafargua, Golhardus de Sesa, Johan-
nes de Manhauco, Johannes de Castans, tissirie, Vitalis Labriffa,
Guillelmus de Lasserra, Jacobus de Poy, Guillelmus Gauberti,
magister Guillelmus de Sencay, Raymundus de Laplumia, Petrus
de Forssans, Jordanus de Pomet, Sans de Taulart, Bertrandus de
Lacaus, Petrus de Marin, Bertrandus de las Vinhas, Vitalis de
Barlele, Vitalis de Bordas, Raymundus Despernes, Johannes de
Poy, Bernardus del Fau, Stephanus de Fontpinta, Dominicus de
Mares. Bernardus de Galhardia, Dominicus de Sant Christ senior;
omnes insimul congregati per modum universitatis et universitatem facientes ac constituentes sono tubæ procedente in platea
communi, ante ecclesiam Sancti Spiritus civitatis Lectorensis,
prout in talibus est usitatum fieri, omnes insimul universi et universitatem facientes omnes ut singuli, et singuli ut universi unanimiter et concorditer de eorum certa scientia, eorumque certo
proposito ac deliberatione matura præhabita inter se et cum

eorum consilio, ac juratis et omnibus aliis probis viris quamplu-
rimis, seu saltim major pars omnium proborum virorum et
incholarum dicte civitatis Lectorensis, et pluribus et diversis
tractatibus factis et præhabitis, et præcedentibus, ut dixerunt,
personaliter constituti coram inclito et expectabili principe
domino Johanne, Dei gratia Armagnaci, Fezenciaci, Ruthenensi
et Cadrellensi comite, vicecomitatuumque Leomanensis et Altivillaris vicecomite, et coram venerabili et circumspecto viro domino
Raymundo de Biscossio, licentiato in decretis, officiario Lectorensi, dolo, fraude, machinatione et deceptione cessantibus quibuscumque, ut dixerunt, creaverunt, constituerunt, ordinaverunt,
fecerunt et instituerunt eorum certum sindicum, actorem, procuratorem, factorem, deffensorem ac suorum negotiorum dictique consulatus et universitatis gestorem, ac eorum omnium
supranominatorum singulorum tam præsentium quam absentium
omnesque alii cives et incolæ dictæ civitatis Lectorensis ejusque districtus, ac etiam jurisdictionis, seu saltim major pars et
sanior spetialem ac etiam generalem citra tamen revocationem
aliorum suorum sindicorum ac prædictos consules et universitatis constitutores, videlicet : Petrum de Petrucia, civem dictæ civitatis spetialiter et expresse ad dandum, donandum, comitandum,
percipiendum, cedendum, et transferendum vice et totius consulatus nomine dictæ universitatis, et singulorum ejusdem medietatem totius meri et mixti imperii, altæque et bassæ jurisdictionis competentium et quæ antea competierunt, pertinent, et
spectant generaliter quoquomodo, ac pertinere et spectare possunt tam de jure, tam etiam ex consuetudine, privilegio, seu
libertatibus, indulgentia principis, vel ex moribus diuturnis, ac
usu longevo, seu quacumque alia concessione præscripta, scita
vel ignorata dictis consulibus ut consulibus dictæ civitatis Lecto-

rensis, ac etiam universitatis ejusdem civitatis, omnibusque
civibus, incolis et habitatoribus dictæ civitatis Lectorensis ejusque districtus totius, ac jurisdictionis pro se, ac tota universitate
eorumque successoribus universis et singulis præfato inclito et
expectabili principi domino Johanni, Dei gratia Armagnaci,
Fezenciaci, Ruthenensi et Cadrellensi comiti, dictorumque
vicecomitatuum Leomaniæ et Altivillaris vicecomiti, omnibusque
ejus hæredibus et successoribus universis, et singulis ab hinc in
antea in perpetuum pro omnibus suis ac successorum suorum
voluntatibus faciendis, et complendis, et etiam dandum et concedendum, comitandum, participandum, donandum, cedendum et
transferundum cognitionem, ordinationem, punitionem, castigationem, propterque correctionem omnium criminum, excessuum et delictorum ab hinc in antea dumtaxat comittendorum
in dicta civitate Lectorensi, ejusque districtu et jurisdictione per
quoscumque cives et incolas et habitatores dictæ civitatis
ejusque districtus et jurisdictionis, ac etiam romipetas, foranses
extraneos et quascumque personas in dicta civitate et ejus pertinentiis delinquentes, et pro criminibus, excessibus, et delictis
privatis seu publicis ab hinc in antea comittendis cognitio, cor-
rectio et castigatio præfato domino comiti et vicecomiti ejusque
successoribus universis et singulis et hæredibus universis, una
cum consulibus dictæ civitatis seu altero eorumdem qui nunc
sunt, ac etiam qui pro tempore fuerunt insimul, et concorditer
pertineat et spectet. Et quod dictam cognitionem, ordinationem,
punitionem et castigationem pariterque correctionem præfatus
dominus princeps inclitus comes et vicecomes prædictus, ejusque
hæredes ac successores universi et singuli, cum dictis consulibus
vel altero eorumdem, facere possit et valeat per se seu deputan-
dum et ordinandum ab eodem domino nostro comite et viceco-

mite ac successoribus suis, et hoc cum omnibus dependentiis,
annexitatibus et connexitatibus, questionibus incidentibus et
emergentibus, dependentibus et dependere valentibus, et eorum
emolumentis proveniendis ex dicto mero et mixto imperio, bas-
saque et alta jurisdictione, criminibus, excessibus et delictis privatis seu publicis quibuscumque ab hinc in antea comittendis in
dicta civitate Lectorensi ejusque totis districtibus et jurisdictionibus; dantes et concedentes præfati consules et omnes alii superius nominati universitatem facientes et constituentes plenam
et liberam potestatem et spetiale mandatum et administrationem
cum libertate præmissa omnia et singula faciendi, concedendi,
alienandi, medietatem dictæ jurisdictionis et dependentia et
annexa et connexa, omniaque incidentia et emergentia ab eadem
dicto eorum sindico, yconomo actoris, procuratoris, factoris, deffensoris, eorumque dictique consulatus universitatis et singulorum supranominatorum universitatem facientium, negociorum,
gestorum, agendique, deffendendi, excipiendi, replicandi, dup-
plicandi, tripplicandi in judicio et extra judicium, coram quibuscumque judicibus ecclesiasticis vel secularibus, ordinariis vel
extraordinariis, delegatis vel subdelegatis, et judicem seu judices
eligendi et recusandi arbitrumque et arbitros seu amicabiles
compositores eligendi, in eis compromitendi, eorumque dicta et
pronunciationes, sententias et præcepta omologandi et ratiffi-
candi et laudandi, cum pœna vel sine pœna, et juramentum in
animam ipsorum constituentium, et periculo et sub obligatione
bonorum dicti consulatus et universitatis civitatis Lectorensis,
et a sentenciis interlocutoriis ac diffinitivis pronunciationibus,
arbitragiis, præceptis et injunctionibus per dictos judices delegatos, vel subdelegatos arbitros arbitratores et amicabiles compositores, appellandi, et provocandi, et habendi recursum ad

arbitrium boni viri vel alium præsidem quemcumque, et eas inti-
mandi, introducendi et persequendi, et eisdem appellationibus
et recursibus ad arbitrium boni viri, et quemcumque præsidem
renunciandi, et generaliter omnia et singula faciendi, quæ bonus,
verus et legitimus sindicus fecit et facere potest et debet, et quæ
ipsimet consules et alii superius nominati omnes insimul universitatem facientes et constituentes facerent et facere possent,
si ibi præsentes essent, et petendi et supplicandi domino nostro
regi Franciæ, domino duci Andegavensi, senescallo Tholosano et
Albiensi, senescalloque Agennii et Vasconiæ, et aliis principibus
et præsidibus quibuscumque vel eorum locatenentibus, ut authoritatem suam in præmissis apponant pariter et decretum. Et
juraverunt prædicti consules, sua manu dextra corporaliter supra
librum missalem et crucem eos tangendo, necnon omnes alii
superius nominati universitatem facientes ac constituentes una
cum dictis consulibus, suis manibus elevatis dicto libro missali
et cruce eis præpositis, et prout in talibus actibus universitatis
est diutius observatum et acthenus extitit usitatum, sequendo formam juris inquantum potuerunt, debuerunt et sciverunt quod
omnia et singula acta, gesta, facta, donata, comicata, alienata, et
translata, et spetialiter et expresse quo ad dictam medietatem
totius jurisdictionis, merique et mixti imperii, altæque et bassæ
jurisdictionis omniumque questionum incidentium et emergentium ac emolumentorum exinde proveniendorum, casti-
gationemque, correctionem, et punitionem comicandam et
conferendam de omnibus criminibus, excessibus, ac delictis privatis et publicis, ab hinc in antea comittendis, in dicta civitate
Lectorensi ejusque districtu ac jurisdictione, donandam, ceden-
dam, transferendam, comicandam et participandam per dictum
magistrum Petrum de Petrucia, sindicum, procuratorem, ycono-

mum, actorem, factorem et negotiorum gestorem antedictum antedicto inclito et illustri principi domino Johanni Dei gratia Armagniaci, Fezenciaci, Ruthenensi et Kadrellensi comiti et dictorum vicecomitatuum vicecomiti et hæredibus et successoribus suis universis et singulis, et generaliter omne id et quidquid per dictum sindicum procuratorem, yconomum, actorem, factorem et negotiorum gestorem actum, factum, gestum, procuratum, omologatum, ratifficatum, donatum, alienatum, participatum, comicatum, translatum et cessum, et in parietatem seu pariatgium receptum fuerit, quo ad dominum comitem et successores suos fuerit, quod prædicti consules pro se et tota universitate et ceteri alii singulares superius nominati pro se et omnibus successoribus suis universis et singulis, et omnes insimul tam consules quam singulares universitatem facientes et constituentes, et pro omnibus successoribus suis, quod habebunt ratum, gratum atque firmum et in perpetuum permansurum, et quod omnia acta, facta, gesta, donata, cessa, participata, comicata, et in parietatem seu pariatgium facta cum antedicto domino comite et vicecomite tenebunt, et successores eorum observabunt per imperpetuum, et quod nunquam contrafacient, dicent, nec venient nec procurabunt, nec alicui in contrarium facienti, dicenti, vel venienti instiganti, seu procuranti consentient prædicti consules, nec singulares nec eorum successores, et in casu quo contrafacerent, dicerent, vel venirent ipsimet consules, et superius nominati, eorumque successores, aut aliqui ex ipsis præ se vel per aliam interpositam personam directe, vel indirecte voluerunt et expresse consenserunt prædicti consules et alii superius nominati, pro se ac successoribus suis universis et singulis, quod eis et eorum cuilibet et successorum eorumdem universis et singulis et cuicumque personæ in contrarium facienti, dicenti vel venienti instiganti seu procuranti, quod omnis adhitus

judiciarius et omnis audientia denegetur tamquam perjuris, infamibus, ac venientibus contra juramentum prædictum, promittentes etiam dicti consules et omnes alii singulares superius nominati rem ratam habere, judicio sisti et judicatum solvi cum suis
clausulis universis et relevantibus ab omni onere satisdandi dictum eorum sindicum procuratorem et yconomum et de omnibus
expensis per ipsum faciendis, dampnisque ac interesse suis sub
ypotheca et obligatione omnium bonorum singulorum dicti consulatus et universitatis et omnium singularium superius nominatorum eumdem sindicum relevare et ei satisfacere, de quibus sta-
bunt ejus simplici juramento me notario infrascripto una cum
collegis meis pro dicto magistro Petro de Petrucia sindico, ac successoribus suis stipulanti et recipienti, ac pro omnibus illis quorum interest, intereritve, aut interesse poterit modo quolibet in
futurum etiam stipulanti et recipienti ; et ibidem dominus Ramundus de Biscossio, licentiatus in decretis, officiarius Lectorensis,
sedens pro tribunali ad supplicationem præffatorum consulum, et
omnium aliorum superius nominatorum in præmissis, suam
authoritatem judiciariam interposuit pariter et decretum, salvo
jure domini Lectorensis et ecclesiæ suæ et quolibet alieno.

Acta fuerunt hæc omnia ubi supra et die decima sexta mensis
martii anno Domini millesimo trecentesimo septuagesimo tertio,
illustrissimo principe domino Karolo, Dei gratia Francorum rege,
et eodem domino Johanne, eadem Dei gratia comite et vicecomite
dominante, et domino Viguerio permissione divina Lectorensi
episcopo existente ; testes fuerunt præsentes in præmissis vocati et
rogati videlicet : venerabiles et religiosi fratres magistri Sancius
de Laßthola, Guillelmus Ramundi du Garros, in sacra pagina magistri ordinis prædicatorum, domini Guillelmus de Crentat, Franciscus de Labaur, licentiatus in legibus, domini VIGUE DE GOLART,

miles, Petrus Bertrandi, presbiter, domini Arnaldus de Peyrac, licentiatus in legibus, Arnaldus Desparbes, canonici Lectorenses, domini Johannes, dominus de Manhaut, Ot de Montaut, dominus de Agremont, milites, domini Dayrolhac et Davezan, magister Petrus de Ponsan, Bernardus de Bonas, Petrus de las Vinhas, et plures alii, et magister Petrus Jovini, publicus authoritatibus domini nostri Franciæ regis et etiam dicti domini comitis et vicecomitis notarius, qui una cum magistro Petro de Mayres authoritate apostolica et magistris Arnaldo de Ameo et Arnaldo de Lafontano, notariis comitalibus Lectoræ, de præmissis recepit publicum instrumentum conficiendum cum consilio peritorum cum protestatione quod sive abstractum fuerit, sive non in judicio productum aut non productum quod semel et pluries refici valeat ad cognitionem et ordinationem cujuslibet sapientis facti substantia non mutata, vice cujus, et nomine ego Galhardus Bessoms, notarius regius Villæfranchæ Ruthenensis, coadjutor dicti magistri Petri et fidelis in hac parte, qui de veris prothocollis et nota justum ejusdem hoc præsens instrumentum abstraxi et grossavi manu mea ; et ego Petrus Johannes, notarius authoritatibus quibus supra, qui de præmissis omnibus et singulis dum sic agerentur et fierent una cum prænominatis collegis meis, et testibus suprascriptis præsens fui et de præmissis notavi, recepi et in meis libris seu prothocollis reposui, et de eisdem hoc præsens instrumentum ingrossare feci per dictum substitutum meum fidelem in hac parte, et facta collatione hic me subscripsi et signo meo quo utor authoritate regia signavi ad omnia et singula in hoc præsenti publico instrumento contenta agenda et facienda, et quæ in hoc publico instrumento aguntur et continentur, et omnia peragenda quæ sunt necessaria, utilia atque opportuna in hanc donationem et concessionem et jurisdictionis communicationem atque parti-

cipationem et esse possunt, et omnes incolæ et habitatores dictæ
civitatis ejusque districtus et jurisdictionis, seu saltim major pars
dictorum populorum supranominatorum ad sonum tubæ congregati universitatem facientes ac constituentes, ac singuli, ut
singuli, et singuli, ut universi personaliter constituti in platea
communi civitatis Lectorensis quæ est ante ecclesiam Sancti Spiritus ejusdem civitatis, in præsentia magnifici et incliti principis
et spectabilis domini domini Johannis Dei gratia Armagniaci,
Fezenciaci, Ruthenensis et Kadrellensis comitis, vicecomitisque
vicecomitatuum Leomanensis et Altivillaris, et constituti coram
venerabili et circumspecto viro domino Raymundo de Biscossio,
licentiato in decretis, officiario Lectoræ ibidem pro tribunali
sedenti, et in mei notarii præsentia ac collegarum meorum hoc
idem instrumentum simili modo retinentis, et in ejus retentione
mecum participantium, et testium infrascriptorum et nominatorum ad hæc specialiter vocatorum et rogatorum cupientis et
affectantis justitiam ministrare in dictaque civitate Lectoræ ejusque districtu et jurisdictione scandala evitare, homicidia, strages,
vulnera, rapinas, tumultus, incendia, furta et alia cujuscumque
generis crimina, excessus, et delicta privata ac publica ab hinc
in antea comitenda punire, corrigere, et castigare, et rei publicæ
condignam emendam facere, ut cives incolæ et habitatores dictæ
civitatis melius valeant et possint in tranquillitate et pace nutriri,
et ut malefactores metu pœnæ habeant castigari, et in melius
corrigi, atque emendari, quæ sperant fieri propter potentiam et
altam potestatem incliti et spectabilis principis præfati domini
comitis et vicecomitis, et expectantes per eum justitiam ministrare, bonosque remunerari, et malos corrigere atque emendare
prout est notorium et fama publica, quod inter principes totius
patriæ Occitanæ justitiam cupit, ardet et desiderat, pariterque

affectat ministrare, attendentesque et considerantes præfati consules, sindicus, universitas et alii singulares superius nominati, omnes in universo, et universitatem facientes ac constituentes, quod idem inclitus princeps dominus comes et vicecomes dictis consulibus et universitati ac singularibus omnibusque seu saltim majori parti subditis suis totorum vicecomitatuum Leomanensis et Altivillaris alteriusque suæ terræ Vasconiæ comitatuum Armagniaci et Fezenciaci atque comitatuum Ruthenensis et Kadrellensis fecit multas gratias, de suis debitis, in parte remissis et de eisdem respectus et dilationes concessit et de die in diem concedit et concedere non desinit juste postulantibus et requirentibus quasi incessanter et gratiis et misericordiis eisdem subditis factis, eorumque vicinis quod licet quam plurimum eidem spectabili principi in diversis bladorum quantitatibus tenerentur pro quibus ratione pestiferæ caristiæ, et temporis pestifferi quod alias fuit inaudita ad magnum interesse eidem domino comiti et vicecomiti tenerentur quod eos liberare voluit, et liberavit seu saltim magnam partem subsidiorum suorum et bladum pro blado solvendo voluit esse quittos, immunes et liberatos amarorum valentia, atque interesse quod ratione dictæ majoris valentiæ quæ fuit tempore dictæ magnæ caresterræ petere poterat et licebat, juxta legitimas sanctiones, aliaque quamplurima beneficia, renunciationes, dona, merita et gratias quæ idem dominus comes et vicecomes concessit, dedit ac constituit consulibus civitatis Lectorensis, prædecessoribus consulum præsentium, et dictæ universitati, et die hodierna in sui præsentiam personaliter constituti pluresque subjectorum dictorum vicecomitatuum et alterius totius suæ terræ idem consules pro se, eorumque consulatu ac tota universitate eorumque successoribus qui erunt in perpetuum, et sindicus antedictus ex potestate eidem sindico attributa, et omnes

alii superius nominati in universo universitatem facientes ac
etiam constituentes supplicare præfato inclito ac spectabili principi domino Johanni Dei gratia Armagniaci, Fezenciaci, Ruthenensi et Kadrellensi comiti et dictorum vicecomitatuum Leomanensis et Altisvillaris vicecomiti ibidem præsenti quod ut melius
in dicta civitate Lectoræ posset justitiam exercere atque ministrare ut magis sint Deo placibiles et concordes juri et rationi
eorumque vicinis locis et habitatoribus eorumdem locorum totius
præsentis patriæ, ut ipse idem dominus comes, vicecomes, una
cum dictis consulibus qui nunc sunt, ac pro tempore fuerunt,
dignetur suscipere medietatem dictæ eorum jurisdictionis et
velit secum participare, communicare atque administrare jurisdictionem omnimodam quoad merumque et mixtum imperium,
altamque et bassam jurisdictionem quæ dictis consulibus pertinet et spectat, omniaque excessus et delicta quæ ab hinc in antea
comiti continget per quamcumque personam, civem aut non
civem, incolam aut non incolam, habitatorem aut non habitatorem dictæ civitatis Lectoræ, ejusque districtus et jurisdictionis
romipetas, extraneos et personas quascumque, et quod dicti consules, administratores et municipes dictæ civitatis Lectoræ, ac
totius rei publicæ, prædictusque sindicus ex potestate eidem
attributa, consules, ut consules, et sindicus, ut sindicus, et sindicario nomine, ac etiam ut privatæ personæ et omnes cives, incolæ,
habitatores dictæ civitatis Lectoræ, seu saltim major pars et sanior,
videlicet omnes superius nominati, omnes insimul unanimiter
et concorditer universitatem facientes ac constituentes, ex eorum
certo proposito et certa deliberatione ac matura præhabita, et
pluribus et diversis tractatibus factis et habitis, ut dixerunt, et
asseruerunt ibidem dictis pluribus tractatibus præcedentibus inter
ipsos, eorum spontaneis voluntatibus et gratuitis, non vi, non

metu, dolo, fraude, nec aliqua alia mala machinatione ad hoc
inducti, seducti, seu circunducti, nec circumventi, nec instiganti,
sed ex mera liberatione, et ex mero et libero animo, et ex eorum
mera, benigna liberalitate et largitate, ipsi dant, donant, cedunt,
et concedunt, et transferunt mediatem totius jurisdictionis pro
indiviso quam habent præffati consules et universitas Lectorensis
in dicta civitate ejusque districtu totis, et jurisdictione quoad
merum mixtumque imperium, altam et bassam jurisdictionem,
cognitionemque, ordinationem, punitionem et castigationem
omnium homicidiorum, rapinarum, vis, publicorum et privatorum furtorum et aliorum quorumcumque criminum, excessuum
et delictorum ab hinc dumtaxat in antea comitendorum per quascumque personas in dicta civitate Lectoræ, ejusque districtu seu
jurisdictione annexorum, connexorumque, et dependentium,
quæstionumque incidentium et emergentium, et emolumentorum eorumdem ex dicto mero, mixto imperio, altaque et bassa
jurisdictione criminibus, excessibus et delictis quibuscumque
magnifico et spectabili principi domino Johanni, Dei gratia Armagniaci, Fezenciaci, Ruthenensi et Kadrellensi comiti, et vicecomitatuum Leomanensis et Altisvillaris vicecomiti, ac hæredibus
et successoribus ejusdem incliti principis ibidem præsenti, stipulanti et recipienti pro se ac successoribus suis et hæredibus
universis et singulis gratias et laudes idem dictus comes et vicecomes dictis consulibus sindico et singularibus superius nominatis ibidem præsentibus reddens et refferens de donatione et
tam mera liberalitate sibi et suis successoribus facta dictam donationem, cessionem, concessionem et translationem dictæ medietatis jurisdictionis omnimodæ cognitionem, ordinationem, punitionem et castigationem una cum dictis consulibus faciendam,
aut altero ex ipsis suis successoribus omnium omicidiorum, rapi-

narum, vis, publicorum et privatorum furtorum, et aliorum quorumcumque criminum, excessuum et delictorum ab hinc in
antea comitendorum dumtaxat annexorum, connexorumque et
dependentium, quæstionumque incidentium et emergentium et
emolimentorum eorumdem facientes dicto domino et inclito principi domino Johanni et successoribus suis, pro ejus et omnium
successorum suorum omnimodis voluntatibus faciendis ; et habendum, tenendum, utendum, finiendum, possidendum, seu quasi
et dictam jurisdictionem exercendum, explectandum, et emolumenta quoad dictam medietatem jurisdictionis recipiendum
verum dominium et in rem suam procuratores facientes dicto
domino Johanne, comite, vicecomite antedicto, pro se et|succes-
soribus suis universis et singulis stipulante et recipiente, et dictam
medietatem omnimodæ jurisdictionis et omnium dependentium
ab eadem ratione criminum, excessuum et delictorum ab hinc in
antea comittendorum gratis acceptante et suscipiente, et parietatem et comitationem in dicta jurisdictione quoad delicta,
excessus, et crimina ab hinc in antea comittenda in se favorabiliter suscipiente, et recipiente constituentes se præcario nomine
possidere seu quasi dictam jurisdictionem donec, et quousque
dictus dominus comes dictam jurisdictionem quoad medietatem
pro indiviso adheptus fuerit seu quasi quam adhipiscendi eidem
dederunt et concesserunt plenam et liberam potestatem per se,
seu deputandos ab eo absque licentia et authoritate alicujus
judicis, et præsidis superioris, meque notario infrascripto tanquam persona publica etiam pro ejus hæredibus et successoribus
suis universis omnibus et singulis, et omnibus aliis quorum
intererit, aut interesse poterit modo quolibet in futurum stipulanti et recipienti ex meo publico officio una cum collegis meis,
et in dicta eorum jurisdictione et omnibus aliis præmissis præfati

consules ut consules et sindicus ut sindicus, et ut privatæ personæ, et omnes alii singulares superius nominati in universum
universitatem facientes atque constituentes, et ut singuli prout
dicta jurisdictio eos singulos, ut singulos concernit et ad eos
pertinet, et spectat in dicta eorum jurisdictione, omnibusque
aliis præmissis præfatum, inclitum ac spectabilem principem ac
etiam successores suos, pro se, eorumque successoribus universis
et singulis recipiunt et admittunt in participem parierum et
comitantem ac consortem dictæ eorum jurisdictionis, omniumque
aliorum superius expressatorum et declaratorum et in participem
comitantem et consortem et parierum omnium cognitionum
quorumcumque criminum, excessuum, ac delictorum privatorum seu publicorum ab hinc in antea in dicta civitate ejusque
districtu et jurisdictione per quascumque personas mundi comitendorum ; quam quidem donationem, cessionem, comicationem,
participationem et parietatem, atque translationem præfati consules, sindicus et omnes alii cives et incolæ civitatis Lectoræ,
seu saltim major pars, et omnes superius nominati, ad hoc specialiter congregati per modum universitatis, universitatem facientes
acque constituentes, faciunt donationem et cessionem puram,
meram et simplicem factam inter vivos nunc et in perpetuum
valituram pro se ac tota universitate ac singularibus dictæ universitatis et suis successoribus universis et singulis, præfato inclito
principi et domino spectabili domino Johanni, ibidem præsenti,
pro se ac successoribus suis stipulanti et recipienti ac etiam ejus
hæredibus et successoribus universis et singulis per imperpetuum me notario infrascripto ut supra ex meo publico officio
stipulanti, et recipienti una cum collegis meis pro omnibus illis,
quorum interest, intererit vel interesse poterit modo quolibet in
futurum, et eumdem dominum Johannem in dicta medietate

omnimodæ jurisdictionis participem faciunt, et consortem et in
parietatem recipiunt et parierium faciunt mera, pura, libera et
spontanea voluntate, liberalitate atque largitate, nullo casu revo-
cabili et nunc et in perpetuum prorsus, et omnino valituram
quamquidem donationem sic factam, puram, perfectam inter
vivos per inperpetuum valituram, et irrevocabilem fecerunt præfati consules,'sindicus et alii superius nominati, attentis præmissis
omnibus et singulis in dicto instrumento contentis, attentisque
et consideratis amoribus, plaseriis et benefficiis quæ ab eodem
spectabili principe, atque bonæ memoriæ et inclitæ recordationis domini Johannis, Dei gratia quondam Armagniaci comitis
et dictorum vicecomitatuum Leomaniæ et Altisvillaris vicecomitis
progenitore ejusdem domini nostri ibidem præsentis, quiquidem
amores, plaseria, gratiæ, beneficia, remissiones et munera et alia
eorum merita quæ præfatus spectabilis dictus comes et vicecomes
antedictus, ac etiam ejus inclitæ recordationis progenitor suus
eisdem consulibus et universitati fecerunt dictæ civitati Lectoræ,
plus valent et assendunt, ut asserunt et dixerunt præfati consules,
sindicus et alii singulares quam, medietas dictæ eorum jurisdictionis, in qua jurisdictione eum admittunt et recipiunt in participem, comunicantem et consortem, et cognitionem omnium
criminum, excessuum et delictorum ab hinc in antea comitendorum, propter quæ beneficia, amores, et plaseria, remissiones
et gratias eidem spectabili et inclito principi ad antidora tenebantur et se reputabant astrictos, et renunciaverunt dicti consules
et sindicus et omnes alii singulares superius nominati, pro se ac
tota universitate et successoribus universis et singulis, omni
exceptioni doli mali, fraudis, lesionis, deceptionis, et circon-
ventionis cujuscumque, exceptionis, conditionis in debiti sine
causa causæque datæ et causæ non sequlæ legique tricitariæ et

in factum actioni et exceptioni descendendi ex vanis figuris causarum, et cujuscumque alteri in factum actioni et exceptioni dictarum gratiarum per dictum dominum comitem
dictis consulibus et singularibus non factarum et non concessarum dictorumque beneficiorum, amorum et plaseriorum non
habitorum, non receptorum in eorumque utilitatem ac comodum
non gestorum et non conversorum juribusque dicentibus inclitam
urbem vel aliquam aliam civitatem non aliter rem civitatis posse
alienare nisi imperiali authoritate alienentur, et juribus dicentibus in provinciis omnibus civibus præsentibus seu plurima
parte tam curialium quam honoratorum et processorum civitatis,
ad quam res quæ alienantur pertinent non posse alienare nisi
propositis sacrosanctis scripturis unumquemque eorumque
convenerint dicat summam quam putet esse utilem patriæ suæ
legique sicque C. de venditione rerum civitatis aliisque legibus
et juribus in eodem titulo contentis C. de administratione rei
publicæ et in titulo de administratione rerum ad civitates pertinentium FF. et legi illa de certa et legi lege authoritate muni-
cipali et legi ambitiosa de certa FF. de decretis ab ordine faciendis
et omnibus aliis. juribus canonicis et civilibus, quibus cavetur
res civitatum alienarum non posse sine imperiali authoritate et
juribus quibus cavetur alienationes factas per municipes consules
universitatem ac singulares alicujus civitatis villæ, castri seu
municipii propter deffectum alicujus terræ solemnitatis de jure
adhibendæ non valere nec tenere, et juribus dicentibus donationem ac largitatem factam revocari posse, si donatarius ingratus
circa donatorem inveniatur, ut quia atroces injurias in eum
effundat vel manus impias inferat vel jacturæ molem ex judiciis
suis ingeratque non levem sensum substantiæ donatoris imponit,
vel vitæ periculum aliquod ei intulerit, vel quasdam conventiones

sine inscriptis donationi impositas, sine inscriptis habitas, quas donationis acceptor seü donatarius spopondit et eas minime implere voluerit et omnibus aliis legibus et juribus quibus cavetur donationem propter aliquam ingratitudinem seu causam ingratitudinis posse revocari, et omnibus legibus contentis in titulo C. de revocandis donationibus et omnibus aliis juribus et legibus, sitis in aliquo corporis juris civilis seu canonici jurique dicenti donationem excendentem summam quingentorum aureorum posse revocari si facta sit sine insinuatione judicis, licet tamen et hæc præsens donatio, cessio, comunicatio, dictæ jurisdictionis merique et mixti imperii altæque et bassæ jurisdictionis facta est coram officiali Lectoræ ad hoc judice competenti et sufficienti, authorisanti et approbanti donationem præsentem renuntiaveruntque omni restitutioni in integrum descendenti ex illa clausula generali si qua michi justa causa videbitur et omnibus legibus et juribus per quæ seu cum quibus dicti consules nunc præsentes ac etiam in posterum futuri eorumque successores, sindicus et universitas in futurum possent petere aliquam restitutionem in integrum adversus donationem et cessionem prædictam dictæ mediæ jurisdictionis cessæ et donatæ, comicatæ et participatæ præfato inclito et illustri principi domino Johanni antedicto comiti et vicecomiti donatorio et cessionario, et gratis acceptori et in se susceptori pro se et successoribus suis medietatem dictæ omnimodæ jurisdictionis altæ et bassæ, merique ac mixti imperii, et communicationis ac participationis omnium criminum, excessuum, delictorum ab hinc in antea comitendorum in dicta civitate Lectorensi ejusque districtu et jurisdictione, medietatisque emolimentorum et proficiorum ab hinc in antea proveniendorum, ex dictis jurisdictione alta et bassa, meroque et mixto imperio, questionibusque inci-

dentibus et emergentibus ex eisdem et annexis et connexis
eisdem omnique alteri juri canonico et civili doctorumque
oppinionibus, decisionibus et altercationibus, quibus cavetur alias
civitates quam romanam posse in integrum restitui tanquam
ecclesiam, minor vigenti quinque annis, vel ipsa eadem civitas
romana restitutionem in integrum petere possunt, cui juri
expresse renunciaverunt et renunciaverunt legi res publica C.,
quibus ex causis majores et legi rem publicam C. de jure rei
publicæ et omnibus aliis legibus et juribus in dictis titulis scitatis
ac etiam FF. ex quibus causis majores et cuilibet alteri juri in
quacumque parte juris civilis vel canonici descripto et designato
per quod restitutionem in integrum dicti consules, sindicus,
ceterique singulares et universitas dicti loci peterent, ac petere
possent, per aliquod aliud auxilium ordinarium vel extraordi-
narium possent petere et supplicare eis debere et posse succurri
atque subveniri in totum vel in parte, et generaliter renuntiaverunt omnibus legibus et canonibus editis et edendis literisque
status, gratiæ et licentiæ et authoritatis eis dandæ et concedendæ
et cujuscumque dispensationis super sacramento per ipsos præstito impetratæ ac impetrandæ, concessis et concedendis per dominum nostrum summum pontificem ejusque Apostolicam Sanctam
Sedem, per quoscumque patriarchas, cardinales, archiepiscopos,
episcopos et alios antistites quoscumque, et per illustrissimos
principes dominum nostrum Franciæ regem, imperatorem,
ducem Andegavensem ac quoscumque alios principes temporales
cujuscumque potestatis aut dignitatis existant, præsentes seu
futuros, et quoslibet præsides speciales aut temporales qui se
asserent dispensandi habere potestatem, etiam si legati vel subdelegati et commissarii speciales aut temporales, generales vel spi-
rituales existerent, et juridicenti donationem non valere, si

modus vel causa pro quibus sic non inserantur, et etiam juridicenti donationem non valere si modus vel causa pro quibus sic
non fuerunt insequti, nec adimpleti, et generaliter renunciaverunt omnibus legibus canonibus juribus doctorum desizionibus,
altercationibus, cavillationibus, glosis ordinariis vel extraordinariis, tam juris civilis quam canonici, per quæ et cum quibus
possent contrafacere, dicere vel venire in totum aut in parte
volentes et expresse consentientes quod hæc generalis renunciatio
tantum valeat et operetur quantum et ac si omnes casus legum
et decretalium hic essent expresse enunciati, et juraverunt prædicti consules cuilibet manu sua dextra ac sancta Dei evangelia
corporaliter tacta, et super libro missali et cruce, necnon etiam
prædictus magister Petrus de Petrucia, sindicus, dicti consules ut
consules et ut privatæ personæ, pro se ac successoribus suis, et
dictus sindicus ut sindicus et sindicario nomine, et ut privata
persona, pro se ac tota universitate, consulatuque ac ceteris
omnibus dictæ universitatis tam pro præsentibus quam absentibus
et vice versa tam pro absentibus quam pro præsentibus, necnon
etiam omnes alii superius nominati, universitatem facientes ac
constituentes et per modum universitatis congregati una cum
dictis consulibus et sindico, suis manibus elevatis et erectis dicto
libro missali et cruce eis præpositis et prout in talibus actibus
universitatis est diutius observatum sequendo formam juris
in quantum potuerunt, sciverunt et debuerunt, pro se et omnibus eorum hæredibus et successoribus et consulibus futuris qui
pro tempore erunt, quod hujus modi donationem, cessionem et
transactionem medietatis jurisdictionis prædictæ, altæ et bassæ
merique et mixti imperii tenebunt, observabunt et inviolabiliter
custodient per inperpetuum tam ipsi quam eorum successores,
et quod contra prædictam donationem, cessionem et translatio-

nem dictæ mediæ jurisdictionis altæ et bassæ merique et mixti
imperii comunicationem, participationem, parietatem ac pariatgium eorumdem et medietatis emolumentorum ex inde proveniendorum et comodorum, punitionemque et castigationem et
correctionem omnium delictorum, excessuum, et criminum ab
hinc in antea comitendorum, faciendam per dictum dominum
comitem et vicecomitem donatorium, cessionarium et acceptorem
antedictum ac successores suos, ac deputandos ab eo seu ab eis,
non venient per se nec per aliquam aliam interpositam personam
directe nec indirecte, clam, palam seu manifeste, nec venire
facient; instigabunt seu procurabunt quoquomodo, quod si faciebant seu facere viderentur et attemptarent tanquam immemores
suæ salutis eternæ, quod absit, voluerunt et expresse consentierunt quod prædicti consules ut consules et ut privatæ personæ et
sindicus ut sindicus et ut privata persona et omnes alii superius
nominati universitatem facientes ac constituentes, universi ut
universi, et universi ut singuli, pro se et omnibus eorum successoribus et consulibus futuris et universitati prædictæ dictæ civitatis Lectoræ et pro omnibus eorum hæredibus et successoribus
universis et singulis quod eis eorum et eorum cuilibet et cuicumque personæ in contrarium facienti, dicenti vel venienti,
instiganti, vel procuranti, omnis adhitus judiciarius et omnis
audientia denegetur tanquam parjuris et infamibus et venientibus contra prædictum juramentum et tanquam immemoribus
suæ salutis eternæ, in qualibet curia et audientia ecclesiastica vel
seculari, etiam in curia ac palatio et auditorio ac præsentia domini
nostri Summi Pontifficis ejusque Apostolicæ Sanctæ Sedis domini
viceauditoris, vicecancellarii, et alterius cujuscumque præsidis
et judicis ecclesiastici, ordinarii vel extraordinarii, delegati vel
subdelegati, et etiam in curia, audientia ac præsentia illustrissimi

principis domini nostri Franciæ regis ejusque honorabilis curiæ
parlementi Parisiis, aut curiæ requestarum domini ducis Andegavensis, aut cujuslibet alterius futuri locumtenentis domini
nostri Franciæ regis, et cujuslibet alterius principis præsidis, ac
judicis cujuscumque ordinarii vel extraordinarii, delegati vel
subdelegati, aut commissarii cujuscumque præsidentis et potestatem habentis temporalem, quacumque dignitate præfulgeat, et
potestate irradiet, judex ecclesiasticus vel secularis quicumque
existat, coram quo vellent contrafacere, dicere vel venire, insti-
gare vel procurare, vel consentire contrafacienti, dicenti vel
venienti, instiganti vel procuranti, de et super hiis omnibus et
singulis quæ in præsenti instrumento continentur, supplicantes
cum humili ac benigna instantia præfati inclitus et illustris princeps dominus Johannes Dei gratia comes et vicecomes antedictus
pro se ac successoribus suis universis et singulis, et præfati consules et magister Petrus de Petrucia, sindicus, et omnes et singuli
cives et incolæ superius nominati venerabili et circumspecto viro
domino Ramundo de Biscossio, licentiato in decretis, officiali
Lectorensi, ibidem pro tribunali sedenti ut huic præsenti donationi, cessioni, et dictæ medietati jurisdictionis omnimodæ altæ
et bassæ, merique et mixti imperii communicationi et participa-
tioni, omnibusque aliis quæ in præsenti instrumento aguntur et
continentur authoritatem suam judiciariam interponeret, pariter
et decretum pro majoris roboris firmitate, omnium præmissorum
habenda, et pro nunc et in perpetuum obtinenda, ad quorum
supplicationem et instantiam præfatus dominus officialis Lectorensis sedens pro tribunali authoritatem suam judiciariam interposuit, pariter et decretum, salvo jure domini Lectorensis episcopi
et ecclesiæ suæ et quolibet alieno, volueruntque et expresse consentierunt præfati consules et sindicus ut consules et sindicus ut

privatæ personæ, et omnes alii singulares superius nominati universitatem facientes et constituentes, quod pro majoris roboris firmitate habenda et obtinenda, dictis consulibus aut eorum successoribus præsentibus vel absentibus, et sindico dictæ universitatis, et ipsis vocatis aut non vocatis ipsis scientibus aut ignorantibus, ad requisitionem et postulationem præfati incliti principis domini Johannis prædicti aut successorum suorum aut procuratorum nuncii vel negotiorum gestorum vel mandatarii ab eo vel ab eis constituto aut constitutis, constituendo aut constituendum decretum aut authoritas interponi valeat per illustrissimum principem dominum nostrum Franciæ regem vel ejus locumtenentem ac legatos seu capitaneos ab eo deputandos et constituendos in partibus Occitanis per senescallos Tholosæ, Carcassonæ, Bellicadri, Agenensis et Vasconiæ et per quoscumque alios præsides capiantur, et etiam per dominum nostrum summum pontificem ejusque vicecancellarium et auditorem cameræ, et archiepiscopos Auxensis, Narbonæ et Burdegalæ, et episcopos Lectorensis, Beati Bertrandi Convenarum et Ruthenensis et per quoscumque alios prælatos delegatos vel subdelegatos a Sancta Sede Apostolica, et generaliter per quoscumque judices ecclesiasticos aut temporales, et voluerunt et expresse consentierunt præfati inclitus princeps dominus comes antedictus, et consules, sindicus et omnes alii singulares superius nominati, quod ego notarius infrascriptus una cum collegis meis retinerem duo publica instrumenta unius et ejusdem tenoris, substantiæ atque formæ, unum pro jure præfati incliti principis, ac successorum suorum domini Johannis Dei gratia comitis et vicecomitis antedicti, et aliud pro dictis consulibus et universitatis Lectorensis præsentibus ac futuris, quæ valeam facere et ordinare de et cum consilio sapientum, et quod dicta instrumenta semel, secundo et tertio, et totiens quotiens opus erit fieri et reffici et recordinare valeant, donec rite et secundum legitimas sanxiones ac rectæ fuerint ordinatæ de et cum consilio pro utilitate et comodo præfati domini Johannis Dei gratia comitis et vicecomitis antedicti ac successorum suorum et etiam dictæ universitatis, non obstante quod semel aut pluries fuerint abstracta, grossata et in formam publicam redacta, et in judicio fuerint producta aut non producta cum sufficientibus renunciationibus juris civilis et canonici pariter et cauthelis, veritatis substantia in aliquo non mutata. Acta fuerunt hæc in platea communi Lectorensi ante ecclesiam Sancti Spiritus, in præsentia præfati incliti principis domini Johannis antedicti ibidem præsentis, pro se et successoribus suis universis et sin- gulis stipulanti et recipienti, et me notario infrascripto stipulanti et recipienti etiam una cum collegis meis infrascriptis pro omnibus illis quorum interest, intereritve aut interesse poterit in futurum, die decima sexta mensis martii, anno ab incarnatione Domini millesimo trecentesimo septuagesimo septimo, regnante illustrissimo principe domino Karolo Dei gratia Francorum rege et eadem gratia divina domino Johanne Armagniaci, Fezenciaci, Ruthenensi et Kadrollensi comite vicecomitatuumque Leomanen- sium et Altisvillaris vicecomite dominante, et domino Viguerio permissione divina Lectorensi episcopo existente; testes vocati et rogati qui in præmissis fuerunt venerabiles et religiosi fratres magister Sanx de Lafitola, Guillelmus Arumundi de Garros in sacra pagina, magistri ordinis prædicatorum, domini Guillelmus de Crentat, Franciscus de Labaur, licentiati in legibus, domini Vigue de Guolart, miles, Petrus Bertrandi, presbiter, dominus Arnaldus de Peyrat, licentiatus in legibus, Arnaldus Desparbes, canonicus Lectorensis, domini Johannes, dominus de Manhaut, Od. de Montaut, dominus d'Agremont, milites, domini Aurolhac et Davesan, magister Petrus de Ponssan, Bernardus de Somas, Petrus de Las Vinhas et plures alii, et magister Petrus Jouini, publicus authoritatibus domini nostri Franciæ regis, et etiam dicti domini comitis et vicecomitis notarius, qui una cum magistro Petro de Mayres, authoritate apostolica, et magistris Arnaldo de Vico et Arnaldo de Lafontano, notariis comitatibus Lectorensibus, de præmissis recepit publicum instrumentum, vice-cujus et nomine ego Jacobus Cothelem, clericus Caturcensis dio-cesis, coadjutor dicti magistri Petri et fidelis in hac parte, qui de veris prothocollis et nota instrumenti ejusdem hoc præsens in-strumentum abstraxi et ingrossavi manu mea, et ego Petrus Jouini, civis Caturci, publicus authoritatibus domini nostri Franciæ regis et etiam dicti domini comitis et vicecomitis notarius, qui una cum dictis magistris Petro de Mayres, authoritatibus prædictis et apostolica, et magistris Arnaldo Davidi et Arnaldo de Lafontano, notariis, et testibus supra nominatis in præmissis omnibus et singulis dum sic agerent et fierent præsens fui et præmissa scripsi et in notam recepi, posui et in meis libris sive prothocollis inserui.

De quibus hoc præsens instrumentum in quatuor pargameni pellibus ad invicem suttis, scriptis ingrossavi, scribi et in hanc formam publicam redegi feci pro... dicti domini comitis et vice-comitis et facta collatione diligenti ac descenti cum originali nota hujusmodi præsentis instrumenti, et cum dicto Jacobo Cothelerii substituto seu coadjutore meo fideli in hac parte hic manu pro-pria me subscripsi, in fidem et testimonium omnium et singu-lorum præmissorum, et signo meo solito quo utor authoritate regia in publicis instrumentis in fine ac etiam injuncturis sutarum et adjunctarum dictarum quatuor pellium suprascrip-tarum apposui consuetum cui constat etiam de internileari superius in nova linea facto de dictionibus ubi dicitur prædictis et [1]....

Collection Doat, vol. 97, fol. 229-336. Bibl. Richelieu. Mss.

---

28 JUILLET 1378.

Procès-verbal du viguier de Toulouse, dans lequel sont enregistrées les lettres de commission à lui dépêchées par Louis, duc d'Anjou, frère du roi et son lieutenant général en Languedoc. Ces lettres sont relatives à Marguerite de Comminges, fille du comte Raymond et femme de Jean, fils aîné du comte d'Armagnac. Le duc d'Anjou règle la situation de la princesse mineure dont il confie la tutelle ainsi que le gouvernement de son grand apanage à VIGUIER DE GALARD.

Noverint universi præsentes pariter et futuri quod, anno incarnationis Domini millesimo trecentesimo septuagesimo octavo et die vicesima octava mensis julii, nobis Bernardo de Grisinhaco, militi, vicario regis Tholosæ, ex parte quorumdam nobilium et nonnullorum amicorum, carnalium ac subditorum egregiæ et potentis domicellæ Marguaritæ, filiæ inpuberis ac hæredis universalis egregii et potentis viri domini Petri Raymundi, quondam

---

1. Au bas de l'acte transcrit par Capot, copiste du président Doat, la provenance primitive du titre est signalée :

« Le dixiesme mars mil six cent soixante-sept, la présente copie a esté bien et « deüement vidimée et collationnée à l'original, escrit en parchemin, trouvée au « trésor des archifs du roy en la ville de Rodès en un cofre de papiers meslés, « cotés : Lomagne, duquel original avec d'autres papiers aussi trouvés entre d'autres « papiers meslés desdits archifs il a esté fait une liasse pour estre ajoutée à l'inven- « taire des titres dudit trésor, en laquelle ledit original est coté des lettres A. G. par « moy soubssigné, estant en la ville de Rodès à la suite de monsieur de Doat, con- « seiller du roy en ses conseils et président en la chambre des comptes de « Navarre, suivant les arrests de ladite chambre du vingt-troisiesme juin et neu- « viesme octobre dernier. Signé : CAPOT. »

comitis Convenarum ultimo defuncti, comitissæque Convenarum, nec non et quorumdam popularium aliquarum communi-
tatum et villarum dicti comitatus Convenarum, fuerunt nobis
exhibitæ et presentatæ quædam litteræ apertæ, emanatæ ab
excellentissimo principe domino duce Andegavense et Turonense
germano et locumtenente domini nostri Franciæ regis in partibus Occitanis et ejus sigillo inpendenti sigillatæ, inter cætera
continentes quamdam commissionem a prædicto domino duce
et locumtenente nobis vicario prædicto directam; quarum litterarum tenor talis est. « Ludovicus regis quondam Franciæ filius,
domini mei regis germanus, ejusque locumtenens in partibus
Occitanis, dux Andegavensis, Turonensis ac comes Cenomanensis,
universi præsentes litteras inspecturis salutem. Gravem querelam
nonnullorum nobilium et gentium comitatus Convenarum et
aliquorum amicorum et affinium nobilis Margaritæ, comitissæ
Convenarum, consobrinæ nostræ, intellemus, continentem quod
cum nobilis Johanna mater et tutrix data, ut fertur in testamento
comitis Convenarum, ultimo defuncti viri sui dictæ nobilis
Margaritæ, comitissæ Convenarum, filiæ et heredis domini Petri
Raymundi, comitis Convenarum quondam ultimo defuncti
uxoris seu sponsæ, Johannis filii legitimi et naturalis primogeniti dilecti consobrini nostri Armaniaci comitis, sit absens a toto
dicto comitatu et diu fuerit et adeo impedita, quod non potest
nec valet administrare dictam tutelam neque comitatum prædictum regere, sive gubernare, nec alia facere, quæ pertinent ad
utilitatem dictæ pupillæ, propter quod dicta pupilla et dicti
nobiles et communitates haberent plura damna verisimiliter
sustinere, nisi eisdem provideretur de remedio condecenti,
nobisque supplicaverint, ut nos super his de remedio opportuno,
ad utilitatem dictæ pupillæ et dicti comitatus et subditorum

suorum providere dignaremur, nosque, cujus interest, etiam ex
debito officii talibus pupillis, et eorum gubernationi providere,
specialiter propter pericula quæ possent evenire, si dicta pupilla
et ejus loca dicti comitatus carerent gubernatore et ob hoc facilius possent per inimicos occupari, quod absit, cum cederet in
nostri et rei publicæ læsionem, considerantes quod dicta pupilla
bono modo non potest sine gubernatore et administratore remanere, juraque provideant in talibus, quod ubi tutor est impeditus aliquo impedimento, quominus administrare possit, vel
absens taliter quod administrator tutelæ vaccare non possit,
tunc debet pupillis providere de curatore seu adjuncto qui
administret, regat et gubernet loco et vice tutoris dati ; ea propter notum facimus per præsentes, quod nos facta sufficienti
inquisitione de præmissis et subsequentibus, audita bona fama et
laudabili testimonio dilecti nostri Viguerii de Golardo militis, de
quibus fide dignorum testimonio sumus plenarie informati,
dictum Viguerium curatorem seu adjunctum dictæ pupillæ ac
administratorem et gubernatorem dictæ pupillæ et ejus bonorum tenore præsentium litterarum damus, decernimus, constituimus et creamus, qui dictum comitatum, bona et res dictæ pupillæ
gubernet, administret, fructus et emolumenta percipiat, donec
dicta pupilla adoleverit, inventariumque de litteris dictæ pupillæ
faciat, officialesque quoscumque in dicto comitatu possit insti-
tuere et destituere si visum fuerit sibi expedire, et cætera alia
facere quæ ad curatoris seu adjuncti officium spectant et incum-
bunt de jure, mandamusque vicario regio Tholosæ vel ejus
locumtenenti si necesse sit committendo, quathenus ad loca
opportuna se transferendo, juramentum recipiat a dicto curatore seu adjuncto de bene administrando et regendo, ac etiam
gubernando bona dictæ pupillæ, et alia faciendo quæ de jure

sunt facienda, et cautiones idoneas recipiat ab eodem quæ fidejussorio nomine ejusdem se obligent secundum juris dispositionem, mandantesque omnibus subditis regiis atque nostris,
ut dicto curatori seu adjuncto ac gubernatori et administratori
dictæ pupillæ et bonorum suorum obediant in his quæ ad ejus
officium spectant et spectare possunt, præstentque, si necesse
fuerit, auxilium, consilium, favorem et juramen. Datum Tholosæ sub sigillo nostro secreto, nostro magno sigillo absente,
die sexta mensis julii, anno Domini millesimo trecentesimo
septuagesimo octavo, per dominum ducem domino Guidone
Laiterre præsente. » Itrilon petentes et requirentes nos vicarium
et commissarium prædictum ut contenta in dictis litteris de
puncto ad punctum debitæ executioni mandaremus, juxta traditam in eis nobis formam, quibus quidem litteris cum ea et eis
per nos perlectis, et habita matura deliberatione super contentis
in eisdem, comperimus quod dictus dominus dux ut locumtenens
prædictus certis ex causis in dictis litteris narratis ad requestam
nonnullorum nobilium et amicorum carnalium et aliquarum gentium dicti comitatus Convenarum dictæ impuberi comitissæ Convenarum providit de tutore adjuncto seu curatore propter absen-
tiam et impedimenta matris dictæ impuberis ejusque tutricis, videlicet de domino Viguerio de Golardo, milite, eumdem dominum
Viguerium dando, constituendo et creando ac decernendo tutorem adjunctum seu curatorem dictæ pupillæ ac administratorem
et gubernatorem dictæ pupillæ et ejus bonorum et comitatus
prædicti Convenarum, cum certa ac plenaria potestate adminis-
trandi ac gubernandi quæ tutoris adjuncti seu curatoris officium
de jure pertinere possunt, per quas litteras nobis vicario prædicto
commisit, ut a dicto domino Viguerio de Golardo, tutore adjuncto
seu curatore ac administratore prædicto, juramentum recipe-

remus de bene administrando et regendo ac etiam gubernando
et alia faciendo quæ de jure sunt facienda, cautionesque idoneas
reciperemus ab eodem domino Viguerio, quæ fidejussorio
nomine ejusdem se obligarent secundum juris dispositionem,
nosque vicarius et commissarius prædictus ut fidelis obediens,
volentes mandatum nobis injunctum a dicto domino duce
locumtenente prædicto, et in dictis litteris contentum, totis nostris viribus adimplere, quod idem dominus Viguerius coram
nobis vocatus non poterat, ut asseruerat, nobis dare cautiones
idoneas seu fidejussorem qui esset idoneus et locuples ad se
obligandum seu esset par et idoneus oneri injuncto, præter-
quam egregium et potentem principem dominum Johannem,
Dei gratia comitem Armaniaci, quem promisit et obtulit nobis
dare in fidejussorem pro præmissis quæ idem dominus comes
coram nobis Tholosæ vel in comitatu Convenarum certis ex
causis impeditus, specialiter propter debilitatem seu infirmita-
tem suæ personæ venire non posset, ea propter ad locum de Vite
vicecomitatus Leomaniæ et infra senescalliam Agennensem, ubi
erat idem dominus comes, nos transtulimus et vigore prædictæ
nostræ commissionis fecimus venire coram nobis dictum dominum Viguerium, tutorem adjunctum seu curatorem et administratorem prædictum, solo tamen nobis primitus accomodato quathenus indigere poteramus, per venerabilem virum dominum
Guillelmum de civitate, licentiatum in legibus, judicem vicecomitatuum Leomaniæ et Altivillaris, qui de voluntate dicti
domini comitis ibidem præsentis, dictum solum quathenus
necesse foret pro contentis in dicta commissionne adimplendis,
nobis accomodavit et concessit quoad præmissa et subsequentia
dumtaxat et ibidem dictus dominus Viguerius de Golardo nobis
sedentibus pro tribunali in castro de Vite solo nobis accomo-

dato juramento a nobis delato, juravit super sancta Dei evangelia in manu nostra ea tenentia, in administratione dictæ
tutellæ seu curæ, ac administrationis et gubernationis sibi com-
missæ dictæ pupillæ, comitissæ Convenarum, et dicti comitatus
Convenarum et aliorum bonorum dictæ pupillæ, durante suo
officio, bene et legaliter se habere, utilia procurare, inutilia evitare, personam et bona dictæ pupillæ fideliter custodire, inven-
tarium debite facere fideliter de ejus bonis, et finita dicta tutela,
bonum et legale compotum reddere et reliqua præstare, et alia
facere quæ ad tutoris adjuncti seu curatoris et gubernatoris officium pertinere possunt et debent de jure, et hoc sub obligatione
et hypotheca expressa omnium bonorum suorum præsentium et
futurorum, et insuper obtulit nobis in fidejussorem dictum dominum Johannem, Dei gratia comitem Armaniaci, qui quidem
Dominus Johannes comes prædictus, ibidem existens coram
nobis fidejussorio nomine, ad preces dicti domini Viguerii se
obligavit pro dicto domino Viguerio, et pro omnibus supra per
dictum dominum Viguerium promissis, attendendis et complendis et inviolabiliter observandis, nobis vicario et commissario
prædicto et notario infra scripto pro dicta pupilla et pro omnibus quorum interest et interesse poterit in futurum solemniter
stipulantibus et recipientibus, et si quod damnum idem dominus
Viguerius, tutor adjunctus seu curator, gubernator et administrator prædictus in bonis dictæ pupillæ et administratione prædicta daret, promisit idem dominus comes fidejussorio nomine
quo supra, de suo proprio emendare et resarcire, et præmissa
omnia attendere et complere et in contrarium non facere seu
venire, idem dominus comes promisit, sub hypotheca, et obligatione efficaci omnium bonorum suorum præsentium et futurorum, quibus supra stipulantibus pro dicta pupilla et pro omnibus

quorum interesse posset in futurum super quibus renunciaverunt omni et cuilibet actioni et.exceptioni doli mali, et in factum et omni alteri juri, per quod contra præmissa venire possent idem dominus Viguerius et dictus dominus comes, seu in
aliquo se juvare et contra præmissa omnia et singula se non
venturos, promiserunt idem dominus comes per fidem suam,
ponendo manus supra pectus, et dictus dominus Viguerius promisit et juravit supra sancta Dei evangelia a se gratis et corporaliter
tacta, et ad majorem firmitatem præmissorum per nos et coram
nobis gestorum, nos vicarius et commissarius prædictus, solo
nobis accomodato ut superius continetur authoritatem nostram
judicialem interponimus pariter et decretum de quibus omnibus et
singulis supra et infrascriptis præfatus dominus comes Armaniaci,
de parentela dictæ pupillæ, et reverendus pater in Christo dominus Bertrandus, abbas Symorræ, et nobilis vir dominus Berenga-
rius, dominus de Castropercio et de Benavento, miles, amici dictæ
pupillæ, et Guillelmus Grossi, domicellus, magister Raýmundus
Bonelli de Montesansesio, magister Johannes de fabrica, clericus,
et magister Guillelmus de Bosco, surgicus, habitatores de Mu-
rello, et Bernardus de Monteporseto, domicellus loci de Plano
Bolvestri, subditi comitatus Convenarum et dictæ pupillæ et
plures alii tunc ibi præsentes, requisiverunt per me notarium
infrascriptum fieri publicum instrumentum. Acta fuerunt hæc
omnia supradicta anno, die et loco quibus supra, regnante serenissimo principe domino Karolo, Dei gratia Francorum rege,
testibus præsentibus ad præmissa vocatis specialiter et rogatis
venerabili et circumspecto viro domino Deodato de Laparra,
legum professore, Maurino de Birano, domino de Podiosecuro et
de Ruppeforte, domicello, Michaele de Viredano, cive Ruthenæ, et
Sancio de Podio, loci de Mancieto habitatore, et me Petro

Jouini, cive Caturci, publico authoritate regia notario, qui requisitus ut supra de præmissis hoc præsens publicum instrumentum inquisivi et recepi et in prothocollo meo posui, et fideliter notavi et in hanc formam publicam redegi et signo meo solito quo utor authoritate regia in publicis instrumentis sequenti signavi. Et nos vicarius et commissarius prædictus, ad majorem authoritatem et firmitatem præmissorum, sigillum curiæ vicarius nostri Tholosæ in præsentibus litteris et instrumento apponi fecimus inpendenti.

. Collection du président de Doat, vol. 200, fol. 103.

MARS 1379.

VIGUIER DE GALARD, *chevalier, est par le choix du duc d'Anjou et par le vœu de la noblesse et des populations du Comminges désigné comme tuteur de la princesse Marguerite, héritière mineure du comté de Comminges, laquelle venait d'épouser, dans l'église de Muret, Jean, fils aîné du comte d'Armagnac.*

On vient de voir que Jean, fils du comte d'Armagnac, se qualifiait comte de Comminges, et qu'il appelait Marguerite, héritière de ce comté, sa femme, au mois de mars de l'an 1379. On prétend toutefois qu'il ne l'épousa qu'en 1385 à cause de sa jeunesse; mais nous trouvons le contraire dans des lettres de rémission, que le duc d'Anjou accorda à Toulouse le 6 juillet de l'an 1378, en faveur du comte d'Armagnac et de son fils. Jeanne, comtesse douairière de Comminges, nonobstant la promesse solennelle qu'elle avait faite de donner Marguerite, sa fille, en mariage à Bernard, second fils du comte d'Armagnac, pour reconnaître les services qu'elle avait reçus de ce comte, qui avait dépensé plus de six cent mille francs d'or pour la soutenir contre ses ennemis, projeta d'épouser elle-même Charles le Mauvais, roi de Navarre, et de donner Marguerite, sa fille, en mariage au prince de Navarre, fils aîné de ce roi. La noblesse et les peuples du pays de Comminges, instruits de ce projet, résolurent de faire épouser Marguerite à Jean, fils aîné du comte d'Armagnac, qui, étant déjà grand, était par conséquent plus en état de gouverner que le cadet. Après avoir pris leurs mesures, ils allèrent de concert avec le comte et son fils aîné au château de Muret, d'où ils enlevèrent la comtesse Jeanne et sa fille Marguerite; et cette dernière épousa aussitôt Jean, fils aîné du même comte, dans l'église des Cordeliers de Muret, et ensuite il consomma le mariage. Quant à la comtesse mère, le comte d'Armagnac craignant qu'elle ne livrât le pays de Comminges aux ennemis du roi, il l'emmena dans ses terres et la fit enfermer d'abord dans le château d'Auvillar et ensuite dans celui de Laictoure. C'est pour cet enlèvement et pour ce mariage que le duc d'Anjou lui accorda les lettres de rémission dont on a déjà parlé. Le même jour, ce prince donna pour tuteur à Marguerite, comtesse de Comminges, VIGUIER DE GALARD, chevalier, à la demande des nobles et des communes du pays de Comminges. Ce prince (le duc d'Anjou), pendant son séjour à Narbonne, au mois de mars, fit tenir à Toulouse par les gens de son conseil l'assemblée des communes des trois sénéchaussées de Toulouse, Carcassonne et Beaucaire. Il leur fit demander un subside pour continuer la conquête du duché de Guienne et pour la défense du Languedoc, où les Anglais et les compagnies occupaient encore plusieurs places. Les premiers étaient maîtres, entre autres, du lieu de Griossens en Albigeois où PIERRE DE GALARD [1] commandait pour eux.

Histoire générale du Languedoc par les Bénédictins, tome IV, page 362.

1. Voir pour Pierre de Galard, seigneur d'Espiens, tome I de cet ouvrage, p. 622.

3 AVRIL 1379.

VIGUIER DE GALARD *intervient, comme tuteur de Marguerite de Comminges, dans le traité de paix entre Gaston, comte de Foix, et Jean,
comte d'Armagnac. Il est qualifié monseigneur (mossenhor) de même
que les deux grands feudataires ci-dessus. Cet acte révèle le grand
rôle politique et militaire de Viguier de Galard dans le gouvernement comtal du Comminges.*

TRAITÉ DE PAIX ENTRE GASTON, COMTE DE FOIX, JEAN, COMTE D'ARMAGNAC, ET LEURS FILS JEAN ET GASTON.

En nom d'eu Pay et d'eu Filh et d'eu S. Esprit, amen. Coneguda et manifesta causa sia à tot, que personalement constituts
los tres puissans et molt nobles senhors, monsenhor Johan per la
gracia de Diu, comte d'Armagnac, de Fezensac, etc., et Johan d'Armagnac son filh, leiau et naturau comte de Comminges, per lor
subjets, aliats et valedors d'une part, et mossen Gaston per la
gracia medissa comte de Foix, et Gaston son filh leayau et naturau, per lor subjets, aliats et valedors d'autre part, fen et accor-
den entre lor, bone, loyau, perpetuale et amorosa pats, en ainsi
cum premieramnt era esta accordat entre losdits monsenhor lo
comte de Foix et Gaston son filh d'une part, et mossen Jehan
senhor de Manhaut en nom et per nom, et comme procurators
specials de mossenhor d'Armagnac, laquau tenor sensec en
aquesta maniera.

Accord feit entre los nobles mossen Johan senhor de Manhaut
cavalier, mossen Sants de Scrissoo, prior de Madiran, et Maurin
de Biran, senhor de Roquefort, en nom et per nom, et cum à
procurays specials, aven plenier poder de très noble et puissant
senhor mossenhor Johan, per la gracia de Diu comte d'Armagnac,
etc., et à far ratificar à Johan d'Armagnac, comte de Comenge, son

filh, et al tutor de la très noble Margaride, comtesse de Comenge, sa molher, et à tots autres, etc., d'une part; et lo très noble et puissant senhor mossen Gaston, per la medixe gracia comte de Foix, etc., et à Gaston, son filh, lo dit Gaston ab licence et authoritat d'eu dit mossenhor de Foix, son pay, d'autre part, en la maneire que sensec. Premierement que bona pax amourousa et perpetual per los dessusdits, et per tot lors sucessors, sie enter lor, lors homes, valedors, etc. Item, que per tal que aquesta pax sie perpetuel et durable perpetualment, es accordat, que matrimoni sie feit entre Beatrix, filhe d'eudit mossenhor d'Armagnac, d'une part, et lo dessusdit Gaston filh d'eudit mossenhor de Foix d'autre. Item, de xxx m francs qu'en son promès per dot, lodit mossenhor de Foix los ne laxe dets mille frans per nom de agensament, etc. Item, la tor Cofolenc sere baillade audit mossenhor de Foix, et los autres locx s'en thien en Albigeois, et quitar audit mossenhor de Foix, per si et per touts drets, que en ladite terre d'Albigeois poudisse aber. Item, que lodit mossenhor de Foix aix et tengue lo loc et castelanie de S. Julien, am sas pertenences, axi cum antiquament se sole tenir à tote sa vita, et après sa vita, que torne au comte de Comenge. Item, que monseignor Johan lo prior de Lantar, lo seignor de Noé, lo seignor de la Serre, lo seignor de Berat, lo seignor de Gozencxs, Guiraudot de Mauleon, mossenhor Corbi d'Espagne, Arnaut Guillem de Mauleon, P. de Toyhès, Sants Gassie d'Aure et autres qui ara son de la hobedience d'eudit monssenhor de Foix, fo accordat per los senhor dessusdits, en nom que dessus, que duran la vita d'eudit mossenhor de Foix, lodit comte de Comenge, no los posque compellir de esté de sa part, ni sos homes, abants ac sien d'eudit mossenhor de Foix, etc. Item, la begorie de Mautbesin et de Godor demoren ab lodit mossenhor de Foix à perpetualitat, per

si et per sos. Item, per miey los causes dessus et dejus dites, lodit
mossenhor de Foix, et Gaston son filh, de sa licentia, quitteran
et remettran tous los dreits que poden demanar en lo comtat de
Comenge, en quenhe maneire et condition que fos, entro au
jorn de oey. Item, fo accordat, que tous dampnatges dats de une
part et d'autre, et totos pats passades, et totas penes encorrudes
sien toutes remeses, etc. Item, en oltre, lodit mossenhor de Foix
et Gaston son filh, de sa authoritat et licentia, prometen et juren
en la maneire que los autres causes dessus et dejus scriutes, que
els remetin totas demandes que far poiren en nulle maneire, per
madonne de Comenge, mai de la molher de monseignor de
Comenge, et que per pleit ni per guerre, ni en nulle autre
maneire no la adjudaran en nulle maneire, etc. Item, que los
prisoniers finen et sien delieures aixi cum ja es estat accordat ab
lor medix. Item, aquestas causas sien ordenades ben et solemp-
namens am sagramens et penes, ta fortaments. cum far se poira.
Item, que aquestas causas fermades et jurades, cum dessus lodit
monseignor de Foix trametra au comte d'Armagnac, lo terts des
juiaux... Item, tots los communes, gentis-homes, et officiers
d'eusdits senhor comtes, requerits l'un à l'autre, dens tres sept-
manes après la requesta, sien tieneuts de jurar ladite pats, et sien
cessades totas marques, etc. Item, que losdits mossenhor d'Armagnac, et mosseignor de Foix, per acomplir aquestos causes,
sien la vespre da Rams, so es assaber lodit mossenhor d'Armagnac
à Barssalona, et lodit mossenhor de Foix à Ayre, et qu'en mieu
ensemps am lor tots los prisoniers d'une part et d'autre, si avez
los hi poden à lor leyau poder, et que mossenhor d'Armagnac pro-
metté à mossenhor de Foix de livrar et far vier los prisoniers
deudit mossenhor de Foix, si arrès los fasse destors en lor cami,
per la medixe maneire que ferma lo senhor de Manhaut; et lodit

mossenhor de Foix per la medixe maneire fermi audit mossenhor
d'Armagnac per los sos prisoniers. Las causes dessusdites foren
acordades en la chapelle d'eu casteg d'Ortez, lo xx jorn d'eu mes
de Mars, l'an de nostre senhor mccclxxviii, et jurades sus lo sacrat
cors de Dieu, per losdits mossenhor de Foix et Gaston son filh,
de sa auctoritat et licence de una part, et per los procurays dessus
nommats, etc. Et de so son feits dus cartels de une tenor, etc.

Losquaus roles dessusdits legits et publicats, per so car lodit
acord et lo sagramens sus aquero feits, eren estats accordats et
feits per losdits comtes absens l'un de l'autre, aras de present
entre Rams, losdits senhors comtes estan ensemps, et fesen l'un
costa l'autre, volens aquero meter a acabament, autrejan, aboan
et ratifican, et sen novelament de présent ladite pats, et totas et
singles las causes et artigles de mot à mot, aixi cum en losdits
rolles et en lo present instrument son contengudas, etc. Item,
losdits mossenhor de Foix et Gaston son filh, de sa licentia,
remeton et quitten tos los drets et actios que aven ni aver poden,
entro aquest présent jorn duey, en la comtat de Comenge et terre
de Serrera, à la dita Margarida, comtesse de Comenge, et à mossenhor Beguer son tutor à qui présent, etc. Et juran de lors
propos mas dextras sus lo sant cors de Diu sagrat, en las mas
deu R. pay en Diu mossenhor Beguer, per la gracia de Diu
evesque de Laytora, que assi ac tieran, et observeran et accom-
pliran totos et sengles las causes en losdits rolles et présent instrument contengudas, etc., que encontre no faran ni vieran, en
tot ni en partida, en deguna maneira; et en cas que en res hi
faillissen, volen aver renegat Diu, loquau los fossa contra, et a
dampnacion de lors cors et de lors ammes, preneon lo diable
per senhor, et eslegin los soboltures en enfern, are per labets, et
labets per are; et per la medixa maneira, ac autrejan et juran

los nobles Joan, filh deudit mossenhor d'Armagnac, comte de Comenge, et Gaston, filh deudit mossenhor de Foix, de auctoritat et licentia deudits senhors lors pays; et assi medis ac autreja et jura lodit mossenhor Beguer de Galard, cume tutor que dis esser de ladita Margarida comtessa de Comenge, molher deudit Johan d'Armagnac, etc. Et à qui medix feits losdits sagraments, losdits senhors comtes, en senhau de ladita pats, per lor et per lors tenidore et observadore per tos temps comugan la hostie sagrade, à lor partide per miey, per lodit mossenhor l'evesque de Laytore, et baisan l'un l'autre de lors boques, et aissi medix Johan d'Armagnac et Gaston de Foix comugan la hostie sagrade, partida per miey comme dessus, etc. Et renuncian... losdits comte de Comenge et Gaston, de licence que dessus, majors de xiv ans et mendres de xxv, assi come a qui fo dit et apare per lesgardament de lors personnes, à tota restitution in integrum, etc. Aisso fo feyt lo jorn d'Aramps, que sa lo ters jour deu mes d'abriu, l'an de la Incarnation de nostre Senhor mccclxxix, en las plasses patens que son enter Ayra et Barsalonne, en una lotga on misse fo cantade, laquau fo feita per aque fer ladit pax, regnan mossenhor Karle, per la gracie de Diu rey de France, et losdits senhors comtes en lors comtats, vescomtats, terres et senhorejaus, et mossenhor Philip, patriarcha de Jherusalem, perpetual administrador de la glicya d'Auxs, estan en presencia et testimoni deu R. peyre en Christ, mossen Beguer, abesque de Laytora, et dels nobles et puchans senhors mossen Johan de la Barte senhor d'Aura, mossen Ayssiu de Montesquiut senhor de Bazian, mossen Od. de Montaud senhor de Gremont, mossen Johan senhor de Manhaut, mossen Manhaut d'Armagnac, cavalier, mossen Manaut de Barbazan, Bernard d'Arribère, senechal d'Armagnac, Arnau d'Arbin, sénéchal de Lomanhe,

mossen Guilhem de Ciutat, judge de Lomanhe, mossen
Sants de Serisao, prior de Madiran, et Maurin de Biran, senhor
de Roquefort, de la part et bobedience deudit mossenhor
d'Armagnac. Et deu R. P. en Christ mossenhor Guillem
evesque d'Oloron, et deus nobles et puissans senhors mos-
senh Arnaud Guillem de Béarn, senhor de Morlane, mossenhor P. de Bearn, mossenhor P. Arnaud de Bearn, mossen
Ramon senhor d'Andonhs, mossen P. de Gavastos, mossen P. de
Navals, mossen Bernat d'Aydia, mossen Gassi Arnaud senhor
d'Assaranh, cavaliers, mossen Bertrand de Busi, licentiat en
décrets jutge de Béarn, de la part et hobedience deudit mossenhor de Foix, testimonis aperats et pregats à las causes dessusdites, que juren aqui medis sus lo beray cors de J. C. de tenir et
observar ladita pats; et de mi Pey de Mayres, notari reyau, etc.

Histoire générale du Languedoc par les Bénédictins, tome IV, Preuves,
col. 354, 355, 356 et 357. — Collection Doat : tome CC, page 127.

---

3 AVRIL 1379.

Les comtes d'Armagnac et de Foix, voulant, après bien des tentatives
avortées de rapprochement, sceller enfin une réconciliation sincère,
s'étaient donné rendez-vous dans deux villes voisines, Aire et Bar-
celonne, sur les confins de leurs États. Après avoir juré, dans la
forme la plus sacramentelle, d'observer toutes les clauses du traité
conclu, les vieux comtes, dans le but de raffermir encore cette union,
voulurent faire concourir leurs fils à leurs engagements solennels.
VIGUIER DE GALARD, en sa qualité de régent de la jeune comtesse de
Comminges, fiancée au fils du comte d'Armagnac, renouvela, au
nom de sa pupille, les serments et les garanties des deux principaux
contractants.

Ces serments réitérés attestent qu'on craignait de ne jamais
lier assez les deux familles rivales et leur arracher les armes des

mainŝ. En effet, malgré toutes ces précautions, la confirmation
du traité se fit attendre. On éleva de part et d'autre des difficultés
nouvelles; la conclusion se traîna ainsi deux ans entiers; mais
enfin Jean II donna procuration à Jean, seigneur de Magnaut, à
Sans de Sariac, prieur de Madiran, et à Maurin de Biran, seigneur
de Roquefort, et promit de faire ratifier ces pouvoirs par Jean, son
fils, et Marguerite de Comminges, sa belle-fille. Les trois procureurs se rendirent à Orthez, et convinrent avec Gaston et son fils
qu'ils jureraient ensemble les articles suivants : 1° que le mariage
de Béatrix serait conclu, et que, sur les cinquante mille francs
promis, on en prendrait dix mille pour les ajustements ou joyaux;
2° que les prisonniers seraient mis en liberté de part et d'autre;
3° que le comte de Foix se rendrait la veille des Rameaux dans
la ville d'Aire, et le comte d'Armagnac dans la ville de Barcelonne, situées à quelques pas l'une de l'autre, et que là se ferait
la ratification définitive de cette laborieuse convention et
l'échange des prisonniers.

Les deux comtes et leurs enfants furent fidèles au rendez-
vous. Le dimanche des Rameaux, au milieu d'un concours plus
grand encore que le premier, ils se réunirent dans une vaste
place choisie à moitié distance des deux villes, et sur laquelle
s'élevait une maison de planches. Un autel y avait été dressé.
L'évêque de Lectoure chanta la messe, et quand le saint sacrifice
toucha à sa fin, le célébrant éleva l'hostie et les deux comtes
jurèrent, leur main droite sur le corps du Dieu trois fois saint,
que désormais ils tiendraient, observeraient, et accompliraient
toutes et chacunes des clauses contenues dans la précédente
convention, qu'ils ne feraient ni ne tenteraient de faire rien qui
y fût contraire, et que, dans le cas où ils y manqueraient, ils vou-
laient avoir renié Dieu, se vouaient à la damnation de leurs corps

et de leurs âmes, prenaient le diable pour seigneur et choisis-
saient leur sépulture dans l'enfer. A ces mots ils partagèrent
l'hostie consacrée qui avait reçu leur serment et que leur présenta l'évêque. Après les pères, les deux jeunes comtes, leurs
fils, prêtèrent semblable serment et furent communiés avec la
même hostie partagée en deux. BEGUIER DE GALARD, tuteur de la
jeune comtesse de Comminges, fiancée au fils du comte d'Armagnac, s'engagea sous la garantie des mêmes imprécations au
nom de sa pupille. Philippe, patriarche de Jérusalem, administrateur perpétuel du siége d'Auch, assistait à cette cérémonie avec
les nobles et puissants seigneurs Jean de Labarthe, seigneur
d'Aure, Ayssius de Montesquiou, seigneur de Bazian, Odon de
Montaut, seigneur de Gramont, Manaud de Barbazan, Bernard de
Rivière, sénéchal d'Armagnac, Arnaud d'Arbieu, sénéchal de
Lomagne, Guilhem de Cieutat, Arnaud Guilhem et Pierre de
Béarn, Bernard de Villemur, Peyrotet d'Ornezan, Raymond de
Lalanne, Arnaud Guilhem de Mauléon, Comtebou d'Antin, Espa-
gnolet du Lyon, Raymond de Miramont, Pierre Dugros, Arnaud
de Lavedan, Ménéduc de Pausadé, Aimerigot de Commenges,
Bernard, bâtard de Comminges, Maupot du Lin et quelques
autres seigneurs de Foix, Béarn, d'Armagnac et de Comminges.
Ainsi fut terminée cette querelle qui avait divisé les maisons de
Foix et d'Armagnac pendant quatre-vingt-neuf ans et amené entre
elles des combats presque continuels[1].

Histoire de Gascogne par Monlezun, tome III, pages 454, 455, 456.

1. Les pages ci-dessus de l'abbé Monlezun ne sont guère que la traduction
libre et commentée du traité original inséré page 54. Nous remarquons toutefois,
parmi les témoins cités par Monlezun, des noms qui ne figurent pas dans les
pactes authentiques de 1379.

3 ET 4 AVRIL 1379.

Aux fiançailles de Béatrix, fille du comte d'Armagnac, avec Gaston de
Foix, lequel ne devint point définitivement son époux, par suite
d'un événement tragique, apparaissent dans une brillante assis-
tance l'évêque de Lescar, le prieur de Madiran, l'abbé de Simorre,
Jean de La Barthe, AYMERIC DE GALARD, chevalier. Ces pactes provi-
soires avaient suivi le mariage de Jean, frère de Béatrix, avec Mar-
guerite de Comminges, placée sous la tutelle de VIGUIER DE GALARD
par le duc d'Anjou, qui confirmait ainsi la volonté des états de Com-
minges. Dans cet extrait, mentionnant plusieurs personnages de la
maison de Galard, est encore cité PIERRE DE GALARD, seigneur
d'Espiens, partisan de la cause britannique.

Béatrix, le gage de cette paix, laissait déjà pressentir l'éclatante beauté qui devait la rendre célèbre, et elle rehaussait ses charmes par un caractère vif et enjoué. On ne l'appelait que la gaie Armagnagaise. Le contrat de mariage fut passé le lendemain (4 avril 1379). Le souverain pontife s'était empressé d'envoyer les dispenses nécessaires. L'évêque de Lectoure[1] célébra ce jour-là même les fiançailles dans le château de Manciet.

Le jeune Gaston, tenant d'une main l'évêque de Lectoure et de l'autre Béatrix, déclara la prendre pour épouse, et Béatrix déclara prendre Gaston pour époux. Ils confirmèrent aussitôt leur engagement par un baiser. L'évêque de Lescar et Sans du Céris, prieur de Madiran, procureur du comte, requirent aussitôt un acte notarié de tout ce qui s'était passé. Cet acte fut dressé en présence de Pierre de Navailles, Jean, vicomte d'Orthe, Louis d'Engay et Arnaud de Busca, désignés pour servir de témoins par Gaston Phœbus, et devant Jean d'Armagnac, frère de Béatrix, Bernard, abbé de Simorre, Jean de Labarthe, AYMERIC DE GALLARD,

---

1. L'abbé Monlezun a mis Lectoure pour Lescar. Voir page 81.

chevaliers, Arnaud d'Armau, sénéchal de Lomagne, et Bernard
Duprat, licencié en droit, nommés par le comte d'Armagnac.
Béatrix apportait à la maison de Foix vingt mille livres de dot.

Les noces eurent lieu quelques jours plus tard, mais le
mariage ne fut jamais consommé, le plus âgé des deux époux
n'ayant alors que onze ou douze ans. Le ciel ne bénit point leur
union. On eût dit qu'ils avaient été marqués l'un et l'autre
comme deux victimes destinées à expier le sang versé par les
haines mutuelles de leurs aïeux. Gaston périra bientôt sous le
stylet de son père au fond d'un cachot, et la gaie Armagnagaise,
plus malheureuse encore, ira promener ses infortunes au delà
des Alpes, et chercher une mort presque aussi tragique sous un
ciel étranger. Ce mariage avait été précédé de celui de Jean,
frère de Béatrix, qui avait accompagné sa sœur à Barcelonne et
à Manciet. Il s'unit à Marguerite de Comminges. Jeanne, mère et
tutrice de Marguerite, avait d'abord promis de donner sa fille à
Bernard, second fils du comte d'Armagnac, et s'était engagée à
faire ratifier cette promesse par douze barons ou gentilshommes
et par douze consuls des villes principales de son comté. Elle
voulait reconnaître ainsi, non-seulement les services qu'elle avait
reçus de Jean d'Armagnac, mais encore les sommes qu'il avait
dépensées pour la soutenir et qui s'élevaient à plus de six cent
mille francs d'or. Mais bientôt, oubliant ses promesses et son âge
et foulant aux pieds les lois de la reconnaissance, elle projeta
d'épouser elle-même Charles le Mauvais, et de marier sa fille au
prince de Navarre, fils de Charles. Ce projet, ayant transpiré,
souleva les seigneurs du pays. Ils s'assemblèrent sous la présidence d'Aymeric Roger et de Bernard de Comminges, parents
de la jeune pupille, et, craignant que leur maîtresse ne préci-
pitât un dénoûment qu'ils redoutaient, ils établirent une garde

sûre autour de la ville de Muret que Jeanne habitait avec sa fille. En même temps ils firent prévenir le comte d'Armagnac. Seulement, à la place de Bernard, ils lui demandèrent Jean, son fils aîné, parce que, le voyant plus âgé, ils le jugèrent plus propre à gouverner le Comminges.

Le comte accourut en toute hâte, suivi de son fils, et escorté de forces imposantes, sous prétexte que les courses de la garnison de Lourdes commandaient cette précaution. Il envoya sommer Jeanne de tenir sa promesse. Celle-ci, accusant sans doute le comte d'Armagnac d'avoir soulevé contre elle les seigneurs du Comminges ou de les avoir encouragés, se refusa hautement à passer outre, et pour mieux braver le comte et lui témoigner toute la haine qu'elle lui avait vouée, elle protesta qu'elle livrerait plutôt à ses ennemis la moitié du comté ou même qu'elle aimerait mieux mourir avec ses deux filles. Le comte d'Armagnac s'étonna ou feignit de s'étonner d'une réponse aussi violente. Les seigneurs du Comminges s'en montrèrent souverainement irrités, et conjurèrent le comte de terminer un mariage arrêté depuis longtemps. Jean répondit qu'il n'userait jamais de force, mais que, si l'on conduisait Marguerite au couvent, il consentirait au mariage qu'ils sollicitaient. En même temps il se rendit au couvent des cordeliers. Les seigneurs coururent aussitôt chercher Marguerite, qui, moins prévenue que sa mère contre la maison d'Armagnac, se prêta de bonne grâce à ce que désiraient ses vassaux, et se rendit de son gré et sans aucune violence dans l'église du couvent, où le mariage fut béni aux applaudissements des seigneurs et des députés des villes, qui reconnurent le jeune comte pour leur maître.

Outrée de cette union qu'elle abhorrait, Jeanne se répandit en menaces. Le vieux comte, comprenant qu'il était de son inté-

rêt de s'assurer de sa personne, et poussé d'ailleurs par les seigneurs du Comminges qui craignaient que les violences de cette
mère irritée n'amenassent la ruine de leur pays, lui fit proposer
de suivre sa fille et son gendre sur les terres d'Armagnac, et sur
un refus que tout faisait prévoir, il la fit enlever et la fit conduire
au château de d'Auvillars, où il l'entoura d'une société de gens
notables, mais dévoués aux intérêts de son fils. Il la transféra
ensuite au château de Lectoure, pour la transporter, disait-il,
dans un séjour plus agréable, mais dans la réalité pour pouvoir
mieux surveiller ses intrigues.

Jadis, les comtes d'Armagnac, comme presque tous les seigneurs puissants, plaçaient leurs actes sous la sauvegarde de leur
épée. Mais la royauté avait grandi en France, et toute violence
avait besoin de son pardon. Le comte d'Armagnac, craignant
d'être inquiété, résolut de prévenir ses ennemis. Il s'adressa au
duc d'Anjou. Le duc ne pouvait blâmer un acte qui mettait de
vastes domaines dans les mains dévouées à la France. Il octroya
au comte d'Armagnac des lettres de rémission pour l'enlèvement
et pour le mariage; mais comme Marguerite était bien jeune
encore, il lui donna pour tuteur, à la sollicitation de la noblesse
et des communes du Comminges et sans doute aussi à l'inspira-
tion du comte d'Armagnac et de son fils, BÉGUIER DE GALLARD, chevalier de la Lomagne. Le duc d'Anjou, après avoir approuvé le
mariage du fils, voulut aider à payer la dot de la fille. Il ordonna
en conséquence à son receveur général du Languedoc (4 mars
1371) de compter au comte d'Armagnac quarante-trois mille
francs d'or.

Il n'était pas rare, à cette époque, de voir les membres d'une
même famille suivre des drapeaux opposés. Pendant que BÉGUIER
DE GALLARD recevait la récompense de son dévouement à ses

maîtres, Pierre de Gallard, son frère ou son cousin, conduisait des bandes anglaises, et prenait des places sur les Français, etc.

Histoire de Gascogne par l'abbé Monlezun, tome III, pages 456, 457, 458, 459, 460.

---

5 AVRIL 1379.

Au contrat de mariage de Gaston, fils d'autre Gaston, comte de Foix, avec Béatrix, fille de Jean, comte d'Armagnac et de Comminges, on remarque dans l'assistance l'abbé de Simorre, Jean de la Barthe, Jean de Lomagne et Viguier de Galard.

In nomine sanctæ et individuæ Trinitatis, Patris et Filii et Spiritus Sancti, amen. Noverint universi præsentes pariter et futuri seriem et tenorem hujus præsentis publici instrumenti visuri, audituri, lecturi, intellecturi ac etiam percepturi, quod cum attentis et consideratis guerris, brissis, dissentionibus, locorum destructionibus, stragibus, dampnis et molestiis factis, habitis, passis et sustentatis per eorum terras eorumque subditos, valitores, vassalos eorumque allegatos et consortes, inter egregios et potentes dominos dominum Johannem, Dei gratia comitem Armaniaci, Fesenciaci, Ruthenensem, Kadrellensem, vicecomitemque vicecomitatuum Leomaniæ et Altivillaris et dominum terræ Rippariæ, ex parte una, et dominum Gastonem, Dei gratia Fuxi comitem, dominum Bearnii, vicecomitemque Marsani et Gavardani, ex parte altera, eorumque progenitores ac prædecessores utriusque eorumdem, instiganteque maligno spiritu sua perversa suggestione inimico humani generis a vero tramite justiciæ et vinculo amoris, fœderis ac dilectionis, eosdem dominos comites deviare cupientes, dubitareque adhuc majores guerras, et acriores, et

majora dampna per dictos dominos comites, eorumque barones,
milites, vassallos, subditos, eorumque alligatos et confœderatos,
civitatesque, villas, castra et oppida eorumdem dominorum comitum ad invicem dari et inferri, et haberi, sustineri hinc et inde
imposterum, pro præmissisque guerris, bricis, dampnis, molestiis, stragibus, incendiis, locorum destructionibus, et aliis diversis
molestiis abhinc in antea sedandis inter dictos dominos comites
eorumque subditos, consortes et colligatos, et pro bono pacis et
concordiæ ac fœderis in perpetuum inter dictos dominos comites
eorumque successores habendæ et observandæ, hoc Sancti Spiritus
gratia et divina providentia ordinante et disponente, versussias
maligni spiritus propulsante et expellente, tractantibusque mili-
tibus, nobilibus, baronibus et aliis nobilibus, amicis utriusque
partis, et proceribus, hominibus intervenientibus sit et fuerit tractatum inter prædictos dominos comites, quod sit inter eos et eorum successores ab hinc in antea per imperpetuum pax, bona
concordia, fœdus et amicitia ac benivolencia, et inter cætera quæ
in tractatu dictæ pacis habentur contineatur prout ibi assertum et
dictum fuit, ut dicta pax in perpetuum melius valeat perseverare
et firmitatem obtinere, quod matrimonium fieret inter egregiam
ac potentem dominam dominam Beatricem de Armaniaco, filiam
legitiman et naturalem dicti domini Johannis Armaniaci, comitis,
ex parte una, et egregium ac potentem virum nobilem Gastonem
de Fuxo, filium legitimum et naturalem dicti domini Gastonis Fuxi
comitis, ex parte altera, et dictum matrimonium fiendum et celebrandum inter dictum nobilem Gastonem et dictam egregiam dominam Beatricem jam sit concordatum et per dictos dominos comites et eorum quemlibet solempniter juratum, et idem dominus
comes Armaniaci jam promisit constituere atque dare pro dicta
sua filia in dotem et dotis nomine dicto domino Gastoni Fuxi co-

miti ejusque filio Gastoni de Fuxo, viro et conjugi futuro dictæ dominæ Beatricis, viginti milia francos auri boni et legitimi ponderis,
cugni domini nostri Franciæ regis; est sciendum quod dicta egregia et potens domina, domina Beatrix de Armaniaco antedicta,
anno, die et loco infrascriptis personaliter constituta in mei notarii,
testium infrascriptorum præsentia ad hoc specialiter vocatorum
et rogatorum, coram venerabili ac circumspecto viro domino Ferrandi, licenciato in utroque jure, judice ordinario Armaniaci,
ibidem pro tribunali sedente, major asseruit et prima sui facie
apparebat tredecim annis, minor vero viginti quinque, quæ juravit ad sancta quatuor Dei evangelia manu sua dextra gratis et
corporaliter tacta, non venire contra contenta in præsenti publico
instrumento ratione suæ minoris ætatis nec alias ullo modo, nec
petere beneficium restitutionis in integrum, certificata ac etiam
cerciorata de facto et jure suis et omnibus et singulis superius
enarratis habitaque matura deliberatione ac maturo consilio plurium nobilium et potentum virorum, baronum et militum ejus
agnatorum et cognatorum, omni vi, dolo, metu, fraude, suggestione, inductione, circumventione et seductione cessantibus
quibuscumque, ut dicta pax, fœdus et amicitia per inperpetuum
melius possint et valeant observari et ut dictus dominus comes
Armaniaci, pater suus, ferventius ad dictam pacem et matrimonium celebrandum animetur pro dictis viginti millibus franchis
auri, quod ipsa in dotem dandis, exsolvendis, pariterque consti-
tuendis dicto domino comiti Fuxi, ejusque filio nobili Gastoni de
Fuxo, de qua quidem dote promissa aut promittenda, jam constituta aut constituenda et pro dicto ejus matrimonio exsolvenda ipsa
domina Beatrix se habuit pro bene pacata, pariterque contenta
gratis et sponte pro se ac successoribus suis universis et singulis
quittavit, remisit penitusque absolvit dictum dominum Johannem

Armaniaci comitem, patrem suum licet absentem, dominamque
Johannam de Petragorio, comitissam Armaniaci, matrem suam
legitimam et naturalem ibidem præsentem, dictam quitationem
et absolutionem pro se et successoribus suis in se suscipientem
et recipientem, me notario infrascripto pro dicto domino comite
stipulanti et recipienti et de omni jure, omnique actione, quæ
sibi competit aut competere potest quoquo modo, ratione, institutionis vel substitutionis legati, vel fideicommissi, vel ratione
alterius juris cujuscumque sibi pertinentium ex testamento vel
ab intestato, ex dispositione vel ordinatione avorum, aviarum, proavorum, proaviarum, paternorum aut maternorum, paternarum
aut maternarum, omnique futuræ successioni paternæ ac maternæ
sibi profuturæ, et quæ sibi possunt evenire ac deberi per mortem
dictorum domini comitis et dominæ comitissæ et alterius eorumdem ratione legitimæ vel ratione suplementi legitimæ, etiam si
dicta dos quod ipsa exsolvenda usque ad legitimam de jure sibi
debitam non assenderet, necnon etiam quitavit et absolvit egregium ac potentem dominum dominum Johannem de Armaniaco,
comitem Convenarum de omni jure sibi competenti aut compe-
tituro de præsenti aut de futuro ratione successionis paternæ aut
maternæ legitimæ falcidiæ trabellianissæ et alterius portionis
cujuscumque in quibus sibi teneri posset modo quolibet in futurum ratione successionis paternæ aut maternæ institutionis vel
substitutionis, legati vel fideicommissi avorum ac proavorum,
aviarum ac proaviarum, paternorum aut paternarum, maternorum ac maternarum, necnon etiam simili modo quitavit et
absolvit egregium ac potentem virum Bernardum de Armaniaco
etiam ejus fratrem de et pro omni jure paterno, materno, avi-
tino, proavitino ac etiam fraterno, si ratione fratris quæ per
mortem dicti domini Johannis, comitis Convenarum, fratris sui,

aliqua jura eidem dominæ Beatrici possent pertinere, si successionem paternam, maternam ac eorum hæreditatem frater-
namque successionem ad dictum nobilem Bernardum imposterum contingeret evenire, liberosque dictorum domini Johannis
de Armaniaco, comitis Convenarum, ac nobilis Bernardi de
Armaniaco, fratrum suorum, ab ipsis descendentibus ex eorum
corporibus propriis et ex legitimo matrimonio procreatis, me
notario infrascripto pro dictis domino comite Armaniaci ejus
patre licet absente, et domino Johanne de Armaniaco, Convenarum comiti, et dicto nobili Bernardo de Armaniaco licet absentibus, et pro omnibus illis quorum interest, intererit ne aut
modo quolibet in futurum poterit interesse stipulanti et recipienti,
remittens generaliter dictis dominis parentibus ac fratribus suis,
et eorum cuilibet modo et forma præmissis omnia jura omnesque
actiones competentia ac competentes, competitura aut competi-
turas, quæ eidem pertinent et spectant ac pertinere et spectare
ad eam poterunt modo quolibet in futurum ratione dictarum
institutionis, legati, vel fideicommissi legitimæ, vel pro suple-
mento ejusdem, si quis dictæ ejus legitimæ deerat falcidiæ tra-
bellaniæ, vel alterius juris et portionis cujuscumque de jure tam
civili quam canonico, aut de consuetudine, usu, stilo, aut aubser-
vancia regni Franciæ vicecomitatus Parisius, comitatuum Armaniaci, Fesenciaci, Ruthenæ et Kadrellensis, vicecomitatuumque
Leomaniæ et Altivillaris, terræque Rippariæ aut statuto eorumdem, civitatumque, villarum, castrorum et terrarum dicti domini
comitis Armaniaci, ducatusque Aquitaniæ regni principatus
ducatus terrarum et dominationis seu potestatis alterius cujuscumque, quam quidem renunciationem, quitationem et absolutionem dictorum jurium avitinorum, paternorum, maternorum
ac etiam fraternorum, sibi aut suis successoribus competentium,

aut in perposterum competendorum, dicta potens et egregia
domina domina Beatrix antedicta fecit pro se ac successoribus
suis universis et singulis dictis domino Johanni comiti Armaniaci,
et dominæ Johannæ de Petragorio, parentibus suis legitimis et
naturalibus, et dictisque fratribus suis domino Jahonni, comiti
Convenarum et nobili Bernardo de Armaniaco pro se eorumque
liberis et suis propriis corporibus et ex legitimo matrimonio
procreandis me notario infrascripto stipulanti et recipienti ut
supra, quod dictis domino comite Armaniaci et dicto domino
Johanne, comite Convenarum, et nobili Bernardo de Armaniaco,
in præsentia præfati domini Johannis Ferrandi, judicis ordinarii
Armaniaci, sedentis pro tribunali, existens major ut prædicitur
tredecim annis ut asseruit suo juramento per ipsam ad sancta
quatuor Dei evangelia corporaliter præstito faciens pactum
expressum et conventionem mihi prædicto notario pro dictis
domino comite Armaniaci et domino comite Convenarum et
nobili Bernardo de Armaniaco stipulanti, et recipienti, et dictæ
dominæ comitissæ ibidem præsenti etiam pro se stipulanti et
recipienti de aliquid aliud alterius non petendo, quam dictam
dotem et etiam pactum expressum de non agendo contra dictos
ejus parentes, nec ejus fratres, nec alterum eorumdem nec contra eorum comitatus, vicecomitatus, terras, civitates, villas et
castra et alia jura quæcumque præsencia ac futura aliqua actione
reali, personali, mixta, civili, vel prætoria, aut in rem persecu-
toria ratione nec ex causis alicujus institutionis vel substitutionis
eidem factarum nec ratione legitimæ, nec suplementi ejusdem
trabellianissæ falsidiæ, nec alterius juris seu portionis cujuscumque, quæ sibicom petunt aut competere poterunt in futurum,
licet et ipsa certa sit, prout ipsa asseruit, quod dicta dos pro ipsa
exsolvenda usque ad legitimam de jure sibi debitam non assendit,

quæ sibi deberetur de bonis paternis et maternis et fraternis;
hanc autem renunciationem dictorum jurium sibi competentium
ac competere debentium et volentium de præsenti aut in futurum
ratione dictæ successionis paternæ, maternæ, avitinæ et fraternæ,
quitationemque et absolutionem dicta domina Beatrix fecit ratione
et ex causa dictæ pacis et concordiæ, fœderis, amicitiæ et bene-
volenciæ per inperpetuum inter dictos dominos comites et eorum
successores tenendarum et observandarum et ratione et ex causa
dictæ dotis pro ea jam ordinatæ et dispositæ dari et exsolvi dicto
domino comiti Fuxi, ejusque viro futuro nobili Gastoni, ratione
et ex causa dicti sui matrimonii fiendi et celebrandi, pro hone-
ribus dicti matrimonii melius supportandis, et in casu quo dicta
jura eidem competentia aut imposterum competitura plus valerent quam sit dicta dos, dicta domina Beatrix ea omnia et singula sibi pertinentia et pertinere valentia ratione alicujus legati
vel fideicommissi substitutionisque eidem factæ ex aliqua dispositione avitina, rationeque legitimæ ac successionis quæ sibi
deberetur, ac debere posset de jure, consuetudine, statuto muni-
sipali aut provinciali, usu, stilo et observancia dictorum regni
Franciæ, comitatuum et vice comitatuum, ducatus et principatus
cujuscumque, eadem domina Beatrix dedit, cessit et transtulit
præfatis dominis parentibus ac fratribus suis eorumque successorum omnimodis voluntatibus faciendis pro dictis viginti
milibus franchis auri dari et exsolvi promissis, dispositis, ac
etiam ordinatis, rationeque et ex causa dictæ pacis melius observandæ, pluriumque aliorum diversorum beneficiorum, amorum,
plaseriorum, diversorumque jocalium aureorum et perlocorum
diversisque aliis gerariis ornatorum per ipsam dominam Beatricem
habitorum et receptorum a dictis parentibus et fratribus suis, et
quolibet eorumdem, propterque eadem domina Beatrix se repu-

tabat et tenebat astrictam erga ejus parentes et fratres suos, et quemlibet eorumdem, et ad antidoda obligatam, dicens et recognoscens dicta domina Beatrix quod dicta dos pro ea exsolvenda et jam dari et exsolvi disposita et ordinata, dictaque dona et beneficia, amores, plaseria, et jocalia per eam habita et recepta plus valent et assendunt quam valeant nec assendant dicta jura per eam remissa, cessa et donata, quæ sibi competebant hodie de præsenti, aut quæ possent competere in futurum ratione successionis paternæ, maternæ ac fraternæ contra ejus parentes aut fratres aut alterum eorumdem, eorumque bona præsentia ac futura, et juravit expresse dicta domina Beatrix pro se et successoribus suis præsentem quitationem, remissionem et absolutionem dictorum jurium eidem competentium aut imposterum competendorum eorumdemque jurium præsentium ac futurorum donationem, cessionem et transactionem per eam facta dictis progenitoribus suis domino comiti et dominæ comitissæ Armaniaci ac domino Johanni de Armaniaco, comiti Convenarum, et nobili Bernardo de Armaniaco, fratribus suis, tenere per inperpetuum dictum juramentum præstando corporaliter manu sua dextra ad sancta Dei quatuor evangelia, etc.

Acta fuerunt hæc in castro de Maucreto (Mancieto?) die quarta mensis aprilis, anno Domini millesimo trecentesimo septuagesimo nono, regnante domino Karolo, Francorum rege, dicto domino comite Armaniaci dominante, etc. Testibus præsentibus vocatis et rogatis dominis: Arnaldo de . . . . , judice appellationum Armaniaci et Fesenciaci, Bernardo de Prato, Auxitanensi, procuratore Fesenciaci, licenciato in legibus, et Raymundo de Marcha, licenciato in decretis, procuratore Fesenciaci, citra Baysiam, magistro Guillermo de Penis Montilii, magistro in medicina, domino Petro Bertrandi de . . . . , monasterii beatæ Mariæ de Usesta

et me Petrus Jouini, notarius regius, et dicti domini comitis, qui
de præmissis ad postulationem et requisitionem dictæ dominæ
Beatricis recepi hoc publicum instrumentum, etc. Quibus omnibus
et singulis supradictis sit ut præmittitur pactis et rite et legitime
coram nobis, Johanne Ferrandi, licenciato in utroque jure et
judice ordinario comitatus Armaniaci per dictam dominam Beatricem de Armaniaco factis. Nos judex prædictus ad postulationem
et requestam dictæ dominæ Beatricis volentis, petentis et requi-
rentis in præmissis, auctoritatem nostram judicariam interpo-
suimus et interponimus tenorem hujus præsentis publici instrumenti pariter et decretum et huic præsenti publico instrumento
sigillum curiæ nostræ authenticum pendenti duximus apponendum in fidem et testimonium præmissorum. Postque eadem die
circa horam vesperarum, in dicto castro, in præsencia mei notarii et
testium infrascriptorum personaliter dominus Bernardus de Buzi,
licentiatus in decretis, judex Bearnii, dominus Petrus de Gavas-
tono et dominus Bernardus d'Aydie, milites terræ Bearnii, ad postulationem reverendi in Christo patris domini Biguerii, episcop
Lascurrensis, asseruerunt medio juramento per ipsos et eorum
quemlibet præstito quod papa Gregorius, sanctæ memoriæ unde-
cimus, dispensaverit seu ejus primarius cardinalis quod matrimonium fieret et posset fieri inter Gastonem, filium comitis Fuxi, ex
una parte, et Beatricem de Armaniaco, filiam legitimam et naturalem domini Johannis, comitis Armaniaci, et quod ipsi viderant
literas apostolicas dispensationis antedictæ quodque die hodierna
debebunt esse in civitate Adurensi et post ostendendas domino
comiti Armaniaci; quibus sic afirmatis et concessis præfatus dominus episcopus ibidem processit ad dictum matrimonium perfi-
ciendum per verba de præsenti sic quod dictus Gasto de Fuxo, filius
comitis Fuxi, tenens manum dicti domini episcopi et etiam tenens

manum dexteram dictæ dominæ Beatricis, dixit quod ipse accipiebat in uxorem suam per verba de præsenti dictam Beatricem
de Armaniaco, et dicta domina Beatrix etiam quod ipsa accipiebat
eodem modo in dominum et virum seu sponsum suum, per eadem
verba de præsenti, dictum Gastonem de Fuxo, et in signum et
ad majorem firmitatem dicti celebrati matrimonii dicti conjuges
osculo pacis dictum matrimonium confirmaverunt; de quibus
omnibus et singulis tam dictus dominus episcopus Lascurrensis
pro se quod etiam venerabilis et religiosus vir dominus Sancius
de Seriso, prior prioratus de Madirano, ordinis sancti Benedicti,
procurator domini comitis Armaniaci, ac etiam dictæ gentes seu
procurator comitis Fuxi requisiverunt me notarium supra et
infrascriptum ut sibi et eorum cuilibet facerem et conficerem
publicum instrumentum. Testes fuerunt præsentes, vocati et
rogati, de parte domini comitis Fuxi, dominus Petrus de Noualhas, miles; Joannes, vicecomes de Orta; P. de Pulcio . . . . . . ,
Ludovicus d'Angua; Armandus de Burca, Augerius de Noualhas,
patriæ Bearnii et plures alii, et de parte domini comitis Armaniaci
reverendus pater in Christo dominus B., abbas Simorræ, dominus
Johannes de Barta, dominus Aure, Viguerius de Galardo, milites,
dominus Johannes Armaniaci, comes Convenarum, Armandus
aliter Petit Darmo, senescallus Leomaniæ, Petrus Raymundus
de Ligardis, Johannes de Leomania, domini, Arnaudus de
Jerusalem in legibus, Johannes Ferrandi in utroque, Bernardus
de Prato, in legibus, Raymundus de Marcha, in decretis licenciatus, et plures alii, etc., etc., et ego P. Jouini, notarius regius, etc.

Collection du président de Doat, vol. 200. Titres concernant les maisons
de Foix, Armagnac, etc., tome XXXI (1377-1379), du fol. 190 au fol. 209.
Cabinet des titres, Bibl. de Richelieu.

11 NOVEMBRE 1380.

*Le comte d'Armagnac, qui était malade, à la nouvelle de la mort de
Charles V, pour garantir la sécurité de ses États, manda à son fils
de se tenir en Gascogne et de confier la garde de sa personne à* VIGUIER
DE GALARD, *au sire de Barbazan et quelques autres seigneurs.
Viguier devait toujours, lors des excursions du jeune prince en
Lomagne, faire partie de sa suite et de son conseil.*

Charles V survécut à peine deux mois à Duguesclin ; il mourut
à Vincennes le 16 septembre, laissant comme Édouard le sceptre
à un roi enfant, et autour du trône des princes avides, prêts à se
disputer la puissance. Aussi, dès que cette triste nouvelle fut par-
venue au château de Gages, le comte d'Armagnac, qui y était toujours retenu par sa maladie, s'empressa de prendre quelques
mesures pour éloigner les troubles de ses vastes domaines.

Il ordonna (11 novembre 1380) que le comte de Comminges,
son fils aîné, demeurerait toujours sur les terres de Gascogne
pour les visiter et les défendre ; qu'il aurait constamment près
de lui VIGUIER DE GALARD avec trois cavaliers et le sire de Barbazan
avec dix, ou Arsius de Montesquiou, seigneur de Bazian, avec six ;
qu'outre ces seigneurs, il y aurait encore quatre écuyers, armés
de toutes pièces, et conduisant chacun trois roussins ; que dès
qu'il surviendrait quelque affaire importante en Gascogne, et
surtout dans l'Armagnac, le Fezensac, le pays de Rivière, les
baronnies de Mauléon et de Cazaubon, son fils prendrait conseil
des seigneurs de Barbazan et de Montesquiou et du sénéchal
d'Armagnac ; que lorsqu'il visiterait ces pays, le sénéchal l'accom-
pagnerait avec douze chevaux ; mais lorsqu'il visiterait la Lomagne, il aurait avec lui Viguier de Galard, Odon de Montaut et le

sénéchal de Lomagne, dont il prendrait les avis dans toutes les affaires ; que le conseil se réunirait à Lavardens quatre fois chaque année, savoir : le 15 novembre, le 15 février, le 15 mai et le 15 août, et qu'il y *serait fait raison à toutes personnes vite et de plein droit.*

Histoire de Gascogne par l'abbé Monlezun, tome IV, pages 8 et 9.

Année 1341 et après.

Notice de Chérin sur Guillaume II de Galard *de laquelle il résulte que celui-ci était fils de Guillaume Ier, seigneur de Brassac, et de Borgne de Beauville.*

Noble et puissant baron monseigneur Guillaume de Galard, Gualar, Gallart, Golart, chevalier, seigneur de Brassac[1] en partie, donna quittance le 28 juin 1341 au lieutenant du trésor et des guerres du roy de la somme de 30 l. t. à lui payée pour ses gages et des gens d'armes et de pied de sa compagnie servis à la guerre de Gascogne, fit deux arrentements le 11 may 1365, l'hommage d'acapt

---

1. Il n'est pas hors de propos de copier ici quelques lignes de M. Léon Laca-bane, le très-savant et très-obligeant directeur de l'Ecole des Chartes :

« Le Brassac du Bas-Quercy, canton de Bourg-de-Visa, si mal à propos confondu « par M. Deloche avec le Brassac sur Dordogne, était une paroisse relevant de « l'évêque de Cahors, et possédée au xiiie siècle par les seigneurs de Beauville ou « Boville en Agenois. Elle passa par mariage, vers l'année 1300, dans la maison de « Galard. Cette terre de Brassac n'avait pas jadis le titre de vicomté ; celui de « baronnie qu'elle portait au xvie siècle aurait peut-être donné à ses possesseurs « séance aux états particuliers du Quercy, si elle eût été tenue directement du « roi, au lieu de l'être de l'évêque de Cahors, et surtout si la plupart des lieux et « paroisses qui en dépendaient n'avaient pas appartenu à la sénéchaussée d'Age-« nois quoique du diocèse de Cahors. » (*Observations sur la géographie et l'his-toire du Quercy et du Limousin,* par M. Léon Lacabane ; brochure in-8°.)

d'un moulin à lui advenu du chef de haute et puissante dame noble BORGNE DE BEAUVILLE, sa mère, héritière de noble et puissant baron noble Gaillard de Beauville, son père, seigneur en partie du lieu de Brassac[1]. Il fit hommage à l'évêque de Cahors le 14 mars 1393 des dîmes qu'il avoit à Brassac et dans d'autres paroisses. Il est dit mort dans une quittance donnée à son fils le 1er juin 1407 et dans un hommage rendu par Pierre son petit-fils le 11 mars 1461.

Mémorial des preuves faites devant de Beaujon par Mlle Angélique de Béarn pour le chapitre de Saint-Louis de Metz[2]. Bibl. Richelieu, Cabinet des titres, dossier de Galard. Manuscrit de la main de Chérin.

1. L'opinion de l'abbé de Lespine s'accorde parfaitement avec les deux titres authentiques ci-après, dressés en 1329 et 1392.

« L'an mil trois cens vingt-neuf, le noble Galhard de Bonisvilla, domicellus, « fes homatge à monsieur Bertran, évesque de Cahors, de las decimas de blat et « de vi, lasqualas el prendra en las paroquias de Brassac, del Bugat, de Saint « Clemens, de Saint Ylary, de Planelles, de Saint Nazary de Montmanharie, de « Mongaudo, de Campanhac, de la Burgueda, de Buzenot, de Poycastel et Saint « Peyre Alpuech. »

« L'an mil trois cens quatre vingts douze, lo noble Pons de Bonisvilla fes ho- « matge à monsieur Francès, évesque de Cahors, de las decimas de blat et de vi, « lasqualas prendra en los benefficces de Saint Ylary, de Poycastel, de Saint Maur, « de Planellas, Santa Eulalia et de Saint Peyre del Burgat. » (Archives de M. le comte de Béarn au château de Larochebeaucourt.)

On trouve parmi les titres de l'ancien Cabinet du Saint-Esprit un Mémoire généalogique qui, d'après une note marginale de M. de Beaujon, fut envoyé par Sa Majesté à M. le premier pour procurer à M. le marquis de Béarn l'honneur de monter dans les carrosses du roi. Nous détachons de ce document les lignes ci-après sur Guillaume de Galard :

« GUILLAUME DE GALARD, seigneur en partie de Brassac, etc., qualifié noble et « puissant baron et monseigneur, lequel servit en 1341 à la tête d'une compagnie « de gens d'armes et de pied aux guerres de Gascogne, et mourut peu après, « l'année 1393, laissant un fils : JEAN DE GALARD, etc. »

2. Un duplicata du même Mémorial se trouve aux archives du château de Larochebeaucourt.

9 OCTOBRE 1357.

Un empêchement de consanguinité existait, à leur insu, entre GUILLAUME
DE GALARD et comtesse de Durfort[1]; le pape Innocent VI leur accorda
une dispense qui leva la difficulté du cousinage au quatrième degré
et valida leur union.

Venerabili fratri episcopo Caturcensi salutem, etc. Oblata nobis
pro parte dilecti filii nobilis viri GUILLELMI DE GALARDO, domini
pro parte ville de Brassaco, et dilecte in Christo filie nobilis
mulieris COINCESSIE (ou COMTESSIE) DE DUROFORTI, Caturcensis et
Agennensis diœcesis, nuper peticio continebat quod ipsi dudum
nullum credentes inter se impedimentum consanguinitatis fore
quominus possent matrimonialiter copulari, matrimonium per
verba de presenti in facie ecclesiæ invicem contraxerunt, ac subsequenter illud carnali copula consummarunt. Post modum vero
ad eorum pervenit noticiam quod ipsi quarto consanguinitatis
gradu ad invicem sunt conjuncti, propter quod in dicto matrimonio remanere licite nequeunt, dispensatione super hoc apostolica non obtenta : quare pro parte Guillelmi et Coincessie
predictorum nobis extitit humiliter supplicatum, ut cum ex
divortio, si fieret inter eos, scandala inter parentes eorum possent verisimiliter exoriri, providere eis super hoc de oportune
dispensationis beneficio misericorditer dignaremur. Nos igitur,
qui salutem querimus singulorum, et libenter Christi fidelibus
salutis et pacis commoda procuramus, eisdem scandala obviare
quantum cum Deo possumus cupientes, hujusmodi supplicationibus inclinati, fraternitati tue, de qua specialem in Domino
fiduciam obtinemus, per apostolica scripta committimus et mandamus quatenus, si est ita, cum eisdem Guillelmo et Coincessia ut

---

1. Ce mariage n'est rapporté ni dans la généalogie de Galard, ni dans celle de
Durfort.

impedimento, quod ex dicta consanguinitate provenit, non obstante, in dicto matrimonio remanere licite et libere valeant, apostolica auctoritate dispenses, prolem susceptam et suscipiendam ex hujus modi matrimonio legitimam decernendo. Datum Avinione, VII idus octobris anno quinto.

Archives du Vatican, registres du pape Innocent VI, coté JNNBV, p. 386 verso.

1363-1364.

GUILLAUME DE GALARD *est qualifié baron dans les hommages rendus de 1363 à 1364 au prince de Galles.*

Procès-verbal des hommages rendus au prince de Galles, du 9 juillet 1363 [1] au 4 avril 1364, par les seigneurs des villes de la

1. Mise en ferme antérieure (10 juillet 1361) par B. de la Boissière, damoiseau, du lieu de Lauserte, au profit d'Arnaud Baudet, de la paroisse de Saint-Saury de Brassac, confronts du domaine, objet de l'arrentement.

ARRENTEMENT.

Mil CCCLXI, regnante domino Johanne, Dei gratia Francorum rege, di: decima mensis julii, en de B. la Boissièra, donzel de Lauzerta, per sy et per tot son ordens, donet et autreaget affeois de novel durable per totz temps an Arnauld Baudet, filz den Arnauld Baudet que foc de la paroquia de Saint-Saury de Brassac aguy presant stippulan et recepven per sy et per tot son orden las heritas e las possecios que en ensegon; so es assaber una pessa de terra et de vinha e la mayo e los cazals que y so et la terra en quella la dicha vinha en mayo et cazals so quel ez en la dicha parroquia de Brassac el campmas de Baudet a lou camy passan en mith queste de doas partz ab la terra et ab la vinha et ab la mayo den Ramond Baudet, et d'autre part ab lo camy cominal per on sen va del bosc bas Castelsagrat, et d'aultre part am los cazals des heretiers den R. Baudet que foc, et d'aultre part am la terra den P. Baudet et una pessa de terra et de prat apelada a la Gouley, et la terra en que lodich prat ez que ez en la micha perroquia de Saint-Saury, queste d'une part am lou camy comynal per on sen va del bosc vas Castelsagrat et d'aultre part am la terra des heretiers den R. Tindel que foc, et

principauté de Guienne, rédigé d'après les notes du **P. de Made-**
ran par Richard Filongleye.

Sénéchaussée de Caorsin, en Rouergne, 10 d'aouts :

Jehan de Gourdon ;

GUILLAUME DE GAILHARD, seigneur de Crissac (Brassac certainement), baron.

Collection générale des documents français conservés en Angleterre et
publiés par Jules Delpit, vol. in-4°. Paris, Dumoulin, 1847, p. 86.

1ᵉʳ MAI 1365.

Cession emphytéotique consentie par GUILLAUME DE GALARD, *seigneur de*
Brassac, au profit de Étienne de Ronno.

Arrantement fait le 1ᵉʳ mai 1365 par Jehan d'Albay, procureur
fondé, par acte du 8 avril précédent, de noble baron, noble GUIL-
LAUME DE GALART, seigneur de Brassac en partie, à Étienne de *Ronno,*
de la paroisse de Saint-Sebria de la Rivière, de quelques biens
situés dans la dite paroisse et dans celle de Brassac : l'acte reçu par
Raymond de Brolhol, notaire public. (*Grosse signée dudit notaire.*)

Résumé par l'abbé de Lespine d'une preuve produite par Mˡˡᵉ Angélique
de Béarn en 1766 devant M. de Beaujon pour le chapitre de Metz. Dossier de Galard. Bibl. Richelieu, Cabinet des titres.

d'aultre part am la terra e ab la vinha de la herettière den P. Baudet que foc, et
d'aultra part ab lo camy comynal per on sen va del campmas de Baudet vas la
gleya de Saint-Saury de Brassac, et may una pessa de terra appellade elz Cassanhies
ques en ladicha parroquia de Brassac etc... Acta sint hec apud Lausertam in pretorio
mei notarii infrascripti, testibus presentibus domino Bernardo del Prestin, presbitero, Raimondo de Frimon Lauserte, domino Bernardo de Gaichas testibus, et
Anthonya de la Joanya de Burgu, en me not. (*Archives du château de la Rochebeau-*
court; Papier : 4 feuillets in-4°.) Au bas de l'acte est écrite la formule de collation-
nement que voici : « Le présent extraict a esté tiré d'ung livre terrier couvert de
bazane verte, cotté LV A, exhibé par noble Antoine de la Boissière, sieur dudit
lieu, etc. A Lauserte, le 8 uillet 1611. »

28 MAI 1365.

Noble et puissant baron messire GUILHEM DE GALART, *chevalier, seigneur
de Brassac, transporte à Arnaut Bernard de Rozet, damoiseau, le
moulin d'Yvernia sur la rivière de Scone, mouvant de lui, sous la
redevance annuelle d'une paire de gants, cousus de soie. Guillaume
de Galart tenait le droit féodal, qu'il aliénait, par héritage du
chef de noble et puissante dame noble Borgne de Beauville, sa
mère, héritière de noble et puissant baron noble Gailhard de Beauville, seigneur en partie du susdit lieu de Brassac. A cet acte
assista* JEAN DE GALART, *damoiseau, fils du dit Guillaume* [1].

In nomine Domini, amen. Anno incarnationis ejusdem M CCC
sexagesimo quinto, regnante Eduardo [2],... domino Eduardo ejus
filio primogenito, principe Aquitanie et Wallie, duce Cornubie et
comite Cestrie, vicesima octava mensis madii, qu'el noble é
poderos baro Moss. GUILHEM DE GUALART, cavalier, senhor de Brassac
en sa partida, purament per sy meyhs é per tot son ordenh
vendet et donet, et sols é quitet, é cessit et gurpit e del tot
desamparet per hestas escrituras, e hen num e pur num de bona
et de pura venda per tostams Valedoyra lhiodet à Ar. B. de Rozet,
donzel, qui stat en la paroquia de Senh Cebria de ribera de
Scona, à qui meyhs present et ressebent per si meihs, é per tot
son ordenh, so es assaber tot a quel homenatge d'acaptes a
senhor mudan, et maichs hu parelh de gans, cozuts de ceda, tot
ensi cavalier le tena d'autre cavalier tot degu de ces é de renda,
per el moli e fiés de jus maichs bas, en aquesta present carta
designat é confrontat. Loqual homenatge, é ces, é renda Norman
de La Holmia, donzel, qui fo, é sos ancestres devian, é avian

---

1. Ce qui ressort en outre d'un titre, portant la date du 14 mars 1393, et d'une
quittance que l'on trouvera plus loin.

2. Les endroits marqués de points sont illisibles par la vétusté de l'original.

acostumat tol à donar é à pagar sa en reyré de tems, al noble e
poderos baro en Gualhart de Buovila, que fo senhor del digh
loi de Brassac en sa partida é asses ancestres et suyessors, por el
molie e molinal, apetat de la Yvernia, sus layga de Scona, ab
tots sus apartenemens de fermas....., et de venugdas e de
suchas et d'aygas e de vias. Loqual homenatge d'acaptes, lodigh
Norman de La Holmia, donzel, que fo devia al digh baro en
Galhart de Buovila, que fo senhor deligh loc de Brassac, els digh
gans cozuts de ceda de ces e de renda, en cadan la jorn de
Martros, por lo digh moli ab las apartenenssas desus dichas, e
a des aqui lodigh noble baro Moss. Willelm de Gualart, cavalier,
vendet al digh Ar. B. de Rozei, donzel, en la manière que por el
digh moli é si fossan degudas heras en présent per tems à
venidor plenierament, cum es contengut en ung public estur-
ment, é carta publica, facha é henquereguda per ma de maestre
Ramund Faure, public notari que fo, que estava el tems que
vivia à Castel Sagrat, enquereguda lo derier del mes de cetembre
anno Domini M° CC LXXX septimo. Losquals acaptes é omenatge
é ces é rendas e autras bervetus son pervengudas, e suxedidas al
digh noble baro Moss. Willelm de Galart, cavalier, per el desava-
ment de la noble et poderosa dona na Borga de Buovila, que fo mayre
del digh Moss. Willelm de Galart, cavalier, é à totz ses suxessos, e
totz sos autres bés. Loqual moli ab totas sos apartenenssas, lodigh
Ar. B. de Rozet, donzel, avia cumprat d'eu Bertran de Casses,
donzel, ab carta facha de la dicha cumpra, per ma de maestre
B. de La Gariga, public notari questa à Lauserta, per rajo de
loqual cumpra, lodigh Ar. B. de Rozet devia lodigh omenatge
aldigh noble baro Moss. Guilhem de Galart, cavalier, ensems ab
en Guilhem de Thofalhas, donzel, heheras et tot homenatge é ces
é rendas é autras cervetut al digh Ar. B. de Rozet per rajo de

venda desus à l'huy facha per el digh noble baro Moss. Guilhem
de Galart, cavalier; loqual venda lodigh Moss. Willelm de Galart,
cavalier, dihs é reconoc e autreget e hensa vertat confesset que
fazia, é avia facha al digh Ar. B. de Rozet, per pret, et per soma
de xviii lhioras de bos..., anes negres petit, etc. Actum fuit hoc
in cammazio vocato de La Jas in parrochia ecclesie sancti Johannis des Serissaco. Testes sunt Bertrandus de Bovinho, domicellus,
Johannes de Gualardo, domicellus, Stephanus Holerii, qui morantur
in dicto loco de Brassaco, Vitalis de Hosmonte, qui moratur apud
burgem Divizaco; et ego, Guillelmus de Rupe, auctoritate domini
nostri principis publicus notarius, qui hanc cartam recepi et
subscripsi, utriusque partis concessu, et in hanc publicam formam redegi, et signo meo signavi[1].

Archives du château de La Rochebeaucourt, parchemin très-endommagé
par l'eau.

---

18 JUIN 1378.

Inféodation d'une pièce de terre par Guillaume *ou* Wilhem de Galard,
baron de Brassac, en faveur d'Arnaut de Vals.

Arrantement fait le 18 juin 1378 par noble et puissant baron
monseigneur Wilhem de Gualart, chevalier, seigneur de Brassac
en partie, à Arnaut de Vals, de la paroisse de Sainte-Eulalie, d'une
piece de terre et de pred située dans la même paroisse, l'acte
passé, dans la paroisse de Montmanharie, devant Guillaume de la
Roque, notaire royal. (*Grosse signée de la main dudit notaire.*)

Résumé par l'abbé de Lespine d'une preuve produite en 1766 par
Mlle Angélique de Béarn pour le chapitre de Metz. Dossier de Galard. Bibl.
de Richelieu, Cabinet des titres.

1. Ici est la marque du notaire.

14 mars 1393.

Hommage à l'évêque de Cahors par GUILLAUME DE GALARD, *chevalier, seigneur de Brassac en qualité d'héritier de Gaillard de Beauville, son grand-père.*

L'an mil trois cens quatre vingts treize, lo noble monseigneur GUILLAUME DE GOLHARD, chevalier, coma heritier del noble Galhard de Bonisvila, domicellus quondam, fes homatge à monsieur Francès, évesque de Cahors, de las decimas de blat et vi que prendra en las parochias de Brassac, de Bugat, de Saint Clemens, de Saint Ylary, de Planolles, de Saint Nazary, de Montmanharie, de Mongaudo, de Campanhac, de la Burgueda, de Buzeno, de Poycastel et de Saint Peyre Alpuech.

Par l'hommage que rend messire GUILLAUME DE GOALARD, père dudit JOHAN, des dixmes inféodées de sa terre de Brassac, tant en son nom que comme héritier de noble Guailhard de Beauville, son grand-père et damoizeau, ledit Guillaume est qualifié noble et puissant seigneur, chevalier, seigneur de Brassac et de Herbas, ledit hommage en son original en parchemin du 14 mars 1393, coté 2.

Archives du château de La Rochebeaucourt, 2 pièces en papier vérifiées au Conseil d'État dont elles portent le timbre.

14 mars 1393.

Hommage rendu par noble et puissant homme GUILLAUME DE GALARD, *chevalier, seigneur de Brassac, à monseigneur François, évéque comte de Cahors.*

Hommage rendu à Cahors le 14 mars 1393 (*vist.*) par noble et puissant homme messire GUILLAUME DE GALART, chevalier, seigneur de Brassac, en qualité d'héritier de feu Gailhard de Beauville, damoiseau, à reverend pere en J.-C. monsire François, eveque et comte de Cahors, des dixmes de bled et de vin qu'il a dans les paroisses de Brassac, de Bugat, de Saint-Clement, de Saint-Hilary, de Planel, de Saint-Nazaire, de Montmagnarie, de Montgaudon, de Campagnac, de la Burgade, de Bujenot de Poyscastel et de Saint-Pierre Al-Puhet, lesquels il tient en fief de son église, le dit seigneur de Brassac étant à genoux ayant les mains jointes, la tête decouverte sans surtout ni ceinture devant ledit évêque qui lui donne le baiser de paix d'usage. L'acte reçu par Hugues Bes, vicaire apostolique et impérial. Vidimé le 15 janvier 1462 par Louis cardinal d'Albret, évêque de Cahors. Signé Dettantciac, vicaire, et B. d'Yssac, alias de Wignan, notaire, et scellé du sceau de la cour spirituelle de Cahors.

Mss. de l'abbé de Lespine, dossier de Galard. Cabinet des titres. Bibliothèque de Richelieu.

1393 ET AVANT.

Notice de l'abbé de Lespine sur GUILLAUME DE GALARD.

GUILLAUME DE GALARD, chevalier, seigneur de Brassac, qualifié noble et puissant *baron monseigneur,* rendit hommage au prince de Galles en l'église de Saint-Front de Perigueux, le 10 août 1363, pour ce qu'il tenoit de lui, à cause de son duché de Guienne, fit deux arrantements, les 1er mai 1365 et le 18 juin 1378, des biens situés à Brassac et à Sainte-Eulalie, vendit le 28 mai 1365 à Arnaud B. de Rozet, donzel, l'hommage d'acapt du moulin d'Yvernie situé sur la rivière de Jeone, mouvant de la Fondalité sous la redevance annuelle d'une paire de gans, cousus de soye. Cet hommage lui étoit advenu par héritage du chef de noble et puissante dame noble Borgne de Beauville, sa mère, héritière de Gaillard de Beauville, seigneur en partie de Brassac. Jean de Galard, damoiseau, fut un des témoins de cet acte.

Il rendit son hommage, le 14 mars 1393, à François de Cardaillac, évêque de Cahors, en qualité d'héritier de feu Gaillard de Beauville, damoiseau, pour les dixmes inféodées de bled ou de vin qu'il avoit dans Brassac et douze paroisses qui sont savoir : le Bugat, Saint-Clément, Saint-Hilary, Planel, Saint-Nazaire, Montmagnarie, Mongaudon, Campagnac, la Burgade, Buzenot, Castel, Saint-Pierre Alpuhet.

On lui connoit deux femmes : la première, Comtesse de Durfort, sa parente au 4ᵉ degré, du diocèse d'Agen, et Esclarmonde de Rovignan. Il avoit épousé la première avant l'an 1359, ignorant qu'ils étoient parents au 4ᵉ degré. C'est pourquoi ils obtinrent du pape Innocent VI un bref de dispense pour cet empêchement le 9 octobre 1357. La deuxième, avec qui il étoit marié longtemps avant 1381, étoit veuve de Hue ou Hugues de Rovignan, suivant une transaction passée le 16 octobre de cette année entre elle et Nompar et Anissant de Caumont, frères. (Archives du château de la Force.) Il fut père de Jean qui suit.

Il peut aussi avoir eu pour enfants Guillaume Galart, un des archers compris en la montre de vingt-cinq lances à cheval et 69 archers de la retenue d'Édouard Bronfeild, ordonnés sous lui par monseigneur le comte de Dorset pour servir le roi au siége tenu par le comte devant la ville d'Arfleur, au mois de septembre 1440.

Anne de Galard, mariée en 1380 à Odet de Pardaillan Gondrin[1].

1. Anne de Galard, femme d'Odet V de Pardaillan Gondrin, était, d'après le

18 AOUT 1343.

Mention des DE GALARD *qui rendirent hommage au comte d'Armagnac.*

En signant ce traité le comte d'Armagnac n'avait peut-être en vue que de se faire mieux rechercher par Philippe. Rien du moins ne prouve que ce traité ait été mis à exécution; ce qui est certain, c'est que deux ans après (18 août 1343) la Lomagne lui fut rendue, et depuis elle resta toujours entre les mains de ses successeurs.

Parmi les seigneurs qui lui rendirent hommage, nous trouvons Othon de Montaut, seigneur de Gramont, Ort de Caumont, seigneur de Saint-Pesserre, Gaillard de Goth. Jean de Seguenville, Auger de Lomagne, Bertrand de Pouygallard, N. de Bonnefond, plusieurs du Bouzet, des GALARD, des Latour, des Francs, des Sérillac, des Vicmont, des Caumont, des Marras, des Bordes, des Magnaut [1], etc.

Histoire de Gascogne par Monlezun, tome III, pages 246, 247.

27 AOUT 1343.

ASSIBAT DE GALARD *fut appelé aux noces de Manaud de Gélas, seigneur de Bonas et de Rozès, avec Agnès de Pardaillan Gondrin.*

Noble Manaud de Gélas, damoiseau, seigneur de Bonas et Rozès, épousa, le 27 août 1343, Agnès, fille de Bertrand de Par-

---

P. Anselme, tome V, page 176, fille de N. de Galard, premier baron de Condomois, qui ne pouvait être Guillaume de Galard, baron de Brassac. Voir en son lieu Anne de Galard.

1. Ce dernier alinéa forme la note des pages 246, 247 du tome III de l'*Histoire de Gascogne.*

daillan, damoiseau, seigneur de la Mothe, Pardaillan et Gondrin. Dans le groupe des témoins apparaissent noble Amanieu de Montpezat, noble Assibat de Galard, seigneur de Terraube, noble Odet de Massas, noble Jean de Bernède, seigneur de la Lège, noble Hugues de Fourcès, seigneur de Fourcès.

Glanage de Larcher, tome XI, fol. 286. Mss. Bibl. municipale de Tarbes.

Année 1344.

Les consuls et habitants de la Sauvetat passent avec ceux de Terraube un compromis dans lequel se trouve mentionné le mariage de Sicard de Montaut, chevalier, seigneur d'Hauterive, avec Condor de Galard, dame de Terraube, probablement fille d'Ayssin IV.

Noverint universi..... fuisse et adhuc esse die Inquisitionis hujus presentis instrumenti hic questio, petitio, debatus et controversia inter consules et habitatores castri de Salvitate, comitatus Gaure et pertinentiarum ejusdem loci, pro se et. tota universitate dicti loci de Salvitate, ex una parte, condennos (*sic*) et consules ac habitatores castri de Tarraubia et pertinenciarum lege condominos ejusdem loci, ex parte altera, super collectis, tall, mesege, pechiis et aliis juribus et deneriis territorii de Bruffela et de la Faugarda......

Tandem die Inquisitionis hujus presentis instrumenti nobilis vir dominus Sicardus de Motho alto, miles, dominus Alta-Rippa, vir et ut conjuncta persona nobilis domine Condorie de Golardo [1] domus dicti castri de Terraubia....., pro se et pro aliis condo-

---

1. Pour Condorine ou Condorie de Galard, voir tome I, pages 141 et 142.

minis dicti castri de Terraubia... omnia et singula infrascripta...
ratificare, laudare, aprobare, etc....

Testes hujusmodi ratificationis sunt domini Raymondi de
Gaur et Johannes de Monteacuto, presbiter, et dictus Vitalis de
Castris, quondam notarius regius, etc., etc.

Archives du séminaire d'Auch. Papier de 6 feuillets, coté G³. 45.

AVANT 1349.

Extrait du factum de BEGUE DE GALARD, *duquel il résulte que* ARSIN,
ARCHIEU *ou* ARSIEU DE GALARD, *seigneur de Terraube, fut père d'autre*
ARSIN, ARCHIEU *ou* ARSIEU DE GALARD, *ainsi que de Longue, femme du
seigneur de Bonnefont.*

« Et primo providentia dicendum permittit dictus actor quod,
« in Vasconia et in senescallia Agenensi, ab antiquo, fuerunt et
« sunt duæ domus militares, videlicet domus et locus de Taraubia
« et domus et locus de Insula-Bozonis, quarum duarum domo-
« rum domini habuerunt et portaverunt idem cognomen, vide-
« licet de Golardo.

« Item proponit et dicit quod successive in dicto loco de
« Taraubia fuerunt tres domini nominati hoc nomine Arsineti
« de Golardo.

« Item ponit et dicit quod primus ARSINETUS DE GOLARDO,
« dominus de Taraubia, genuit ex legitimo matrimonio ARSINETUM
« DE GOLARDO, hoc nomine secundum..... et LONGAM DE GOLARDO ¹,
« uxorem domini loci de BONOFONTE.

1. Un certain nombre d'actes relatifs à LONGUE DE GALARD. femme d'OTHON DE
BONNEFONT, se trouvent aux archives du château de Saint-Avit, près Lectoure, chez
M. le vicomte de Lupé. Voici le titre ou le résumé de quelques-uns :

9 novembre 1378. — Bail à nouveau fief consenti par LONGUE DE GALARD et

« Item dictus secundus Arsinetus successit primo Arsineto,
« patri, et fuit dominus de Taraubia. »

Archives du château de Terraube. Carton B. 16.

———

5 SEPTEMBRE 1349.

ARSIEU, ARCHIEU *ou* AYSSEU DE GALARD *et* VIGUIER DE GALARD *donnent
mandat à* GARSION DE GALARD *pour transiger avec le comte
d'Armagnac, l'évêque et la communauté de Lectoure, au sujet des
confins juridictionnels.*

Noble VIGUIER DE GALARDO et Arsieu de Bearrato, damoiseaux,
tuteurs de noble ARSIEU DE GALARDO, fils mineur de feu noble
GERAUD DE GALARDO, conseigneur de Terraube, donnent procuration à messire GARSION DE GALARDO, prieur de la Grasse, Berauld
de Berrac, clerc, pour traiter avec le comte d'Armagnac, l'évêque
de la ville de Lectoure, touchant les limites de leurs juridictions
respectives.

Fait à Condom le 5 à l'issue de septembre 1349.

Trésor généalogique par D. Villevieille, vol. 43, fol. 143. Bibl. de Richelieu; Mss.

OTHON DE BONNEFONT, mariés et coseigneurs de Saint-Avit, en faveur de Jacques
d'Alis.

3 mars 1380. — Reconnaissance délivrée par Géraud de Saint-André, au profit
de Longue de Galard.

10 mai 1386. — Contrat emphytéotique passé entre Longue de Galard, dame
de Saint-Avit, et Guillaume Friquet.

6 novembre 1403. — Bail à nouveau fief consenti par Longue de Galard en
faveur de Guillaume Friquet susnomm¹.

Après la Saint-Matthieu 1349.

*La tutelle d'*Arsieu ou Archieu de Galard, *fils de Géraud II, fut confiée à* Viguier de Galard *et à Arsieu de Berrac.*

Le juge d'Agennois donna pour tuteur à Arsieu de Galardo, fils de feu Géraud de Galardo, Viguier de Galardo et Arsieu de Bearrato, par sentence rendue à Condom le samedi après la Saint-Matthieu 1349.

Archives de l'hôtel de ville de Lectoure. — D. Villevieille, *Trésor généalogique*, vol. 43, fol. 143.

---

11 mars 1351.

Arsieu, Pierre *et* Viguier de Galard *figurent tous trois dans une autre procuration relative à un règlement de limites.*

Les consuls et les habitants de Terraube donnent procuration, en vertu du mandement du bailly dudit château, pour nobles hommes, messire Sicard de Montault, comme père et tuteur de Gilebert, son fils, Pierre de Galardo, chevalier conseigneur dudit château, noble Arsieu de Galardo, aussi conseigneur et régent la justice pour noble Viguier de Galardo, justicier au même lieu, etc., pour agir, en leurs noms, à la limitation des juridictions dudit château et de Lectoure, le 11 mars 1351.

Archives de l'hôtel de ville de Lectoure. — D. Villevieille, *Trésor généalogique*, vol. 43, fol. 143. Bibl. de Richelieu; Mss.

---

21 DÉCEMBRE 1352.

Accord passé entre Aissieu de Berrac, agissant pour le compte de son
pupille AISSIEU, ARSIEU ou ARCHIEU DE GALARD, Sicard de Montaut,
procureur de Gélibert, son fils, d'une part, et les consuls de
Terraube, d'autre, touchant les amendes de ce dernier lieu.

Le 21 décembre, Sicard de Montaut, chevalier, au nom de
Gilibert, son fils, AISSIEU DE GALARD, représenté par Aissieu de Bérac
damoiseau, son tuteur; le seigneur PIERRE DE GALARD [1], chevalier, et VIGUIER DE GALARD, tous seigneurs de Terraube, et leurs
baillis, d'une part, et les consuls de Terraube, d'autre part, passèrent un accord au sujet des amendes dudit lieu (acte original).

Fonds Clairembault, dossier de Galard; Bibl. de Richelieu. Cabinet des
titres.

NOVEMBRE 1352.

Transaction passée entre les consuls de Lectoure, le seigneur et les jurats
de Terraube, au sujet des limites de leurs juridictions. Dans cet acte
on voit figurer ARSIN ou ARSIEU DE GALARD avec ses tuteurs Arsieu
de Berrac et VIGUIER DE GALARD. On y remarque encore GARSION
DE GALARD, prieur de la Grasse, PIERRE DE GALARD, chevalier, Ray-
mond de Casenove et CONDORINE DE GALARD, représentée par son
mari SICARD DE MONTAUT.

In nomine Patris et Filii et Spiritus Sancti. Amen. Noverint
universi presentes pariter et futuri seriem hujusmodi instrumenti visuri, audituri et perlecturi, quod cum inter procuratorem
magnifici et egregii viri domini nostri domini Joannis, Dei

1. Reflexion de l'abbé de Lespine : « J'ignore de qui étoit fils ce Pierre de
« Galard chevalier. Je croirois volontiers qu'il étoit frère de Géraud et fils d'Assin. »

gratia Armagnaci, Fezenciaci, Rutenæ comitis et vicecomitis vicecomitatuum Leomaniæ et Alti-Villaris, et procuratorem reverendi
patris in Christo et domini nostri domini Petri, digna Dei et
Sanctæ Sedis Apostolicæ gratia episcopi Lectorensis, dominos
civitatis Lectoræ ex eadem universitate ejusdem civitatis, ex una
parte, et dominos consules, syndicum universitatis et eamdem
universitatem loci de Terraubia ex alia, fuissent essentque et spe-
rarentur esse discordiæ, lites, rancores, debata et malivolentia de
et super juridictione alta et bassa, mero et mixto imperio, messegaria, gardiagia loci collectisationibusque et possessionum diversorum terminorum ac limitum, in diversis partibus et territoriis
adjacentibus et limitibus existentibus inter dictam civitatem et
locum prædictum de Terraubia; tandem dictæ partes et earum
quælibet ad veram pacem, concordiam, et compositionem venire
affectantes apud Lectoram in mei notarii et testium subscriptorum presentia personaliter constituti, videlicet discretus vir
magister Petrus de Forsane, procurator et nomine procuratorio
dicti domini nostri Armagnaci, Fezenciaci et Rutenæ, comitis vicecomitisque dictorum vicecomitatuum Leomaniæ et Alti-Villaris,
prout de sua procuratione et potestate constat per quasdam
patentes litteras in pargameno scriptas, a dicto domino nostro
comite et vicecomite emanatas et sygillo suo cum cera rubea
impendenti, ut prima facie videbatur, sigillatas, quarum tenor
inferius est insertus, et venerabiles viri domini Robertus Aurel-
serii, rector de Faugardia, et Bertrandus de Nervio, canonicus et
cantor ecclesiæ Sancti Gervasii Lectoræ, vicarii generales in spiritualibus et temporalibus dicti domini nostri Lectorensis episcopi,
prout de eorum vicariatu et potestate constat per quasdam apertas
litteras in pargameno scriptas, a dicto domino nostro episcopo
emanatas et sigillo suo cum cera viridi impendenti, ut prima

facie videbatur, sigillatas, quarum tenor inferius etiam continetur, et dominus Joannes de Franchis, procurator specialis ad
infra scripta per dictum dominum nostrum episcopum constitutus, cum litteris suis in pargameno scriptis, a dicto eodem domino
episcopo emanatis et sigillo suo cum cera viridi impendenti, ut
prima facie apparebat, sigillatis, quorum tenor inferius etiam continetur, necnon et venerabiles viri domini Arnaldus de Bœrio,
bacalarius in legibus, Bertrandus de Arconio, Forcadus de
Serviente, Forcius de Bagacio, Dominicus de Bazeria et Bartholomeus de Aula, consules, et Geraldus de Busca, syndicus universitatis dictæ civitatis Lectoræ, specialis ad hoc per dictam universitatem constitutus, prout de suo sindicatu et potestate constat
per quoddam instrumentum publicum per me notarium infra
scriptum factum et retentum, cujus tenor inferius continetur ;
consulibus et syndico assistentibus et ad infra scripta consentientibus : Petro de Massanis, domicello, Arnaldo de Dulceto,
Joanne de Rouigerie, Arnoldo de Vazan, magistro Joanne Bernezii,
notario, Joanne de Zignario, Maximo de Brasto, Sabaterio et
Petro de Sernato, burgensi, pro se et nominibus quibus supra,
ut ad ipsos et quemlibet ipsorum pertinet et spectat pertinere
prout debet, ex una parte, et Bernardus de Monte, procurator et procuratorio nomine nobilis et potentis viri domini
Sicardi de Monte Alto, militis, domini de Alta Ripa, prout pater et
administrator Gileberti de Monte Alto, filii sui, condomini castri
de Terraubia, et nobilis dominæ Condorinæ de Goalardo, condo-
minæ dicti castri de Terraubia, uxorisque dicti Sicardi, et matris
dicti Giliberti, prout de instrumento suæ procurationis docuit et
constat per quoddam publicum instrumentum retentum per
magistrum Boueq, notarium regium, cujus tenor inferius continetur, et Arcinus de Berreaco, domicellus, tutor nobilis Arcini de

Goalardo, domicelli, condomini dicti castri, eodem pupillo datus per venerabilem et discretum virum dominum Ludovicum virum Balbeti, licentiatum in legibus, senescallum Aginnensem citra Garumnam pro domino nostro Joanne, primogenito domini nostri, tunc Franciæ regis, Normaniæ et Aquitaniæ duce, prout de tutela sua docuit et constat per quasdam apertas litteras in pargameno scriptas, a dicto domino judice emanatas et sygillo suo impendenti, ut prima facie apparebat, et nobilis dominus Garcionus de Goalardo, prior prioratus de la Grassa, avunculus dicti Arcini de Goalardo, pro se, prout ad ipsum præsens negotium tangit et tangere potest, actorque ejusdem Arcini et actorio nomine ejusdem constitutus per Beguerium de Goalardo et per dictum Arcinum de Berreaco, domicellos, tutores præfati Arcini de Goalardo cum instrumento publico dictæ actoriæ retento per magistrum Vitalem Bonessy, notarium regium, sygilloque domini judicis citra Garumnam cum cera rubea impendenti, ut prima facie videbatur, sigillato, cujus instrumenti tutelæ tenores inferius seriatim subsequantur et continentur, et nobilis Guillelmus Arnaldus de Magnauco, domicellus, condominus dicti castri de Terraubia pro se, Guillelmus Vitalis de Saramejano, bajulus, ut asseruit, dicti loci de Terraubia pro nobili viro domino Petro de Goalardo, milite condominoque ejusdem loci de Terraubia, ut procurator, et asseruit, ejusdem domini Petri, promittentes docere de sua procuratione et eamdem mihi notario infra scripto tradere pro inserenda in presenti instrumento aut omnia et singula infra scripta per dictum dominum Petrum de Goalardo approbare, ratificare et omologare et nomine procuratorio ejusdem, et Petrus de Carretas, vocatus Belion, bajulus dicti loci, pro nobili Condorina de Gaudonibus, domicella, et procurator ejusdem, ut asseruit, promittentes procurationem suam mihi prædicto notario infra scripto tradere pro inserendo vel facere laudare, approbare, ratificare et omologare omnia et singula infra scripta per dictam Condorinam et nomine procuratorio ipsius, Raimundus de Courtès, Bernardus de Bederiis, Joannes de Mazeriis et Guillelmus de Mazeriis, consules, ut asseruerunt, et idem Guillelmus de Mazeriis ut syndicus loci de Terraubia et universitatis ejusdem, prout de suo sindicatu et potestate constat per quoddam publicum instrumentum factum et retentum per magistrum Vitalem Bonet, notarium regium prædictum, cujus tenor inferius sequitur et continetur. Et dicti consules et sindicus nomine consulatus et universitatis dicti loci de Terraubia, dictis consulibus et sindico assistentibus, præsentibus et ad infra scripta consentientibus, Dominico de Bosia, Guillelmo de Comino, Joanne de . . . . Raimundo de Cazanova, juratis et habitatoribus dicti loci de Terraubia, pro se et nominibus quibus supra, ut ad ipsos pertinet et spectat, pertinere spectareque potest et debet, ex parte alia, super dictis debatis, discordiis, litibus, rancoribus et malevolentiis eorum totius gardiagii collectisationibus, messegaria et juridictione alta et bassa meroque et mixto imperio, eorum gratis voluntatibus et spontaneis et deliberatis animis, altæ et bassæ se compromiserunt in nobilem et potentem virum dominum Archivum de Cavo Monte militem, dominum de Capella, senescallum dictorum vicecomitatuum Leomaniæ et Alti-Villaris, tanquam in arbitrum arbitratorem, compromissorem et amicabilem compositorem per presentes prædictas conventiones electum. Cuiquidem domino arbitro, arbitratori compromissi et amicabili compositori dictæ partes et earum quælibet dederunt et concesserunt plenam licentiam, authoritatem et liberam potestatem easdem partes coram se citandi, adiournandi, ratione et causa hujusmodi compromissi, et ipsarum partium rationibus audiendi et ipsis auditis de die vel

de nocte, die feriata vel non feriata stando, sedendo, eundo, juris
ordine servato vel non servato vel penitus prætermisso, dicendi,
pronunciandi, declarandi, interpretandi semel vel pluries super
prædictis discordiis, litibus, rancoribus, malevolentiis et debatis,
prout eidem domino arbitro, arbitratori compromissi et amicabili compositori visum fuerit faciendum, et insuper promiserunt
partes prædictæ et quælibet earum firma stipulatione adhibita
coram dicto domino arbitro, arbitratori, compromissori et amicabili compositori comparere, diebus feriatis et non feriatis, loco
et locis sibi per dictum eumdem dominum arbitrum, arbitratorem,
compromissorem et amicabilem compositorem assignandis, infra
civitatem Lectoræ prædictam, quoties per eumdem dominum arbitrum, arbitratorem, compromissorem et amicabilem compositorem
mandati seu assignati fuerint, ratione dicti hujusmodi compromissi,
et dictum arbitragium, declarationem et amicabilem compositionem dicendum, promulgandum et pronunciandum super præmissis debatis, quæstionibus, litibus, rancoribus et malevolentiis dictæ
partes et earum quælibet, pro se ipsis nominibus quibus supra et
eorum successoribus, tenere et inviolabiter perpetuo observare
promiserunt, in et sub pœna mille marcarum boni et puri argenti
danda et solvenda per partem inobedientem, et dictum arbitragium, declarationem, pronunciationem et amicabilem compositionem dicendi, pronunciandi ac arbitrandi per dictum dominum
arbitrum, arbitratorem, compromissorem et amicabilem compositorem tenere et servare, recusantem vero medietatem ex integro
parti obedienti et aliam medietatem dominis prædictis dictæ civitatis Lectoræ, licet absentibus, me notario infra scripto, ut persona
publica, vice et nomine dictorum dominorum absentium stipulanti et recipienti. Promittentes ipsæ partes quibus supra nominibus et earum quælibet, pro se et eorum successoribus universis,

per firmam et solennem stipulationem et sub pœna prædicta
huic inde promissa, vallata et stipulata, tenere, complere effectualiter et servare quidquid per dictum dominum arbitrum,
arbitratorem compromissorem et amicabilem compositorem super
prædictis debatis, litibus, quæstionibus, rancoribus et malevolentiis
arbitratum, declaratum, interpretatum vel alias amicabiliter com-
positum fuerit sive dictum, semel vel pluries ut supradictum
est, et non contravenient, in toto vel in parte, per se aut aliam
vel alteram interpositam, vel interpositas personam seu personas
de jure vel de facto clam vel etiam manifeste ullo modo ullis
temporibus in futurum. Volentesque etiam ipsæ partes quibus
supra nominibus et consentientes quod totiens quotiens ipsæ partes
vel una ipsarum nominibus quibus supra veniet seu venient
contra dictum arbitragium, declarationem, interpositionem et amicabilem compositionem per dictum dominum arbitrum, arbitratorem, compromissorem et amicabilem compositorem dicendum et
pronunciandum, quod dicta pœna totiens committatur et sic commissa et exigi et levari valeat a parte contraveniente per dictos
dominos Lectoræ seu eorum thesaurarios, acta tamen inter partes
prædictas, nominibus quibus supra, firma et sobra in stipulatione
adhibita. Quod pœna commissa vel non commissa, soluta vel
non soluta semel pluries, quod dictum arbitragium, declarationem,
pronunciationem et amicabilem compositionem ac interpretationem dicendum, declarandum, arbitrandum, pronunciandum, in-
terpretandum et amicabiliter componendum per dictum dominum
arbitrum, arbitratorem, compromissorem et amicabilem compositorem, in sua remaneat roboris firmitate. Ac si dictæ partes, seu
alia earum non venissent contra et voluerunt ipsæ partes quibus
supra nominibus quod hoc præsens compromissum duret et sit
inter ipsas partes dictus dominus arbiter, arbitrator, compro-

missor et amicabilis compositor possit arbitrare, declarare, pro-
nunciare, interpretare et amicabiliter componere super prædictis
debatis, litibus, quæstionibus, rancoribus, malevolentiis ac deman-
dis usque ad finem unius anni integre completi a data hujus
instrumenti computando; et pro præmissis omnibus et singulis
tenendis, complendis et inviolabiliter perpetuo observandis
dictæ partes quibus supra nominibus, videlicet præfatus magister Petrus de Forsane, procurator ante quid dicti domini nostri
comitis et vicecomitis, bona ejusdem domini nostri comitis
et vicecomitis, et Robertus Aurelserius, præsbiter rector de Faugardia, et Bertrandus de Nervio, canonicus et cantor ecclesiæ cathedralis Sancti Gervasii Lectoræ, vicarius in spiritualibus
et temporalibus, et dominus Joannes de Franchis, procurator
dicti domini nostri Lectorensis episcopi, bona ejusdem domini
nostri Lectorensis episcopi, et dicti consules et syndicus universitatis dictæ civitatis Lectoræ bona ejusdem universitatis prædictæ civitatis pro eorum parte, et dictus Bernardus de Monte,
procurator dicti domini Sicardi de Monte Alto pro se et ut patris
et legitimi administratoris Giliberti de Monte Alto ejus filii, et
dominæ Condorinæ de Goalardo, condominorum castri de Terraubia, bona eorumdem domini Sicardi, dominæ Condorinæ et Giliberti eorum filii, et dictus Arsinus de Berreaco, rector præfati
Arcini de Goalardo, condomini castri prædicti de Terraubia,
et dictus dominus Garcionus de Goalardo, pro se omnia bona
sua, et ut actor præfati ejusdem Arcini de Goalardo bona ejusdem
Arcini, et Guillelmus Vitalis de Saramejano ut bajulus et procurator dicti domini Petri de Goalardo, militis condomini dicti
castri, bona ejusdem domini Petri, et Petrus de Carretas, vocatus
Belion, ut bajulus dicti loci de Terraubia pro dicta Condorina de
Gaudonibus et ut procurator ejusdem, bona ejusdem Condorinæ.

præfatus Raimundus de Courtès, Bernardus de Bederiis, Joannes de Mazeriis et Guillelmus de Mazeriis, consules loci prædicti, nomine eorum et consulatus, et idem Guillelmus de Mazeriis ut syndicus universitatis ejusdem loci de Terraubia, bona omnia et singula loci prædicti de Terraubia et universitatis ejusdem, pro eorum parte, mobilia et immobilia, præsentia et futura ubique obligarunt, sub omni juris et facti renunciatione qualibet et cautela, et ad præmissa omnia et singula tenenda et complenda dictæ partes et earum quælibet, si necesse fuerit, compelli voluerunt per quamcumque curiam ecclesiasticam vel secularem per captionem, venditionem, distractionem et alienationem omnium eorum et cujuslibet eorumdem bonorum prædictorum, tanquam pro re indicata, liquida et manifesta, et quædiu in rem transivit indicatam summarie et de plano absque strepitu et figura judicialis oblatione libelli, copia hujus instrumenti ad certa alicujus exceptionis productione probationis, sententiæ remedio appellationis omni via ordinaria et juris remedio penitus... quæ omnia et singula supra et infra scripta tenere, complere et perpetuo ac inviolabiliter servare et in nullo contra facere vel venire, pro se et nominibus quibus supra aut aliquibus aliis interpositis personis de jure vel de facto, clam vel etiam manifeste, aut contra facienti vel venienti in aliquo consentire ulla ratione vel causa ullo tempore in futurum dictæ partes et quælibet earum, pro se et nominibus quibus supra, prout ad ipsarum quamlibet pertinet et tangit, retenta tamen per dictos procuratores dictorum dominorum nostrorum comitis et vicecomitis et episcopi Lectorensis et vicarios prædictos ejusdem domini episcopi et per præfatos consules et syndicum prædictæ civitatis Lectoræ voluntate ipsorum dominorum nostrorum ad sancta Dei quatuor Evangelia, eorum manibus propriis et dextris corporaliter tacta, sponte promise-

runt et juraverunt et sub virtute juramenti prædicti per ipsas
partes præstiti ipsæ eædem partes et earum quælibet quibus supra
nominibus renunciaverunt exceptioni metus in finem actioni et
pronunciationi arbitrii boni viri et juridicenti compromissum
cum pœna et juramento vallatum non valere et juridicenti de
dicto arbitrorum posse appellare ad arbitrium boni viri et cuicumque alii juri canonico et civili, edito et edendo, et quibuscumque privilegiis concessis et concedendis, per quæ seu cum
quibus possent contrafacere vel venire in totum vel in parte
aliquo modo ullo tempore in futurum, vel aliquatenus se jurare
aliqua ratione vel causa; de quibus omnibus et singulis præmissis dictæ partes quælibet pro se requisiverunt per me notarium infra scriptum retineri et confici duo publica instrumenta
unius et ejusdem tenoris, videlicet unum pro parte dictorum
dominorum syndici et consulum ac universitatis dictæ civitatis
Lectoræ, et aliud pro parte dictorum dominorum syndici et consulum et universitatis prædicti loci de Sancto Avilo. Tenor vero
procurationis et potestatis dicti magistri Petri de Forsana, procuratoris dicti domini nostri comitis et vicecomitis, de qua superius
facta est mentio, sequitur in hunc modum : « Joannes, Dei gratia
comes Armagnaci, Fezenciaci et Rutenæ et vicecomes Leomaniæ
et Alti-Villaris, universis presentes litteras inspecturis salutem.
Notum facimus quod nos, auditis bona fama et laudabili testimonio quæ de dilecto et fideli nostro magistro Petro de Forsana,
de cujus probitate, legalitate, discretione et diligentia confidentes,
ipsum magistrum procuratorem nostrum in dictis vicecomita-
tibus Leomaniæ et Alti-Villaris, loco magistri Bernardi de Seris
quondam ad vadia quadraginta librorum facimus, constituimus et
tenore præsentium ordinamus quod diu nostræ placuit voluntati,
cui damus tenore præsentium et concedimus plenam et liberam

potestatem generale ac speciale mandatum, pro nobis aut nostro
nomine, agendi et etiam defendendi et de ac super excessibus
et maleficiis, commissis et committendis in prædictis vicecomita-
libus, et ac pro jure nostro informandi et informationes faciendi,
denuntiandi, accusandi et alias prout sibi videbitur componendi,
proponendi, de calumnia seu de veritate dicenda in animam nostram jurandi et subeundi cujuslibet alterius juramentum, sibi
unum procuratorem seu procuratores loci sui substituendi et des-
tituendi, si et quando sibi visum fuerit expedire, et demum
omnia alia universa et singula faciendi quæ ad procuratorum
officium pertinet et pertinere noscitur. Promittimus enim predicto
procuratori nostro, aut substituto vel substitutis ab eo et aliis quorum interest vel poterit interesse, rem ratam habere et indicatum
solvi cum suis clausulis universis, et nihilominus ipsum procuratorem nostrum et substitutum ac substitutos ab eo relevantes
ab omni onere satisdandi, sub efficaci hypotheca et obligatione
omnium bonorum nostrorum præsentium et futurorum et sub
omni renunciatione juris et facti ad hæc necessaria pariter et
cautela, mandantes thesaurario nostro Vasconiæ, qui nunc est et
pro tempore fuerit, ut dicto procuratore nostro quandiu erit in
dicto procuratoris officio de suis vadiis prædictis et terminis consuetis satisfaciat anno quolibet absque nostri... alterius expecta-
tione mandati. Nam dicta vadia per ipsum thesaurarium dicto
procuratorio nostro ex soluta cum harum testimonio et litteris
recognitoriis de soluto in his temporibus allocavimus et de sua
deducemus recepta, mandantes nihilominus omnibus justitiariis
officialibus et subditis nostris, ut eidem procuratori et ab eo substitutis, in his, quæ ad dictæ procurationis spectant officium,
pareant et intendant, in quorum fidem et testimonium præsentibus litteris nostrum fecimus apponi sigillum. Datum Lectoræ

die xxvııı julii anno Domini millesimo trecentesimo quadragesimo octavo per dictum comitem. »

(*Suivent les textes des autres procurations.*)

Postque eadem die et ibidem idem dominus arbiter, arbitrator, compromissor et amicabilis compositor, visis territoriis et debatis de quibus in ipsum compromissum extitit, visisque auditis et intellectis ac diligenter inspectis rationibus partium prædictarum et cujuslibet ipsarum et jure earumdem, habitoque super ipsis diligenti tractatu et peritorum consilio, ut asseruit, partibus prædictis quibus supra nominibus præsentibus, et dictum arbitragium, declarationem, pronunciationem et amicabilem compositionem per dictum dominum arbitrum, arbitratorem, compromissorem et amicabilem compositorem ferri petentibus ac etiam postulantibus, per viam pacis et concordiæ pacificando et concordando ipso domino arbitro, arbitratore, compromissore et amicabili compositore, pro tribunali sedente, dictam suam prononciationem, arbitragium, declarationem et amicabilem compositionem dixit, arbitravit, pronunciavit, declaravit et amicabiliter composuit in modum qui sequitur : et nos arbiter, arbitrator et compromissor et amicabilis compositor prædictus, visis, dictis territoriis et debatis prædictis et ipsa territoria et debata nostris oculis subjecta, quandoque partibus prædictis præsentibus et quandoque absentibus, habita deliberatioue et tractatu proborum virorum in talibus expertorum et consilio peritorum factaque per nos diligenti et summaria... seu informatione de et super jure utriusque partis ad requisitiones et postulationes partium prædictarum, nostrum dictum arbitragium, declarationem et amicabilem compositionem de et super dictis debatis prædictorum limitum territoriorum et omnimode altæ, mediæ et bassæ jurisdictionis, meri et mixti imperii solique et gardiagii seu mes-

sageriæ quæ et quos qualibet pars asserebat in dictis territoriis
habere et ad se pertinere dicimus, pronunciamus, arbitramur,
declaramus et amicabiliter componimus, per modum pacis et
concordiæ et amicabilis compositionis, prout sequitur. Et primo
dicimus, pronunciamus, arbitramur et declaramus amicabiliter
componendo quod de cætero inter partes prædictas, nominibus
quibus supra, sit pax, amor, dilectio, charitas perfecta, omnibus
rancoribus, malevolentiis et damnis penitus remotis et exclusis ac
omnino cessantibus, et quod omnes rancores et malevolentiæ
per unam partium prædictarum alteri renunciantur et fuerunt
remissæ, ita quod una pars prædictarum nominibus quibus
supra contra aliam in judicio vel extra judicium pro injuriis neque
damnis pacis expensis valeat. Imo penitus injuriæ quæcumque
et omnia damna passa et malevolentiæ fuerunt cassa et nulla et
nullius efficaciæ seu movementi, item quod nobis constat sufficienter utramque partem in dictis territoriis debatum prædictum, dominium, jurisdictionem omnimodam totum gardiagium exercisse et possedisse visoque jure ipsarum partium
et cujuslibet earumdem partibus consideratis et attentis
nostrum animum moventibus et movere debentibus, pro bono
pacis et concordiæ, dicimus, pronunciamus, arbitramur, declaramus et amicabiliter componimus quod jurisdictio civitatis prædictæ Lectoræ sit, duret et se extendat a dicta civitate Lectoræ
usque ad locum vocatum lou Tuco de Santa Mera desuper ubi
tria itinera congregantur, videlicet usque ad medium dicti
itineris et ibidem in medio dicti itineris retro. Dicimus, pronunciamus et ordinamus unam coffinham seu bozolam
petræ apponi et inde per medium itineris per quod itur de
Marsolano versus Florentiam usque ad caput campi vocati
Delbedat, et ibi in medio itineris prædicti apponi et affigi ordi-

namus quandam aliam coffinham seu bosolam petræ, quæ sit
æqualis vallato, quod est ad latus dictæ terræ versus partes tegu-
lariam vocatam de Lauze, et inde recte usque ad vinetum qui est
in fundo dictæ terræ, et deinde recte usque ad locum vocatum
au Merencq in cornu nemoris dominæ Condorinæ de Goalardo,
ubi inter nemus et terram Guillelmi Aucuihano, apponi et affigi
ordinamus et pronunciamus aliam coffinham petræ, et deinde
recte usque ad nemus Arcini de Goalardo prædicti, in cornu dicti
nemoris quod nemus confrontatur cum nemore vocato lou Carpoa
ubi videlicet inter dictos nemores apponi et affigi ordinamus et
pronunciamus quandam aliam bosolam sive coffinham petræ in
terra Guillelmi Vitalis de Terraubia, et de dicta coffinha eundo
inter dictum nemus del Carpoa et nemus prædictum Arcini de
Goalardo prædicti usque ad terram prædicti Arcini de Goalordo,
et inter dictam terram et terram hæredum Joannis de Marcellano
quondam usque ad medium vineti vocati del Saint Lezier, ubi ordinamus, dicimus, pronunciamus et apponi et affigi quandam aliam
bosolam petræ, et inde per medium dicti vineti usque ad vinetum
vocatum Lauza. Item, dicimus, ordinamus, pronunciamus componendo amicabiliter, quod una concata nemoris Arnaldi de Saramejano seu ejus hæredum quæ est in nemore vocato de Feugar-
deta, quæ tenetur in feudum a dicto Arcino de Goalardo et pro
feudo solvere tenetur eidem tres mesailhas morlanas servitii
annuatim in festo Omnium Sanctorum, quod dicta concata nemoris de cætero moveatur et teneatur in feudum a dicta civitate
Lectoræ et exsolvantur consulibus ante dictis et eorum successoribus dictæ tres mesailhæ morlanorum servitii annuatim in festo
Pentecostes Domini. Item dicimus, ordinamus, arbitramur, pronunciamus et amicabiliter componimus quod tres simiacas
nemoris plus vel minus sit, quæ sint Raimundo Daubiguera dicti

loci de Terraubia seu ejus hæredum, quæ sunt in nemore vocato
lou Carpoa citra vinetum vocatum del Saint Lezier, quæ tenentur
in feudum a domina Condorina de Goalardo prædicta uxore dicti
domini Sicardi del Monte Alto, militis, et eidem seu ejus certo
mandato et solvantur anno quolibet in festo Omnium Sanctorum, nomine servitii, tres mesailhas morlanorum servitii quod de
cætero dictum nemus in feudum teneatur a dicta civitate Lectoræ, et dictas tres mesailhas morlanorum servitii de cætero et
perpetuo et solvantur per detentores dicti nemoris in festo Pentecostes Domini. Item quod juridictio dictæ civitatis sit et duret et
se extendat de dicta civitate usque ad loca prædicta, ubi dictæ
coffinhæ ordinariæ et pronunciatæ sunt apponendæ et affigendæ,
et de dictis locis et coffinhis versus et usque ad dictam civitatem,
et quod dicti domini et consules ejusdem civitatis, prout ad ipsos
et quemlibet ipsorum pertinet, possint et valeant exercere et
exerceantur sive utantur absque aliquo impedimento in dictis
partibus sibi adjudicatis omnimodam altam et bassam juridictionem, merumque et mixtum imperium ac totum gardiagium
sive messejariam ; et quod dicti consules dictæ civitatis ab habitantibus ex aliis qui possessiones in ipsis partibus sibi adjudicatis
habent et possident habere et recipere et eis imponere possint et
valeant libras tallias et alias collectas, sicut ab aliis dictæ civitatis
et ejus pertinentiis civibus et habitatoribus habent et recipiunt de
præsenti habeant et recipient futuris temporibus. Item dicimus,
ordinamus, pronunciamus et amicabiliter componimus quod
juridictio dicti loci de Terraubia sit et duret et se extendat de
dicto loco de Terraubia usque ad loca prædicta, ubi dictæ coffinhæ
sunt ordinatæ et pronunciatæ, affigendæ et apponendæ, et de
dictis locis et coffinhis versus et usque ad dictum locum de Terraubia, et quod dicti domini et consules ejusdem dicti loci de

Terraubia, prout ad ipsos et quemlibet ipsorum pertinet, possint et valeant exercere et exerceantur sive utantur, absque aliquo impedimento in dictis partibus sibi adjudicatis, omnimodam altam mediam et bassam juridictionem merumque et mixtum imperium ac totum omne gardiagium sive messejariam. Item quod dicti consules dicti loci et habitantibus et aliis qui possessiones in ipsis partibus sibi adjudicatis habent et possident habere et recipere et eis imponere possint et valeant libras, tallias et alias collectas debitas sicut ab aliis dicti loci et ejus pertinentiarum habitatoribus habent et recipiunt de præsenti, habeantque et recipient temporibus futuris, exceptis hæredibus Petri Joannis de Ecclesia et eorum successoribus, quos dicimus declarando et pronunciando ac amicabiliter componendo esse immunes et quiti alibiis, talliis et aliis collectis personalibus, nisi in dicto loco seu pertinentiis ejusdem moram personalem faciant et continuant. Item quod dicti hæredes dicti Petri Joannis de Ecclesia et eorum successores, in casum in quem moram faciant continuam et personalem in dicto loco seu ejus pertinentiis, teneantur solvere libras, tallias et collectas, per consules dicti loci de Terraubia imponendas, et in ipsis contribuere sicut unus habitantium dicti loci et ejus pertinentiarum moram continuam et personalem trahentibus. Item quod dicti hæredes dicti Petri Joannis de Ecclesia et eorum successores, in casu moram extra dictum castrum et pertinentias ejusdem trahantur continuam et personalem, minime teneantur ad prædictas tallias et collectas personales solvendas nisi dumtaxat reales; ad quas libras tallias et collectas, per dictos consules imponendas, ordinamus, pronunciamus amicabiliter componendo ipsos hæredes prædicti Petri Joannis de Ecclesia et eorum successores teneri, pro quibus talliis et collectis realibus ordinamus ipsos et eorum successores teneri solvere medias libras seu collectas personales dumtaxat et non amplius. Item quod dicti hæredes prædicti Petri Joannis de Ecclesia et eorum successores perpetuo sint quiti et liberi ac immunes de illis deberiis vocatis : boada, carrejada, sivazada, salvis tamen quibuscumque cuilibet partium prædictarum aliis debitis et jura prædicta eisdem et cuilibet eorumdem reservata, nostræ enim intentionis non est dictis partibus super præmissis in aliquo derogare nec præjudiciare. Item ordinamus, dicimus et pronunciamus, quod partes prædictæ simul et pro medio omnes prædictas coffinhas seu bosolas in locis supra scriptis et designatis habeant affigere et ponere seu ficare hinc ad festum proximum Nativitatis Domini, ut perpetuo appareat et apparere possit divisio dictæ juridictionis cuilibet intuenti, potestatem nobis reservantes virtute et authoritate dicti compromissi et de voluntate partium prædictarum presentem nostram pronunciationem, ordinationem dictam hujus modi et amicabilem compositionem, hinc ad unum annum continuum a die hodierna computandum interpretandi, ordinandi, pronunciandi et declarandi semel et pluries et quotiescumque nobis videtur expedire, et dictas interpretationem et declarationem exsequendi ut melius et justius nobis videbitur faciendum. Item dicimus, pronunciamus, præcipimus, mandamus et ordinamus, virtute et authoritate potestatis nobis superius per dictas partes attributæ, et in compromisso in nos, facto concedente, quod partes prædictæ et earum quælibet, sub virtute per eas et earum quælibet præstiti juramenti et in cursione pœnæ in dicto compromisso contentæ, prædicta omnia et singula supra per nos dicta, ordinata, arbitrata, pronunciata et amicabiliter composita, laudent, approbent, ratificent, omologent et confirment : et ea omnia et singula perpetuo teneant et observent pro

se quibus supra nominibus et eorum successoribus, et in nullo
contrafaciant vel veniant nec contrafieri vel venire, pro se
nominibus quibus supra, aut aliam seu alias interpositam personam seu personas consentiant, de jure vel facto, nunc vel in
futurum et nonobstante quod prædictæ partes vel una ipsarum
nominibus quibus supra esset contra factum quod absit quod dictum ejus modi nostram ordinationem pronunciationem et amicabilem compositionem prædictas in sua remaneat robore et
perpetuo duret et habeat firmitatem, etc.

Quibus sic actis ibidem partes prædictæ quibus supra nominibus tamen per dictos procuratores vicecomitalem et episco-
palem, consules et syndicum universitatis prædictæ civitatis,
retenta voluntate dictorum dominorum comitis et vicecomitis et
episcopi dominorum Lectoræ, prædictam dictam ordinationem,
præjudiciationem, declarationem, arbitragium et amicabilem
compositionem prædictas laudarunt, omologarunt, ratificarunt et
confirmarunt, et ea firma habere, tenere et servare, et in nullo
contra facere vel venire, pro se nominibus quibus supra aut aliis
interpositis personis, clam vel etiam manifeste, de jure vel de
facto, aut contra facienti vel venienti in aliquo consentire sub
virtute per eas vel earum quamlibet præstitorum juramentorum
et incursione pœnæ prædictæ, et ad ipsa omnia et singula dicta arbi-
tragia ordinata, declarata, præjudiciata et amicabiliter composita
tenenda, complenda et observanda, dictæ partes, nominibus quibus supra, videlicet dictus magister Petrus de Forsano, procurator
dicti domini comitis et vicecomitis, bona ejusdem domini nostri
comitis et vicecomitis, et dicti domini Robertus Aurelzerii et Bertrandus de Nervio, vicarii, et præfatus dominus Joannes de Franchis,
procurator dicti domini nostri Lectorensis episcopi, bona ejusdem
domini nostri Lectorensis episcopi, et dicti consules et syndicus

dictæ universitatis prædictæ civitatis Lectoræ, bona dictæ ejusdem civitatis et universitatis, præfatique Bernardus de Monte, procurator prædictorum domini Sicardi de Monte Alto, militis, patris et legitimi administratoris Giliberti de Monte Alto, filii sui, et dominæ Condorinæ de Goalardo, conjugum, bona ipsorum, et Arcinus de Bearraco tutor et tutorio nomine Arcini de Goalardo, pupilli prædicti, bona ejusdem pupilli, dictusque dominus Garcionus de Goalardo, pro se et ut actor Arcini, bona sua propria et dicti Arcini, et dictus Guillelmus Arnaldi de Magnaneo, domicellus, bona sua propria, Guillelmus Vitalis de Saramejano, prædictus procurator domini Petri de Goalardo, militis, bona ejusdem domini Petri, et Petrus de Carretas, procurator Condorinæ de Gaudonibus, bona ejusdem Condorinæ, et dicti consules, syndicus præfati loci de Terraubia, bona universitatis ejusdem loci de Terraubia, omnia et singula mobilia et immobilia præsentia et futura ubique obligarunt efficaciter et hypotecaverunt sub omnis juris et facti renunciatione qualibet et cautela et pro præmissis omnibus et singulis tenendis et complendis; partes prædictæ, quibus supra nominibus, et earum quælibet compelli voluerunt per quamcumque curiam ecclesiasticam seu secularem, tanquam præindicata, liquida et manifesta, et quæ diu in rem transivit judicatam summarie et de plano absque strepitu et figura judiccatis petitione libelli, copia hujus instrumenti adjecta alicujus exceptionis productione, probationis probatione, remedio appellationis, omni via ordinaria et juris remedio penitus prætermissis, super hoc renunciantes ab lege si convenit paragrapho de juridictione omnium judicum et insuper renunciantes juridicenti compromissum inter partes cum pœna et juramento vallatum non valere, et juridicenti de dicto arbitrorum posse appellare ad arbitrum boni viri et omnibus aliis juribus tam canonicis quam

civilibus editis seu edendis fore usui consuetudini pacto per
quos seu cum quibus possent contrafacere vel venire in toto vel
in parte; de quibus quidem omnibus et singulis prædictis partes
prædictæ, quibus supra nominibus, et eorum quemlibet requisiverunt me notarium infra scriptum ut eis retinerem et inde
conficerem duo publica instrumenta unius et ejusdem tenoris,
unum videlicet pro parte prædictorum dominorum consu-
lumque et syndici prædictæ universitatis et civitatis Lectoræ
antedictæ, et aliud pro parte dominorum ac consulum et
syndici loci de Terraubia. Acta fuerunt hæc Lectoræ in domo
conventus fratrum minorum Lectoræ, die decima mensis
novembris anno Domini millesimo trecentesimo quinquagesimo
secundo, regnante domino Joanne, rege Franciæ, Joanne Dei
gratia Armagnaci, Fezenciaci et Rutenæ comite vicecomiteque
Leomaniæ et Alti-Villaris prædictorum dominante, Petro Lectorensi episcopo existente. Hujus rei testes sunt : venerabiles ac
discreti viri domini Bernardus de Cucomonte, licentiatus in legibus dictorum vicecomitatuum, Dominicus de Boerio, officialis
Lectorensis, Petrus Bajuli, licentiatus in legibus, Petrus de Mas-
saris, domicellus, Joannes de Signano, civis dictæ civitatis Lectoræ
antedictæ notarius qui requisitus ut præmittifur de præmissis
omnibus et singulis duo publica instrumenta unius et ejusdem
tenoris, unum videlicet pro parte prædictorum dominorum dictæ
civitatis syndici, consulum et universitatis ejusdem, et aliud pro
parte dominorum de Terraubia et universitatis ejusdem; et hoc
præsens instrumentum pro parte jam dictorum dominorum et
consulum syndici et universitatis Lectoræ, in hanc publicam formam abstraxi in istis tribus pellibus inglutinatis et adjunctis,
quarum prima pellis incipit « in nomine Patris » in prima linea et
finit « eadem eo, » et in medio ejusdem primæ pellis et secundæ

subsequentis lineæ quæ ibi scribitur incipit « et actoribus » et finit « in eodem actum gestum; » et in penultima linea dictæ secundæ pellis incipit « ordinarie » et finit « in eodem utantur, » et linea scripta in medio dictæ pellis secundæ et ultimæ præsentis incipit « absque » et finit « in eadem et demumque signo meo signavi solito. »

Archives du château de Terraube, carton A, pièce 13.

AVANT ET APRÈS 1352.

Notice de l'abbé de Lespine sur ARSIEU OU ARCHIEU DE GALARD.

ASSIN, OU ARSIEU DE GALARD, V^e du nom, coseigneur de Terraube, etc., ayant perdu son père, étant en âge de minorité, fut pourvu de tuteurs dans la personne de VEGUIER OU VIGUIER DE GALARD et d'Arsieu de Berac (de Bearraco), damoiseaux, par sentence du juge d'Agenois, rendue à Condom le samedi après Saint-Mathieu, 1349. (Archives de l'hôtel de ville de Lectoure.) Peu de jours après, c'est-à-dire le cinquième à l'issue de septembre (comme on comptait alors), par acte passé à Condom, les mêmes tuteurs donnèrent procuration à GAISSION DE GALARD, prieur de la Grasse, et à Berauld de Berrac, clerc, pour traiter avec le comte d'Armagnac, l'évêque et la ville de Lectoure, touchant les limites de leurs juridictions respectives. (Ibid.) Il est nommé dans une procuration donnée, le 11 mars 1351, par les consuls et habitants de Terraube, en vertu d'un mandement du bailly de ce château, par nobles hommes messires Sicard de Montault, comme père et tuteur de Gilbert, son fils, PIERRE DE GALARD, chevalier, coseigneur du même château, pour lui Arsieu de Galard, aussi coseigneur, et pour nobles Veguier de Galard, seigneur justicier en partie, du même lieu, à quelques-uns de leurs concitoyens pour agir en leur nom, à la limitation des juridictions dudit château et de la ville de Lectoure (1352). Il avait été marié deux fois, mais on ne connaît que le nom de sa deuxième femme, qui est JACOBIE, ou JACQUETTE DE GALARD, fille aînée de JEAN DE GALARD, premier du nom, coseigneur de l'Ile-Bozon, etc., et de dame Marguerite de Vimont, dame de Cumont et de la Mote; elle vivait encore lors du testament de sa mère, en 1406, dans lequel elle est qualifiée dame de Terraube et faite légataire de la somme de 10 florins d'or, une fois payés.

De la première de ces alliances naquit :

ASSIEU DE GALARD, VIe du nom, dont l'article suit.

Mss. de l'abbé de Lespine, dossier de Galard. Bibl. de Richelieu. Cabinet des titres.

---

10 AOUT 1372.

Lettres de Jean, comte d'Armagnac, ordonnant à son secrétaire de payer leurs gages aux capitaines qui l'avaient servi dans la guerre contre le comte de Foix, et notamment à RAYMOND *et à* AYSSIN *ou* ARCHIEU DE GALARD, *ainsi qu'aux sires* D'ESPIENS *et de* CAMPANÈS, *qui étaient de la même famille.*

Johannes, Dei gratia comes Armanhaci, Fezensiaci et Ruthenæ, vicecomesque Leomaniæ et Altivillaris, dilecto et fideli clerico secretario nostro Johanni de Gavo, per nos ad solvendum vadia nostrarum gentium armorum specialiter deputato, salutem. Cum nos ad præsens plus consueto pluribus armorum gentibus indigeamus eo quia comes Fuxi de novo guerram nobis facere incepit, et multi ex amicis nostris qui ad vadia nostra minime esse consueverunt, ad nos venerint pro succurrendo nobis contra dictum Fuxi comitem, hinc est quod volumus... videlicet... item RAYMUNDO DE GUALARDO, pro se solo homine armorum de decem diebus quatuor francos auri. Item domino Manaudo de Barbasano pro vadiis quadraginta duorum hominum armorum de decem diebus centum sexaginta et octo francos auri. Item domino D'ESPIENX pro vadiis suis et decem septem hominum armorum, incluso domino Petro de Montecalvo se tertio hominum armorum de decem diebus septuaginta et duos francos auri. Item Petito d'Arbiu pro vadiis suis et duorum hominum armorum de decem diebus duodecim francos auri... Item domino OTHONI CAMPANES[1], militi, pro vadiis suis et unius hominis armorum de vigenti septem diebus vigenti unum francos auri et novem grossos argenti... Item Johanni de Beufort, pro vadiis suis et duorum hominum armorum, de octo diebus, novem francos auri et novem grossos argenti... Item domino AYSSINO DE GUOLARDO pro vadiis suis et unius hominis armorum de duodecim diebus novem francos auri et novem grossos argenti. Item Johanni domino de Besola, pro se ipso solo homine armorum, de duodecim diebus quatuor francos auri et duodecim grossos argenti. Datum Lavardenx, die decima mensis augusti, sub nostro secreto sigillo, anno Domini millesimo trecentesimo septuagesimo secundo. — Per dominum comitem vobis præsente. — *Petrus Jouini.*

Collection Doat, vol. 197, folios 275-281. Cabinet des titres. Bibl. de Richelieu.

1. Voir pour le de Galard, seigneur de Campanès, l'acte de 1328 (pages 255 et 268), qui se trouve dans la série chronologique des titres concernant Raymond de Galard, évêque de Condom.

10 AOUT 1350.

A cette date, PIERRE DE GALARD était chanoine de l'église collégiale Saint-Vincent-du-Mas-Agenais, dans le diocèse de Condom.

Collatio archidiaconatus de Cayrano, in ecclesia seculari Sancti Vincentii Mansi Agennensii, Condomiensis diocesis, per prioris de Cantirano obitum vacantis et librarum Turonensium valorem annuum non excedentis pro PETRO DE GALHARDO, ejusdem ecclesiæ canonico; datum adventus, 4 idus augusti (10 août 1350).

Archives du Vatican, Clément VI, tome LVI, an 9, fol. 161.

---

2 AOUT 1368

Le pape Urbain V ratifie l'échange du doyenné de Bordeaux contre le prieuré de Saint-Vincent-du-Mas, fait entre Jean de La Mothe et PIERRE DE GALARD, *chanoine, susnommé.*

Lettre adressée « Dilecto filio PETRO DE GALARDO, decano ecclesiæ Burdegalensis, decretorum doctori. » Le pape approuve la permutation qu'il venait de faire avec Jean Mota, qui lui avait cédé le doyenné de Bordeaux et un canonicat de Bazas[1]. Pierre de Galard lui donna en échange le prieuré de l'église séculière et collégiale de Saint-Vincent « Mansi Agennesii, » diocèse de Condom. « Datum apud Montem Flasconem, iv non. augusti anno 7°. »

Manuscrits de l'abbé de Lespine, dossier de Galard, Cabinet des titres, Bibl. de Richelieu.

1. L'abbé de Lespine a dû prendre cette note dans les archives du Vatican, registre coté Urbain V, tome XX, pars 1, anno 7, fol. 195, car l'acte original existe à cette source.

ANNÉE 1352 ET APRÈS.

Notice sur BERTRAND DE GALARD *(Gualard), coseigneur du Goulard,* *sur son fils* JEAN *et un autre membre de la famille du nom de* BERTRAND, *qui était seigneur de Saint-Médard.*

BERTRAND DE GUALARD [1], damoiseau, conseigneur de Gualard près de Condom, au 8 janvier 1352, fit testament le 4 juillet 1362. Il n'y nomme pas sa femme. Il fit plusieurs legs aux hôpitaux de Testa, des lépreux du Pradau, et des lépreux de Sainte-Eulalie, à Arnaud de Sevinhac, damoiseau, qu'il voulait être logé, nourri et entretenu chez lui tant qu'il vivrait. Il institua héritier JEAN DE GUALARD, son fils légitime et naturel, avec substitution en faveur d'autre BERTRAND DE GUALARD, conseigneur de Saint-Médard. Le testament fut retenu par Pierre-Jean Palhote, notaire d'Agen.

Jean de Gualard, damoiseau, conseigneur de Gualhard, fils du précédent, disposa de ses biens le 24 septembre 1375 en faveur du chapitre de Condom.

Cartulaire de Condom, page 178. Bibl. de la ville de Condom.

1ᵉʳ OCTOBRE 1355.

Quittance délivrée par MANAUT DE GALARD, *capitaine de Laugnac, à* *Jacques Lempereur, trésorier des guerres.*

Sachent tuis que je MANAUT DE GALART, escuier, capitaine de Laongnac, ay eu et receu de Jacques Lempereur, trésorier des guerres du roy, nostre sire, en prest sur les gaiges de moy des gens d'armes et de pié de ma compagnie, desserviz et à desservir

---

1. C'est probablement de Bertrand de Galard ou de son fils Jean que naquit ANNE DE GALARD, mariée à ODET DE PARDAILLAN en 1380, et dite par le P. Anselme fille de N. de Galard, premier baron de Condomois.

en ces présentes guerres de Gascoingne, soubs le gouvernement de M. le comte d'Armignac, lieutenant dud. seigneur, es dites parties, xxxv l. tournois, desquelles 35 l. je me tien et bien paiez. Donné à Agen, sous mon seel, le 1ᵉʳ jour d'octobre 1355.

SCEAU, en cire rouge : *une bande et un lambel.*

Sceaux, vol. 51, fol. 3843, Bibl. de Richelieu. Mss. — Titres scellés, tome I, fol. 372.

17 JUIN 1378.

Présence de MANAUD *ou* MONOT DE GALARD *à une revue passée, le 17 juin 1378, pour la guerre d'Espagne, sous la conduite de Perducat d'Albret, qui commandait 60 hommes d'armes et 60 pillards. Le rôle indique entre autres noms les suivants :*

HOMMES D'ARMES.

De Campagne.
Le seigneur de Cassans.
Arnauton de Cassand.
Sansot d'Fu Luc.
Guilhonet de Sieurac.
Peyrot de Blanquefort.
Le Basto Rhedon.

Petit de Pellegrue.
Johannot de Harembourne.
MONOT DE GALARD.

PILLARDS.

Guillonet de Grammont.
Peyrot de Tilh.
Périnot de Lomagne.
Etc., etc.

Histoire de Gascogne, par l'abbé Monlezun, tome IV, page 444.

17 MAI 1359.

MONTASIN DE GALARD, *qualifié damoiseau, et fils de feu* PIERRE DE GALARD, *chevalier, obtint du pape Innocent VI un bref de dispense qui lui permettait d'épouser sa cousine au quatrieme degré, noble* MARGUERITE DE GALARD, *fille de Jean, baron de Limeuil et Miremont.*

Dilecto filio nobili viro MONTASINO DE GALARDO, nato quondam PETRI DE GALARDO, militis, domicello, et dilecte in Christo filie

nobili mulieri MARGARITE[1], dilecte filie nobilis viri JOHANNIS DE
GALARDO, militis, domini de Limolio et de Miromonte nate, domi-
celle, Agennensis et Petragoricensis diœcesis, salutem. Apostolice
Sedis circumspecta benignitas nonnumquam vigorem sacrorum
canonum mansuetudine temperando concedit quod iidem cano-
nes interdicunt, presertim cum personarum et temporum qualitate pensata, id in Deo conspicit salubriter expedire. Sane petitio
pro parte vestra nobis exhibita continebat quod vos desideratis
invicem matrimonialiter copulari ; sed quia tertio et quarto gradibus consanguinitatis, ex eodem stipite descendentes, invicem
cunjuncti estis, id efficere non potestis dispensatione super hoc
applicata non obtenta. Quare pro parte vestra nobis extitit humiliter supplicatum, ut providere vobis super hoc de opportuno
dispensationis beneficio, de benignitate applicata dignaremur.
Nos igitur, certis ex causis pro parte vestra nobis expositis, vestris in hac parte supplicationibus inclinati, vobiscum, cum impedimentis, que ex hujusmodi consanguinitate proveniunt, nequaquam obstantibus, matrimonium invicem libere contrahere, et
in eo, postquam contractum fuerit, remanere licite valeatis,
auctoritate apostolica, de specialis dono gratie, tenore presentium dispensamus. Prolem suscipiendam ex hujusmodi matrimonio legitimam nunciandam. Nulli ergo, etc. Datum Avenione,
xvi kal. junii, anno septimo.

Archives du Vatican, registre du pape Innocent VI, coté JN, B. vii,
Ep. 74, fol. 253.

1. Marguerite de Galard dut être laissée dans le veuvage par Montasin de
Galard peu de temps après leurs noces, car bien avant l'année 1364 elle s'était rema-
riée, comme on le verra plus loin, page 131, avec Nicolas de Beaufort, frère du
pape Grégoire XI et neveu de Clément VI.

ANNÉE 1359.

Extrait mentionnant l'alliance de Gillette du Maine avec PIERRE DE
GALARD, *seigneur de Brassac.*

GILLETTE DU MAINE, mariée l'an 1359 avec PIERRE DE GALARD, seigneur de Brassac, fille de Guillaume et de Marie d'Andouins.

Armes du Maine : de gueules à une fleur de lis d'or, au che
d'argent *alias* d'or.

La filiation commence à Jean du Maine [1], seigneur d'Escandillac, marié en 1462 à Marguerite de Ferrières. Son fils Jean
épousa, en 1491, Antoinette de Durfort, fille d'Arnaud, seigneur
de Bajaumont.

Il y a un maréchal de France en 1724.

Celui qui épousa mademoiselle de Galard se qualifiait seigneur
du Bourg, de Palais, de la porte de Lavau.

Fonds Clairembault, dossier de Galard. Cabinet des titres. Bibl. de
Richelieu.

ANNÉE 1360 ET AVANT.

*Mention de plusieurs membres de la maison de Galard et de la
branche d'Aubiac par l'abbé de Lavaissière, auteur du « Nobiliaire
de la Haute Guienne. » Les personnages signalés sont* PIERRE,
MATHIEU, GIRAUD *et* MONDE DE GALARD, *seigneurs du dit lieu
d'Aubiac.*

MÉMOIRE POUR M. L'ABBÉ DE GALARD.

Joseph de Lart étant mort en 1601, Henrie-Renée, sa fille,
autorisée par Agésilas de Narbonne, son époux, fit faire l'inventaire de ses effets, meubles, titres et documents par Calhavet,

---

1. On prétend que cette maison est sortie d'Écosse et qu'elle s'établit en Agenois
par le mariage de Godefroy du Maine avec l'héritière d'Escandillac.

notaire de Gachepoy [1]. Ce notaire déclare avoir remis dans les
sacs plusieurs titres si anciens qu'il n'a pu en lire la date ni les
noms des notaires; cette déclaration se trouve très-souvent dans
son inventaire. Cependant on y voit la note des actes suivants.

1300. — Testament de Pierre de Galard, du 20 octobre 1300.
Cet acte est de la plus grande importance pour la réunion des
différentes branches de la maison de Galard.

1317. — Quarante et une reconnaissances féodales à Mathieu
de Galard, seigneur d'Aubiac en 1317.

1336. — Une procédure civile en parchemin entre Monde de
Galard, dame d'Aubiac, et Géraud de Galard, faite d'autorité du
sénéchal d'Agen en 1336. Cette pièce semble devoir jeter de
grandes lumières sur la séparation des diverses branches de la
maison de Galard.

1351. — Testament de Géraud de Galard, seigneur d'Aubiac,
de l'an 1351, coté lettre N, acte essentiel.

1360. — Investiture donnée par Pierre de Galard, seigneur
d'Aubiac, en 1360.

Testament d'autre Pierre de Galard, en latin; mais si vieux,
dit le notaire, qu'il n'a pu en lire la date.

Les coutumes données à la seigneurie d'Aubiac.

Plusieurs hommages très-anciens qu'on n'a su lire, rendus
aux comtes d'Armagnac par les seigneurs d'Aubiac.

Cet inventaire m'a été envoyé par un gentilhomme du Périgord du nom de de Lart. Il me confirme dans l'idée, où j'ai toujours été, que la maison de Galard devait trouver beaucoup de
titres anciens et très-intéressants pour elle dans les archives du
château d'Aubiac, qui fut, avec la terre de Terraube, le partage

_____

1. Pour Gazegouy.

de l'aîné. Au reste j'ai analysé fort au long tous les actes qu'il y a chez M. le marquis de Galard à Terraube, et je puis attester qu'il n'y en a pas un seul de ceux qui sont mentionnés dans l'inventaire des archives d'Aubiac de l'an 1601. Il est donc, pour M. de Galard, de la plus grande importance de faire une vérification très exacte du chartrier de M. le duc de Narbonne ; toutes les branches de cette maison y sont également intéressées, puisqu'il est vraisemblable qu'elles y trouveront de quoi établir victorieusement leur séparation. Il paraît, par l'inventaire, que la branche d'Aubiac était très-puissante. J'ai l'honneur de souhaiter le bonjour à M. l'abbé de Galard[1].

> LAVAISSIÈRE, auteur du *Nobiliaire de la Haute-Guienne.*

Archives du château de Terraube.

ANNÉE 1361.

Mention d'un GAILLARD DE GALARD *par M. de Bréquigny.*

Un procès-verbal des sermens de fidélité que prêtèrent au roi d'Angleterre, en vertu du traité de Brétigny, plusieurs seigneurs des pays de Tarbes et de Bigorre, apprend qu'il y avoit alors dans cette province un GUALHARD DE GUALHARD.

Notes sur le nom de Galard extraites des rôles gascons, et communiquées à la branche de Galard de Béarn par Bréquigny; papier, deux feuillets. Archives du château de Larochebeaucourt.

1. Nous n'avons pas donné cette lettre *in extenso*, pour réserver un fragment qui se rapporte à une date postérieure et qui sera introduit à sa vraie place chronologique.

12 AVRIL 1361.

Reçu d'une somme de soixante francs, fait par JANICOT DE GALARD,
valet de chambre de Louis de Navarre.

L'an de grâce mil cccLxi, le xiie jour du mois d'avril, à Briquebec, devant nous Guillaume le Bouret, lieutenant du vicomte
du lieu, fut présent JENICOT DE GUALLART, vallet de chambre de mon
très cher et redoubté seignour monsieur Loys de Navarre, conte
de Beaumont-le-Roger, qui confesse avoer eu et recheu de Richart
le Prestre et de Jehan Cohuel, rechevour des trisiesmes du roy,
nostre sire, au por de la Hougue, sous Jehan Bloville, rechevour
général de mondit seignour, la somme de soixante francs d'or de
bon prys, pour vertu de certaine assignation à luy faicte de la
somme dez diz soixante francs qui faicte luy avoit esté sur ledit
Bloville, par le commandement de mondit monsieur Loys, etc.

Collection Gaignières, *Sceaux,* vol. 51, fol. 3843. Bibl. de Richelieu. Mss.

ANNÉE 1366.

Autre quittance du même JANICOT DE GALARD.

Sachent tous que je JENNICOT DE GUALLART, valet de chambre
de mon très cher et très redoutey seigneur et puissant Loïs de
Navarre, conte de Beaumont-le-Roger, confesse avoer eu et
recheu de Richart le Prestre et Jehan Cohuel, rachevour des
xiii^{mes} du roy o port de la Hougue... Jehan Bloville, rechevour de
Vallongue, la somme de Lx francs d'or de bon pres pour vertu
d'une asination de Lx francs, laquelle m'avoit estey faicte sus

ledit Bloville par le commandement de mondit seigneur monsieur Lois, pour quas jey quité ledit monsieur et ledit Bloville et
lesdits Prestre et Cohuel et tous autres à qui quittanche ey doen
leur apartenir et les en puisse à délivrer... eus tous en temong
de ce je scelle cheste quitanche de... scel de... Briquebec, l'an
mil ccclxvi.

Même source que ci-dessus.

---

22 FÉVRIER 1364.

Serment de fidélité prêté par Nicolas de Beaufort, époux de MARGUERITE
DE GALARD, *et à ce titre seigneur de Limeuil, au roi d'Angleterre*
Édouard III.

LES HOMAGES ET SEREMANT DE FOIALTÉ FAICTZ SI BIEN A NOSTRE SEI-
GNOUR LE ROI D'ANGLETERRE EDWARD TIERTZ, COME A EDWARD SON
AISNEZ FILS, PRINCE D'AQUITAYNE EN LEZ PARTIES DE GUYENNE.

Les fourmes et homages faictz à nostre seignour le prince
d'Aquitaine . . . .

En la chapelle du palais (de Poitiers), *XXII février.*

NYCHOLAS DE BAUFORT, seignour de Lymulh ; à cause du droit de
MARGUERITE DE GALHART, sa femme.

Collection générale des documents français conservés en Angleterre et
publiés par Jules Delpit, vol. in-4°. Paris, Dumoulin, 1847, page 120.

AVANT 1364.

Extrait du P. Anselme, qui rappelle l'alliance de MARGUERITE DE GALARD,
dame de Limeuil, avec Nicolas de Beaufort.

Bertrand de la Tour, II du nom, seigneur d'Oliergues, par la
donation que lui en fit Guillaume, son frère, le 22 juillet 1417.

Il paraît par actes des années 1439 et 1444 qu'il était sous la curatelle de Guillaume de la Tour, évêque de Rodez, son frère, et de Bertrand de la Tour, comte de Boulogne et d'Auvergne ; il mourut en 1450. ·

I. Femme, Marguerite de Beaufort, fille de Nicolas de Beaufort, seigneur de Limeuil, et de Marguerite Gallard, sa première femme, dame de Limeuil, en Périgord, fut mariée par contrat de l'an 1423.

Agne de la Tour, IV du nom, seigneur d'Oliergues, qui suit.

II. Femme, Annette d'Apchon, fille de Louis, seigneur d'Apchon ; elle était veuve de Guy, seigneur de Pesteilh et de Fontange, fut mariée l'an 1439, et était morte avant le mois d'août 1456.

P. Anselme, *Histoire des grands officiers de la couronne,* tome IV, page 535.

Avant et après 1364.

Deuxième extrait du P. Anselme, contenant une notice de Nicolas de Beaufort, et énonçant son mariage avec Marguerite de Galard, *née de Jean, seigneur de Limeuil, et de Philippe de Lautrec. Leurs enfants y sont également mentionnés.*

SEIGNEURS D'HERMENC, VICOMTES DE TURENNE.

*D'argent, à la bande d'azur, accompagnée de 6 roses de gueules,
3 en chef et 3 en pointe.*

Nicolas de Beaufort, quatrième fils de Guillaume, comte de Beaufort, et de Marie de Chambon, sa première femme (mentionnés ci-devant, p. 216), embrassa d'abord l'état ecclésiastique, qu'il quitta ensuite pour se marier ; il fut seigneur d'Armenc par la donation que lui en fit son père en le mariant. Louis, duc d'Anjou, lui donna, au mois d'août 1370, la terre de Linde en la sénéchaussée de Périgord, s'il la pouvait recouvrer des Anglais qui l'occupaient; il est qualifié écuyer seigneur de Limeuil, dans deux quittances des 6 août et 5 septembre de la même année; son sceau est écartelé des armes de Beaufort et d'un lion. Ce même prince lui fit assigner au mois de juillet de l'année suivante 2,000 livres de rente pour ses enfants, jusqu'à ce que les biens de Pierre Gallard et de Guillaume de Caumont leur eussent été rendus; son sceau, dans une quittance du 6 septembre 1374, représente un homme armé, tenant de la main gauche l'écu de ses armes et la lance de la droite. Charles, roi de Navarre, lui donna aussi en considération de ses services, au mois d'août 1375, la ville et le château de Radele (alias Lude) au royaume de Navarre, qu'il prétendait lui devoir appartenir de la succession des seigneurs de Caumont, et le comte de Beaufort, son frère, lui fit don, le 9 juin 1390, des châtellenies de Chambon et de Rosiers, à condition de ne les donner ni les transporter à Jean de Beaufort son fils. Il fit son testament le 29 avril 1415. I. Femme, Margue-rite Gallard, fille unique et héritière de Jean Gallard, seigneur de Limeuil, en Limousin, et de Philippes de Lautrec, elle apporta à son mari les seigneuries de Limeuil, de Caumont, de Clerens et de Miremont, et était morte au mois d'août 1370.

1. Jean de Beaufort, seigneur de Limeuil, auquel Archambault, évêque de Châlons, Sicard, évêque de Béziers, Éléonore et Jeanne, leurs sœurs, enfants du vicomté de Lautrec, désirant faire dona-tion de tout le droit qu'ils avaient aux vicomté de Lautrec, baron-nies d'Ambres, de la Bruguières, et en tous les autres biens qui avaient appartenu à leur père et à leur frère, ils en obtinrent permission du roi, le 4 novembre 1376, ce que l'évêque de Béziers exécuta par acte du 13 mars de l'année suivante; son père l'ex-

héréda par son testament pour cause d'ingratitude et d'outrages qu'il en avait reçus. Après la mort d'Antoinette de Beaufort, femme du maréchal de Boucicault, il prit la qualité de vicomte de Turenne et de comte de Beaufort, et obtint lettres de Charles, dauphin de France, le 3 juillet 1420, pour être reçu à faire la foy et hommage du comté de Beaufort : il fut tué la même année en la ville de Limeuil, sans enfants de Marguerite de Montaut, fille de Raymond de Montaut, seigneur de Mucidan.

2. Marguerite de Beaufort, nommée dans les lettres du duc d'Anjou de l'an 1371, accordées au seigneur d'Hermenc son père, touchant la non-jouissance des biens de Pierre Gallard et de Guillaume de Caumont.

II. Femme, Mathe de Montaut, fille de Raymond de Montaut, seigneur de Mucidan et de Blaye, et de Marguerite d'Albret dame de Mucidan, fut mariée le 5 février 1396.

1. Amanjeu de Beaufort, fut institué héritier par Éléonore de Beaufort, sa cousine, dame de Beaujeu, au vicomté de Turenne, et aux terres qu'elle avait en Auvergne et en Provence ; il passa procuration le 20 mai (*alias juillet*) 1420, étant majeur de quatorze ans, pour se porter héritier de Raymond de Beaufort, vicomte de Valerne, son oncle, et mourut sans avoir été marié, à Douilly, vers le premier octobre suivant, il fut enterré aux Cordeliers de Villefranche.

2. Pierre de Beaufort, vicomte de Turenne, qui suit.

3. Marguerite de Beaufort, dame de Granges, et de Charlus-Champagnagnes, que Mathe de Beaufort, dame de la Tour, sa tante, lui donna, épousa par contrat du 20 juin 1423 Bertrand de la Tour, II du nom, seigneur d'Oliergues, fils d'Agne de la Tour, II du nom, seigneur d'Oliergues, et de Béatrix de Chalençon ; elle était morte avant l'an 1439.

4. Cécile de Beaufort, mariée en 1427 à Pierre de Rastelane, seigneur de Chambon, lequel transigea, le 7 décembre 1435, avec le vicomte de Turenne, son beau-frère, touchant les tailles de sa terre de Chambon qui lui furent laissées.

P. Anselme, *Histoire des grands officiers de la couronne*, tome VI, p. 320, 321.

Avant et après 1364.

Constatation de l'alliance de Nicolas de Beaufort avec Marguerite de Galard et de l'exhérédation de leur fils, Jean de Beaufort, pour cause d'ingratitude.

Nicolas de Beaufort, fils de Guillaume II et frère de Guillaume III et neveu de Grégoire XI, fut marié deux fois. Marguerite de Galard, fille unique et héritière de Jean de Galard, seigneur de Limeuil, en Périgord, et de Philippie de Lautrec, et petite-fille de Pierre de Galard, maistre des arbalestriers de France, depuis l'an mcccxi, jusques en l'année mcccxxxvi, fut sa première femme; et ce fut au moyen de ce mariage que la terre de Limeuil entra dans la maison de Beaufort, et de là dans celle des seigneurs de la Tour, vicomtes de Turenne et ducs de Bouillon. Il y a preuve que Marguerite estoit morte avant l'an mccclxx, et qu'elle laissa trois enfants, Jean, Pierre et Marguerite, dont les deux derniers moururent en bas aage sans avoir esté mariez.

Nicolas de Beaufort espousa en secondes noces, en l'année mcccxcvi, Mathe de Montault, appelée Mathe d'Autefort ou de Mussidan, dans le contract de mariage d'Agne de la Tour, son petit-fils, avec Anne de Beaufort, sa petite-fille, laquelle Mathe d'Autefort ou de Mussidan estoit fille de Raymond de Montault, seigneur

de Mussidan et de Blaye. Et de ce mariage provinrent trois
enfants; assavoir : Amanieu de Beaufort, mort sans avoir esté
marié; Pierre de Beaufort, vicomte de Turenne, et Marguerite
de Beaufort, mariée à Bertrand de la Tour, II du nom, seigneur
d'Oliergues, laquelle fut mère d'Agne IV, mary d'Anne de Beaufort, fille de Pierre, vicomte de Turenne.

Jean de Beaufort, fils de Nicolas et de Marguerite de Galard,
exheredé par le testament de son père pour cause d'ingratitude,
espousa, avec le consentement de son père, Marguerite de Montault, fille de Raymond de Montault, seigneur de Mussidan, sœur
aisnée de Joüyne de Montault, mariée à Jean Harpedanne, seigneur de Belleville en Poictou, mais natif de Bretagne, comme
il est marqué dans l'*Histoire du roi Charles VI,* imprimée par
M. Le Laboureur, qui l'a corrigée mal à propos. Et icy je diray
en passant, que c'est sur de faux mémoires que M. du Chesne a
escrit que Jouyne de Mussidan estoit seule fille et héritière du
seigneur de Mussidan, y ayant preuve par titres qu'il estoit père
de quatre filles et que Marguerite, femme de Jean de Beaufort,
estoit l'aisnée. Mais en cela M. du Chesne ne peut pas estre blasmé,
puisqu'il l'avoit trouvé ainsi escrit dans un ancien registre des
playdoiries du Parlement de Paris, où l'on voit que Jouyne
allégua en l'année mccccxxxv, qu'elle estoit fille unique du seigneur de Mussidan. Marguerite de Montault, femme de Jean de
Beaufort, eut le bonheur de plaire à son beau-père, lequel je crois
avoir rendu ses bonnes grâces à son fils, qui tascha sans
doute de le radoucir par sa bonne conduite et par la médiation
de ses parents. Il y a preuve par titre, que Nicolas fit des grati-
fications à sa bru. Ce qui fait nécessairement penser qu'il avoit
accordé à son mary le pardon de ses fautes, et ce, sans doute en
considération de l'alliance qu'il prit dans la maison de Mussidan,

de laquelle estoit Mathe, seconde femme de Nicolas, car j'ay déjà remarqué que ce mariage avoit esté fait avec le consentement de Nicolas.

Histoire généalogique de la maison d'Auvergne, par Baluze. 1708, in-fol., tome I, pages 399-400.

Avant 1364.

Fragment d'une généalogie des comtes de Beaufort, mentionnant le mariage de Marguerite de Galard *avec Nicolas de Beaufort.*

Que Guillaume eut de son père le comté d'Alès, et Roger, tiers fils, celuy de Beaufort, lequel mort sans hoirs, ledit Guillaume eut lesdits deux comtés et espousa dame Éléonor de Comminges, vicomtesse de Turenne, dont sortit Raymond de Beaufort, de qui et de Marie de Boulogne vint Anthoinette de Beaufort, mariée au maréchal Boucicault, en faveur duquel mariage ledit Guillaume donna auxdits Boucicault et Anthoinette la comté de Beaufort.

Qu'après la mort de ladite Anthoinette, Jean de Beaufort, fils aisné de Nicolas de Beaufort, et Marguerite de Galart, sa femme, eut ladite comté de Beaufort; puis Pierre de Beaufort, fils dudit Jean, et enfin Anne de Beaufort, fille dudit Pierre, femme dudit Agnet de la Tour;

Que ledit Raymond de Beaufort, fils dudit Guillaume, estoit seigneur de plusieurs terres en Provence.

Promesse de Charles d'Anjou, fils et nepveu du roy de Jérusalem et de Sicile, duc de Calabre, comte du Maine, de Guise, de Mortaing et de Gien, vicomte de Chastellerault et de Martigné, au roi Louis onze, de mettre en la garde de son père Louis, bastard du Maine et seigneur de Razières en Brenne, les villes, places et chasteaux du Mans, Sablé, Mayenne, La Juhe, Saint-Guillaume, Mortaing et La Ferté-Bernard pour les garder au roy, et encore de bailler la garde de Guise à François de Naillac, escuyer.

Fonds français, mss. coté 7246, page 100 v°, Bibl. de Richelieu.

AVANT 1364.

Mention du projet d'union entre MARGUERITE DE GALARD *et le fils de Bernard-Esi, sire d'Albret.*

Cette maison divisée en plusieurs branches, dont l'une a produit un grand maître des arbalétriers de France, dans PIERRE DE GALARD, qui exerça cette charge pendant plus de vingt ans. Le prince de Galles fit un traité avec JEAN DE GALARD, un des plus puissants seigneurs de Guyenne, pour l'attirer à son parti, où le mariage de la fille de ce seigneur étoit arrêté avec le fils de Bernard Ezi, sire d'Albret. Ce mariage, confirmé par le roi Édouard III, père de ce prince, n'eut cependant pas lieu. Elle épousa NICOLAS DE BEAU-FORT, frère du pape Clément VI. C'est par cette alliance que les biens de cette branche passèrent dans la maison de Beaufort [1].

Étrennes de la noblesse, ou état actuel des familles nobles de France et des maisons et princes souverains de l'Europe, par La Chesnaye Desbois, année 1771, page 229.

1. Au commencement du xvi° siècle (1527), une branche de la maison d'Auvergne, celle des seigneurs de la Tour d'Oliergues, personnifiée par Gilles de la Tour, possédait la baronnie de Limeuil, ce qui est établi par ce passage de Justel :

« EXTRAIT DES TITRES DE LA MAISON DE TURENNE :

« Noverint universi, etc., quod anno Incarnationis Domini M. DXXVII, die XVIII « mensis aprilis, personaliter constitutus altus et potens dominus Anthonius

AVANT 1364.

Autre constatation du mariage de Marguerite de Galard et de Nicolas de Beaufort par l'abbé de Lépine.

Sa fille MARGUERITE DE GALARD était femme de NICOLAS DE BEAUFORT, frère du pape Grégoire XI et neveu du pape Clément VI. C'est par ce mariage que la terre de Limeuil passa dans la maison de Bouillon.

Mss. de l'abbé de Lépine, Cabinet des titres, Bibl. de Richelieu.

« de Turre, miles, vicecomes vicecomitatus Turennæ ac dominus baroniæ terræ
« et jurisdictionis de Limolhio, Petragoricensis diœcesis, etc., nobili viro Egidio de
« Turre filio suo, tanquam bene merito, pro se suisque heredibus et successoribus,
« dedit, donavit et concessit donatione inter vivos, videlicet castrum totamque
« baroniam, terram et jurisdictionem de Limolhio, retento sibi usufructu durante
« ejus vita, etc.

« A tous ceux, etc. Comme procez fust meu et intenté en la Cour du Parlement
« de Bourdeaux, depuis évoqué par devant Messieurs les gens tenans le grand con-
« seil, entre messire Gilles de la Tour, chevalier, seigneur de Limeuil, demandeur
« d'une part : et messire François de la Tour, chevalier, vicomte de Turenne,
« ayant pris le procez au lieu de feu messire François de la Tour, en son vivant
« chevalier de l'ordre du roy, vicomte dudit Turenne, son père, defendeur d'autre.
« Auquel procez ledit seigneur de Limeuil pretendoit sa contingente part et por-
« tion, ès biens et successions delaissez par le décez de feu messire François,
« vicomte de Turenne, que dudit seigneur de Limeuil, etc. Lesdites parties par
« l'advis de Messieurs maistre Augustin de Thou, conseiller du roy nostre sire et
« président en la Cour et Parlement de Paris, messire Louis de la Fayette, chevalier,
« seigneur dudit lieu, maistre Nicolas Bertereau, conseiller du roy et bailli du Palais,
« eleus par ledit seigneur vicomte, et maistre Pierre Seguier advocat en Parlement,
« et advocat et conseil dudit vicomte, pour obvier ausdits procez et nourrir paix
« et amitié entre eux, recogneurent et confesserent estre venus à accord, ainsi que
« s'ensuit. C'est à scavoir que pour tout droict de légitime appartenant audit sei-
« gneur de Limeuil, ès biens de feu Messire Anthoine de la Tour, son père, le dit
« vicomte lui cède et remet les terres et seigneuries de Montfort et Ailhac en Péri-
« gord, etc., l'an M.DXLIV, le VIIIᵉ jour de Febvrier. » (*Histoire généalogique de la maison d'Auvergne,* par Justel, in-fol. 1465, preuves, p. 315.)

AVANT 1364.

Autre extrait concernant le susdit mariage de NICOLAS DE BEAUFORT *et de* MARGUERITE DE GALARD.

Mathe de Montaut, qui épousa, par dispense du 4 juin et par contrat du 5 février 1396, NICOLAS DE BEAUFORT, seigneur de Limeuil, de Miremont, de Hermenc et de Clarens, veuf de MARGUERITE DE GALARD, frère du pape Grégoire XI, et neveu de Clément VI. Il avait pour père et mère Guillaume II, comte de Beaufort, et Marie du Chambon.

DE COURCELLES, *Histoire des Pairs de France,* généalogie de Castillon, page 58.

AVANT 1364.

Nouvelle constatation du mariage de Nicolas de Beaufort avec MARGUERITE DE GALARD, *fille de* JEAN DE GALARD, *seigneur de Limeuil.*

XII. Guillaume de Roger, comte de Beaufort, baron d'Herment, seigneur du Ponc du château, de Monton, de Chambon de Roziers, acheta la vicomté de Turenne, le 26 avril 1350. Il laissa de Marie de Chambord, sa première femme :

XIII. NICOLAS DE ROGER, appelé NICOLAS DE BEAUFORT (Nicolaus de Belloforti). Son père lui donna la baronnie d'Herment, vers 1370, en le mariant avec MARGUERITE DE GALARD[1], dame de Limeuil. Il vendit cette terre, en 1408, à Louis de Bosredon, chambellan du duc de Berry.

Histoire généalogique de la maison de Bosredon, par Ambroise Tardieu, in-fol., pages 32 et 33.

1. Voir plus haut le premier mariage de Marguerite, pages 125 et 126.

1364 ET APRÈS.

*Grand et petit scel de Nicolas de Beaufort, seigneur de Limeuil,
de Hermenc, et époux de* MARGUERITE DE GALARD.

GRAND SCEL.

Écartelé aux 1 et 4 de Beaufort qui est : D'argent, à la bande d'azur accompagnée
de 6 roses de gueules, 3 en chef et 3 en pointe. Aux 2 et 3 de GALARD, armes conformes au type sphragistique que l'on trouve tome I, p. 480, dans les documents
concernant JEAN DE GALARD, beau-père de Nicolas de Beaufort.

PETIT SCEL OU CONTRE-SCEL.

Histoire généalogique de la maison de Boisredon, par Ambroise Tardieu, in-fol., planches héraldiques.

6 AOUT 1370.

Hommage rendu à Louis, duc d'Anjou, lieutenant général en Guienne et
Languedoc, par Nicolas de Beaufort, seigneur de Limeuil, comme
mari de MARGUERITE DE GALARD, *fille et héritière de* JEAN, *baron de*
Limeuil. Les terres comprises dans cet acte de vasselage et apportées
en dot par la dame susnommée sont : les châtellenies de Limeuil,
de Miramont, de Clarens ; les fiefs de Sendons, d'Alayrac, d'Al-
bugie, de Jormac, de Pezuls, de Palmat, d'Audiac, de Saint-Amant,
de Langoat, de Sainte-Foy, de Savignac, de Sarvazac, de Manavit,
de la Roche, etc. Cet acte renferme en outre certains détails filia-
tifs, établissant que Marguerite était petite-fille de PIERRE DE GALARD,
grand maître des arbalétriers.

Ludovicus, regis quondam Francorum filius, domini nostri
regis germanus, ejusque locumtenens in partibus Occitanis,
dominus Andegavenis et Turronensis, ac comes Cenomanensis,
universis præsentes litteras inspecturis, salutem. Cum certæ
litteræ patentes sub sigillo nostri secreti, in absentia magni, fuerunt a nobis sub data præsentium emanatæ formam quæ sequitur
continentes : Ludovicus, regis quondam francorum filius, domini
nostri regis germanus, ejusque locumtenens in partibus Occitanis, dux Andegavensis et Turonensis, ac comes Cenomanensis,
universis præsentes litteras inspecturis, salutem; notum facimus :
quod dilectus et fidelis dominus mei et noster, nobilis vir NICHOLAUS
DE BELLOFORTI, dominus de Limolio, per se et ut pater et legitimus
administrator Joannis et Margaritæ, liberorum eorum ipsius Nicolai
et MARGARITÆ DE GAILLARDO uxoris suæ, quondam filiæ que et universalis hæredis JOANNIS DE GAILLARDO, quondam domini de Limolio,
filii et hæredis PETRI DE GALARDO, militis quondam, venit die datæ
præsentium personaliter coram nobis gratisque et ultro, pro se et

nomine quo supra, recognovit nobis, nomine dicti mei regis,
quod idem dominus meus rex est dominus naturalis superior et
resortire ducatus Aquitaniæ. Itemque Nicholaus, pro se et quo
supra nomine de prædicto loco de Limolio et de loco de Miramonte et de terris aliis omnibus quas ipse et ejus liberi supradicti communiter vel divisim habent, tenent et possident in dicto
ducatu Aquitaniæ, facit homagium nobis, nomine dicti domini
mei, et præstitit fidelitatis ut subjicitur juramentum; juravit
enim, pro se et quo supra nomine, ad sancta quatuor Dei Evangelia, manibus suis tacta, quod a modo in antea usque ad ultimum vitæ exitum, ipse et dicti ejus liberi, eorumque hæredes et
successores erunt boni, veri et fideles illustrissimo principi et
domino meo prædicto et suis successoribus regibus Francorum
tanquam superiori... ligio, et vero domino dicti ducatus Aquitaniæ, atque suam vitam, membra, consilia et rectum honorem,
tanquam veri et fideles vassali, dicto domino meo et ejus successoribus prædictis fideliter servabunt et custodient eidem domino
meo et dictis ejus successoribus obedient atque servient, ut veri
et fideles subditi et vassalli, contra omnes homines de mundo qui
possent vivere sive mori, nec a modo... de Anglia vel principi
Valliæ ejus primogenito... aliis eorum nomine aut aliis inimicis
dicti domini mei et successorum suorum obedient, adhærebunt,
aut alias præstabunt auxilium, consilium vel favorem, nec ipsos
in eorum villis, castris, locis, seu fortaliciis receptabunt, ut inde
guerram vel damnum valeant dicto domino meo, vel suis subditis, aut regno vel ejus successoribus antedictis ea que ad inco-
lumitatem, tuitionem, honestatem, utilitatem, facilitatem et pos-
sibilitatem pertinent, facient, servabunt et fideliter procurabunt,
evitabunt etiam damnosa pro posse, bona fide servabunt, quæ
omnia fidelitatis capitula juxta legitimas et canonicas sanctiones,

et ibidem incontinenti præfatus Nicholaus, pro se quo supra nomine, tradidit atque misit sub vera et fideli obediëntia dicti domini mei et nostra, et pro faciendo guerram inimicis prædictis, se ipsum et loca ac castra sua de Limolio, de Miramonte, de Clarenchis, de Sendonis, de Alayraco, et Albugia, de Jormaco, de Pezuls, de Palmato, de Floyraco, de Audiaco, de Sancto Amantio, de Longouado, de Sancta Fide, de Savinhaco, de Savarzaco, de Manavia, de Rupe et omnia alia loca et fortalitia, quæ habet in dicto ducatu et in fronteriis dictorum inimicorum, pro magis felici expeditione dictæ guerræ quia verso regalem decet solertiam, ut hi in quibus prompta et debita fidelitatis securitas reperitur condigne... retributionis prima consequentur, et quanto magis erga majestatem regiam fructuosa et altiora servitia exhiberet tanto amplius adipisci grandia provenientur. Nos velut frater et locumtenens dicti domini mei regis, scientes et perfecte cognoscentes quod præfatus Nicolaus in prædictis, etc., per maximum obsequium impendet domino meo regi facitque statum inimicorum in partibus Petragoricensibus multum plene solitum, debitum, inextimabilem utilitatem pro re publica, regni Franciæ eidem Nicolao authoritate regia, qua fungimur in hac parte, et de certa scientia et speciali gratia concessimus et concedimus, dedimus et donamus, damusque et donamus, donatione pura et perpetua et irrevocabili, motu proprio omnia et singula infrascripta. Primo volumus et ordinamus quod idem Nicolaus, pro se et liberis suis prædictis, eorum successoribus et causam habituris, ab eis habeat et recuperet, sibique per dominum meum seu nos reddatur, seu restituatur, etc., integre, libere, et sine aliqualibus suis constamentis, terra quam dictus Petrus de Galardo, miles, quondam habebat, tenebat et possidebat in senescallia Tholosana, tempore vitæ et mortis suæ. Quaquidem terra Joannes

de Galardo, quondam filius hæres dicti Petri, paterque dictæ def-
functæ Margaritæ, fuit quadam anormata singularitate privatus
in contractatæ novissime pacis habito inter dominum progeni-
torem nostrum et dictum dominum meum, ex parte una, et
Edoardum de Anglia et ejus primogenitum principem... ex altera,
nos dictam terram sibi Nicolao, quo supra nomine, ipsum quantum possumus reddimus et restituimus per præsentes donationem ab inde quoscumque ipsius terræ detentores, quibus deten-
toribus fiet per dictum dominum meum et ejus propriis expensis
seu per nos ejus nomine competens et congrua compensatio
ejusdem terræ. Et si forsan contingebat aliquo casu, quod præfatus Nicolaus, quo supra nomine, et si ut præfertur dictam terram realiter et de facto, et cum effectu non recuperarent seu
recuperatam non retinerent, quod tamen non credimus evenire,
dedimus atque donavimus, damusque et donamus eidem Nicolao,
quo supra nomine, per præsentes, de gratia authoritate et scientia
quibus supra, duo mille libras Turonenses perpetuo renduales,
assidendas et assituandas in locis notabilibus, utilibus et conve-
nientibus cum omni jurisdictione, meroque et mixto imperio
prout inter nobiles petere est assisia fieri consueta, in quibus
locis sit ad minus unum castrum, fortalitium, seu deverium. Ita
quod... duobus milibus librarum terræ perpetuo rendualibus
statim et incontinenti tradentur et deliberabuntur ipsi Nicolao,
quo supra nomine vel ejus certo mandato, in pignore et per
modum pignoris conventionalis, loca seu villæ mansi Sanctarum
Puellarum et de Bellisplanis, in senescallia Tholosana et judicatura Lamagues, cum omnibus eorum pertinentiis, juribus, redi-
tibus, fructibus, jurisdictionibus, ædificiis, emolumentis et pro-
ventibus universis, prout pertinent ad dictum dominum meum
regem, tenenda, regenda, percipienda et explectanda per ipsum

Nicolaum et ejus liberos, eorumque successores et causam habituros ab eistanquam sua propria, donec et quousque dictus dominus meus, seu nos ejus nomine ipsi Nicolao, quo supra nomine, vel prædictis ejus liberis aut successoribus reddimus, et restituimus libere, realiter, plene, pacifice et effectualiter dictam terram quam dominus quondam Petrus de Galardo tenebat, habebat et possidebat in senescallia Tholosana, tempore vitæ et mortis suæ, ut præfertur, vel eis assignavimus et assiderimus seu assideri facimus duo millia librarum terræ perpetuo in locis habilibus cum fortalitio, jurisdictionibus et imperiis per modum superius expressatum. Volumus insuper et ita concessimus et concedimus ac promittimus nos facturos cum effectu quod si prædicta duo loca de Asuso et de Bellisplanis, quæ loca cum suis emolumentis omnibus, volumus per modum assietæ perpetuæ sibi Nicolao quo supra nomine, ex causa pignoris, sibi liberari valorem duarum millium librarum redditus non attingant, quod totum illud quod deficiet a valore, et a sensu dictæ summæ duorum millium librarum reditus, dictus dominus meus, seu nos interim et quamdiu dictus Nicolaus et ejus liberi eorumque successores et causam ab ipsis habituri dicta loca tenebunt et tenere debebunt per modum prædictum supleamus, et perficere et suplere teneamur. Item quod dictus Nicolaus habebit ultra prædicta, pro se et suis sociis... et ut melius contra dominum principem et suos valilores, quorum fronteriis est circumdatus, se valeat tueri et loca sua munire et guerram facere quinque mille francos auri solvendos de præsenti tria millia, et duo millia restantia infra festum omnium sanctorum primo venturum, et ulterius pro faciendo guerram de præsenti, et incontinenti, ut dictum est, contra dictos inimicos in patria Petragorensi habebit quinquaginta homines armorum ad vadia ordinata solut... et eorum stipend...

incontinenti pro uno mense, et deinde prout servient in dicta guerra. Item reservavimus et reservamus, de gratia, authoritate et scientia quibus supra, prædicto Nicolao et ejus liberis prædictis et omnibus successoribus suis, et causam habituris ab eis omnia jura sibi pertinentia et quæ eisdem pertinere possunt et debent aut poterunt quoquomodo in terra de Caumonte et in octava parte loci de Limolio, ex antiquis ordinationibus vel quovismodo, non obstantibus donis et litteris regiis in contrarium dictis vel concessis, et non obstantibus etiam lapsu cujuscumque temporis confiscationibus, donis aut aliis allegationibus quibuscumque. Item concessimus et concedimus per præsentes dicto Nicolao, de scientia et authoritate ac gratia quibus supra, quod homagia et alia jura dicto domino meo pertinentia in locis et terris prædictis dicti Nicolai, suo, et quo supra nomine existentibus tamen in patria Aquitaniæ perpetuo remaneant insuper domanio dicti domini mei regis et coronæ Franciæ, et quamque nullo modo possunt alienari, seu transportari in aliam quamcumque personam, nisi solum et dumtaxat in illam in qua dictus dominus meus rex, seu sui successores dictum ducatum Aquitaniæ integraliter transportarent. Item concessimus et tenore præsentium concedimus, de scientia, authoritate et gratia quibus supra, Nicolao prædicto, pro se et suis nomine quo supra, quod cum dicta Margarita, tempore quo vivebat, et sui prædecessores tenuerunt possessionem homagiorum castri et castellaniæ de Clarenchis et altæ justitiæ loci de Longario et... de Clarenchis, de Grando Castanho et de Tremolato, quod dictus dominus meus et nos ipsum Nicolaum et ejus liberos et suos hæredes, successores et causam habituros, ab eis teneamus in possessione prædicta, et in casu in quo nullum jus haberet, seu haberent in homagiis jurisdictione et... præd... nos ea damus eidem et dictus dominus meus prædictus de novo sibi et suis perpetuo dabit, de scientia, authoritate et gratia quibus supra et modo simili, prædictus Nicolaus et ejus liberi et eorum successores gaudebunt et gaudere poterunt de... levari et percipi consueto in loco de Limolio, prout est hactenus fieri consuetum. Item promisimus et promittimus bona fide et in verbo filii regis prædicto Nicholao, pro se et quo supra nomine, quod prædicta omnia et singula efficaciter compleri faciemus et ea ratificari per dictum dominum meum regem infra annum et dimid... In quorum testimonium omnium et singulorum præmissorum nostri secreti sigillum, in absentia magni, præsentibus litteris jussimus apponendum. Datum et actum Tholosæ, die sexta mensis augusti, anno Domini millesimo trecentesimo septuagesimo. Notum facimus quod inter nos, nomine domini mei, ex una parte, et dictum Nicolaum, nomine suo et liberorum ex altera, fuit ante dictum tractatum et in ipso tractatu et post actum habitum et conventum... in eodem tractatu poni ex industria... omissum quod in casu in quo dominus meus rex contenta in ipso tractatu ratificare, perficere et ex integro effectu alias et irrevocabiliter complere recuset, et recusandum seu obmittat, prout ad ipsum dominum meum compleri pertinent et compleri petuntur bona fide, idem Nicolaus erit quitus et liberatus a dicto tractatu et contentis in eo, et a quibuscumque sequtis exinde prout concernunt ipsum nomine quo supra, redditque in eum factum in quem ante tractatum hujus modi existebat et nos eo casu ex nunc a dicto tractatu et ab omnibus ab eo sequtis, psum Nicolaum penitus liberamus, idem tamen Nicolaus sit in statu primævo rediens tenebitur restituere et restituet domino meo absque contradictione quacumque loca prædicta de Manso et de Bellisplanis et alia recepta per eum, vel alium, seu alios, ejus nomine occasione dicti tractatus, retentis vadiis per ipsum et gentes suas tunc deservitis in præsenti guerra, et damnis si quæ occasione dicti tractatus passus fuerit quoquomodo et de ita idem Nicolaus servare vobis promisit et juravit nosque in fide nostra et in verbo filii regis eidem Nicolao permittimus illud idem. Datum et actum Tholosæ dicta die sexta mensis augusti, anno Domini millesimo trecentesimo septuagesimo. Et ainsy signé sur le repli : A. L. signata per me et reformata in verbis, non in substantia, de præcepto domini ducis, *A. Massuel,* et scellé en cire rouge, ainsy signé : *B. de Brouhet* [1].

Collection de Doat, vol. 197, folio 94. Cabinet des titres, Bibl. de Richelieu. — *Recueil de différents titres concernant les maisons de Foix et Armagnac, depuis 1315 jusqu'en 1692,* vol. 742, fol. 403, Bibl. de l'Arsenal, Mss.

AOUT 1370.

Extrait des titres de la maison de Turenne, dans lequel il est question de Nicolas de Beaufort, fils du comte de ce nom et neveu du pape Clément VI, comme époux de MARGUERITE DE GALARD, *dame de Limeuil.*

Ludovicus, regis quondam Francorum filius, domini nostri regis germanus, ejusque locumtenens in tota lingua Occitana, dux Andegavensis et Turonensis, ac comes Cenomanensis, etc. Cum dilectus et fidelis domini mei regis atque nostri, nobilis NICHOLAUS DE BELLOFORTI, filius dilecti et fidelis consiliarii domini mei atque nostri comitis Bellifortis, neposque felicis recordatio-

---

1. On lit à la suite : « Le 13e juillet 1666, la précédente copie a été bien et duement vidimée et collationnée sur autre copie escripte en papier, qui est au trésor et archifs du roy au chasteau de Pau, inventoriée en l'inventaire de Perigort et Limousin, chapitre troisiesme des hommages, dénombrements, coté 50 par moy, conseiller de Sa Majesté en la chambre des comptes de Navarre. (Signé) Du PONT. »

nis papæ Clementis VI ac dominus de Limolio, suam solitam affectionem, quam ipse et totum genus suum erga dominum meum et coronam Franciæ, perpetuis temporibus ostenderunt, exhibendo totam terram suam, villasque et castra fortia, tam sua propria quam dilectæ MARGARITÆ[1] consortis suæ quondam, dominæque de Limolio, in seneschalia Petragoricensi, ad veram obedientiam liberaliter reduxerit, fidem et fidelitatis juramentum præstando, etc. Eidem nobili Nicholao, tanquam benemerito, suisque heredibus et successoribus in perpetuum dedimus et contulimus, per presentes, de nostra certa scientia et authoritate regis, qua fungimur in hac parte, ac gratia speciali, locum seu villam de la Linda, in dicta seneschallia, nunc rebellem, in casu quo ipsam potentia armorum, vel per tractatum, occupare, ac ad obedientiam superioritatemque et ressortum reducere poterit, salvo tamen et retento homagio dicto domino meo regi, sive nobis ejus nomine, et successoribus suis Francorum regibus, pro se et ratione dicti loci. Quod ut firmum et stabile perpetuo perseveret, nostrum magnum sigillum his præsentibus fecimus apponi, salvo in aliis jure regio, et in omnibus quolibet alieno. Datum et actum Tholosæ, anno Domini MCCCLXX, mense augusti. Per dominum ducem : *Massuel.*

Histoire de la maison d'Auvergne et de Turenne, par Justel. Preuves, page 141.

---

1. On sait que Marguerite de Galard avait dû épouser le fils de Bernard Ezi d'Albret avant de s'allier à Nicolas de Beaufort. Ce dernier convola en secondes noces, ainsi qu'on l'a vu plus haut, p. 134, avec Mathe de Montaut, qui était fille de Raymond de Montaut et de Marguerite d'Albret, dame de Mucidan. Cette dernière avait pour bisaïeule, d'après Baluze, Mathe d'Armagnac, femme de Bernard, sire d'Albret et mère d'Arnaud-Amanieu. Baluze présume que cet Arnaud-Amanieu est le seigneur qui contracta union avec Marguerite de Bourbon, sœur de Jeanne de Bourbon, reine de France.

JUILLET 1371 ET AOUT 1375.

Extrait des titres de la maison de Turenne, dans lesquels sont indiqués trois degrés de la maison de Galard, en y comprenant celui représenté par MARGUERITE, fille de JEAN, seigneur de Limeuil et petite-fille de PIERRE, grand maître des arbalétriers. Ce document est suivi d'une charte en vertu de laquelle Charles, roi de Navarre et comte d'Évreux, concède le château et la ville de Rade à Nicolas de Beaufort. Un troisième acte, qui accompagne les deux premiers, rappelle également que Nicolas de Beaufort avait épousé Marguerite de Galard et que celle-ci était fille de Philippe de Lautrec, sœur de Sicard, évêque de Béziers.

EX VETERI REGISTRO CANCELLARIÆ.

Literæ Ludovici regis Francorum germani, et ejus locum tenentis, quibus NICOLAO BELLIFORTI, domini de Limolio, tanquam patri et legitimo administratori Johannis et Margaretæ, liberorum suorum et MARGUERITÆ uxoris ejus, quondam domine de Limolio, filiæ et heredis universalis defuncti JOHANNIS DE GALLARDO, militis, quondam domini dicti loci, assignat duo millia librarum annui reditus, donec ei restituerentur terræ, quæ quondam fuerunt PETRI DE GALLARDO, militis. Item jura sibi pertinentia in terra de Cavomonte, et in octava parte loci de Fumello. Item omne jus ex quibusque confiscationibus, in terra quæ quondam fuit Guillelmi domini de Cavomonte, et Guillelmi Aramundi de Cavomonte, ejus filii, militum quondam : item homagia Castri et Castellania de Clarenchio, et altæ justiciæ de Longario, etc. Anno MCCCLXXI, mense julii.

Charles par la grace de Dieu roi de Navarre, comte d'Evreux, scavoir faisons à tous présens et advenir, que comme nostre très-cher et bien aimé messire Nicolas de Beaufort, seigneur de Limeuil et de Caumont des pieca, nous eust fait supplier que les chatel et ville de Rade, en nostre royaume, lesquels il prétendoit à luy appartenir, à cause de succession de ses antecesseurs et predecesseurs seigneurs de Caumont, nous luy voulussions faire rendre et délivrer, et des rentes et revenuës appartenans à iceux le laisser joir et user ; et combien que ledit messire Nicolas ne nous ait peu informer, enseigner, ne monstrer aucunement le droict qu'il doit avoir esdits chastel et ville, et ne nous soit aucunement apparu, que à luy doyent appartenir par succession ne autrement, iaçoit ce que très diligement ayons fait faire inquisition sur ce, néanmoins pour la grande affection que ledit messire Nicolas a à nous et à nostre service, et aussi pour considération des bons et agréables services que il nous a fait au temps passé, et espérons que encores nous fera au temps advenir : Nous de nostre certaine science, grace spéciale et auctorité royale et de nostre pure et libérale volonté, audit messire Nicolas avons donné et octroyé, donnons et octroyons par la teneur de ces présentes lesdits chastel et ville de Rade, avec les mêmes droicts, prés, vignes, fours, moulins, rivières, garennes, pasturages, rentes, pesches et autres revenuës, foy et hommage lige à nous et à nos successeurs, roys de Navarre. Et que ce soit chose ferme et estable à tousiours, nous avons fait sceler ces présentes de nostre grand seel, sauf toutesfois nostre droict en autres choses et l'autrui en tout. Donné au mois d'aoust, l'an de grace MCCCLXXV ; par le Roy : *Pasquier.*

In Dei nomine amen. Anno Nativitatis MCCCLXXVII, die XIII mensis martii.

Constitutus reverendus in Christo pater dominus Sicardus, Dei gratia Biterrensis episcopus, motu dilectionis quo afficimur ex merito erga nobilem et potentem virum Johannem de Belloforti, filium magnifici et potentis viri domini NICOLAI DE BEL-

LOFORTI, militis, domini de Limolio, ac quondam dominæ MARGA-
RITÆ DE GALLARDO, uxoris suæ, filiæque nobilis dominæ Philippæ
de Lautricò, sorore ipsius domini Sicardi episcopi Biterrensis,
nepotis ipsius domini Sicardi, de speciali licentia et expresso
consensu illustrissimi principis domini Karoli, Dei gratia Francorum regis, sibi et reverendo patri domino Archambaldo, episcopo Catalaunensi, fratri suo, per ipsius domini regis patentes
literas super hoc concessas, spontanea voluntate, ex causa veræ,
puræ et perfectæ ac irrevocabilis et perpetuæ donationis habitæ
inter vivos, dicto nobili Johanni de Belloforti, dilecto nepoti suo,
pro se et heredibus et successoribus suis, omnia et singula jura,
actiones et petitiones sibi competentia quoquo modo in vicecomitatu de Lautrico, et baroniis de Ambresio et de Brugneria,
et alia quæcumque eidem pertinentia et competitura, tam ex
successione paterna et materna quam fraterna, etc. Item fuit
actum, quod idem Johannes tenetur debita solvere, quæ ipse
dominus Sicardus solvere debet quoquo modo, ratione jurium
omnium et singulorum prædictorum, nec non etiam decenter
collocare matrimonio et dotare nobilem Brunisendem, filiam
nobilis et potentis viri domini Almarici de Lautrico, quondam
fratris domini Sicardi donatoris prædicti[1], secundum dignitatem
generis dictæ Brunicendis et parentum suorum, salvis retentionibus usufructus, etc. Acta fuerunt hæc Narbonæ, anno et die
supradictis.

Histoire de la maison d'Auvergne et de Turenne, par Justel, Preuves,
page 141.

1. Les lignes qui précèdent indiquent exactement la parenté de Philippe de
Lautrec, femme de Jean de Galard, sire de Limeuil, et mère de Marguerite, mariée
à Nicolas de Beaufort, avec Sicard de Lautrec, évêque de Béziers, dont elle était
sœur, ainsi que d'Amalric de Lautrec. Brunissende, fille de ce dernier, était conséquemment la nièce de ladite Philippe de Lautrec.

29 AVRIL 1415.

Nouvel acte attestant la conduite indigne de Jean de Beaufort, fils de Nicolas et de MARGUERITE DE GALARD, *envers son père, qui le prive de sa succession.*

Noverint universi et singuli quod anno MCCCCXV, die XXIX, mensis aprilis, nobilis et potens vir dominus NICOLAUS de BELLOFORTI, miles, testamentum suum, ac ultimam voluntatem suam, fecit et ordinavit et disposuit. Legatus dictus testator jure institutionis et relinquit dilectæ et præcarissimæ Margaritæ de Belloforti, filiæ suæ, sex milia francorum auri, seu libras Turon. monetæ. Item testator se habuisse et recepisse a dilecta et precarissima nobili domina Matha de Montealto, alias de Musidano, uxore sua, quinque milia libras turonenses, tam ab ipsa uxore quam a patre ipsius, pro summa dotis olim per dominum Raymundum de Montealto, quondam patrem dictæ uxoris suæ, in contractu dicti matrimonii eidem testatori promissæ, et in dotem constitutæ cum dicta uxore sua. Item dictus testator dominum Johannem, filium suum et MARGARITÆ DE GALLARDO, quondam uxori suæ, cum sit et fuerit ipsi testatori ingratus ac graves et inhonestas et atroces injurias verbo et facto fecerit, et intulerit eidem testatori, ea propter idem testator dictum dominum Johannem filium suum, ut ingratum de bonis ipsius testatoris privavit et exheredavit et exheredat, etc. Item idem testator fecit instituit heredes suos universales Amanium et Petrum de Belloforti, filios præcarissimos, pro æquis portionibus, et si contingeret unum vel alium ex dictis Amaneo et Petro decedere in pupillari ætate seu aliter absque prole legitima, alium superviventem heredem substituit dicto decedenti, et sic dictum Petrum dicto Amaneo, et dictum

Amaneum dicto Petro. Item voluit et ordinavit dictus testator, quod præcarissima uxor sua domina Matha de Montealto, alias de Musidano, sit tutrix dictorum liberorum suorum. Item dictus testator fecit et ordinavit exequutores suos hujusmodi testamenti sui, et ultimæ voluntatis, videlicet venerabilem et discretum virum Bertrandum Botinandum, nunc episcopum Tutellensem, dominum Bertrandum de la Tor, militem, Claramontensis diœcesis, dominum Ludovicum de Petrabuferria, dominum de Petrabuferria, Lemonicensis diœcesis.

Histoire de la Maison de Turenne, par Justel, Preuves, page 143.

Année 1420.

Filiation de Nicolas de Beaufort et de Marguerite de Galard, *d'après Justel.*

Il (Nicolas) estoit cinquième fils de Guillaume Roger Ier du nom, comte de Beaufort et frère du pape Grégoire XI, et espousa en premières nopces Marguerite de Gallard, fille unique et héritière de Jean de Gallard, seigneur de Limeuil, en Périgord, et de Philippes de Lautrec, laquelle estoit fille d'Amaury Ier du nom, vicomte de Lautrec et baron d'Ambres, qui mourut l'an mccci et estoit père d'Amaury II, vicomte de Lautrec, d'Archambeu de Lautrec, évesque de Lavaur, et depuis de Chalons, de Sicard de Lautrec qui fut évesque d'Agde, et depuis de Béziers, et d'Éléonore et Jeanne de Lautrec, qui furent religieuses. Ledit Amaury de Lautrec II du nom avoit épousé Jeanne de Narbone, de laquelle il eut deux filles, Catherine de Lautrec mariée à N..... comte d'Astarac, morte sans enfans, et Brunesinde de Lautrec, mariée à Jean de Garencières, qui mourut aussi sans enfans.

Ce Nicolas de Beaufort, à cause de Marguerite de Galard sa première femme, devint seigneur de Limeuil, Caumont, Clarens, Miremont et autres terres, et après sa mort espousa en secondes nopces, l'an MCCCXCVI, Mathe de Montaut, fille de Raymond de Montaut, seigneur de Mussidan et de Blaye, et de Marguerite d'Albret. Guillaume, comte de Beaufort et vicomte de Turenne, son frère, luy donna, l'an MCCCXC, les chastelnies de Chambor et et de Rosiers, à condition de ne les donner ny transporter à Jean de Beaufort, son fils.

Son testament est du XXIX avril MCCCCXV, par lequel il donne à Marguerite de Beaufort, sa fille, six mil francs d'or, exherede Jean de Beaufort, son fils, à cause d'ingratitude, et institue ses héritiers universels Amanion et Pierre de Beaufort, ses autres enfans, qu'il substitue l'un à l'autre, fait exécuteurs Bertrand, évesque de Tulle, Bertrand de la Tour, chevalier, et Louis de Pierrebufière.

Enfans de Nicolas de Beaufort, seigneur de Limeuil, et de Marguerite de Gallard, sa première femme :

Jean de Beaufort, dit de Limeuil, lequel fut exhéredé par son père, pour ingratitude et parce qu'il suivit le parti des Anglois. Il ne fut point marié et fut tué en la ville de Limeuil l'an MCCCCXX.

Pierre de Beaufort, qui fut seigneur de Limeuil[1], vicomte de Turenne et comte de Beaufort, et aura son chapitre.

---

1. Nous trouvons dans les *Monuments historiques, cartons des Rois*, publiés par J. Tardif, page 457, sous le n° 2145 et la date du 10 janvier 1439, les lettres de grâce que voici, accordées par le comte de Beaufort, seigneur de Limeuil :

« Lettre de rémission accordée par le comte de Beaufort, vicomte de Turenne,
« seigneur de Limeuil et de Mérencourt, à Bernis de Sureul et à sa femme et à
« Goutonnet de Sureul, habitant de Limeuil, qui avaient aidé les Anglais à s'emparer
« du château de ce dernier lieu. » (Archives de l'Empire, K 64, n° 32, copie.)

Marguerite de Beaufort.

Fils dudit Nicolas de Beaufort, et de Mathe de Montaut, sa seconde femme : fille de Raimond, seigneur de Mussidan.

Amenion de Beaufort, mort sans lignée.

Histoire de la maison d'Auvergne et de Turenne, par Justel, in-folio, page 71.

ANNÉE 1420.

Rebellion de Jean de Beaufort, fils de Nicolas et de MARGUERITE DE GALARD, *envers son père et la France ; il est mis à mort par ses vassaux indignés.*

Amanjeu (de Beaufort) mourut un an après cette donation et fut remplacé par son frère Pierre de Beaufort. Ces deux derniers étaient fils de NICOLAS DE BEAUFORT[1], seigneur de Limeuil, frère du pape Grégoire XI et de MARGUERITE DE GALARD, héritière de JEAN DE GALLARD, seigneur de Limeuil, en Perigord. Le nouveau vicomte de Turenne fut troublé dans sa possession par Alix de Beaux qui prétendait à la vicomté, comme sœur aînée d'Éléonore. En même temps un de ses propres enfants méconnaissait son autorité ; c'était Jean de Beaufort qui, malgré lui et toute sa famille, prit souvent le parti de l'Angleterre et persista dans sa révolte jusqu'à ce qu'il fût tué dans le château de Limeuil par ses vassaux indi-

------

1. D'une transaction du 24 avril 1469, entre René, roi de Jérusalem et de Sicile, d'une part, et Agnet de la Tour, vicomte de Turenne, agissant en son nom et en celui d'Anne de Beaufort, baronne d'Oliergues et de Limeuil, il résulte que Guillaume Roger, frère du pape Clément VI, fut comte de Beaufort et qu'il eut de la dame de Chabans, sa femme, Guillaume, Nicolas, Roger et Étienne de Beaufort, qui fut depuis pape sous le nom de Grégoire XI. En vertu du contrat ci-dessus, le comté de Beaufort et ses appartenances était transporté, moyennant 30,000 écus d'or, au roi de Jérusalem. (*Fonds français,* 7248, folio 237, pagination ancienne ; 100 et v° de la nouvelle.)

gnés (1420). Son père l'avait deshérité par un testament déposé dans les mains de l'Évêque de Tulle et dans lequel il exposa tous ses griefs contre son fils. Quant à Nicolas de Beaufort qui, par son alliance avec la famille de Gallard, avait le premier porté le titre de seigneur de Limeuil et s'était toujours montré l'implacable ennemi de l'Angleterre, pour récompenser ses services, Louis d'Anjou, frère du roi de France, lui donna la ville de Linde [1], alors occupée par les Anglais, s'il pouvait s'en rendre maître par la force des armes ou de toute autre manière.

Histoire politique, civile et religieuse du Bas-Limousin, par M. Marvaud [2], in-8°, tome II, pages 248, 249.

————•————

16 MARS 1377.

ARNAUD DE GALARD *fut présent à l'assemblée des seigneurs, convoqués à Lectoure par le comte d'Armagnac.*

ARNAUD DE GALLARD et les principaux seigneurs de Lomagne et de Condomois furent appelés, le 16 mars 1377, à délibérer sur une question de reconnaissance publique. De petits tyrans féodaux avaient exercé des rapines et des brutalités au dedans et au dehors de la ville de Lectoure. A la nouvelle de ces violences, qui avaient jeté la terreur dans une ville dont lui et ses prédécesseurs avaient eu la garde et le protectorat, le comte d'Armagnac tomba sur les oppresseurs et délivra les opprimés. On lui

1. La maison de Turenne fut confirmée par Louis XI dans la possession de la ville de Lynde, donnée autrefois par Louis d'Anjou à Nicolas de Beaufort, seigneur de Limeuil. (*Histoire du Bas-Limousin,* par Marvaud, p. 259.)

2. La maison de Gallard établie aujourd'hui en Angoumois, dit Marvaud, portait : *D'or, à une croix de sable et quatre corneilles de même.*

chanta des actions de grâce en retour de son intervention tutélaire. Ce témoignage de gratitude ne lui ayant pas paru suffisant,
il demanda l'abandon de la moitié de la justice, haute, moyenne
et basse : tous les seigneurs circonvoisins furent convoqués à
Lectoure pour statuer sur ce grave sujet. C'est à cette assemblée
que nous trouvons le sire de Bonas. Là aussi étaient accourus
Géraud de Verduzan, Bens de Garros, Jean de la Briffe, Vital de
Lassus, Bernard de Lambert, Raymond-Guilhem Daubas, Vital
de Nalies, Vital de Malus, Jean de Labat, Bernard de Pis, Jean et
Arnaud de Galard, Jean du Bosc, Géraud de Boë, Arnaud d'Au-
ban, Jourdain de Pomets, Bernard de La Fargue, Géraud d'Ar-
magnac, Bertrand de Laplagne, Pierre de Lafontan, Arnaud-Ray-
mond d'Aux, Pierre de Brescon, Pierre et Michel Lasserre, Sans,
Bernard et Géraud de Pérès, Arnaud de Pomarède, François de
Fontenilles, Arnaud d'Esparbès, Jean de Camarade, Jean de
Biran[1].

Revue d'Aquitaine, Château de Bonas, tome XI, page 432.

---

24 février 1440.

*Constatation du mariage d'*Arnaud de Galard *avec* Marquèze
de Tilhac.

Arnaud de Galard, habitant de Lectoure, épousa Marquèze de
Tilhac, fille de Jean de Tilhac, par contrat de mariage reçu
par *de Espenano,* notaire audit Lectoure, le 24 février 1410.

D. Villevieille, *Trésor généalogique,* vol. 43, folio 143, Cabinet des
titres, Bibl. de Richelieu.

1. Voir le texte latin de cet acte dans la série des titres concernant Vigier de
Galard, page 33.

Année 1380.

*Alliance d'*Anne de Galard, *fille de* N. de Galard, *seigneur de Goualard et premier baron du Condomois, avec Odet V de Pardaillan, sire de Gondrin.*

Odet de Pardaillan V du nom [1], seigneur de Gondrin, institué héritier par Odet IV, son cousin germain, testa le 26 novembre 1401, laissa 200 écus pour la fondation de la chapelle de sainte Caterine, en l'église d'Eause, et 500 livres à Jeanne, sa seconde fille.

I. Femme, Agnès de Castillon, fille de Fouques, vicomte de Castillon, et d'Esclarmonde de Langoyran, mourut sans enfans.

II. Femme, Anne de Gouallard ou Galard, fille de N. seigneur de Gouallard, premier baron du Condomois [2], fut mariée l'an 1380.

1. Bertrand de Pardaillan, seigneur de Gondrin, qui suit.

2. Jeanne de Pardaillan, femme de Jean, seigneur de Verdusan.

3. Jeanne de Pardaillan, nommée au testament de son père qui lui légua 500 livres.

Histoire généalogique et chronologique des grands officiers de la couronne, par le P. Anselme, tome V, page 176.

1. Il était fils de Hugues de Pardaillan et de Paule de Montpezat. C'est à Odet V qu'incomba la succession d'Odet IV de Pardaillan, qui ne laissa pas de rejeton direct pour perpétuer la ligne aînée.

2. Voir pages 94 et 124, ainsi que les notes. D'après le *Cartulaire de Condom,* le seigneur et partant le premier baron de Condomois, à cette date, était Jean de Galard, seigneur du Goualard, qui, n'ayant pas de postérité mâle, légua la majeure partie de ses biens au chapitre de Condom, dont plusieurs de ses ancêtres avaient été déjà les bienfaiteurs.

23 février 1380.

*Traité de paix négocié et conclu, par l'entremise du comte d'Armagnac,
entre* Pierre de Galard, *vassal du roi d'Angleterre, et les consuls
de Villefranche en Rouergue. Ces magistrats avaient délivré à Pierre
de Galard une sauvegarde, ce qui n'avait pas empêché les habitants de l'injurier, de le dépouiller et de mettre à mort ses compagnons anglais. En vertu de cet accord, Pierre de Galard reçoit une
indemnité de 300 francs d'or et renonce à toute poursuite et revendication postérieures.*

In nomine Domini, amen. Noverint universi et singuli præsentes pariter et futuri, hujus præsentis publici instrumenti seriem
inspecturi, visuri, lecturi, ac etiam audituri, quod cum diu est,
guerra, dissentio et controvertia ortæ et initæ fuissent inter
Petrum de Golardo, domicellum, obedientiæ regis Angliæ, inimici
domini nostri Franciæ regis, ex una parte, et consules, univer-
sitatemque et singulares habitatores loci Villæfranchæ Ruthenensis, ex parte altera, de et pro eo quod non nulli ex habitatoribus dicti loci Villæfranchæ Ruthenensis, diu erat prius quam
dictæ guerra, dissentio et controvertiæ incepissent esse inter
partes prædictas murtro, ut dicitur, interfecerant nonnullos Angli-
cos socios dicti Petri de Golardo; suffrentia et securitate tunc
temporis existentibus inter partes prædictas, dictam suffrentiam
et securitatem, per partem dictorum consulum et universitatis ac
singularium habitatorum dicti loci Villæfranchæ Ruthenensis
violando, et indebite et injuste et contra bonos mores frangendo,
et multipliciter delinquendo, et dictum Petrum injuriando, et
damnificando, pro quibus omnibus et singulis supradictis et post
perversæ guerræ, homicidia, murtra, strages, vulnera, depreda-
tiones, rapinæ, hominum et mulierum captiones et finantiarum

extortiones, et multa alia mala hinc inde procurante et insti-
gante humani generis inimico, fuerunt subsequtæ et subsequta :
dieque præsenti infra scripta, dictæ partes superius nominatæ,
tractante et procurante egregio et magnifico principe et domino
Johanne, Dei gratia comite Armaniaci, Fesensiaci, Ruthenæ et
Kadrellensi, vicecomiteque Leomaniæ et Altivillaris, ac domino
terræ Rippariæ et Montanorum Ruthenensium, devenissent ad
bonam, veram et amicalem pacem et concordiam, de omnibus
et singulis supradictis ita tamen quod dicti loci Villæfranchæ,
nomine eorum consulatus et universitatis, ac singularium habitatorum dicti loci Villæfranchæ Ruthenensis, pro dictis injuriis
et damnis per dictas gentes dicti loci Villæfranchæ, durante
dicta suffrentia, dicto Petro de Golardo et suis dictis gentibus et
sociis assuetis et donatis dent statim et solvant realiter et de facto
præfato Petro de Golardo trecentos francos auri semel dumtaxat.
Quodque etiam dicti consules, nomine quo supra, faciant et
ordinent pro animabus dictorum interfectorum sociorum dicti
Petri de Golardo, dicta suffrentia durante, unam capellaniam
perpetuam in dicto loco de Villafrancha Ruthenensi, in qua
missæ celebrentur pro salute animarum dictorum interfectorum,
prout per dictum dominum comitem verbotenus fuerat ordinatum fieri, et concordatum cum partibus memoratis, ut ibidem
dictum fuit. Est sciendum quod anno Incarnationis Domini millesimo trecentesimo octuagesimo, die vicesima tertia mensis
februarii, in castro de Gagia, regnante serenissimo et illustrissimo principe domino Karolo, Dei gratia Francorum rege, in præsentia mei notarii infrascripti, et testium subscriptorum ad hoc
et ad infrascripta vocatorum specialiter et rogatorum, personaliter constitutus præfatus Petrus de Golardo, dictæ obedientiæ
regis Angliæ, non coactus, non invitus, non seductus, seu decep-

tus, non vi, non metu, non dolo, nec fraude inductus, nec machinatione aliqua ab aliquo circunventus, sed gratis et sponte, ac
scienter et provide, pro se et suis, recognovit et in veritate confessus fuit pure et simpliciter præfatis consulibus Villæfranchæ
Ruthenensis, videlicet Guillelmo Gantorii et magistro Petro
Boneti præsentibus, et mihi notario infra scripto authoritate mei
publici officii, pro dictis consulibus absentibus et.tota dicta universitate et singularibus habitatoribus dicti loci Villæfranchæ et
pertinentiarum suarum stipulantibus, solemniter et recipientibus
se habuisse, et integre ac realiter, et complete recipisse ibidem
per manus dictorum Guillelmi Ganterii et magistri Petri Boneti,
ex causis prædictis, dictos trecentos francos auri boni ac justi
ponderis, cugni dicti domini nostri Franciæ regis, superius in
narratione hujus præsentis publici instrumenti narratis et specificatis, ac etiam declaratis; ita quod, de eisdem trecentis franchis auri, idem Petrus de Golardo pro se et suis a dictis consulibus præsentibus et absentibus nomine quo supra solemni et
legitima stipulatione interveniente ut supra, pro bene paccato,
completo totaliter et contento et ipsos consules tam præsentes
quam absentes, nomine quo supra, ac me notario infrascripto pro
dictis absentibus solemni et legitima stipulatione interveniente
ut supra, de eisdem trecentis franchis auri absolvit perpetuo,
penitus et quittavit tenore hujus præsentis publici instrumenti,
perpetuo firmiter valituri, ac etiam liberavit per acceptilationem
in Aquilianam stipulationem legitime interpositam et deductam
cum pacto de non petendo et de non exigendo et de non peti
seu exigi faciendo aliquid ulterius ab eisdem consulibus, universitate et singularibus habitatoribus dicti loci Villæfranchæ Ruthenensis, nec aliquo eorumdem, nec a suis occasione eadem,
renuncians super præmissis dictus Petrus de Golardo, ex sua certa

scientia, omni actioni et exceptioni dictorum trecentorum francorum auri non habitorum, et non sibi realiter traditorum et receptorum in bona peccunia numerata et sine errori calculi; præter ea præfatus Petrus de Golardo ibidem dolo, fraude, machinatione et deceptione quibuscumque cessantibus, sicut dixit, sed gratis et sponte, suaque grata, mera, libera ac spontanea animi voluntate, certificatusque etiam, ut supra, de jure suo et de facto suo instructus plenius et consultus, pro se et suis gentibus et sociis promisit et firmiter convenit pure et simpliciter præfatis consulibus præsentibus, pro se et dictis absentibus, et mihi notario infrascripto, ut personæ publicæ authoritate dicti mei publici officii ut supra, pro dictis absentibus stipulantibus solemniter et recipientibus, se a cætero pro prædictis injuriis et damnis hactenus per dictas gentes dicti loci de Villafrancha Ruthensi, sibi Petro de Golardo et dictis suis gentibus interfectis, factis et donatis dictis consulibus et universitati nec singularibus habitatoribus dicti loci de Villafrancha, et mandamenti sui, nec etiam dicto loco ullum damnum facere per se, nec per gentes suas, nec fieri facere ullo modo, aliquo ingenio, vel consensu, nec etiam procurare, quin imo idem Petrus de Golardo, pro se et suis dictis gentibus, mediantibus dictis trecentis franchis auri et dicta capellania, superius expressatis et specificatis, dictis consulibus, universitati et singularibus habitatoribus dicti loci de Villafrancha, et ejus mandamenti solemni stipulatione interveniente, ut supra, dictas injurias ac damna sibi et dictis suis gentibus facta et illata remisit perpetuo, penitus et quittavit, tenore hujus præsentis publici instrumenti, per inperpetuum firmiter valituri, pro quibus omnibus et singulis supradictis, sic ut præmittitur, per dictum Petrum de Golardo et ejus dictas gentes tenendis, attendendis, complendis et perpetuo inviolabiliter observandis, prædictus Petrus de Golardo obligavit et hypothecavit prælibatis consulibus, nomine quo supra, solemni et legitima stipulatione interveniente, ut supra, se ipsum et omnia bona sua mobilia et immobilia præsentia pariter et futura. Renuncians super præmissis, et quolibet præmissorum et in præsenti publico instrumento contentorum, prædictus Petrus de Golardo, ex sua certa scientia, omni actioni et exceptioni doli mali, fraudis et cujuslibet alterius deceptionis et exceptioni dictorum damnorum et injuriarum non remissorum et non perdonatorum, per modum ante dictum et mediantibus pecunia et capellania antedictis; et copiæ hujus cartæ seu petitioni libelli, induciis quinquennalibus et aliis deliberatoriis quibuscumque, et omni privilegio concesso et concedendo, edito et edendo, promulgato et promulgando, et omni juri scripto et non scripto, canonico et civili, et omni alii juris et facti auxilio et beneficio per quæ contra præmissa vel aliquid de præmissis venire posset, aut super præmissis vel aliquo præmissorum se deffendere vel juvare, volens insuper præfatus Petrus de Golardo quod dictæ generales renunciationes supra scriptæ tantam habeant et obtineant roboris firmitatem in judicio et extra, ac si omnes et singuli casus legum, decretalium et decretorum ad præmissa facientium essent hic in hoc præsenti publico instrumento specificati, et singulariter singuli in suo casu positi specialiter et expresse, nam hanc legem et formam sibi et suis imposuit, et in esse voluit totaliter in præmissis et quolibet præmissorum, supponens super his dictus Petrus de Golardo se et omnia et singula bona sua mobilia et immobilia, præsentia et futura cohertioni, compultioni, foro, usui, et districtui curiarum camerarii domini nostri papæ camerarii auditoris et vice auditoris ac commissariorum suorum et parvi sigilli regii...et senescalli Ruthenensis, ac curiæ communis pariatgii dominorum Ruthenæ ac officiariorum ejusdem loci, et cujuscumque alteriuscuriæecclesiasticævel secularis, volens et concedens dictus Petrus de Golardo se et suos propter hoc posse et debere compelli per dictas curias, etquamlibet ipsarum, ac officiarios earumdem et cujuslibet ipsarum, per bonorum suorum quorumcumque captionem, venditionem, distractionem et alienationem, et eorum orationem ac per arrestum sui proprii corporis, ac per appositionem saisinæ unius, aut plurium servientium in bonis suis, ac per sensuram ecclesiasticam citando, monendo, excommunicando et agravando, et alias tanquam pro re judicata, cognita, recognita et confessata, et in rem judicatam transacta juxta usus, stilos et formas curiarum prædictarum, et cujuslibet ipsarum, omni exceptione amota penitus et exclusa, renuncians insuper idem Petrus de Golardo super hoc... si convenerit positis, sub titulo *De digestis de juridictione omnium judicum.* Quæ omnia et singula supradicta, in præsenti publico instrumento contenta, promisit dictus Petrus de Golardo, et firmiter convenit, ac etiam ad et super sancta quatuor Dei Evangelia, manu sua dextra corporaliter tacta, juravit tenere, attendere, ac inviolabiliter perpetuo observare, et nunquam in aliquo contra facere, dicere, vel venire in toto nec in parte per se vel per alium, tacite nec expresse, nec facienti, dicenti, vel venire volenti modo aliquo consentire; quod si faceret, vel facere attentaret, voluit et concessit, quod omnis judicialis aditus et audientia sibi et suis denegentur tanquam perjurio et infami... venienti contra suum proprium præstitum juramentum. De quibus omnibus et singulis supradictis, dicti Guillelmus Gantherii et magister Petrus Boneti, pro se et nominibus quibus supra, petierunt et requisiverunt sibi fieri publicum instrumentum, unum vel plura, de consilio peritorum, si opus fuerit, conficiendum vel conficienda, facti substantia non mutata, per me notarium publicum infra scriptum, quod et quæ ego notarius infrascriptus, de voluntate, jussu, et expresso consensu dicti **Petri de Golardo** sibi concessi prout per me fuerat concedendum. Acta fuerunt hæc anno, die, loco et regnantibus quibus supra, testibus præsentibus domino Geraldo Plaguavent Ruthenæ, Durando Remno, Guillelmo Silvestre, et Durando Radulphi, ad præmissa vocatis specialiter et rogatis, et me Petro Jovini clerico cive Catursi, publico authoritate regia notario, qui requisitus ut supra, de præmissis hoc præsens publicum instrumentum inquisivi et recepi, et in protocollo meo posui, et fideliter notavi et in hanc formam publicam redigi feci per magistrum Geraldum de Calvaruppe, notarium regium, coadjutorem meum, et signo meo solito, quo utor authoritate regia in publicis instrumentis, sequenti signavi, manu mea propria primitus me subscripto.

Collection **Doat**, vol. 201, fol. 27. Bibl. de Richelieu. Cabinet des titres.

22 JUIN 1385.

Lettre du comte d'Armagnac, qui recommande au cardinal d'Ostie son cher et amé PÉRON DE GALARD, *allant en terre sainte pour visiter le saint sépulcre.*

Très-reverend père et mon très-cher seigneur, je me recommans à vous et vous prie tant cherement et adcertes, comme je puis, que comme mon cher et amé PERON DE GALART, compagnon de mon hostel, ait devotion d'aller visiter le saint sépulcre de Nostre Seigneur, et pour ce doit aller en brief par devers vous, il

vous plaise l'avoir en vostre bonne grace et pour specialement
recommandé pour amour et contemplation de moy, très-reverend
père, et mon très-cher seigneur vous doint bonne vie et longue.
Escrit à Tolon, le vingt-duxième jour de juin.

*Le vostre comte d'*Armagnac.

Et au-dessus est escrit :

A très-révérend père en Dieu et mon très-cher seigneur

LE CARDINAL D'OSTIE [1].

Collection Doat, vol. 202, fol. 298, Bibl. de Richelieu, Mss.

---

28 DÉCEMBRE 1384.

Richard II, roi d'Angleterre, confie la garde du château d'Espiens [2] à
Bertrand de Galard, *dit d'Espiens, pour le temps où il aura atteint*
sa majorité.

Litteræ regis (Rich. II), quibus Bertrando Despienx, patris ejusdem, adhesionibus, adversario Francie remissis, concedit quod

1. L'acte ci-dessus est suivi de la constatation d'authenticité ci-après :
« Extrait et collationné de son original trouvé entre les papiers non inventoriés
« des archives des titres de Sa Majesté en la ville de Rodez, duquel original il a été
« fait sur liasse en laquelle il est coté D 29 par l'ordre et en la présence de messire
« Jean de Doat, conseiller du roy en ses conseils, président en la chambre des
« comptes de Navarre et commissaire député par lettres patentes de Sa Majesté du
« 1er avril dernier pour faire recherches dans les archives des abbayes et autres
« communautés ecclésiastiques et séculières de la province de Guienne. »

2. On trouve dans *la Collection Doat*, vol. 201, fol. 197, un long acte très-inté-
ressant du 12 février 1387, en langage gascon, sur le château d'Espiens dont voici le
titre : « Une déclaration du nommé Jean de Fossenas, touchant les desseins faits
« par ceux de la garnison d'Espienx, de surprendre plusieurs châteaux des environs
« et les trahisons qu'ils trouvaient dans plusieurs places de Gascogne. »

ipse, cum ad legitimam etatem pervenerit, locum Despienx in Agenoys, cujus quidem loci custodiam, durante minore etate, Archibaldo de Greily committit, teneat sub obedientia regis. Datum apud Westmonasterium, 28ᵉ die decembris.

Rôles Gascons, Collection Bréquigny, fol. 528, Cabinet des titres, Bibl. de Richelieu.

_____

7 FÉVRIER 1401.

Raymond Testa, juge mage d'Agenais, ordonne à maître Raymond Guillaume de Ranco, notaire, de délivrer à Bertrand de Pardaillan un extrait du testament du noble baron BERTRAND DE GALARD, *seigneur d'Espiens. Les lettres de Raymond Testa [1] sont suivies de l'expédition demandée. Le sire d'Espiens, dans cet acte final, exprime la volonté d'être enseveli dans l'église de Frigimont, où deux obits doivent être annuellement célébrés au profit de son âme. Les frères prêcheurs du Port-Sainte-Marie sont favorisés de divers legs pieux. Le seigneur de Brassac reçoit pour sa part tous les droits sur Saint-Salin que possédait le testateur. Celui-ci institue pour héritière universelle sa mère bien-aimée, Blanche de Pardaillan.*

In nomine Domini, amen. Noverint universi, quod anno Domini millesimo quatercentesimo primo, die septima februarii, magister Aymericus de Portanova, bacallarius in legibus, nomine nobilis et potentis viri Bertrandi, domini de Pardelhano, exhibuit et præsentavit mihi Ramundo Guillelmi de Ranco, notario publico regio, quasdam patentes litteras a venerabili et discreto viro domino Raymundo Testa, licentiato in legibus, judice majore Agenni et Vasconiæ emanatas, in papiro scriptas et suo sigillo cum cera rubea sigillatas, formam quæ sequitur continentes. Ramundus

_____

1. Les lettres de Raymond Testa sont du 7 février 1401, tandis que l'extrait du testament ne fut levé que le 22 octobre de la même année.

Testa, licentiatus in legibus, judex major Agenni et Vasconiæ
pro domino nostro Franciæ rege, magistro... de Ranco, notario
regio, salutem. Ad supplicationem nobilis Bertrandi, domini de
Pardelhano, dicentis et asserentis nobilem Bertrandum de Galardo,
dominum de Espienx... annis diebus suum condidisse ultimum
testamentum seu ultimam voluntatem in præsentia proborum
virorum cum copiam notarii habere non posset... in prædicto
testamento suum hæredem universalem substituisse, quocirca
vobis de cujus peritia et fidelitate confidimus, præcipimus et
comittendo mandamus, quatenus prædictos testes omnes et singulos qui fuerunt præsentes in confectione prædicti testamenti
mediantibus eorum juramentis per quemlibet ipsorum ad sancta
Dei Evangelia singulariter præstitis, audiatis, et diligenter exami-
netis, et eorum dicta et depositiones in formam publicam per
modum testamenti seu publici instrumenti redigatis et prædicto
supplicanti, si ad ipsum videritis pertinere, tradatis et liberetis,
satisfacto vobis de vestro salario moderato, super quibus et ea
tangentibus vobis concedimus potestatem; mandantes prædictis
testibus et omnibus aliis quorum intererit quatenus in præmissis
omnibus et ea tangentibus vobis pareant efficaciter et intendant.
Datum Agenni die sexta februarii, anno Domini millesimo quatercentesimo primo. Quibus quidem literis sic per dictum magistrum Aymericum mihi præsentatis et per me notarium prædictum cum quibus decet reverentia et honore receptis, paratusque
obedire mandatis dicti domini judicis, vocatisque atque citatis
coram me notario prædicto videlicet Ramundo Bernardi de Lauriola, Petro de la Serra, Geraldo de Tugurmont, Nicholao de Lesterna, Bernardo de Garsin, Guillelmo de Gabarreto, Guillelmo
de Malartic, Seguino de Trigant, et Vitale de Lesterna, et hoc
mediantibus quibusdam patentibus literis a dicto domino judice

emanatis, et per bajulum de Frigimonte cui dictæ literæ dirige-
bantur plenarie executis, quarum literarum tenor sequitur in
hunc modum.

Ramundus Testa, licentiatus in legibus, judex major Agenni
et Vasconiæ pro domino nostro Franciæ rege, bajulo de Frigimonte vel ejus locumtenenti, salutem. Vobis præcipimus et mandamus quatenus citetis et... Raymundum Bernardi de Lauriola,
Petrum de Serra, Geraldum de Tugurmont et Nicholaum de Lesterna, Bernardum de Garsin, Guillelmum de Gabarret, Guillelmum de Malartit, Seguinum de Trignan et Vitalem de Lesterna,
et omnes alios quos lator præsentium vobis dixerit notandos
usque ad numerum sex, de quorum nominibus et cognominibus
nos in dorso præsentium certificetis, et die lunæ proxima apud
Agennum infra tertiam personaliter compareant coram magistro
Raymundo Guillelmi de Ranco, notario et commissario super
confectione et ordinatione testamenti per nobilem Bertrandum
de Galardo, dominum d'Espienx, quondam in præsentia aliquorum hominum conditi, cum copiam notarii habere non posset,
alias que facturum et recepturum quod fuerit rationis, cum
comminatione quod nisi comparuerint contra ipsos procedetur
prout fuerit rationis. Datum Agenni die decima octava mensis
februarii anno Domini millesimo quatercentesimo primo. Qua
quidem die in dictis literis citatoriis expressata, prædicti
testes in prædictis litteris citatoriis nominati coram me notario
prædicto comparuerunt, et ad sancta Dei Evangelia, eorum manibus dextris singulariter tacta, juraverunt super contentis in dicta
nostra comissione superius inserta dicere et deponere veritatem
et deinde eosdem testes singulariter et concorditer deposuerunt
prædictum quondam nobilem Bertrandum de Galardo, dominum
Despienx, in suis ultimis diebus suum condidisse ultimum testa-

mentum seu ultimam voluntatem et eundem scribi fecisse per fratrem Garsiam de Calenc, ordinis fratrum prædicatorum Portus Sanctæ Mariæ in modum qui sequitur, et in formam. In nomine Patris et Filii et Spiritus Sancti, amen. Notum sit que lo noble baron en Bertran de Galhard, senhor d'Espiens, malaus de son corps et per la gracia de Dieu sas de sa pessa estan e perseveran en son bon sen e en sa bonna memoire ayssi cum per lo regardament de sa personne apparia et podia apparer en la présence dels testimonis dejus nommats a fait ordenat aquest son présent darrer testament et d'aquesta darreira volontat, e casset et revoquet et anullet de tot en tot, tot autre testamen laissa o donatio e tota autra darrera volentat que fayt agos entre al jourd'huy ab scriptura o ses scriptura, e elegit sa sepultura per son cos sevelir en la gleya de Frigimont. Item laysset lodit testayre a ladita gleysa de Frigimont dos obits l'un en tal jour cum el sera sevelit et l'autre el mech an apres cascun de dex sols de tornes per tostem. Item laysset lodit testayre a la obra de ladita gleysa de Frigimont dos sols quada an per tostem pagadors. Item laiset à la gleysa de Sant Berthomieu dotze dines una vegada pagadors. Item laiset e leguet lodit testayre al couvent dels frays presicadors del Port Santa Marie, sobre lo lot d'Aubiac, dos franx une vets pagadors. Item laiset et leguet lodit testayre à fray Gayssias Arnaut de Talent deudit couvent des frays présicadors deu Port Sancta Marie un franc una vagade pagador. Item laisset lodit testayre per amor de Dieu e de la sua arma cent messas de requiem disedoyras la mitat en ladita gleysa de Frigimont et l'autra mitat aldit couvent dels frays presicadors del Port Santa Maria ditas per los frays deldit convent. Item leguet et layset lodit testayre al Senhor de Brassac los dreyts que ave à Saint Salin et que ab aco se tengá per pagat e que plus no pusco demandar. Item leguet et laysset lodit testayre a sa filhola filla de Seguinot doas pessas de terra la una que es a la font e l'autre que es à la Garrigata. Item volgue lodit testayre que tot home et tota fenna a qui el fes tengut que sia cresut per son sagromen entra a la soma de trenta sos e no plus. E quar institutio de hereter o heretere escape fondament de tot testament senes laquat testamen es dist no valer, per amor daysso lodit senhor testayre volens fare fondar ferma-quest son présent darrer testamen fec e instituit e ordonet e esta-blit, per sa heritera, sa amada mayre madona Blanqua de Par-delhan en tot sos bes et causas mobles et no mobles, on que sian, per far e complir totas sos proprias volentats ses redre conte a home ne a fenna deu mon, ans pusca far a sa guisa de tot en tot dels frucs que lysseran dels bes et de las causas deldit testayre empero si dels dits frucs non podia vivre que ela ne puesca vendre per sa vita suslentar a que a la fin de sos jours ela ne pusca donar per amor de Dieu e de la sua arma aysi cum a ela sera vist fasedor; e apres la fin de ladita madona Blanqua, sa mayre, que tots los bese causes deldit testayre sian vengan e tor-nen a noble baron en Bertran, senhor de Pardelhan, cosin ger-man deldit testayre cum plus prop dan de linaige en lasquals la substituit son général et universal heriter. Et en apres lo senhor testayre fec et ordonet e establit per sos ordeners executors d'aquest son darrer et present testamen so es asaber fray Vidau deu Casterau de l'ordre dels presicadores deu Port Sancta Maria Amaniu d'Estanbet de Clarmont, asquals ordenes executors lodit testayre donet e autreget plener et liberal poder e sepecial man-damen de alienar tant de sos bes et causes entre que las laysas et los legats et almoynas, contengudas en aquest son presen testa-men, sian pagadas et volt et ordenet lodit testayre que asso sia son darrer testament et sa derrera volentat. De lasquals causas lodit testayre requeric e preguet a fray Gayssas de Talent que escrivos aquest son presen testamen en presentia dels testimonis dejus escrits aperats e pregats per lodit testayre. Actum fuit hoc apud Frigimontem, die vigesima secunda mensis octobris, anno Domini millesimo quatercentesimo primo. Testes sunt Ramond Bernard de Layriola, Pey de la Serra, Guiraud de Cuguimont, Nicolau de Lesterna, Pey de Parent, Guillem de la Casa, Bernard Garsen, Guillem de Gabarret, Guillem de Malartic. Ego vero Ramundus Guillelmi de Ranco, notarius supradictus, virtute et autoritate dictarum literarum superius insertarum ad requisitionem procuratoris dicti nobilis Bertrandi, domini de Pardelhano, dicta et depositiones dictorum testium in dictis literis citatoriis superius nominatorum in hanc formam publicam per modum testamenti seu publici instrumenti redegi et signo meo quo utor in meis publicis instrumentis signavi, autoritate mihi per dominum atributa. Constat mihi notario supradicto de raturis per me factis ubi dicitur... establit.

Collection Doat, vol. 210, fol. 81 et 87. Bibl. de Richelieu. Mss.

AVANT 1385.

Extrait d'une généalogie de la branche des seigneurs de l'Isle-Bozon relatif à GÉRAUD DE GALARD, *à Hélène de Patras, sa femme, et à leurs enfants.*

GÉRAUD DE GALARD, seigneur de l'Isle-Bozon, épousa bien avant 1385 HÉLÈNE DE PATRAS, dont il eut : 1° JEAN qui suit; 2° PIERRE; 3° NUMIDIE.

Mss. de l'abbé de Lespine, dossier de Galard. Cabinet des titres.

1391 ET AVANT.

Indication du mariage, de la postérité et de la mort de JEAN DE GALARD, *seigneur de l'Isle-Bozon.*

JEAN DE GALARD, 1er du nom [1], coseigneur de l'Isle-Bozon, fit son testament en 1... devant Guillaume de Saint-Étienne, notaire, et ne vivait plus, à ce qu'il paraît, le 6 janvier 1391. Il avait épousé demoiselle MARGUERITE DE VIMONT (de Vicomonte), dame des lieux de Cucmont et de la Mote, laquelle fit son testament, étant malade, à l'Isle-Bozon, vicomté de Lomagne, le 7 mai 1406; ordonna que son corps fût enterré dans le couvent de Sainte-Claire de Lectoure, fit beaucoup de legs pieux et disposa de ses biens en faveur de ses enfants et petits-enfants. De son mariage provinrent :

1° BERTRAND, dont l'article suit;

2° GUILLAUME-BERNARD DE GALARD, fut fait légataire de la somme de 400 francs d'or, par le testament de sa mère en 1406, et vivait encore le 5 mars 1446. Il a fait la branche de Castelnau d'Arbieu et avait épousé Alexis de Francs;

3° JACOBIE ou JACQUETTE DE GALARD, dame de Terraube, 1406;

4° N. DE GALARD, mariée à JEAN DE FORCÈS, seigneur dudit lieu, mère de Michel et Hugues de Forcès, en 1406;

5° MARGUERITE DE GALARD, femme d'ASSIEU (YSSIN) DE GALARD, mère d'autre ASSIEU, en 1406.

Mss. de l'abbé de Lespine, dossier de Galard; Bibl. de Richelieu, Cabinet des titres.

1. Ce Jean de Galard est celui dont il est question dans le fragment généalogique qui précède.

7 MAI 1406.

Noble et puissante dame, MARGUERITE DE VICMONT, *veuve de* JEAN DE
GALARD, *seigneur de l'Isle-Bozon, et seigneuresse elle-même de Cocumont et de la Mothe, fait son testament à la date ci-dessus. Après
avoir constaté que son corps est infirme et son esprit sain, elle fixe
ses dispositions dernières. Elle prescrit de déposer ses restes dans le
couvent de Sainte-Claire de Lectoure, rappelle son époux Jean de
Galard et distribue des legs aux églises de Beaumont, de la Mothe,
de Cocumont, etc. Messire* BERTRAND DE GALARD, *chevalier, l'aîné de
ses enfants, est inscrit pour un don de dix florins,* GUILLAUME-
BERNARD, *un de ses fils cadets, autrefois lésé dans ses droits, est
dédommagé par 400 fr. d'or; la testatrice gratifie sa fille* JACOBIE,
*dame de Terraube, de dix florins d'or, et en laisse cinq à chacun de
ses nombreux petits-fils, notamment à* JEAN *et* BERTRAND DE GALARD,
tous deux issus de Bertrand, à MICHEL *et* HUGO DE FORCÈS, *à* ASSYN,
fils d'autre AYSSIN *et de* MARGUERITE DE GALARD, *sa fille. Marguerite
de Vicmont institue son héritier universel* GÉRAUD DE GALARD, *fils de
Bertrand, et lui substitue en cas de décès Jean, son frère. Elle
désigne pour ses exécuteurs testamentaires le prieur de Cocumont
et l'archiprêtre de Beaumont. Cet acte, passé à l'Isle-Bozon, le
7 mai 1406, ne put être grossoyé par le tabellion qui le retint,
expédition fut délivrée, en juin 1444, par Raymond de Gourges,
notaire de Beaumont, à noble Jean de Galard, damoiseau, seigneur
de Saint-Avit, dont Marguerite de Vicmont, comme on l'a vu, était
l'aïeule.*

In nomine sancte et individue Trinitatis, Patris et Filii et Spi-
tus Sancti. Amen. Noverint universi et singuli presentes pariter
et futuri quibus exhibitis et presentatis mihi Ramundo Gurgii,
notario publico et habitatori loci de Bellomonte, per nobilem
JOHANNEM DE GOLARDO, domicellum dominumque de Sancta Vite,
quibusdam patentibus et apertis literis a venerabili et circum-

specto viro domino Petro Fornerii, licenciato in decretis, judice
Verduni et comitatus de Gaura, in partibus Vasconie, domini nostri
Francie regis emanatis in papiro scriptis et sigillo cera rubea in
dorso earumdem sigillatis, tenorem hujusmodi in se continentes :
Petrus Fornerii in decretis licentiatus, judex Verduni et comitatus de Gaura, in partibus Vasconie, domini nostri Francie regis,
dilecto nostro magistro Ramundo Gurgii, notario loci de Bellomonte habitatori, salutem. Ad supplicationem nobilis Johannis
de Golardo, filiique nobilis et potentis viri domini BERTRANDI DE
GOLARDO, militis, condomini Insule Bozonis, asserentis nobilem et
potentem dominam Margaritam de Vicomonte, condam aviam
paternam ipsius supplicantis nuper decessisse, conditoque per
ipsam ultimo testamento et per magistrum Arnaldum de Mascalanis, notarium condam dicti loci, retento, bonaque et hereditates
dicte condam nobilis domine Margarite et ordinacione testamen-
taria et per ipsam in dicto suo ultimo testamento facta ad ipsum
supplicantem pleno jure pertinere, dictoque testamento indigeat
ad jus suum assequendum et ad supplicationem hujusmodi
dictum testamentum a nota dicti testamenti cancellata vel non
cancellata, abstrahatis, ingrossatis et in formam publicam redigatis et in dicta forma publica dicto supplicanti tradatis et liberetis; satisfacto vobis de vestro salario moderato. Datum in dicto
loco de Bellomonte, die quinta mensis junii anno Domini millesimo quadringentesimo quadragesimo quarto. De Sancto Stephano, commissarius ad dicti nobilis Johannis supplicationem
Ramberti. Et ipsis eisdem literis michi notario supradicto, modo
supradicto presentatis et per me cum debita reverencia receptis,
volens pro posse meo adimplere, contenta in eisdem literis, ad
ingrossacionem dicti testamenti de quo in literis superius insertis
fit mentio processi hunc modum : « Quoniam conditio nature hu-

mane mortalitati subjecta est, eventus suus dubius est et incertus, idcirco omnis homo vel mulier sapiens et discretus seu discreta debet sibi et domui sue totaliter de rebus et bonis suis disponere et ordinare, ut ipsum vel ipsam paratum vel paratam inveniat dies mortis, qua propter noverint universi et singuli presentes pariter et futuri quod nobilis et potens domina MARGARITA DE VICOMONTE, domina locorum de Cucomonte et de Mota, licet detenta sit aliqua infirmitate sui corporis, tamen in sua bona et perfecta memoria existens et non ita detenta predicta infirmitate quin valeat ire suis pedibus propriis et aliqua sua negotia peragere, cupiens, affectans et desiderans testare, fecit, condidit ac etiam ordinavit suum verum nuncupatum ultimum testamentum et suarum rerum ultimam dispositionem seu ordinacionem per hunc qui sequitur modum. Et primo signaculo sancte Crucis se muniens que terror juste malis est hostis invidi, recomendavit animam suam, et quando egressa fuerit a corpore suo, altissimo Creatori qui de nichilo cuncta creavit, ejus Filio qui suo sacratissimo sanguine genus humanum a potestate diabolica redemit, Spiritui Sancto qui totum mundum suo splendore illuminat, gloriose virgini Marie, advocatrici fidelium christianorum, beatis Petro et Paulo ceterisque apostolis, beatis Stephano et Laurentio ceterisque martiribus, beatis Martino et Nicholao ceterisque confessoribus, beatis Gregorio et Augustino ceterisque doctoribus, beatis Katerine, Marie Magdalene, Lucie et Margarite ceterisque virginibus, et per consequens tote curie celesti civium supernorum. Deinde ad inferiora descendens elegit sepulturam suam corpori sive cadaveri suo, ut et quando anima sua egressa fuerit, in conventu sorrorum sancte Clare civitatis Lectore et ibi jussit, voluit, et mandavit corpus suum tradi ecclesiastice sepulture. Deinde dicta nobilis testatrix, tam de rebus et bonis suis mobilibus

et immobilibus tam propriis quam de bonis omnibus a nobili
JOHANNE DE GOLARDO, condam viro suo, eidem nobili testatrici divisis
et leguatis per ipsum nobilem Johannem eidem nobili testatrici,
condam uxori sue, ut aparet in suo ultimo testamento facto, condito,
et ordinato per eumdem nobilem Johannem et retento per magistrum Guilhermum de Sancto Stephano, notarium publicum
Bellimontis, leguando ordinavit per modum qui sequitur. —
Primo legavit dicta nobilis testatrix memorata ecclesie cathedrali
Sancti Gervasii et Protasii civitatis Lectore duos florenos auri semel
solvendos. Item simili modo legavit dicta nobilis testatrix, pro
anima sua et ejus parentum et in remissionem omnium peccatorum suorum, luminarie ecclesie Bellimontis, unum florenum
auri. Item legavit simili modo ecclesie beatorum Ciricii et Julite
Cuquomontis duos florenos auri. Item legavit simili modo ecclesie
beati Johannis Baptiste de Mota duos florenos auri semel solvendos. Item legavit simili modo dicta nobilis testatrix memorata
ecclesie dictarum sororum minorum seu minoretarum dicti conventus Lectore centum francos auri profundando quandam cappe-
laniam ut aliquis perpetualis sacerdos annuatim teneatur Deum et
gloriosam virginem Mariam ejus matrem orare et omnes sanctos
et sanctas Dei et paradisi pro anima sua et ejus parentum in remissionem omnium peccatorum eorum, cum tali pacto et conventione quod domina abbatissa et sorrores dicti monasterii et con
ventus sint obliguate ad tenendum annuatim dictum sacerdotem
perpetualiter pro Deum orando et divina officia excercendo ut
predictum est cum intentione quod dictus sacerdos habeat
adminus octo francos annuatim, pro suo salario, et hoc de lucro
et emolumento provenienti ex illis centum franchis et cum fuisset
disputatum inter me notarium infrascriptum et dictam nobilem
testatricem solos et sine alio in hoc per eandem nobilem testa-

tricem remansit videlicet in dictis octo franchis habitis et levatis
per dictum sacerdotem de emolumento et lucro annuatim facto
ex dictis centum franchis auri predicto conventui dimissis. Item
voluit et ordinavit dicta nobilis testatrix quod consules dictorum
locorum Cuquomontis et de Mota accipiant primo anno in quo
dicta nobilis testatrix obierit omnes oblias et omnia acapita et
retrocapita dictorum locorum Cuquomontis et de Mota, et suus
heres inferius nominatus nec aliquis de suo genere filius vel filia
nec aliqua alia persona de suo genere descendens de predictis
centum franchis sic leguatis et dimissis ut predictum est intro-
mitere se habeot, et in quantum potuit dicta nobilis testatrix predictis personis de suo genere prohibuit et dictos consules in illis
et pro illis centum franchis excercendis dominos fecit, et instituit, et collectores predictorum centum franchorum, et nullus
de suo genere predictos consules habeant in predictis nec circa
premissa impedire nec perturbare, sed quod de predictis centum
franchis dicta capellania fundetur ad votum ipsius nobilis testatricis et ad honorem Dei et sanctorum suorum et ad proffigium
animarum de suo genere defunctarum. Item legavit dicta nobilis
testatrix simili modo domino Bertrando de Golardo, militi, et filio
suo legitimo et naturali ac primo genito suo, decem florenos
auri semel solvendos, et in illis decem florenis auri heredem
suum sibi fecit, instituit atque fecit. Et quod dictus dominus Bertrandus in illis et de illis decem florenis contentetur cum pacto
seu conventione quod nihil plus possit nec valeat petere in bonis
dicte nobilis testatricis nec heredi suo inferius nominato. Item
dicta nobilis testatrix memorata, considerans et cogitans et intuitu
materne pietatis respiciens necnon habens cordi intimo nobilem
Guilhermum Bernardum de Golardo, filium suum legitimum et naturalem fore deceptum alias per ipsam nobilem testatricem et quasi

exulem a bonis dicte nobilis testatricis, volens dicta nobilis testatrix ipsum nobilem Guilhermum Bernardum remunerare, suble-
vare, sustentare et juvare de suis rebus et bonis, que alias pro
anima sua ordinare intendebat aliis diversis personis et locis,
eidem nobili Guilhermo Bernardo de Golardo predicto legavit,
dimisit, et largita fuit leguato sibi facto vel donacione inter vivos
facta, et nunquam revocatura sed semper valitura, et etiam cum
omnibus modis, viis et formis quibus melius fieri poterit et
debebit, quadringentos francos auri, boni auri fini, cugni et legis
domini nostri Francie regis semel solvendos, et in illis quadringentis franchis auri, predictum nobilem Guilhermum Bernardum
de Golardo ejus filium, heredem suum particularem sibi
instituit atque fecit cum pacto et condicione quod de predictis
quadringentis franchis auri contentetur quantum ad legatum
modo sibi per dictam nobilem testatricem factum et quod nichil
plus possit petere in bonis dicte nobilis testatricis matris sue
nec heredi suo inferius nominato, ratione paterne vel materne
porcionis avitine ab intestato successionis vel alias seu trabellianice quoquomodolibet ullis temporibus in futurum. Item
voluit, disposuit et ordinavit dicta nobilis testatrix memorata
quod in illo casu seu eventu in quo dictus nobilis Guilhermus Bernardus convolaret ad matrimonium seu nuptias primas
seu mulierem acceperit et de ecclesia abstraxerit quod heres
suus videlicet dicte nobilis testatricis sit efficaciter obligatus
et ejus ordinium sub hypotheca et obligacione omnium suorum
bonorum mobilium et immobilium presentium et futurorum et ejus ordinium ad solvendum ducentos francos auri de
predictis quadringentis superius legatis et sine quacumque dila-
cione, turba, seu impedimento, dictum suum heredem inferius
nominatum ad solvendum predicta per omnes vires, rigores et

compultiones curiarum in talibus fieri consuetarum compellendo ·
et ejus ordinium. Item etiam voluit dicta nobilis testatrix quod in
anno sequenti, dicto primo anno totaliter revoluto, heres dicte
nobilis testatricis solvat eidem nobili Guilhermo Bernardo aut
ejus ordinio viginti quinque francos auri, boni auri ut supradictum est cugni et legis domini nostri Francie regis videlicet, in
sequenti anno et in alio anno immediate sequenti alios viginti
quinque et sic quolibet anno continuando, ad solvendum viginti
quinque francos quousque totum debitum fuerit predicto nobili
Guilhermo Bernardo per ejus heredem integre solutum aut ejus
ordinium. Item voluit, disposuit seu etiam ordinavit dicta nobilis
testatrix quo supra nomine quod eo casu et eventu, quo dictus
nobilis Guilhermus Bernardus non convolaret ad predictum
matrimonium suum primum, quod dictus heres suus non teneatur
nec sit efficaciter obligatus ad solvendum eidem nobili Guilhermo
Bernardo de Golardo nisi viginti quinque francos auri quolibet
anno tam in primo quam in aliis sequentibus annis, sic continuando donec totum legatum quatercentorum francorum auri
sit ex integro solutum. Item voluit, disposuit et ordinavit dicta
nobilis testatrix memorata quod ducenti franchi quos dicta nobilis testatrix dederat eidem nobili Guilhermo Bernardo ejus
filio cum quadam donacione facta sibi nobili Guilhermo Bernardo
per dictam nobilem testatricem, et dimiserat facta solemniter
coram venerabili et discreto viro domino, judice Leomanie in
civitate Lectore, cum interposicione decreti, et retenta ibidem
cum instrumento publico seu scriptura per magistrum Bernardum
de Abbacia, notarium publicum dicte civitatis Lectore, dentur et
deliberentur predicto nobili Guilhermo Bernardo aut ejus ordinio
ad omnes suas proprias voluntates et suorum faciendas, et de
predictis valeat et possit testare, dividere, leguare et distribuere

dictus nobilis Guilhermus Bernardus quibuscumque personis et locis quibus voluerit. Item voluit plus mandavit, et etiam ordinavit dicta nobilis testatrix quo supra nomine quod dicti quatercenti franchi, per dictam nobilem testatricem leguati et leguando dimisi, et eidem nobili Guilhermo Bernardo de Golardo ejus filio non derogent nec in aliquo vicient dictis ducentis franchis datis per eamdem nobilem testatricem eidem nobili Guilhermo Bernardo non deroget, propter donationem primo sibi factam per eamdem nobilem testatricem, nec illa donatio propter leguatum cum tali pacto quod heres suus inferius nominatus non teneatur solvere eidem nobili Guilhermo Bernardo nisi viginti quinque francos auri quolibet anno incipiendo a die obitus sui et sic continuando quolibet anno alios viginti quinque francos solvendo quousque totum leguatum et donatio fuerit per dictum suum heredem eidem nobili Guilhermo Bernardo aut ejus ordinio integre solutum. Et cum illis condicionibus appositis, predicta nobilis testatrix voluit predicta esse exsoluta per suum heredem, inferius nominatum, eidem nobili Guilhermo Bernardo filio suo legitimo et naturali. Item legavit dicta nobilis testatrix memorata nobili Jacobe de Golardo, ejus filie et domine de Tarrauba, decem florenos auri semel solvendos et in illis heredem suam particularem sibi instituit atque fecit et quod nichil amplius possit petere in bonis dicte nobilis testatricis ejus heredis inferius nominati ullo modo seu jure aliqua ratione vel causa ullis temporibus in futurum. Item legavit dicta nobilis testatrix memorata nobili Johanni de Golardo, nepoti suo filioque legitimo et naturali dicti domini Bertrandi de Golardo, quinque florenos auri semel solvendos et in illis heredem suum particularem sibi instituit atque fecit et quod de predictis contentetur et nichil amplius possit petere in bonis dicte nobilis testatricis suo heredi aliquo modo ullis temporibus. Item plus legavit dicta nobilis testatrix memorata nobili Michaeli de Forcezio, domino dicti loci et nepoti ejusdem testatricis filioque nobilis Johannis de Forcezio, domini dicti loci condam, quinque florenos auri modo simili supradicta. Item plus legavit dicta nobilis testatrix memorata nobili Hugoni de Forcezio, fratris dicti nobilis Micahelis et nepoti ejusdem testatricis, quinque florenos auri semel solvendos et in illis sibi heredem suum instituit atque fecit ut in aliis. Item legavit simili modo nobili Margarite ejus filie, alios quinque florenos auri. Item legavit dicta nobilis domina testatrix memorata omnibus filiolis suis, tam masculis quam femelis, ubicumque sint vel habeat, cuilibet quinque solidos turonencium parvorum semel solvendos. Item legavit dicta nobilis testatrix memorata omnibus sacerdotibus qui erunt presentes in die obitus sui sive sue sepulture cuilibet duos solidos turonencium parvorum semel solvendos. Item legavit dicta nobilis testatrix memorata modo simili ut predicto, nobili Beraudo de Golardo, filio dicti domini Bertrandi de Golardo, alios quinque florenos auri. Item dicta nobilis testatrix memorata simili modo nobili Yssino de Golardo, filio nobilis Yssini de Golardo et nobilis Margarite de Golardo, ejus filie, simili modo quinque florenos auri.

Item legavit simili modo dicta testatrix memorata postumo vel postume seu postumis, si evenerit seu evenerint nascituri ad lucem a dicta nobili Margarita, quinque florenos auri si solus unus advenerit ad lucem et si duo vel tres evenerint cuilibet alios quinque florenos auri si ad lucem deveniant perfectam. In omnibus autem bonis suis mobilibus et immobilibus presentibus et futuris ac dominacionibus ubicumque habeat vel sibi debeant pertinere dicta nobilis testatrix memorata fecit, instituit, ordinavit et ore suo proprio nominavit suum heredem universalem videlicet nobilem GERALDUM DE GOLARDO, nepotem suum et filium legitimum et naturalem dicti domini Bertrandi de Golardo militis. Tamen voluit et ordinavit dicta nobilis domina testatrix, si dictus nobilis Geraldus nepos et heres ipsius nobilis testatricis decederet ab intestato vel sine prole legitima et ex legitimo matrimonio procreata et etiam mascula, eo casu voluit quod tota hereditas sua pleno jure revertatur nobili Johanni de Golardo, fratri dicti nobilis Geraldi, et dicto casu eveniente dicto nobili Geraldo sic decedente dictum nobilem Johannem heredem substituendo per fidei comissum et eo meliori jure et forma, quo de jure fieri possit et debet. Et etiam voluit, disposuit et ordinavit dicta nobilis testatrix memorata quod si ambo fratres decederent ab intestato vel sine prole legitima et tamen mascula, eo casu voluit quod tota sua hereditas revertatur ex integro uni alteri filio dicti domini Bertrandi masculo et ex legitimo matrimonio procreato si extaret; et si nullus filius masculus ex leguali matrimonio procreatus staret et decederent ab intestato vel sine prole legitima ex leguali matrimonio procreata ex predicti domini Bertrandi, eo casu voluit dicta nobilis testatrix quod tota sua hereditas pleno jure et ex integro revertatur et devolvatur dicto domino Bertrando de Golardo, ejus filio naturali et legitimo, si ipse stat in humanis; et si dictus dominus Bertrandus non stet in humanis, eo casu et eventu voluit et ordinavit dicta nobilis testatrix quod dicta tota sua hereditas pleno jure et sine impedimento quocumque devolvatur et revertatur dicto nobili Guilhermo Bernardo de Golardo, ejus filio legitimo et naturali, si stet seu vitam ducat in humanis; et si non stet seu vitam ducat in humanis, eo casu voluit et ordinavit dicta nobilis testatrix quod tota sua hereditas pleno jure revertatur et devolvatur primo genito ipsius nobilis Guilhermi Bernardi si stet seu vitam ducat in humanis; et si non

stet, quod devolvatur secundo vel tertio seu quarto vel sequenti si
stet et vitam ducat in humanis. Et si nullus stet, eo casu et eventu
voluit et ordinavit dicta testatrix memorata quod tota sua predicta
hereditas devolvatur pleno jure proximiori in gradu parenthele
qui vocetur seu vocabitur de Golardo, existenti tamen masculo,
cum intencio fuerit dicte nobilis testatricis quod nulla femina seu
femella de suo genere nec alterius hereditet in bonis, rebus seu
dominacionibus ipsius nobilis testatricis nec etiam possideat.
Item voluit, disposuit et ordinavit dicta nobilis testatrix quod quis-
quis sit suus heres seu hereditatem suorum bonorum et domina-
cionum possideat, dictus dominus Bertrandus, miles et primus
genitus suus, sit usufructuarius ad totam vitam suam sine impedimento quocumque, et heres suus superius nominatus in nullo
se intromittat de redditibus, fructibus, dominationibus, deveriis,
acapitibus, retrocapitibus, laudannis, feudis nec aliis pertinentibus
in dictis locis de Mota et de Cuquomonte. Nisi dictus dominus
Bertrandus, miles et primogenitus suus, tam diu et quousque
vitam duxerit in humanis et post ejus decessum totum ex integro videlicet territorium possessionum et ususfructus dictorum
duorum castrorum de Mota et de Cuquomonte et aliorum dicte
nobilis testatricis pertinent pleno jure revertantur heredi illi qui
tunc erit de genere suo et qui denominabitur de Golardo sine
impedimento quocumque vel turba. Et in hunc modum dicta
nobilis testatrix sua ultima nuncupatum clausit testamentum et
rerum suarum ultimam disposicionem et ultimam suam voluntatem, cassans, irritans et annulans omnia alia testamenta, codicillos seu donaciones causa mortis acthenus facta, facti vel facte,
si appareret per ipsam nobilem testatricem cum isto presenti suo
ultimo testamento in suo robore permanente seu firmitate perpetua. Quod quidem testamentum suum ultimum voluit dicta nobilis

testatrix valere jure testamenti sui ultimi, et si non valet jure testamenti sui ultimi, quod valeat jure codicilli sui ultimi, et si non
valet jure codicilli sui ultimi, quod valeat jure ultime sue voluntatis
vel donacionis causa mortis vel eo modo, forma et jure quibus
melius valere poterit et debebit, tam in toto comitatu Armaniaci
vel vicecomitatu Leomanie quod etiam in tota senescallia Tholosana vel judicatura Verduni vel in senescallia Agenensi. Item dicta
nobilis testatrix fecit, constituit, creavit ac etiam ordinavit suos
veros, certos et indubitatos exequtores ad faciendum exsolvi omnia
sua leguata et alia in predicto suo testamento contenta, videlicet
honorabiles viros et dominos priorem de Cuquomonte et archi-
presbiterum ecclesie Bellimontis qui nunc sunt et in tempore
futuro erunt. Quibus dedit tantum posse et liberam potestatem
ac generale seu speciale mandatum tot de bonis suis distrahendis,
alienandis, vendendis, impignorandis donec et quousque sufficiant
ad faciendum exsolvi omnia leguata sua et helemosinas et alia
per ipsam nobilem testatricem in suo ultimo testamento contenta,
leguata, et ordinata. Item voluit et ordinavit dicta nobilis testatrix quod illa vendicio, distraccio et alienacio facta de bonis suis
et rebus per dictos suos exequtores aut eorum alterum tantum
valeat, et tantam roboris firmitatem obtineat quantum vel quantam
haberet si per dictam nobilem testatricem fierent si vitam haberet
in humanis.

Actum fuit hoc apud Insule Bozonis, vicecomitatus Leomanie,
die septima mensis madii anno ab Incarnacione Domini millesimo quadringentesimo sexto, regnante domino Karolo, Dei gracia
Francorum rege, et illustrissimo principe Bernardo Armaniaci,
Dei gracia comite dicti comitatus et Rutenensis, sede vacante
Lectore. Hujus rei sunt testes roguati et vocati per dictam testatricem videlicet : Guilhermus Boyguas bonus homo de Sarrauto,

Arnaldus de Fonte, Vitalis de Cauboa, Bernardus de Yacobo, Petrus Bernardus Desperveriis, Petrus de Solerio, Petrus de Cabocio, Saucius de Fonte, habitatores dicti loci Insule Bozonis, et magister Arnaldus de Mascalanis, notarius Tholose publicus, qui requisitus de premissis cartam istam recepit et in suis notis descripsit, registravit ; sed quia morte preventus dictum instrumentum grossare nec in formam publicam redigere nequivit, ideo ego Ramundus Gurgii, notarius publicus et superius nominatus, virtute et auctoritate dictarum litterarum superius insertarum, dictum instrumentum a nota dicti testamenti non cancellata per alium michi fidelem, occuppatus aliis negotiis, abstrahi, scribi et grossare feci, modo et forma in nota dicti testamenti contentis et descriptis, et huic me subscripsi et signo meo, quo utor in instrumentis per me retentis, signavi in premissorum omnium et singulorum fidem et testimonium.

Archives du château de Terraube, carton B, pièce 2.

6 JANVIER 1391.

Jean, comte d'Armagnac, ratifia les priviléges de la noblesse de Lomagne. A cette confirmation concourut BERNARD DE GALARD.

In nomine Domini, etc... Noverint, etc... quod magnificus et potens dominus Bernardus Dei gratia comes Armaniaci, Fezensaci, Ruthenæ et Pardiaci et vicecomes Leomaniæ et Altivillaris existens et recipiens humilem requisitionem et supplicationem nobilium virorum dominorum Raymundi de Gutto, domini de Ruilhaco, Sancii Garcii de Manassio, Bernardi de Bozeto, domini castellarii de Bozeto, Bertrandi de Leomonte, condomini de Maurosio, Gastonis de Monte-Alto, domini de Gramonte, et condomini de Ulmis et aliorum locorum, Gastonis de Sedilhaco, domini de Sancto Leonardo et condomini de Cadeilhano et aliorum terictoriorum et jurisdictionum, Philippi domini de Marsac, condomini de Aramiaco et de Mansonvilla, BERNARDI DE GOLLARDO, Bernardi de Cucomonte, condominorum de Insula Bozonis, Onattri de Caumonte, Sancti Petri de Serice domini de Capella, Othonis et Arnaldi de Bonofonte, condominorum Sti Aviti, Joannis de Lucomonte, condomini de Maurozio, Gailhardi de Lucomonte, condomini de Podio, Guailhardo de Audeto, Vitalis de Franchis, Vitalis de Preissaco, domini d'Esclignaco, Geraldi de Podio, condomini de Ulmis et Plive, Besiani de Monte-Alto, Francisci, Othonis de Bonofonte, domini de Feudis, Bernardi de Bonofonte, Joannis de Faudoas, condomini de Plive, etc. [1].

Supplément au mot du Bouzet ; Cabinet des titres, Bibl. de Richelieu.

---

6 JANVIER 1391.

Bernard, comte d'Armagnac, avait concédé à ses vassaux de la vicomté de Lomagne des franchises qui furent sanctionnées au château de l'Isle en Jourdain, par Jean son fils ou son petit-fils. BERTRAND DE GALARD, seigneur de l'Isle-Bozon, amé et féal chevalier dudit comte, figure dans les deux chartes où les priviléges furent confirmés.

Bernard, comte d'Armagnac, accorda divers droits et priviléges aux nobles et vassaux de la vicomté de Lomagne et entre autres à noble BERTRAND DE GOLARD, damoiseau, par lettres données à Lectoure le 6e janvier 1391, qui furent confirmées par le comte Jean au château de l'Isle en Jourdain, en faveur desdits nobles, au nombre desquels son amé et féal chevalier Bertrand de Golard, seigneur de l'Isle-Bozon, se trouve le 4e may 1428. Elles le furent encore, le 4e mars 1450, par-devant Ramon Piril, notaire, après la mort duquel lesdites lettres furent grossoyées par Étienne Riquet, en vertu d'un ordre du juge de Lomagne donné à Lectoure le 1er janvier 1461.

Trésor généalogique, par D. Villevieille, vol. 43, fol. 143, verso; Bibl. de Richelieu, Cabinet des titres.

---

5 AOUT 1398.

A la suite de la prise du bourg de Saint-Pierre-de-Tonneins, un grand débat avait surgi d'un côté entre Nompar de Caumont et de l'autre Bérard et Michel d'Albret, BERTRAND DE GALARD, Pons de Castillon, le Bort de Pardeïlhan. Une trêve ayant été signée, les parties s'accusaient mutuellement de l'avoir violée par des provocations en paroles et en faits. Arnaud de Merle, sénéchal d'Agenais et désigné comme arbitre par les rois de France et d'Angleterre, intervint pour pacifier le différend. Il ordonna la comparution devant sa justice et la suspension des hostilités durant l'octave de saint Michel. Les adversaires se soumirent à cette médiation et jurèrent d'observer les susdites prescriptions sous peine d'être déclarés parjures.

ACCORD FAIT PAR ARNO DE MARLE, SÉNÉCHAL D'AGENOIS, DE LA PART DES ROYS DE FRANCE ET D'ANGLETERRE, ENTRE NOMPAR DE CAUMONT, SEIGNEUR DUDIT LIEU, ET BERARD D'ALBRET, PONS DE CASTILLON, LE BASTARD DE PARDEILLAN, MATHIEU D'ALBRET, BERTRAND DE GOULART, BERNARDET D'ALBRET ET AUTRES, SUR LE DIFFÉRENT QU'ILS AVOIENT POUR LA PRISE QU'ILS AVOIENT FAITE DE LA VILLE DU BOURG SAINT-PIERRE DE TONNEINS.

In nomine Domini, amen. Anno Incarnationis ejusdem millesimo trecentesimo nonagesimo octavo indictione sexta et die quinta mensis augusti, pontifficatus sanctissimi in Christo patris domini nostri domini Benedicti, divina providentia papæ decimi tertii, anno quarto, noverint universi et singuli presentes pariter et

futuri quod, existens personaliter, in mei notarii et testium infrascriptorum ad hæc specialiter vocatorum et rogatorum præsentia,
nobilis et potens dominus Nompasius de Caumonte, dominus
dicti loci de Caumonte, firmavit et promisit, ac tactis sacro sanctis Evangeliis, juravit tenere, complere contenta in quadam papiri
cedula ibidem lecta cujus tenor talis est : « Sapian tot que cum
debat et discordia for et estet entre lo noble senhor Nopar de
Caumont, senhor deu dit loc, et Berard de Lebrit, mossenhors
Pons de Castilho, cavaler, le Bort de Pardelha, Micheu de Lebrit,
BERTRAND DE GUOLART, Bernardet de Lebret et autres, et aquo per la
caption et prendement del loc et vila deu Bourc Sent Pey de
Tonenxs, dampnages, interesses et injurias daqui inseguidas, et
audit senhor per si et sas gentz toquantz los preditz capitaynes sobre nompnatz en contrari disentz et demandantz et
volens demandar per si et par sos asserens al dit senhor de Caumont dampnaiges et injurias per el a els donatz la treva durant
tractant lo noble senhor mossenhor Arno de Marla, senescaut
d'Agenes, commissari deputat aquesta causa par lo cosselh deu *
rey de Franssa et conservador de las triubas, per evitar los grans
escandals, inconveniens et dampnaiges que de part cascuna de
las partidas se poyria enseguir et per la conservation de las
honors et degutz et federanssas et triubas dels reys de Franssa
et d'Angletara son descendutz a lacordi que sensec : — « No es
« assaber que los dictz capitaynes, de present balharan, al det
« mossenhor lo senescaut lo dict loc, et los enfans del dit senhor,
« per so que lo dit mossenhor lo senescaut al dit mossenhor de
« Caumont lo dit loc et sos enfans de livrament et ses nulh
« empach valhara, et de totz los dampnaiges, interesses et inju-
« rias donatz, la trevas duran, respondran et estaran adreyt et en
« menda aleyau extimacio al dit mossenhor de Caumont; et lo deit

« mossenhor de Caumont as els ayssi metis per dabant lo noble
« et poyssant senhor mossenhor Archambaut de Grayli, captau de
« Buch et senescau de Guiayna ; et lo dit mossenhor Arno de Marla,
« senescaut d'Agenois et conservador de las triubas et commissari
« deputat en aquesta causa per los dits senhors reys de Franssa
« et d'Anglaterra, ordenatz o lors loctenentz et aysso entre lo port
« Sancta Maria et Clarmont d'Ayssi, a la octava de Sent Miquel
« propodnament venent et lo jour de Sent Miquel, las ditas
« partidas seron tengudas de venir et respondre dabaut los dictz
« conservadors et pendent lo dit terme de la dita octave de Sent
« Miquel, nulha de las ditas partidas per si o per autra dara
« dampnaige alor l'un à l'autre, ni als lors ni aus autres ni alors
« bes en deguna maneyra per aquesta causa, et ayssi las ditas
« partidas ac prometen per la fe et sagrament de lors cors, de
« tenir totas las causas dessus ditas sus pena de estre reputats faus
« et moubatz et esperiuris. » — Et hoc me notario infrascripto pro
omnibus illis, quorum interest intererit seu interesse poterit,
solemniter stipulantibus et sub omnis juris et facti renunciatione ad hac necessaria pariter et cauthela de quibus dictus dominus de Caumonte consentit fieri publicum instrumentum, etc....
Acta fuerunt hæc in loco de Clayraco et in claustra dicti monasterii dicti loci, præsentibus nobilibus Renaudo de Gironde,
domino Montis Ferrandi, Johanni de Cunhaco, Petro de Robica,
domino Sacio de Guarnemico, presbitero, magistro Johanni de
Podio, baccalerio in legibus, et Petro de Aydia, notario, testibus ad præmissa vocatis specialiter et rogatis [1].

Collection Doat, vol. 207, fol. 196-198. Bibl. de Richelieu, Cabinet des
titres.

1. Extrait collationné par Doat sur les chartes du roi qui étaient autrefois au
château de Nérac et qui furent plus tard transportées à celui de Pau.

5 AOUT 1398.

Mention de l'accord précédent entre BERTRAND DE GALARD *et les rois de France et d'Angleterre, au sujet de la ville de Bourg-Saint-Pierre de Tonneins dont il s'était emparé avec d'autres seigneurs.*

BERTRAND DE GOLARD, et autres seigneurs traitèrent avec les rois de France et d'Angleterre, touchant la ville de Bourg-Saint-Pierre de Tonneins qu'ils avaient prise, le 5 août 1398.

D. VILLEVIEILLE, *Trésor généalogique,* t. XLIII, fol. 144, Cab. des titres.

---

29 AVRIL 1399[1].

Plainte de Nompar, seigneur de Caumont, contre Bérard d'Albret, Pons de Castillon et BERTRAND DE GALARD, *qui avaient pris et saccagé la ville de Bourg-de-Saint-Pierre de Tonneins.*

Noble et puissant homme Nompar, seigneur de Caumont, du diocèse de Condom, porta plainte contre Bérard d'Albret, messire Pons de Castillon, chevalier, et Bertrand de Galard (BERTRANDUS DE GOLARDO), Bernard d'Albret, autrement dit Bernardet, et plusieurs autres qui s'étoient emparés de la ville de Bourg-Saint-Pierre de Tonneins, l'avoient pillée et avoient commis toutes sortes d'excès sur les terres.

Archives du château de la Force; — Manuscrits de l'abbé de Lespine, dossier de Galard ; Cabinet des titres, Bibl. de Richelieu.

1. La date de 1399 a été fixée d'après la manière de compter des Anglais, tandis que suivant le calcul français cet événement doit être reporté au 5 août 1398.

21 FÉVRIER 1400.

BERTRAND DE GALARD *reconnut qu'il relevait du comte d'Armagnac pour la partie de la justice qui le concernait dans la terre de l'Isle-Bozon.*

Noble homme BERTRAND DE GOLARD, damoiseau, coseigneur de l'Isle-Bozon, au vicomté de Lomagne, avoua tenir en fief du comte d'Armagnac, à cause du vicomté de Lomagne, la portion de haute, moyenne et basse justice de l'Isle-Bozon qu'il avoit récemment acquise de noble homme Louis de Faudoas, seigneur de Faudoas, en présence de noble et puissant homme messire Menaduc de Pausaderio, chevalier, sénéchal de Lomagne, le 21ᵉ février 1400.

D. VILLEVIEILLE, *Trésor généalogique,* tome XLIII, fol. 144. Bibl. de Richelieu, Cabinet des titres. — Bureau des finances de Montauban, petit livre n° 6 *bis,* folio 5.

---

21 FÉVRIER 1400.

Autre extrait constatant la cession d'une partie de la justice de l'Isle-Bozon à BERTRAND DE GALARD *par Louis de Faudoas.*

Noble homme Louis de Faudoas, seigneur de Faudoas, avait nouvellement vendu sa portion de justice, etc., de l'Isle-Boson, à noble homme BERTRAND DE GOLARD, damoiseau, qui en· fit foi et hommage au comte d'Armagnac le 21 février 1400.

Mss. de l'abbé de Lespine, dossier de Galard; Cabinet des titres, Bibl. de Richelieu.

2 JUIN 1400.

BERTRAND DE GALARD ET GUILLAUME-BERNARD, *son frère, prirent l'engage-*
ment envers Jean de Faudoas, seigneur d'Avensac, de compléter le
payement de la terre de Plieux et de rembourser certains emprunts.

Le 2 juin 1400, noble Marguerite de Cumont, noble BERTRAND
DE GOLARD et GUILLAUME-BERNARD, son frère, s'obligèrent à payer
au nom de Louis à Jean de Faudoas, seigneur d'Avensac, la
somme de cinq cens vingt-cinq livres de petits tournois, d'une
part, restans à payer d'icelle de quinze cens livres pour l'achat de
la terre de Plieux, et trente livres aussi des petits tournois, d'autre,
données au seigneur d'Avensac pour amiable pret, ainsi qu'il
paroissoit par les pièces produites au procès et par sa quittance
de cinq cens vingt-cinq livres.

Histoire généalogique de la Maison de Faudoas, in-4°, page 155.

---

2 JUIN 1400.

Dans une vente d'une partie de la terre de Plieux et du moulin de
Vicmont, faite par dame Inde de Sarrempouy à Louis de Faudoas,
BERTRAND DE GALARD, GUILLAUME-BERNARD, *son frère, Marguerite de*
Cumont, dame de ce lieu et de la Mothe, s'engagèrent solidaire-
ment à payer 525 livres de petits tournois pour le compte des
acquéreurs.

La même année 1392, Faynde de Serempoüy, faisant tant
pour soi que pour le seigneur d'Avensac, son fils aîné, et pour
Béraud de Faudoas, conseigneur de Brignemont, son puîné,

vendit ce qu'elle et ses enfants possédoient dans la terre de l'Isle-Bozon, à Louis de Faudoas [1], autorisé de noble et puissante dame Douce d'Agrefeuille, sa mère et tutrice testamentaire, veuve de noble puissant seigneur Beraud de Faudoas, chevalier, seigneur du Cauze. Louis, étant alors seigneur de Faudoas, acquit encore d'eux tout ce dont ils jouissoient par indivis avec toute justice, dans la terre de Plieux, ensemble le moulin et rentes qu'ils avoient dans le lieu de Vicmont, près de Lectoure, pour la somme de quinze cens livres tournois, dont partie devoit être payée par noble Marguerite de Cumont, dame de Cumont et de la Mothe, et par nobles BERTRAND ET GUILLAUME-BERNARD DE GOLARD [2] frères, qui s'obligèrent solidairement pour cinq cent vingt-cinq livres des petits tournois envers les vendeurs, lesquels promirent de faire ratifier cette vente par dame Rose de l'Isle, femme de ce Jean, seigneur d'Avensac. Cet acte fut passé à Beaumont, le 2 juin 1400, par-devant Guillaume de Saint-Étienne, notaire de cette ville : présents nobles Bertrand de Sainte-Geme, seigneur de la Mothe, et Bertrand de Golard, conseigneur de l'Isle-Bozon en Lomagne.

Histoire généalogique de la maison de Faudoas, page 140, in-4°, Montauban 1724.

1. Voir tome 1, pages 132, 133, 136, 141, 142, les actes qui se rapportent à l'alliance de Ayssin IV de Galard et de Royale de Faudoas.

2. Le *Gallia christiana* mentionne un RAYMOND DE GALARD contemporain de BERTRAND ET DE GUILLAUME-BERNARD DE GALARD :

« Adelbertus, qui Bernardus quoque vocabatur, ut probatur ex veteri quo-« dam catalogo, anno 1399 sedisse legitur. Sedes vacabat anno 1400, uti nos « docet Sancti Savini charta.

« In tabulis hujus loci legitur : Auxitanus archiepiscopus in Tarviensi diœcesi « administrator per Sanctam Sedem Apostolicam et Romanam curiam generaliter « deputatus, quo nomine parrochialem S. Petri de Nastalassio ecclesiam RAIMUNDO « DE GAILLARD contulit, anno 1403. » (*Gallia christiana,* tome I, col. 1236.)

Après le 2 juin 1400.

*La dette du 2 juin 1400 fut rappelée par Béraud, baron de Faudoas,
dans un procès survenu entre lui et les seigneurs d'Avensac au
sujet de la terre de Plieux.*

Beraud, baron de Faudoas, dans le procès qu'il eut avec le
seigneur d'Avensac, touchant sa terre de Plieux, soutint qu'il
était constant que, le 2 juin 1400, noble dame Marguerite de
Cumont, noble Bertrand de Golard et Guillaume-Bernard, son frère,
s'obligèrent de payer au nom de Louis de Faudoas, à Jean de
Faudoas, seigneur d'Avensac, la somme de 525ᵗ de petits tournois d'une part, restant à payer de celle de 1,500ᵗ pour l'achat
de la terre de Plieux, et 30ᵗ aussi de petits tournois d'autre,
données au seigneur d'Avensac pour amiable prêt; ainsi qu'il
paraissait par les pièces produites au procès, et par sa quittance
de 125ᵗ.

Mss de l'abbé de Lespine, dossier de Galard ; Bibl. de Richelieu, Cabinet
des titres.

Année 1400.

*Parmi les seigneurs qui firent acte de vasselage envers le comte d'Ar-
magnac on remarque Viguier et Bertrand de Galard.*

De la Table des Gentilshommes et autres, qui ont reconnu
tenir en foi et hommage du comte d'Amagnac.

Beguerius de Golardo. — Bertrandus de Golardo [1].

Mss de l'abbé de Lespine, dossier de Galard ; Bibl. de Richelieu, Cabinet des titres.

---

1. L'abbé de Lespine assigne à cet aveu la date de 1400.

4 MARS 1410.

Messire BERTRAND DE GALARD, *seigneur de l'Isle-Bozon et de l'hôtel Saint-Paul, au bourg de Salles-Comtaux, donataire de noble Gaillard de Bessenx et de Marcebelie de Saint-Paul, sa femme, présenta le dénombrement de tous les biens nobles et ruraux que noble Buret de Benviala, procureur de ladite dame Marcebelie, avait reconnu tenir féodalement du comte d'Armagnac, le 9 janvier 1395. Dans cet aveu sont énoncés, comme appartenant à Bertrand de Galard et relevant du comte de Rodez, le bourg de Salles, le lieu de Bilhorgues, les terroirs de Soyri et de Lavaur, les mas du Pouy, de Laborie, del Crès, de Payrinhagol, de Payrinhac, de Lucalm, de Dalmayrac et toutes les terres disséminées dans les paroisses de Bonco et ailleurs. Bertrand de Galard possédait ces divers fiefs en toute franchise.*

In nomine Domini, amen. Anno Incarnationis ejusdem millesimo quatercentesimo decimo, et die quarta mensis martii, noverint universi, etc., quod, apud castrum de Gagia, existens et personaliter constitutus coram egregio, etc., videlicet nobilis vir dominus BERTRANDUS DE GOLARDO, dominus de Insula Bozonis, diocesis Lectorensis, dominusque etiam hospitii Sancti Pauli burgi de Salis Comitatibus non inductus, etc., genibus flexis, etc., fecit eidem domino comiti ratione dicti comitatus Ruthenensis ibidem presenti, etc., homagium, et fidelitatis præstitit juramentum pro rebus et redditibus inferius specifficandis, quæ ipse idem dominus Bertrandus, ut dicebat, titulo donationis acquisiverat a nobilibus Gualhardo de Bessenxs et a domina Marcebelia de Sancto Paulo ejus uxore, et sibi devenerant et pertinebant, ac pertinere debebant ex causa ipsius donationis dicendo idem dominus Bertrandus, quod ipse deveniebat, etc., et promisit et juravit, etc., et ibidem dictus dominus Bertrandus sub dicto homatgio, etc., recognovit, etc., se tenere, etc., in feudum franchum et liberum videlicet omnia et singula infrascripta, quæ dudum recognita fuerant teneri a dicto domino nostro comite per dictam dominam Marcebeliam de Sancto Paulo seu per nobilem Burretum de Benviala ejus procuratorem cum instrumento ex inde sumpto per magistrum Laurentium Roeti notarium sub anno Domini millesimo trecentesimo nonagesimo quinto, et die nona mensis januarii et sub modis, formis, conditionibus et rettentionibus in eodem instrumento contentis. Et primo castrum suum burgi de Salis, cum feudis nobilibus et innobilibus quæ habet idem, quæ ab ipso tenentur. Item et locum de Bilhorguas, situm in parrochia de Mondalasaco, cum juribus et pertinentiis suis, et cum feudis nobilibus et innobilibus, quæ habet ibidem in dicta parrochia, et quidquid habet, tenet et possidet, seu quasi in dicto loco de Bilhorguas, et infra pertinentias dicti loci. Item mansum del Cres et quidquid habet in dicto manso. Item affarium de Soyri, et mansum de Podio, et mansum de Laboria cum eorum pertinentiis et quidquid juris habet in eisdem, qui siti sunt in parrochia de Soyrinio, et omnes mansos, et alias terras, et possessiones, quos et quas habet infra parrochiam de Soyri, et quæ ab ipso tenentur ibidem. Item mansum de Payrinhagol, et quidquid habet in eodem. Item mansum de Payrinhac. Item mansum de Lucalm sitos in parrochia de Bonco, et omnes alios mansos, terras, et possessiones, quos et quas habet, tenet et possidet, seu quasi infra dictam parrochiam de Bonco cum feudis nobilibus et innobilibus, sitis infra dictam parrochiam. Item quidquid habet, tenet et possidet seu aliud pro ipso in villa de Capdenagueto et totum affarium suum de La Vaur. Item sub districtu et mandamento castri de Ruthenula mansum de Dal-

mayraco. Item mansum del Abadil et feuda quæ habet ibidem
et quæ ab ipso tenentur nobilia et innobilia, quæ omnia, et singula, et generaliter omnia alia quæ habet, tenet et possidet, seu
quasi, seu quæ ab ipso tenentur infra Castellanias, mandamenta,
pertinentias et districtus castrorum de Salis et de Ruthenna et
etiam juridictiones et jura quæ habet et habere potest in prædictis, recognovit tenere a dicto domino comite in feudum franchum
et liberum ut supra, salvis dicto domino Bertrando, et rettentis
in prædictis vendis et laudimis, et aliis juribus et deveriis, et
juridictionibus, quas habet et habere potest, et debet-in prædictis, recognoscens dicto domino comiti prædicta per ipsum recognita esse et esse debere in et de dicto comitatu Ruthenensi, et
sic in effectu continebatur in prædicto instrumento dicti homatgii et recognitionis per dictam dominam Marcebeliam, seu ejus
procuratorem factæ. Volens et expresse consentiens dictus dominus Bertrandus, etc., et dictus dominus comes, et salvo in
omnibus, etc., et salvo, etc., de quibus, etc. Acta fuerunt hæc
in dicto castro de Gagia in aleya superiori, anno, die et mense
prædictis, præsentibus nobili domino Guillelmo de Romegueria,
milite, venerabilibus viris dominis Bernardo de Batuto, licentiato
in legibus, consiliario, Aldeberto Lasala secretario, nobilibus
Beraldo Folquerii, Manauco de Lasala alias Larqua, scutiferis
dicti domini nostri comitis, testibus ad prædicta adhibitis specialiter et vocatis; et me Petro Malamosca, de Ruthena habitatore
authoritate dicti domini nostri comitis publico notario, etc.
Malamosca. Ita est. Grossatum est pro dicto domino [1].

Collection Doat, vol. CCXII, fol. 27-30; Bibl. de Richelieu, Mss.

---

1. La transcription de Doat est suivie de l'indication ci-après :

« Extraict et collationné d'un livre escrit en papier contenant les hommages

4 MARS 1410.

Extrait de D. Villevieille sur le même sujet.

Noble homme messire BERTRAND DE GOLARD, seigneur de l'Isle-Bozon, au diocèse de Lectoure, et de l'hôtel de Saint-Paul du bourg de Salles-Comtaux, comme donataire de noble Galhard de Bessenx et de dame MARCIBÉLIE DE SAINT-PAUL, sa femme, fit foi et hommage au comte d'Armagnac, comme comte de Rodez, le 4 mars 1410, pour tout ce que noble Burret de Benviala, comme procureur de ladite dame Marcibélie, avait reconnu tenir en fief dudit comte, le 9 janvier 1395, savoir : les lieux de Billorgues, Crès, etc.

Bureau des finances de Montauban, Registre des hommages du comté de Rodez, n° 17, fol. 213 ; — D. VILLEVIEILLE, *Trésor généalogique,* vol. XLIII, fol. 144 ; Cabinet des titres, Bibl. de Richelieu.

« rendus à Bernard, comte de Rodez, et après son décès à dame Bonne de Berry,
« son épouse, et à Jean, leur fils, retenus par Malemosque, notaire, trouvé dans les
« archives des titres de Sa Majesté en la ville de Rodez, inventorié en l'inven-
« taire desdits titres au chapitre des *Livres des hommages,* coté de lettre C, par
« l'ordre et en la présence de messire Jean de Doat, conseiller du roy en ses con-
« seils, président en la chambre des Comptes de Navarre et commissaire député
« par lettres patentes de Sa Majesté, du premier avril dernier, pour faire recherche,
« dans les archives des abbayes et autres communautés ecclésiastiques et séculières
« de la province de Guienne, des titres concernant les droits de sadite Majesté ou
« qui pourront servir à l'histoire, faire faire des extraits de ceux qu'il jugera
« nécessaire et les envoyer au garde de la Bibliothèque royale par moy, Gratian
« Capot, huissier de ladite Chambre, par elle commis pour faire les extraits
« titres des archives de Sa Majesté de son ressort par ses arrests des vingt-troi-
« sième juin et neufviesme octobre mil six cens soixante six et greffier d'office en
« ladite commission.

« Fait à Rodez le trente-uniesme juillet mil six cens soixante sept.

« Signé : DE DOAT.

« Signé : *Capot.* »

1418-1419.

Lettre de sauf-conduit donnée à BERTRAND DE GALARD, *chevalier, et autres par Henri V, roi d'Angleterre.*

Rotulus patentium Normanniæ, de anno 6 Henrici V, pars prima, annis 1418-1419. Membrana 4.

Consimiles litteras de salvo conductu habent **Hugo Gerard** et Almaricus de Severiaco, miles, dominus de Severiaco, et dominus BERTRANDUS DE GOULARD, miles.

Autre extrait.

Patentium Normanniæ, de anno Henrici V, pars 2, membrana 36.

De salvo conductu pro Amalrico de Severiaco, milite, domino de Severiaco, et BERTRANDO DE GOULARD, milite.

Rôles Gascons, Normands et Français, par Carte, tome I, page 271.

1er SEPTEMBRE 1419.

BERTRAND DE GALARD *assiste à l'hommage de Gérald d'Arblade.*

Noble et honorable homme BERTRAND DE GALARD, chevalier, fut présent à l'hommage fait au comte d'Armagnac par noble Gérald d'Arblade pour raison du lieu d'Arblade-Brassal, avec basse justice, le 1er décembre 1419.

D. VILLEVIEILLE, *Trésor généalogique,* vol. XLIII, fol. 144 verso.; Bibl. de Richelieu, Mss.

2 SEPTEMBRE 1419.

BERTRAND DE GALARD *fut témoin à l'acte de vasselage accompli par Manauton de Bernède, coseigneur de Corneillan, à raison de la moitié de ce dernier lieu.*

Noble et honorable homme, messire BERTRAND DE GALARD, chevalier seigneur de l'Isle-Bozon, fut présent à l'acte par lequel noble Manauton de Bernède, coseigneur de Corneillan et de Bernède, avoua tenir en fief noble et gentil du comte d'Armagnac, à cause dudit comté, la moitié du lieu de Corneillan avec basse justice, etc., le 2 septembre 1419.

Livre rouge, fol. 14, Bureau des finances de Montauban; — D. VILLEVIEILLE, tome XLIII, fol. 128. — Voir, dans le même ouvrage, article *de Corneillan.*

ANNÉE 1419.

Lettres de sauvegarde du roi Henri V d'Angleterre pour le vénérable évêque de Rodez et BERTRAND DE GOLARD, *chevalier, conduisant quarante personnes et autant de chevaux.*

DE CONDUCTU PRO EPISCOPO DE RHODES.

Rex, per literas suas patentes, per quindecim dies, proximo futuros, duraturas, suscepit in salvum, etc., venerabilem Patrem Bidau de Leon, episcopum de Rodes, ac BERTRAMUM [1] DE GUALART, militem, usque præsentiam regis, cum quadraginta personis ac

1. Dans la revue originale en parchemin, de Bertrainet, écuyer, de 36 autres écuyers et de 40 gens de pied de sa compagnie, reçus en l'ost dudit Sgr. (Roy), devant Bourges, le 23 juin 1412, on trouve parmi les archers GILG. (GILLES) GALLART.

totidem equis, salvo et secure veniendo, ibidem **morando et** perhendinando, et exinde ad propria redeundo, **necnon bona,** res, et hernesia sua quæcumque.

Et ideo, etc., proviso semper quod ipsi **quicquam, etc.,** quodque ipsi nullum castrorum, etc.

In cujus, etc.

Teste rege apud castrum suum de Vernon super Sayne, XXIV die aprilis.

Per ipsum regem.

Rymer, Fœdera, conventiones, etc., tome IX, page 736, édit. 1729, in-fol

18 mars 1420.

Bertrand de Galard était un des onze chevaliers de la compagnie du comte d'Armagnac.

Messire Bertrand de Goulard, l'un des onze chevaliers bacheliers de la compagnie de monseigneur Jehan, comte d'Armagnac, reçus à Leiflort, le 18 mars 1420.

Mss. de l'abbé de Lespine, dossier de Galard; Bibl. de Richelieu, Cabinet des titres.

Année 1420 environ.

Bertrand de Galard, chambellan de monseigneur le Régent, dauphin de Viennois, est gratifié par ce prince d'une somme de 1,000 livres en récompense de ses bons services et de diverses missions.

Dons faits par monseigneur le Régent, dauphin de Viennois.

Bertrand de Goulard, chevalier, conseiller et chambellan de

monseigneur le Régent, le 7 avril, 1000# pour ses bons services et être venu de Languedoc devers mondit seigneur, pour choses touchant son service, et ou pays de Bretagne et retourner.

Mss. de l'abbé de Lespine ; Bibl. de Richelieu, Cabinet des titres.

14 JUILLET 1421.

Au contrat de vente du comté de l'Isle et de la vicomté de Gimont, consenti, au prix de 38,000 écus d'or, par Jean, duc de Bourbon et d'Auvergne, comte de Clermont et de Montpensier, seigneur de Beaujeu, prisonnier du roi d'Angleterre, en faveur du comte d'Armagnac, ce dernier étant absent, BERTRAND DE GALARD, son conseiller, seigneur de l'Isle-Bozon et de Cumont, le représente dans les actes d'acquisition et pour la réception des hommages.

In nomine Domini, amen. Noverint universi quod cum illustrissimus princeps, dominus Johannes, dux Borbonii et Auverniæ, comes Clarmontis, Foresii, de Montepanserio et Insulæ Jordani, dominus Beaugienlesii, et chamberius Franciæ sit existat captus et prisonerius per et penes regem Angliæ ac longe domini detentus finaverit quod erga dictum regem Angliæ pro deliberatione personæ suæ et finantiam suam, prout ubi dictum fuit, tractaverit et concordaverit cum eodem ad summam centum millium scutorum auri et ultra longe diu ; quam quidem summam habere non potest, nec solvere absque venditione et distractione comitatus Insulæ, vicecomitatus Gimœsii cum eorum pertinentiis et juribus et nonnullarum aliarum terrarum et baroniarum suarum ; cum quidem tractatum fuerit, et appunctatum per longos et deliberatos tractatus inter officiarios et procuratores tam ipsius domini ducis quam serenissimi et illustris principis domini

Joannis, comitis Armanhaci, ut dictus dominus dux Borbonii, per
se seu per ejus ad hoc legitimos procuratores constitutos, vendat,
cedat et transferat dicto domino comiti Armanhaci dictos comitatus Insulæ Jordani et vicecomitatum Gimœsii, cum bellis, terris,
castris, locis, redditibus, annuis, censibus, feudis, homagiis, aliis
possessionibus, nemoribus et aliis pertinentiis suis per ipsum
dominum ducem, a domino Jordano Jordani comite Insulæ, olim
emptis et acquisitis sub certis preciis, pactis, conventionibus
inferius lacius declarandis : et prout hæc omnia per infrascriptas
partes ibidem dicta fuerunt et asserta fore vera, hinc est quod
constituti personaliter, in nostri notariorum et testium infrascriptorum præsentia, nobiles et potentes ac discreti et venerabiles viri
dominus Petrus de Montemaurino, miles, Ponsardus de Grandivalle, domicellus, dominus de Mornay, et magistri Stephanus de
Bar, magister camere compotorum, et Joannes Virgilii de Canus
de Abbate Villa, procuratores, ut dixerunt et ubidem promptam
fidem fecerunt per duas patentes literas in pargameno scriptas,
et sigillo dicti domini ducis cera rubea inpendenti in prima facie
apparebat sigillatas ibidem in prima figura exhibitas et ostensas
quarum tenores inferius sunt inserti. Et nomine procuratorio dicti
illustrissimi principes et domini domini Joannis ducis Borbonii
et Alverniæ prefati, gratis et ex eorum certis scientiis et ex potestate et auctoritate eis in suis procuratoris per dictum dominum
ducem attributis et concessis, vendiderunt et titulo pure, perfecte et
irrevocabilis venditionis, cum pactis tamen protestationibus, conventionibus et retentionibus infrascriptis, transportaverunt, cum
hoc præsenti publico instrumento, clarissimo et illustri principi
domino Joanni, Dei gratia comite Armaniaci, Fesenciasi, Ruthenæ
et Pardiaci, vicecomitique Leomaniæ, Alavillaris, Fesensaguelli,
Brulhesii, Creyselliet Carladesii ac domino terrarum Rippariæ, Aûræ

et montanorum Ruthenensium, absenti, et nobili ac potenti
viro domino Bertrando de Golardo, militi, domino Insulæ Bosonis
et de Cuquomonte, ac honorabili et circumspecto viro domino
Guilhermo de Aubano, licentiato in decretis et baccalario in legibus, ejusdem domini comitis Armaniaci procuratoribus præsentibus, ibidem, et pro ipso, et suis una nobiscum notariis infrascriptis, tanquam personis publicis, stipulantibus et recipientibus,
videlicet dictos comitatum Insulæ Jordani et vicecomitatum
Gimœsii, una cum omnibus villis, castris, fortalitiis et aliis locis,
maneriis, domibus, grangiis, molendinis, furnis, columberiis,
stagnis, flumini, rippariis; foresti, tam de Bocona quam aliis
nemoribus, terris, garenis, vineis, pratis, pascuis et aliis possessionibus et hereditagiis, censibus, obliis, redditibus, obuentioni-
bus, decimis, tasquis, corror talhiis, fogatgiis, servitutibus,
redebentiis, et emolumentis, comodis, jurisdictionibus, justitiis,
resortibus et aliis juribus et jurisdictionibus ac dominationibus
altis, mediis et bassis, mesis et mixtis, imperiis, fidibus et homagiis, bassalagiis, servitutibus, fidelitatibus, debitis ac juribus aliis
patronatibusque, patronatum, beneficiorumque et officiorum tam
ecclesiarum quam hospitalium et aliorum quorumcumque collationibus et præsentationibus eorumdem et aliis omnibus juribus,
deberiis, proprietatibus, possessionibus, actionibus, realibus et
personalibus, directis et utilibus, meris et mixtis, quæ dictus
illustrissimus princeps dominus, dux Borbonii et comes supradictus, habet de præsenti et habere potest et debet, et quæ nunc
de præsenti sibi competunt et competere possunt et debent, et in
futurum sibi et suis in dictis comitatu et vicecomitatu Insulæ et
Gimœsii, cum omnibus juribus et pertinentiis suis, cum omnibus
etiam quæ idem dominus dux seu sui habent et ei vel suis competere possunt et debent in terra et dominio de Florensaco et in

locis d'Asilha, la comptal de Lespino et de Pardelhano, in senescallia Carcassonæ, vigore et virtute emptionis et acquisitionis per
dictum dominum ducem factæ a dicto quondam Jordano Jordani,
comite Insulæ et vicecomite Gimœsii, mediante publico instrumento inde sumpto et retento per magistros Thomam de Ponte
et Guillelmum de Fagia, notarios Tholosæ publicos, die ultima
mensis junii anno Domini millesimo quadragentesimo quinto,
et hoc pro omnibus voluntatibus dicti comitis Armaniaci suorumque hæredum et successorum et ab ipso causam habentium
inde de præmissis penitus et perpetuo faciendam. Hanc autem
venditionem, alienationem et transportum de prædictis comitatu
et vicecomitatu cum juribus et pertinentiis suis ac juribus
eidem domino duci, ut præfatur, competentibus et competituris
in terra et dominio de Florensaco, d'Asilha, comitali de Spina et
de Pardelhano præfatis, fecerunt superius nominati domini procuratores dicti domini ducis Borbonii, et pro ipso domino duce et
suis, dicto domino comiti Armaniaci absenti, prænominatis ejus
procuratoribus, una nobiscum notariis infrascriptis, tanquam
personis publicis pro ipso et suis ut supra stipulantibus et recipientibus, et se fecisse et concessisse dixerunt ac confessi fuerunt,
asserentes et affirmantes se, nominibus dictis, et dictum dominum
ducem alibi cessionem, venditionem, alienationem seu transportum, in solidum, vel in parte de prædictis superius venditis et
transportatis, aut alium contractum, nominatum vel innomina-
tum alieni vel aliquibus personis sive locis non fecisse ne facti
fuisse, quominus hujus modi venditio et contractus fuit in sui
roboris firmitate, perpetuo permansuri juxta ipsorum seriem,
continentiam et tenorem, quod se factum fuerat promiserunt
per pactum expressum dictis procuratoribus dicti domini comitis
præsentibus et ipsi domino comiti absentibus, stipulatione qua

supra intervenienti, reddere, restituere summam seu pretium
infrascriptum, una cum omnibus melioramentis, dampnis, expensis, ac interesse passis, de die in diem, ad dicti domini emptoris
seu suorum primam seu simplicem requisitionem, sub yppothecis
et obligationibus dampnorum, gravaminum et expensarum reffec-
tionibus juris et facti renuntiationibus infrascriptis, in pretio pro
pretio et nomine veri, justi et legalis pretii, trigenta octo millium scutorum auri boni ponderis et legis domini nostri et
Franciæ regis, quorum scutorum sexaginta quatuor ponderent
mercham auri adminus, et pro convertendo in redemptionem
finantiam et deliberationem personæ dicti domini ducis, penes
dictum regem Angliæ in captivitate existentis, ut præfertur. De
quo quidem pretio dicti domini procuratores, dicti domini ducis
venditoris, ibidem realiter et de facto in nostri notarii et testium
infrascriptorum præsentia, per manus dictorum domini Bertrandi
de Golardo et Guillelmi de Aubano, procuratorum dicti domini
comitis Armaniaci, emptoris, habuerunt et receperunt quindecim
millia scutorum auri et hoc in centum octaginta quinque mar-
chis auri de scutis et tria millia quadraginti quindecim mutoni-
bus auri, qui valent, ut ibi dictum fuit, computatis quinque muto-
nibus pro tribus scutis, duo millia quadraginta novem scuta, et in
quadringentis quindecim florenis Aragoniæ, qui valent, computatis quinque florenis pro tribus scutis, ducenta quadraginta
novem scuta, et in octingentis sexaginta duabus morisquis auri,
una qualibet computata pro uno scuto auri et una marcha auri,
ut prædictum est, computata pro sexaginta quatuor scutis auri,
valent in universo quindecim millia scutorum auri et quinque
millia scutorum. Ultra dicta quindecim millia a dictis procuratoribus dicti domini comitis habuisse recognoverunt et recepisse
vera et reali numeratione pecuniæ interventa, unde et de quo qui-

dem summa ascendente in universo ad summam vigenti millium
scutorum auri et habuerunt et tenuerunt dicti procuratoris dicti
domini ducis pro bene paccatis pariter et contentis; et restantia
decem et octo millia scutorum de dicto totali pretio prædictorum
superius venditorum, usque ad dictam summam triginta octo
millium scutorum auri, dictus dominus comes seu sui debent et
ita facere promiserunt, per pactum expressum cum reservationibus infrascriptis, dicti ejus prænominati procuratores et nomine
procuratorio ejusdem et ex potestate sibi attributa, ut dixerunt in
eorum procuratorio ibidem exibito et ostenso per quasdam
patentes literas, a dicto domino comite Armaniaci emanatas in
pargameno scriptas, et ejus sigillo cera rubea impendenti, ut
prima facie aparebat, sigillatas, quarum tenor inferius est insertus,
solvere, satisfacere et paccare debent et promiserunt in Tholosa
et in domo in qua tenet cambium Joannes de Crusolibus, camsor
Tholosæ, scita in carieyra camptæ... Tholosæ, et hoc in proximo
futuro festo Pasquæ Domini, cum pacto, conditione, protestatione
et retentione factis et retentis per dictos procuratores dicti domini
ducis et pro ipso et suis una nobiscum notariis infrascriptis, tanquam personis publicis stipulantes, ante præsentem venditionem
et contractum in ipsis. Et post quod eo casu et ipso adveniente
quo dictus dominus comes Armaniaci, seu sui, aut alii pro dicta
resta prœtii obligandi et qui se obligare debent pro dicta resta et
principallæ et privatæ personæ, in dicto festo solvenda, non solve-
rent, in dicto festo Paschæ Domini, dictam summam decem octo
millium scutorum auri, et in dicta domo dicti de Crusolibus, seu
tabula nummularia dicti procuratores dicti domini ducis, seu
unius ex ipsis interesse debent et promiserunt seu mittere unum
alium procuratorem dicti domini ducis, cum potestate sufficienti
recipiendi dictam summam, et quitandi de eadem hujusmodi.

Venditio et transportus, ac contractus quantum concernit dictam
venditionem et transportum erunt et sit ex tunc nullus effectus
efficatiæ, roboris seu momenti, si placet dicto domino duci et hoc
in ejus beneplacito et voluntate concistat hoc medietante quod
dictus dominus dux si non volebat dictam venditionem valere et
tenere, reddet et restituet dicto domino comiti, in civitate Tholosana, seu suis, summam vigenti millium scutorum auri per
ipsum seu ejus procuratores, receptam de dicto pretio a dicto
domino comite seu procuratoribus suis, et ultra dictam
summam vigenti millium scutorum solvet, tradet seu tradi, solvi
et liberari faciet ibidem, in dicta civitate Tholosana, dicto domino
comiti Armaniaci, vel ejus certo mandato, tria millia scutorum
auri, cugni et legis prædictorum pro omnibus dampnis, expensis
et interesse per dictum comitem, seu suos, factis atque passis
occasione hujusmodi contractus et protentionis ejusdem, et hoc
de die in diem ad dicti domini comitis, seu suorum primam et
simplicem requisitionem. Et cum hoc et hiis mediantibus pro-
mittet et se obligavit dictus dominus comes Armaniaci, pro se et
suis, et dicti domini procuratores ejusdem, nomine procuratorio
ipsius, promittunt, per pactum validum et expressum et tenore
præsentis instrumenti, dicto domino duci seu suis vel ejus certo
mandato absentibus dictis ejus procuratoribus una nobiscum
notariis infrascriptis, tamquam personis publicis pro ipso et suis
stipulantibus et recipientibus, ad reddendum, restituendum, eva-
cuendum et disamparandum dicto domino duci, seu suis et ab ipsis
causam habentibus seu habituris, seu ipsius vel eorum commissi
realiter et de facto dictos comitatum Insulæ et vicecomitatum
Gimœsii et omnia alia et singula per dictum dominum ducem,
seu dictos ejus procuratores vigore præsentis instrumenti venditionis, vendita, cessa et totiens quotiens per dictum dominum

ducem, seu suos, dictus dominus comes Armaniaci seu sui fuerunt simpliciter requisiti, lapso dicto festo Paschæ Domini, et non facta solutione in dicto termino fienda dicto domino duci, seu suis per dictum dominum comitem, seu suos de dictis decem octo mille scutis auri, et facta solutione et satisfactione dicto domino comiti Armaniaci, seu suis, de dicta summa vigenti unum millium scutorum auri, sine difficultate et contradictione quibuscumque et sine strepitu et sine figura judicii et sine summatione, requesta aut aliis solempnitatibus judiciariis quibuscumque. Et ad hoc se obligavit dictus dominus comes Armaniaci, eo modo quo volet, seu se obligavit dictus dominus dux, seu dicti ejus procuratores ejus nomine, in præsenti instrumento pro guirencia et evictione portandis sibi domino comiti de præmissis superius venditis et transportatis; et dicti domini procuratores dicti domini comitis, nunc de præsenti nomine ejusdem, se obligant et prædicta facere promittens et ita vicissim omnia et singula præmissa et infrascripta acta et conventa fuerunt et in pactum expressum deducta intervenientibus stipulationibus supradictis hinc inde. Item fuit similiter actum, conventum et in pactum expressum deductum inter partes contrahentes, intervenientibus stipulationibus supradictis, quod si quæ vendita fuerant seu fuerunt et transportata dicto domino duci per dictum eundem dominum Jordanum Jordani, comitem olim Insulæ, quæ ad dictos comitatum Insulæ et vicecomitatum Gimœsii non pertinerent, seu quorum idem dominus dux possessionem habere non potuerit, seu possit, nolunt dicti domini procuratores ejusdem nec intendunt dictum dominum ducem, nec suos tenere ad valorem nec in valore illorum seu illarum rerum nec de evictione teneri aliqualiter, nisi dumtaxat ex suis et suorum partibus. Volunt tamen et consentiunt quod dictus dominus comes easdem res et loca, si

commode fieri potest et juridice habet, et sint sua, et suæ res et
loca prædicta et in præsenti venditione sint inclusa. Item fuit
actum modo simili inter partes contrahentes prædictas et in
pactum expressum deductum stipulantibus supradictis intervenientibus huic inde quod dictus dominus comes Armaniaci, emptor et sui hæredes ac successores et ab ipso causam habituri,
tenebuntur et erunt obligati ad solvendum et satisfaciendum a
cetero, et remanebunt dicti comitatus et vicecomitatus cum juribus et pertinentiis suis obligati prout et sunt, pensionem annuam
trescentarum librarum turonensium, in qua dictus comitatus est
obligatus et tenetur annuatim civitati Tholosæ seu capitulariis
ejusdem pro foresta seu nemore Bocconæ, et ultra dictam pensionem pensionem annualem trecentarum librarum turonensium
parvorum debitam nobili dominæ Margueritæ de Tarida, comitissæ
Insulæ relictæ dicti domini Jordani, quondam comitis Insulæ,
quamdiu eadem domina vixerit in humanis, et ultra prædictas
pensiones solvent et solvere tenebuntur omnia onera realia et
annualia, si quæ sint, protestato ab expresso quod dictus dominus
dux solvet et solvere tenebitur dictas pensiones et debita et arrey-
ratgia, si quæ sunt, usque ad diem hujusmodi facti contractus a
tempore quo dictus dominus tenuit comitatum et vicecomitatum
prædictos, citra et cum prædictis pactis, conventionibus et oneribus, protestationibus et retentionibus, dicti domini procuratores
dicti domini ducis et eorum quilibet nomine dicto domino comiti Armaniaci absenti, stipulatione qua supra interveniente, dictos comitatus Insulæ et vicecomitatus Gimœsii
cum omnibus et singulis eorum juribus et pertinentiis, superius
expressatis, ac tasquis, quintis, quartis, parsonibus, aggreriis et
aliis terræ meritis, compositionibus, emendis, jurisdictionibus,
bannis, mandamentis, bajuliis, edifficiis et bastimentis, ac aliis

omnibus et singulis juribus et pertinentiis dicto domino venditori, seu suis, nunc vel in futurum, in dicto comitatu et vicecomitatu et aliis superius venditis et transportatis, et eorum pertinentiis, territoriis ac terminis intus et extra, longe et prope,
quoquo modo jure, seu titulo tam ratione domini quam proprietatis pertinentibus et pertinere debentibus ullo modo. Et ulterius
mandaverunt, promiserunt, firmiter et convenerunt per pactum
expressum et solempne stipulatione, qua supra, vallatum et corro-
boratum, dicti domini comitis Armaniaci et nomine procuratorio
ejusdem, et etiam dictus dominus Bertrandus de Golardo et
Guillermus de Aubano et nobiles Odetus de Riparia, dominus
de Pontosio, et Johannes de Petralata, ut singulares et privatæ
personæ, et quolibet nomine dicto quilibet ipsorum principaliter
et in solidum præfatis procuratoribus dicti domini ducis præsentibus et nomine dicti domini ducis, et una nobiscum notariis
infrascriptis et supra, pro ipso et suis stipulantibus, de die in diem,
per dictum dominum comitem Armaniaci omnia alia et singula
pacta et conventiones et retentiones supradictas, ratas et gratas
haberi et se facturos et procuraturos cum effectu, quod dictus
dominus comes easdem ratas et gratas habebit et ad easdem
tenendas et adimplendas se obligavit, et omnia bona sua et ad
hoc et pro hiis tenendis et observandis, ratifficandis et approban-
dis obligare faciet nobiles et potentes viros, simul seu separatim
et conjunctim seu divisim, ut fidejussores dicti domini comitis et
ut privatas personas quolibet nomine dictas principaliter et in
solidum, videlicet dominos Feudi Marchionis, de Arparjone, de
Castro Petro, de Lauro et de Pomas, seu de illis quatuor princi-
paliores et potentiores, ad solvendum dictam summam decem et
octo millium scutorum auri, restantem de dicta summa seu
pretio totali prædicto, in dicto festo Paschæ Domini, cum omnibus

dampnis, gravaminibus, sumptibus, expensis et interesse cum
protestatione quod facta plenaria solutione per unum ipsorum
alii sint liberati, dictus vero dominus comes ad omnia et singula
pacta et conventiones superius expressatas et per ejus procuratores promissas et quatenus ipsum dominum comitem concernunt, tenendas, servandas et adimplendas tenebitur et remane-
bitur obligatus usque ad integrum complementum earundem. Et
nunc pro tunc ad prædicta dicti domini Bertrandus de Galardo et
Guillermus de Aubano, nomine procuratorio dicti domini comitis
et ut privatæ personæ una cum dictis nobilibus Odeto de Ripparia
et Johanne de Petralata principaliter et in solidum, se obligaverunt, ad prædicta omnia et singula pacta et conventiones superius
expressatas, et quatenus per eos promissæ sunt, tenendas,
servandas et adeffatum debitum deducendas ulterius mandaverunt, et convenerunt dicti domini procuratores dicti domini
ducis dictis procuratoribus dicti domini comitis et juraverunt,
promiserunt et mandaverunt, sub virtute juramenti inferius
prestandi, videlicet dicti dominus Petrus de Montemaurino, Ponsardus de Grandivalle et magister Stephanus de Bar, in eorum
animas proprias et omnes tres una cum magistro Johanne Virgilii, nomine procuratorio dicti domini ducis, in animam ipsius
domini ducis cujus sunt procuratores, facere diligentiam suam
cum effectu, quatenus in eis erit et poterint, habendi in dicto
termino Paschæ Domini ratificationem a dicto domino duce, si
possunt vel ex post ut citius poterunt, si in dicto termino non
poterant de præmissis per ipsos nomine procuratorio dicti
domini ducis factis, promissis et conventis et in præsenti instrumento conventis, quatenus ipsum dominum ducem concernunt,
ratis et gratis habendis. Et ulterius mandaverunt et promiserunt
dicti procuratores dicti domini ducis, videlicet dictus dominus

Petrus de Montemaurino, Ponsardus de Grandivalle et magister
Stephanus de Bar, sub virtute juramenti per eos prestiti in eorum
animas proprias, et omnes quatuor insimul, incluso dicto Virgilio
in animam dicti domini ducis, cujus sunt procuratores, se facturos
et evinceturos cum effectu quod dictus dominus comes Armaniaci,
seu dicti ejus procuratores aut alii ejus nomine, possessionem
corporalem et realem dictorum comitatus et vicecomitatus cum
juribus et pertinentiis suis habebunt et eis tradent, de die in
diem, et ab ipsis procuratoribus dicti domini comitis Armaniaci
seu civitate Tholosana non discedent, donec et quousque possessionem premissorum habuerint corporalem, realem, et die martis crastina, quæ erit quinta decima hujus mensis julii, discedere
a præsenti villa Tholosana, seu aliqui ex eis pro eundo traditum,
quatenus in ipsis erit et poterunt, possessionem comitatus et
vicecomitatus prædictorum, cum juribus et pertinentiis suis, et
aliorum jurium, superius venditorum et transportatorum, corporalem et realem seu quasi; et hoc ad habendum, tenendum,
possidendum et explectandum per dictum dominum comitem
Armaniaci ejusque hæredes, ordinium ac successores et pro
ipsius domini comitis emptoris suorumque hæredum ac successorum, cum pactis et conventionibus supradictis ac retentionibus
omnibus voluntatibus inde penitus et perpetuo faciendis. Et si
forte prædicti comitatus Insulæ, vicecomitatus Gimœsii et alia
jura et actiones superius, cum juribus et pertinentiis suis espessi-
ficatis superius et declaratis, vendita et designata, nunc plus valent
de præsenti aut in futurum plus seu magis valere seu extimari
possent pretio supradicto, etiam si ultra dimidiam justi pretii
excederet, prænominati venditores nominibus dictis dederunt,
cesserunt et remiserunt dicto domino comiti Armaniaci, emptori
absenti, stipulatione qua supra interveniente, donatione et cessione

pura, mera, simplici, rata, grata et irrevocabili inter vivos facta,
perpetuo valitura et nullo actu ingratitudinis aut alia quacumque
causa in posterum revocanda, virtute et tenore hujus præsentis
instrumenti, pro omnimoda voluntate dicti domini emptoris et
suorum inde penitus et perpetuo facienda, pactis tamen conventionibus et retentionibus supradictis in suis robore et firmitate
perpetuo remanentibus. Et si hæc præsens donatio et cessio dictæ
pluris et majoris valentiæ excedebat summam, seu valorem
quinquagentorum aureorum vel solidorum, licet eadem donatio
et cessio legitime insinuata existat et inthimata vel non si tamen
aliqua juris solempnitate, subtilitate, interpretatione seu intellectu
dictam inthimationem seu insinuationem factam, si qua erat, ac
donationem et cessionem non valere, dicti domini venditores,
nominibus dictis, volunt et intendunt tot donationes separatas et
divisas facere et fecisse et eas faciunt jam in et de præsenti,
quod donationes seu cessiones, non excedentes summam seu
valorem dictorum quinquagentorum aureorum vel solidorum, de
prædictis possent fieri, itaque singulæ earum sint stabiles ac
validæ et quod nulla juris interpretatione, subtilitate vel intellectu
aliqua ipsarum valeat infringi, cassari, seu annulari. Dederuntque
nichilominus dicti domini venditores nominibus dictis dicto
emptori absenti, stipulatione qua supra interveniente, omnia jura
sua, dominia et deveria, omnesque actiones et voces reales, personales, mixtas, utiles, feudales, ypotecarias reique persecutorias,
universales ac etiam singulares et alias quascumque in rem
scriptas, aut non dicto domino duci venditori, seu suis in seu
pro predictis superius venditis et designatis, cessis et transportatis, cum juribus et pertinentiis suis superius expressatis
et declaratis, seu eorum occasione vel ratione eorumdem pertinentia et pertinentes seu pertinere et competere quovis

modo debentia et debentes, seu adversus et contra quascumque
personas ratione earumdem. Ita quod a modo prænominatus
dominus emptor, suique hæredes, ordinium et successores et ab
ipso causam habentes, prædictas actiones et jura petere et intem-
ptare et recuperare et pro eisdem agere et experiri, replicare,
duplicare, triplicare, consequi, et etiam se tueri et, tam in agendo
quam etiam in deffendendo, possint et valeant adversus et contra
quascumque personas ecclesiasticas seu seculares, tanquam de
sibi datis et cessis, et prout verus dominus seu veri domini
earumdem, et prout et quemadmodum dictus dominus dux venditor, seu sui, facere poterant, seu possent ante donationem et
cessionem, transportum et venditionem, præsentes, exuentes, ac
etiam expoliantes et disvestientes se dicti domini venditores
nomine quo supra et dictum dominum ducem et suos de prædictis superius venditis, cum juribus et pertinentiis suis cessisque
et transportatis, et de possessione, proprietate, dominio et tenentia eorumdem, dictumque dominum comitem emptorem absentem, stippulatione qua supra interveniente, investierunt et saisi-
verunt verbo, in quantum potuerunt, et de facto per tenorem,
concessionem præsentis instrumenti et per realem traditionem
materiæ seu prothocolli ejusdem, factam de manibus dictorum
procuratorum dicti domini ducis venditorum et cujuslibet ipsorum in manus dictorum dominorum procuratorum dicti domini
comitis Armaniaci emptoris, in signum et verum testimonium
veræ realis, civilis et corporalis possessionis prædictorum omnium
et cessorum, per dictum dominum venditorem seu dictos ejus
procuratores suo nomine traditæ et per dictum dominum emptorem seu dictos ejus procuratores adeptæ. Et voluerunt, recognoverunt et constituerunt dicti domini procuratores dicti domini
ducis dictum dominum ducem ejusque hæredes et successores

deinceps prædicta omnia et singula superius vendita, cessa et
transportata, cum juribus et pertinentiis suis superius expressatis,
juraque, voces et actiones prædictas possidere, nomine precario
et jure dicti domini comitis emptoris et pro ipso, tam diu donec
et quousque dictus dominus emptor seu sui per se vel per alium
possessionem, seu quasi premissorum omnium superius venditorum et transportatorum acceperint et nacti fuerint, corporalem
quam accipiendi authoritate propria et adeptam penes se et
suos retinendi licentiam omnimodam contulerunt atque dederunt et plenariam potestatem nullius personæ judicis vel pre-
toris super hoc petita licentia requisita vel obtenta qua possessione
seu quasi adepta per dictum dominum emptorem, seu suos,
dictum precarium revocetur, et quamdiu duravit sit ad voluntatem et commodum dicti domini emptoris et suorum, pactum
expressum, efficax et solempne. Facientes et concedentes memorati domini procuratores dicti domini ducis venditoris et nomine
dicto, dicto domino emptori absenti, stipulatione qua supra interveniente de non agendo et aliquid ulterius non petendo a dicto
domino emptore, seu suis, seu contra ipsum et suos, in seu pro
predictis superius venditis et transportatis cum juribus et pertinentiis suis, seu ratione vel occasione pretii eorundem, vel aliis
præter et contra formam et tenorem præsentis instrumenti in
judicio sive extra in solidum vel in parte, aliquo jure seu titulo,
ratione, sive causa, ullis temporibus in futurum, sive omni et
aliquo retentu, pacto, usu, protestatione, retentione, reser-
vatione, seu exceptione aliquibus, quem, quam, quod, seu
quas prenominati domini venditores nomine dicto ibidem in
præmissis non fecerunt nec retinuerunt, nec facere, nec retinere
voluerunt modo aliquo, prout dixerunt, nisi prout superius
expressatur, imo mandaverunt, convenerunt et promiserunt,

nomine dicto, per pactum expressum solempni stipulatione vallatum, et dictum dominum ducem et suos ac convenerunt, dicto
domino comiti emptori absenti, stipulatione qua supra interveniente, eidem domino emptori suisque hæredibus et successoribus
quibuscumque esse boni et firmi guirentes et facere semper
portare bonam et firmam guirentiam et evictionem legitimam
juris et facti in judicio, et extra, de omnibus amparatoribus et
aliquot petitoribus, ab eodem, seu suis in seu pro predictis
superius venditis et transportatis, donatis et cessis in solidum
vel in parte aliquo jure seu titulo, aliqua ratione vel causa,
excepto dumtaxat homagio, et predictis pactis, conventionibus
et retentionibus, superius specificatis, in suis robore et firmitate
juxta eorum formam et tenorem perpetuo remanentibus et de
omni lite, causa, questione, actione, petitione, controversia,
turba, molestia et impedimentis quibuscumque quæ eidem
domino emptori, seu suis hæredibus seu successoribus fierent,
seu moverentur aut fieri seu moveri possent, ullis temporibus
in futurum in seu pro premissis, per aliquem seu aliquos, servatis pactis premissis, et nihilominus tradere et liberare eidem
domino emptori seu suis libros terrerios et firmitates antiquas
penes ipsum dominum ducem seu suos existentes, ad deffensio-
nem præmissorum superius venditorum et transportatorum
cum juribus et pertinentiis suis facientes seu coppiam eorumdem
realiter et de facto, de die in diem, ad dicti domini comitis seu
suorum primam et simplicem requisitionem. Et hæc omnia universa et singula pacta, promissiones et conventiones supradictas
et expecificatas et declaratas, ac retentiones mandaverunt promissorum firmiter et convenerunt quælibet dictarum partium
una alteri præsenti et vicissim stipulanti modo et forma præmissis
videlicet dicti procuratores dicti domini ducis nomine dicto et

dicti procuratores dicti domini comitis, ut procuratores ejusdem
et ut privatæ personæ, et alii superius nominati et obligati quathenus premissa per ipsos, ut privatas personas, premissa sunt et
conventa et quatenus ipsos et eorum quemlibet concernuit
conjunctim seu divisim, mandaverunt, promiserunt firmiter et
convenerunt per pactum expressum solempni stipulatione vallatum, servatis tamen pactis et retentionibus predictis, facere,
tenere, attendere, complere inviolabiliter, de puncto ad punctum,
ut superius est expressum, observare et in nullo contra facere
vel venire de jure vel de facto, aliqua ratione vel causa, nec contra
facienti vel venienti consentire ullis temporibus in futurum.
Et hoc sub expressis obligationibus et yppothecis omnium
bonorum dictorum dominorum ducis venditoris et comitis emptoris, quorum sunt procuratores, et bonorum omnium, superius
nominatorum, qui sunt obligati ut principalles et privatæ personæ cujuslibet ipsorum insolidum quatenus per quemlibet
ipsorum premissa sunt et conventa, mobilium et immobilium
præsentium et futurorum, et sub omni integra refectione, restitutione et emenda dampnorum, gravaminum et expensarum
curiæ litis, et extra, ac etiam interesse, et sub omni juris et facti
renuntiatione ad hæc necessaria qualibet pariter et cauthela. Et si
forte, aliquo tempore in futurum, per aliquem seu aliquos lis aliqua,
questio, petitio, causa, actio, controversia, demanda, turba, molestia, seu aliquod aliud impedimentum fierent seu moverentur
in judicio sive extra, in prædictis superius venditis, donatis, cessis,
et transportatis in solidum seu in parte, aliquo jure seu titulo
vel ratione vel causa, per libelli aut alterum cujuscumque petitionis oblationem, seu traditionem, aut per occupationem possessionis vel proprietatis eorumdem, cum juribus et pertinentiis suis
superius expressatis, aut per oppositionem alicujus impedimenti

quacumque ratione vel causa, aliquo tempore ullo modo, prenominati procuratores dicti domini ducis nomine quo supra mandaverunt, promiserunt firmiter et convenerunt dicto domino
emptori absenti, interveniente stipulatione, supradictos omnes
hujusmodi lites, causas, questiones, actiones, petitiones, controversias, turbas, molestias et impedimenta quæcumque mox et
incontinenti in prima citatione, monitione, seu denuntiatione,
sive in primo litis exordio, medio et in fine, et in quacumque
litis parte in se et supra se suscipere et recipere, et causæ seu
causarum deffensioni se offerre totiens, quotiens de quocumque
seu aliquibuscumque ipsas lites, controversias, seu demandas,
causas, seu questiones moveri contigerit, et impedimenta apponi
modo quocumque, et ipsas lites, causas, questiones, actiones,
peticiones, controversias, demandas, turbas, molestias, impedimenta quæcumque ab inde amovere, seu facere amoveri ipsius
domini ducis venditoris, suorumque hæredum, propriis sumptibus
et expensis, servatis tamen pactis et conventionibus premissis, et
eam, eas, seu ea ducere, peragere et prosequi usque ad finem,
tam in causis principalibus quam appellationum et tam per modum
principalitatis quam appellationis, totiens, quotiens fuerit per
dictum dominum emptorem seu suos in judicio, vel extra simpliciter requisitus donec et quousque ipsæ lites, causæ et actiones,
peticiones, questiones, controversiæ, et demandæ per deffinitivam
sententiam vel alias legitime ipsius domini venditoris suorumque
hæredum et successorum, propriis sumptibus et expensis, sopitæ
fuerint, et determinate omne evictionis et contrariæ sententiæ
periculum in se suscipiendo; et hoc totum, sub expressis obligatione et ypotheca bonorum dicti domini ducis, damnorum, gravaminum et expensarum reffectione juris et facti renuntiatione
quibus supra, et reddere nilhominus, restituere et ressaisire dicto

domino emptori et suis hæredibus et successoribus omnia et
singula damna, gravamina et expensas, ac etiam interesse quæ
seu quas dictum dominum seu suos pro prædictis deffendendis,
superius venditis et transportatis cum juribus et pertinentiis suis
sustinere, pati, aut facere contingeret ullo modo et hoc de die in
diem dictæ expensæ fient ac rem judicatam similiter persolvere.
De quibus quidem damnis, gravaminibus et expensis stare et
credi voluerunt verbo simplici dicti domini emptoris et suorum
sine testibus et juramento et alio quocumque genere probationis,
servatis tamen pactis premissis, et si forte aliquo tempore in
futurum predicta, superius vendita, cessa et transportata, cum
juribus et pertinentiis suis, emitebantur per deffinitivam sententiam, vel aliis facto, culpa seu negligentia dicti domini venditoris,
seu suorum, vel aliorum, dicti venditores nomine dicto mandaverunt et promiserunt per pactum expressum dicto domino
emptori absenti, stipulatione qua supra interveniente, totum
prædictum pretium pro prædictis superius venditis et transportatis solutum si totam quod venditum est evincebatur, seu quadam
partis evictæ si pars tantum evincitur una cum omnibus. ... in
dictis rebus venditis, factis, et etiam omnia dampna gravamina
et expensas, ac etiam interesse quæ et quos ipsum dominum
emptorem seu suos facere aut pati contingeret, pro prædictis
superius venditis ullo modo reddere, restituere, ressarsire et
emendare dicto domino emptori seu suis integre et complete et
sine contradictione quacumque, et hoc de die in diem ad ejusdem domini emptoris seu suorum primam seu simplicem requisitionem, servatis tamen pactis et conventionibus aut retentionibus premissis sub consimilibus ypotheca et obligatione dampnorum, gravaminum et expensarum, reffectione juris et facti
renuntiatione antedictis, renuntiantes inde memorati venditores

nomine dicto scienter et consulte, ut dixerunt specialiter et
expresse, exceptioni dictarum venditionis et transportationis
prædictorum superius venditorum, cessorum et transportatorum,
cum juribus et pertinentiis suis superius expessificatis modo et
forma sub pretio pactis, conventionibus et retentionibus superius,
annotatis, non factarum et concessarum, et exceptioni dictorum
vigenti millium scutorum auri de dicto pretio totali triginta octo
millium scutorum auri non habitorum et non receptorum
modo et forma superius declaratis et pecuniæ non habitæ,
non numeratæ et non receptæ cum pondere seu marcha
et aliis modo et forma et in speciebus monetarum superius
expressatis et omni spei futuræ habitationis et numerationis,
de receptionis confidentiæ, et omni errori calculi et exeptioni dictarum pluris et majoris valentiæ, donationis et cessionis non factæ, non concessæ dicto domino emptori modo et
forma præmissis, et non concessorum et juribus dicentibus venditorem deceptum in contractu venditionis ultra dimidiam justi
pretii posse agere ad restituendum contractum vel ad justi pretii
supplementum, et juribus dicentibus donationem factam exce-
dentem summam seu valorem quinquagentorum aureorum vel
solidorum, absque judicis insinuatione vel decreti interpositione,
non valere et eam revocari posse et debere et juribus per quæ
deceptis in contractibus subvenitur, et omni exceptioni doli
mali, fori, fraudis, condictioni indebiti sine causa ob causam et ex
injusta causa et in factum actioni in suo genere et especie oblationi libelli et omni appellationi, seu provocationi pro futuro
interponendis et judiciis quinque annalibus, majoribus et minoribus, et feriis messium et vindemiarum et repentinis et juribus
quorum pretextu dictæ feriæ et judiciæ conceduntur, et omni
lesioni et receptioni et in integrum restitutioni seu in partem, et

dicti procuratores dicti domini comitis emptoris, superius nominati nomine dicto, etiam scienter et expresse renuntiaverunt dictis
juribus et exceptionibus, quibus prædicti procuratores dicti
domini ducis renunciaverunt quatenus de eisdem juribus, feriis
et judiciis et aliis juribus et exceptionibus modo aliquo, in solidum
vel in parte, et conjunctim seu divisim se juvare possent, et exeptioni dictorum decem octo millium scutorum auri per ipsos
nomine dicto modo et forma præmissis, in dicto termino festi
Paschæ Domini proximo futuri, dare et solvere in Tholosa, modo
et forma præmissis restantium de vera resta dicti totalis pretii
solvere et tradere non promissorum, et exeptioni omnium et singulorum præmissorum, pactorum et conventionum, conditionum
et retentionum, tam nomine procuratorio dicto quam aliis modo
et forma præmissis, una cum dictis nobilibus Odeto de Ripparia
et Joanne de Petralata, ut principales et privatas personas, prout
superius est expressum nomine factorum non promissorum et
non concessorum et aliorum omnium et singulorum, in præsenti
instrumento contentorum, per ipsos modo et forma superius prenominatis, non factorum et non concessorum et conventorum; et
omnes insimul dicti domini procuratores cujuslibet dictarum
partium renunciaverunt generali clausulæ, si qua mihi justa
causa videbitur, et epistolæ ... Adriani et novæ constitutioni de
duobus aut pluribus correis debendis autenticæ præsente utroque
hoc ita et de fidejussoribus et beneficio ædendarum et dividendarum actionum quatenus eisdem juribus se juvare possent,
nominibus procuratoriis quibus supra sive propriis et privatis,
ut pretactum est, et conjunctim vel divisim et omnibus privilegiis, literis et gratiis status gratiæ, seu respectus, dictis partibus
contrahentibus, seu earum alteri, conjunctim seu divisim, a
dominis nostris Summo Pontifice, seu Francorum rege, seu ab

eis depputatis seu commissis, et ab eis potestatem habentibus
aliqualem concessis seu etiam concedendis et suis debitis non
solvendis usque ad certum tempus, vel aliis sub quacumque verborum forma seu expressione per quam seu quas effectus omnium
et singulorum in præsenti instrumento contentorum, ac verum
complementum juxta formam et tenorem præsentis instrumenti
impediri valerent quommodolibet seu differi, et denique renunciaverunt omni et cuilibet alii exceptioni atque juri canonico et
civili uzui, consuetudini, statuto, privilegiis, rescriptisque apostolicis et regiis et juris et facti auxiliis quibuscumque quibus
mediantibus contra prædicta aut prædictorum aliqua possent
modo aliquo facere, vel venire aut se juvare, deffendere, vel tueri
ullo modo in judicio vel extra, aliquo jure seu titulo, aliqua
ratione vel causa, ullis temporibus in futurum; pro quibus quidem
guirentia et evictione portandis, modo et forma prædictis, et
aliis omnibus et singulis pactis et conventionibus et aliis superius expressatis, quatenus quamlibet dictarum partium tangunt
et tangere possunt, et per ipsos, tam conjunctim quam divisim et
tam nominibus procuratoriis quam propriis et privatis, et tam
conjunctim quam divisim promissa sunt superius et conventa
tenendis, attendendis, complendis, solvendis et inviolabiliter et
cum effectu, de puncto ad punctum, prout superius promissa sunt
et conventa observandis et adimplendis dictus dominus Petrus
de Montemaurino, Ponsardus de Grandivalle, magister Stephanus de Bar et Johannes Virgilii, procuratorio nomine dicti
domini ducis se ipsos, nomine dicto, et dictum dominum ducem
Borbonii et dicti domini Bertrandus de Golardo, Guillermus de
Aubano, procuratorio nomine dicti domini comitis, et ipsum
dominum comitem Armaniaci et ipsimet et nobiles Odetus de
Ripparia et Joannes de Petralata, ut privatæ personæ, prout prin-

tipales et privatas personas eos premissa tangunt et per eos promissa sunt, se, ipsos et dictos dominos ducem et comitem et
omnia eorum et cujuslibet ipsorum bona mobilia et immobilia
præsentia et futura, juraque, actiones et nomina, una pars penes
aliam vicissim et e converso et stipulationibus quibus supra intervenientibus, yppothecaverunt et obligaverunt, submiserunt et
supposuerunt viribus, rigoribus, exactionibus, compultionibus et
statuto ac censuræ curiarum cameræ domini nostri papæ, ejusque
curiæ cameræ apostolicæ auditoris, vice auditoris locumtenentis
et commissarii et duorum officialiis Parisiis, Bituricensibus,
Clarmontis, Tholosæ et Lectoræ. Itaque quilibet dictorum
dominorum contra dictas partes contrahentes et earum quemlibet,
ad observationem omnium et singularum ad requestam alterius
et e converso per censuram ecclesiasticam et monitionem et
excommunicationem ac gravaminum sententias et processus procedere valeant atque possint, et eorum quilibet seu locatenens
eorumdem, ac si contractus hujusmodi esset proprius ejusdem
cameræ ac etiam sigillorum majorum regiorum senescalliarum
et vicariæ Tholosanæ et Albiensis ac Carcassonnæ, ac parvorum Castelleti seu preposturæ Parisius et Montispessulani, et
domus communis Tholosæ et aliarum curiarum ecclesiasticarum et secularium quarumcumque in qua seu in quibus hoc
præsens instrumentum aut ejus vidimus, seu translatum ostendi
contigerit, seu exiberi vel produci et curiarum, judicum, servientum et executorum ejusdem et cujuslibet ipsorum et
ipsarum conjunctim seu divisim. Itaque una prædictarum
curiarum pro prædictis per unam dictarum partium contra
aliam seu vice versa, aut alium vel alios earum nomine seu mandato, earumque hæredes seu successores bona, res, actiones,
nomina seu jura electa et judicio cepto in illa nihilominus ad

aliam vel alias curiarum prædictarum, quam seu quas, dictæ
partes, nominibus quibus supra, seu sui maluerit aut maluerint
ante litem contestatam, vel post reddire possint, et habere recursum
nullum prejudicium ipsis partibus, nec earum alteri, seu suis
propter electionem hujusmodi generando juridictionem dictarum
curiarum et sigillorum prædictorum et cujuslibet ipsorum et
ipsarum in hoc casu porrogando, volentes et expresse concen-
sientes præfatæ partes contrahentes et eorum quælibet, nominibus
quibus supra, dictosque dominos ducem et comitem, ac eorum
ac cujuslibet ipsorum hæredes, successores ac bona mobilia et
immobilia præsentia et futura, juraque, actiones et nomina sola
ostentione seu exibitione hujus præsentis publici instrumenti aut
ejus vidimus, seu translati posse et debere cogi, compelli et viriliter exequutari summarie, simpliciter et de plano et uno et eodem
contextu vel diversis temporibus, sine sterpitu et figura judicii,
per vires et vigores curiarum et sigillorum prædictorum et cujuslibet ipsarum et ipsorum, ad observationem omnium et singulorum in præsenti instrumento contentorum, quantum cuilibet
ipsarum partium concernit, et premissa promissa sunt et conventa juribus dicentibus nominem pro uno et eodem debito
seu contractu in diversis curiis seu judiciis trahi nec con-
veniri debere et executionem quamcumque civilem primo fore
incoandum in bonis mobilibus quam immobilibus, et deinde in
immobilibus quam in juribus nominibus, vocibus, seu actionibus
quibus omnibus juribus expresse renuntiaverunt in aliquo nonobstantibus. Et hoc videlicet per bonorum suorum et cujuslibet
ipsorum mobilium et immobilium, præsentium et futurorum
rerum, jurium, nominum et actionum captionem, venditionem,
distractionem, alienationem, subastationem et explectationem
eorumdem, portasque domorum suarum ac castrorum claudendo,

apperiendo, sigillando et per vim ac terram ponendo, et per
banni et garnisionis in bonis suis unius commissarii et quatuor
servientum vel plurium ad vadia regia consueta cujuslibet dictorum curiarum et sigillorum oppositionem et consignationem,
detentionem, non obstante quocumque bonorum mobilium seu
immobilium saisimento et quamvis aliam compultionem, exeptis
arrestationibus personarum suarum ob reverentiam dominorum
et partium prædictarum, necnon per monitionem et monitionem
excommunicationis et excommunicationum sententiam seu sententias, agravationes et quoscumque processus, et quamlibet
executionem aliam prout vires et rigores dictarum curiarum et
sigillorum prædictorum et cujuslibet ipsarum et ipsorum expos-
cunt, postulant et requirunt, seu requirere videntur, una curia
pro alia non cessante interim semper executione pendente in
bonis, suis rebus, juribus, nominibus, seu actionibus, tanquam pro
re clara, liquida, transacta, judicata, confessata, notata, manifesta
et quæ jamdiu est in rem transivit judicatam, cessione bonorum
suorum seu insolutum datione eorundem factis, seu faciendis,
quibus expresse renuntiaverunt in aliquo non obstantibus et
ibidem et incontinenti et absque aliquali innovatione prædictorum prænominati procuratores partium prædictarum contra-
hentium, ipsorum nominibus et alii superius nominati, nominibus propriis et privatis quolibet nomine et quatenus quamlibet
ipsorum nominibus dictis præmissa concernuit, gratis fecerunt,
constituerunt et ut procuratores substituerunt eorum et dictorum
dominorum ducis venditoris et comitis Armaniaci emptoris et
debitoris, veros, certos, generales et speciales, ac indubitatos
procuratores et negotiorum suorum, nominibus dictis, gestores
videlicet discretos viros procuratores fiscales domini nostri
papæ et regios ac notarios ordinarios curiarum et sigillorum

prædictorum et aliarum ecclesiasticarum et secularium quarumcumque, et qui nunc sint et erunt pro tempore, et absentes tamquam præsentes et eorum quemlibet in solidum, ita quod inter eos non sit melior conditio primitus occupantis, nec deterior subsequentis, sed quod per unum ipsorum inceptum fuerit per alium seu alios eorundem iterum reincipi, continuari, prosequi, terminari valeat et finiri ; quibusquidem procuratoribus suis constitutis et substitutis et eorum cuilibet in solidum memoratis, constituentes et substituentes, nominibus dictis, plenam licentiam dederunt et concesserunt et liberam potestatem ac etiam speciale et generale mandatum ipsorum duorum constituentium et substituentium, nominibus dictis, et pro ipsis, omni die et omni tempore feriato et non feriato, in judicio quandocumque pro prædictis omnibus et singulis per ipsos dominos constituentes et substituentes, tam nominibus dictis quam propriis et privatis promissis superius et conventis et in præsenti instrumento contentis, tenendis, attendendis, complendis et aliis omnibus et singulis ac solvendis et inviolabiliter cum effectu, de puncto ad punctum, ut superius est expressum, observandis, ad dictarum partium et cujuslibet ipsarum seu ipsorum primam et simplicem requisitionem, coram dictis dominis camerario ejusdemque cameræ apostolicæ auditore, vice auditore, locumtenente et commissario, ac officialibus aliis superius expressatis aut eorum locatenentibus, deputatisque seu deputandis ab eis et ceteris justiciariis, officiariis et judicibus curiarum omnium et singulorum et qualibet earumdem, in dictis curiis extra comparendi, et ibidem in dictis curiis et qualibet ipsarum prædictorum omnium et singulorum superius venditorum, cum pertinentiis suis et juribus superius expressatis, venditionem et transportationem, donationem et cessionem pretiique prædicti receptionem,

recognitionem et quittationem pluris et majoris valenliæ donationem et cessionem pactaque de non agendo et non petendo
concessionem guirentiæ et evictionis portandarum promissionem
et conventionem jurium et actionum cessionem et translationem
et restæ dicti pretii solutionis fiendæ in dicto festo Paschæ Domini
promissionem, conventionem, yppothecas et obligationes et
nomina alia, universa et singula, pacta, conventiones, retentiones et conventiones, superius expressatas, et alia in præsenti
instrumento contenta, esse et fuisse factas et concessas, et facta et
concessa per partes supradictas, quibuslibet nominibus dictis,
modo et forma superius annotatis, et in curiis ecclesiasticis
supradictis et aliis quibuscumque, et earum qualibet juramenta
infrascripta esse licita et honesta et a jure permissa et in casu
licito et honesto et a jure permisso prestita; et hoc de die in
diem totiens quotiens eisdem partibus, seu earum alteri seu suis
placuerit et videbitur faciendum confitendi et recognoscendi et
audiendi et, in se et supra se, acceptandi et recipiendi omne pre-
ceptum, omnemque sententiam, monitionem, aggravationem et
mandatum et quemcumque alium processum et injunctionem et
quemlibet executionem aliam quemquam, quod seu quas prædicti
domini camerarii ejusdemque cameræ apostolicæ auditor, vice-auditor, locumtenens et commissarius et alii supradicti officiales et
judices ecclesiastici et eorum quilibet seu locumtenens eorundem
facere, ferre seu promulgare voluerunt, ipsisque mandato, moni-
tioni, aggravationibus, sententiis et aliis præterea faciendis pro-
cessibus et executionibus quibusqumque sponte acquiescendi et
unum vel plures dilationis vel solutionis terminos et observa-
tionis omnium premissorum, videlicet terminos constitutos vel
alios in favorem partis, quam tangunt seu tangent, longos vel
breves petendi, et contra aliam partem ejus hæredes et succes-

sores et borna juraque omnia acceptandi et submettendi et resup-
mittendi preterea dictas partes contrahentes et eorum quamlibet
nominibus dictis, et dictos dominos venditorem et emptorem
eorumque hæredes et successores ac bona prædicta præsentia et
futura jurisdictionibus, rigoribus, viribus, compultionibus, sta-
tutis ac censuris dictorum dominorum camerarii dictæque cameræ
apostolicæ auditoris, vice-auditoris et aliorum dominorum officialium et judicum ecclesiasticorum supradictorum ac aliorum
justiciariorum, officiariorum et judicum curiarum omnium et
sigillorum prædictorum et aliarum quarumcumque et cujuslibet
ipsarum et ipsorum, et volendi et expresse consentiendi quod
dicti domini camerarius, auditor, vice-auditor, locumtenens et
commissarius ejusdem et alii supradicti officiarii et judices
ecclesiastici et quilibet ipsorum, in personas dictorum dominorum
constituentium et substituentium nominibus dictis ac dominorum
venditorum et emptorum prædictorum et cujuslibet ipsorum, licet
absentes tamquam si præsentes essent, in scriptis excomunicationis et excomunicationum, sententiam, sententias ac aggrava-
tiones promulgent et ferant quascumque, ipsique alii judices
seculares curiarum et sigillorum prædictorum et quilibet ipsorum
alios quoscumque processus et executiones quascumque contra
dictas partes, nominibus dictis, venditoremque et emptorem,
eorumque hæredes et successores, ac bona, rationes, nomina,
seu jura faciant propterea opportunos, si contra prædicta aut
præmissorum aliqua aliqualiter veniebant seu in adimplendis
præmissis deficiebant, et renuntiandi expresse omnibus et quibuscumque oppositionibus, appellationibus et procurationibus per
quamvis dictarum partium, seu suos, aut alium vel alios eorum
nomine seu mandato faciendis et interponendis, si quam seu
quas fieri contingebat ab executione seu executionibus quibus-

cumque, pro prædictis seu aliquo prædictorum feudis, contra partes prædictas vel eorum hæredes et successores, ac bona et literis status gratiæ, seu respectus de suis debitis non solvendis seu contractibus tenendis, usque ad certum tempus, impetratis et impetrandis quibuscumque et ipsas renuntiationes per dictos procuratores sic fiendas semel aut pluries, seu eorum alterum perinde tantum valere voluerunt, nunc pro tunc et tunc pro nunc, ac si quod ipsas principales partes contrahentes vivæ vocis oraculo renuntiatum extitisset et demum ac generaliter omnia alia universa et singula faciendi, dicendi, procurandi, confitendi, recognoscendi, obligandi, yppotecandi, submitendi, petendi, renuntiandi et exercendi, quæ in præmissis et circa premissa necessaria fuerunt seu etiam opportuna et quæ hujusmodi negotii et confessionis merita postulabunt, etiam si tales essent quæ mandato magis indigerent speciali et quæ ipsæmet partes contrahentes et earum quælibet facerent et facere possent, si in premissis et premissorum quolibet personaliter interessent. Promittentes insuper dicti domini constituentes et substituentes, nominibus dictis et quolibet nomine dicto, videlicet una pars alteri, vicissim stipulationibus quibus supra intervenientibus et nobis notariis infrascriptis, tamquam personis publicis, vice loco et nomine omnium illorum quorum interest, intererit aut interesse poterit in futurum stipulantibus et recipientibus, se ratum, gratum et firmum perpetuo, nominibus dictis, habituros totum et quidquid per dictos procuratores per eos, ut prefertur, constitutos et substitutos et eorum quemlibet in solidum, actum, datum, gestum, comparitum, confessatum, recognitum, obligatum, yppothecatum, submissum, promissum, renuntiatum, acceptatum, seu alias modo quolibet procuratum fuerit in premissis, remque gratam habere, judicio sisti et judicatum seu confessatum

solvi, cum suis omnibus clausulis universis, dictosque procuratores, per eos superius constitutos et substitutos nominibus dictis
et eorum quemlibet in solidum ab omni et quolibet onere satisdandi penitus relevando, sub yppotheca et obligatione expressa
omnium bonorum dictorum dominorum ducis venditoris et
comitis emptoris, quorum sunt procuratores, et suorum pro-
priorum quatenus eos, ut principales et privatas personas, premissa concernunt, et per eos promissa sunt, mobilium et immobilium præsentium et futurorum et sub omni juris et facti
renuntiatione ad hoc necessaria qualibet pariter et cautela. Et ad
majorem omnium et singulorum premissorum roboris firmitatem habendam et perpetuo obtinendam, memorati domini
Petrus de Montemaurino, Ponsardus de Grandivalle, magister
Stephanus de Bar et Joannes Virgilii in dicti domini ducis, cujus
sunt procuratores, in suas quatenus ut privatas personas premissa eos tangunt, et dicti domini Bertrandus de Golardo et Guillermus de Aubano, in dicti domini comitis, cujus etiam sunt
procuratores, et in suas quatinus eos, ut privatas personas, premissa
tangunt et per ipsos promissa sunt animas, et dicti nobiles Odetus
de Ripparia et Joannes de Petralata, ut etiam principales et privatæ personæ, quatinus per eos promissa sunt et conventa
etiam, in suis animabus, gratis juraverunt ad et super sancta quatuor Dei Evangelia, manibus suis dextris et cujuslibet ipsorum
gratis corporaliter tacta, præmissa omnia universa et singula per
ipsos superius promissa et conventa, tam nominibus procuratoriis
quam ut propriis et privatis, quolibet nomine dicto, et in præsenti
instrumento contenta quatenus ipsos premissa concernunt, tam
nominibus propriis quam privatis, et per ipsos et eorum quemlibet promissa sunt, conventa tenere, attendere, complere, solvere
et inviolabiliter et cum effectu, de puncto ad punctum, ut supe-

rius exprimitur, observare et non contra facere, dicere, vel venire
per se nec per aliquam personam interpositam, nec contra
facienti, dicenti seu venienti consentire ullo modo in judicio,
nec extra aliquo jure, seu titulo ratione minoris ætatis, nec aliis
ullo modo ullis temporibus in futurum, et dictos procuratores
non revocare nec eorum potestatem in aliquo limitare, donec et
quousque omnia universa et singula in præsenti instrumento
contenta fuerunt, penitus judicialiter confessata, et ad effectum
debitum perducta. Et voluerunt partes prædictæ et earum quemlibet, nominibus quibus supra, universa conscenserunt præsens
instrumentum dictari, corrigi et emendari cum consiliis sapientum, grossarique et regrossari semel secundo et pluries et toties
quoties opus erit posito, quod esset grossatum, partique seu partibus restitutum et in judicio perductum et coppia seu vidimus
exinde abstractum seu abstracta et in judicio producta, exibita,
seu ostensa, tamdiu donec et quousque in judicio et extra, ad
securitatem dictarum partium, juxta pactum et conventiones
prædictas et formam et seriem hujusmodi contractus cujuslibet
ipsarum plenum robur obstineant perpetuo firmitatis. Tenores
vero dictarum procurationum cujuslibet dictarum partium, de
quibus superius est facta mentio, sequuntur seriatim per hæc
verba.

Jean, duc de Bourbonnois et d'Auvergne, conte de Clermont,
de Montpansier et de l'Isle, seigneur de Beaujeu, pair et chambrier de France, à tous ceulx qui ces présentes Lettres verront,
sçavoir faisons : que nous à plain confians des sens, loyaulté et
bonne diligence de noz amez et feaulx conseilhers messieurs Pierre
de Montmorin et Guillaume des Ages, chevalliers, Ponsard de
Grandval et Jean de Murat, escuiers, et maistre Estienne de Bar,
et acertenés de bon voulloir que ils ont à nous eu esgard à plu-

sieurs nécessités : pourquoy nous convient pourchacier finances,
iceulx noz conseilliers avons faictz et ordonnés et establis et par
la teneur de ces presentes faisons, ordonnons et establissons noz
procureurs généraulx et messaiges espéciaulx pour nous et au
lieu de nous en leur donnant et à chascun d'eulx pour le tout,
tellement que la condition de l'occupant ne soict pas meilleur de
l'autre auctorité, puissance et plain pouvoir de obliger, aliéner,
vendre, engager et transporter à ceulx que bon leur semblera, et
pour tel prix et somme qu'ils aviseront, de nos biens, meubles,
terres, chevances, seigneuries, domaines et droictz, et sur icelles
mettre rentes et charges, de les aliéner en tel nombre et quantité
que leur plaira et bon semblera, et de prendre et recepvoir l'argent et finance, que pour ce sera paiée, et d'en donner quittance,
de accepter et stipuler, pour nous et en nom de noz, et des choses
pour lesditz procureurs vendues ou engaigées, bailler la possession
et saisine, et d'en faire demission par devers les seigneurs feau-
daulx et directs et de garentir les choses que pour eulx seront
transportées, de ordonner en offices, vassaulx, censiviers debteurs
et subigies, de respondre des lors en avant ez achateurs et de
quitter leurs fois, seremens et généralement faire tout ce que
faire pourions sy présens estions et que à bons et loiaulx procureurs apartient de faire. Et pour tenir les choses dessus dictes et
chascune d'icelles avons et obligeons nous, nos hoirs et biens
présens et advenir, et les soumetant à la juridiction, coertion et
contraincte du scel du Chastelet à Paris et de toute court d'empereur, roy, de duc, de cour d'eglese et de toutes juridictions,
tant apostoliques et d'église comme layes; et tellement que l'exécution de l'une ne empesche mie l'autre, et de toute autre court
royal et icelles avons jurés et jurons, en parolle de prince, et de
non venir au contraire, et de rellever lesditz procureurs de satis-

dation et de toute aultre charge et les garentir et deffendre les choses et des choses que par lesditz procureurs au nom de nous et pour nous seront faites. En tesmoing desquelles choses nous avons faict seeller ces présentes de notre scel secret, qui furent données à Rouen le dix-sept jour de janvier l'an mil quatre cens et veynt; ainsin signées par monseigneur LE DUC en son conseilh auquel le prieur de Saint-Martin-des-Champs, le séneschal de Bourbonois, baillif de Foretz et Bieujeulois, et maistre Pierre de Henricon, estoint : F. Serrant. — Jean, de Bourbonois et d'Auvernhe, comte de Clermont et de Fourès, de Montpensier, de l'Isle, baron et seigneur de Beaujeu, pair et chambrier de France, à tous ceulx qui ces présentes lètres verront, salut! Sçavoir faisons que comme il nous soit nécessité de promptement avoir finance pour nostre rençon et délivrance de nostre personne à laquelle finance et deslivrance n'a gueres avons esté mis par le roy d'Angleterre, laquelle bonnement ne porrions recouvrer sans vendre, faire distraction ou engaigement de noz terres et seigueuries ou parties d'icelles. Nous à plain confians des sens loyaulx et bonne diligence de nostre très-chère et très-aimée compaignie, Marie de Berry, duchesse de Bourbonois et d'Auvernhe, et aussi de noz amés conseilhiers Dampni de Norry, prieur de Saint-Martin-des-Champs-les-Paris, Jean de Castierimorand, Estienne de Norry, Philibert de Lespinasse dit Cormorauld, Jean de Chamgi, Gilbert de Chalus, chiers maistres Jean de Chavinis, Pierre de Hericon, Rogier Roque, Jean Virgile, Estienne de Bar, Colas de Nie, Michel Tordier, Pierre Seguin, Jean du Bruel, Jean Mainard dict Poytton, Gilet de Nolay, Philippe de Caite et Jean Fournier, les dessusditz avons faictz, institués, ordonnés et establis, et, par la teneur des présentes, faisons, ordonnons et establissons noz procureurs généraulx et messaiges expessiaulx, en

donnans et octroyans esdits procureurs et chascun d'eulx autorité
et plaine puissance de vendre, engaiger, aliéner et transporter
tant purement et simplement comme ez condition, résolution et
modiffication, à temps et à perpétuel, pour nostre dicte finance et
rançon, nostre seigneurie et baronnie de Beaujeu, ensemble noz
chasteaux et villes de Trevouts, du chastellar Dembeneu et tout
ou en partie, tant ce qui est au royaume de France, aussi nostre
comté de l'Isle et chastellenie de Chastelchimon, nostre païs de
Combroylle et chascune desdites seigneuries et païs et parties
d'icelles, leurs appartenences et deppendences, de laisser la possession et saisine corporelle, naturelle et civille desdites choses
emprès que seront transportées, d'en faire faire respontion
par les officiers, rentiers, vassaulx et censiviers à ceux à quy elles
seront, de demettre des choses dessusdites envers les seigneurs
féaudaulx pour en revestir les achapteurs et ceulx à qui elles
seront transportées, pour recueillir et recepvoir le prix que les
choses seront vendues et aliénées, d'en faire obligations et soub-
missions de éviction, de garantaiges et autrement, et de donner quittance une ou plusieurs des choses que on recepvra, à cause des
choses vendues et transportées, de instituer et substituer ung ou
plusieurs procureurs quy ayent ou ayt telle et semblable puissance,
comme les substituantz, et de les rellever de charge et satisdation
et génerallement de faire toutes aultres choses que faire pourrions sy présens estions ; et promettons, en bonne foy et parolle
de prince, d'avoir et tenir ferme et aggréable tout ce que par lesditz procureurs et chascung d'eulx, en faisant les choses dessusdites, sera faict, dict, procuré et pourchassé. Et quand à icelles
tenir et attendre, avoir obligé nous, noz hoirs et biens, meubles
et immeubles, présentz et advenir, voullans estre constrainctz et
compellés par prinse, vendue et exploictation d'iceulx en la sou-

mettant à la jurisdiction, cohertion et constraincte de toute court ecclésiastique et laye, et en renonciant à tout ce que on pourroit dire ou excepter au contraire des choses dessus dictes, et à la loy disant généralle renonciation non vallant de l'expecial ne précède. En tesmoing desquelles choses nous avons faict seeller ces présentes de notre seel, quy feurent données à Rouen le dix-huictiesme jour de janvier l'an mil quatre cens et vynt. Ainsin signé par mondict sieur le duc en son conseilh, ouquel les seigneurs de Saligni et de Lannay et aultres estant, *J. Cordier.*

Joannes, Dei gratia comes Armaniaci, Fesensiaci, Ruthensis et Pardiaci, vicecomes Leomaniæ, Altivillaris, Fesensaguelli, Brulhesii, Creisselhæ et Calladesii, ac dominus terrarum rippariæ, Auræ et montanorum Ruthensium, universis præsentes literas inspecturis salutem. Notum facimus quod de nobilitate, legalitate, fidelitate, industria ac bonna diligentia dilectorum et fidelium nostrorum domini Bertrandi de Golardo, militis, consiliarii nostri, et Guillermi de Aubano, licenciati in decretis, judicis Auxis et Auræ, sæpius per experientiam comprobatorum, ad plenum confidentes ipsos dominos Bertrandum de Golardo et Guillermum de Aubano, absentes tamquam præsentes, et eorum quemlibet in solidum nostros veros, certos et indubitatos procuratores, actores, factores et nuntios speciales et generales, ita quod specialitas non derroget generalitati, nec e converso fecimus, constituimus et ordinavimus citra revocationem aliorum procuratorum per nos actenus constitutorum, facimusque et constituimus, creamus et ordinamus, gratis et ex nostra certa scientia, per præsentes videlicet specialiter et expresse ad emendum et titulo puræ et simplicis ac perfectæ emptionis acquirendi a nobili et magnæ preeminentiæ principe et avunculo nostro domino, duce de Borbonio, et quocumque alio habente potestatem

ab eo, comitatum Insulæ Jordani, cum omnibus sibi adherentibus
et dependentiis et connexiis, prout idem princeps dictum comitatum et cetera omnia acquisivit a nobili et potenti viro comite
dicti comitatus ultimo deffuncto, et ad stipulandum de evictione
una cum obligatione bonorum dicti domini ducis venditoris et
ceteris, quæ occasione talium emptionum promitti et obligari
consueverunt per venditores talium nobilium rerum, et ad solvendum de bonis nostris pretium et partem pretii, quod promiserunt pro dicta emptione, et obligandum nos et omnia bona
nostra mobilia et immobilia atque jura præsentia et futura,
pro pretio vel parte pretii, si qua restiterit ad solvendum, pretium autem intelligimus triginta millium scutorum auri, vel
majus pretium, si et in quantum eis seu eorum alteri visum
fuerit expeditum, quorum scutorum octo valent novem francos
auri vel equipolentiam in alia aurea moneta, quæ consuevit
recipi inter contrahentes in præsenti regno, et accipiendum
corporalem et vaccuam possessionem eorum, quod ad dictum
comitatum pertinent quæ possideri proprie possunt et quasi
possessionem eorum, quæ non possunt proprie possideri, et pro
dictis possessionibus et quasi possessionum interponendum
operam et ministerium suum taliter, quod in nos constituentem
possessio transire possit, eo modo quo ordinatum est per jura
et de et super premissis intervenientum seu instrumenta, unum
vel plura roborata et firmata promissionibus, obligationibus et
conventionibus, pactionibus, stipulationibus et renuntiationibus,
cautelis, juramentis et aliis solempnitatibus et clausulis necessariis et opportunis, ad nostri utilitatem et commodum de et
super premissis et quolibet premissorum confici et fieri petendum et faciendum et generaliter omnia alia universa et singula faciendum, dicendum, procurandum, peragendum, et

liberaliter exercendum, quæ in premissis et circa premissa et deppendentia et emergentia ex eisdem, et integram perfectionem eorumdem necessaria fuerunt, seu etiam opportuna, et quæ boni viri et legitimi procuratores in talibus vel similibus constituti facere possunt, seu facere possemus si personaliter interessemus, et quæ eorum et negotiorum merita exigunt, postulant et requirunt, etiam si majora vel minora essent, quæ superius expressata, et mandatum magis exigerent speciale vel generale; ad quæ omnia univérsa et singula supra dicta facienda, dicenda gerenda, procuranda et liberaliter exercenda, eisdem procuratoribus nostris et eorum cuilibet in solidum damus et concedimus plenam et liberam potestatem, licentiam et auctoritatem et speciale ac etiam generale mandatum, promittentes nos comes prædictus, solempni et valida stipulatione interveniente notario et secretario nostro infrascripto, ut personæ publicæ stipulanti et recipienti pro dicto domino duce de Borbonio et aliis quorum interest, intererit aut interesse poterit in futurum, prædictos procuratores nostros non revocare, nosque ratum, gratum, atque firmum perpetuo habiturum promittimus solempniter eadem stipulatione qua supra totum et quidquid per dictos procuratores nostros seu eorum alterum in solidum in premissis et circa premissa et dependentia ac emergentia ex eisdem emptum, promissum, conventum, obligatum, yppothecatum, supportatum, submissum, renuntiatum, juratum, procuratum ac gestum fuerit, aut aliis et modo quolibet explicatum, ac si per nos præsentialiter esset factum, eamque rattificare, approbare et confirmare, tenereque, servare, attendere et complere, et non contra facere, dicere, vel venire in judicio, sive extra ullo tempore, aliqua ratione vel causa, sub obligatione et yppotheca omnium et singulorum bonorum nostrorum mobilium et immobilium præsen-

tium et futurorum, et sub omni juris et facti renuntiatione ad
hæc necessaria, qualibet pariter et cauthela et sub juramento ad
sancta Dei Evangelia per nos præstito corporali. In quorum fidem
et testimonium premissorum nostras præsentes fieri fecimus literas nostri sigilli munimine roboratas. Datum in castro nostro
Lectoræ, die prima mensis julii, anno Domini millesimo quadragentesimo vicesimo primo, per dominum comitem præsentibus : domino Bernardo de Gorsol (es), ejus cancellario, domino
Raymundo Amelii de Pena, domino de Castairoliis, domino
Aymerico de Castropercio, vicecomite de Ambialeto, ejus consiliariis cameræ. Tenor vero licentiæ nobis notariis infrascriptis
concessæ per nobilem et potentem virum dominum senescallum
Tholosanum et Albiensem recipiendi præsentem contractum et
diversos alios contractus ex istis descendentes ad pecunias scutorum auri non obstantibus inhibitionibus et prohibitionibus
in contrarium factis sequitur per hæc verba : Joannes de Bonnay,
miles, dominus de Montesalon, consiliarius et cambellanus domini
nostri regis et illustrissimi domini regnum regentis Dalphini
. . . . filii sui, senescallusque
Tholosanus et Albiensis, magistris Petro de Galano, Stephano de
Soulerii et Petro Andreæ, notariis et tabellionibus præsentis senescalliæ, ... salutem : pro parte illustris principis
domini Joannis, ducis Borbonii, prisonerii ad præsens regis
Angliæ, pro re publica præsenti regni nobis fuit expositum, præsente honorabili domino Joanne Juvenelli primo præsidente in
parlamento Tholosano noviter ordinato, quod cum dictus dominus dux et sui procuratores atque gentes pro eo habeant inire
plures contractus in præsenti patriæ linguæ Occitaniæ, quos
mutuo agere habeant in pretiis scutorum aureorum, seu aliarum
monestarum aurearum cugni domini nostri regis; cum aliter de

dicta prisone pro aliis monetis currentibus in præsenti regno
expediri non valeret pro riguore dicti regis Angliæ, et cum ordi-
nem monestarum regiarum contineant quod notarii et tabellio-
nes non recipiant instrumenta contractuum nisi ad solidos et
libras, quibus obstantibus idem notarii non essent hujus modi
recipiendi contractus pro dicto domino ante ad dictos scutos
et monetas aureas regias, nisi expressa licentia eis notariis
concederetur, nos igitur attento casu premisso et debito favore
expeditionis dicti domini ducis a manibus dicti regis Angliæ
antiqui inimici præsentis regni, vobis et vestrum cuilibet licentiam et congedium damus et concedimus recipiendi instrumenta,
cartas et alias scripturas quorumcumque contractuum, venditio-
num, recognitionum et ad quævis modo iniendorum pro parte
dicti domini ducis Borbonii, cum quibus nostris aliis partibus et
personis, ad scuta auri sive quascumque alias monetas, marchas
et species auri et argenti prout melius parti dicti domini ducis
proficere et utilitatem gerere voluerit dictis ordinationibus attento
casu prædicto non obstantibus a quibuscumque penis super hoc
importatis casu præfato vos liberando. Datum Tholosæ die
decima quarta mensis julii, anno Domini ab Incarnatione millesimo quadringentesimo vicesimo primo. H. de Cuhinerio, procuratore regio, per consilium : Jacobus de Petra. » Acta fuerunt hæc
Tholosæ, die decima quarta mensis julii, anno Domini ab Incarnatione quadringentesimo vicesimo primo, serenissimo principe
domino Carolo, Dei gratia Francorum rege, regnante, et domino
Dominico Archiepiscopo Tholosano existente, in præsentia et testimonio honorabilium virorum duorum Petri de Cazillaco et Rai-
mundi Ricardi et Johannis d'Assiz, in legibus licenciati, Joannis
de Crusolibus, Geraldi Aurenchi, Bernardi de Larroy, campsorum,
Stephani Bonijolii, custodis monetæ regiæ, Joannis de Boscoro-

tundo, mercatoris, Petri de Fonte Argentorii et magistri Petri
Galaudi, in decretis baccalaurii, canonici Bazatensis, Tholosæ
habitatorum testium ad premissa voccatorum, et nostrorum Stephani de Paleriis, publici Tholosæ et apostolica authoritate notarii,
qui de premissis requisiti per partem dicti domini comitis
Armagnaci, et Petri de Galano, publici Tholosæ notarii pro parte
dicti domini ducis Borbonii requisiti ad invicem commientiarum
præsens recepimus instrumentum, et ego idem Stephanus de
Palheriis, publicus Tholosæ et apostolica auctoritate notarius
antedictus facta permissione, diligenti collatione huic præsenti
instrumento in quatuor pellibus præsenti computata filo
canapis dupplicata assutis per alium mihi substitutum fidelem
scripto me aliis arduis negotiis occupato me subscripsi et signo
meo consueto signavi in fidem et testimonium omnium premissorum, et ego jam dictus Petrus de Galano, notarius, hic me
subscripsi et signum meum publicum apposui in fidem et testimonium premissorum [1].

Collection Doat, vol. 213 du fol. 169 et suiv.; Bibl. de Richelieu, Mss.

1. On lit à la suite de cet acte:

Extrait tiré de l'original étant dans les archifz de la conté de Rodez deue
collation faite par moy greffier et secrétaire et garde desditz archifz audit conté
soubzsigné, auquel original me reffère estant icelluy escript en parchemin, signé
du saing auctentique des subsditz notaires. + En foy de ce + cotté au-dessus par
lettre AA. Ainsi signé: *Gibron*. Et après en suyte du susdit instrument est
escript autre instrument consecutif cy dessoubz transcript, extraict et tiré d'icelluy original, commençant en la page suyvant comme en ycelle est contenu.

Le quatriesme octobre mil six cens soixante six, la présente copie a été bien et
deuement vidimée et collationnée sur l'extraict signé Gibron escript en papier, qui
estoit au trésor des archifs du roy au chasteau de Nérac, porté au trésor des
archifs de Sa Majesté au chasteau de Pau, inventorié au *Nouvel inventaire d'Albret*.
chapitre intitulé «Domaine» et coté de lettre J. 33, par moy, soubssigné, estant en
la ville de Foix à la suite de M. de Doat, conseiller du roy en ses conseils d'Estat et
président en la chambre des Comptes de Navarre, suivant l'arrest de ladite chambre
du vingt-troisième juin dernier. Signé *Capot*.

14, 16 et 20 juillet 1421.

On vient de voir que le duc de Bourbon, prisonnier en Angleterre,
vendit, pour payer sa rançon, le comté de l'Isle en Jourdain et
la vicomté de Gimois, moyennant 38,000 écus d'or, au comte
d'Armagnac, qui fit prendre possession de deux grands fiefs par
Bertrand de Galard, son conseiller, seigneur de l'Isle-Bozon.
Celui-ci se transporta successivement à l'Isle en Jourdain, à
Maubec, à Gimont, et reçut les serments de fidélité au nom du comte
d'Armagnac. Bertrand de Galard est nommé dix-sept fois dans cet
acte, en qualité de fondé de pouvoir du comte.

In nomine Domini, amen. Noverint universi quod cum nobiles dominus Petrus de Montemaurino, miles, Ponsardus de
Grandivalle, domicellus, et magister Stephanus de Bar, baillivus
de Combralia, et Joannes Virgilii de Canus de Abbate Villa, ut
procuratores et nomine procuratorio illustris ac clarissimi principis domini Johannis, ducis Borboniensis et Alverniæ, comitisque Clarmontis, Foresii, de Monpanserio et de Insula, ac
domini de Benmolesio, vendiderunt et transportaverunt nobili et
illustri principi domino Joanni, Dei gracia comiti Armagnaci,
comitatum Insulæ Jordani et vicecomitatum Gimoesii, cum omnibus juribus et pertinentiis suis, mediante publico instrumento
per me notarium infrascriptum sumpto et recepto, die quarta
decima mensis præsentis et anni infrascriptorum modo et forma
pactis et aliis conventionibus latius in eodem instrumento contentis. Hinc est quod constituti personaliter, anno et die infrascriptis, in mei notarii et testium infrascriptorum præsentia,
nobiles et prudentes viri Ponsardus de Grandivalle, domicellus,
et magistri Stephanus de Bar, baillivus de Combralha præfatus,
gratis et eorum certis scientiis et ut procuratores et nomine

procuratorio dicti illustris ac clarissimi principis domini Joannis
ducis Borbonii præfati, de quorum procurationibus constat per
duas patentes literas in pargameno scriptas a dicto domino duci
Borbonii emanatas et ejus sigillo cera rubea, ut earum prima
facie apparebat, sigillatas, quarum tenor inferius est insertus, in
loco Insulæ Jordani et ante portam castri ejusdem possessionem
realem et corporalem, civilem et naturalem dicti castri, cum
juribus et pertinentiis suis, nobili et potenti viro domino Bertrando de Golardo, militi, domino Insulæ Bosonis et de Mota ac de
Cuquomonte, militi, et venerabili viro domino Guillermo de
Aubano, licenciato in decretis ac baccalaureo in legibus, procuratoribus et nomine procuratorio magniffici et illustris principis
domini Joannis, Dei gratia comitis Armagnaci præfati, prout de
eorum procuratione constat per quasdam patentes literas a dicto
domino comite Armagnaci emanatas et ejus sigillo cera rubea in
pendenti sigillatas, ut earum prima facie apparebat, quarum
tenor de verbo ad verbum inferius in præsenti instrumento est
insertus, ibidem præsentibus et nomine et vice dicti domini
comitis Armagnaci una mecum notario infrascripto, tamquam
persona publica, pro ipso et suis stipulantibus et recipientibus,
per realem traditionem clavium et bocc portarum dicti castri
tradiderunt et liberaverunt; quas quidem portas procuratoris dicti
domini comitis Armagnaci cum dictis clavibus apperuerunt, et
portarum prædictarum appertione facta, intus dictum castrum
intraverunt, et deinde ejectis ab inde dictis procuratoribus dicti
domini ducis Borbonii, dictas portas dicti castri clauserunt et
deinde apperuerunt dictis clavibus penes se retentis in signum
veræ, realis, civilis et corporalis possessionis dicti castri, cum
juribus et pertinentiis suis, per dictos dominos procuratores dicti
domini Borbonii et comitis per prius dicti comitatus traditæ, et

per dictos dominos procuratores dicti domini comitis Armagnaci
receptæ et deinde ab inde discedentes dicti domini procuratores
dicti domini ducis Borbonii accesserunt ad portam dictæ villæ
Insulæ Jordani, vocatam Riboquera, et eosdem procuratores dicti
domini comitis Armagnaci per traditionem boccis et clavium dictæ
portæ in possessionem realem dictæ villæ Insulæ Iordani miserunt,
posuerunt et induxerunt, quas quidem claves dicti domini procuratores dicti domini comitis Armagnaci, in signum dictæ
possessionis ac verum testimonium, claves receperunt, et cum
eisdem clavibus dictas portas apperuerunt et clauserunt in
signum adeptæ possessionis præfatæ, dictas claves penes se in
signum possessionis præfatæ retinendo exientes et divestientes
se nomine dicto dicti domini procuratores dicti domini
ducis Borbonii de prædictorum castrorum villa Insulæ Jordani
et dictos procuratores dicti domini comitis Armagnaci, et nomine
ejusdem, divestiendo et saisiendo de dicto castro et villa, ac
possessione et proprietate eorundem, cum juribus et pertinentiis
suis, mandantes insuper ac districte precipientes et injungentes
dicti domini procuratores dicti domini ducis Borbonii et eorum
quilibet ex potestate eis et eorum cuilibet in eorum procuratores
infrascriptos per dictum dominum ducem attributa et concessa,
videlicet dictus dominus magister Stephanus de Bar dicto nobili
Ponsardo de Grandivalle per prius senescallo dicti comitatus Insulæ
Jordani, et ambo insimul nomine dicto Arnaldo de Tapis, vicario,
magistro Petro de Saboranis, baccalaurio in legibus, locumtenenti judicis dicti loci, et Guillermo Michaellis, magistro
Guillermo Guerre, notario, Huguone Rogerii, Joanne de Sancto
Joanne, Bernardo Solsani, Petro Scarpiti et Petro de Monteleone,
consulibus dicti loci, magistro Petro Daffis, notario thesaurario
et receptori ordinario, et magistro Gaillardo Torrerii, notario et

procuratore comitatus dicti loci et comitatus ac vicecomitatus præ dictorum ibidem præsentibus, et aliis omnibus et singulis officiariis ac nobilibus dictorum comitatus et vicecomitatus et singularibus tam præsentibus quam absentibus, me notario infrascripto, tamquam persona publica, pro omnibus illis quorum interest, intererit aut interesse poterit in futurum, stipulante et recipiente ut a modo dicto domino comiti Armagnaci et ab eo depputatis procuratoribus seu commissis obediant et intendant et omnimodam obedientiam et subjectionem, reverentiam et fidelitatem, tamquam vero comiti ac vicecomiti dictorum comitatus Insulæ et vicecomitatus Gimoesii, cum juribus et pertinentiis suis, servatis tamen pactis in dicto instrumento venditionis contentis, et non discedendo ab eisdem prestent relaxantes et quittantes dicti domini procuratores dicti domini ducis, et eorum quilibet nominibus et potestate prædictis, dictos officiarios, consules, nobiles et alios singulares vassalosque et feudatarios quibuscumque generibus juramenti fidelitatis et homatgii, et existant dicto domino duci et suis astricti et obligati et tam præsentibus quam absentibus stipulatione sua supra repetita et pro repetita, habita ac etiam a modo et ab, in, antea absolventes, dantes tenore præsentis instrumenti eisdem in mandati nomine dicto et dicto domino comiti Armaniaci absenti stipulatione qua supra interveniente, tamquam vero dictorum comitatus et vicecomitatus comiti et vicecomiti dicta homagia fidelitatis juramenta modo et forma quibus tenebantur et erant astricti et obligati dicto domino duci et comiti vicecomiti comitatus et vicecomitatus prædictorum, cum juribus et pertinentiis suis, prestent et prestare teneant seu suis, vel ejus, seu suorum certo mandato, et deinde a platea dicti loci ante castrum prædictum ubi erant ad eclesiam collegiatam Sancti Martini una cum officiariis ac consulibus superius nomi-

natis accesserunt, ubi dum fuerunt intra dictam eclesiam in
capella capitali dictæ eclesiæ, dicti domini Bertrandus de Galardo et
Guillermus de Aubano, procuratores dicti domini comitis Armaniaci et nomine procuratorio ejusdem, omnes et singulos officiarios et consules preffatos ab eorum officiis quibuscumque ac
consulatu demiserunt et destituerunt, ac etiam deposuerunt
totaliter et omnino; qua quidem facta depositione et destitutione,
dictos consules, superius nominatos et modo prædicto depositos
et destitutos ex potestate eis in eorum procuratorio inferius
inserto attributa et concessa, de novo in consules instituerunt et
ad dictum eorum consulatus dicti loci officium restituerunt et
reintegraverunt, auctoritate tam dicti domini comitis Armaniaci
utendo ad officium consulatus præfatum promittentes, ac etiam
convenientes dicti domini procuratores dicti domini comitis
Armagniaci, nominibus dictis et eorum quilibet, dictis consulibus
dicti loci præsentibus et futuris, me notario infrascripto, tamquam
persona publica, pro omnibus illis quorum interest, intererit aut
interesse poterit in futurum stipulanti et recipienti et etiam, ut
principales et privatæ personæ quolibet nomine dicto et mediante
juramento per eos et eorum quemlibet ad et super sancta quatuor Dei Evangelia ac super crucem, et eo Te igitur missali apperto
super altare beati Martini præfatæ eclesiæ in dicti domini comitis
cujus sunt procuratores et in suas proprias animas, et manibus
suis corporaliter tacta, prestito servare, et se facturos et cura-
turos cum effectu quod dictus dominus comes Armagniaci promisit et obligavit servare dictis consulibus ac villæ et habitatoribus ejusdem, tam præsentibus quam futuris, stipulatione qua
supra interveniente, consuetudines et libertates et alia priviletgia
scripta et non scripta dictarum villæ et consulibus et per alios
comites et vicecomites comitatus vicecomitatus prædictorum pre-

decessores tenere et observari consuetas ac consueta, et prædicta
per ipsos promissa dictis consulibus villæ et habitatoribus ejusdem superius et conventa ratifficavit et rata et grata habebit, et
hoc, de die in diem, ad dictorum consulum villæ et habitatorum
ejusdem primam et simplicem requisitionem, et hoc sub expressis
obligationibus et yppothecis omnium bonorum dicti domini
comitis Armagnaci quorum sunt procuratores, et suorum pro-
priorum mobilium et immobilium præsentium et futurorum et
sub omni integra reffectione, restitutione et emenda dampnorum,
gravaminum et expensarum curiæ, litis et extra ac etiam interesse, et sub omni juris et facti renuntiatione ad hoc necessaria
qualibet et cautela ; quibus premissis ita ut premittitur peractis,
dicti consules unus post alium de voluntate ad mandatum dictorum dominorum procuratorum dicti domini ducis Borbonii,
ibidem præsentium, et sic fieri volentium et mandantium, pro se
et nomine dictæ villæ ac consulatus ejusdem et suorum in dicto
officio successorum, dictis procuratoribus dicti domini comitis
præsentibus, ac dicto domino comiti absenti dictis ejus procuratoribus una mecum notario infrascripto tamquam persona publica, ut supra, pro ipso et suis stipulantibus et recipientibus
gratis, juraverunt et ad et super sancta quatuor Dei Evangelia et
crucem et eo Te igitur, manibus suis dextris corporaliter tacta, se
ipsos ac dictam villam suosque in dicto officio in posterum
successores esse veri subjecti obedientes benigne et legales dicto
domino comiti Armagniaci et comiti Insulæ et vicecomiti Gimoesii, suisque successoribus comitibus Insulæ Jordani, ipsiusque
uxoris et liberorum suorum personas, ac bona, honorem pro
posse custodire, servare et amparare, et omnia alia universa et
singula facere, tenere, accomplire quæ sub capitulis juramenti
fidelitatis continentur, superioritate tamen et reverentia, obe-

dientia et subjectione omnimodis et debitis domino nostro regi,
tamquam superiori, et suis successoribus juxta juris firmam
reservatis, et simili modo juraverunt de popularibus et singularibus dicti loci plures et diversi ibidem assistentes et præsentes
in dicta ecclesia beati Martini de Insula manus ad cœlum levantes;
de quibus omnibus premissis dictæ partes et earum quælibet
petierunt et requisiverunt sibi fieri per me notarium infrascriptum publicum instrumentum unum seu plures tot quot fuerunt
sibi necessaria.

  Acta fuerunt hæc in loco Insulæ Jordani, die sexta decima
mensis julii, anno Domini ab Incarnatione millesimo quadringentesimo primo, serenissimo principe domino Karolo, Dei gratia
Francorum rege regnante, et domino Dominico, Dei gratia
archiepiscopo Tholosano existente, in præsentia et testimonio
discretorum et nobilium virorum : Joannis de Petralata, Joannis
de Vicomonte, domini de Pordeaco, Joannis de Cormerio, Gan-
celini de Galesio, Odeto de Ripparia, domini de Pontos, Bernardi
de Claraco et Petri Bastiti, domicellorum, testium ad premissa
vocatorum, et mei Stephani de Palheriis, publici Tholosæ apostolica auctoritate notarii, qui de premissis requisitus cartam istam
recipi duplicatam, subsequenter vero anno, mense, regnantibus
ut supra, die vero decima septima mensis julii dicti dicti procuratores dicti domini ducis Borbonii et nominibus quibus supra
in loco de Serra dicti comitatus Insulæ personnaliter constituti
gratis, nominibus dictis, tradiderunt et liberaverunt possessionem
realem et corporalem dicti loci de Serra dictis procuratoribus
dicti domini comitis Armagniaci, superius nominati, præsentibus et stipulantibus, ut supra, per realem traditionem boccis
et clavium portarum dicti loci de Serra factam de manibus
dictorum procuratorum dicti domini ducis Borbonii in mani-

bus procuratorum dicti domini comitis Armagnaci, cum quibus
clavibus dicti procuratores dicti domini comitis Armagnaci
portas et foras portarum dicti loci apperuerunt et deinde clauserunt cum eisdem clavibus, et eas penes se retinuerunt in signum
possessionis adeptæ, et convocatis ibidem magistro Raimundo
Barieriæ notario, bajulo castelano dicti loci, Joanne Fortanerii,
Petro de Boneu, Joanne de la Badia, consulibus dicti loci
ibidem præsentibus eisdem qui et aliis officiariis et singularibus
ac nobilibus dicti loci tam præsentibus ibidem quam absentibus
me notario infrascripto, tamquam persona publica, pro ipsis et
suis stipulantibus et recipientibus per dictos et superius nominatos procuratores dicti domini ducis Borbonii, remisso totaliter
et relaxato fidelitatis juramento quo erant dicto domino duci
Borbonii astricti, ut comiti dicti comitatus Insulæ et obligati,
dictisque bajulo castellano et consulibus dicti loci superius nominatis per dictos dominos procuratores dicti domini comitis
Armaniaci destitutis a dictis eorum officiis totaliter et demissis
ipsisque in eorum officiis per dictos dominos procuratores dicti
domini comitis Armagniaci et comitis Insulæ restitutis et rein-
stitutis, factaque eis promissione et conventione per dictos
procuratores dicti domini comitis Armagnaci de tenendo et ob-
servando eosdem et alios habitatores dicti loci in suis libertatibus, franquisiis antiquis in dicto loco et observatis et observari
consuetis modo et forma quibus fuit per eos superius, dictis consulibus et habitatoribus Insulæ Jordani promissum superius fieri
et conventum, sub yppotheca et obligatjone omnium bonorum dicti
domini comitis Armagnaci quorum sunt procuratores et suorum
proprium præsentium et futurorum cum omnium dampnorum,
gravaminum et expensarum, reflectione juris et facti renuntiatione ante dictis dicti castellanus bajulus et consules dicti loci

de Serra pro se, et suis singularibus et habitatoribus dicti loci
simile prestarunt juramentum quod fuit superius per consules
dicti loci Insulæ Jordani dicto domino comiti Armagnaci suisque
successoribus prestitum fidelitatis, stipulationibus quibus supra
intervenientibus cum omnibus et singulis aliis cappitulis sub
juramento fidelitatis contentis et comprensis, sacrosanctis quatuor Dei Evangeliis manibus suis dextris corporaliter tactis. De
quibus omnibus et singulis premissis dicti domini procuratores
dicti domini comitis Armagnaci et consules, bajulus et castellanus et præfati, pro se et nomine universitatis dicti loci, petierunt et requisiverunt sibi fieri de premissis publicum instrumentum per me notarium infrascriptum.

Acta fuerunt hæc in dicto loco de Serra comitatus Insulæ
anno, die, mense et regnantibus quibus supra, in præsentia et
testimonio nobilium Joannis de Petralata, Joannis de Bartis,
Joannis de Vicomonte, aliter Pordeac, Bernardi de Claraco,
domicellorum, et mei Matei Boti loci de Monteacuto et Bernardi
de Senesia, etiam domicelli comitatus Insulæ, testium ad premissa vocatorum, et mei Stephani de Palheriis, publici Tholosæ
et apostolica auctoritate notarii, qui de premissis requisitus per
dictas partes præsens instrumentum recepi duplicatum, successive vero anno, die, mense, regnantibus et testibus quibus
supra, et circa horam meridiei in loco seu castro de Mondoville,
Tholosanæ diocesis, comitatus dictæ Insulæ Jordani, personaliter
constituti dicti domini procuratores dicti ducis Borbonii, et nomine procuratorio ejusdem, possessionem realem et corporalem
dicti castri de Mondovilla, cum omnibus juribus et pertinentiis suis,
dictis dominis procuratoribus dicti domini comitis Armagniaci
præsentibus, et nomine dicti comitis una mecum notario infrascripto tamquam persona publica, pro ipso et suis stipulantibus et

recipientibus, realiter et de facto tradiderunt et liberaverunt per realem tradictionem clavium et vectis portarum dicti castri, factam de manibus dictorum procuratorum dicti domini ducis in manibus dictorum duorum procuratorum dicti domini comitis Armagnaci prædictorum, cum quibus dicti domini procuratores dicti domini comitis Armagniaci portas dicti castri apperuerunt et deinde clauserunt et dictas claves penes se retinuerunt in signum possessionis prefatæ per ipsos receptæ et adeptæ cum juribus et pernitentiis suis; de quibus omnibus et singulis premissis dicti domini procuratores dicti domini comitis Armagniaci superius nominati petierunt et requisiverunt per me notarium infrascriptum sibi nominibus dictis fieri publicum instrumentum. Acta fuerunt hæc in dicto loco seu castro de Mondovilla anno, die, mense, regnantibus et testibus præsentibus quibus supra, et me Stephano de Palheriis, publico Tholosæ et apostolica authoritate notario, qui de premissis requisitus cartam istam recepi; consequenter vero anno et regnantibus quibus supra, die vero vicesima dicti mensis julii, nobilis Bernardus Martini et procurator substitutus et nomine procuratorio dicti domini ducis Borbonii, de cujus procuratione constat per quoddam publicum instrumentum per me notarium infrascriptum sumptum et receptum cujus tenor talis est. «Noverint universi quod constituti personaliter anno, et die infrascriptis, in mei notarii et testium infrascriptorum præsentia venerabiles viri magister Stephanus de Bar, baillivus de Combraille, et Joannes Virgilii de Canus de Abbati Villa, procuratores et nomine procuratorio illustris et serenissimi principis domini Joannis, ducis Borbonii, prout de eorum procuratione constat per quasdam patentes literas in pargameno scriptas a dicto domino duce Borbonii emanatas et cujus sigillo cera rubea in pendenti, ut

prima facie apparebat, sigillatas, quarum tenor talis est. » Jean,
duc de Bourbonnois et d'Auvernhe, comte de Clermont, de
Foretz, de Montpansier, de l'Isle, baron et seigneur de Beaujeu,
per et chambrier de France, a tous ceulx qui ces présentes
lettres verront, salut, sçavoir faisons que comme il nous soict
nécessité de présentement avoir finance pour nostre rançon et
deslivrance de nostre prison, à laquelle finance et deslivrance
n'a gueres avons esté mis par le roy d'Angleterre, laquelle bonnement ne pourrions recouvrer sans vendre, faire distribution
ou engaigement de noz lieues et seigneureries ou parties
d'icelles, nous à plain confiance de sens, loyalle et bonne diligence de nostre très chère et très amée compaignie Marie de
Berry, duchesse de Bourbonnois et d'Auvernhe, et aussi de noz
amés conseilhiers Damp Guy de Norry, prieur de Sainct Martin
des Champs lez Paris, Jean de Chasteaumourand, Estienne de
Norry, Philibert de Lespinasse dit Cormorand, Jean de Changy,
Gilbert de Chalus, chevalliers, maistres de Saumier, Pierre de
Hericon, Rogier Roque, Jean Virgille, Estienne de Bar, Colas
Denis, Michel Cordier, Pierre Seguin, Jean de Brueulh, Jean
Mamard dict Poyttou, Gilay de Nolay, Philippe de Coulray et
Jean Fournier, les dessus ditz avons faictz, institués, ordonnés
et establis et par la teneur de ces présentes, faisons, instituons,
ordonnons et establissons noz procureurs généraulx et messagers spéciaulx, en donnant et octroyant ez ditz procureurs et
chascung d'eulx auctorité et pleine puissance de vendre,
engaiger, aliéner et transporter, tant purement et simplement,
comme en condition, résolution et modification à temps, et
à perpétuel, pour nostre dite finance et rançon, nostre seigneu-
rerie et baronnie de Beaujeu, ensemble nostre chasteau et villes
de Trenoulx, du chastellar Dambieu en tout ou en partie, tant

ce qui est de l'empire comme ce qui est au royaume de France, aussy nostre comté de l'Isle, nostre chastel et chastelenie de Chastelchunon, nostre païs de Combraille et chascune desdites seigneuries et païs, et partie d'icelles, leurs appartenences et dépendences, de bailler la possession et saisine corporelle, naturelle et civille desdites choses emptées, qui seront transportées, d'en faire faire déité et responsion par les officiers, rentiers, vassaulx et censiviers, à ceulx à qui elles seront transportées, de demètre des choses de fie envers les seigneurs feudaulx, pour en revestir les achapteurs, et ceulx à quy elles seront transportées pour reculir et recepvoir le prix que les choses seront·vendues et aliénées, d'en faire obligations et soubzmissions de eviction et garentaiges et aultrement, et de donner quittance, une ou plusieurs, des sommes et choses que ou recepvra, à cause des choses vendues et transportées, de instituer et substituer un ou plusieurs procureurs, quy ayent, ou ayt telle et semblable puissance, comme les substituantz, de les rellever de charge et satisdation, et généralement de faire toutes autres choses que faire pourrions sy presens estions. Et promettons, en bonne foy et parolle de prince, d'avoir et tenir ferme et agréable tout ce que par les ditz procureurs et chascun d'eulx, en faisant les choses dessus dites, sera faict, dict, procuré et pourchassé, et quand à icelles tenir et attendre; avons obligé nous, noz hoirs et bien meubles et immeubles, présentz et advenir, voullant estre constrains et compellés par prinse, vendue et exploictation de ceulx en la soumettant à la jurisdiction, cohersion et constraincte de toute court ecclésiastique et laye, et en renonçant à tout ce que on pourroit dire ou exepter au contre les choses dessus dites, et à la loy disant général renonciation non valloir seu l'espécial ne précède.

En tesmoin desquelles choses nous avons faict sceler ces présentes de nostre scel que furent données à Rouen le dix huitiesme jour de janvier, l'an mil quatre cens et vingt, ainsin signé : par monseigneur le duc en son conseilh, auquel les seigneurs de Saligny et de Laugnay et autres estoient. *Cordier.* »

Gratis et ex eorum certis scientiis, nomine procuratorio quo supra, substituerunt, ex potestate eis in præinserto procurationis instrumento atributata et concessa, ac etiam ordinaverunt dicti domini ducis Borbonii viros certos generales, speciales ac indubitatos procuratores et negociorum gessores, videlicet nobiles viros Joannem de Vicomonte aliter Pordeac, Bernardum de Claraco, et Bernardum Martini, domicellos, absentes tamquam præsentes, et eorum quemlibet in solidum ita quod inter eos non sit melior conditio primitus occupantis nec deterior subsequentis, sed per unum ipsorum inceptum fuerit per alium seu alios eorumdem iterum reincipi, continuari, prosequi, terminari valeat et finiri, quibus quidem procuratoribus superius substitutis et eorum quilibet in quolibet in solidum prænominati magistri Stephanus de Bar, Johannes Virgilii substituentes, nomine dicto, et eorum quilibet dederunt et concesserunt plenam licentiam et liberam potestatem ac etiam speciale et generalle mandatum ipsorum substituentium et cujuslibet ipsorum, nomine dicto et dicti domini ducis Borbonii, possessionem corporalem et realem omnium aliorum locorum, castrorum, villarum et fortaliciarum comitatus Insulæ Jordani et vicecomitatus Gimœsii, de quibus nondum est tradita possessio corporalis et realis illustri ac præclaro principi domino Johanni, Dei gratia comiti Armagnaci, seu ejus procuratori vel procuratoribus, aut aliis, ab eo comissis seu depputatis vel depputandis, vigore venditionis et transportationis per ipsos substituentes et nonnullos alios, no-

mine dicto, et dicto domino comiti Armagniaci de dicto comitatu
Insulæ et vicecomitatu Gimœsii factarum, mediante publico instrumento recepto et confecto et ex causa in eodem contenta,
tradendi et liberandi ac remittendi et relaxandi omnibus et singulis dictorum comitatus et vicecomitatus consulibus, bajulis,
officiariis, nobilibus, vassalis quibuscumque, et cujuscumque
sint vel existant conditionis, juramenta fidelitatis et homatgii
quibus sunt vel erant dicto domino duci astricti, et comiti dicti
comitatus Insulæ Jordani et vicecomiti comitatus Gimœsii predictorum, per prædicta juramenta homagii, fidelitatis prestandi
dicto domino comiti Armagnaci seu ab eo depputatis seu depputandis, ut et tamquam vero dicti comitatus Insulæ comiti et vicecomitatus Gimœsii vicecomiti, et generaliter omnia alia universa
et singula faciendi, dicendi, procurandi, gerendi et exercendi
quæ in premissis et circa premissa necessaria fuerunt, seu etiam
opportuna, etiam si talia essent qua mandato magis indigerent
speciali et quæ ipsimet procuratores substituentis et eorum quilibet, nominibus dictis, facerent et facere possent, si in premissis
et premissorum qualibet intheressent. Promittentes dicti domini
substituentes, nominibus dictis et eorum quilibet, mihi notario
infrascripto tamquam personæ publicæ vice, loco et nomine
omnium illorum quorum interest, intererit, seu interesse poterit in futurum, stipulanti et recipienti, se ratum, gratum et firmum perpetuo habituros, et dictum dominum ducem quidquid
per dictos procuratores per ipsos, nomine dicto superius institutos,
et eorum quemlibet in solidum. Actum, gestum, traditum, libe-
ratum, quittatum, remissum seu relaxatum vel aliter quomodo
libet procuratum fuerit in premissis remque ratam haberi judicio sisti et judicatum solvi, cum suis omnibus clausulis universis,
dictosque procuratores per eos substitutos et eorum quemlibet in

solidum ab omni et quolibet onere satisdandi, penitus relevando
sub expressa yppoteca et obligatione omnium bonorum dicti
domini ducis Borbonii, quorum sunt procuratores præsentium
et futurorum, et sub omni juris et facti renuntiatione ad hæc
necessaria qualibet, et cautela, et ita tenere et servare et non
contra facere, dicere, nec venire ullo modo per se nec per personam interpositam dicti substituentis et eorum quilibet, quatinus
et si possunt, ex potestate eis in præinserto procuratoris instrumento, seu litera attributa, concessa juraverunt, in animam dicti
domini ducis, quorum sunt procuratores, ad et super sancta
quatuor Dei Evangelia, manibus suis dextris corporaliter gratis
tacta. Acta fuerunt hæc in civitate Tholosana, die, anno, mense
et regnantibus quibus supra, in præsentia et testimonio discretorum et nobilium virorum domini Raymundi Ricardi in legibus
licentiati, magistri Petri de Galano, notarii, domini Raymundi
Roquete, canonici de Nogarolio, et nobilis Joannis de Bartis
domicelli, testium ad premissa vocatorum, et mei Stephani de
Paleriis, publici Tholosæ et apostolica auctoritate notarii, qui de
premissis requisitus cartam istam recepi, scripsi et signavi, in
loco de Dauptro dicti comitatus Jordani. Gratis, nomine dicto
dicti domini ducis Borbonii, realiter et de facto tradidit possessionem corporalem et realem dicti loci, convocatis ibidem consulibus et de particularibus dicti loci in multitudine sufficienti,
dicto domino Bertrando de Galardo, militi et procuratori et procuratorio nomine dicti domini comitis Armagnaci, per traditionem ..... et clavium portarum dicti loci, quas quidem portas
dicti loci dictus dominus Bertrandus de Galardo, nomine dicto,
cum dictis clavibus sibi, ut prefertur et modo prædicto traditum,
portas fortalicii apperuit, clausit et deinde apperuit, in signum
adeptæ possessionis prefatæ loci ejusdem, cum juribus et perti-

nentiis suis et ulterius ibidem, dictus **Arnardus Martini, nomine** dicto, mandavit et injunxit **Bernardo de Grimerio, bajulo dicti** loci, Bernardo de Carda, juniori, **Bertrando de Bidosa, Petro** de Cossio et Arnaldo Dalias, consulibus dicti loci, ut dicto domino Armagnaci, ut vero comiti Insulæ Jordani obedirent, seu dicto ejus procuratori nomine ejusdem, remittendo eisdem ibidem præsentibus et stipulantibus et aliis officiariis et habitatoribus dicti loci absentibus, me notario infrascripto, tamquam **persona** publica pro ipsis et suis et aliis omnibus quorum intherest, inthererit seu interesse poterit in futurum, stipulante et recipiente, ac etiam relaxando omnia et quæcumque juramenta tam fidelitatis quam homatgii, aut alia quæ dicto domino duci Borbonii, ut comiti Insulæ olim prestiterant, ut ea prestent dicto domino comiti Armaniaci, seu suis, vel ejus certo mandato, **serva**tis tamen pactis, conventionibus et retentionibus, in præinserto venditionis instrumento expressatis et contentis, et hoc tamquam comiti dicti comitatus Insulæ Jordani; et ibidem dictus dominus Bertrandus de Galardo, nomine procuratorio dicti domini comitis Armaniaci, dictos bajulum et consules ibidem **præsentes** destituit et ab eorum officiis deposuit. Quibus bajulo et consulibus sic, ut prefertur, deppositis, dictus dominus Bertrandus de Galardo, nomine dicto ibidem, ad dicta eorum officia restituit eosdem et eorum quemlibet, si et quatinus necesse est ad dicta eorum officia reponendo et restituendo, jurando eisdem bajulo et consulibus et eorum cuilibet præsentibus, et nomine consulatus loci et universitatis dicti loci, stipulantibus et recipientibus una mecum notario infrascripto, tamquam persona publica, et juramento medio per ipsum ad ea super sancta quatuor Dei Evangelia, promittendo in animam dicti domini comitis, cujus est procurator, sub obligatione et yppotheca bonorum omnium et singulorum dicti domini comitis Armagnaci cujus, ut prefertur, est procurator, præsentium et futurorum eisdem bajulo et consulibus et aliis absentibus stipulationibus quibus supra intervenientibus se nomine dicto, et dictum dominum comitem Armagnaci et suos successores tenere et inviolabiliter observare statuta, privilegia et alias consuetudines et observantias aprobatas dicti loci et per alios predecessores comites Insulæ Jordani tenere et observare consuetudines; et ibidem premissis ita ut premittitur peractis, dicti bajulus et consules dicti loci, superius nominati, se aliis in dicto officio successoribus et tota universitate dicti loci de licentia et authoritate dicti Bernardi Martini, procuratoris præfati, juraverunt et, medio juramento et sub yppotheca et obligatione omnium bonorum dicti loci et universitatis ejusdem, promiserunt medio juramento, per ipsos et eorum quemlibet ad et super sancta quatuor Dei Evangelia, manibus suis dextris corporaliter tacta, prestito, dicto domino comiti Armaniaci et suis, stipulationibus quibus supra intervenientibus, tenere, facere, complere et inviolabiliter respectu sui et suorum dicti loci consulum, nunc et in futurum, habitatorum, omnia et singula per superius nominatos consules loci de Insulæ Jordani facere, tenere et observare promissa et quæ sub juramento fidelitatis continentur, et se et bona sua ac consulatus et universitatis dicti loci penes et erga dictum dominum comitem Armagniaci et suos absentibus stipulationibus, quibus supra intervenientibus, yppothecando et obligando; de quibus omnibus et singulis premissis dicti dominus Bertrandus de Galardo, nomine dicto, et consules dicti loci requisiverunt sibi per me, notarium infrascriptum, fieri et confici publicum instrumentum. Acta fuerunt hæc in loco de Dauptro anno, die, mense, regnantibus quibus supra, et testimonio nobilium Joannis de Vicomonte aliter Pordeac, Joannes

de Bartis, Bernardo de Sanesio, Joannis de Petralata, domicellorum, et duo Ramundi Roqueta, canonici de Nogarolio, et Ramundi
de Bosco, presbyteri et rectoris dicti loci, testium ad premissa
vocatorum, et mei Stephani de Palheriis, publici Tholosæ apostolica authoritate notarii, qui de premissis per dictas partes requisitus præsens instrumentum recepi duplicatum. Post modum vero
successive eadem die, circa horam vesperorum, in loco de Bretis
dicti comitatus Insulæ Jordani, dictus Bernardus Martini, procuratorio nomine quo supra, personaliter constitutus gratis nomine
dicto, absentibus consulibus dicti loci, ab eodem loco possessionem
realem et corporalem dicti loci et fortalicii dicto domino Bertrando Galardo, procuratore prædicto dicti domini comitis Armaniaci, per realem traditionem clavium portarum dicti loci tradidit
et liberavit. Quas portas idem procurator dicti domini comitis
Armanhaci cum dictis clavibus apperuit et ex post clausit eas,
destituendo deinde omnes et singulos officiarios, bajulos et consules dicti loci modo et forma præsenti, absentibus eisdem, ex
post modo et forma præfata, quibus quidem consulibus ac bajulo
dicti loci, licet absentibus, me notario infrascripto, tamquam
persona publica pro ipsis et suis et aliis omnibus quorum
interest seu interesse poterit in futurum, stipulante et recipiente.
Dictus Bernardus de Martino, nomine procuratorio quo supra,
remisit, relaxavit juramenta fidelitatis, quæ debebant dicto
domino duci Borbonii, ut comiti Insulæ, ut ea prestent
dicto domino comiti Armaniaci, ut comiti Insulæ, seu procuratoribus suis tamquam vero comiti dicti comitatus Insulæ.
De quibus omnibus premissis dictus dominus Bertrandus de
Galardo, nomine dicto, petiit et requisivit sibi per me notarium infrascriptum fieri et confici publicum instrumentum.
Actum fuit hoc in dicto loco de Bretis anno, die, mense et

regnantibus quibus supra, in præsentia et testimonio nobilium
virorum Joannis de Bartis et Joannis de Petralata, domicellorum,
et Petri Bastiti, etiam domicelli, et magistri Arnaldi de Carrabordis
notarii, testium ad premissa vocatorum, et mei notarii infrascripti qui de premissis requisitus instrumentum recepi. Successive vero anno, die, mense et regnantibus quibus supra,
personaliter constitutus in loco de Tilhio, dicti comitatus Insulæ
Jordani, dictus nobilis Bertrandus de Martino, nomine procuratorio quo supra, corporalem et realem possessionem castri dicti
loci realiter et de facto tradidit et liberavit dicto domino Bertrando
de Galardo, nomine procuratorio dicti domini comitis Armagnaci,
et simili modo villæ dicti loci, et hoc per traditionem clavium
et burcis portarum dictarum dictorum castri et villæ dicti loci;
cum quibus clavibus dictus dominus Bertrandus de Galardo,
nomine dicto, portas et seras dictorum castri et villæ dicti loci
clausit et apperuit in signum adeptæ possessionis præfatæ. Et
ulterius ibidem dictus Bernardus de Martino, nomine dicto, dictis
consulibus et bajulo dicti loci, licet absentibus, me notario infrascripto, tamquam persona publica, pro ipsis et aliis quorum interest
seu interesse poterit stipulanti et recipienti, juramenta fidelitatis
quibus erant astricti dicto domino duci Borbonii ut comiti
Insulæ, quittavit, remisit ac etiam relaxavit per medium, ut ea
prestent et prestare teneantur dicto domino comiti Armagnaci,
seu procuratoribus suis, ut comiti Insulæ Jordani; qui quidem
dominus Bertrandus de Golardo, nomine dicto, bajulum et consules dicti loci destituit ab eorum officiis et depposuit, requirens
sibi et nomine dicto per me notarium infrascriptum fieri de præmissis et confici publicum instrumentum. Acta fuerunt hæc in
dicto loco de Tilio, anno, die, mense, regnantibus et testibus
præsentibus quibus supra, et me notario infrascripto; postmodum

vero anno et regnantibus quibus supra, die vero vicesima prima
dicti mensis julii, dictus nobilis dominus Bertrandus de Galardo,
nomine procuratorio quo supra dicti domini comitis Armagnaci,
fecit et instituit ac constituit in consules dicti loci Raimundum
de La Mortura, Guillermum de Sancto Salvio et Bernardum
Tholosæ ibidem præsentes et Brunetum Despenxi, absentem ab
inde, et in bajulum dicti loci nobilem Bernardum de Claraco,
domicellum, ibidem præsentes. Qui consules et bajulus præsentes
modo et forma quibus consules et bajulus seu vicarius Insulæ
Jordani superius juraverunt, in manibus dicti domini Bertrandi
de Galardo nomine procuratorio quo supra dicti domini comitis
Armaniaci, juraverunt, unus post alium, ad et super sancta quatuor Dei Evangelia et super crucem, et lo Te igitur missali ibidem
apperto, quod erunt a modo boni et fideles dicto domino comiti
Armaniaci suisque in posterum successoribus, comitibus Insulæ
Jordani, et esse pro se ut consules, et nomine villæ et universatis
dicti loci, veri et legales subjecti et obedientes dicto domino
comiti Armaniaci, suisque successoribus omnibus Insulæ Jordani,
et vicecomitibus Gimoesii, ipsumque dominum comitem Armaniaci ejusque uxorem et liberos ut comitem seu comites Insulæ
Jordani et vicecomites Gimoesii personas ac bona et honores
pro posse custodire, servare et amparare et omnia alia universa et
singula facere et tenere, servare et adimplere quæ sub capitulis
juramenti fidelitatis continentur, superioritate tamen, reverentia
et obedientia ac subjectione omnimodis debitis domino nostro
regi, tamquam superiori et suis successoribus, juxta juris formam
reservatis. Dictus vero dominus Bertrandus, nomine dicto, promisit dictis consulibus ac bajulo ibidem præsentibus, et pro se et
aliis habitatoribus dicti loci præsentibus et futuris, una mecum
notario infrascripto, tamquam publica persona, pro ipsis et suis,

stipulantibus et recipientibus, eisdem tenere et servare inviolabiliter consuetudines eorum et dictæ villæ, ac privilegia et libertates dicti loci scriptas et non scriptas per alios ollim comites
Insulæ Jordani teneri et servari consuetas, sub yppotheca et
obligatione omnium bonorum dicti domini comitis Armaniaci,
cujus est procurator præsentium et futurorum, et sub omni juris
et facti renunciatione ad hæc necessaria qualibet et cautela, et
medio juramento per ipsum in animam dicti domini comitis,
cujus est procurator, ad et super sancta quatuor Dei Evangelia
manu sua dextra corporaliter tacta prestito, et nihilominus promissa per eum facere per dictum dominum comitem Armaniaci
de die in diem, ad eorumdem consilium vel eorum certi mandati
primam et simplicem requisitionem ratifficare, approbare et confirmare, ac rata et grata, atque firma habere et tenere; de quibus
omnibus premissis dictus dominus Bertrandus de Golardo, nomine
dicto, et dicti consules requisiverunt sibi per me notarium infrascriptum fieri et confici publicum instrumentum. Acta fuerunt
hæc in dicto loco de Thilho anno, die, mense, regnantibus et
testibus præsentibus quibus supra, et me notario infrascripto.
Successive vero anno, die, mense et regnantibus quibus supra,
apud locum de Malobecco, in vicecomitatu Gimoesii, personaliter
constitutus dictus nobilis Bernardus de Martino, nomine procuratorio dicti domini ducis Borbonii, realiter et de facto in mei
notarii et testium infrascriptorum præsentia, personaliter in dicto
loco constitutum dictum dominum Bertrandum de Galardo, nomine
procuratorio dicti domini comitis Armagnaci, in corporalem et
realem possessionem dicti loci misit, posuit et induxit per realem traditionem burcis et clavium portarum fortalicii dicti loci
de manibus suis in manibus dicti domini Bertrandi, cum quibus
clavibus idem dominus Bertrandus portas fortalicii dicti loci

clausit et deinde apperuit in signum possessionis realis et corporalis dicti loci adeptæ, et ibidem dictus Bertrandus de Martino,
nomine quo supra, Bernardo Parabaira, Petro de Biacolio,
Arnaldo de Copiaco et Joanne de Falqueto, cònsulibus dicti loci,
et Guillermo Arnaldi de Bonis, bajulo dicti loci, præsentibus
ibidem ac aliis nobilibus et officiariis aliis et singularibus dicti
loci et jurisdictionis dicti loci ac vicecomitatus Gimoesii præsentibus et absentibus, me notario infrascripto tamquam persona
publica, pro dictis absentibus et aliis omnibus quorum intherest,
seu interesse poterit in futurum, stipulante et recipiente, omnia et
quæcumque juramenta fidelitatis et homatgii, quibus erant dicto
domino duci Borbonii, ut comiti Insulæ Jordani et vicecomiti
Gimoesii astricti, remisit, quittavit ac etiam relaxavit penitus et
omnimodo ut ea prestent et prestare teneantur dicto domino
comiti Armagnaci, seu procuratoribus suis, aut aliis ab eo depputatis seu depputandis, tamquam comiti et vicecomiti comitatus
et vicecomitatus prædictorum ; quaquidem relaxatione dictorum
juramentorum modo et forma præmissis facta, dictus dominus
Bertrandus de Golardo, nomine procuratorio quo supra dicti
comitis Armagnaci, dictos consules et bajulum dicti loci ibidem
præsentes, et eorum quemlibet, ab eorum officiis consulatus et
bajuliæ destituit et alios officiarios si qui sint, ac deposuit ; qua
destitutione et depositione facta, modo et forma prædictis, eosdem
consules et bajulum, superius nominatos et ibidem præsentes, in
consules et bajulum dicti loci instituit et ad dicta eorum officia
consulatus et bajuliæ restituit et reintegravit ; qui quidem bajulus
et consules ibidem præsentes, pro se et quatinus possunt pro tota
universitate dicti loci, juraverunt, unus post alium, ad et super
quatuor Dei Evangelia manibus suis dextris corporaliter tacta,
esse boni, veri et fideles subjecti et obedientes dicto domino

comiti Armaniaci, absente dicto ejus procuratore, una mecum
notario infrascripto, tamquam persona publica, pro ipso et suis
stipulantibus et recipientibus suisque in posterum successoribus
comitibus Insulæ et vicecomitibus Gimoesii ipsumque dominum
comitem Armagnaci, ut comitem Insulæ et vicecomitem Gimœsii,
ejusque personam, uxorem, liberos et bona et honores custodire,
servare et amparare, et omnia alia universa et singula facere,
tenere et adimplere quæ sub cappitulis juramenti fidelitatis continentur, superioritate tamen, reverentia et obedientia ac subjectione omnimodis et debitis domino nostro regi, tamquam superiori
et suis successoribus juxta juris formam reservatis. Quibus præmissis ita peractis, dictus dominus Bertrandus de Galardo, nomine
procuratorio dicti domini comitis Armagnaci, mandavit, promisit, firmiter et convenit per pactum expressum dictis consulibus ac bajulo præsentibus et pro se ipsis ac tota universitate
dicti loci, una mecum notario infrascripto tamquam persona
publica, pro ipsis et aliis quorum interest aut interesse poterit in
futurum stipulantibus et recipientibus, dictis consulibus et universitati dicti loci tenere et servare statuta, consuetudines, privilegia et observantias dicti loci, scriptas et non scriptas, per olim
comites alios Insulæ Jordani teneri et observari acthenus consuetas et modo et forma acthenus consuetis, et nihilominus
permissa superius promissa et conventa nomine dicto per dictum
dominum comitem Armagnaci, comitem Insulæ et vicecomitem
Gimoesii, de die in diem, ad primam et simplicem requisitionem
consilium habitatorum dicti loci facere, ratifficare, approbare et
confirmare, et rata et grata atque firma habere et tenere, et hoc,
sub expressa yppotheca et obligatione omnium bonorum dicti
domini comitis Armagnaci, cujus est procurator præsentium et
futurorum , et sub omni juris et facti renuntiatione ad hæc

necessaria qualibet et cautela, et medio juramento per ipsum ad et super sancta quatuor Dei Evangelia manu sua dextra et in animam dicti domini comitis, cujus est procurator præsentium et futurorum, et sub omni juris et facti renuntiatione ad hæc necessaria qualibet et cautela, corporaliter gratis tacta prestito ; de quibus omnibus et singulis premissis dictæ partes et earum quælibet petierunt et requisiverunt per me notarium infrascriptum fieri et confici publicum instrumentum. Acta fuerunt hæc in dicto loco de Malobeco anno, die et mense et regnantibus quibus supra, in præsentia et testimonio discretorum ac nobilium virorum Joannis de Petralata, Odeti de Gaudonibus, domini de Grilhano, et Vitalis de Viraco, loci de Insula habitatoribus, domicellorum, testium ad premissa vocatorum, et mei Stephani de Palhariis, publici Tholosæ et apostolica autoritate notarii, qui de premissis requisitus cartam istam recepi duplicatam. Tenores vero aliarum procurationum non incertarum et de quibus superius est facta mentio sequitur in hæc verba : Jean, duc de Bourbonnois et d'Auvergne, comte de Clermont, de Faurès, de Montpensier et l'Isle, seigneur de Beaujeu, pair et chambrier de France, à tous ceulx qui ces présentes lettres verront, salut : sçavoir faisons que nous à plain confians des cens, loyalle et bonne diligence de noz amez et féaulx conseillers, messieurs Pierrre de Montmourin et Guillaume des Ages, chevalliers, Pontsard de Grandval, Jean de Murat, écuiers, et maistre Estienne de Bar, et acertenés du bon vouloir que ils ont, avons faictz, ordonnés et establis et par la teneur de ces présentes, faisons ordonnons et établissons noz procureurs généraulx et messaigiers speciaulx pour nous et au lieu de nous, en leur donnant et à chacung d'eulx pour le tout, tellement que la condition de l'occupant ne soict pas meilheur de l'autre, authorité, puissance, pouvoir de obliger, aliéner, vendre et engaiger et transporter à tels que bon leur semblera et pour tel prix et somme que ils adviseront de nos biens, meubles, terres, chevances, seigneuries, dommaines et droitz, et sur icelles mettre rentes et charges et de les aliéner en tel nombre et quantité que leur plaira, et bon leur semblera, et de prendre et recepvoir l'argent et finance que pour ce sera paiée et d'en donner quittance, de accepter et stipuler pour nous et en nom de nous, et des choses par lesditz procureurs vendues et engaigées, bailler la possession et saisine, et en faire la démission par devers les seigneurs feudaulx et directz et de garantir les choses que par eulx seront transportées, de ordonner ez offices vassaulx, censiviers, debteurs et subjetz de respondre des lors en avant ez achateurs et de quitter leurs fois, sermentz et générallement de faire tout ce que faire porrions, sy presentz estions, et que à bons et loyaulx procureurs apartient de faire. Et pour tenir les choses dessus dites et chacune d'icelles, avons obligé et obligeons nous, nos hoirs et biens presentz et advenir en les soumetant à la jurisdiction, coertion et constrainte du seel du Chastelet à Paris, et de toute court d'empereur, roy, de duc, de court d'église et de toutes jurisdictions, tant apostoliques et de églize comme layer, et tellement que l'exécution de l'une ne empesche mie l'autre, et de toute autre court royal; et icelles avons jurées et jurons en parolle de prince de non venir au contraire, et de rellever lesdits procureurs de satisdation et de toute autre charge et les garantir et deffendre les choses et des choses que par lesditz procureurs au nom de nous et pour nous seront faictes. En tesmoing desquelles choses nous avons faict seeler ces présentes de notre seel secret, quy furent donnés à Roen le dix septiesme jour de janvier, l'an mil quatre cens et vingt; ainsin signées par monseigneur le duc en son conseil, auquel le prieur de Saint-Martin des Champs, le sénéchal de Bourbonnois, baillif de Fourestz et Beaujeulois, et maistre Pierre de Hericon estoient. *L. Ferrant.*

Joannes, Dei gratia comes Armagnaci, Fesenciaci, Ruthensis et Pardiaci, vicecomesque Leomaniæ, Altivillarum, Fesensaguelli, Brulhesii, Creysselli et Cardalezii, ac etiam dominus terrarum Rippariæ, Auræ et Montanorum Ruthensium, universis præsentes litteras inspecturis salutem. Notum facimus quod nobilitate, legalitate, fidelitate, industria ac bona diligentia dictorum et fidelium nostrorum domini Bertrandi de Golardo, militis, consiliarii nostri, et domini Guillermi de Aubano, licentiati in decretis, judicis Auxis et Auræ, sepius per experimentiam comprobatorum, ad plenum confidentes, ipsos dominos Bertrandum de Galardo et Guillermum de Aubano, absentes tamquam præsentes, et eorum quemlibet in solidum procuratores veros et indubitatos procuratores, auctores, factores et nuntios speciales et generalles, ita quod specialitas non deroget generalitati, nec e converso, fecimus, constituimus et ordinavimus citra revocationem aliorum procuratorum per nos hactenus constitutorum, facimusque, constituimus et ordinamus gratis et ex nostra certa scientia per presentes videlicet specialiter et expresse ad emendum et titulo puræ, simplicis et perfectæ emptionis aquirendum, a nobili et magnæ preheminentiæ principe et avunculo nostro domino duce de Borbonio et quocumque alio habente potestatem ab eo, comitatum Insulæ Jordani, cum omnibus sibi adherentiis et dependentiis et connexis, prout idem princeps dictum comitatum et cetera omnia acquisivit a nobili et potenti viro comite dicti comitatus ultimo deffuncto, et ad stipulandum de evictione una cum obligatione bonorum dicti domini ducis venditoris, et ceteris qui occasione talium emptionum promitti et

obligari consueverunt per venditores talium nobilium rerum, et
ad solvendum de bonis nostris precium et partem precii quod promisserunt pro dicta emptione, et obligandum nos et omnia et singula bona nostra mobilia et immobilia atque jura, præsentia et
futura, pro precio vel parte precii, si qua restiterit ad solvendum,
precium autem intelligimus trigenta millium scutorum, auri, vel
majus precium si ut in quantum eis seu eorum alteri visum fuerit
expedire, quorum scutorum octo valent novem francos auri, vel
equippolentiam in alia aurea moneta, quæ non possunt proprie
possideri, et pro dictis possessionibus et quasi possessione interponendum operam et ministerium suum taliter quod in nos constituentem possessio transire possit eo modo quo ordinatum est
per jura, et de super premissis instrumentum seu instrumenta
unum vel plura roborata et firmata promissionibus, obligationibus, conventionibus, pactionibus, stipulationibus, revocatio-
nibus, cauthelis, juramentis et aliis solempnitatibus et clausulis
necessariis et opportunis ad nostri utilitatem et commodum, de
et super premissis et quolibet premissorum confici et fieri
petendum et faciendum et generaliter omnia alia et universa et
singula faciendum, dicendum, procurandum, peragendum et
liberaliter exercendum, quæ in premissis et circa premissa et
dependentia ex eisdem et integram perfectionem eorumdem
necessaria fuerunt, seu etiam opportuna, et quæ boni, veri et
legitimi procuratores, in talibus vel similibus constituti, facere
possunt et debent et nosmet facere possemus, si personaliter interessemus, et quæ causarum et negotiorum merita exigunt, postulant et requirunt, etiam si majora vel minora essent quam
superius expressata, et mandatum magis exigerent speciale, vel
generalle. Ad quæ omnia universa et singula supradicta facienda,
dicenda, gerenda, procuranda et liberaliter exercenda, eisdem

procuratoribus nostris et eorum cuilibet in solidum damus et concedimus plenam et liberam potestatem, licentiam et auctoritatem, et speciale ac etiam generalle mandatum, promittentes nos comes prædictus solempni et valida stipulatione interveniente notario secretario nostro infrascripto, ut publica persona stipulanti et recipienti pro dicto domino duce de Borbonio et alii quorum interest, intererit aut interesse poterit in futurum, prædictos procuratores nostros non revocare, nosque ratum, gratum atque firmum perpetuo habituros promittimus solempniter, eadem stipulatione qua supra, totum et quidquid per dictos procuratores nostros seu eorum alterum in solidum in premissis et circa premissa et deppendentia et emergentia ex eisdem emptum, promissum, conventum et obligatum et yppothecatum, suppositum, submissum, renunciatum, juratum, procuratum, actum vel gestum fuerit aut aliter modo quolibet explicatum, ac si per nos principaliter esset factum, eaque rattificare, approbare et confirmare, tenereque, servare, attendere et complere, et non contra facere, dicere, vel venire in judicio sive extra ullo tempore aliqua ratione vel causa, sub obligatione et yppotheca omnium et singulorum bonorum nostrorum mobilium et immobilium præsentium et futurorum et sub omni juris et facti renuntiatione, ad hæc necessaria qualibet et cautela, et sub juramento ad sancta Dei Evangelia per nos præstito corporaliter tacta, in quorum fidem et testimonium præmissorum nostras præsentes fieri fecimus litteras, nostri sigilli munimine roboratas. Datum in castro nostro Lectoræ, die prima mensis julii anno Domini millesimo quadringentesimo vicesimo primo, per dominum comitem præsentibus : domino Bernardo de Grossol (les), ejus cancellario, domino Raimundo Amelii de Pena, domino de Castairoliis, domino Aymerico de Castropercio, vicecomite de Amvialeto, ejus consiliariis Bobarreriæ, et ego idem Stephanus de Palheriis, publicus Tholosæ et Apostolica authoritate notarius ante dictus, facta primitus diligenti collatione huic præsenti instrumento tribus pellibus, filo canabis duplici assutis, inserto et per alium meum fidelem substitutum scripto, me aliis arduis negotiis occupato, me subscripsi et signo meo consueto signavi in fidem et testimonium premissorum.

L'acte qui précède est ensuite authentiqué comme suit :

Extraict tiré dudit original, escript consécutivement après le précédent instrument, toutz deux en sept peaulx de parchemin ausquelz a neuf scaulx pendentz en boette a cire jaulne, signé du seing autentique du susdit *de Palheriis,* notaire, et cotté au-dessus par lettres A. A., estant ledit original dans les archifz dudit conté, collationné par moy, Amans Gibron, greffier et secrétaire audit conté, garde desditz archifz auquel me reffère, en foy de quoy me suys souzbsigné à Roudez, ce dixiesme de décembre mil cinq cens quatre vingtz seize, ainsi signé : *Gibron.*

Le quatriesme octobre mil six cens soixante six, la présente copie a esté bien et deuement vidimée et collationnée sur l'estraict, signé Gibron, escript en papier qui estoit au trésor des archifs du roy au chasteau de Nérac, porté au trésor des archifs de sa Majesté au chasteau de Pau, inventorié au nouvel inventaire d'Albret, chapitre intitullé *Domaine* et coté de letre J. 33, par moy soubzsigné estant en la ville de Foix à la suite de Monsieur de Doat, conseiller du roy en ses conseils d'Estat et président en la Chambre des comptes de Navarre, suivant l'arrest de ladite Chambre du vingt-troisiesme juin dernier ; signé : *Capot.*

Collection de Doat, vol. CCXIII, acte allant du folio 169 au folio 251. Bibl. de Richelieu, Cabinet des titres.

14, 16 ET 20 JUILLET 1421.

Extrait de l'Histoire de Gascogne sur le précédent sujet.

Le dauphin voulait surtout les opposer au comte de Foix qui, irrité d'avoir été dépouillé de ce gouvernement et vivement sollicité par le roi Charles VI, ou plutôt par le roi d'Angleterre, dont le premier n'était que l'aveugle instrument, paraissait pencher pour les ennemis de la France ; mais leurs efforts réunis ne purent amener que la soumission de quelques places. Durant cette campagne, le comte d'Armagnac acheta (14 juillet 1421) des procureurs du duc de Bourbon le comté de l'Isle-Jourdain et la vicomté de Gimois pour la somme de trente-huit mille écus d'or. Cette somme était destinée à payer la rançon du duc, toujours prisonnier en Angleterre. Le comte de Clermont ratifia la vente et Jean envoya BERTRAND DE GALARD, seigneur de l'Isle Bouzon, prendre en son nom possession du comté. Bertrand se transporta successivement à l'Isle, à Maubec, à Gimont et fit (16 et 20 juillet) prêter serment à son maître. Cette acquisition et quelques autres qui la suivirent, jointes aux terres qu'il possédait déjà, le rendaient un des plus puissants seigneurs du Midi et même de la France entière.

Histoire de Gascogne, par l'abbé Monlezun, tome IV, pages 220 et 221.

30 AVRIL 1422.

BERTRAND DE GALARD *déclare que ses châteaux de l'Isle-Bozon et de Castel-Rouge, qu'il possède en pleine justice, sont mouvants, ainsi que sa maison de Gachepoy, du comté d'Armagnac.*

Noble et honorable homme messire BERTRAND DE GALARD, chevalier, seigneur de l'Isle-Bozon, avoua tenir en fief noble et gentil

du comte d'Armagnac, à cause des vicomtés de Lomagne et
d'Auvillars, deux tiers du lieu et château de l'Isle-Bozon avec
haute, moyenne et basse justice, le château de Castel-Rouge en
toute justice, la maison de Gachepoy en la juridiction de Mira-
doux, etc., le 30 avril 1422.

Bureau des finances de Montauban, livre rouge, fol. 94. — D. Villevieille, *Trésor généalogique,* vol. XLIII, fol. 144 verso.

Fin décembre 1422.

Allocation attribuée à Bertrand de Galard *pour se rendre à la cour
de Navarre.*

BERTRAND DE GALARD.

Autre somme de 700# pour l'aider à faire ses dépenses, pour
aller vers le roi de Navarre, employée sur le 5e compte dudit
Charrier.

Extrait du deuxième volume du troisième compte de Guillaume Charrier
fini le dernier décembre 1422. — Bibl. de Richelieu, Cabinet des titres.

Année 1423.

Bertrand de Galard, *ambassadeur du roi de France auprès du roi de
Navarre, reçut de lui un cheval de grand prix, en témoignage de
sa gratitude.*

Mosen Bertran de Goalar, embajador del rey de Francixa cerca
del rey de Navarra en 1423 : D. Carlos 3° le regalo un caballo.
Caj. 122. N. J-6 comp. Tom. 20, pag. 480.

Adictiones al Diccionario de antigüedades de Navarra, por D. José
Yanguas y Miranda. Pamplona, 1843, page 150.

4 MAI 1428.

Jean, comte d'Armagnac, confirme les privilèges de la noblesse de Lomagne, à la prière de BERTRAND DE GALARD, seigneur de l'Isle-Bozon, et d'un grand nombre d'autres vassaux du même pays.

COUTUMES DU COMTÉ D'ARMAGNAC ET DE LA VICOMTÉ DE LOMAGNE.

Joannes, Dei gratia comes Armaniaci, Fezensiaci, Ruthenæ et Insulæ, vicecomesque Fezensagueti, Brullesii, Carselli et Gimœsi, ac dominus terrarum Ripariæ, Auræ et Montanorum Ruthenensium, universis et singulis præsentes litteras inspecturis, salutem. — Cum sit cujuslibet principis subditorum vota oculis prospicere benevolis eorumque supplicationes benigne exaudire, nam eorum princeps dominus incrementum suscipit, cum subditorum vota oculis prospicit benevolis eorumque supplicationes benigne exaudit, nostram adeuntes præsentiam dilecti et fideles nostri milites et consiliarii dominus BERTRANDUS DE GUALARDO, dominus de Insula Bozonis, dominus Bertrandus de Gutto, dominus de Rolhaco, dominus Joannes de Vicomonte, dominus de Tornacopo, et Gailhardus de Lucomonte, dominus de Podiogaillardo, pro se et nomine omnium et singulorum nobilium vicecomitatus Leomaniæ et Altiævillariæ, via humilis supplicationis exponere curaverunt, quod cum prædecessores nostri claræ memoriæ, quorum animæ cœlestibus fruantur gaudiis, vicecomites Leomaniæi omnibus et singulis nobilium eorumdem vicecomitatuum dederint, concesserint, juraverint et promiserint tenere et observare foros, usus, consuetudines et privilegia contenta in quodam publico instrumento, manu publica confecto et signato per eos nobis oblato, exhibito et tradito hujus qui sequitur tenoris : « Noverint universi præsentes pariter et futuri hoc

præsens publicum instrumentum visuri etiam audituri quod
magnificus et potens vir dominus Bernardus, Dei gratia comes
Armaniaci, Fezensiacique, Ruthenæ, Cadralhesique, vicecomes
vero Leomaniæ et Altævillariæ, dominusque terræ Ripariæ, constitutus in mei notarii publici et testium infrascriptorum presentia ad humilem requisitionem dominorum Raymundi Arnaldi
de Gutto, dni de Rholaco, baronis de Lossa Castellani, Garsiæ de
Manassio, dni de Pinu, Bertrandi de Lucomonte, dni de Podiogaillardo, militum, et nobilium Othonis de Montealto, de Agromonte,
Sancti Garsiæ de Manassio, de Avesano, Gastoni de Serilhaco, de
Sancto-Leonardo, Onhaci de Caumont, Petri de Fieus, de Capella
Sancti Georgii, Vitalis de Preyssaco d'Esclinaco, Geraldi de Podio
de Ulmis, Joannis de Lucomonte de Maurosio, de Sancta Christina
in Corensaguello, Gaillardi de Lucomonte, de Podiogaillardo
de Cadeto, Othonis et Andræi de Bonafonte, de Feudis, Joannis
de Marsaco, Arnoldi de Marestagno vice et procuratis nobilis
Geraldæ de Viveriis, Bertrandi de Gualardo, Bertrandi de Caumonte, cond. de Insula Bozonis, Joannis de Faudoanis de Pluma,
Pontii de Gardia, Joannis de Astremeaco, Othonis et Vesiani de
Montealto, filiorum domini Gallini de Montealto militis, condomini, Raymundi de Brollio, de Pellafica et de Saubrimonte,
dominorum et condominorum dictorum locorum pro partibus
suis, Othonis de Cabiraco, condomini de Cadeilhano, Raymundi
de Bosetto, dni de Bosetto et Sancti-Joannis de Bosetto, domicellorum et vice et nomine dictorum dominorum et aliorum nobilium dictorum vicecomitatuum dicentium et asserentium quod
primo et antiquam ipsi nobiles tenerentur facere homagia et
præstare fidelitatis juramenta de bonis, rebus, etc. »

Histoire de Gascogne, par l'abbé Monlezun, tome VI, pages 22-23.

4 MAI 1428.

Extrait du Trésor généalogique de D. Villevieille sur le même sujet.

BERTRAND DE GALARD, chevalier, seigneur de l'Isle-Bozon, fut un des seigneurs des vicomtés de Lomagne et d'Auvillards qui demandèrent, au nom des autres nobles, la confirmation de leurs priviléges au comte d'Armagnac, etc., le 4 may 1428 [1], et obtinrent de lui le *vidimus* des priviléges accordés en 1391, le 6 janvier.

Archives de M. de Pressac, comte d'Esclignac. — D. VILLEVIEILLE, *Trésor généalogique,* vol. XLIII, fol. 144 verso. Cabinet des titres.

---

4 MAI 1428.

Extrait de l'Histoire de Gascogne sur le même sujet.

Le comte d'Armagnac était depuis longtemps occupé à garantir ses domaines des excursions des Anglais, dont les nombreux partis sillonnaient la Gascogne. Sa vigilance ne put les écarter, et les dégâts furent assez considérables pour que Charles VII crût

---

1. Un Antoine Galard, étranger, je crois, à la famille du Condomois, était contemporain de Bertrand de Galard, comme il résulte de l'acte que voici :

CONTRACT DE PARÉAGE ENTRE JEAN, COMTE DE FOIX, ET FRANÇOIS, EVESQUE, ET LES CHANOINES D'URGEL, DU 6 OCTOBRE 1428.

..... Post modum vero honorabilis Bartholomeus de Querio, in decretis licentiatus, Bernardus Duran, Petrus Congneda et Petrus del Mas, consules,... Petrus Cardona, Petrus Domenech, alias San Bonanatus del Mas.... ANTHONIUS GALLART... omnes homines et vassali dicti honorabilis capituli... et ex certis eorum scientiis non inducti vi, dolo, metu, seu machinatione aliqua circumducti, sed spontaneis et gratuitis animorum voluntatibus eorum laudantes, approbantes et confirmantes dicta pariagia et uniones et contenta in capitulis earumdem convenerunt et promiserunt, etc. (*Coll. de Doat, vol. 162, fol. 142*).

devoir, én 1427, allouer douze mille écus d'or au comte et à ses vassaux pour les dédommager de tout ce qu'ils avaient souffert. Le sire d'Albret fut encore plus maltraité par les Anglais, qui lui enlevèrent le Mas d'Agenois, la baronnie d'Aurribat, Gamarde, Salles, Rioms, Vayres, Castelmoron, Genson et plusieurs autres places.

Le roi, pour lui faire oublier ces pertes, lui donna le comté de Gaure et la ville de Fleurance. Celle-ci, en passant à la France sous Charles V, avait reçu l'assurance de Jean II, comte d'Armagnac, un des lieutenants royaux, qu'elle ne serait jamais distraite de la couronne. Elle protesta contre la libéralité qui la livrait à la maison d'Albret ; mais ses protestations furent repoussées et elle dut se soumettre à la force. La noblesse de la Lomagne sut mieux faire écouter sa voix. Elle députa vers le comte d'Armagnac Bertrand de Gallard, seigneur de l'Isle-Bozon, Bertrand de Goth, seigneur de Rouillac, Jean de Vicmont, seigneur de Tournecoupe, et Gaillard de Léomond, seigneur de Pouygaillard, et les chargea d'obtenir la confirmation de leurs priviléges. Jean se prêta à leurs vœux et en signa un acte authentique dans le château de l'Isle-Jourdain le 4 mai 1428, etc.

Histoire de Gascogne, par l'abbé Monlezun, tome IV, p. 235.

4 MAI 1428.

Jean, comte d'Armagnac, étant en son château de l'Isle-en-Jourdain, à la requête de ses chevaliers, parmi lesquels on remarque les noms de Bertrand *et d'*Arsieu de Galard, *confirme les prérogatives féodales octroyées, le 6 janvier 1361, par Bernard, comte d'Armagnac.*

Jean, comte d'Armagnac, etc., confirma, au château de l'Isle-en-Jourdain, le 4 mai 1428, à la requête de ses amés et féaux chevaliers messire Bertrand de Guolard, seigneur de l'Isle-Bozon, messire Bertrand de Gout, seigneur de Rouillac, messire Jean de Vicmont, seigneur de Tournecoupe et Galhard de Léomont, seigneur de Puygaillard, tant en leurs noms que pour les autres nobles des vicomtés de Lomagne et d'Auvillars, les lois et coutumes accordées à Lavardenx, le 6 janvier 1391, par Bernard, comte d'Armagnac, etc., aux dits nobles pour la justice haute et autres droits et prérogatives de leurs terres et seigneuries, savoir : à la requête de messire Ramond-Arnaud de Gout de Rouillac, Barrau du Bouset du Castera du Bouset, Garcie de Manas de Valinhac, Bertrand de Léomont de Puygaillard, chevaliers, de nobles Othon de Montault d'Agrémont, Sance Garcie de Manas d'Avensan, Gaston de Sédilhac de Saint Léonard, Vidal de Preyssac d'Esclignac, Jerauld du Puy de Ulmis, Jean de Léomont de Maurous et de Sainte-Christie, en Corrensaguet, Galhard de Léomont de Puygaillard et de cadet, Jean de la Garosse, Gérard de Marestang, procureur de noble Géralde de Vivières [1] (Viveriis), Bertrand de Guolard, Bertrand de Caumont, de l'Isle-Bozon, Jean de Faudoas, Ponce de la Garde, Jean du Bouset, Othon et Vesian de Montaut, fils de messire Gallin de Montaut, chevalier, Othon de Cobirac et autres damoiseaux ; en présence de messire Bernard de la Rivière (Ripperia), chevalier, seigneur de la Batut, Bernard du Pré (Prato), noble Arsieu de Guolard, Pierre Rancon de Ligarde, Othon de Léomont, Arnaud Guillem, Pierre de la Bat, Pierre de la Griole, etc.

Archives du château de Corné, en Armagnac. — D. Villevieille, *Trésor généalogique,* vol. XLIII, fol. 44, verso et 45 recto. Bibl. de Richelieu, Mss.

1. Il aurait fallu traduire *Viveriis* par *Vivès.* Ce fief passa dans la maison du Bouzet au xvie siècle et donna son nom à l'une des branches de cette famille.

18 NOVEMBRE 1433.

Le différend qui existait entre le seigneur de l'Isle-Bozon, d'une part,
les consuls et la population du même lieu, d'autre, fut dénoué par
un compromis dans lequel les redevances féodales de BERTRAND DE
GALARD *furent ainsi déterminées : Tout individu labourant avec*
des animaux aux pieds fourchus, c'est-à-dire avec des bœufs et
des vaches, une surface de huit concades, devait au châtelain de
l'Isle-Bozon trois livraux de froment, mesure équivalente d'un tiers
d'hectolitre. Ceux qui faisaient traîner leur charrue par des bêtes
aux sabots ronds, tels que chevaux, mulets et ânes, sur une étendue
de six cartelades, n'étaient imposés que de deux livraux de blé.

In nomine Domini, amen. Noverint universi et singuli presentes pariter et futuri, hoc presens publicum instrumentum inspecturi, visuri, lecturique ac etiam audituri, quod anno ab Incarnatione Domini, 18 novembris 1433, illustrissimo principe domino
Carolo, Dei gracia Francorum rege, regnante, apud locum de Cumonte. . . . . . . ibidem dictum fuit et assertum per partes
infra scriptas qualis questio seu controversia esset orta seu oriri
posset in futurum inter nobilem et potentem virum dominum
BERTRANDUM DE GOLARDO, militem, dominum dicti loci de Cumonte
et de Insula Bozonis, ex una parte, et consules et habitatores dicti
loci de Insula Bozonis, ex altera ; huic est constitutus personaliter
coram me notario et testibus infra scriptis, videlicet dictus nobilis
BERTRANDUS DE GOLARDO et Guiraudus de Bordas, Petrus de La
Saldlas, consules dicti loci de Insula, nec non Joannes de Laforgua, Vitalis Laurencii, consiliarii dicti loci, et Guilhermus de
Rouillan, Arnaldus del Faugar, Joannes Fabri dicti loci, presentes
insimul et quilibet ipsorum principaliter et in solidum unanimiter et concorditer, pro se ipsis eorumque heredibus et successo-

ribus universis dolo et fraude assantibus quibuscumque set eorum
spontaneis voluntatibus et benignis se compromiserunt, concordaverunt, pacificerunt et transigerunt in hunc modum ; et primo
compromiserunt et concordaverunt dicti compromitentes, nominibus quibus supra, quod a modo in futurum inter ipsos sit bona
pax et concordia et bona amicitia. Item fuit actum inter dictas
partes et expresse conventum, quod quilibet homo habitator
de Insula Bozonis et juridictione ejusdem qui arabit cum animalibus cum pede furcato videlicet cum bovis sive vaquis usque ad
quantitatem seu sementiam decem conquatarum terre aut animalibus, teneatur solvere tres liuvraus fromenti, quolibet anno,
dictis fabris et aratis dictis decem conquatis terre quilibet habitator se posset adjuvare cum uno aut duobus paribus bovii et
quod teneantur agusare usque ad sementa. Et si plus arabat ultra
dictam sementiam dictarum decem conquatarum terre teneantur
quilibet solvere de illa majori quantitate dictis fabris aut cum
eisdem se concordare taliter quod dicti fabri sint omnino con-
tenti. Item fuit actum et intactum expreciter deductum inter
dictas partes compromitentes quod quilibet abitator homo dicti
loci qui arabit cum animalibus cum pede rotundo, videlicet si
qua sint equi, eque, asini, asine aut mule, solvat et teneatur solvere
dictis fabris pro aratura sivequalibet pare animalium arantium
usque ad quantitatem sex conquatarum terre, videlicet duos livraux
fromenti solverendum, quolibet anno, dictis fabris. Et si plus ara-
bant ultra dictas conquadas terre teneantur de illo pluri aut majori
quantitate solvere dictis fabris aut cum eisdem amicabiliter se
concordare. Et quod si contingebat quod habere animalia quod
possint habere unum, duo aut plura animalia, arantia usque ad
dictam quantitatem, et teneantur agusare, et si plus arabunt solvere de illo pluri. Item fuit actum et expresse conventum inter

dictas partes et expresse concordatum quod nullus dictorum
habitantium dicti loci de Insula habeat alibi portare eorum
relias sive arentia pro obtando sive parando in aliquibus aliis [1]
. . . . . publici qui requisitus de premissis cartam istam recepi,
duplicatam eamdem que scripsi et grossavi et signo meo, quo
utor in meis publicis instrumentis per me receptis, signavi in
testimonium premissorum.

Archives particulières de M. le marquis Hippolyte de Galard de l'Isle
au château de Magnas.

1434-1435.

Extrait relatif à BERTRAND DE GALARD, *capitaine
de Verdun.*

Extrait d'un paquet coté : Gouverneurs, capitaines des châteaux et villes, contenant des titres originaux, dans le cabinet de
M. de Gaignières, à la bibliothèque du roi :

BERTRAND DE GOULART, capitaine de Verdun, en 1434 et 1437.

Autre extrait.

Paquet coté : Maîtres des eaux et forêts, contenant des titres
originaux, dans le cabinet de M. de Gaignières :

BERTRAND DE GOLART en 1435.

Manuscrits de l'abbé de Lespine, dossier de Galard ; Cabinet des titres,
Bibl. de Richelieu.

---

1. Acte en papier de deux feuillets. Lacune entre le mot *aliis* et l'adjectif
publici.

1er AVRIL 1438.

Noble BERTRAND DE GALARD *est qualifié « grand maître des eaux et forêts d'Aquitaine » dans un hommage rendu par Jean d'Arpagon au comte d'Armagnac.*

Noble homme messire BERTRAND DE GOLARD, chevalier, grand maître des eaux et forêts d'Acquitaine, fut présent à l'hommage fait au comte d'Armagnac, comme comte de Rodès, par noble et puissant messire Jean, seigneur d'Arpajon, de Calmont et de la Brosse, pour raison des dites choses, le 1er avril 1438.

Bureau des finances de Montauban, Reg. d'hommages du comté de Rodez, n° 13, fol. 35. — D. VILLEVIEILLE, *Trésor généalogique,* vol. XLIII, fol. 145, Bibl. de Richelieu, Mss.

8 MAI 1439.

BERTRAND DE GALARD, *chevalier, seigneur de l'Isle-Bozon, chambellan du roi de France, maître des eaux et forêts de la province de Languedoc et d'Aquitaine, après s'être informé, par l'entremise de Jean Sax, son lieutenant, de la capacité de Bérenger d'Ouvrier, installe celui-ci, par lettres du 8 mai 1439, dans l'office de garde royal des forêts de Belene laissé vacant par la mort de Jean Buignon. Bertrand de Galard ordonne à ses officiers et justiciers de laisser ledit Bérenger dans le libre exercice et la pleine jouissance de sa charge.*

BERTRANDUS DE GOLARDO, miles, dominus de Insula Bozonis et de Cuquomonte, cambellanus et consiliarius domini nostri regis et pro eodem aquarum et forestarum patrie lingue Occitanæ et dependentiis earum magister, universis presentes litteras

inspecturis salutem : notum facimus quod, virtute litterarum
regiarum patentum datarum in civitate Aniciensi, die xxviii
mensis aprilis, ultimo elapso verificatarum per reverendum in
Christo patrem dominum et ducem Laudunensem, parem Francie,
presidentem cameræ compotorum ejusdem domini nostri regis
et generalem consiliarium, per ipsum dominum ordinatum super
facto et gubernamento omnium financiarum in patria lingue
Occitane et ducatu Acquitanie, mediantem ipsius domini episcopi
et generalis consiliarii, litteris patentibus datis in mense maii
tunc subsequentis, sub ejus signeto dictis litteris regiis alligato,
honorabili viro domino Johanni de Saxis, militi et legum doctori,
judici regio curiarum criminalium senescaliæ Tolosæ, locumtenenti nostro presentatarum per magistrum Berengarium Operarii, notarium regium in eisdem nominatum, executionem et
interinacionem earumdem humiliter postulando, donum per
dictum dominum nostrum regem sibi factum de officio custodis
foreste regie de Belena, vaccante per decessum magistri Johannis
Buignon dicti officii ultimi detentoris, continencium ipsisque
litteris per dictum nostrum locumtenentem reverenter receptis
mandatis regiis obtemperando. Preffatus locumtenens noster, de
sufficientia et ydoneitate antedicti magistri Berengarii Operarii
legitime informatus, et per ipsum ibidem recepto ab eodem Operarii juramento in talibus prestari solito, eumdem magistrum
Berengarium Operarii in possessionem realem et corporalem
dicti officii custodis foreste predicte de Belena posuit et induxit.
Quem etiam nos ponimus et inducimus per presentes, quarum
tenore damus in mandatum quibuscumque justiciariis et officiariis ac subditis regiis ut de vadiis, juribus et emolumentis ad
dictum officium pertinentibus, ipsum magistrum Berengarium
Operarii uti et gaudere faciant et permittant sibique et sine loca-

tenentibus vel commissariis per eumdem depputatis vel depputandis in hiis quæ dictum officium concernant, pareant efficaciter et
intendant. In quorum testimonium presentes institucionis litteras
fieri fecimus et sigillo nostro ad causam dicti officii ordinato
sigillari. Actum et datum Tholose, die viii mensis maii anno
Domini millesimo cccc° tricesimo nono.

Titre original sur parchemin, Archives particulières de **M. J. Noulens.**

6 AVRIL 1439.

*Raymond de Léaumont, seigneur de Puygaillard, passa un compromis
avec noble et puissant homme messire* BERTRAND DE GALARD, *chevalier, seigneur de l'Isle-Bozon, et* JACQUETTE DE GALARD, *sœur de ce
dernier et veuve d'Odon de Léaumont.*

Raimond de Léaumont, qualifié homme noble seigneur
et damoiseau, seigneur de Puygaillard en Lomagne, assista
avec son père au contrat de mariage de noble Jean de Montaut
du 19 janvier 1406 ; il transigea ainsi que noble Viguier de Léaumont, son jeune frère, le 6 avril 1439, avec noble et puissant
homme messire BERTRAND DE GALARD, chevalier, seigneur de l'Isle-
Bozon, et noble JACQUETTE DE GALARD, sa sœur, veuve de noble
Odon de Léaumont, au sujet de la restitution d'une partie de la
dot de cette dernière. Il était âgé de plus de 60 ans lorsqu'il déposa
dans une enquête du 21 juin 1450 et ne vivait plus le 10 juin 1468
que noble Jean de Léaumont, son fils et son héritier universel,
reçut une quittance du restant de la dot de noble Jeanne de Léaumont, leur fille et sœur respective, femme de N... On présume
que c'est Jeannette de Grossolles, fille de Bernard de Grossolles,

chevalier, vicomte de Montgaillard, seigneur de Gensac, Saint-Martin et Arques.

Preuves de **M.** le vicomte de Léaumont de Castelle, en 1785; Cabinet des titres; Bibl. de Richelieu.

---

5 MARS 1446.

BERTRAND DE GALARD, *seigneur de l'Isle-Bozon, chevalier, qualifié noble et puissant homme, dicta ses dernières volontés le 5 mars 1446. Il fit beaucoup de fondations pieuses et rappela un legs de sa mère, noble dame Marguerite de Cocumont. Le testateur laissa à son fils* BERTRAND *toutes les maisons ellrentes de Glatens, de Castel-Rouge et de Gazaupouy, ses biens et redevances d'Auvillars.* AGNETTE *et* MARGUE-RITE, *ses petites-filles, nées de* JEAN DE GALARD, *reçurent 1000 florins d'or;* HÉLÈNE, *autre petite fille dont le père (*GÉRAUD*) n'était plus, fut inscrite pour une somme égale.* JEANNE DE GALARD, *sa fille, femme de Menaud de l'Isle, seigneur de Palamini, eut un supplément de 10 écus d'or. Bertrand de Galard assigna à un autre de ses enfants, messire* BÉRARD DE GALARD, *prieur de Maubourguet, 50 écus d'or, et institua son héritier universel noble Jean de Galard, seigneur de Saint-Avit, auquel en cas de mort furent substitués graduellement Bertrand de Galard sus-nommé,* GUILLAUME BERNARD, *frère du testateur. A défaut de descendance masculine chez celui-ci, la succession devait incomber à* ARCHIEU DE GALARD, *seigneur de Terraube. Ce dernier et les siens s'éteignant, les fiefs devaient passer au plus proche.*

In nomine sanctæ et individuæ Trinitatis, unius æterni et omnipotentis Dei Patris et Filii et Spiritus Sancti, amen. Quia naturæ humanæ conditio adeo fragilis est, et ejus status labilis quod quis nequit mortis momentum non formidare; verum cum nemo sit in carne positus qui possit magni et eterni judicium evitare

coram quo omnis homo est de factis propriis rationem redditurus;
idcirco dum viget quies in membris corporis et naturalis ratio
cum sanitate regit mentem, propriis sapiens proponit disponere
rebus; quam quidem rationem adeo sæpe languor obnubilat et non
solum temporalium rerum imo cogit ipsum languoris venientiem
oblivioni conditionis humanæ inevitabilem debitum prevenire.
Ea propter per hoc presens publicum instrumentum meum
cunctis tam presentibus quam futuris hujusmodi seriem inspecturis appareat manifestum quod constitutus personaliter, anno
et die infra scriptis, in mei notarii publici et testium infra scriptorum presentia apud locum de Mota Cuquomonte, Montis Albani
diocesis, nobilis et potens vir dominus BERTRANDUS DE GOLARDO,
miles, dominus Insulæ Bozonis et de Cuquomonte, in senectute
positus, sanus per Dei gratiam mente tamen in suis bono sensu
et perfecta memoria, prudentia ac intellectu existens, sedensque
supra scamnam juxta ignem, bibens et comedens, volens ut
dixit saluti suæ animæ providere et ut ne de bonis rebus mobilibus et immobilibus ac facultatibus suis aliquam litem, controversiam, demandam seu questionem in posterum post ejus obitum
inter aliquas personas contingat oriri, suum ultimum validum et
nuncupatum testamentum rerumque bonorum hereditatis et
jurium suorum ultimam voluntatem, dispositionem et ordinationem fecit, condidit, disposuit et ordinavit seriatim in hunc qui
sequitur modum et formam. Et primo et ante omnia, cum per hunc
mundum peregrinari volentibus sic ad possessorem infinitæ
potentiæ recurendum, signans ac muniens se signo venerabili ac
salutiferæ Crucis sanctæ sic dicens: in nomine Patris, et Filii, et
Spiritus Sancti, amen, et deinde animam suam et spiritum dum
et quando a corpore suo et ab hoc mundi zabulo per mortis
æternam enervationem migrare contingerit altissimo creatori

domino nostro Jesu Christo beatæque Virgini Dei genitrici Mariæ
totique celesti curiæ supernorum recomandavit, et deinde suam
sepulturam et corpori suo tumulum elegit, dum ejus anima
a corpore suo egressa fuerit, et suum corpus sepeliri voluit et
expresse ordinavit, videlicet in conventu fratrum minorum
Lectoræ et ante altare majoris Sancti Francissi dicti conventus;
et deinde prefatus nobilis Bertrandus testator, in remissionem
suorum peccatorum et emendationem vitæ suæ et aliorum
Christi fidelium defunctorum de genere suo et omnium aliorum
pro quibus tenetur Deum orare, recepit de bonis et rebus a Deo
sibi collatis et dare voluit atque precepit, amore Dei et intuitu
pietatis, locis et personis infra scriptis et nominatis, videlicet
summas et res inferius nominatas et declaratas ac specificatas et
in modum et formam infrascriptam. Et primo prefatus nobilis
dominus Bertrandus testator legavit, voluit et ordinavit quod
heres suus infrascriptus et successores sui, quolibet anno in perpetuum post mortem sive decessum ipsius nobilis domini Bertrandi testatoris, teneantur facere celebrare, in dicto conventu
fratrum minorum Lectore, duo trenteneria missarum, videlicet
triginta missas de beata Virgine Maria et alias triginta missas de
requie. Et voluit et ordinavit dictus nobilis Bertrandus quod
prædictæ missæ celebrentur, modo predicto, tali die sicut
ipse nobilis dominus testator decesserit et viam universæ carnis
ingressus fuerit, et quod heres et executores sui infrascripti solvant
et solvere teneantur cuilibet sacerdoti de dictis missis dictarum
missarum celebranti duos grossos auri, ita quod novem missæ
ascendant ad unum scutum auri ponderis trium denariorum.
Item voluit et ordinavit dictus nobilis dominus Bertrandus testator quod heres suus infrascriptus et executores sui infrascripti,
post decessum ipsius nobilis domini testatoris, teneantur solvere

et tradere in una et integra solutione ducenta scuta auri pro fundatione duarum capellaniarum fienda in conventu monacarum
Sanctæ Claræ prædictæ civitatis Lectorensis, incluse legato facto
per nobilem dominam Margarittam de Cuquomonte, ejus matrem,
in suo ultimo testamento per magistrum Arnaldum de Mascalanis
notarium quondam de Bellomonte retento, de centum franchis
auri[1]... solvendis per ipsum dominum testatorem ut in eodem
testamento latius dicitur contineri. Et voluit et ordinavit dictus
dominus testator quod per heredes seu executores suos infrascriptos eligantur duo presbiteri per dominam abbatissam dicti
conventus, qui quidem presbiteri teneantur facere eorum residentiam in dicta civitate Lectora, et qualibet septimana quilibet
ipsorum presbiterorum celebrare tres missas... pro anima nobilis
domini testatoris et prædictæ nobilis dominæ matris suæ et
omnium aliorum de suo genere defunctorum et pro quibus
tenetur Deum orare. Et voluit et ordinavit dictus dominus testator... quo prædicti presbiteri seu alter eorumdem haberet necessarium se a dicta civitate absentare, quod illo casu, dicti presbiteri
teneantur dimittere unum vel duos presbiteros qui, vice et nomine
eorumdem, dictas missas habeant celebrare et predictæ dominæ
abbatissæ eosdem habeant presentare et tandem de eisdem certifi-
cari. Item voluit et ordinavit dictus dominus Bertrandus testator
ante dictus quod, si contingerit dictos presbiteros seu alterum
eorumdem decedere sive mori, quod electio et plenaria dispositio
dictarum capellaniarum plenarie expectet pertineat ad heredem
suum infrascriptum seu successores suos in posterum et ad predictam dominam abbatissam prædicti conventus; voluitque etiam
et ordinavit dictus nobilis dominus testator, quod casu quo præ-

---

1. Ici et ailleurs les points indiquent des lacunes dans le texte.

dita domina abatissa et hæres suus prædictus infrascriptus dictas
capellanias infra sex menses post decessum sive mortem ipsius
nobilis domini testatoris in anthea computandos non contulerint,
voluit præfatus nobilis dominus testator et ordinavit quod capi-
tulus ecclesiæ Sancti Gervasii easdem capellanias conferat et con-
ferre possit et valeat; voluitque etiam nichilominus et ordinavit
præfatus nobilis dominus Bertrandus testator quod dictis capella-
niis modo preterito fundatis, emolumenta earumdem capellaniarum et fundationum annuatim æqualiter dictis presbiteris divi-
dantur. Item legavit præfatus nobilis dominus Bertrandus testator antedictus cuilibet conventui fratrum minorum Carmelitarum
et Predicatorum prædictæ civitatis Lectorensis unum calicem
argenteum, ponderis unius marchæ argenti, et quod hæres seu
executores sui infrascripti teneantur fieri facere dictum calicem,
propriis sumptibus et expensis dicti sui heredis infrascripti, et
cuilibet conventui dictorum conventuum liberaliter tradere infra
tres annos a die decessus ipsius domini testatoris in anthea computandos. Item legavit prefatus nobilis dominus Bertrandus testator prædictus et per heredes seu executores suos infrascriptos
dare voluit, precepit et mandavit operi parrochialis ecclesiæ loci
Insulæ Bozonis unum calicem argenti, ponderis duarum mar-
charum argenti, quod facere fieri voluit atque dari per heredes
seu executores suos infrascriptos, et hoc infra tres annos a die
decessus ipsius nobilis domini testatoris in anthea computandos.
Item pari modo legavit prælibatus nobilis dominus Bertrandus
testator operibus ecclesiarum parrochialium locorum de Mota et
de Cuquomonte cuilibet earumdem unum calicem argenti, quilibet ponderis unius marchæ argenti, faciendum, tradendum et
liberandum cuilibet dictarum ecclesiarum per heredes seu executores suos infrascriptos infra tres annos a die decessus ipsius

nobilis domini testatoris in anthea computandos. Item legavit
præfatus nobilis dominus Bertrandus testator prædictus operi
et luminariæ parrochialis ecclesiæ Castri Ferruesii unum calicem
argenteum, ponderis unius marchæ argenti, faciendum, dandum,
solvendum et liberandum per heredem et executores suos infra
tres annos a die decessus ipsius domini testatoris in anthea computandos. Item legavit præfatus dominus Bertrandus testator capellæ
nuncupatæ de corpore Christi, olim per reverendum in Christo
patrem dominum episcopum quondam vocatum de Bordis fundatæ,
in ecclesia beatorum Gervasii et Prothasii Lectoræ, unum calicem
argenti ponderis unius marchæ argenti faciendum, tradendum et
liberandum per heredem et executores suos infrascriptos infra
tres annos a die decessus ipsius nobilis domini testatoris in anthea
computandos. Item legavit prefatus nobilis dominus Bertrandus
testator quod pro solutione et fundatione dictarum capellaniarum
et legatorum, exceptis trentenariis superius in presenti testamento
specificatis et designatis, in conventu fratrum minorum Lectoræ,
quod heres seu executores sui infrascripti habeant immediate
post decessum, sive mortem ipsius nobilis domini testatoris,
omnia universa et singula bona et hereditatem quæ ipse nobilis
dominus Bertrandus testator habere se dixit, tam in dicta civitate
Lectoræ quam ejus pertinentiis, et quæ quondam fuerunt
Richardi de Montibus et quæ ipse nobilis dominus Bertrandus
testator emit a nobili Bertrandi de Levedano, loci Samatano,
Lombariensis diocesis, quæ quidem bona universa et singula
dictus nobilis dominus Bertrandus testator legavit et assignavit,
pro præmissis faciendis et exolvendis; et voluit et ordinavit dictus
nobilis dominus Bertrandus testator prædictus quod, casu quo
de prædictis bonis major summa haberetur quam esset necessaria in prædictis exsolvendis, quod residuum dictæ summæ

per executores suos infrascriptos tradatur et liberetur heredi
suo infrascripto pro omnibus voluntatibus suis inde de eisdem
penitus et perpetuo faciendis. Voluitque etiam et ordinavit prefatus nobilis dominus testator, quod casu quo summa de dictis
bonis per dictos suos executores infra scriptos habita non suffi-
ceret ad solulionem et satisfactionem rerum predictarum, quod
executores sui infrascripti teneantur recipere tot et tanta bona
de aliis bonis ipsius nobilis domini testatoris et eadem vendere
et alienare quod sufficiant ad solutionem et satisfactionem legatorum prædictorum et cujuslibet eorumdem. Item prælibatus nobilis
dominus Bertrandus testator legavit conventui Carmelitarum Lectoræ triginta scuta auri, semel per heredem seu executores suos
infrascriptos exsolvenda, et quod patres religiosi dicti conventus,
qui pro tunc erunt, teneantur annuatim per in perpetuum celebrare
in dicto conventu unum trentenarium missarum de requie pro
anima ipsius nobilis domini testatoris et omnium aliorum de
suo genere defunctorum et pro quibus tenetur Deum orare, videlicet tali die sicut ipse nobilis dominus testator decesserit et ab
hoc seculo migraverit et viam universæ carnis ingressus fuerit.
Item voluit et ordinavit præfatus nobilis dominus testator quod
heres seu executores sui infrascripti teneantur solvere et satisfacere de bonis ipsius nobilis domini testatoris illos centum florenos auri, unum librum et missale ac unam capam missalem
per nobilem Marcebeliam de Sancto Paulo, uxorem quondam
Gailhardi de Bessenchis, ecclesiæ Sancti Pauli de burgo Salarum
Comitatum, Ruthenensis diœcesis, relictas, et hoc infra quinque
annos a die decessus ipsius nobilis domini testatoris in anthea
computandos. Item legavit præfatus nobilis dominus testator
Joanni de Pomareda, dicti loci Insulæ Bozonis habitatori, servitori
suo, in recompensationem plurium et diversorum servitiorum per

dictum Joannem de Pomareda eidem nobili domino testatori,
retrolapsis temporibus, impensorum et quæ ipse nobilis dominus
testator habere sperat, triginta scuta auri sibi per heredem
seu executores suos infrascriptos solvenda, et hoc infra duos
annos a die decessus ipsius nobilis domini testatoris in antea
computandos. Item legavit præfatus nobilis dominus testator
Petro Bastiti, habitatori loci de Mota Cuquomontis, servitori suo,
in recompensationem plurium et diversorum servitiorum et beneficiorum per ipsum Petrum Bastiti eidem nobili domino testatori,
retrolapsis temporibus, impensorum et per ipsum eumdem
nobilem dominum testatorem habitorum et receptorum et quæ
ipse nobilis dominus testator habere sperat, viginti scuta auri per
heredem seu executores suos infrascriptos exsolvenda infra duos
annos a die decessus ipsius nobilis domini testatoris in anthea
computandos. Item præfatus nobilis dominus testator ultra predictum legatum quitavit, cessit, remisit perpetuo penitus et
absolvit dicto Petro Bastiti et heredibus ac successoribus suis
videlicet omnes et quascumque oblias, feudagia, vendas, galinas
et omnes et quascumque alias res per ipsum Petrum Bastiti usque
ad presentem diem et tantum quantum ipse nobilis dominus
testator vitam duxerit in humanis, debitas pro omnibus voluntatibus ipsius Petri Bastiti et suorum heredum et successorum inde
penitus et perpetuo faciendis pariter et complendis. Item legavit
prelibatus dominus Bertrandus testator predictus Petro de Montealto, dicti loci de Mota habitatori, in recompensationem plurium et diversorum servitiorum per ipsum nobilem dominum
testatorem ab ipso habitorum et receptorum retroactis temporibus et quæ adhuc ab ipso habere sperat, viginti scuta auri
per heredem seu executores suos infrascriptos exsolvenda infra
duos annos a die decessus ipsius nobilis domini testatoris in

anthea computandos. Item legavit prefatus nobilis dominus Bertrandus testator Garcie de Sancto Martino, servitori suo dicti loci Insulæ Bozonis habitatori, in recompensationem plurium et diversorum servitiorum et beneficiorum per ipsum nobilem dominum testatorem, ab ipso Garcia habitatorum (*sic*) et receptorum et quæ habere sperat, viginti scuta auri sibi per heredem seu executores suos infrascriptos exsolvenda infra duos annos a die decessus ipsius nobilis domini testatoris in anthea computandos. Item legavit dictus dominus testator Dionisio, servitori suo et secum de presenti commoranti, in recompensationem plurium et diversorum servitiorum et beneficiorum per ipsum Dionisium sibi nobili domino testatori, retrolapsis temporibus, impensorum et quæ de die in diem impendere non cessabat, decem scuta auri sibi Dionisio per heredem seu executores suos infrascriptos infra duos annos a die decessus ipsius nobilis domini testatoris in anthea computandos, necnon victum et vestitum in domo ipsius nobilis domini testatoris ad totum decursum vitæ ipsius Dionisii et tantum quantum moram suam trahere voluerit. Item legavit et relinquit prefatus nobilis dominus Bertrandus testator nobili BERTRANDO DE GOLARDO, filio suo ipsius nobilis domini testatoris legitimo et naturali omnes et quascumque domos sive aulas, rendas de Glatenchis, Castri Rubei, de Gachapoy, omnes domos, furnum, terras, vineas, prata, nemora et rendas in loco de Altovillari et ejus pertinentiis deus Baucharens, de Vite, et totum locum de Glateuchis et omnes rendas, oblias et quæcumque alia jura et dominaciones dicto domino testatori in dictis locis, domibus et aliis rebus, superius specificatis et designatis, pertinentibus et expectantibus quibuscumque pro omnibus voluntatibus suis ipsius nobilis Bertrandi et suorum heredum et successorum, inde penitus et perpetuo, post decessum ipsius nobilis domini testa-

toris faciendis pariter et complendis, in quibus quidem bonis et
rendis, superius per dictum dominum testatorem dicto nobili
Bertrando filio suo datis, heredem suum particularem fecit et
instituit, et voluit et ordinavit quod nichil plus in bonis suis petere
possit nec valeat, sed quod cum prædictis contentetur. Et voluit
et ordinavit dictus nobilis dominus testator quod dictus nobilis
Bertrandus, ejus filius prædictus, incontinenti post decessum ipsius
nobilis domini testatoris, possit et valeat liberaliter recipere possessionem realem et corporalem omnium locorum, domorum, ren-
darum, dominationum et aliarum specificatarum et designatarum
absque licentia alicujus judicis nec heredis universalis sui infrascripti. Item legavit et relinquit prelibatus nobilis dominus testator jure institutionis et hereditarie porcionis AGNOTINÆ DE GOLARDO,
filiæ nobilis JOHANNIS DE GOLARDO, filii et heredis sui infrascripti legitimæ et naturali, et ultra bona per ipsum nobilem dominum testatorem sibi nobili Agnotinæ data de..... Luccomonte, mille florenos auri, computando pro quolibet floreno quadraginta duos
arditos, in quibus mille florenis monetæ prædictæ et aliis bonis
per ipsum nobilem dominum testatorem eidem...... sue datis,
heredem suam particularem fecit et instituit; et voluit et ordinavit
dictus nobilis dominus testator quod nichil plus, in bonis suis,
petere possit nec valeat, sed quod cum prædictis contentetur.
Item legavit et relinquit prefatus nobilis dominus testator, jure
institutionis et hereditariæ portionis, nobili MARGARITÆ DE GOLARDO,
nepti suæ ipsius nobilis domini testatoris, filiæ que dicti Johannis
de Golardo, filii et heredis sui infrascripti legitimi et naturalis,
dominique loci de Sanctæ Vitæ..... per ipsum nobilem dominum
testatorem dictæ nobili Margaritæ data de debito dicti nobilis
Ramundi de Lucomonte, mille florenos auri prædictæ monetæ
currentis in Leomania, in quibus quidem mille florenis auri et

aliis bonis per ipsum nobilem dominum testatorem jam dictæ
nobili Margaritæ datis heredem suam particularem fecit et instituit; et voluit et ordinavit dictus nobilis dominus testator quod
nichil plus in bonis suis petere possit nec valeat, sed quod cum
prædictis contentetur.

Item legavit et relinquit dictus nobilis dominus testator, jure
institutionis et hereditariæ porcionis, nobili ALENE DE GOLARDO,
filiæ nobilis et potentis viri domini GERALDI DE GOLARDO, militis,
condam filii legitimi et naturalis ipsius nobilis domini testatoris, centum florenos auri, monetæ prædictæ currentis in Leomania, quos quidem centum florenos auri monetæ prædictæ
dictus nobilis dominus testator dictæ Alenæ per heredem seu
executores suos infrascriptos exsolvi et satisfieri voluit infra quinque annos, a die decessus ipsius nobilis domini testatoris in anthea computandos, in quibus quidem centum florenis monetæ
prædictæ dictus nobilis dominus testator heredem suam particularem fecit et instituit; et voluit et ordinavit dictus nobilis dominus testator quod nichil plus in bonis suis petere possit nec
valeat, sed quod cum prædictis contentetur. Item legavit et relinquit prælibatus nobilis dominus Bertrandus testator, jure institutionis et hereditariæ porcionis, nobili et religioso viro domino
BERARDO DE GOLARDO, priori de Maliborgueti, filio suo legitimo et
naturali, quinquaginta scuta auri boni auri, justi, recti et legitimi
ponderis cugni et legis domini nostri Franciæ regis, ponderis
trium denariorum, quæ quidem quinquaginta scuta auri, sibi
nobili domino Berardo exsolvi et satisfieri voluit per heredem
seu executores suos infrascriptos infra tres annos a die decessus
ipsius nobilis domini testatoris in anthea computandos. Item ultra
prædicta legavit et relinquit dictus nobilis dominus Bertrandus
testator, jure institutionis et hereditariæ porcionis, dicto nobili

domino Berardo et ad vitam ipsius nobilis domini Berardi solum
et dumtaxat locum de Mota, cum omnibus redditibus, obliis,
dominacionibus, deveriis et aliis juribus, dicto domino testatori
in dicto loco et ejus pertinentiis pernitentibus et expectantibus
quibuscumque, pro omnibus voluntatibus ipsius nobilis domini
Berardi, ad vitam suam solum et dumtaxat, et inde penitus et
perpetuo faciendis pariter et complendis, in quibus heredem
suum et particularem fecit et instituit; et voluit et ordinavit dictus
nobilis dominus testator quod nichil in bonis suis petere possit
nec valeat, sed quod cum prædictis contentetur. Voluitque
tamen et ordinavit præfatus nobilis dominus testator quod, post
mortem sive decessum ipsius nobilis domini Berardi testatoris,
totum predictum locum cum prædictis redditibus, obliis et aliis
dominationibus heredi suo universali infrascripto pleno jure
remaneant et revertantur pro omnibus voluntatibus suis inde
penitus et perpetuo faciendis. Item legavit et relinquit prædictus
nobilis dominus Bertrandus testator, jure institutionis et hereditariæ porcionis, nobili Johannæ de Golardo, filiæ ipsius nobilis
domini Bertrandi testatoris legitimæ et naturali uxorique
Manaldi de Insula, domini de Palaminico, videlicet decem scuta
auri cugni et legis prædictorum, in quibus quidem decem scutis
auri et octuaginta scutis auri, lecto et vestibus nuptialibus per
ipsum nobilem dominum testatorem eidem nobili Johannæ, filiæ
suæ prædictæ, in dote et dotis nomine datis et constitutis,
heredem suam particularem fecit et instituit; et voluit et ordinavit dictus nobilis dominus testator quod nichil plus in bonis
suis petere possit nec valeat, sed quod cum prædictis contentetur, ratione juris naturæ nec alterius juris successionis; voluitque
tamen et ordinavit præfatus nobilis dominus testator quod si
contingeret dictam nobilem Johannam filiam suam decedere sive

mori sine libero seu liberis, de legitimo matrimonio procreandis, quod prædicta bona per ipsum nobilem dominum testatorem superius legata ad heredem suum infrascriptum vel ad ejus successores pleno jure remaneant et revertantur, pro omnibus voluntatibus suis inde penitus et perpetuo faciendis pariter et complendis, et alias ut latius in instrumentis matrimonialibus super hoc per magistrum Raymundum Gurgii, notarium loci de Bellomonte, retentis et confectis, continetur et expressatur. Item legavit et relinquit dictus nobilis dominus Bertrandus testator jure institutionis et hereditariæ porcionis nobili AUXAYS DE GOLARDO, filiæ suæ legitimæ et naturali, uxori nobilis JOHANNIS DE FAUDOANIS, quinque scuta auri, in quibus quinque scutis auri lectoque et vestibus nuptialibus suis per ipsum dominum testatorem in dotem et dotis nomine datis et constitutis, heredem suam particularem fecit et instituit, et voluit et ordinavit dictus dominus testator quod nichil plus in bonis suis petere possit nec valeat, sed quod cum prædictis contentetur. Item præfatus nobilis dominus Bertrandus testator quitavit et absolvit perpetuo penitus et remisit omnibus habitatoribus locorum de Cuquomonte et de Mota omnia et quæcunque arreragia obliarum et summarum pecuniæ sibi nobili domino testatori per dictos habitatores usque ad presentem diem infrascriptam debitarum. Item præfatus nobilis dominus testator pari modo quitavit, absolvit penitus et perpetuo remisit dictis habitatoribus locorum prædictorum omnes et quascumque oblias per ipsos et quemlibet ipsorum debitas ; et hoc per quinque annos a die decessus ipsius nobilis domini testatoris in anthea computandos. Et voluit et ordinavit dictus nobilis dominus testator quod, lapsis dictis quinque annis, dicti habitatores et quilibet ipsorum teneantur solvere heredi suo infrascripto in festivitatibus dictas oblias et alia

jura solvere solita et consueta. Item et simili modo præfatus
nobilis testator quitavit, absolvit penitus et perpetuo remisit
omnibus habitatoribus Insulæ Bozonis, die suæ sepulturæ ipsius
domini testatoris venientibus, omnia et quæcumque debita
arrayraigia obliarum et pecuniarum per omnes et quoscumque
habitatores dicti loci Insulæ Bozonis debitas usque ad presentem
diem infrascriptum. Item præfatus nobiliş dominus Bertrandus
testator ultra prædicta quitavit, remisit perpetuo penitus et
absolvit dictis habitatoribus Insulæ Bozonis, die suæ sepulturæ
ipsius nobilis domini testatoris venientibus, et hoc per quinque
annos a die decessus ipsius nobilis domini testatoris in anthea
computandos, omnia et quæcumque debita, oblias et alia jura per
dictos habitatores et quemlibet ipsorum debita. Voluitque tamen
et ordinavit præfatus nobilis dominus Bertrandus testator quod,
lapsis dictis quinque annis, dicti habitatores, qui pro tunc erunt,
et quilibet ipsorum teneantur solvere heredi suo infrascripto
omnes et quascumque oblias et quæcumque alia jura sibi
legitime debita pro tunc, lapsis dictis quinque annis, prout et
quemadmodum quilibet habitator facere consueverat. Item
voluit et ordinavit præfatus nobilis dominus testator quod heres
seu executores sui infrascripti teneantur habere, anno quo ipse
nobilis dominus testator decesserit, unum sacerdotem qui per se
vel per alium celebret et celebrare teneatur unam missam de
requie, qualibet die dicti anni, pro animabus illorum pro quibus
ipse dominus testator dixit se esse obligatum; cui quidem presbitero dictus dominus testator legavit darique et exsolvi voluit per
heredem seu executores suos infrascriptos viginti quinque
scuta auri, et hoc infra annum a die decessus ipsius domini testatoris in anthea computandum. Item legavit dictus dominus testator conventui Augustinorum Florentiæ quatuor scuta auri et

quod dictus conventus teneatur facere celebrare duo trentenaria
missarum pro anima boni hominis de Sarrauto condam. Item
dictus dominus Bertrandus testator legavit conventui fratrum
Carmelitarum Lectoræ quatuor scuta auri et quod dictus conventus teneatur facere celebrare duo trentenaria missarum pro
anima dicti quondam boni hominis de Sarrauto. Item legavit
dictus dominus testator conventui fratrum Predicatorum Lectoræ
quatuor scuta auri, et quod dictus conventus teneatur facere
celebrare duo trentenaria missarum pro anima dicti condam
boni hominis de Sarrauto. Item, pari modo, legavit præfatus
dominus testator conventui fratrum minorum Lectoræ alia
quatuor scuta auri, et quod dictus conventus teneatur facere
celebrare duo trentenaria missarum pro anima dicti condam
boni hominis de Sarrauto. Item prælibatus nobilis dominus
testator, ultra prædictum legatum, legavit dicto conventui Predicatorum Lectoræ triginta scuta auri semel dicto conventui per
heredem seu executores suos infrascriptos exsolvenda, et quod
dictus conventus teneatur, anno quolibet per imperpetuum,
facere celebrare, pro anima ipsius domini testatoris et omnium
aliorum de suo genere defunctorum et pro quibus tenetur, unum
trentenarium missarum de requie. Item legavit dictus dominus
testator domino Johanni Rossinholli, presbitero loci de Vite in
Leomania, et in recompensacionem quamplurimorum et diversorum servitiorum et beneficiorum per ipsum nobilem dominum
testatorem a dicto domino Johanne Rossinholli, retrolapsis temporibus, habitorum et receptorum, decem scuta auri solvenda
infra duos annos, a die decessus ipsius nobilis domini testatoris
in anthea computandos. Item prælibatus nobilis dominus Bertrandus testator ad solvendum legata et helemosinas, in hoc suo
presenti et ultimo testamento contentas et expressatas, fecit,

constituit, creavit ac etiam solemniter ordinavit suos et hujus sui ultimi testamenti executores et solutores legatorum et helemosinarum suarum prædictarum videlicet dominum gardianum fratrum minorum dicti conventus Lectoræ et dominos priores conventus Predicatorum et Carmelitarum prædictorum Lectoræ et eorum quemlibet in solidum, ita quod inter eos non sit melior conditio primitus occupantis; quibus quidem executoribus seu[1]... et eorum cuilibet in solidum, dictus nobilis dominus testator dedit, concessit et attribuit plenam et liberam potestatem et speciale ac generale mandatum vendendi, alienandi et distribuendi tot et tanta de bonis suis pro solutione et satisfactione dictorum legatorum et helemosinarum suarum prædictarum facienda et totam illam potestatem quæ de jure talibus executoribus testamentariis est data et atributa per dictum dominum testatorem. Et hoc autem esse voluit suum ultimum validum et nuncupatum testamentum rerumque suarum et bonorum dispositionem, ordinationem supremam et ultimam voluntatem, quod et quam valere voluit jure codicillorum vel causa mortis donatione, vel jure cujuslibet alterius supremæ et ultimæ voluntatis ac ordinationis aut consuetudine hujus presentis patriæ, vel alias eis melioribus modo, jure et forma quibus de jure valere potuit et tenere. Cassans nichilominus, revocans, irritans penitus et annullans dictus nobilis dominus testator quodcumque aliud testamentum seu testamenta, codicillum seu codicillos et quascumque alias supremas et ultimas voluntates et ordinationes, si quod, quemquam, quæ quos vel quas, retroactis temporibus, fecerat, condiderat, disposuerat seu etiam ordinaverat, præter hoc suum ultimum et nuncupatum testamentum per ipsum nobilem dominum

---

1. Tache d'encre à l'original.

testatorem, ut prædicitur, conditum et ordinatum, rerumque
suarum et bonorum dispositionem et ordinationem supremam
et ultimam voluntatem, quod et quam valere voluit, modo et
forma prædictis, et in judicio et extra a nemine infringi nec
annullari. Et quia heredis institutio est caput et fundamentum
totius testamenti, idcirco præfatus nobilis dominus Bertrandus,
testator, in omnibus aliis universis et singulis bonis, rebus suis,
juribus, accionibus, rendis et dominationibus mobilibus et immobilibus quæcumque et ubicumque sint et quocumque nomine
nuncupentur et senseantur, hæredem suum universalem et
generalem fecit et instituit et ore suo proprio nominavit, videlicet nobilem Johannem de Golardo, filium suum legitimum et
naturalem, dominum de Sancta Vite, pro omnibus voluntatibus
suis inde penitus et perpetuo faciendis, pariter et complendis,
solutis per prius legatis et helemosinis suis prædictis et facto ac
completo furnimento suæ sepulturæ. Voluitque tamen et ordinavit præfatus nobilis Bertrandus testator quod post decessum sive
mortem ipsius nobilis Johannis de Golardo, hæredis sui universalis prædicti, omnia bona, jura, rendæ, proventus et domi-
nationes per ipsum nobilem dominum testatorem dicto nobili
Johanni filio suo legata, remaneant et pleno jure revertantur
libero seu liberis masculis ejusdem nobilis Johannis, de legitimo
matrimonio procreandis, si tunc stabant, et si non stabant voluit
et ordinavit præfatus nobilis dominus testator quod revertantur
dicto nobili Bertrando de Golardo, filio suo atque hæredi parti-
culari prædicto, seu ejus liberis de legitimo matrimonio procreandis, si tunc stabant; et si non stabant voluit et ordinavit
quod prædicta omnia bona remaneant et pleno jure revertantur
nobili Guilhermo Bernardo de Golardo, fratri suo legitimo et
naturali ipsius domini Bertrandi testatoris seu ejus liberis mas-

culis si tunc stabant, de legitimo matrimonio procreandis; et si non stabant remaneant prædicta bona nobili Eyschius de Golardo, domino loci de Tarraubia seu ejus liberis masculis si tunc stabant, de legitimo matrimonio procreandis; et si non stabant, dicta bona et hereditates prædictæ remaneant et pleno jure revertantur propinquioribus parentibus in gradu et linea parentele ipsius nobilis domini Bertrandi testatoris pro omnibus voluntatibus suis perpetuo faciendis, pariter et complendis.

Actum et factum fuit hoc presens et ultimum testamentum per præfatum nobilem dominum Bertrandum testatorem, modo et forma prædictis, dispositum et ordinatum in dicto loco de Mota, prædicto Montisalbani diocezi, die quinta mensis Marcii anno Domini millesimo quadringentesimo quadragesimo sexto, regnante serenissimo principe domino nostro domino Carolo, Dei gratia Francorum rege, et domino Aymerico Montisalbani episcopo existente. Hujus presentis et ultimi testamenti sunt testes non rogati et vocati per dictum dominum testatorem : nobilis Bertrandus de Sancto Paulo, Guilhermus Sabaterii, Arnaldus de Jaulino, Petrus de la Valeta, Gauterius Donati, Bernardus de Farga, dominus Guilhermus de Fabriqua presbiter, dicti loci de Mota habitatores, et ego Stephanus de Sancto Stephano, notarius Tholozæ publicus, qui presens instrumentum recepi, scripsi, notavi grossarique per alium michi fidelem feci hocque me manu propria scripsi et signo meo consueto signavi Stephanus sic signatus [1].

Archives du château de Terraube, carton B 7.

1. L'acte se termine ainsi : « Le présent testament extraict à son propre original « et de tant qu'en icelluy original avoict certains trous et que l'on ne pouvoict lire « les mots que y estoient escripts, sont esté laissés les blancs audit extraict y « dessus mentionnés, et en tout le dict original sauf desdits trous au lieu desquels « lesdits blancs ont esté laissés, le présent extraict a esté deuement collationné par « moi greffier de la seneschaulcée d'Armagnac. De Voles. »

1446 ET AVANT.

Notice de l'abbé de Lespine sur BERTRAND DE GALARD, *seigneur de l'Isle-Bozon, et indication de ses enfants.*

BERTRAND DE GALARD, IIIe du nom, chevalier, coseigneur de l'Isle-Bozon en Lomagne, et seigneur de l'hôtel de Saint-Paul du bourg de Sales-Comtaux, etc., qualifié noble et puissant homme, grand maître des eaux et forêts d'Aquitaine, est connu par un grand nombre d'actes depuis l'an 1391 jusqu'en 1446. Il se trouve compris au nombre des nobles de la vicomté de Lomagne, à qui Bernard, comte d'Armagnac, accorda divers droits et priviléges, par lettres données à Lectoure le 6 janvier 1391 (*Manuscrits de D. Villevieille*). Ces lettres furent confirmées, etc. N'étant encore que damoiseau, il fit hommage et serment de fidélité au comte d'Armagnac, le 6 décembre 1393, pour raison de ce qu'il tenait de lui un fief, ès vicomtés de Lomagne et d'Auvillars (*Bur. des Finances de Montauban*, etc.); fut un des seigneurs qui traitèrent avec le roi de France et d'Angleterre, le 5 août 1398, touchant la ville de Bourg-Saint-Pierre de Tonneins qu'ils avaient prise ; avoua, par acte du 21 février 1400, tenir en fief du comte d'Armagnac, à cause de la vicomté de Lomagne, la portion de haute, moyenne et basse justice de l'Isle-Bozon qu'il avait récemment acquise de noble homme Louis, seigneur de Faudoas. Il prenait encore la qualité de damoiseau, mais il prend celle de chevalier dans le testament de sa mère de l'an 1406, laquelle lui fait un legs de dix florins d'or. Il fit, en qualité de donataire de noble Gaillard de Bessenx et de Marcebilie de Saint-Paul, sa femme, le 4 mars 1410, les foi et hommage au comte d'Armagnac, comme comte de Rodez,

pour tout ce que noble **Buret de Benviala**, procureur de la dite
dame Marcebilie, avait reconnu tenir en fief du même comte, le
9 janvier 1395, savoir des lieux de **Bilhorgue, Locrès, etc.**

Il fut témoin de deux hommages rendus en 1419 au comte
d'Armagnac, l'un par noble **Gérald d'Arblade**, et l'autre par
noble **Manauton de Bernède**; est nommé dans des actes de
1418 et 1419; avoua tenir du comte d'Armagnac, le 30 avril 1422,
en fief noble et gentil, à cause des vicomtés de **Lomagne** et
d'**Auvillars**, deux tiers du lieu et château de **Castelrouge** en toute
justice, la maison de **Gachepoy** en la jurisdiction de **Mira-
doux**, etc.; fut un des seigneurs de Lomagne qui demandèrent
au comte d'Armagnac, au nom des autres nobles de ce vicomté,
la confirmation de leurs priviléges, le 4 mai 1428, et obtinrent
de lui le *vidimus* des priviléges accordés le 6 janvier 1391.
Il prend la qualité de chevalier grand maître des eaux et
forêts d'Aquitaine dans un hommage dont il fut témoin,
rendu le 10 avril 1438 par noble et puissant messire **Jean**, seigneur d'**Arpajon**, de **Calmont** et de la **Brosse**, au comte d'Armagnac, comme comte de **Rodez**; enfin il fit son testament le
5 mars 1446 dans lequel il prend la qualité de « noble et puissant homme et chevalier » et ne vivait plus en 1450. Il laissa
d'une femme dont on ignore le nom (les mémoires de la famille
lui donnent pour femme Bertrande de Kerven de Mauvezin) les
enfants qui suivent:

1° Jean.

2° Bertrand de Galard, à qui son père légua par son testament, en 1446, les maisons et rentes de **Glatenx**, de **Château-
rouge**, de **Gachepoy**, les biens et rentes de **Auvillars**, etc,: « In
nomine, etc., apud Altivillarem, Arnaldus de Vime vend à noble
et puissant messire **Odoni de Guto**, chevalier, seigneur de

Rolhaco, certains droits « vini, agreriaricorum et gallinarum et feuda, etc., in toto vicecomitatu Altivillaris et locis de Bomerio, de Moteto, de Villa Franca Leomaniæ, de Burdugas et Malausa, per eum acquisita a nobile Bertrando de Golardo, domino de Glatenx, » le 1er de mars 1470, etc., pour le prix de 50 écus d'or qu'il reconnaît avoir reçu le 8 octobre 1471, « judice rege, episcopo Condomensi, etc. »

3° Gérald ou Géraud de Galard, chevalier, qualifié noble et puissant homme, ne vivait plus en 1446. Il y est dit père d'Hélène de Galard.

4° Bérard de Galard, prieur de....., légataire de 50 écus d'or par le testament de son père en 1446.

5° Jeanne de Galard, mariée, avant l'an 1446, à Manaud de l'Isle, seigneur de Palaminie.

Mss. de l'abbé de Lespine, dossier de Galard ; Bibl. de Richelieu, Cabinet des titres.

---

6 JANVIER 1393.

Assemblée des états de Lomagne, à Lectoure, pour demander aux grands feudataires d'Armagnac de ratifier et d'élargir les privilèges de la vicomté. Parmi les promoteurs de la revendication, on trouve Richard de Galard.

Les états de la Lomagne se réunirent séparément et se prononcèrent comme on s'était prononcé à Auch. Néanmoins ils profitèrent de l'occasion pour rédiger en corps les libertés et franchises de la Lomagne et en obtenir la confirmation. L'assemblée se tint à Lectoure, le 6 janvier 1393, dans la maison d'Arnaud de Doucet, seigneur de Pouy, près Lavardens. On y vit

Raymond-Arnaud de Goth, seigneur de Rouillac, Garsie de Manas, seigneur de Balignac et du Pin, Bertrand de Léomont, seigneur de Puy-Gaillard, chevaliers, Othon de Montaut, seigneur de Grammont, Bernard Dubosc, châtelain du Bosc, Othon de Caumont, seigneur de Rejaumont et coseigneur de Homps, les héritiers de Gaston de Sérillac, seigneur de Saint-Léonard et coseigneur de Cadeillan, Sans Garsias de Manas, seigneur de d'Avezan et coseigneur d'Estramiac et de Gaudonville, Richard de Galard [1] et Raymond de Caumont, coseigneur de l'Isle-Bouzon [2], René de Caumont, coseigneur de Saint-Pesserre, N. de La Chapelle et Arnaud de Bonnefont, coseigneurs de Saint-Avit, Jean de Léomont, coseigneur de Mauroux, Gaillard de Léomont, coseigneur de Pouy-Gaillard et de Tudet, Vital de Frans, Vital de Preyssac, seigneur d'Esclignac, Arnaud de Pouy, etc.

On arrêta d'abord que Bernard serait supplié de confirmer les anciennes coutumes, renfermant treize ou quatorze articles, et écrites en gascon, et de concéder certains autres articles déjà en vigueur, mais non encore promulgués. Bernard, après en avoir délibéré avec son conseil, se préta au double vœu qui lui avait été exprimé et reçut l'hommage de tous les seigneurs présents [3].

Histoire de Gascogne, par l'abbé Monlezun, tome IV, pages 88, 89.

1. Nous n'avons pas trouvé d'autre trace de ce personnage. Aussi ne pouvons nous dire s'il appartenait à la branche de Terraube ou à celle de l'Isle-Bozon, d'Espiens ou de Brassac.

2. Les de Caumont étaient vraisemblablement devenus copossesseurs de l'Isle-Bozon par suite de quelque alliance, soit avec la maison de Galard, soit avec celle de Faudoas.

3. Cet acte eut pour témoins : Bernard de Rivière, seigneur de Labatut ; Bernard du Prat, François du Bord ; noble Mossin de Galard, Pierre-Raymond de Ligardes, Othon de Léomont, Arnaud Guilhem d'Ardigues, Bernard-Raymond de Goyne, Guillaume-Pierre de Lagraulas, et Arnaud de Juillac ou de Jucelin, chanoine d'Auch.

11 DÉCEMBRE 1394.

Le château de GALARD *ne pouvait être tenu que par des possesseurs capables de fournir le ban et l'arrière-ban.*

Le procureur du roi de la sénéchaussée d'Agenois prétendit que, le château de GUALARD étant fief du roi, les moines de la cathédrale de Condom ne pouvaient pas en jouir, n'étant pas personnes capables de rendre le service militaire dont il était chargé. Il fit assigner, à la fin de 1390, le syndic devant Raimond Testa, juge mage d'Agenois et lieutenant d'Arnulphe de Marle, chambellan du roi, seigneur de Bovavilla, sénéchal d'Agenois et de Gascogne, lequel, par sentence du 11 décembre 1394, déclara que le château de Gualard était tombé en commise au profit du roi. Le syndic du chapitre en fit apel à la fin dudit mois et an, Jean étant évêque d'Agen le 11 décembre 1394.

Archives municipales de Condom; Cartulaire ayant pour titre : *Documents sur le diocèse de Condom*, M.D.CC.XXIV, page 178.

---

4 SEPTEMBRE 1397.

Le roi transporte à Arnaulon de Bordes, écuyer, l'hôtel et les appartenances de Puyfontaine, château voisin de celui de GALARD, *en Agenais. Cette terre avait été transmise par testament de* BERTRAND DE PUYFONTAINE, *dit* DE GALARD, *seigneur dudit lieu, à son fils,* JEAN DE PUYFONTAINE, *surnommé également de* GALARD. *A la mort de ce dernier, cet héritage avait fait retour à* PIERRE DE GALARD, *chevalier, frère dudit Bertrand et, en conséquence, oncle de Jean. Ce Pierre, ayant été rebelle envers son souverain, fut spolié de son patrimoine.*

DONUM LOCI DE PUYFONTENE ARNAULTONO DE BORDIS FACTUM.

Charles, etc. Sçavoir faisons à tous presens et avenir, nous avoir oy la supplication de nostre amé Arnaulton de Bordes,

escuier, contenant que comme feu BERTRAN DE PUYFONTENE, dit de
GALART, feust seigneur seul et pour le tout, en son vivant, et en
pocession et saisine de lostel et appartenances de Puyfontene [1],
assez près du chastel de GALART, en la senechaussie d'Agenes. Et,
en son testament ou ordenance de derraine voulenté, eust ledict
feu Bertran institué son héritié universal JEHAN DE PUYFONTENE,
dit DE GALART, son fil, et on que icellui iroit de vie a trespassement, sans hoirs descendans de sa char, lui eust ledit Bertran
substitué PIERRE DE GALART, chevalier, frère dudit Bertran, et après
le trespassement d'icellui feu Bertran ledit Jehan, son fil, par le
moyen dudit testament eust esté seigneur dudit hostel et de ses
appartenances, et en eust joy et usé durant sa vie. Et combien
que ledit Jehan de Puyfontene mourut sans avoir aucuns hoirs
de sa char, et que par le moyen dudit testament de son dit feu
père et autrement il ne puent faire testament ne aliéner ledit
hostel et appartenance, mais, par vertu d'icellui testament, ledit
hostel avecques ses appartenances, après la mort dicellui Jehan,
feust venu et appartenist audit Pierre de Galart, chevalier, lequel
chevalier eust esté pour lors nostre rebelle et tenant le parti de
nos ennemis, et par ce moyen comme de biens de rebelle nous
appartien ledit hostel et les appartenances dicellui. Et depuis se

---

1. En 1414, Arnauton de Bordes tenait également la seigneurie de Puyfontaine
ainsi qu'il appert de ces lettres de Charles VI :

« Charles, etc., à nos améz, etc., et au sénéchal d'Agenais et nostre receveur
« illec, salut et dilection. Scavoir vous faisons que nostre amé et féal chevalier
« ARNAUTON DE BORDES nous a faiz les foy et hommaige qu'il nous estoit tenu faire
« de l'hostel de Puyfontain et de ses appartenances et appendances; auxquels foy et
« hommaige nous l'avons receu, sauf nostre droit et l'autruy. Donné le quatriesme
« jour de septembre, l'an de grâce mil quatre cens quatorze, et de nostre règne le
« trente-troisiesme, sous nostre scel ordonné en l'absence du grant. Par le roy.
« Signé : *Villebresme.* » (LANGUEDOC, *Anciens hommages et aveux*, Reg. P., 554,
pièce en parchemin cotée 35, *Archives nationales.*)

les religieux de Saint-Pierre de Condon, depuis le trespassement dudit feu Jehan, ont detenu et occupé et encores détiennent et occupent ledit hostel et les appartenances d'icellui, et ainsi a nous acquis et confisqué, comme dit (est), et en ont prins, et prennent les fruis, proufis et revenues, par quoy ne nous a esté depuis ledit temps aucunement proufitable. Et pour ce nous ait requis ledit suppliant que comme ledit hostel et les appartenances d'icellui ne soient que de la valleur de IIᶜ livres tournois à vendre pour une fois ou vintième, et que diceulx nous n'avons ne foy ne hommage, combien que nuement soyent tenuz de nous en foy et en hommage a cause de nostre duché de Guienne; et aussi que les diz religieus ne le pourroyent tenir en leurs mains sans avoir amortissement de nous, si comme dit ledit suppliant, nous lui vueillons donner ledit hostel avec les appartenances d'icellui. Nous en regart et considération aux choses dessus dites et aux bons et aggréables services que ledit suppliant nous a fais on temps passé au fait de noz guerres et autrement, et espérons que fera encores on temps avenir, et pour certaines autres causes, considérations a ce nous mouvant, audit suppliant avons donné et ottroyé, et par ces présentes de nostre grace espécial, plaine puissance et autorité royal donnons et ottroyons ledit hostel de Puyfontene avec les appartenances d'icellui a le tenir par lui, ses hoirs, successeurs et ayans cause perpétuelment et à tous jours, parmi nous en faisant et a noz successeurs la foy et hommage lige, et en payant aussi les charges et devoirs a se appartenans. Si donnons en mandement a noz amez et féaulx gens de noz comptes et tresoriers à Paris et au seneschal d'Agenes, et à tous nos autres justiciers et officiers présens et à venir ou à leurs lieuxtenans et à chascuns d'eulx, si comme à luy appartiendra que de nostre présente grace et ottroy facent,

sueffrent et laissent ledit suppliant, ses hoirs, successeurs, et
ayans cause joir et user pleinement et paisiblement, et perpétuellement, et à tous jours, et le mettent ou facent mettre, des
maintenant, en pocession et saisine paisible d'icellui hostel et
des appartenances d'icellui, et en ostant dudit hostel et des appartenances d'icellui tous autres illicites détenteurs, et saucun
empeschement ectoit mis audit suppliant, le mettent ou facent
mettre au néant sans aucun délay; non obstant l'ordenance par
nous faitte sur le fait de nostre domaine de nous donner aucunes
choses touchans les revenus d'icellui et quelconques autres
ordenances, mandemens, et deffenses au contraire. Et pour que
ce soit ferme chose et estable a tousjours, nous avons faict mettre
nostre seel à ces présentes, sauf en autres choses nostre droit, et
l'autruy en toutes. — Donné à Paris le iiie jour de septembre
l'an de grace mil ccc iii^{xx} et xvii, et le xviie de nostre règne. —
Par le roy, monseigneur le duc de Bourgoingne, vous messire
Amaury d'Orgemont et autres présens. — *Senan.*

Archives nationales, JJ. 152, n° 120.

Année 1399.

Hommage rendu par Arnauton ou Arnaud de Bordes à raison
des tours du Goalard.

Charles, par la grâce de Dieu, roy de France, à nos amez
et feaulx, gens de nos comptes et trésoriers à Paris, et aux
séneschal et receveur d'Agenais ou à son lieutenant, salut et
dilection Scavoir vous faisons que Arnaud de Bordes, escuyer,
nous a aujourd'hui fait foy et hommage du chastel et appar-

tenances de GALART, en Gascogne, qu'il nous estoit tenu de faire
à cause de notre duché de Guienne; a quoy nous l'avons receu,
sauf nostre droict et l'autruy. Donné à Rouen, le dix-huistième
jour de novembre, l'an de grâce mil trois cens quatre vingts et
dix-neuf, et de nostre règne le vingtième. Par le roy, les cham-
bellans présens. — Signé : *Ferron* [1].

LANGUEDOC, *Anciens hommages et aveux*, Reg. P., 554-22. Archives
nationales.

<hr />

7 MAI 1406.

Extrait du testament de Marguerite de Vicmont, femme de JEAN DE
GALARD, *seigneur de l'Isle-Bozon, dont nous avons donné ailleurs
la teneur in extenso. Le passage que nous reproduisons ici constate
le premier mariage de N.* DE GALARD, *fille de la susdite dame, avec
Jean, seigneur de Fourcès, dont elle eut deux fils : Michel et Hugo
de Fourcès, légataires de leur aïeule Marguerite de Vicmont. Veuve
de Jean de Fourcès, N.* DE GALARD *avait convolé en secondes noces
avec Arnauton ou Arnaut de Bordes* [2].

Item plus legavit dicta nobilis testatrix memorata nobili
Micaheli de Forcezio, domino dicti loci et nepoti ejusdem testatricis filioque nobilis Johannis de Forcezio, domini dicti loci
condam, quinque florenos auri modo simili supradicto. Item

1. Arnaud de Bordes épousa, comme on le verra à la page suivante, N. de
Galard, veuve de N. DE FOURCÈS, et en eut : 1º Jean, coseigneur de Puycarregelard ;
2º Arnaud de Bordes que nous trouvons avec son frère aîné à Elne en Roussillon
(novembre 1464) (*Portefeuille Gaignières, vol.* 782-4). Le même Arnaud de Bordes
reparaît, en 1491, dans la compagnie de vingt lances fournies de la grande ordonnance qui avait pour chef Robert de Balzac, sénéchal d'Agenais. (*Titres scellés*,
vol. 120, B a B e , fol. 157.)

Les deux documents ci-après se rapportent encore à Arnauton de Bordes, à sa
femme et à sa fille.

2. Voir *Maisons historiques de Gascogne*, par J. Noulens, tome II, page 395.

plus legavit dicta nobilis testatrix memorata nobili **Hugoni** de
Forcezio, fratris dicti nobilis Micahelis, quinque florenos auri.

Archives du château de Terraube; carton B, pièce 1. Parchemin.

---

6 FÉVRIER 1438.

*Extrait d'une note peu lisible de l'abbé de Vergès qui indique une
deuxième alliance de N. DE GALARD susdite avec un membre de la
famille de Bordes, ce qui ressort de la procuration ci-après de N. DE
GALARD, qui se déclare mère de Michel ou Micheau de Fourcès et
d'Agnès de Bordes.*

Procuration de N. DE GALARD à Micheau de Fourcès, son fils,
pour payement de la constitution d'Agnès de Bordes, sa fille,
6 février 1438.

Archives du séminaire d'Auch. Notes informes de M. de Vergès sur
Bordes, Goalard, Patras, Fourcès; un feuillet coté H 9.

---

3 DES NONES DE DÉCEMBRE 1403.

*Le pape Benoît XIII[1] efface, par une dispense, l'empêchement de mariage
qui existait entre MARGUERITE DE GALARD et son cousin YSSEU ou
ARCHIEU DE GALARD, par suite du cousinage au quatrième degré.*

Petrus, miseratione divina et tituli Sancti Petri ad vincula
presbiter cardinalis, discreto domino vicario in spiritualibus...

1. Benoît XIII, quoique antipape, occupa le siége pendant trente ans à diverses
reprises, ce qui explique l'intervalle entre son avénement en 1394 et l'année 1403,
où il fulmina la dispense transmise par le cardinal de Saint-Pierre, légat à Avignon, en vertu du pouvoir qui lui avait été conféré par Clément VII.

capituli ecclesiæ Lectorensis, in ipsa ad presens ecclesia pastore carente, salutem in Domino. Ex parte... Ysseu de Golardo et Margarete de Golardo, Lectorensis diocesis, nobis oblata petitio continebat, quod licet ipsi qui olim, de consensu omnium parentum et amicorum suorum, desiderantes invicem matrimonialiter copulari, sponsalia inter se per verba de futuro contraxerunt in certa et solita forma commissionis tibi directas a Sede Apostolica litteras impetrarunt, continentes quod non obstante quod quarto affinitatis gradu simul sint conjuncti ex eo proveniente, quod quondam prima dicti Ysseu uxor, dum viveret, eidem Margarete quarto consanguinitatis gradu simul attingebat, possint inter se matrimonium per verba de presenti contrahere et ad ipsius solemnisationem procedere, et postquam rite contractum et solemnisatum fuerint in eo licite remanere dispensaretis misericorditer cum eisdem. Tamen ipsi timentes litteras huic subrepticias et invalidas fore, ex eo quod una ipsarum mulierum tertio et altera quarto consanguinitatis gradibus a stipite communi distabant, et quod altera ipsarum distaret tertio in ipsis litteris mentionem aliqualem factam non fuisse. Supplicari fecerunt humiliter eis super hiis per Sedem Apostolicam misericorditer provideri.

Hos igitur attendentes quod felicis recordationis dominus Clemens papa VII quaslibet dispensationes, in simili casu, ab eadem Sede obtentas et obtinendas, omissione mentionis de distantia dicti tertii gradus a stipite non facte in dispensationibus ipsis nequaquam obstante validas et sufficientes existere ac robur firmitatis habere auctoritate Apostolica declaravit. Auctoritate domini Papæ cujus primarie discretioni tunc comittimus quatenus juxta... Apostolicam declarationem decernas ipsas litteras adeo sufficientes proinde existere ac robur firmitatis habere ac si de distantia dicti tertii gradus in eis mentio facta fuisset.

Datum Avinioni, III Nonarum decembris, pontificatus domini Benedicti papæ XIII, anno undecimo.

Archives du château de Terraube. Carton B. 4. Original en parchemin.

26 MAI 1408.

Bertrand de Rivière, sénéchal d'Armagnac, et autres commissaires du comte, furent chargés d'instruire le procès contre Bertrand de Bessenx et Arnauton, dit Merle, accusés d'avoir conspiré contre la personne et l'honneur du comte d'Armagnac ainsi que d'avoir mis en péril la sécurité du pays. Le comte d'Armagnac, à son retour de Rouergue en Gascogne, devait être assailli au port de Verdun et conduit au château de Mazères, c'est-à-dire livré à son ennemi le vicomte de Castelbon. L'un des patients, après avoir subi la torture, déclare qu'ayant un jour, à Péremville, entretenu le bâtard de Gaudoux, il le sollicita d'entrer dans le parti du comte de Foix. Le bâtard de Gaudoux lui répondit que pour s'emparer de Lectoure il fallait nouer des intelligences avec le châtelain de ce lieu qui était EYSSINET ou ARCHIEU DE GALARD. *Le déposant ajoute qu'il a tenu ce langage pour se jouer d'Arnauton, sans avoir aucunement l'intention de faire surprendre ladite ville.*

L'an mil quoatre cens e oeyt, lo vingt et sieys jorn de may, el castel vescomtal d'Auvillar, los senhors mossen Bernat Daribera, cabalier, senescal d'Armagnac, mossen Guillem Johan Deyme, licentiat en leye, jutge de Lomagna, meiste Johan Faur, bacalhier en leys, jutge d'Armagnac per nostre senhor lo comte d'Armanhac, commissaris a las causas deius escriutes, spetialment per lodit mossen lo comte deputatz, de laquoal commission

la tenor deius es aplen enserida, personalment davant lor costi-
tuit Bertrand de Bessenx prés et arrestat el dit castel per algu-
nas causas que lodit Bertran volia et avia empres de far contra
la propria persona del dit mossenhor lo comte et sa gran desho-
nor et damnatge e de tot son pays, so es assabé de abé emprens
la mort apres al passant de Garona et de prene la ciutat de Laytora. Lodit Bertran diyso e depauset mejausan segrament per
lu sur lo *Te igitur* e sur la sancta Crotz prestat las causas deius
scriutas cum se sueg.

Prume diyso et depauset sur las causas dessus contengudas
esser vertat que, ben poden esser passatz dis ans o enbiron,
algun jorn delqual no lo recorda, cum lo senhor de Tarida e
lodit qui per la anessan del loc de Borret a Sant-Johan del Mas,
el cami lodit senhor de Tarida diyso aldit qui parla tals paraulas :
gran service poyriam far al bescomte de Castelbon en quas que
fossam de sa part ; e lodit qui parla respon : equinh, io vos ac
diré diyso lodit senhor de Tarida, que quant lo comte d'Armanhac
ben de Rouergue en Gasconha e passa al port de Verdun hom lo
poyria prene e mena daqui a Maseras. Et lodit qui parla respono,
per maffé, si eram de la part del vescompte de Castelbon aqui
aurra petit affar ; e lodit senhor de Tarida lo diyso quen parletz
ab Arnauton, aperat lo Merle, e lodit qui parla diyso que ben
acfera et apres tengon lor cami à Sant-Johan del Mas.

Item diyso que apres oeyt ou quinze jorns segont que alu
semplava lodit Arnauton, aperat Merle, bengo a Perembila, hon
lodit qui parla era, essan foras lostau de Perembila hon lodit
qui parla diys a taus paraulas al dit Arnauton, en cas que lo
senhor de Tarida et io fossam de la part del vescomte de Castelbon, no auria re affar a prene lo comte d'Armanhac .quan ben
de Rouergua, et passa per assi, o per Laraset ; et lodit Arnauton

lo respono, que ben se poyria far : e lodit qui parla diyso que
ho ben quar vos sabets tabé lo pays aquest cum aio, quar poyriam mete assi e a Laraset las gens secretamens, que nos farian
mestie affa la preza deldit comte d'Armanhac, quar aqui los pro-
veseriam ben de fen e de sivaza et desso que aviran mesties en
quasque siam d'acort, quar vos sabetz que aqui a pro fen et sivaza. Et lodit Merle diyso que be ac sabé, e apres lodit Merle diyso
que et sen anaba a Boeret e daqui al plustost que prescora sen
anera en Foys per parlar ab lo castelan de Foys. Interrogat lodit
qui parla si et e lodit Merle demoreron d'aquort que lodit Merle
anes parla daquestas causas ab lo senhor de Tarida et daqui ab
lodit castelan de Foys, lodit qui parla diyso que no, empero et
pensa be e eré que lodit Merle anes parla daquo ab lodit castelan
de Foys, etc.

Item mes diyso lodit que parla que un jorn, del qual no lo
recorda, et era a Bovret, et lodit Arnauton, aperat lo Merle, assi-
metis, et parleron enter avis del amas de las gens d'armas deus
Armanhaqués, que disia hom a Borret que de fazé ne hon volian
anar ho que volian far, en que presumia lodit qui parla que volian anar mal far hon aucouret ho ca balgar o prene quelque
plassa ; e lodit Arnauton lo diysot per abentura volon avar en
nostre pays, lo men ire en tal castelan de Foys, volets vos que
io lon fassa letra de vostras pars que io li porte, et lodit qui parla
respono aldit Arnauton aquo va a vos. Interrogat si lodit Arnaudet fec ladita letra aldit castelan de Foys de las pars deldit qui
parla diyso que ero que o com be no labit pas, mas lodit Arnaudet, d'aqui en fora prengot son cami e sen anec en tal dit castelan de Foys. Interrogat lodit qui parla si lodit castelan de Foys
lo trameto dequna letra de resposta per lodit Arnaudet ne per
autre, diyso que no, que lo membre, cumbe que lodit Arnaudet,

segout que li sembla, de las pars deldit castellan apres passat ni-
rey an que fo anat en Foys et fo retornat à Borret, lo ba regratia
et remertia de boca de las causas contengudas en ladita letra,
que lodit Arnaudet la bia portada de las pars deldit qui parla.

Item plus diyso que lodit qui parla, et lo bort de Gaudos eran
hun jorn, del qual no lo recorda, a Perembila e parleron amassa
en dizen vos tu, sa diysot lo dit qui parla, que fassam bestiega
aquest Arnauton quem seguis que me fassa foy sent; et lodit
Bort respono ho si vos volets beyats diyso lodit qui parla jo li
diré que jo tractare am tu que Laytora sia pres et tu ten podes
an ar en ta Ysinet le Golart, castelan de Laytora, et io diré aldid
Arnauton que tu tenes anat en ta Laytora, per abizar la causa
cum se prencora Laytora cumbe que lodit que parla diyso, que
aquo dizia aldit Arnauton per lu fa bestiega, quar james no fo
sa ententa de lo fa prene.

Item diyso lodit qui parla que ed ses feit mete a la question et a
suffertat la pena que a puscut en la tortura, per so quar lo senhor
de Tarida et lodit qui parla abian partit lo cos de Jesu-Christ per
amassa et per so no volia dise deguna causa contra lodit senhor
de Tarida; interrogat quant de temps a que abian partit lo cos
de Diu diyso que ben podon esse passats oeyt ans o debiron, etc.

Foron testimonis desso losdits senhors comissaris Menot de
Craubensera, Beron de Castillon, Johan de Puyardin et nos Bertran Barrera et Pey Davit, notari[1].

Collection Doat, volume 214, pièce allant de la page 92 à la page 105,
verso. Mss. Bibl. de Richelieu.

1. Cet acte intéressant, dont nous n'avons donné que des extraits, est authentiqué, comme tous ceux de la collection Doat, par Capot, huissier de la chambre
des comptes de Navarre, qui l'avait trouvé parmi les papiers non inventoriés dans
les archives de Rodez. La copie de Doat est du 25 août 1667.

1416 ET AVANT.

Notice sur Aissin, Arsieu ou Archieu de Galard, *seigneur de Terraube,
marié en secondes noces avec sa cousine* Marguerite de Galard,
fille de Jean, *seigneur de l'Isle-Bozon, et de Marguerite de Vicmont.*

Aissieu V de Galard, damoiseau, coseigneur de Terraube [1],
avait épousé une première femme dont le nom n'est pas connu;
et, en 1403, il épousa, en secondes noces, Marguerite de Galard,
sa cousine, fille de Jean de Galard, seigneur de l'Isle-Bozon et
de Marguerite de Cumont [2], son épouse; ces mariages sont
constatés par les deux actes suivants : le premier est une bulle
du pape, du 3 des nones de décembre 1403, portant dispense en
faveur d'Ysseu de Galard, du diocèse de Lectoure, à l'effet d'épouser Marguerite de Galard, du même diocèse, quoiqu'ils fussent
parents au 4e degré, à cause de la parenté au même degré de la
dite Marguerite avec la première femme dudit Ysseu de Galard.
On a l'original de cette bulle. Le second acte est le testament de
noble et puissante dame Marguerite de Cumont, dame de Cumont
et de la Mothe, veuve de Jean de Galard, seigneur de l'Isle-Bozon;
elle fait un legs à Jacquette de Galard, sa fille, dame de Terraube,
et donne une certaine somme à Yssin de Galard, fils de noble
Yssin de Galard et de Marguerite de Galard, sa fille. Cet acte fut
reçu à l'Isle par Marcelan, notaire de Toulouse; il est en original.
Il y a à Terraube un registre original où l'on trouve plusieurs
reconnaissances féodales consenties en 1408, 1409 et 1416, en
faveur d'Aissieu de Galard, coseigneur de Terraube.

---

1. Nous ne reproduisons point l'article de la généalogie de Moréri qui concerne
ce personnage, par la raison qu'elle est une fourmilière d'erreurs.

2. Cumont est une faute de copiste; il aurait fallu *Vicmont*.

Le mémoire déjà cité nous apprend qu'Aissieu V [1] eut de :
Marguerite de Galard, son épouse, ARSINET OU ARSIEU DE GALARD,
JEAN ET VIGUIER DE GALARD. Il paraît qu'il était mort avant 1426.

Archives du château de Larochebeaucourt. — Extrait d'une généalog
dressée par l'abbé de Lespine et écrite de sa main.

ANNÉE 1406 ET APRÈS.

Extrait généalogique se rapportant à JEAN DE GALARD, *chevalier, seigneur de l'Isle-Bozon, à sa femme, Longue de l'Isle, à leurs enfants,
ainsi qu'à* SIBYLLE, DIANE *et* CATHERINE DE GALARD, *etc.*

JEAN DE GALARD, IIe du nom, chevalier, seigneur de l'Isle-Bozon, Saint-Avit (de Sancta Vita), etc., fut légataire de cinq florins
d'or par le testament de Marguerite de Vicmont, son aïeule, en
1406, reçut par lettres passées à Auvillars, le 2 juillet 1418, la
cession ou donation que lui fit noble homme Menaduc du Bouzet,
autorisé par Jean du Bouzet, coseigneur de Castéra, son père,
de tous les droits qu'il avait en la succession de feue noble
Longue de l'Isle, fille et héritière de feu noble Bernard de l'Isle,
et de noble Géralde de Bonnefont, sa femme, et en celle de feu
noble OTHE DE BONNEFONT, coseigneur de Saint-Avit, et de LONGUE
DE GALARD, sa femme, aïeux de Longue de l'Isle, pour raison de
la dot constituée à feue Luganette de Bonnefont, mère de
Menaduc du Bouzet, moyennant la somme de 280 florins d'or,

---

1. La graduation des personnages du nom d'Archieu ou d'Arsieu en chiffres
romains, c'est-à-dire en I, II, III, IV, V, etc., appartient à l'abbé de Lespine; elle
ne sera pas la nôtre, très-probablement, quand nous classerons nos générations,
par le motif que nous aurons à ordonner plus de personnages de ce prénom, chefs
de degrés, que n'en avait découvert cet historiographe.

de 42 ardits chacun (*Archives du château de Corné en Armagnac*) ; et fut institué héritier universel par celui de son père en 1446 ; fit, le 22 août 1450, avec noble Raimont de Lucmont, un arrêté de compte, duquel il résulte qu'il devait à ce dernier une somme de 100 écus d'or, comme donataire de noble Jeanne de Rovignan, son aïeule, que le même Raimond et feu Veguier de Lucmont, son frère, dont il se portait héritier, avaient dû à feu BERTRAND DE GALARD, père de Jean, une somme de 1,000 écus d'or, sur laquelle ils avaient payé celle de 400 écus, et par conséquent ledit Raimont ne devait plus à Jean de Galard que la somme de 600 écus d'or (*Registre de Borderii, etc.*). En 1453, il était en procès avec noble ANGLÈSE DE GALARD et Caverine de Bonnefont, héritières de noble Jean de Bonnefont, et noble Jean de Tinoatio, fils de Caverine, sur ce que ces dames, comme héritières de noble Senhoret de Merens, demandaient une somme de 300 écus d'or. Ils passèrent ensemble un compromis et choisirent des arbitres pour purger leurs différends.

Jean de Galard ratifia, le 24 septembre 1455, une donation faite entre particuliers. Le même assista, le 19 novembre 1458, au mariage de SIBILLE DE GALARD avec noble GUILLAUME COMERA, écuyer; il paraît qu'il vivait encore en 1465, mais il est certain qu'il était mort avant 1468. Il avait épousé demoiselle LONGUE DE L'ISLE, [1] fille de noble Bernard de l'Isle

---

1. Plusieurs baux de Jean de Galard et Longue de l'Isle, sa femme, se trouvent dans les archives de M. le comte de Luppé, au château de Saint-Avit. Ces pièces n'offrant qu'un intérêt relatif, nous nous bornerons à une simple énonciation :

1437. — Bail à fief de plusieurs tènements, mouvants de la seigneurie de Saint-Avit, consenti par nobles Jean de Galard et Longue de l'Isle, sa femme, seigneurs dudit lieu.

1445 — Autre bail des mêmes, en faveur de Bernard Dainis, d'une pièce de vigne.

1446 (28 octobre). — Contrat emphytéotique au sujet d'une métairie donnée à

et de Géraude de Bonnefont, dont il eut entre autres enfants :

1° Bérard ou Béraud ;

2° Jean de Galard, seigneur de Saint-Avit, nommé dans des actes de 1461, 1465, 1478, 1479 : « Joannes de Golardo, dominus Sancti Abiti, Bertrandus de Golard, dominus Insulæ Bosonis, » présents au contrat de mariage, passé le 6 mars 1498, entre noble Bernard de Biran, seigneur de Roquefort, d'une part, et noble demoiselle Françoise de Montesquiou (*Extrait des titres de Montlezun*). Jean de Galard était marié, suivant un acte du 27 juin 1494, avec Flore de Gelanis ; on ignore s'il en eut des enfants ; .

3° Marguerite de Galard, mariée, par articles passés en 1450, à noble Jean de Lucmont, fils de noble Raimond de Lucmont, seigneur de Puygaillard ;

4° Marguerite de Galard (peut-être la même que la précédente) épousa vers 1455 noble Assieu de Galard, seigneur de Terraube, son parent au.... degré. Ils obtinrent dispense, le 3 novembre 1457 ;

5° Anne, dite Annelette de Galard, épousa Barthélemy de Montesquiou, seigneur de Marsan, en Armagnac, et de Salles, en Lauraguais, lequel testa le 7 juillet 1481. Elle eut pour sa dot 1,400 moutons d'or. Son mari ordonna par son testament qu'elle eût la jouissance de la moitié des revenus de ses terres.

On trouve vers le même temps :

Bernard Randé et à Céline Palago ; dans cet acte, Jean de Galard agit comme procureur fondé de sa femme, Longue de l'Isle, dame de Saint-Avit.

1463 (23 novembre). — Bail à nouveau fief d'une maison sise dans Saint-Avit, moyennant la redevance d'une poule, par Jean de Galard, seigneur de l'Isle-Bozon, au bénéfice d'Artigue-Nadau.

1466 (18 avril). — Reconnaissance faite par Antoine Loubeyssin à Longue de l'Isle, dame de Saint-Avit.

1475. — Autre bail de Longue de l'Isle.

Même année. — Investiture par Longue de l'Isle, dame de Saint-Avit, de certains biens acquis par Bernard Descales.

DIANE DE GALARD (de Goulard) de l'Isle, femme de noble JACQUES DE MAULÉON, seigneur de Sévilhan; elle portait pour armes: *D'or, à trois corbeaux de sable.* Elle était fille de JEAN DE GOULARD, baron de l'Isle, et de JEANNE DE GARLEJAC DE PRAT. Jacques de Mauléon était aïeul de François de Mauléon-Savilhan, reçu chevalier de Malte, de la Langue de Provence, en 1674; et

CATHERINE DE GALARD (Goulard), veuve de JEAN DE LINIERS et tutrice de François de Liniers, le 5 février 1482.

Mss. de l'abbé de Lespine, dossier de Galard; Bibl. de Richelieu, Cab - net des titres.

1er JUILLET 1418.

Noble Ménaduc du Bouzet se désista en faveur de JEAN DE GALARD, fils de messire BERTRAND, chevalier, coseigneur de l'Isle-Bozon, de certains droits successoraux, qui lui avaient été légués par Longue de l'Isle et Othon de Bonnefont, mari de LONGUE DE GALARD.

Noble homme Ménaduc du Bouzet, fils majeur de 18 ans et mineur de 25, de noble homme Jean du Bouzet, seigneur de Castera Bouzet, diocèse de Lectoure, et de feue noble Luganette de Bonnefont, sa femme, autorisé de son père, céda à noble JEAN DE GOLARD, fils de noble et honorable homme messire BERTRAND DE GOLARD, chevalier, coseigneur de l'Isle-Bozon, même diocèse, tous ses droits en la succession de feue noble Longue de l'Isle, fille et héritière de feu noble Bernard de l'Isle et de noble Geralde de Bonnefont, sa femme, et en celle de feu noble Othe de Bonnefont, coseigneur de Saint-Avit, et de noble LONGUE DE GOLARD, sa femme, ayeux de la dite noble Longue de l'Isle, pour raison de la dot constituée à la dite feue Luganette, sa mère, moyennant la somme de 280 florins d'or et de 42 ardits chacun, par lettres passées à Auvillars le 1er juillet 1418, Charles régnant en France, Jean étant comte d'Armagnac [1].

Anciennes archives du château de Corné en Armagnac, résumées par D. Villevieille en son *Trésor généalogique,* vol. XLIII, fol. 144. Cabinet des titres, Bibl. de Richelieu.

---

22 AOUT 1450.

Dans un règlement de compte de JEAN DE GALARD, *le nom de son aïeule Jeanne de Rovignan est rappelé.*

Noble JEAN DE GOLARD, fils de feu noble homme messire BERTRAND DE GOLARD, fit un arrêté de compte avec noble Raimond de Lucmont, duquel il résulte qu'il devait au dit Raimond une somme de 100 écus d'or, comme donataire de noble Jeanne de

---

1. La renonciation de Ménaduc du Bouzet à sa part d'héritage dans les biens de Longue de Galard et d'Othon de Bonnefont est encore rapportée ailleurs :

« Jean du Bouzet, damoiseau, seigneur du Castéra du Bouzet, fut présent à « l'accord passé, le 6 janvier 1391, entre Barrau du Bouzet, chevalier, son père, les « autres gentilshommes et grands seigneurs du comté d'Armagnac et de la vicomté « de Lomagne, et Jean, comte d'Armagnac; il reçut avec le même Barrau, son père, « la quittance qui leur fut donnée, le 6 juin 1393, par noble Pelagous de Montlezun, « coseigneur de Montastruc, mari de Brune de Vicmont, fille d'Esclarmonde du « Bouzet, sa sœur, et le serment de fidélité qui fut prêté entre ses mains, le 3 jan- « vier 1405, par les consuls et habitans du Castera du Bouzet, passa un bail à fief « le 10 novembre 1407 et mourut, laissant de son premier mariage avec Luganette « de Bonnefont, fille de noble Othon de Bonnefont, coseigneur de Saint-Avit, et « de Longue de Galard, Ménaduc du Bouzet, seigneur du Castera du Bouzet, lequel « passa un bail à fief, le 23 février 1433, et renonça, en présence de Jean, son père, « le 2 juillet 1418, à tout ce qu'il pouvait prétendre sur les successions d'OTHON DE « BONNEFONT et de LONGUE DE GALARD, ses ayeul et ayeule. » (*Anciens cahiers généa-logiques, conservés aux Archives départementales des Hautes-Pyrénées; Notice du Bouzet; Mss. in-fol.*)

Revinhan, son ayeule, que le dit Raymond et feu Veguier de Lucmont[1], son frère, dont il se portait héritier, avaient dû à feu Bertrand une somme de 1,000 écus d'or sur laquelle ils avaient payé celle de 400 écus, et que par conséquent le dit noble Raimond ne devait plus au dit de Golard que la somme de 600 écus d'or par acte reçu par Borderi, notaire à Lectoure, le 22 août 1450, fol. 46[2].

Étude de M. Comin, notaire à Lectoure. — D. VILLEVIEILLE, *Trésor généalogique,* vol. XLIII, fol. 145.

---

15 JUIN 1453.

JEAN DE GALARD, *seigneur de l'Isle-Bozon, termine amiablement un différend avec* ANGÈLE DE GALARD *et Cavérine de Bonnefont.*

Noble JEAN DE GOLARD, chevalier, seigneur de l'Isle-Boson et de Saint-Avit, étant en procès avec noble ANGÈLE DE GOLARDO et Cavérine « de Bonofonte », héritières de noble Jean de Bonofonte et noble Jean de Tinoatio, fils de la dite Cavérine, sur ce que les dites dames, comme héritières de noble Senhoret de Merenx, demandaient une somme de 300 écus d'or au dit noble Jean de Golard, ils passèrent compromis ensemble et choisirent des arbitres pour juger leurs différends. Par acte reçu par Borderi, notaire à Lectoure, le 15 juin 1453.

D. VILLEVIEILLE, *Trésor généalogique,* vol. XLIII, fol. 145. — Archives du château de Larochebeaucourt, en Angoumois.

1. Pour de Léaumont.
2. Des actes dudit notaire réunis en registre.

24 SEPTEMBRE 1455.

JEAN DE GALARD, *seigneur de l'Isle-Bozon et de Saint-Avit, confirme une donation.*

Notre JEAN DE GOLARD, chevalier, seigneur de l'Isle-Bozon et de Saint-Avit, ratifia une donation faite entre particuliers par acte reçu par Bordéri, notaire, le 24 septembre 1455.

Trésor généalogique par D. Villevieille, vol. 43, fol. 145 verso. Bibl. de Richelieu; Mss.

ANNÉE 1407 ET APRÈS.

Extrait généalogique relatif à JEAN DE GALARD, *baron de Brassac, à Bertrande de Manas, sa femme, à leurs fils et arrière-petits-fils.*

JEAN DE GALARD, baron de Brassac, Ier du nom, acquit en 1407 de noble Hue ou Hugues de Luzech, fils et héritier de noble Gasbert, seigneur de Luzech, ce qu'il possédait dans la seigneurie et justice de Brassac, moyennant 200 fr. d'or qu'il lui paya et dont il reçut quittance le 1er juin 1407.

Jean de Galard est énoncé dans cet acte fils et héritier de feu noble GUILLAUME DE GALARD, chevalier. Il fit son testament au château de Brassac, le 8 septembre 1448, par lequel il demanda à être inhumé dans l'église de Saint-Surin du même lieu, fit divers legs pieux. Il laissa l'usufruit de ses biens à sa femme et nomma ses enfants au nombre de cinq, deux garçons et trois filles.

Il servit de second à Bernard VII, comte d'Armagnac, connétable de France, contre Jean, comte de Foix. A la fin de l'année 1415 il avait épousé BERTRANDE DE MANAS, laquelle fit son tes-

tament à Brassac, le 10 février 1465, par lequel elle fit des legs à
son fils aîné et à ses filles, et nomma son héritier universel Jean,
son dit fils.

Bertrande de Manas le rendit père de :

1° PIERRE DE GALARD, seigneur de Brassac et de Favereux ou de
Favreux, fut institué héritier par le testament de son père et grand
sénéchal de Quercy. En 1448, il fit hommage au cardinal d'Albret, évêque de Cahors, des dixmes inféodées qu'il possédait à
Brassac et dans douze autres paroisses le 11 mars 1461. On le
trouve nommé au testament de sa mère du 10 février 1465 et en
fut exécuteur. Il eut pour héritier dans les terres de Brassac et
de Favereux Jean de Galard, son frère, suivant une sentence
arbitrale prononcée entre sa veuve, sa fille et son gendre, et Jean
son frère, laquelle sentence les trois premiers ratifièrent le 28 février 1467. Il fit son testament à Brassac le 18 octobre 1462. Sa
femme et sa mère sont nommées dans son testament. Il avait
épousé par contrat, passé à Saint-Germier, le 17 février 1431,
noble ANTOINETTE DE MARTIN ou Martini, dame de Saint-Germier,
fille aînée de noble Bernard de Martin, seigneur de Saint-Germier, et d'Urbaine d'Armagnac, dont il eut :

CLAIRE DE GALARD épousa ÉTIENNE DE GOTH, écuyer, avec
lequel elle est nommée comme légataire au testament
de Bertrande de Manas, son ayeule paternelle, le
10 février 1465. Elle ratifia, le 28 février 1467, avec sa
mère et son mari, qualifié dans cet acte « seigneur
d'Andosille en partie et écuyer d'écurie du comte d'Armagnac, » une sentence arbitrale prononcée entre eux
et Jean de Galard, son oncle, par Jean de Goth, seigneur
du Bouzet, son beau-frère, et autres, par laquelle son

dit oncle avait été maintenu dans la possession de
Brassac et de Favereux, à la charge de lui payer et à
sa mère 950 écus d'or. Elle lui donna quittance de
900 écus d'or pour sa légitime le 16 juin 1475; elle
était veuve alors.

Fille naturelle de Pierre :

CLAIRE DE GALARD, nommée au testament de Bertrande de
Manas, son ayeule, de l'an 1465.

2° JEAN DE GALARD, deuxième du nom.

3° MARGUERITE DE GALARD, légataire de la somme de 300 mou-
tons d'or, par le testament de son père en 1448 ; elle épousa
RAYMOND DE PALASOLS, dont elle eut noble homme Bertrand de
Palasols.

4° JEANNE DE GALARD, femme, en 1465, de noble homme THIBAUD
DE SEGUENVILLE [1], seigneur de Caubiac.

5° MARGUERITE DE GALARD, mariée à JEAN DU BUT [2], seigneur de la
Moyoya ou Mauyoya, en 1448 et 1465.

On lui donne encore pour filles AGNÈS, seconde femme
d'ARNAUD D'ESPAGNE, seigneur de Durfort, sénéchal du comté de
Foix; et CLAIRE, dite CLAIRETTE DE GALARD, épouse de JEAN DE
PELAGRUE.

Mss. de l'abbé de Lespine, dossier de Galard. Bibl. de Richelieu, Cabinet des titres.

1. Les de Seguenville étaient une branche de la famille de Faudoas.

2. Le testament de Jean de Galard, seigneur de Brassac, qu'on trouvera plus
loin, porte Jean de Labrit, seigneur de la Montjoie ou Monjoya. Jean du But est
donc un nom faussé par l'abbé de Lespine ou celui qui lui avait fourni les notes
domestiques.

Année 1407.

Quittance qui décharge JEAN DE GALARD, *seigneur de Brassac*[1], *désigné comme fils de* GUILLAUME, *d'une dette de 200 francs d'or envers Hue de Luzech.*

Quittance donnée à Lauzerte, sénéchaussie de Quercy, devant Faure de Constantin, notaire royal, le 1er juin 1407, par noble Hue de Lezuech coseigneur de Lezuech, fils et héritier de feu noble Guasbert de Lezuech, à noble JOHAN DE GUALART, seigneur

1. Le 26 février 1363, le sénéchal de Toulouse et d'Albigeois, à la suite du dépeuplement par la peste du village de Ronsejac, où il n'était resté que 6 hommes, réunit le consulat de la malheureuse localité à celui de Castel-Sarrasin. Au nombre des témoins de cet acte apparaissent Raymond et Pierre de Brassac. Étaient-ils membres de la maison de Galard? L'absence de toute qualité fait présumer que Raymond et Pierre de Brassac étaient des gens du château de Brassac qui, souvent au moyen âge, portaient les noms de leurs maîtres et seigneurs. Quoi qu'il en soit, voici l'acte :

« Noverint universi et singuli presentes pariter et futuri quod, anno et die infra-
« scriptis, apud Castrum Sarracenum in hospitio, ubi moratur Anequinus de Villam-
« fons, hostulerius dicti loci, situato in carreria recta majori dicti loci, coram nobili
« et potenti viro Joanne Gaudone de Astrio, milite, senescallo Tholosano et Albiense
« pro domino Franciæ rege, præsentibus et ibi assistentibus venerabilibus et discre-
« tis viris dominis Laurentio Lafuya, utriusque juris professore, judice majore
« Tholosæ et senescalliæ Tholosanæ et Albiensis prædictæ, et magistro Raimundo
« Rollandi, bacallerio in legibus, locumtenente nobilis et circumspecti viri domini
« Austorgii de Gualhaco, legum doctoris, judicis Villælongæ pro eodem domino nos-
« tro Franciæ rege, venerunt et comparuerunt, etc. Actum fuit hoc apud Castrum
« Sarracenum, die vicesima sexta mensis januarii anno Domini millesimo trecente-
« simo sexagesimo tertio; regnante illustrissimo principe et domino nostro domino
« Johanne Franciæ rege, domino Arnaldo Pachuaicha Alexandrino, perpetuo
« administratore ecclesiæ cathedralis Montisalbani, in præsentia et testimonio
« magistri Joannis Vitiis barbisontoris, RAYMUNDI DE BRASSACO, PETRI DE BRASSACO.
« Petri Jacobi de Pomo, Stefani Cirloti, Joannis de Moyssiaco, Geraldi de Podio
« Armerio et mei Bernardi Boneti, notarii regii, qui requisitus presens instrumentum
« recepi, scripsi et signo meo signavi. » (*Collection Doat, vol. 92, fol. 504-508.
Mss. Bibl. de Richelieu.*)

de Brassac, fils et héritier de feu noble GUILLAUME DE GUALART, chevalier, de la somme de 200 francs d'or qu'il lui a payée pour prix de la vente qu'il lui a faite de ce qui lui a appartenu dans la seigneurie et justice haute et basse de Brassac,

Expédition délivrée par Sanche Paulier, notaire royal de la même ville de Lauzerte, sur les protocoles dudit Faure, et à lui commis par le sénéchal de Quercy et signée de lui.

Résumé par l'abbé de Lespine d'une pièce produite devant Chérin, juge d'armes de France, en 1766, par Angélique-Gabrielle-Marie de Galard-Béarn, comme preuve pour le chapitre de Metz. Bibl. de Richelieu, dossier de Galard, Cabinet des titres.

---

10 MARS 1419.

Arménion de Montpezat avait sous sa conduite trente écuyers au nombre desquels on remarque JEHAN DE GALARD *et* PAUL DE BRASSAC.

Monstre de Arménion, seigneur de Montpezat, chevalier banneret, et de trente escuyers de sa chambre, tenue à Carcassonne le dixiesme jour du mois de mars 1419.

Ledit de Montpezat, chevalier banneret.

ESCUYERS :

Le seigneur de la Mota.
Bernard d'Aux.
JEHAN DE GALLART.
Rollan de Rollan.
Bernard de Pardelha.

PAUL DE BRASSAC.
Gaillart de Belleville.
Vidal de Saint-Jean.
Bernard Duchastel.
Etc., etc.

GAIGNIÈRES, Collection de monstres, parchemin. Cabinet des titres. Bibl. de Richelieu.

10 MARS 1419.

Mention par l'abbé de Lespine de la présence de JEAN DE GALARD *dans la troupe d'Amenion de Montpezat.*

JEHAN DE GALLART, l'un des trente écuyers de la compagnie de Messire Amenion, seigneur de Montpezat, chevalier banneret, reçue à Carcassonne le 10 mars 1419.

Manuscrits de l'abbé de Lespine, dossier de Galard; Bibl. de Richelieu, Cabinet des titres.

---

8 SEPTEMBRE 1448.

Testament rédigé au château de Brassac devant Jean Delpech, notaire de Beauville, par noble JEAN DE GALARD, *seigneur dudit Brassac. Celui-ci recommande d'inhumer son corps dans l'église de Saint-Surin, fixe diverses dispositions pieuses et laisse l'usufruit de ses biens à noble Bertrande de Manas, sa femme; il lègue en outre à* JEAN, *son deuxième fils, trois cents moutons d'or de dix gros chacun et la même somme à* MARGUERITE, *sa fille. D'autres donations se rapportent aux sœurs de cette dernière. Il nomme pour héritier universel noble* PIERRE DE GALARD, *son aîné, et lui substitue, en cas de mort sans postérité masculine, Jean, son cadet, ou sa descendance mâle. A leur extinction, il entend que ses biens reviennent à Marguerite de Galard ou à son fils. Il désigne après celle-ci* JEANNE, *dame de Caubiac, et une autre* MARGUERITE, *dame de la Montjoye, ses filles puînées ou leur postérité.*

In nomine Patris et Filii et Spiritus Sancti, amen. Noverint universi et singuli presentes pariter et futuri hoc presens publi-cum instrumentum inspecturi, visuri, lecturi, ac etiam audituri,

quod, anno ab Incarnatione ejusdem Domini millesimo quadringentesimo quadragesimo octavo et die octava mensis septembris,
regnante illustrissimo principe et domino nostro domino Karrolo,
Dei gracia Franchorum rege, et reverendo in Christo patre et
domino domino Johanne, miseratione divina Caturcensi episcopo
existente, apud castrum de Brassaco, diocesis et senescallie Caturcensis, in mei notarii publici et testium infrascriptorum (presencia) existens et personaliter constitutus lo noble Johan de Galart,
senhor del dich loc de Brassac, greumens malaus desson cors et
dessa persona, mas empero sas dessa bona pessa e estan en sa
bona reconoysensa et en son bon sen et usan por la gracia de
Diou dessa bona memoria, segon que apparia et apparer podia
per lo regardamen de luy et de la sua persona et per las paraulas
que el disia, cassiran segon que dis que de nulha causa nulh
home no es plus sertan que es de mort, ni menhs sertan que es
de la hora de la mort. Per lamor dasso lo dich noble Johan de
Galart, testayre aven diu volens sos per veyre a la salut et a la salvacion de la sua arma et a la ordenatio dessos bes et de sas causas et a la tranquilitat et distribution da quelhs, dementre que
era en luy natura humanal, fet, condit et pauset et hordenet aquest
son darrier testamen nuncupatiu, essa darrera voluntat, essa darrera disposicio, esson darrer ordonamen, esson darrer pausamen
en la marera et forma que sen set. Al comensamen del qual lo dich
noble Johan de Galart, testayre, donet, laisset et comandet la sua
ama et son cors a nostre senhor Diu Jhesu Christ; et a nostra dona
Sancta Maria Vergina, sa mayre, et a tota la companha celestial de
Paradis, et en legit la sepultura desson cors la ou nostre senhor
Jhesu Christ auria fach son comandamen et son plaser de luy
dins la gleya de sanct Sauri de Brassac dedins la capela de
Nostra Dona et de sancta Katharina, et donet, laisset et leguet a

la obra et reparatio de la dicha gleysa de sanct Sauri de Brassac
X soutz tournois una vetz pagados. *Item* lo dich noble Johan de
Galart, testayre, donet, laisset et leguet a la obra et reparatio de la
gleya de Nostra Dona de Castel Sagrat V soutz tournois una vetz
pagados. Item lo dich noble Johan de Galart, testayre, donet, laisset et leguet a la obra et reparatio de la gleya de sanct Sabria de
Fauros V soutz tournois una vetz pagados. *Item* lo dich noble
Johan de Galart, testayre, donet, laisset et leguet a la obra et reparatio de la gleya de sanct Nazari de Valentana V soutz tournois
una vetz pagados. *Item* lo dich noble Johan de Galart, testayre,
donet, laisset et leguet a la luminaria de sanct Blasii de la gleya
de Monjoy V soutz tournois una vetz pagados. *Item* lo dich noble
Johan de Galart, testayre, donet, laisset et leguet a la luminaria
de Moss. sanct Mauri V soutz tournois una vetz pagados. *Item*
lo dich noble Johan de Galart, testayre, laisset et leguet a nobla
BERTRANDA DE MANAS [1], sa molher, dona et senhoressa de sos bes et
dessas causas, tau cum stara en abit vidual, sens rendre comte a

---

1. De Courcelles a commis une grosse erreur et un gros anachronisme en mariant
Bertrande de Manas à Jean de Galard en 1460; le testament de Jean de Galard, qui
y rappelle sa femme, est du 8 septembre 1448. Voici le texte fautif de Courcelles :

« Jean de Manas, II⁰ du nom, chevalier, seigneur d'Avezan, Montgaillard, Man-
« sonville, etc., épousa, en 1424, Annita ou Annette de Montlezun; il figura en 1459
« avec son fils Antoine dans un différend avec la famille d'Ornezan, et laissa de son
« mariage :

« 1° Antoine de Manas, écuyer, seigneur d'Avezan, de Mausonville, de Mon-
« gaillard, d'Estremiac;

« 2° Jean de Manas, écuyer, qui épousa Jeanne d'Abzac en 1458;

« 3° Rose de Manas, qui épousa Odet de Gout, seigneur de Rouillac, en 1450,
« et qui vivait encore en 1480;

« 4° BERTRANDE, qui épousa, en 1460, JEAN DE GALLARD, chambellan de Louis XI,
« chevalier de Saint-Michel (autre erreur). » (De Courcelles, *Histoire des pairs de
France; Généalogie de Castillon.*)

nulha persona ni asson heretier en neguna manera. Et si cas sendevenia que la dicha sa molher no se podia acordar am son heretier deius scriut, lo dich testayre lhy donet la mitat de totz sos bes et causas mobles et no mobles ou que los aya per tuchs locqs et de la mitat del hostal del dich loc de Brassac, que la dicha sa molher seu presta gausir, lay ou a ela playra, per far sa demoransa per tota sa vita, et aprop sa fi que torne asson heret deius scriut o asson heretier. Et la dicha nobla dona sa molher, quan dessanara, pusca far son testamen sobre lo dot que aportet al dich testayre, lo qual dot lo dich testayre a reconogut aver pres et receubut, so es assaber la soma de XIIᶜ florins d'aur o la valor daquelhs. *Item* may lo dich testayre donet, laisset et leguet, per la sua arma et per aquelas desson payre et dessa mayre et per aquelas de tot son linatge, III cens messas, las quals volt et hordonet lo dich testayre que sian dichas et celebradas dins tres ans apprés son deces ; las messas volt et autreyet lo dich testayre que sian dichas et celebradas la ou assos executores semblara, ni lor sera vist fazedor, et aquo una vetz tant solament et no plus. *Item* may donet, laysset et leguet lo dich testayre, per la sua arma et per aquela desson payre et dessa mayre et per tuchs aquels et aquelas de que es tengut de pregar, una caritat de pa, de vi et de carn ; so es assaber, la soma de quatre carteras de blat meysa-quessas, et de una pipa de vi, et de ung brau o braua de dos ans, et asso una vetz pagados tant solament et no plus. *Item* may donet, laysset et leguet lo dich testayre a cada filhol o filhola que havia vivens V soutz tournois una vetz pagados. *Item* may lo dich testayre donet, laysset et leguet al noble Johan, son filh, tres cens motos daur, valens X gros d'aur per cascun moto, la que lo dich Johan se volra maridar, et asso una vetz pagados, con los quals lo fet et lo instituit heretier particular en totz sos bes et causas, et que res plus noy puesca demandar als dichs bes asson heretier deius scriut en neguna manera. *Item* may volt et autreyet lo dich testayre que lo dich noble Johan, son filh, aya son vestir et causas et sos despens, tant quant stara a maridar, en sos bes et causas. *Item* may lo dich noble testayre donet, laysset et leguet ana MARGARIDA, sa filha, tres cens motos d'aur, valens cascun X gros d'aur, et ung vestir de doas raubas de drap d'Escausa o de Anglaterra, doblas dautre drap, et dos gonels de drap Angles, et una rauba simpla, la quo la dicha Margarida pendra marit, una vetz pagados, am los quales tres cens motos daur et am las dichas raubas et gonels la fec et la instituit heretiera particular en toty sos bes et causas, et res plus noy puesca demandar asson heretier deius scriut en neguna manera. *Item* may donet, laisset et leguet lo dich testayre a cada una dessas autras filhas, las quals son maridadas, X soutz una vetz pagados, am los quals las fetz et las instituit heretieras particulars en tolz sos bes et causas et quo res noy puescan demandar asson heretier deius scriut exceptat lor dot que lor estat promes quant prengueron lors maritz. *Item* may donet, laysset et leguet lo dich testayre a Margarida, filha de Marti de Seyma, damayssela de la dicha sa molher, una rauba et un gonel cant pendra marit una vetz pagados et no plus. *Item* may donet, laysset et leguet lo dich testayre a Guirota, filha de Peyre de Lobens, damayssela de la dicha sa molher, una rauba et un gonel, quant pendra marit, una vetz pagados tant solament et no plus. *Item* may lo dich noble Johan de Galart testayre, recognoc et devet a Guilhem Arnaud de Bona-Font quatre scutz d'aur et ung moto, los qualz volc que son heretier deius scriut los pague et sia tengut de pagar una vetz tant solament et no plus. Et cum institutio de heretier sia cap et fundamen de tot perdurable et perfech testamen sent la qual nulh testamen

no val ni pot valer de drech, per la amor desso lo dich noble
Johan de Galart, testayre, fec, mes, pauset, et instituit, et hordonet
assi et per son heretier universal et general en totz sos bes et
causas, pagados sas layssas, almoynas et leguatz el dich son testamen contengudos, et layssados, et expressados, et sos deutes
pagatz et la funeralha de son cors, so es assaber, lo son amat lo
noble Peyre de Galart, son filh, al qual donet plenier et liberal poder
et special mandamen de vendre et de empenhar dessos bes et
causas por pagar las dichas layssas, almoynas et leguatz el dich
son testamen contengudos, layssados, et expressados. Et si cas
sen devenia que dessanes del dich son heretier sens enfan mascle
desson leal matrimoni procreat que puesca causir heretier o
heretiera asson plazer dol linatge. Et si cas seu devenia que lodich
son heretier fassia Johan, son filh, heretier et dessanava del dich
Johan son filh sens enfan mascle o feme, que totz sos bes et causas tornen et succediscan a la dicha Margarida, sa filha, o assos
filhs o filhas. Et si cas seu devenia que dessanes dela dicha Margarida sens heret mascle o feme desson leal matrimoni procreat, que totz sos bes et causas tornen et succediscan a la nobla
Johana de Galart sa filha dona de Cauviac, o assos heretiers. Et si
cas seu devenia que dessanes de la dicha nobla Johana, sa filha,
sens heret mascle o feme desson leal matrimoni procreat, que
totz sos bes et causas tornen et succediscan a la nobla Margarida de Galart, sa filha, dona de la Monjoya o asson heret o al
plus pres de lor linatge. Et volt et autreyet lo dich noble Johan
de Galart, testayre, que asso sia son darrier testamen noncupatiu
essa darrera voluntat, essa darrera disposicion, et son darrier
voler, et son darrier ordenamen. Et casset, et anulhet, et revoquet del tot, am la tenor et auctoritat de aquesta presen carta,
totz autres testamens et codessillos que fachs aques davau

aquest, si alcus fachs naviam scriuh o ses scriuh. Et volt
et dis et comandet lo dich noble Johan de Galart, testayre, que
asso sia son darrier testamen et sa darriera voluntat et que valha
et aya valor et obtenga fermetat per drech de testamen, et per
totas vias et maneras et causas que testamen et darrera voluntat
deya et puesca valer. Et si no valhia per drech de testamen vol
et autreyet lo dich testayre que valha et aya valor et fermetat
per via et per manera et per drech de codisille, et per darrera
voluntat, et per donation de causa de mort, et per aquel drech
que ditz et aferma et fa mencion que la darrera voluntat del
defunt deu esser tenguda, et gardada, et observada, et per la
sancta paraula del Evangeli que ditz et fa mencion et afferma que,
en la boca de dos o de tres testimonis, esta tota verlat. Et per
complir lo dich son testamen, et per pagar las layssas, almoynas
et leguatz en aquel contengudos, lo dich testayre fec, met et pauset et instituit per sos executors testamentaris lo noble Pons de
Buovilla, senhor de Castel Sagrat et de Combabonet, et lo noble
Gaysio de Manas, senhor de Balinhac, als quals et a un cascun de
lor donet plenier et liberal poder et special mandamen de vendre
et de empenhar de sos bes et de sos causas per pagar sos deutes
et layssas, almoynas et leguatz el dich son testamen contengutz.
Et volt et autreget lo dich noble Johan de Galart, testayre, que
totas sos causas que los dichs executors o cascun de lor vendran
per pagar sos deutes, et lo dich son testamen, que aya tant de
forsa et de fermetat et de valor cum si el metis testayre o avia
vendut ni era viven. Et volt et autreget et comandet lo dich
noble Johan de Galart, testayre, a mi notari deius scriut que de
totas aquestas causas li fesse bo et fort public instrumen orde-
nador am cosselh de sanis si obs era. — Actum fuit hoc in dicto
castro de Brassaco, anno et die, regnante quibus supra, in pre-

sencia et testimonio nobilis Guilhermi Arnaldi de Bonofonte, habitatoris loci de Montegaudio, Ramundi del Casse, Johannis Dayvals, Bernardi Bertrandi habitatorum dicti loci de Brassaco, domini Ramundi de Pena, alias de Canatroca, rectoris Sancti Nazarii de Valentana, et domini Johannis Chabis, vicarii dicti loci de Brassaco, testium ad premissa vocatorum specialiter et rogatorum; et mei Johannis de Podio, auctoritate regia notarii publici loci Bovisville habitatoris, qui de premissis omnibus et singulis dum, sicut premittitur, agerentur et fierent, una cum prenominatis testibus presens interfui, eaque omnia, universa et singula sic fieri vidi et audivi et in notam sumpsi; a qua quidem nota hoc presens publicum testamentum per alium fieri, grossari et in hanc publicam formam redigi feci. Ego idem Johannes de Podio, notarius antedictus, hic me subscripsi et signo meo publico sequenti signavi, in fidem et testimonium omnium et singulorum premissorum requisitus et rogatus.

Archives du château de la Rochebeaucourt. Original en parchemin.

1448 et avant.

Mention d'une acquisition de Jean de Galard, *du testament de sa femme et du nom de leurs enfants.*

Jean de Galard, Ier du nōm, acquit, en 1407, de Hue de Luzerches ce qu'il possédoit dans Brassac, moyennant la somme de 200 livres tournois. Il testa le 18 septembre 1448. Sa femme Bertrande de Mannas [1], qui fit son testament à Brassac, le 10 février 1465, le

---

1. Chazot de Nantigny a également signalé cette alliance.

rendit père de : 1° PIERRE DE GALARD de Brassac, grand sénéchal de Quercy, marié en 1431 avec ANTOINETTE DE MARTIGNY et mort sans enfants en 1462 ; 2° JEAN DE GALARD ; 3° HECTOR DE GALARD, chambellan du roi Louis XI, etc.

MORÉRI, *Dictionnaire historique,* tome V, pages 8 et suivantes.

1461 ET AVANT.

Notice sur JEAN DE GALARD, *seigneur de Brassac, époux de Bertrande de Manas.*

Noble JEAN DE GOLARD [1], seigneur de Brassac, acquit de Hugues de Luzech ce qui lui appartenait dans la seigneurie et justice de Brassac, moyennant 200 francs d'or qu'il lui paya et dont il reçut quittance le 1er juin 1407 ; fit son testament le 8 septembre 1448, par lequel il laissa l'usufruit de ses biens à noble dame BERTRANDE DE MANAS, sa femme ; fit des legs à ses enfants puînés et institua son héritier universel PIERRE, son fils aîné. Il était mort le 11 mars 1461, que Pierre, son fils, rendit hom-

---

1. D. Villevieille, en son *Trésor généalogique,* tome XLIII, fol. 145, nous révèle l'existence d'un JEAN DE GALARD possesseur du fief de Landefou, en Anjou, l'an 1437. Nous ne pouvons dire s'il est le même que ses contemporains Jean, seigneur de l'Isle-Bozon, ou Jean, seigneur de Brassac, ou bien s'il est étranger, ce qui est probable, à la famille qui nous occupe. Une autre de ce nom, dont les traces sont rares, il est vrai, semble avoir, pendant deux siècles, coexisté en Anjou. Quoi qu'il en soit, voici les lignes qui se rapportent à lui :

« Messire JEAN DE GOULARD, chevalier, tenoit à foy et hommage simple, a demi « cheval de service pour la moitié de la terre de Landefou, tenue par indivis avec « messire Hardy de la Hage, chevalier, seigneur de Coudray, dont aveu à l'évêque « d'Angers par le baron de Chemillé le 14 avril 1437. » (*Anciennes Archives de l évéché d'Angers.*)

mage des dîmes de Brassac, etc. Bertrande de Manas, sa veuve, fit aussi son testament le 10 février 1465, par lequel elle fit des legs à son fils aîné et à ses filles et nomma son héritier universel JEAN, son deuxième fils.

Mémoire dressé en 1766, sur la preuve de mademoiselle Angélique-Gabrielle-Marie de Béarn, pour le chapitre de Saint-Louis de Metz. — Dossier de Galard, Cabinet des titres, Bibl. de Richelieu.

11 FÉVRIER 1465.

Testament de Bertrande de Manas, veuve de JEAN DE GALARD, *seigneur de Brassac, dans lequel elle désigne l'église de Saint-Surin de Brassac comme lieu de sa sépulture. Elle fonde un obit, répartit divers dons entre plusieurs églises, notamment celles de Saint-Pierre de Mongaudo, de Saint-Pierre de Bugat, de Saint-Jean de Buzonon, de Saint-André de Bruguède. Sa fille,* JEANNE DE GALARD, *femme de Thibaud de Seguenville, seigneur de Caubiac,* CLAIRE DE GALARD, *bâtarde de noble* PIERRE DE GALARD, *son fils, seigneur de Brassac, Bertrand de Palasols, son neveu, fils de Raymond et de* MARGUERITE DE GALARD, *sa fille, Antoine et N... de Labrit, ses neveux, fils de Jean* DE LABRIT, *seigneur de la Montjoye et d'autre* MARGUERITE DE GALARD, *aussi sa fille, et plusieurs autres, sont inscrits pour différents legs. Bertrande institue pour son héritier et légataire universel* JEAN DE GALARD, *avec l'assentiment de Pierre, frère aîné dudit Jean.*

In nomine Domini, amen. Quoniam nemo in carne positus est qui mortem evadere valeat, qui divinum possit effugere judicium coram judice, cui quilibet de factis suis propriis plenariam racionem (reddere debet); nilque morte citius licet ejus hora penitus ignoretur; igitur ad noticiam cunctorum tam presen-

cium quam futurorum perveniat quod anno ab Incarnatione
ejusdem Domini millesimo quadringentesimo sexagesimo quinto,
et die decima mensis februarii, serenissimo ac christianissimo
principe et domino nostro domino Ludovico, Dei gracia Francorum rege, apud locum de Brassaco, diocesis et senescallie Caturcensis, in mei notarii publici et testium infrascriptorum presencia, constituta personaliter nobilis Bertranda de Manas, uxor
quondam (relicta) Johannis de Galardo, dominus de Brassaco in suo
vivente, existens (sic), in sua bona, sana et illesa memoria, pru-
dencia et intellectu, tamen fragilitate sui corporis non modico
detenta, cogitans de extremis ultimumque judicium pertimes-
cens, volens, cupiens et affectans saluti anime sue providere, et
de ipsa bonisque suis ac rebus disponere et ordinare, ne de
eisdem post decessum suum inter liberos, propinquos, seu affi-
nes suos lis aliqua seu questio oriatur, suum testamentum nuncupativum suam continens ultimam voluntatem fecit, disposuit,
condidit et ordinavit in modum qui sequitur infrascriptum.
In primis si quidem tradidit et commendavit animam suam cor-
pusque suum illi altissimo Creatori qui pro redemptione humani
generis in patibulo vere crucis subire tormentum voluit, et beate
Marie ejus genitrici, virginique Genovefe, totique curie celestis
paradisi ; et quandocumque ab seculo divina jubente pietate sibi
contingerit transmigrare, elegit sepulturam corporis sui in ecclesia Sancti Severini de Brassaco. Item ordinavit pro salute anime
sue et corporis sui unum trantenarium missarum, et voluit quod
dicatur et celebretur infra ecclesiam Sancti Severini de Brassaco,
et hoc durante vita ejusdem domine, si fieri possit, pro redemptione peccatorum suorum, et quod solvatur de bonis suis propriis.
Item voluit quod dicatur et celebretur unum aliud trantenarium
missarum, dictum et celebratum in dicta ecclesia et quod sit

inceptum infra octavam post ejus decessum. Item legavit dicta testatrix pro salute ejus anime, et voluit quod dicantur et celebrentur centum misse in eademmet ecclesia, et hoc infra unius anni spacium post ejus decessum. Item accepit de bonis suis, pro salute anime sue et redemptione peccatorum suorum, pro reparacione et opere ecclesie predicte Sancti Severini quatuor francos quos dari et distribui voluit ad reparacionem dicte ecclesie. Item legavit dicta testatrix domino rectori de Brassaco, qui nunc est, unum francum turonensem semel solvendum, et quod teneatur orare Deum pro anima dicte testatricis. Item legavit dicta testatrix ecclesie Sancti Petri de Mongaudo quinque solidos turonenses semel solvendos. Item legavit et dimisit pro salute anime sue ecclesie et operi Sancti Petri de Montemanharico quinque solidos turonenses semel solvendos. Item dedit et attribuit ecclesie Sancti Petri de Burgato dicta testatrix, pro salute anime sue quinque solidos turonenses semel solvendos. Item legavit operi Sancti Clementis ecclesie quinque solidos turonenses semel solvendos. Item ordinavit operi ecclesie Sancti Johannis de Buzono quinque solidos turonenses semel solvendos. Item donavit et derelinquit operi ecclesie sancti Andree de Brugueda quinque solidos turonenses semel solvendos. Item legavit operi ecclesie Sancti Nasarii quinque solidos turonenses; et hoc totum pro salute anime sue. Et voluit quod omnia et singula legata superius per ipsam testatricem dimissa de bonis suis propriis persolventur. De aliis vero omnibus bonis suis legavit, jure institutionis, CLARE DE GOLARDO, nepoti dicte testatricis uxorique nobilis viri Stephani deu Gout, scutifferi, unam zonam sive testut de mico usque ad summam sive valorem unius marchi argenti, cum duobus franchis turonensibus semel solvendis, cum quibus voluit ipsam Claram ejusdem testatricis nepotem fore contentam de omnibus aliis bonis suis, ita quod nil amplius petere seu exigere possit racione legitime vel alias, aut alio quocumque modo, racione, occasione, sive causa. Item legavit, jure institucionis, JOHANNE DE GALARDO ejus filie uxorique nobilis viri THEOBALDI DE SEGUENVILLE, domini de Caubiac, videlicet summam duorum francorum regiorum semel solvendorum, cum quibus et dote sua ipsam Johannam filiam suam voluit fore contentam de omnibus aliis bonis suis, ita quod nil amplius petere possit racione sive causa... quarte trabellianice jure nature sibi debite aut alioquocumque modo, racione, occasione sive causa. Item legavit etiam, jure institutionis, CLARE DE GALARDO, filie bastarde nobilis PETRI DE GALARDO, filii dicte testatricis, unum lectum munitum de linteaminibus et lodice secundum usum presentis patrie, et cum hoc ipsam heredem particularem instituit. Item legavit dicta testatrix nobili viro Petro de Galardo, ejus filio, domino de Brassaco, duos francos regios semel solvendos, et pariter cum illis duobus franchis ipsum heredem particularem instituit in omnibus bonis suis. Item legavit, dimisit et voluit, jure institucionis, quod dantur et solventur nobili viro Bertrando de Palasolis ejus nepoti, filio RAMUNDI DE PALASOLIS et MARGARITE DE GOLARDO, ejus filie, summam duorum francorum de predicta moneta semel solvendorum, et cum hoc ipsum heredem particularem de omnibus bonis suis instituit. Item dimisit et legavit dicta testatrix Anthonio et........ de Labrit, nepotibus dicte testatricis, filiis JOHANNIS DE LABRIT, domini de la Montjoye, et MARGARITE DE GALARDO, filie dicte testatricis, cuilibet duos francos predicte monete, faciens etiam ipsos heredes particulares de omnibus bonis suis. Item voluit et expresse jussit heredi suo, inferius descripto ibidem presenti, quod summa quatuor scutorum auri quos habuit causa mutui et realiter recepit a. . . . . sit realiter per ipsum heredem, infe-

rius descriptum, realiter exsoluta sine aliqua contradictione.
Item voluit quod solvatur heredibus fratris Bertrandi Bruguiera
summam trium scutorum auri quam etiam ipsa testatrix realiter
habuit et tenetur eisdem racione mutui. In omnibus vero aliis
bonis suis mobilibus et immobilibus presentibus et futuris,
quecumque et ubicumque existant et ad ipsam pertineant et pertinere debeant, nunc vel in futurum, tam ad causam verguerie
sive dotis ejusdem testatricis quam alias, heredem suum sibi
universalem fecit, et ordinavit, ac expresse ore suo nominavit
proprio nobilem virum Johannem de Galardo, filium suum legitimum et naturalem et suos, et hoc de consensu, voluntate et
expresso mandato nobilis Petri de Galardo, ejus filii primogeniti
et fratris dicti Johannis heredis predicti instituti, ibidem presentis, volentis et consentientis, et totam partem bonorum dicte nobilis Bertrande ejus matre (sic) tam mobilium quam immobilium sibi
pertinentem dicto Johanni de Galardo ejus fratri dantis et pre-
bentis, ac concedentis. Hoc est autem suum ultimum testamentum et sua ultima voluntas, quod et quam laudavit, approbavit,
corroboravit in perpetuum et confirmavit, et modis omnibus,
quibus valere poterit et debebit, valere voluit. Et si non valet aut
valere non potest jure sui ultimi testamenti seu ultime voluntatis
sue, voluit saltem et mandavit quod valeat jure codicillorum, vel
epistole, vel simplicis donationis habite inter vivos seu alterius
cujuslibet ultime voluntatis sue. Preterea cassavit, irritavit penitus et anullavit omnia alia testamenta, codicillum seu codicillos,
donationem seu donationes causa mortis aut alias quaslibet ultimas voluntates, cujuscumque tenoris vel seriei existant, si que
vel quas olim fecit seu condidit, et ea vel eas nullius efficacie
vel momenti ulterius esse voluit, et rogavit omnes testes hic
presentes quod de predictis sint recordes et veri testes, rogans et

requirens me, notarium infrascriptum presentis sui testamenti receptorem, quod ex hoc predicto testamento faciam et extraham vel per aliquem fieri et extrahi (faciam) tot publica instrumenta et tot clausulas quot a me peterentur ab illis quibus hoc suum pertinet testamentum, in solidum vel in parte, quantum ipsos tangit, licencia alicujus judicis vel curie minime requisita vel etiam expectata. Et nichilominus voluit, et ordinavit quod ego predictus et infrascriptus notarius possim dictare, ordinare, corrigere, refficere et esmendare hoc suum presens testamentum ad dictamen cujuslibet sapientis et juris (periti), facti tamen substancia in aliquo (non) mutata, quod et que eidem concessi faciendum. Acta fuerunt hec anno, die, loco menseque et regnante predictis, presentibus ibidem nobili Georgio Demori habitatore de Montesquino, Bertrando Deloras... de Favrosio, domino Bernardo Ficati presbitero, Johanne Delvolue, Bernardo Ramon, Johanne de Vals, Petro Guerini, Gasberto Rehart, Johanne Rehart, domino Johanne Brolhaci, Bernardo de Vals, Arnaldo Dessas, Domingo de Floron, habitatoribus de Brassaco, testibus ad premissa vocatis et rogatis, et me Petro Marrieti, clerico soluto, auctoritatibus regia et imperiali notario ville regie Puygmirol habitatore, qui requisitus de premissis presens instrumentum in notam sumpsi et in meo inserui et notavi prothocollo, sive libro ex quo ipsum per Franciscum Boyeri clericum solutum notarium publicum coadjutorem meum michi fidelem scribi, grossari et in hanc publicam formam reddigi feci; ego idem Petrus Marieti notarius antedictus hic me subscripsi et signo meo solito sequenti signavi, in fidem et testimonium omnium et singulorum premissorum. Omissis superius non vitio factis. . . . . . Gardiatores vero hujus sui ultimi testamenti et hujus sue ultime voluntatis exequtores fecit et constituit, videlicet : dictos nobiles Petrum de Galardo, et Johannem de Galardo ejus heredem, filios dicte testatricis, quibus et eorum legalitati, expeditionem et exequtionem hujus sui testamenti et hujus sue ultime voluntatis committit hic ac. . . . . . .

Archives du château de la Rochebeaucourt. Original en parchemin avec paraphe du notaire.

––––––

11 OCTOBRE 1418.

BERNARD DE GALARD, *au nom de son fils* VIGUIER, *fit acte de foi pour la justice partielle de Miramont, Villeneuve et Gavarret.*

Noble BERNARD DE GOLARD [1], père et légitime administrateur de noble BEGUIER DE GOLARD, son fils, avoua tenir en fief noble et gentil, du comte d'Armagnac, à cause du comté de Fezensac, le quart du lieu et basse justice de Miramont avec la cour de Villeneuve (*alias* la Tour) et le quart du lieu de Gavarret [2] avec la basse justice, le 11 octobre 1418.

D. VILLEVIEILLE, *Trésor généalogique,* vol. 43, folio 144. Cabinet des titres, Bibl. de Richelieu. Mss.

––––––

1. Ce Bernard de Galard paraît être le même que celui de la page 188 du volume courant et que l'on trouve comme témoin à la ratification des franchises féodales de Lomagne, le 6 janvier 1391. Nous ne pouvons toutefois garantir cette identité, puisque notre opinion ne repose que sur la communauté de prénoms, de temps et de lieu.

2. Il s'agit de *Gavarret* dans le *comté* de Gaure, et non de Gabarret, chef-lieu du Gabardan.

Année 1441.

Bernard de Gallart *fut convié aux noces d'Éléonore de Comminges avec Jean de Foix, seigneur de Rabat.*

Bernard Gallart, l'un des témoins du contrat de mariage passé à Souhats, au diocèse de Pamiers, le 27 juin 1441, entre Éléonore de Comminges et Jean de Foix, chevalier, seigneur de Rabat.

Manuscrits de l'abbé de Lespine, dossier de Galard, Cabinet des titres, Bibl. de Richelieu.

1ᵉʳ décembre 1418.

Guillaume-Bernard de Golard, *comme procureur de sa femme* Alexie de Francs, *reconnut relever du comte d'Armagnac pour le terroir de Puy-Serrant.*

Noble Guillaume-Bernard de Golard, seigneur de Castelnau-d'Arbieu, au nom de noble Alexie de Franchis [1], sa femme, avoua tenir, en fief noble et gentil, du comte d'Armagnac, à cause du comté de Lomagne et d'Auvillars, le territoire de Puech-Serrant avec toute justice, la moitié du territoire de Pomarède, etc., le 1ᵉʳ décembre 1418.

Bureau des finances de Montauban, livre rouge n° 97. — D. Villevieille, *Trésor généalogique*, vol. 43, fol. 144 verso. Bibl. de Richelieu, Mss.

---

1. Voir plus loin la note de la page 352.

31 JANVIER 1420.

Noble GUILLAUME-BERNARD DE GALARD *assiste à l'hommage rendu par deux seigneuresses au comte d'Armagnac.*

Noble GUILLAUME BERNARD DE GOLARD, coseigneur de Castelnaud'Arbiu, fut présent à un hommage fait au comte d'Armagnac, à cause de sa vicomté de Fezensaguet, par nobles dames Arnaude de Gontaut, dame de Cazaubon, et Urbaine d'Armagnac, sa fille, femme de Bernat de Martini, le 31 janvier 1420.

D. VILLEVIEILLE, *Trésor généalogique,* vol. 43, fol. 144 verso. Bibl. de Richelieu, Cabinet des titres.

----

14 JUILLET 1425.

Extrait des pactes de mariage de noble AYSSIN OU ARCHIEU DE GALARD, *seigneur de Terraube, avec noble Florimonde de Gélas. Il y est fait mention de nobles* BERTRAND, *maître des eaux et forêts de Languedoc, et* GUILLAUME-BERNARD DE GALARD, *seigneur de Castelnau d'Arbieu, comme oncles du futur.*

Siegonse las convensas, feytas entre lo noble EYSSIN DE GOLLART, senhor deu loc de Tarrauba, de una part, et la noble FLORIMODA DE GELAS, tractans lo noble et poderos senhor mosser Git. de Lomanha, senhor de la terra de Fiumarcon, mosser BERTRAND DE GOLART, senhor deu loc de la Yla en Boson, en Lomanha, maeste de las ayguas et forests pour nostre senhor le roy de Fransa en lo pays de Languedoc, GUILHEM-BERNARD DE GOLART, senhor deu Castelnau d'Arbiu, oncle deudit noble Yssin, e lo noble Manaut de Gelas, senhor de Bonas, fray de ladita nobla Florimoda, presens los senhors Johan de Bremont, senhor de Pordeac, Odon de Massas, senhor de Fesan, Johan de Lestoc, senhor de Lestoc, Ebrician de Bordas, Adenat de Martin, senhor de Sent, come sus lo matrimoin fasedat entre lodit noble Eyssin de Golart, senhor de Tarrauba, de una part, èt la noble Florimoda de Gelas, d'autra part, pennecudas et unadas per la forma et maneyra qui sensiet. . . . .

. . . .

Item a so far et tenir e aldit matrimoin proceder a requesta dels amys de chacuna partida de no proceder en autres maridatges, prometton et juron, sus lo libri missal et lo crotz benastica, lodit Eyssin de Golart et lodit mosser Bertran de Golart et Guilhem-Bernar de Golart, ses oncles, et lodit noble Manaut de Gelas, senhor de Bonas, son freys, e lo noble Odet de Massas, senhor de Sesan, et lo noble Johan de Lestoc, senhor de Lestoc, testimoins que desus, l'an de nostre senhor mil quatre cens e vingt cinq, lo quatorze jorn del mes de julli [1].

Inventaire des titres de la maison de Gelas, le tout copié d'après les titres originaux ou expéditions en forme; 3 vol. in-fol. cotés : *Histoire,* 1889 à 1889 B; tome I, non paginé. Bibl. Mazarine; Mss.

---

4 AVRIL 1443.

GUILLAUME-BERNARD DE GALARD, *coseigneur de Castelnau d'Arbieu, assiste à l'arrangement stipulant une pension alimentaire en faveur de* JACQUETTE DE GALARD, *veuve de noble Odon de Léaumont.*

Noble GUILLAUME-BERNARD DE GOLARD, coseigneur de Castelnau d'Arbiu, fut témoin d'une transaction portant quittance de pen-

---

1. Nous donnons plus loin ce document *in extenso* dans les actes relatifs à Archieu de Galard.

sion alimentaire, due par noble Eymery de Lucomonte (Léaumont),
fils et héritier de Végueri de Lucomonte, seigneur de Sainte-
Christie, et noble Raymond de Lucomonte, seigneur de Maurosio
et de Gaudonville, oncle et tuteur dudit Aymery, à noble JACQUETTE
DE GOLARD, veuve de noble ODDON DE LUCOMONTE, seigneur dudit
lieu de Sainte-Christie, par acte reçu par Jean Bonnet, notaire à
Auch, le 4 avril 1443.

Archives de M. de Labriffe Gambais. — D. VILLEVIEILLE, *Trésor
généalogique,* vol. 43, fol. 145. Cabinet des titres, Bibl. de Richelieu.

---

5 MARS 1446 ET AVANT.

GUILLAUME-BERNARD DE GALARD, *dans un mémoire généalogique déjà
plusieurs fois invoqué, est dit « deuxième fils » de* JEAN DE GALARD,
*seigneur de l'Isle-Bozon, fondateur de la branche de Castelnau
d'Arbieu, époux d'Alexie de Francs et frère de* JACOBIE DE GALARD.

JEAN DE GALARD, Ier du nom, coseigneur de l'Isle-Bozon, etc.,
fit son testament en. . . . . . . devant Guillaume de Saint-
Étienne, notaire, et ne vivait plus, à ce qu'il paraît, le 6 janvier 1391. Il avait épousé demoiselle MARGUERITE DE VIMONT (de
Vicomonte), dame des lieux de Cucmont, etc. De son mariage
provinrent :

1° BERTRAND ;

2° GUILLAUME-BERNARD DE GALARD, fait légataire de la somme de
400 francs d'or par le testament de sa mère en 1406 et vivait
encore le 5 mars 1446. Il a fait la branche de Castelnau d'Arbieu
et avait épousé ALEXIE DES FRANCS ;

3° JACOBIE ou JACQUETTE DE GALARD, etc.

Mémoire généalogique, Mss. de l'abbé de Lespine ; dossier de Galard,
Cabinet des titres, Bibl. de Richelieu.

Année 1450.

ALEXIE DE FRANCS [1] *donne procuration à son mari* GUILLAUME-BERNARD DE GALARD *pour mettre l'évêque de Lectoure en possession de son siége.*

In Dei nomine, amen. Noverint universi, et singuli præsentes pariter et futuri, hoc præsens publicum instrumentum inspecturi, visuri, lecturi seu etiam audituri quod, constituta personaliter, apud locum Castrinovi Arbei, videlicet nobilis domina ALEXIA DE FRANCHIS, condomina dicti loci Castrinovi Arbei, vicecomitatus Fesensaguelli, dicens et in veritate asserens, ad ipsam et suos antecessores ac successores expectare ex antiqua consuetudine alias, ut ibidem assercit dum de novo creatus in episcopum Lectorensem vult facere intratam sive introitum in ipsam intra civitatem Lectorensem recipereque propriam corporalem de novo possessionem ipsius civitatis, sive ecclesiæ suæ cathedralis, cum certis solempnitatibus et honoribus inter quos est adestratio, ratione honoris et jocundi adventus eidem episcopo et noviter advenienti per ipsam constituentem et suos impendere, cum-

---

1. Les de Francs apparaissent dès le XIIIᵉ siècle dans les Annales de Gascogne. Déjà, en 1270, ils s'étaient alliés aux de Galart, comme on peut le voir dans le partage fait, cette même année, entre Archieu et Géraud de Galard, fils de Arsion ou Archieu de Galard et de Gazène des Francs. Nous trouvons encore dans la collection Doat un personnage du nom de Guillaume-Jean de Francs « de Franchis » qui, le 7 juin 1300, rendit une sentence comme juge du Fezensaguet. Un différend était survenu entre l'abbé de la Grand'selve, d'une part, et Guillaume-Arnaud Troca, chevalier, d'autre, au sujet de l'installation d'un bailli dans les appartenances du château de Saint-Germier, sans le consentement dudit abbé. Guillaume-Jean de Francs confirma l'établissement du juge, et ordonna qu'il serait élu par les gens du terroir et qu'il pourrait faire les clameurs et autres actes de justice, en dehors toutefois de l'enceinte du castel. (*Collection de Doat*, tome LXXX, fol. 119, Bibl. de Richelieu, Cabinet des titres.)

que ipsa constituens sit mulier, et ad prædicta debita servicia et honores in prædicta intrata impendendum propter fragilitatem naturæ mulier non sit sufficiens nec ad impendendum ut deceret et esset congruum prædictum debitum honoris esset personna habilis, ad prædicta et infrascripta impendenda constituit, creavit ac solempniter ordinavit sua certa scientia suum verum, certum, indubitatum, specialem procuratorem facienda et perficienda, videlicet nobilem Guilhermium-Bernardi de Guolardo, virum suum, specialiter et expresse ad ponendum sive inducendum in possessionem de civitate, castro et aliis usitatis in ipsa civitate Lectorensi reverendum in Christo patrem et dominum dominum Bernardum Andream, in decretis doctorem, miseratione divina Lectorensem episcopum per ipsum in brevi de novo recipiendum et quando prælibatus reverendus in Christo pater voluerit facere et faciet suam intratam in prædicta civitate Lectorensi recipereque voluerit et recipiet ipsam suam possessionem in propria persona faciendam, cum certis solempnitatibus super præmissa intrata ab antiquo observatis. Actum fuit hoc apud dictum locum Castrinovi Arbey, die vicesima octava mensis madii anno Domini millesimo quadragentesimo quinquagesimo, regnante domino Carolo, Dei gratia Franciæ rege, dominanteque domino Joanne comite Armaniaci, Fezensiaci, Ruthenæ et Insulæ Jordani et vicecomitatuum Leomanie et Altivillaris vicecomite, et domino nostro domino Andrea, miseratione divina Lectorensi episcopo existente; hujus rei sunt testes nobilis Joannes de santo Joanne, habitator loci des Flamarenxis, et Geraldus de Pruno, loci prædicti Castrinovi Arbey habitator, et ego Arnaldus de Pomareda.

Histoire de Gascogne, depuis les temps les plus reculés jusqu'à nos jours, par l'abbé Monlezun, tome VI, page 396.

3 JUILLET 1421.

GÉRAUD *ou* GUIRAUT DE GALARD *était un des quarante-quatre écuyers de la suite demonseigneur Charles de Bourbon.*

GIRAUD DE GOULARD, l'un des quarante-quatre écuyers de la montre de Charles, monseigneur de Bourbon, écuyer banneret, capitaine général ès pays de Languedoc et duché de Guyenne, reçue au siége présentement tenu devant Beziers, le 3 juillet 1421.

Extrait du deuxième volume du troisième compte de Guillaume Charrier, fini le dernier décembre 1422.

12 JANVIER 1427.

Messire GUIRAUT *ou* GÉRAUD [1] *et* JAUMET DE GALARD *sont nommés comme témoins dans les lettres de Charles d'Albret, comte de Dreux et de Gaure, relatives au traité d'alliance conclu entre lui et Nompar de Caumont, seigneur de Caumont, Castelnau, Castelcuillers et autres places.*

Charles, seigneur d'Albret, comte de Dreux et de Gaure, à tous ceux qui ces présentes lettres verront, salut. Sçavoir faisons que, comme entre nous et le noble homme Nompar, seigneur de Caumont, de Castelnau, de Castelcueillers et de Berbeguières, soit esté traicté alliance et bonne amitié, est ainsi que aujourd'hui nous avons esté d'accord sur ladite alliance et amitié qui a esté traictée et accordée en la forme et manière qui s'ensuivent, en laquelle est comprise et mise l'abbé, ville et gens de Cleyrac,

---

1. Qualifié *chevalier*.

pour la part dudit seigneur de Caumont, c'est à sçavoir que ledit seigneur de Caumont devient nostre allié et aide envers et contre tous seigneurs, hommes et personnes qui mal ne domage nous voulissent faire ou fissent, excepté son souverain seigneur et le duc de Guienne et le comte de Foix, en sa propre guerre, et le lignage dudit seigneur de Caumont. Item que ledit seigneur de Caumont, quelque temps qu'il soit advenir, ne devra faire guerre ne faira à nous, nostre terre ne à nos subjects de ses lieux, de sa terre, ne d'autre part, en aucune manière, sinon que son seigneur ou son lieutenant feussent présens, ne les gens de ladite ville de Clayrac : pareillement que ledit seigneur de Caumont ou gens de Clayrac eusent a aler en sa compagnie, ne nous en semblant cas audit seigneur de Caumont et gens de Clayrac ; et nous, Charles, seigneur d'Albret, comte de Dreux et de Gaure, dessusdit, aiderons et secourrons audit seigneur de Caumont encontre tous seigneurs et personnes et hommes, que mal ne domage lui voudroient faire ou fissent, excepté monsieur le roy, mon souverain seigneur et le duc de Guienne, les comtes d'Armagnac et de Foix, en leurs propres guerres, et autres de nostre lignage. Item a esté accordé que nous seigneurs d'Albret dessusdits tiendrons ledit seigneur de Caumont, sa terre, subjects et leurs biens, ledit abbé, ville et gens de Clayrac en pati de tous François à tout nostre loyal pouvoir. Item que ledit seigneur de Caumont, ses gens, subjects et de Clayrac puissent aller, venir, demeurer et retourner par nos terres et de nos alliés, paiant les péages et autres devoirs comme nos propres subjects, et les nostres pareillement par ladite terre de Caumont et de Clayrac, sauvement et seurement par ainsi que nul ne soit tenu d'entrer ès forteresses de l'une part à l'autre sans licence ou congé du capitaine ou lieutenant du lieu. Item que tous les héritages et biens que les subjects dudit seigneur de Caumont ont en nostre terre leur soient restitués, et pareillement aux nostres, et que tous mals faicts d'une part et d'autre, de tout le temps passé jusques aujourd'hui, soit pardonnés, excepté Bernard de Melet, combien que s'il demeure en la terre de Caumont continuellement sans faire ne traicter mal ne domage, qu'il puisse aler et retourner comme ceux de Caumont; et si le cas est qu'il ne veuille demeurer en ladite terre de Caumont et d'autre lieu en hors faisoit domage à nos gens, que ledit seigneur de Caumont soit tenu de réparer tous les domages tant que monteroient et vaudroient les biens et héritages que ledit Bernard auroit en ladite terre de Caumont. Item que si nos officiers ou subjects sçavoient que mal ou domage deust venir en la terre de Caumont ou de Clairac, qu'ils le leur facent asçavoir et pareillement ceux dudit seigneur de Caumont et de Clairac à nous ou aux nostres à leur pouvoir non faisant ne tractant ceux de la terre de Caumont mal ne domage à riens qui soient de l'obéissance de monsieur le roy. Item que si nuls de la part de mondit sieur le roy passoient par nos terres, menans prise de ladite terre de Caumont, que nos subjets soient tenus de la leur oster à leur loial pouvoir. Dit pareillement si les Anglois menoient prinse de nostre dite terre et passoient par ladite terre de Caumont ou de Clairac, qu'ils soient tenus de la leur oster à leur loial pouvoir; duquel accord, alliance et bonne amitié ont esté faites deux lettres d'une mesme teneur, lesquelles choses dessusdites nous avons promis et juré, promettons et jurons chascun de nous l'un à l'autre, sur les saincts évangiles de Dieu de nos propres mains tenir, garder, accomplir et observer de point en point, bien et loiaument par la forme et manière que dessus est dit et expressé, toutes déceptions, basats et malengins cessans, et promettons, comme dessus, de non aler ou faire aler

à l'encontre. Et en tesmoing de ce, nous et ledit seigneur de
Caumont à ces présentes avons fait poser nos sceaux de nos
propres armes et signées de nos propres mains, en la présence
de nos très chers et bien aimés conseillers et cousins, messire
Arnaud de Marmande, seigneur de Taillequebat, de messire
Gaston de Caumont, messire GIRAUT DE GALART, chevalier, Bertrand de Domasainh, escuier, messire Jean de Got, licentié
en droits, Bernardon d'Arbus, escuier, par la part de nous, seigneur de Lebret dessusdit, et aussi en présence des bien amés
de moy, seigneur de Caumont, Naudonnet Gaubert, Avissaux de
Fumel, Martin de Gos, JACMET DE GAILLARD et Perot de Sorignac.
Donné au chastel de Nérac de nous seigneur de Lebret dessusdit
le dousiesme jour du mois de janvier, l'an mil quatre cent vingt
et sept.

Collection Doat, vol. CCXV (Titres concernant les maisons de Foix, Armagnac, Rodez, Albret, Navarre, tome LI, du folio 84 au folio 84 recto;
Cabinet des titres, Bibl. de Richelieu.

ANNÉE 1428.

GÉRAUD, GIRAUD ou GUIRAUD DE GALARD reçoit les montres en Languedoc.

Messire GUIRAUD DE GALART, chevalier, commis pour monsieur
de Foix, lieutenant-général du pays de Languedoc, à faire et recevoir les montres des gens de guerre, en l'année 1428.

Mss. de l'abbé de Lespine, dossier de Galard; Bibl. de Richelieu, Cabinet
des titres.

19 FÉVRIER 1429.

Quittance donnée par GÉRAUD *ou* GIRAUD DE GALARD *à Jean de Milly,*
receveur général du Berry.

GÉRAUD ou GIRAUD GOULART, chevalier, reçut de Jean de Milly,
receveur général du Berry, 100 écus d'or pour certaines causes,
le 19 février 1429. *Escartellé aux 1 et 4 plein; aux 2 et 3 un oiseau;*
une bande, brochant sur le tout, brisée d'un lambel de trois pendants.

Titres scellés, vol. Ier, fol. 425; Cabinet des titres, Bibl. de Richelieu.

VERS 1430.

*L'abbé de Lespine pense qu'*HECTOR DE GALARD *était fils de* GÉRAUD DE
GALARD, *chevalier et grand bailli du Berry*[1].

Dans le même temps, vivait HECTOR DE GALARD, écuyer, conseiller et chambellan du roi et premier capitaine des cent gentilshommes au bec de corbin. Aucun des titres qu'on a sur lui
ne rappelle le nom de son père, mais on est généralement per-
suadé qu'il était fils de GIRAUD[2].

Mss de l'abbé de Lespine, dossier de Galard; Cabinet des titres, Bibl. de
Richelieu.

1. Il est présumable qu'Hector dut naître avant 1430. J'ai fixé cette date par
induction; car on a vu plus haut que Géraud de Galard, supposé père d'Hector
par l'abbé de Lespine, fut chargé, en l'année 1428, par le comte de Foix, de passer
des revues en Languedoc.

2. L'abbé de Lespine, dans une généalogie de la branche des Galard, seigneurs
de l'Isle-Bozon, dont nous avons donné un extrait page 307, mentionne parmi les
enfants de Bertrand de Galard, seigneur de l'Isle-Bozon (une des grandes figures

Année 1435.

Notice de l'abbé de Lespine sur Géraud de Galard, *présumé fils de* Guillaume III de Galard, *baron de Brassac.*

Giraut ou Guiraut de Galard, chevalier, chambellan du roi Charles VII et grand bailli de Berry, qu'on croit fils de Guillaume III de Galard, chevalier, baron de Brassac, fut commis en 1428, par le comte de Foix, lieutenant-général en Languedoc, pour faire et

de son temps), et de Bertrande de Kervain de Mauvezin, un Géraud de Galard, mort en 1446, qui semble, par le nom et la date de sa vie, s'identifier avec Géraud de Galard, gouverneur de Berry. Dans le testament de son père, en 1446, époque à laquelle il ne vivait plus, il est indiqué comme père d'Hélène de Galard. Recopions les deux mots de l'abbé de Lespine à son sujet :

« 3° Gérald ou Géraud de Galard, chevalier, qualifié noble et puissant homme, ne vivoit plus en 1446. Il y est dit père d'Hélène de Galard. »

Ce Géraud de Galard, nous le répétons, présente de fréquentes analogies avec Géraud, sénéchal de Berry, et semble ne faire avec lui qu'un seul personnage. Cette coexistence, qui permet de les confondre, a échappé à l'abbé de Lespine. Celui-ci, en écrivant ses notes sur le gouverneur de Berry, ne s'est point souvenu du Géraud qui n'était plus en 1446, et qui avait pour auteur Bertrand, seigneur de l'Isle-Bozon, grand maître des eaux et forêts d'Aquitaine, ambassadeur en Castille et en Navarre. Ces éminentes fonctions expliqueraient le choix de Géraud, son troisième fils, pour le gouvernement de Berry. Si l'on acceptait l'hypothèse de l'abbé de Lespine qui, sans nous fournir un semblant de preuve, fait naître Hector de Galard, chambellan de Louis XI, de Géraud, sénéchal de Berry, on pourrait conclure que ledit Hector avait été naturellement introduit à la cour de France par le double et grand rôle de son père et de son aïeul. Il est essentiel toutefois de noter que l'abbé de Lespine fait sortir Géraud de la branche de Brassac. Cette dernière assertion sur l'origine de Géraud est corroborée par Moréri, d'Hozier et les autres historiographes de la noblesse, qui proclament Hector issu des sires de Brassac, qui constituent un illustre rameau dans la maison de Galard. Nous posons la question de provenance pour Géraud, sans vouloir la trancher aujourd'hui; nous nous contentons simplement de marquer et de remarquer que le nom de Géraud se retrouve dans la ligne des seigneurs de l'Isle-Bozon, avant et pendant le xve siècle, alors qu'il a cessé dans toutes les autres.

recevoir les montres des gens de guerre; il donna quittance, le 28 septembre 1435 à Jean Picard, secrétaire du roi, de la somme de 150 livres.

Mss. de l'abbé de Lépine, dossier de Galard; Bibl. de Richelieu, Cabinet des titres.

---

28 SEPTEMBRE 1435.

Quittance de messire GÉRAUD ou GIRAUD DE GALARD, chevalier, grand bailli de Berry, chargé par le comte de Foix de passer les revues des gens de guerre. La reconnaissance donnée à Jean le Picart, secrétaire du roi, était de 150 livres tournois, représentant une partie des dépenses de GIRAUD DE GALARD ainsi que celles des hommes d'armes placés sous ses ordres.

MESSIRE GUIRAUT DE GOLART, CHEVALIER[1], COMMIS POUR MONS. DE FOIX, LIEUTENANT GÉNÉRAL DU PAYS DE LANGUEDOC, A FAIRE ET RECEVOIR LES MONSTRES DES GENS DE GUERRE, EN L'ANNÉE 1428.

Sachent tuit que je GIRAUT DE GOULARD, bailly de Berry, confesse avoir eu et reçu de M° Jean le Picart, secrétaire du roy, notre sire, et par luy commis à la recepte général et distribution du prouffit et émolument de ses monnoyes, la somme de 150 livres tournois que ledit seigneur avoit ordonné audit Picart me bailler des deniers de ladite recepte, pour me aider à supporter les dépenses que faire me conviendra à faire vivre les gens de guerre, étant de crue en garnison en la place de Saint-Pierre-le-Moustier, ainsi que ledit seigneur m'a ordonné, et que j'en ay prins la charge; de aquelle somme de 150 livres tournois je me tiens pour contens et

---

1. Dans le testament de Bertrand de Galard (1446), son fils Géraud est également désigné comme chevalier.

bien payé, et en quite ledit seigneur, iedit Picart et tous autres ;
en témoin de ce j'ay signé cette présente quittance de ma main
et icelle scellée de mon scel, le 28ᵉ septembre 1435. Signé :
GOOLARD [1].

Mss de l'abbé de Lespine, dossier de Galard; Cabinet des titres, Bibl. de
Richelieu.

30 JANVIER 1437.

*Lettres de Charles VII à l'évêque de Laon, général de ses finances en
Languedoc et Guienne, lui ordonnant de payer à son cousin, le
sire d'Albret, une somme de 100 livres tournois pour lui faciliter
l'acquittement de certaines dettes contractées dans les circonstances
suivantes. Rodrigues de Villandraut et le bâtard de Bourbon
s'étaient abattus sur le Berry et l'avaient ravagé et saccagé. Le souverain, dans le but de réprimer et de repousser cette incursion,
avait chargé GÉRAUD ou GIRAUD DE GALARD d'assembler la noblesse
du pays et de faire toutes les provisions nécessaires à son corps de
troupes. Celui-ci ne put solder en totalité toutes les fournitures qui
lui furent faites par suite d'une blessure reçue dans l'accomplisse-
ment de sa mission. Ce reliquat de compte était demeuré à la charge
du sire d'Albret, auquel le roi, par gratitude, veut prêter assistance
financière.*

Lettres du roi Charles VII, adressées à son amé et féal président de ses comptes, l'évêque de Laon, général conseiller sur le
fait et gouvernement de ses finances, en son pays de Languedoc
et duché de Guienne, portant que son bien amé André Sourdet,

---

1. Le sceau de ce titre, que je n'ai point manié, a été ainsi décrit par l'abbé
de Lespine : Sceau en cire rouge, *écartelé aux 2 et 3 une corneille;* il est traversé
par *une bande de gueules;* un homme et une femme nus servent de supports.
Cimier : *une tête de levrette;* autour en légende : GIRAUD.

serviteur de son très-cher et amé cousin le sieur de Lebret, lui a
fait exposer que comme Sa Majesté, étant en son voyage, fait en
Languedoc, eut été acestenée que Rodriguo de Villandro et le
bâtard de Bourbon étoient au pays de Berry, à grande compagnie
de gens d'armes et de trait, où ils faisoient de grands maux,
domaiges et oppressions, à la grande charge d'elle et de son
pauvre peuple; et qu'à cette cause elle eut baillé commission et
charge expresse à feu GIRAUT DE GOULART, en son vivant son chevalier, chambellan et bailly de Berry, qui lors étoit avec elle et
en sa compagnie, de venir en ce pays de Berry, illec faire assembler les nobles dudit païs et autres, en plus grand nombre que
faire le pourroit, pour en expulser lesdites compagnies, et autrement relever ses sujets desdites charges et oppressions; qu'alors
ledit Girault de Goulart, pour mettre en point aucun des gens de
de sa compagnie, eut alors prins et achetté d'aucuns marchands
de la ville de Bourges des harnois et autres choses. Et pour ce
qu'il n'avoit pas lors payement prest pour fournir à ce que besoin
lui étoit, ce fut lui exposant, alors serviteur dudit de Goulard,
obligé envers aucun desdits marchands, pour partie desdites choses
prinses par ledit de Goulard, en la somme de 100 livres tournois
et plus, et de ce fait sa propre dette, esperant de recouvrer en
après dudit de Goulard ce à quoy il s'obligeoit; mais que ledit de
Goulart en s'efforçant de mettre à exécution ce dont le roy l'avoit
chargé, fut blessé d'un trait par un des gens dudit Rodriguo, dont
aucuns jours après il s'étoit obligé pour lui, etc.; par lesquelles
le roy pour le dédommager, et en considération de ses services,
tant avec ledit feu de Goulart, depuis, ledit sieur Lebret, lui fait
don de 100 livres tournois, pour l'aider à s'acquitter de ladite
obligation, mandant de les luy faire payer par le trésorier de ses
finances en Languedoc, Me Macé Héron. Données à Tours, le

30 janvier 1437, signées par le roy, le sieur de Chaumont présent.

Mss. de l'abbé de Lespine, dossier de Galard ; Bibl. de Richelieu, Cabinet des titres.

———

14 JUILLET 1425.

Convention de mariage de noble AYSSIN *ou* ARCHIEU DE GOLARD, *seigneur de Terraube, avec noble Florimonde de Gelas, sœur de Manaud, seigneur de Bonas, et fille de Pierre de Gelas et de Marie de Montpezat.* BERTRAND DE GALARD, *seigneur de l'Isle-Bozon et* GUILLAUME-BERNARD DE GALARD, *seigneur de Castelnau d'Arbieu, y sont énoncés oncles d'Ayssin ou d'Archieu.*

Siegonse las couvenensas feytas entre lo noble EYSSIN DE GOLLART, senhor deu loc de Tarrauba, de una part, et la noble FLORIMODA DE GELAS[1] ; tractans lo noble et podenos senhor Mosser Git

———

1. On verra tout à l'heure que Ayssin, Archieu ou Aissieu de Galard, marié en premières noces avec Florimonde de Gélas, convola en secondes avec Marguerite de Galard, fille de Jean II de Galard, seigneur de l'Isle-Bozon, et de Longue de l'Isle ; celle-ci était née de Jean de l'Isle, seigneur de Cadeillan, et de Géraude de Bonnefont ; cette dernière, à son tour, avait pour auteurs noble Odet de Bonnefont et Longue de Galard, issue d'Archieu Ier, seigneur de Terraube. Marguerite de Galard, qu'il ne faut pas confondre avec une autre Marguerite de Galard, mère du mari de la première, et qui avait aussi un père du nom de Jean, était cousine de son époux au second et au troisième degré. La dispense obtenue par eux avait été fulminée postérieurement à leur mariage, pour remédier à certaines irrégularités qu'une bulle antérieure n'avait pu faire disparaitre. Tous les degrés de consanguinité n'avaient point été pleinement énoncés dans la première supplique, qui avait été suivie de la bulle autorisant l'alliance. Cette bulle précéda de quelques mois le deuxième bref pontifical, qu'on lira plus loin ; son texte implique que l'union était déjà consommée : « super matrimonium factum inter dictum ARSINUM et MARGARITAM DE GOLARDO, olim factum. »

Tous les généalogistes constatent que le nom de la première femme d'Archieu de Galard est demeuré inconnu. Les pactes dont nous reproduisons la teneur font la lumière sur ce point obscur.

de Lomanha, senhor de la terra de Fiumarchon, mosser BERTRAND
GOLART, senhor deu loc de La Yla en Boson, en Lomanha, maeste
de las ayguas et forest por notre senhor le roy de Fransa en lo
pays de Languedoc, GUILHEM BERNARD DE GOLART, senhor deu Castelnau d'Arbiu, oncles deudit noble Yssin, e lo noble Manaut de Gelas,
senhor de Bonas, fray de ladita nobla Florimoda. Presens los
senhors Johan de Bremont, senhor de Pordeac, Odon de Massas,
senhor de Fesan, Johan de Lestoc, senhor de Lestoc, Ebrician
de Bordas, Adenat de Martin, senhor de Sent, come sus lo matrimoin fasedat entre lodit noble Eyssin de Golart, senhor de Tarrauba, de una part, et la noble Florimoda de Gelas, d'autra part,
pennecudas et unadas per la forma et maneyra qui sensiet.

Premierament fot combent que lodit Manant, son fray, tant par
los e los sos, que nobla Florimoda de Gelas, sa sor, pot aber sus
los bes deudit Manaud, son fray, tant por lo testament deu noble
Pey de Gelas, lor pay, et de nobla Maria de Mospesat, lor may,
por rason de testament et autremens, deus à ladita Florimoda,
sa sor, en dot et par nom de dot e autrement per totas autras
causas a lui appartenens o apartenir podens, dotze cens florens
daur, en la forma et en la maneyra e balor conengudas en las
cartas matrimonialas deu noble Pey de Gelas, senhor de Bonas, et
de la nobla Maria de Montpezat, lor pay et lor may, e deu testament deudit Pey, lor pay, que alabeti balor florens XIIII doblas
escut deus florens de la moneda que dessus expressa, monta tota
la soma VI c. scutz daur ; que foc feyt lodit testament l'an de
nostre senhor mil quatre cens et vingt-cinq del mes de julli, per
M᷎ Amaniu Peytavin, notaire de citat de Coudom, e lo luyt e las
bestiduras nuptiaus et autres abillemens per la forma e per la
maneyra que desus sensiet.

Premierament fot conbentz que lodit noble Manaut pagara,

per la premiara pagaia deudit dot, quinze jorns debant la solempnisation deldit matrimoni, IIe L. florens de la monnoye dessus
convenguda, e deldit jorn en un an rebolut sinquanta florens
et ainssi de an en an, encio que laditta soma deldit dot sera
paguada sinquanta flora de laditta moneda.

Item fo conbentz que lodit noble Manaud bailhara a laditta
sa sor, le jorn de la solempnisation deldit matrimoni, hun bon lieyt
garnie et honeste par la forma que sensiet.

Premierament una bona coscia becada de lumple de douze
pannes et de longuesta de seize pannes;

Item hun trabesse bergat;

Item una capsita plena de pluma;

Item tres pelhs de linsos aldit lieyt appartenens;

Item hun coberco del estat abiat de las armas de lostau dont
laditha filha part;

Item fo conbentz que laditha filha sia bestida lo jorn de las
dittas nossus;

Premierament de deus courti de drap de roge;

Item de una fopalanda descarlata fobrada de menutz berys;

Item de una autra fopalanda dobla de dus draps bos et fis
segon lostau dont part, e dus capayrios deus draps de las ditas
fopalandas;

Item un stuc de coda garnit d'argent sober davant entro hun
mayt;

Item un flocart honeste ainsy cum saparten;

Item fot conbentz que lo premie fils qui salhira de lor et de
lordit matrimoni sra herete, si es abil de son guos, est no lo
segont filh o lo terti per consequent e los autres filhs o filhas, si
ni abe plus que de hun fran apsatz cascun a coneguda de lors
amys de cascuna partida.

Item fo conbentz que si deshanava de laditta Florimoda prime que deldit Eyssin sans heretes o ab heret de lordit leyau matrimoni, lodit Eyssinet demore usufructari dels bes de ladita sa molhe a tota sa vita, eno remens quascunhe sus los bes de laditta Florimoda dus cens florens totas sas propras voluntas tant en bita, tant en mort.

Item fot conbentz que si deshanava prime deldit Eyssin de Golart que de ladita Florimoda, e la ditta Florimoda posca recobar lodit dot, lieyt e bestiduras nuptiaus en la forma et en la maneyra et termes que provenat agentement, e no remens gasanha sus los bes deudit Eyssin dus cens floris delsquals posca far son plaisir tant en sa bita quant en sa mort.

Item fot conbentz que si alguas que dessus laditta Florimoda bolia demoren en estat vidual e honesta, que demore dona e usufructaira dels bes deldit Eyssin deu loc de Tarrauba bonament e deguda sens renobat lodit dot et sans redre conte al herete.

Item fot conbenz que am las causas desudittas e en la maneyra que desus laditta Florimoda quitara totz los dretz que demandar pot in poyre devole e de autoritat deudit Eyssin de Golart aus bes paternaux e maternaus exceptat la succession.

Item a so far et tenir e aldit matrimoni proceder, a requesta dels amys de chacuna partida; de no proceder en autres maridatges, prometton et juron sur lo libri missal e lo crotz benastica lodit Eyssin de Golart e lodit mosser Bertran de Golard et Guilhem-Bernar de Golart, ses oncles, e lo dit noble Manaut de Gelas, senhor de Bonas, so freiyt, et lo Odet de Massas, senhor de Fesan, e lo noble Johan de Lestoc, senhor de Lestoc, testimoins que desus, l'an de nostre Senhor mil quatre cens e vingt-cinq, lo quatorze jorn del mes de julli.

A questas combenensas desus scriutas foron scriutas de voluntat de las ditas partidas en la secretariat del coubent e gleysa dels frays minos de Leytora, presens los testimoins et senhor desusditz, per mi Sans de Saint-Xrist, notario de Leytora, l'an e lo jorn que desus e senhadas de mon sanh manual. Signé de Saint-Xrist, ita est, not. pub.

Inventaire des titres de la maison de Gélas, des seigneurs de Bonas, de Rosès, Lisse, Podenas, Lamezan, Ambres, La Fitte, Cezan, Blogon, Crepian, Castera-Vivent, Seguin, etc. Le tout copié d'après les titres originaux ou expéditions en forme, 3 vol. in-fol.; cotés Hist. 1889, 1889 a et 1889 b, tome Ier non paginé. Bibl. Mazarine de Paris; Mss.

---

4 MAI 1428.

AYSSIN ou ARCHIEU DE GALLARD concourut par sa présence à la confirmation des coutumes du Fézensac et de la vicomté de Lomagne.

Actum fuit hoc Lectoræ in domo Arnaldi de Dulceto, domini de Podio prope Lavardens Auxi diocesis, die sexta mensis januarii, anno Domini millesimo trecentesimo nonagesimo primo, regnante Carolo, Dei gratia Franciæ rege, domino Bernardo eadem gratia Armaniaci, Fezensiaci, Ruthelæ et Cradellensis comite et Leomaniæ et Altum-Villariæ vicecomite, dominoque terræ Ripariæ, domino Raymundo permissione divina Lectorensi episcopo existente. Hujus rei sunt testes domini Bernardus de Ripparia miles, dominus de Labatut, Bernardus de Prato, Franciscus de Lauro, licenciatus in legibus, nobiles AISSINUS DE GUARLARDO, dominus de Terraubia, Petrus Ramundi de Ligardis, condominus de Ligardis, Otho de Lucomonte, Arnaldus Guillelmus de Vico, alias de Lartiga, Bernardus Ramundus de Goeyna, domicellus,

Guillelmus de Labat, **Petrus de Lagrula**, dominus Arnaldus de
Quillano, canonicus Auxis, et plures alii, et ego Arnaldus de
Franco, notarius publicus auctoritate dicti domini comitis Armaniaci et vicecomitis dictorum vicecomitatuum, qui in præmissis
dum sic agerent ut presens fui et de mandato dicti domini comitis et vicecomitis voluntate ad requisitionem dictorum nobilium
pro se et quibus supra nominibus hoc præsens publicum instrumentum retinui et in mea papyru notarii et per alium occupatus
pluribus arduis negotiis dicti mei officii publici in hanc formam
publicam redegi, feci, et rursum inferius meo solito signo
signavi[1].

Histoire de Gascogne, par l'abbé Monlezun, tome VI, fin de la page 26,
commencement de la page 27.

Année 1438.

*Mention d'*Aycinet *et de* Jean de Galard *dans un ordre du duc d'Orléans
qui les autorise à porter les insignes du Porc-épic.*

Ordre du duc d'Orléans, en l'an 1438, à Orléans, son héraut,
pour donner les lettres patentes pour porter son ordré du Porc-
épic aux sieurs Eycinet de Goulart et Jehan de Goulart[2].

Mss. de l'abbé de Lespine, dossier de Galard; Cabinet des titres, Bibl. de
Richelieu.

----

1. L'abbé de Lespine nous révèle, en 1426 (17 septembre), l'existence d'un
Ademarus de Gallard, l'un des témoins au testament de Jeanne de Saloguac, dame
de Palavési, et femme de Jean Carbonnières.
2. Ce Jean de Goulart était, ou le fils aîné de Bertrand, seigneur de l'Isle-
Bozon, ou le sire de Brassac, dont l'existence fut également guerrière.

MILIEU DU XVe SIÈCLE.

Constatation de la vente de Marrens par AYSSIN *ou* ARCHIEU DE GALARD.

18 janvier. De Pelagos de Monlezun, coseigneur de Montastruc pour la coseigneurie de Marrens [1], qu'il venait d'acheter d'AISSIN DE GALARD.

Histoire de Gascogne, par l'abbé Monlezun, tome IV, fin de la page 440, commencement de la page 441.

---

26 JANVIER 1457.

Quittance légitimaire de MARGUERITE DE GALARD, *fille de Jean, seigneur de l'Isle-Bozon, et femme d'*AYSSIN *ou* ABCHIEU DE GALARD, *seigneur de Terraube* [2].

« In nomine Domini, Amen. Noverint, etc., inspecturi, visuri, lecturi ac etiam inspecturi quod constituta personaliter,

1. Marrens ou Merrens rentrera plus tard dans la maison de Galard.
2. Dans l'échange d'une pièce de terre fait, le 15 novembre 1451, par Vidau de Comin avec Jean du Fer, les coutumes de Terraube sont citées à propos des acaptes, des oblies et autres droits féodaux que les permutants s'obligent à payer au seigneur dudit lieu. Cet acte, qui était en langage gascon et latin, a été entremêlé de français par le copiste, qui a sans doute voulu, de cette manière, abréger sa transcription que voici :

« In nomine Domini, amen. Notum sit que constituts personalment dedins lo
« loc de Terraube, en la presenci de mi notari et des testimons sous escriutus,
« Vidau de Comin, *alias* aperat deu Faur, et Johan deu Fer, qui estant à Terraube,
« selon que dichouson de leur ben grat con escambiat et permutat, per nom des-
« cambi et de permutation lieurat per las costumes deu loc de Terraube, so es à
« saber : lou dit Vidau de Coumin, de son bon grat et de sa bone pure et franque
« et agradable volontat, non constrei, ni decebut, ni enganat, ni per force, ni per

apud locum Insulæ Bozonis, in mei notarii publici et testium
infrascriptorum presentia, videlicet nobilis Marguereta de Guolard,
filia legitima et naturalis nobilis Johannis de Guolardo, militis,
domini dicti loci Insulæ, diocesis Lectorensis, uxorque nobilis
Ayssini de Guolardo, domini loci de Terraubia; dicta vero nobilis
Marguereta de Guolardo, de licentia et consensu nobilis Assyni
de Guolardo, » son mari, donne quittance de tout ce qui peut
lui revenir sur la succession paternelle et maternelle dans les
biens de son père, ici présent et recevant ladite quittance pour
lui et ses successeurs, et encore dans les biens de noble Raymond
et Viguier ou Begon de Lucomonte (Léaumont), seigneur de Puy-
Gaillard et de Sainte-Christie, et principalement à la somme de
mille livres d'or, monnaie courante, d'un lit et habits nuptiaux
portés dans son contrat de mariage. Elle renonce à toute loi et
priviléges contraires à cet acte dont elle demande instrument
lui être donné. « Ita bonum et firmum sicut fieri posset consilio

« poau, ni aucune male machination, mas quand de son propre mouboment feit
« comme a certiorat de son bon dret, segon que disié dam pense et délibération de
« son couratge, a escambiat et permutat et per nom de scambi et de permutation
« baillat, luirat et octroiat, selon las costumes deu loc de Terraube, à Jean deu
« Fer, qui esta en lo dit loc de Terraube, aqui present, per se et per tout son dret,
« escambiant permutant et recebent per far et per complir toutos las suos pro-
« prios voluntas et de touts sous heretes et successors, per aroset per tous tems, d'une
« pièce de terre confrontant amb la terre de Jehan de Bédes et de Sans de Bédes, au
« lieu appelé à Nabencta, contre une autre pièce de terre au lieu appelé à Pey-
« rolle, confrontant avec terre a Comin de Vidau et Ramon de Mazères, et baillée
« par le dit Comin au dit deu Fer avec une soulte de V écus. Les dites causes
« escambiades moven et sounstengudes en fieus, qui devront être payés respecti-
« vement par les dites parties qui en sont investies selon les coutumes du lieu de
« Terraube, et les oublies accoutumées et ab autant d'acaptes à seignor et à fiusaler
« mudant. Ils jurent sur les saints Évangiles, de leurs mains dextres corporelle-
« ment touchés, de renoncer à touts droits canoniques et civils qui pourroient
« contrarier le dit échange et qu'on boulonon contrains et compellers per las cours
« dels seigneurs, baillis et conseils del loc de Terraube et per las cours des sei-

prædictòrum. » Ayant auparavant juré sur les saints Évangiles
de Dieu, corporellement touchés de sa main dextre, d'observer
à tout jamais lesdits articles. Actum fuit hoc Lectoræ, du
27 février 1457, regnante domino nostro domino Karolo, Dei
gratia Francorum rege, dominante domino nostro Johanne,
comite Armanbaci, Fezensiaci, Ruthenensis et Insulæ Jordani,
vicecomitatus Leomaniæ et Altivillaris vicecomitis, et reverendo
in Christo patre et domino nostro Amalrico divina miseratione
existente.

Hujus rei sunt testes nobiles dominus Bartholomeus de
Montesquivo, miles dicti loci de Montesquivo, dominus de
Marsano, Auxitanensis diocesis, Guillermus Deymerii, Jacobus de
Casabanto, Lectore, Guillelmus-Simon Sancti Aviti et nobilis
Sancius de Lamauta, loci de Marsan habitator, et magister Guil-
lelmus Borderii, senior, ad publica civitatis et diocesis Lectoren-
sis auctoritate episcopale notarius qui de premissis, etc. Et signo

« gneurs officiaux d'Auch, d'Agen, de Lectoure, de Condom, et por la cour de M. le
« juge de Lomaigne et per touts les autres juges compétents ecclésiastiques, secus-
« lars en asso per caption, vendition, distraction et aliénation de lours bes et de
« lours causes la une cour in executar ou cessant per laur ou autrement agir come
« per cause conegude et jurado et confessado et qui es passado en jugement. Tout
« remedi d'appel oustat et reprengut à la couhertion, compulsion et couneschense
« de las quals cours et de cadune de lour, les dits Vidau de Coumin et lou dit Jean
« deu Fer, et cadun de lors se soumeteran. De las quales causes cadune des parti-
« dos sen tengue countente et m'ont requis d'en dresser l'acte. Actum fuit hoc
« apud locum de Terraubia, 15 octobre 1451, regnante domino Carolo, Francorum
« rege, dominanteque domino Johanne, comte d'Armagnac, Fezensac et l'Isle en Jour-
« dain, vicomte de Lomagne et d'Auvillars, et Mgr......, évêque de Lectoure;
« témoins B. deu Boni, Pey de Lin, Gassion Castaing, de Terraube, Bernard de
« Betous, Barbé, habitants de Lectoure et ego Thomas de Oliver, notarius predictus
« de Lectora qui de premisis requisitus duo cartas publicas retinui. » (*Manuscrits
de M. Benjamin de Moncade. Cahier AA 3.*)

Cet échange s'effectua entre lesdites parties pendant que Archieu de Galard
était seigneur de Terraube.

meo authentico, quo in publico utor, signavi in fidem et testium ·
et singulorum præmissorum [1].

Archives du château de Malliac. Manuscrits de M. Benjamin de Moncade. Cahier AA 3.

---

26 JANVIER 1457.

Longue de l'Isle, veuve de JEAN DE GALARD, *sire de l'Isle-Bozon, fait
donation de ses droits féodaux sur le bois de Bernas à sa fille* MAR-
GUERITE, *en considération du mariage de celle-ci avec* AISSIEU *ou*
ARCHIEU DE GALARD, *seigneur de Terraube, et aussi en récompense
des soins dont elle a été entourée par les donataires.*

Donation faite à noble ARCHIEU DE GOLARD, seigneur de Terraube, et à MARGUERITE DE GOLARD, mariés, par noble Longue de
l'Isle-Bozon, mère de ladite Marguerite et femme de JEAN DE
GOLARD, chevalier, seigneur de l'Isle-Bozon, du droit qu'elle avait
sur le bois de Bernas, sis dans le territoire de Bordes, jurisdiction du lieu de Terraube. « Cette donnation est faite en contemplation du mariage d'Aissieu de Galard et de Marguerite sa
femme » au profit du premier enfant qui en naîtrait, avec cette
condition, que si le premier enfant venait à décéder sans héritier
mâle et légitime, la donation passait au deuxième; et dans le cas où
le deuxième mourrait sans héritier légitime, au troisième, du troisième au quatrième, et ainsi de suite, en observant l'ordre de
primogéniture. Et dans le cas où il n'y eût de ce dit mariage que
des filles, ladite donation reviendra de plein droit à ladite dona-

---

1. L'original de ce titre, dont M. de Moncade a donné la substance, est conservé
aux archives du château de Terraube. C'est une pancarte en latin et en parchemin
d'un pied et demi de hauteur et d'autant de largeur.

trice et à ses héritiers et successeurs avec tous droits, etc. Ce don
est fait du consentement du mari Jean de Galard, chevalier, seigneur de l'Isle-Bozon, et dans le but de reconnaître l'amitié, les
bons soins à elle portés par lesdits conjoints, et de ceux qu'elle
espère encore recevoir. Ladite donatrice déclare abandonner le
cas advenant le droit ci-dessus transmis sans en rien réserver.
« Altum neque bassum, de cœlo usque ad terram, de terra usque
ad habyssum. » Elle renonce à toute exception, dol ou fraude,
lettres de compulsion du petit sceau du roi, de la cour de Montpellier, etc. Elle jure sur les saints Évangiles de Dieu, de la main
droite touchés, qu'elle accomplira fidèlement et irrévocablement
les articles contenus dans l'acte, et pour garantie oblige et soumet tous ses biens à rigueur de justice. « Actum fuit hoc apud
locum Insule-Bozonis. » 25 janvier 1457.

Mss. de M. Benjamin de Moncade, cahier AA 3. Archives du château de
Malliac, canton de Montréal (Gers).

---

26 JANVIER 1457.

Autre note sur donation de Longue de l'Isle, femme de JEAN DE GALARD,
*en faveur du premier-né d'*ARCHIEU DE GALARD*, seigneur de Ter-*
raube, et de MARGUERITE DE GALARD*, mariés.*

Donation faite par noble LONGUE DE L'ISLE, femme de·noble
JEAN DE GALLARD, seigneur de l'Isle-Bozon, autorisée par son dit
mari, de certains biens en faveur du premier enfant mâle à naître
du mariage d'entre le susdit ARCHIUS DE GALARD, seigneur de Terraube, et la susdite MARGUERITE DE GALARD, leur fille. Le dit acte
retenu par Borderii, notaire de Lectoure, le 26 janvier 1457.

Extrait d'une production faite à Malte. — Mss. de l'abbé de Lespine,
dossier de Galard ; Cabinet des titres, Bibl. de Richelieu.

25 JUIN 1457.

Contrat de Mariage entre noble ARCHIEU DE GALARD, *écuyer, seigneur de Terraube, et* MARGUERITE DE GALARD, *fille de* JEAN DE GALARD, *chevalier, seigneur de l'Isle-Bozon, qui constitua à la future une légitime de mille écus d'or avec un accoutrement assorti à sa condition.*

L'an mil quatre cent cinquanta et set et lo vingt cinquiesme jorn del mes de juin las convenensas et instructas fon feytas acordades et apunctadas entre los nobles mossen JOHAN DE GUALART, cabaler et senhor de La Ylha en Bozon, et AYCHIEU DE GUOLART, scude, senhor deu los de Tarrauba, sur lo matrimoni comensat et sollempnisado entre lodit noble Aychieu de Guolart et MARGARIDA DE GUOLART, filha legitima et naturau deudit monssenhor Johan de Guolard en la maneyra que sensiet :

Premieramant es estat apunctat et acordat, enter lasditas partidas, que lodit Aychiu de Guolart prengua per molhe et per leyal espoza ladita Marguarida de Guolart; et ladita Marguarida que prengua per marit et per leyal espos lodict Eychiu de Guolart.

Item es conveneus entre lasditas partidas que per supportar los cairs deudict matrimoin, los susditz mossenhor Johan de Guolart done et constituisca, en dot e per nom de dot de ladita Margarida sa filha, audit Aychiu de Guolart la soma de mil scutz daur deu cunh et ley de nostre senhor lo rey de Franssa, abens cos lo jorn present lieyt e vestiduras nultrals honorables condecens, segond lestat et condicion de lors personas, à la coneyssenssa deus amis de lasditas partidas, paguados et balhados per lodit mossenhor Johan de Guolart aux termes segueus : soes losdicts lieyt e vestiduras nubciaus, lo jorn de la sollempnization dudict matrimoni et dus cens scutz, den dequi au jorn de la festa de Sent Johan-Baptista, probdanament venent, et dequi en abant cascun an lodit jorn de Sent Johan-Baptista vint et cinq scutz daur entro per tant que ladita soma de mil scutz daur siat entegrament paguada...

Archives du château de Terraube, B. 10.

---

3 NOVEMBRE 1457.

En vertu de pouvoirs conférés par le pape Calixte V, le 5 sep-
tembre 1455, Alain, cardinal de Sainte-Praxède et légat du Saint-
Siège, accorda une dispense à ARCHIEU ou ARSIEU DE GALARD, sei-
gneur de Terraube, et à sa cousine, MARGUERITE DE GALARD [1], déjà
mariés. Dans une précédente rémission pontificale, tous les degrés
de parenté n'ayant pas été énoncés, une seconde était devenue néces-
saire; elle fut fulminée le 14 décembre 1457 par l'official de Lec-
toure. Dans cet acte Archieu de Galard est qualifié « seigneur de
Terraube » et désigné comme fils et héritier d'autre ARCHIEU et
d'autre MARGUERITE DE GALARD [1].

In Dei nomine, amen. Noverint universi et singuli presentes pariter et futuri, hoc presens publicum instrumentum inspec-turi, visuri, lecturi ac etiam audituri, quod existens et persona-liter constitutus apud civitatem Lectoræ, videlicet discretus vir magister Bertrandus Mathei, clericus solutus, notarius ordinarius

---

1. Un procès étant survenu entre Archieu de Galard, seigneur de Terraube, et Viguier, seigneur de la Capelle, oncle et autrefois tuteur du précédent, Viguier contestait à Archieu la légitimité du mariage de ses auteurs et partant de sa nais-sance. L'intention du poursuivant était d'exclure ledit Archieu de la famille et de le dépouiller de l'héritage de Terraube. Pour réussir dans sa coupable entreprise, Bégue ou Viguier de Galard avait, pendant la minorité de son pupille, dérobé la bulle de dispense qui régularisait les irrégularités du cousinage entre Archieu de Galard et Marguerite, sa femme, père et mère d'Archieu, défendeur. Heureusement pour ce dernier, l'information ecclésiastique relative aux degrés de parenté existant entre

officialitatis ac habitator civitatis Lectoræ, qui mediantibus qui-
busdem partibus monitionis Lectoræ, in papiro scriptis, a reverendo in Christo patre ac domino Amalrico, miseratione divina
et sacrosanctæ Sedis Apostolicæ gratia Lectorensi episcopo ac
comissario Apostolico emanatis, et sigillo ejusdem domini rotundo
cera rubea in earum dorso, ut prima facie apparebat, sigillatis,
quorum tenor sequitur et est talis :

« Amalricus, miseratione divina Lectorensis episcopus,
comissarius Apostolicus specialiter deputatus, dilectis vobis in
Christo cappellanis ecclesiæ cathedralis Sanctorum Gervasii et
Protasii Lectoræ omnibusque aliis capellanis, in diocesi nostra
Lectorensi constitutis et clericis solutis, salutem in Domino sempiternam. Mandamus vobis, quathenus ex parte nostra, et ad
suplicationem et requestam nobilis Archini de Golardo, domini
loci de Tarraubia, nostræ prædictæ Lectorensis diocesis, filii legitimi et naturalis et heredis universalis nobilis Archini de Golardo
et Margaritæ de Golardo, condam conjugum, canonice et peremptorie moneatis dominum Guillermum Molinerii, presbiterum, notarium et secretarium nostrum, ut infra octo dies
proximos, post monitionem hujusmodi sibi factam, proxime
computandos, abstrahat seu abstrahi faciat et in publicam formam redigat a libris notis et prothocollis secretarie domini
Petri Fabrii, condam presbiteri, notarii et secretarii nostri, sibi

les époux avait été faite en l'officialité de Lectoure, où avait été aussi enregistré le
bref de dispense. A la requête d'Archieu, Amalric, évêque de Lectoure, autorisa la
délivrance d'une expédition des lettres d'Alain, cardinal du titre de Sainte-Praxède
et légat du Saint-Siége à Avignon, et sa production devant le parlement de Bordeaux, saisi de l'action intentée par Bègue de Galard à son neveu Archieu. Le
document qui va suivre se compose donc de plusieurs actes émanant de notaires
apostoliques, de l'évêque de Lectoure, du cardinal Alain, etc. Voir plus loin le
factum de Bègue de Galard.

collatis et a materia cancellata vel non cancellata processum Apostolicum dispensationis super matrimonium contractatum quemdam inter dictos Archinum et Margaritam de Golardo, olim factum, ut abstracto dicto processu Apostolico dispensationis predictæ tradat et liberet eidem nobili Archino suplicanti, sibi primo satisfacto de suo salario moderato, maxime cum idem supplicans dicto processu dispensationis indigeat ad sui juris conservationem producendo in curia metuendissima parlamenti Burdagale domini nostri regis, in quadam causa quæ ventilatur in eadem curia inter nobilem Veguerium de Golardo, dominum de Cappella, et ipsum de Golardo supplicantem, nisi forte justam causam et rationabilem in contrarium allegare voluerit cur ad premissa non teneatur. Ad quam allegationem si quam habet diem ultimam octo dictorum dierum, apud locum Sancti Clari et in castro nostro episcopali, hora tertia, coram nobis eidem monendo et peremptorie assignetis dictas causam seu causas si quas habet dicturas, allegaturas et alias facturas quod juris fuerit et rationis. Datum in Sancto Claro et in castro nostro episcopali, die vicesima tertia mensis aprilis, anno Domini millesimo CCCC^{mo} LXXVIII°. »

De mandato Domini Meleti, anno et die retrodictis, presentatis presentibus litteris michi Bertrando Mathei, clerico soluto, curiæ domini officialis Lectoræ, notario ordinario pro parte nobilis Archini de Golardo, domini loci de Terraubia, Lectorensis diocesis, ipsarum impetrantis, et illis prius cum honore et reverentia debitis receptis, requisitus de earum executione me transportavi ad presentiam honorabilis viri domini Guillermi Molinerii, notarii et secretarii retrodicti quem, vigore earumdem litterarum modis et formis ac sub pœna retrodictis, quidquidem dominus Guillermus respondit : Quod se offerebat presto et paratum mandatis domini obedire, petens copiam earumdem litterarum et explecti, quam eidem concessi et tradidi et alias peregi, prout in eisdem litteris fieri mandatur, et in fide premissorum presentem meam relationem, manu propria scriptam, signo meo manuali signavi, in testimonium omnium premissorum. *B. de Mathei.*

Monuit me Guillermum Molineri, auctoritate dominorum de capitulo Tholosæ, notarium collationarium librorum magistri Petri Fabrii predicti, condam notarii et secretarii reverendi in Christo patris et domini mei domini, miseratione divina et sacrosanctæ Sedis Apostolicæ gratia Lectoræ episcopi, ut infra certum tempus in dictis monitionum litteris contentum et prothocollis magistri Petri Fabrii, notarii predicti, mihi collatis et a materia cancellata vel non cancellata abstraherem seu abstrahi facerem et in publicam formam redigerem quemdam processum Apostolicum dispensationis, qua monitione et injunctione mihi modo premisso litteratorie factis obtuli me paratum et presto mandatis et injunctionibus prelibari domini mei Lectorensis episcopi obedire ut teneor. Ideo, virtute dictarum litterarum et collationis mihi factæ, dictorum librorum sive prothocollorum dicti magistri Petri Fabrii et ab eisdem libris et prothocollis dictum processum Apostolicum, de quo sit mentio in dictis monitionum litteris, requisitus et rogatus, grossavi et in hanc publicam formam redegi quæ sequitur in hoc modum :

« Amalricus, miseratione divina Lectorensis episcopus, executor unius ad infra scripta peragenda specialiter deputatus, universis et singulis presentes nostras litteras inspecturis, salutem in Domino sempiternam. Litteras reverendissimi in Christo patris et dicti domini Alani, eadem miseratione divina tituli **Sanctæ Praxedis** sacrosanctæ ·Romanæ Ecclesiæ presbiteri cardinalis Avenionensis, vulgariter nuncupati in regno **Franciæ** et civitatis

ac diocesis Avenionensis ceterisque Galliarum et in illis adjacentibus partibus usque ad Rhenum inclusive Apostolicæ Sedis,
legati ejus, sigillo in cera alba in premisso, cum cordula fili
rubei, more remanere curie impendente sigillatas, sanas et inte-
gras, non vitiatas, non cancellatas, sed omni prorsus vitio et
suspicione carentes, nobis per dilectos nostros nobiles Archinum
de Golardo et Margaritam de Golardo, nostræ Lectorensis diocesis,
in eisdem litteris nominatos, simul presentatis cum honore et
reverentia quibus decet recepisse, noveritis tenorem qui sequitur
continentibus :

« Alanus, miseratione divina tituli Sanctæ Praxedis sacro-
« sanctæ Romanæ Ecclesiæ presbiter cardinalis Avenionensis,
« vulgariter nuncupatus in regno Franciæ et civitatis ac diocesis
« Avenionensis ceterisque Galliarum et illis adjacentibus usque
« ad Rhenum inclusive, Apostolicæ Sedis legatus, venerabili in
« Christo patri, Dei gratia episcopo Lectorensi vel ejus in spiri-
« tualibus vicario salutem in Domino. Oblatæ nobis nuper pro
« parte nobilium Archini de Golardo et Margaritæ de Golardo,
« mulieris, vestræ diocesis, petitionis series continebat : quod ipsi
« alias non ignorantes se in tertio, ex parte patris, et quarto,
« ex parte matris, consanguinitatis gradibus invicem fore con-
« junctos, matrimonium inter se per verba legitime de presentis
« contraxerunt, carnali copula subsecuta. Cum autem ipsi in
« hujusmodi sic contracto matrimonio remanere non possint,
« dispensatione Apostolica super hoc non obtenta, et sicut eadem
« petitio subjungebat si divortium perpetuum fieret inter eos,
« gravia possent inter eorum consanguineos et amicos dissen-
« tiones et scandala verisimiliter oboriri, dictaque Margarita
« perpetuo diffamata remaneret, ac proles, si qua suscepta sic
« illegitima sinceretur. Quare, ex parte eorumdem Archini et

« Margaritæ, nobis fuit humiliter suplicatum quathenus sibi
« de absolutionis debitæ benefficio ab excomunicationis sen-
« tentia, quam in tales generaliter promulgatam propter pre-
« missa incurrerunt, et penitentia salutari ac opportuna dispen-
« sationis gratia ac alias in premissis misericorditer dignaremur.
« Nos itaque qui animarum salutem, quantum cum Deo pos-
« sumus, procuramus dissentionibus et scandalis, quantum cum
« Deo possumus, obviamus, ex premissis et aliis nobis expo-
« sitis causis hujusmodi suplicationibus inclinati, paternitati
« vestræ de qua specialiter in Domino fiduciam obtinemus auc-
« toritate, qua specialiter per litteras Apostolicas fungimur, in
« hac parte per hoc scripta comitimus et mandamus qua-
« thenus, si est ita, eosdem Archinum et Margaritam, si hoc
« humiliter petierint, a dicta excomunicationis sententia et pec-
« catis suis aliis, nisi talia sint propter qua Sedes Apostolica
« consulenda auctoritate prædicta hac vice dumtaxat absolvetis,
« in forma ecclesiæ consueta, et injungatis inde eis pro modo culpæ
« penitentiam salutarem et alia quæ de jure fuerint injungenda
« necnon in visu corporalis juramenti per eos prestandi, quod
« de cetero talia non comitant neque comitantibus prestent auxi-
« lium vel favorem, ipsisque Archino et Margaritæ prius per
« vos, ad tempus de quo vobis videbitur, ab invicem separatis,
« Demum si expediens vobis videatur et aliud canonicum non
« obsistat super quo conctentionem vestram oneramus cum ipsis
« Archino et Margaritæ, dummodo ipsa Margarita propter hoc
« ab aliquo rapta non fuerit, matrimonium inter se de novo
« contrahere et in eo postquam contractum fuerit remanere
« libere et licite valeant; eadem auctoritate misericorditer dis-
« pensetis prolem susceptam si quæ sit et exinde suscipiendam
« legitimam decernendo. Tenor vero dictarum litterarum talis

« est. — Calixtus episcopus servus servorum Dei dilecto filio
« Alano, tituli Sanctæ Praxedis presbitero cardinali, Apostolicæ
« Sedis legato, salutem et Apostolicam benedictionem. Cum te ad
« regnum Franciæ et ceteris Galliarum et illis adjacentes partes
« pro diversis arduis peragendis negociis legatum nostrum de
« latere ut fratrum nostrorum sanctæ Romanæ Ecclesiæ cardi-
« nalium consilio presentialiter descivimus, nos volentes tuam
« honorare personam ut per honorem tibi exibitum in hujus-
« modi legationis officio eo utilius proficere valeat quo fueris
« per nos majori auctoritate munitus, circumspectioni tuæ
« auctoritate nostra hac vice dumtaxat, tua legatione durante
« infra illius limites quibuscumque utriusque sexus, de quibus
« tibi videbitur, personis quæ in tertio et quarto consanguinitatis
« aut affinitatis gradibus sive illis junxtim et qualitercumque se
« invicem atingentes seu alias cognatione spirituali vel publicæ
« honestatis justitia conjunctæ sive legatæ existant, et certis sua-
« dentibus causis desiderant invicem matrimonialiter copulari,
« aut quæ ignorantes vel scientes se hujusmodi gradibus vel
« alias fore conjunctos matrimonium invicem contraxerint et
« consummaverint, ut impedimento ex consanguinitate vel affi-
« nitate seu cognatione spirituali vel publicæ honestatis justitia
« hujusmodi provenientibus nonobstantibus, matrimonium inter
« se contrahere cum aliis veroque ignorantes et in contracto
« matrimonio remanere, illos autem qui scienter contraxerint ab
« excomunicationis sententia, quam propter premissa incurrerint,
« absolvendi, ut cum ipsis prius eis tamen ab invicem ad tempus
« de quo tibi videbitur separatis, ut matrimonium de novo con-
« trahere, et in eo postquam contractum fuerit remanere libere
« et licite valeant, dummodo mulieres hujusmodi propter hoc
« raptæ non fuerint, dispensandi et prolem inde susceptam ac

« suscipiendam legitimam decernendi plenam et liberam aucto-
« ritate Apostolica tenore presentium concedimus facultatem ;
« volumus autem quod illi qui scienter matrimonium contraxe-
« rint et consummaverint, juxta suarum facultatum quantitatem
« aliquam summam pecuniarum ad subventionem fidelium juxta
« tuæ discretionis arbitrium exponere et tibi realiter consignare
« teneantur. Datum Romæ apud Sanctum Petrum, anno Incar-
« nationis Domini millesimo CCCC ᵐᵒ quinquagesimo quinto,
« pridie Ydus septembris, pontificatus nostri anno primo. Datum
« apud Castrum Novum, Avenionensis diocesis, anno a Nativitate
« Domini millᵒ CCCCᵐᵒ quinquagesimo septimo, die tertia mensis
« novembris, pontificatus sanctissimi in Christo Patris et domini
« nostri domini Calixti divina Providentia Papæ tercii anno
« tertio. G. Monerii. »

— « Post quarum quidem litterarum presentationem et
receptionem nobis et per nos ut premittitur factas fuimus per
dictos nobiles Archinum de Golardo et Margaritam de Golardo et
quemlibet ipsorum cum instantia debita requisiti ut, ad executionem ipsarum litterarum et contentorum in eis, procedere
dignaremur juxta traditam seu directam in eisdem litteris nobis
formam. Nos itaque requisitioni dictorum nobilium Archini et
Margaritæ favorabiliter annuentes ac volentes comissionem nobis
tenore dictarum litterarum factam debite exequi ut tenemur.
Quia nobis, ex confessione eorumdem nobilium Archini et Margaritæ ac per testium fide dignorum pro parte dictorum nobilium
Archini et Margaritæ de Golardo, coram nobis productorum jura-
torumque ac fideliter et diligenter examinatorum depositionem
et testimonium, constitit atque constat dictos nobiles Archinum
et Margaritam solum et dumtaxat in tertio, ex parte patris, et
quarto, ex parte matris, consanguinitatis gradibus fore conjunctos

et matrimonium per verba legitime de presenti, modo et forma contentis in supra insertis litteris, contraxisse et consummasse, et dictam Margaritam, propter hoc, ab aliquo raptam non fuisse cum eisdem nobilibus dicto Archino et Margaritæ, recepto prius ab eis et qualibet ipsorum corporali juramento, quod a cetero talia non comittent neque comittentibus prestent auxilium vel favorem et inde eisdem quindecim dies separatis, ut, impedimento predicto nonobstante, de novo contrahere et ad ipsius solennisationem in facie sanctæ Matris Ecclesiæ, ut est moris, tempore a jure statuto procedere, et in eo postquam contractum fuerit licite remanere valeant auctoritate qua supra nobis comissa dispensavimus. Et tenore presentium misericorditer dispensamus prolem suscipiendam exinde legitimam decernendo, injungendo eisdem conjugibus et cuilibet ipsorum quibus nos harum serie injungimus pro modo culpæ penitentiam salutarem quathenus, per unum annum revolutum et completum a die dicta presentium in anthea computandum, feria cujuslibet hebdomade jejunare infallibiliter habeant pro redemptione suorum peccatorum et ad fines ut ipsi, post vitæ hujus transitum, escandere valeant regnum cœlorum et salvi fiant, absolventes exinde etiam eosdem nobiles Archinum et Margaritam a quacumque excomunicationis et interdicti sententia qua propter premissa incurrerent, restituendo eos sanctæ Matris Ecclesiæ; in quorum omnium et singulorum fidem et premissorum testimonium presentes nostras dispensationis litteras exinde per notarium publicum secretariumque nostrum infrascriptum fieri fecimus nostrique sigilli rotundi jussimus et fecimus appentione communiri.

« Datum et actum in loco Insulæ Bozonis nostre Lectorensis diocesis et in domo nobilis domini de Golardo, militis, domini dicti loci, die decima quarta mensis decembris, anno Domini mill° CCCC ᵐᵒ quinquagesimo septimo. »

Et dictus Petrus Fabri, presbiter, notarius et secretarius prefati domini nostri Lectorensis episcopi, qui de premissis requisitus, ad mandatum ejusdem domini Lectorensis episcopi presentem processum in vim publici instrumenti retinuit, et in suis libris et protocollis scripsit et notavit, tamen morte preventus, dictus notarius defunctus dictum processum seu instrumentum in publicam formam redigere nequivit. Idcirco ego Guillelmus Molinerii, notarius et secretarius supradictus, cum libris et protocollis dicti quondam domini Petri Fabri secretarii prædicti fuerunt collati per dictum dominum nostrum, supradictum processum, in vim publici instrumenti retentum, virtute et auctoritate dictarum monitionum litterarum, superius insertarum, a libris et protocollis dicti quondam secretarii abstraxi, in hanc publicam formam redegi, substantia facti in aliquo non mutata, et per alium michi fidelem scribi et grossari feci, me aliis negotiis prepedito, hicque manu propria mea subscripsi et signo meo consueto, quo utor, auctoritate prædicta signavi cum constat de prædictis signis.

Archives du château de Terraube. Carton B, pièce 2.

---

3 NOVEMBRE 1457.

*Constatation par d'Hozier de Sérigny du mariage d'*Archieu III de Galard *avec sa cousine* Marguerite, *fille de* Jean de Galard, *seigneur de l'Isle-Bozon, après obtention de la bulle de dispense ci-dessus insérée.*

Archieu III de Gallard, fils dudit Archieu II et de ladite Marguerite, fut marié avec une autre Marguerite de Gallard, fille de

GÉRAUT DE GALLARD [1] et de LONGUE DE L'ISLE, justifié par la dispense de leur mariage, donnée par Alain, cardinal de Sainte-Praxède, légat en Avignon, le 3e novembre 1457. Ils eurent trois enfants, ARCHIEU, FLORETTE et MARGUERITE. Archieu fut seigneur de Terraube ; Florette fut mariée avec noble BERNARD DE SAINT-LARY et Marguerite avec noble JEAN DE LUPPÉ, seigneur de Maravat.

> Généalogie de la maison de Galard, dressée et signée par d'Hozier de Sérigny. Cahier manuscrit de seize feuillets. Archives du château de Larochebeaucourt.

SEPTEMBRE 1465 ET AVANT.

Extrait d'une généalogie comprenant le neuvième degré de la maison de Galard, représenté par AISSIEU, seigneur de Terraube, lequel avait pour père autre AISSIEU, et pour mère MARGUERITE DE GALARD, issue de JEAN, seigneur de l'Isle-Bozon, et de Longue de l'Isle. Il est question des « trois enfants » des dits Aissieu et Marguerite ainsi que de LONGUE DE GALARD, leur trisaïeule.

Messire AISSIEU DE GOALARD, seigneur de Terraube, fils du dit AISSIEU et de la dite MARGUERITE DE GOALARD, fille de JEAN DE GOALARD, seigneur de l'Isle-Bouzon, et de LONGUE DE L'ISLE [2], la dite Longue, fille de noble Jean de l'Isle, seigneur de Pardeillan, Montenan et Poussade, et de Géraude de Bonnefont, fille de noble Odet de Bonnefont et de LONGUE DE GOALARD, fille d'ARCHIEU DE

---

1. Erreur. Son prénom était *Jean* et non *Geraud*.

2. Longue de l'Isle, dans son testament (du 6 juin 1468), dont le texte est aux Archives du château de Saint-Avit (Gers), rappela Jean et Bertrand de Galard. On lit en effet sur la cote de l'acte : « 6 juin 1468. — Testament de noble Longue de la Hilla, où on parle de JEAN et de BERTRAND DE GALARD. »

Goalard, seigneur de Terraube. Ils avoient obtenu du pape dispense dans laquelle les degrés n'avoient pas été bien calculés; car, après leur mariage, ils eurent une autre dispense en 1457, le 14 décembre, par Alain, cardinal de Sainte-Praxède, légat d'Avignon, par le pouvoir à lui donné par le pape Calixte IIIe, en 1455, comme il est justifié de la dite dispense par le susdit factum et par une donation faite par la dame Longue de l'Isle à sa fille Marguerite, femme du dit Aissieu. La dite dispense cotée G, dans le sac 11, le dit *Factum*, dans le même sac 11, et la dite donation, en date du 26 janvier 1457, cotée 8 du sac 12. Ils eurent trois enfans : Florette, Marguerite et Aissieu. Aissieu fut seigneur de Terraube, Florette fut mariée avec noble Bertrand de Saint-Lary; cela est justifié par une quittance à la date du 29 septembre 1486.

Marguerite fut mariée avec noble Jean de Luppé, seigneur de Maravat, comme il appert d'une quittance du 1er février 1456, cotée H, dans le sac 11e, et de son testament du 1er septembre 1465, coté 10 du sac 12, par lequel elle institue heritier Begue, son oncle, n'ayant point eu d'enfans. Lequel Begue fit procès à son neveu Aissieu après la mort de Aissieu[1], son frère, pour lui disputer la succession, disant que son frère et la demoiselle Marguerite s'estoient mariés sans dispense, ce qui se trouva faux; le dit Begue avoit dérobé la dispense, étant tuteur de son neveu : cela paroît au long dans le dit *Factum*.

Mss. de l'abbé de Lespine, dossier de Galard; Cabinet des titres, Bibl. de Richelieu.

1. Le testament d'Ayssin ou Archieu de Galard, comme celui de Longue de l'Isle, dont il a été question dans la note précédente, a été conservé aux Archives du château de Saint-Avit. Il porte la date, d'après une note qui nous a été adressée, de 1462.

1465 ET AVANT.

Notice sur Aissieu, Archieu ou Arsieu de Galard, *coseigneur de Ter-*
raube, marié 1° avec Florimonde de Gelas, dont il n'est point
fait mention dans la notice ci-après; 2° avec sa parente, Marguerite de Galard, *fille de* Jean, *seigneur de l'Isle-Bozon, et de*
Longue de l'Isle, dame de Saint-Avit.

Arsieu VI de Galard, damoiseau, coseigneur de Terraube,
reçut, en 1426, la reconnoissance féodale que lui consentirent les
consuls de Terraube, du territoire de Las Cabanes et autres;
cette reconnoissance est en original au registre cité ci-dessus.

Le 5 mars 1446[1], le noble et puissant seigneur Bertrand de
Galard, chevalier, seigneur de l'Isle-Bozon, fit son testament dans
lequel il substitue à ses enfants Arsieu de Galard, seigneur de
Terraube. Ce Bertrand de Galard avoit été ambassadeur du roi
de France auprès du roi de Castille; on a, à l'Isle, l'instruction
secrète que le roi Charles lui avoit donnée. Son testament est à
Terraube, expédié sur l'original par le greffier de la sénéchaussée d'Armanhac.

Arsieu VI avoit épousé Marguerite de Galard, fille de Jean de
Galard, seigneur de l'Isle-Bozon, chevalier, et de dame Longue de
l'Isle, et quoiqu'elle fût sa parente au deuxième ou troisième
degré de consanguinité, il n'avoit pas cru devoir demander une
dispense au pape, ce qui faillit être très-funeste à sa postérité,
comme on le verra dans la suite.

---

1. Il existe au château de Terraube un document de 1445 sous ce titre : « Démission d'appel des consuls et habitants de Terraube par le seigneur dudit lieu. »
Nous trouvons encore dans le même dépôt domestique, en l'année 1446, deux autres
titres : le premier coté : « Lieve des agriers appartenant à Archieu, seigneur de Terraube » et le second : « Droit du seigneur de Terraube sur les échanges. »

Le 22 janvier 1455, noble Jean de Lupé, seigneur de Marabat, donna quittance à noble Arsieu de Galard, seigneur de Terraube, de la somme de deux cents écus d'or, en déduction de la dot de noble Marguerite de Galard, fille dudit Arsieu et femme dudit Jean de Lupé, conformément au contrat de mariage desdits époux, en date du 12 février 1453.

Il paroît par cet acte qu'Aissieu VI de Galard avoit été marié deux fois et qu'il avoit eu de son premier mariage Marguerite de Galard, femme de Jean de Lupé; il est prouvé par les actes suivants qu'il n'épousa Marguerite de Galard qu'en 1457.

Le 26 janvier 1457, dame Longue de l'Isle, femme dudit seigneur Jean de Galard, chevalier, seigneur de l'Isle-Bozon, en contemplation du mariage de Marguerite de Galard, sa fille, avec Arsieu de Galard, seigneur de Terraube, donna au premier enfant qui naîtroit de ce mariage la jouissance de certains biens qu'elle avoit à Terraube. (Acte original.) Le même jour, 26 janvier 1457, Marguerite de Galard, épouse d'Archieu de Galard, seigneur de Terraube, donna quittance de sa dot au seigneur Jean de Galard, son père. (Acte original.)

Le 3 novembre 1457, le cardinal Alain de Sainte-Praxède, en vertu d'un privilége que le pape lui avoit accordé, donna à Arsieu de Galard et à Marguerite, son épouse, l'absolution de l'excommunication qu'ils avoient encourue en se mariant ensemble sans dispense, quoiqu'ils fussent instruits de leur parenté, et en même temps il les dispense de ladite parenté. On a la bulle en original.

Le 1er septembre 1465, Marguerite de Galard, femme de Jean de Lupé, fit son testament où elle nomma Esclarmonde de Galard, sa sœur, et institua son héritier Viguier de Galard, son oncle. (Acte original.) Il paroît par cet acte qu'Aissieu VI, père de cette Marguerite, étoit mort en 1465, puisque sa fille ne fait pas mention de lui dans son testament ; il paroît encore par d'autres actes qu'elle changea ses dispositions dans la suite, et que son époux fut son héritier. Ayssieu VI eut de son premier mariage MARGUERITE, femme de JEAN DE LUPÉ ; ESCLARMONDE ; et du deuxième lit, il eut AISSIEU VII et FLORETTE, dame de SAINT-LARY.

Archives du château de la Rochebeaucourt ; extrait d'une généalogie dressée par l'abbé de Lespine et écrite de sa main.

17 FÉVRIER 1431.

Notice sur PIERRE DE GALARD, *baron de Brassac et grand sénéchal de Quercy, fils de* JEAN DE GALARD *et de Bertrande de Manas.*

PIERRE DE GALARD, de Brassac, qualifié seigneur et baron de Brassac, grand sénéchal du Quercy, etc.

Le 11 mars 1460, il rendit foi et hommage à Msr Louis, cardinal d'Alby, évêque de Cahors, de ses dixmes inféodées des paroisses de Brassac, du Bugat, Saint-Clément et autres lieux.

Il fit hommage au roy Louis XI pour la baronnie de Brassac et dependances en 1462. Il fit plusieurs baux, cens et rentes et passa de nouvelles reconnoissances à ses vassaux de Brassac et Fauroux, le 17 février 1431, devant E. de Sanctis, notaire. Il contracta mariage avec noble ANTOINETTE DE MARTINY, fille de noble et puissant Bernard de Martiny et d'Urbaine Darmagnac, coseigneuresse de Saint-Germier, en la vicomté de Fezensaguet.

De ce mariage est née une fille unique nommée CLAIRE DE GALARD DE BRASSAC. Ce défaut de postérité mâle détermina ledit Pierre de Galard à faire donation de ses biens, sous la réserve d'usurfruit pendant sa vie, à JEAN DE GALARD, son frère cadet, par acte du 16 septembre 1454, avec faculté audit Jean de jouir de suite du château de Fauroux dépendant de Brassac. Il fit ensuite son testament, en date du 18 octobre 1462, par lequel il institue pour son héritier universel ledit Jean de Galard et le charge d'une pension envers ladite Claire, sa fille. Il est décédé en l'année 1468.

Ladite Claire de Galard, sa fille unique, a fait son testament, le 19 septembre 1467, en faveur dudit Jean de Galard, son oncle.

Extrait d'une généalogie manuscrite dressée par Boulland, archiviste. Cahier in-fol. de 14 feuillets. Archives du château de la Rochebeaucourt.

---

17 FÉVRIER 1431.

Contrat de mariage de messire PIERRE DE GALARD[1], *fils aîné de* JEAN DE GALARD, *seigneur de Brassac, avec Antoinette de Martini, fille de noble Bernard de Martini et d'Urbaine d'Armagnac, coseigneurs du lieu de Saint-Germier en Fezensaguet. Deux cents francs d'or sont constitués à la future, qui est pourvue en outre d'un chapelet de perles fines, d'une ceinture de fil d'argent et autres joyaux estimés cent francs d'or. Les parents d'Antoinette se réservent d'habiter avec les jeunes époux. L'ordre et les droits de succession sont soigneusement réglés en prévision de progéniture mâle et féminine. Une clause stipule que, si un différend surgissait à propos des présents pactes, les deux parties devraient s'en rapporter à l'arbitrage de noble et puissant homme* BERTRAND DE GALARD, *chevalier, qui était seigneur de l'Isle-Bozon et grand maître des eaux et forêts d'Aquitaine. La cérémonie nuptiale fut célébrée au temps où Charles était roi de France, Jean, par la grâce de Dieu, comte d'Armagnac, et Géraud, évêque de Lombez.*

In Dei nomine, amen. Quoniam legalis est ordo et antiqua consuetudo et de jure tenetur, secundum consuetudines anti-

---

1. Voir plus loin, dans la série des titres qui concernent Jean de Galard, ceux qui intéressent en même temps son frère Pierre dont nous nous occupons ici.

quorum patrum, quod conjugium cum dote et donatione
fiat, idcirco noverint universi et singuli presentes pariter et
futuri, quod cum, prout ibi dictum fuit, matrimonium fuerit contractum et per carnalem copulam copulatum inter nobilem Petrum de Golardo, filium primogenitum nobilis Johannis
de Golardo, domini loci de Brassaco in Carssino, ex parte una, et
nobilem Anthoniam de Martino, filiam primogenitam nobilium
Bernardi de Martino et Urbane de Armaniaco, condominorum
loci de Sancto Germerio, vicecomitatus Fezensaquelli, ex parte
alia, hinc est quod ad honera dicti matrimonii facilius subpor-
tanda, dictus nobilis Bernardus de Martino, pater dicte Anthonie,
gratis et sponte, ut dixit, per se et heredes et successores suos ac
ordinio, dedit et constituit in dotem et dotis nomine dicto nobili
Petro, genero suo, ibidem presenti, pro se et suis heredibus et
successoribus ac ordinio stipulanti et recipienti, videlicet ducentos francos auri, quos idem nobilis Bernardus se habere dicit jure
super bonis omnibus dicte Urbane de Armaniaco, uxoris sue,
mediante instrumento publico recognitionis inde per magistrum
Johannem Garssie, notarium loci de Colonia, ut ibi dictum fuit,
retento, nec non ipsam Anthoniam indutam et ornatam bonis
vestibus nubtialibus, secundum statum et conditionem persone
sue, uno chapeleto perlarum, una zona de. . . . . . munitam
de argento ac aliis jocalibus et ornamentis, valentibus, ut ibi
dictum fuit, centum francos auri; que quidem bona dotalia
omnia et singula dicti nobiles Petrus de Golardo, vir predictus,
et Johannes pater suus ibidem, a dicto nobili Bernardo de Martino
patre dicte nobilis Anthonie ibidem presente, pro se et suis successoribus stipulante et recipiente, habuisse recognoverunt taliter, quod inde se habuerunt et tenuerunt, ut dixerunt, pro bene
pagatis pariter et contentis. Item etiam, favore et contemplatione

dicti matrimonii habiti inter dictos nobiles Petrum et Anthoniam,
dicta nobilis Urbana de Armaniaco, mater dicte nobilis Anthonie,
de licentia tamen et auctoritate dicti nobilis Bernardi de Martino,
viri sui prelibati, ibidem presentis, et licentiam sive auctoritatem
suam virilem dicte uxori sue faciendi omnia et singula infrascripta dantis, prestantis et concedentis gratis et sponte, ut dixit,
per se et heredes et successores suos, ac ordinium, habito que
super hiis deliberato consilio et tractatu cum nonnullis amicis
suis, post tamen mortem suam et dicti nobilis Bernardi de Martino, viri sui, dedit, cessit, transtulit, cum eo jure et omni eo
modo et forma quibus melius, utilius et firmius potuit et debuit,
perpetuoque derelinquit donatione, vera, pura simplici et irrevocabili, habita inter vivos, nunc et in perpetuum ab inde in
anthea valitura, dicte nobili Anthonie, filie sue, ibidem presenti,
pro se et suis heredibus et successoribus ac ordinio stipulanti et
recipienti, videlicet totam illam partem, quam ipsa nobilis Urbana
habet et sibi pertinet, in loco predicto de Sancto Germerio et
jurisdictione sua, dominationibus, jurisdictionibus, deveriis,
honoribus et dignitatibus quibuscumque, terris, pratis, vineis,
nemoribus, acquariis, obliis, scencibus, baylivia, vendis, impignorationibus, acapitibus, retroacapitibus, dominationibus, aulis,
domibus, incurssibus, et aliis juribus quibuscumque et deveriis
universis, et medietatem omnium bonorum suorum mobilium
quecumque sint et ubicumque ac cujuscumque conditionis
existant, et etiam totam illam partem, quam ipsa nobilis Urbana
habet et habere potest et sibi pertinet in quodam molendino
scito et constituto supra rivum Marquaboe, prope dictum locum
de Sancto Germerio, in jurisdictione ville Gimontis, vocato de
Cardelhaco ; necnon et omnes census, oblias, redditus, proventus,
vendas, laudaminia acapita, retroacapita, et alia jura et deveria,

que dicta nobilis Urbana habet et habere potest et sibi pertinent et pertinere possunt in loco et pertinentiis de Intulcia et in territorio vocato de la Peyrosa et de Sancto Johanne de Campis, prope locum de Vinhalibus in Fezensaguello, et medietatem territorii vocati deu Garbison, jurisdictionis dicti loci de Vinhalibus, etiam cum aquis, obliis, censibus, redditibus et aliis juribus, eidem nobili Urbane in dicto territorio nunc et in futurum pertinentibus, et etiam in loco hereditario portionis, cum pactis, conventionibus, retentionibus et reservationibus infrascriptis, et dictis nobilibus Bernardo de Martino et Urbane de Armaniaco, conjugibus et constituentibus, sibi et eorum cuilibet ut pertinebit reservatis et illesis remanentibus. Nam in primis fuit actum, pactum, inter dictas partes contrahentes et expresse conventum, et in stipulatione legitime deductum, quod dicti nobiles Petrus de Golardo et Anthonia de Martino, conjuges, dictus vero Petrus de Golardo, de licentia et auctoritate dicti nobilis Johannis, patris sui, ita fieri volentis, ut asseruit, et licentiam sive auctoritatem suam paternalem dicto filio suo faciendi omnia et singula supra et infrascripta dantis, prestantis, et concedentis. Et pariter dicta nobilis Anthonia de Martino, uxor predicta, de licentia et auctoritatibus dictorum patris et viri suorum, ita etiam, ut dixerunt, volentium, ibidem presentium, et licentiam sive auctoritatem dicte nobili Anthonie faciendi omnia et singula supra et infra scripta dantium, et concedentium ac prestantium, ambo promiserunt et convenerunt, ad totum decursum eorum vite, stare et mansionem ac residentiam perpetuam facere simul cum dictis nobilibus Bernardo de Martino et Urbana de Armaniaco, conjugibus, ad totam eorum vitam, in domo propria dictorum nobilium Bernardi et Urbane et cujuslibet ipsorum et eorum, honorare et servire ac alimentare, juxta eorum facultates, de eorum necessariis de die et de nocte, et aliter circa eos et quemlibet ipsorum se habere, ut veri filii eorum caris parentibus debent facere, dolo et fraude cessantibus quibuscumque. Item ulterius fuerunt retenti et reservati in dicta presenti constitutione et donatione per dictos nobiles Bernardum de Martino et Urbanam de Armaniaco, conjuges, quatrecenti mutones auri currentis, seu eorum legitimam valorem et vestes rationabiles in et pro maritando nobilem Johannam de Martino filiam, secundo et ultimo genitam dictorum nobilium Bernardi et Urbane. Item ulterius dicta nobilis Urbana de Armaniaco reservavit et retinuit sibi in dicta presenti donatione, quod ipsa possit et sibi fas sit testare in fine dierum suorum aut alias, dum sibi placebit, et recipere de bonis suis predictis usque ad summam ducentorum mutonum auri aut eorum valorem monete nunc currentis, et illos dare et dividere, amore Dei et pro anima sua, ubi sibi videbitur faciendum. Item et pari modo favore et contemplatione dicti matrimonii, habiti inter dictos nobiles Petrum de Golardo et Anthoniam de Martino, dictus nobilis Johannes de Golardo, pater dicti nobilis Petri viri predicti, gratis et sponte, ut dixit et asseruit, per se et heredes, et successores suos, ac ordinio, habitoque etiam consilio et deliberatione plenaria ac tractu, ut asseruit, in et super premissis et infrascriptis dedit, cessit, transtulit et concessit ac remisit, omni eo jure et omni eo modo et forma quibus melius et firmius potuit, perpetuoque derelinquit donatióne vera, pura, simplici et irrevocabili habita inter vivos perpetuoque valitura, post tamen mortem suam, dicto nobili Petro de Golardo, filio suo primogenito viroque dicte nobilis Anthonie de Martino, ibidem presenti, pro se et suis heredibus et successoribus ac ordinio legitime stipulanti et recipienti, videlicet locum predictum de Brassaquo et etiam locum de Faurossio, in Carssino predicto, cum omnibus eorum juridic-

tionibus, bayliviis et deveriis, honoribus, mediis, decimis, et
dignitatibus quibuscumque, terris, pratis, vineis, nemoribus,
aquariis, obliis, scensibus, vendis, impignorationibus, acapitibus, incursibus, dominationibus, domibus, et omnibus aliis juribus et deveriis universis sibi donatori in dictis locis et eorum
pertinentiis spectantibus nunc et in futurum. Et pariter etiam
donavit dictus nobilis Johannes dicto Petro, filio suo, medietatem
omnium et singulorum bonorum suorum mobilium quorumcumque queque sint et ubicumque sint, ac cujuscumque conditionis
existant, ac tamen fuerunt sibi nobili Johanni de Galardo, donatori, in presenti donatione, super dictis bonis donatis trecenta
scuta auri aut eorum legitimam valorem ; de quibus idem nobilis Johannes de Golardo possit et valeat facere omnimodas voluntates, in vita pariter et morte, sine omnibus aliis retentionibus,
conditionibus, protestationibus generalibus vel specialibus, quam
seu quas dicti nobiles Bernardus de Martino, Urbana de Armaniaco, ejus uxor, et Johannes de Golardo ibi in dictis donationibus
per eos et quemlibet eorum factis ibi non fecerunt nec retinuerunt
ullo modo, et renuntiaverunt inde dicti domini donatarii et quilibet ipsorum exceptioni dictarum donationum per ipsos et
quemlibet ipsorum, ita ut premittitur, et causis predictis non
factarum et non concessarum, et omni alie exceptioni doli mali,
fori, fraudis, conditioni indebite, sive causa et in factum
actioni, et omni alii juris et facti auxilio, quibus mediantibus contra predicta vel predictorum aliqua venire possent
ullo modo in futurum, ad habendum, tenendum, possidendum, fruendum et explectandum dicta bona dotalia omnia
et singula per dictos nobiles contrahentes conjuges, ad totum
decursum vite eorum, et durante dicto eorum presente matrimonio et alias juxta pacta et conventiones que sequuntur. Nam

ultra pacta predicta fuit actum, pactum et conventum, firma
ac legitima stipulatione deductum inter dictas partes contrahentes quod, dum contingeret dictos conjuges decedere sive mori,
superstitibus eisdem filiis masculis de dicto eorum matrimonio
legitime procreatis, quod filius eorum primogenitus, dum tamen
sit habilis ad heredandum, sit eorum heres et cuilibet ipsorum et
alii maritentur et dotentur ac provideantur ad cognitionem eorum
amicorum. Et si primus natorum non fuerit habilis ad heredandum, quod secundus filius, si sit habilis, sit heres et sic de primo
ad ultimum. Item si filii masculi non stabant de dicto eorum
matrimonio legitime procreati, sed filie, et contingebat alter dictorum conjugum supravivere alteri et ad allia vota convolare, quod
dicte filia aut filie dotentur, ad cognitionem amicorum eorum,
et de residuo bonorum ipsorum conjugum dictus supra vivens
ipsorum suas valeat facere perpetuo omnimodas voluntates in
vita pariter et in morte, et ultra hoc quod teneat, possideat aut
usufruatur, ad totam vitam suam, bona omnia illius premorientis,
stantibus libero sive liberis de dicto eorum matrimonio legitime
procreatis, et, post ejus mortem, dicta bona dotalia omnia et singula revertantur dictis eorum liberis per modum jam dictum
tunc in humanis existentibus. Nam ita et in hunc modum pactum
expressum extitit inter dictas partes contrahentes, et conventum
ulterius cum inter dictas partes esset, ut ibi dictum fuit, debatum aliquod in et super contractu predicto et ibi commode decla-
rari minime posset, partes predicte de predicto debato promiserunt stare ordinationi nobilis et potentis viri domini Bertrandi de
Golardo, militis, aut aliorum duorum eorum amicorum per ipsas
partes contrahentes communiter eligendorum. Que siquidem
pacta et conventiones, et omnia universa et singula supradicta
facta, promissa et conventa ac ordinata inter dictas partes contra-

hentes et omnia alia et singula supra et infrascripta, et in hoc presenti publico instrumento contenta et expressata, partes predicte contrahentes et earum quelibet, nominibus quibus supra, ut ad quamlibet pertinet et pertinere potest et debet, una alteri ad invicem et vicissim ac vice versa solempniter et legitime stipulanti et recipienti, meque tamen notario publico infrascripto, tanquam persona publica, pro omnibus illis quorum interest, intererit aut interesse poterit in futurum stipulante et recipiente, reputantes se de predictis omnibus et singulis bene paccate pariter et contente, et ea omnia universa et singula approbantes et majori vinculo roborantes tenere, servare, complere et custodire, et in contrarium non facere nec venire nec veniri consentire per se nec per alias interpositas personas in judicio sive extra judicium. Ymo promiserunt etiam et convenerunt partes predicte contrahentes et quelibet ipsarum, quibus supra nominibus, per pactum expressum, validum et sollempnem, et stipulatione legitima interpositum et deductum, et ea omnia universa et singula, prout supra sunt scripta, valere volunt et expresse concesserunt virtute jurisjurandi a se infra prestandi per partes supradictas, et obtinere roboris firmitatem, et manere perpetuo illibata, pactum perpetuum, validum et sollempnem et stipulatione legitima deductum, finem et reffutationem facientes dicte partes contrahentes et earum quelibet in solidum, nominibus quibus supra, una alteri ad invicem et vicissim stipulantes, quibus supra hic repetitis, de non petendo aliquid per unam dictarum partium ab altera premissorum occasione nec alias quovismodo, et de non agendo etiam pro eisdem et de non movendo litem, causam, seu controversiam, de jure nec de facto, aliquo tempore in futurum, obligantes et ypothecantes partes predicte contrahentes, quibus supra nominibus, et earum quelibet in solidum una

alteri ad invicem et vicissim ac vice versa sollempniter et
legitime stipulantes ac recipientes, videlicet omnia universa
et singula eorum bona mobilia et immobilia presentia et futura
quecumque sint et etiam ubicumque pro omnibus et singulis
supradictis, et in hoc presenti publico instrumento contentis et
expressatis tenendis, complendis, et inviolabiliter observandis,
pro se et suis heredibus et successoribus universis, sub omni juris
et facti renunciatione ad hec necessaria qualibet pariter et cauthela. Renunciantes inde super predictis omnibus et singulis et
in hoc facto dicte partes contrahentes et earum quelibet in solidum, quathenus et in quantum quamlibet ipsarum tangit seu tangere potest aut poterit in futurum, de juribus suis ad plenum
certiorate, ut dixerunt, exceptioni dicti matrimonii inter dictos
nobilem Petrum de Golardo et nobilem Anthoniam de Martino
singulis ex partibus non contracti et non celebrati, et dicte dotis
sibi non constitute et aliorum bonorum dotalium non datorum
et non concessorum, omni etiam deceptioni, lesioni, errori, et
circumventioni, et errori calculi, et actioni in factum et tacitarie
actioni de dolo et in factum subsidiarie conditioni indebiti, sive
causa et sive justa causa, et ob causam, et exceptioni hujusmodi
contractus et accordii rite et legitime non facti inter dictas partes
contrahentes, et omnium premissorum, ita ut premissa facta
sunt rite et modo debito, non actorum, et doli mali in fraudem,
et legi *Qui fidem,* et legi *Si quis major,* et omni juris et facti
auxilio per quod deceptis et circumventis subvenitur in aliquo
contractu, et benefficio restitutionis in integrum et generali clausule que incipit : *Si qua michi justa causa;* nec non etiam renunciaverunt dicte partes contrahentes et quelibet earum super hoc
specialiter et expresse instantiis cause seu causarum super premissis seu dependentibus ex eisdem pendentium seu verti spe-

rantium inter partes supradictas, et etiam CAP. *De pactis, si quis in conscribendo,* et petitioni libelli copie hujus instrumenti publici et cujuslibet alterius scripture, et benefficio cujuslibet alterius juris, ac privilegii fori, rationis, tuitionis et defensionis, facti et juris scripti vel non scripti, canonici et civilis, quibus. . . . . . contra predicta in solidum vel in parte, seu eorum aliqua se thueri possent, in aliquo deffendere vel juvare, aut ea possent irritari seu etiam infirmari; et juri dicenti generalem renunciationem non valere nisi precesserit specialis vel subsequatur expresse. Et insuper dicta nobilis Urbana de Armaniaco, mater dicte Antonie, uxoris predicte, gratis et ejus spontanea voluntate renunciavit specialiter et expresse benefficio Senatus consulti Velleyani et Articulo : *Si mulier dixisset sibi rem,* et *Legi Julie de fundo dotali,* et legi *Lex Julia,* et juri ypothecarum et dotium suarum, et alii cuivis benefficio, atque juri per que infirmitati mulierum subvenitur, et juri dicenti pactum de futura successione non valere, et omni alii juris et facti auxilio et benefficio scripto vel non scripto, canonico et civili. Et nichilominus partes predicte contrahentes et quelibet ipsarum in solidum, quathenus quamlibet ipsarum tangit seu tangere potest aut poterit in futurum, dictus vero nobilis Petrus de Golardo, vir predictus dicte Anthonie, de licentia dicti sui patris, et dicta Anthonia de licentia dicti sui viri, et dicta nobilis Urbana, etiam de licentia dicti sui viri, juraverunt sua sponte, supra sancta Dei quatuor Evangelia, eorum singulis manibus dextris corporaliter a se tacta, premissa omnia universa et singula, acta, facta, concordata, ordinata et promissa ac conventa, et in hoc presenti publico instrumento contenta et expressata, de puncto ad punctum tenere, complere, custodire et inviolabiliter observare perpetuo illibata, et contra ea vel ex ipsis aliqua non facere nec venire, nec venienti con-

sentire, per se· seu alias aliquas interpositas personas, in judicio
vel extra judicium, aliqua ratione sive causa de jure vel de facto
aliquo tempore in futurum. Que siquidem omnia universa et
singula supradicta et infrascripta et in hoc presenti publico
instrumento contenta et expressata partes predicte contrahentes
et quelibet ipsarum in solidum valere voluerunt et expresse concesserunt, virtute et auctoritate dicti jurisjurandi a se supra
prestiti per easdem, et de sola canonica equitate, non obstante
juris civilis rigore, hanc necessitatem sibi imponentes et legem
de qua se discedere non posse voluerunt aliquo privilegio, indulto
vel indulgendo, ab homine vel a lege. — De quibus omnibus
et singulis supradictis dicte partes contrahentes et ipsarum quelibet petierunt, et altera alteri concessit, per me notarium publicum infrascriptum duo seu plura, quot erunt necessaria fieri,
instrumenta publica, cuilibet parti unum restituendum, unius et
ejusdem continencie et tenoris, consilio sapienti si necesse fuerit
semel vel pluries ordinanda, facti tamen substancia in aliquo non
mutata. Acta fuerunt hec apud dictum locum de Sancto Germerio,
die decima septima mensis februarii, anno Domini millesimo
quadringentesimo tricesimo primo, regnante domino Karolo
Dei gracia Francorum rege, et domino nostro domino Johanne
eadem gracia comite Armaniaci et vicecomite Fezensaquelli dominante, et reverendo in Christo patre domino Geraldo, miseratione
divina Lombariensi episcopo existente, in presentia et testimonio
nobilium virorum Rupphi de Manassio, domini loci de Laffanis,
Jordani de Massio, domini loci de Claromonte, domini Anthonii
de Gieriu militis, domini loci de Motæ Podio, Johannis de Sauva-
nhano alias Sentoret, condomini de Sancto Martino Braque, Johannis
Carreia sartoris, Dominici Mutonis alias Brugnat, habitatorum loci
de Tugeto, et mei Urbani de Sanctis, notarii auctoritate domino-

rum de Cappitolio Tholose, publici, qui dictum instrumentum recepi dupplicatum et per me vel alium michi fidelem, pro parte dicte Antonie, grossari feci et signo meo consueto signavi.

De Sanctis.

Original en parchemin; archives du château de Larochebeaucourt.

---

11 mars 1461.

Hommage de Pierre de Galard, *seigneur de Brassac,*
à l'évêque de Cahors.

Item hommaige de noble Pierre de Goulard, seigneur de Brassac, faict au dit seigneur evesque de Cahors, en datte du onziesme du mois de mars mille quatre cens soixante ung.

Archives du château de Larochebeaucourt, copie du XVIᵉ siècle, papier, six feuillets, dont deux écrits.

---

11 mars 1461.

Pierre de Galard, *seigneur de Brassac, fils de* Jean *et petit-fils de* Guillaume, *chevalier, dénombra pour les dîmes de plusieurs paroisses devant le cardinal d'Albret, évêque de Cahors.*

In nomine Domini, amen. Noverint universi et singuli presentes, pariter et futuri, hoc presens publicum instrumentum inspecturi, visuri, lecturi ac etiam audituri, quod, anno ab Incarnatione Domini millesimo quadringentesimo septuagesimo [1]

1. *Septuagesimo* doit être une erreur de copiste. A mon avis, comme à celui de l'abbé de Lespine, il faut *sexagesimo*. Le document précité, tiré des archives de Larochebeaucourt, ne laisse pas de doute à cet égard.

primo et die undessima mensis martis, regnante illustrissimo principe et domino nostro domino Ludovico Dei gracia Francorum rege, et reverendissimo in Christo patre et domino domino Ludovico, Sanctæ Sedis Apostolicæ gratia cardinali, vulgariter de Lebreto nuncupato, episcopo et comite Cadurcense, presidente apud Cadurcium, etc. Personaliter constitutus nobilis vir PETRUS DE GALARD, dominus de Brassaco, filius defuncti nobilis JOANNIS DE GALARD, quondam militis, et dominus dicti loci de Brassaco, non deceptus dixit et proposuit, etc. Ego Petrus de Galard, dominus de Brassaco, confiteor et in veritate recognosco vobis domino Ludovico, miseratione divina episcopo et comiti Caturcensi, per vobis et successoribus vestris et ecclesia vestra Cahordense, quod predecessores mei a genibus, etc.

Première série des pièces originales, texte latin, Ancien d'Hozier, papier, six feuillets ; Bibl. de Richelieu, Cabinet des titres.

11 MARS 1461.

Résumé du dénombrement ci-dessus par l'abbé de Lespine.

Aveu rendu à Louis, cardinal d'Albret, évêque de Cahors, le 11 mars 1461, par noble homme PIERRE DE GALART, seigneur de Brassac, fils de feu noble JEAN DE GALARD et petit-fils de feu noble homme messire GUILLAUME DE GALART, chevalier, seigneur du même lieu de Brassac, pour les paroisses de Brassac, de Burgat, de Saint-Clement, de Saint-Hilary, de Planol, de Saint-Nazaire, de Montmagnarie, de Montgaudon, de Campagnac, de la Burgade, de Buzenon, de Poycastel et de Saint-Pierre al Puhet. Lesquelles il tient en fief de l'église de Cahors.

Mss. de l'abbé de Lespine, dossier de Galard ; Bibl. de Richelieu, Cabinet des titres.

18 OCTOBRE 1462.

Noble et puissant PIERRE DE GALARD, *baron de Brassac, grand sénéchal de Quercy, fit son testament à la date ci-dessus; il commence par régler l'ordre de ses funérailles, fait divers legs pieux et détermine les droits de sa femme, noble dame Antoinette de Martini. Pierre de Galard fixe en outre la part dotale de* CLAIRE DE GALARD, *sa fille unique, épouse d'Étienne de Goth, et constitue quarante écus d'or à trois de ses filles naturelles,* CLAIRETTE, GUILHERME *et* GRIMENAUDE. *Le testateur n'ayant point d'enfants mâles, obéissant à la voix de son cœur et se conformant aux désirs de son père, désigne pour son héritier universel son frère cadet,* JEAN DE GALARD, *avec charge de substitution au profit de son fils aîné et de la descendance mascu-line de celui-ci dans l'ordre de primogéniture* [1].*

In nomine Patris et Filii et Spiritus Sancti, amen. Notum sit que lo noble PEYRE DE GALART, senhor de Brassac, de la diocesa et senescaussia de Quercy, personalement constituit, el castel de Brassac et en la salla del dit castel, en la presencia de mi notari et dels testimonis, dejus escrioutz, grevemens malaus de son cors et de sa persona, mas empero sas de sa bona pessa e estan en sa bona recognoissansa et en son bon cen, et usan per la gracia de Diou de sa bona memoria, segon que apparia et apparer podia, per la regardemen delluy et de la sua persona et per las paraulas que el disia : consideran que de nulla causa nulh homme no es plus sertas que es de morir, ni menchs sertas que es de la ora de la mort. Per l'amor d'aysso, lo dich noble Peyre de Gua-lart, testayre, volens prevoyre a la salut et salvacion de la sua

---

1. Cet acte fut passé dans la salle du château de Brassac, devant Jean de Podio ou du Pouy, notaire royal à Beauville.

amna et a l'ordenacio de sos bes et de sas causas et a la tranquilitat et distribiuco daquels, de mentre que era en lhuy natura
humanal, fet, condit et pauset et hordonet aquest son darrer testamen nuncupathio, essa darrera voluntat, essa darrera disposicio, esson darrer ordenamen et son darrer pensamen, en la
maneira et forma que sen sec. Lo dich noble Peyre de Galart,
testayre, donet, laysset et recommandet la sua amna et seo cors
a nostre senhor Dius Jesus Christ et a Madona Sancto Maria,
vergena, sa mayre, et a tota la companhie celestiel de paradis.
Item : eilegit la sepultura de son cors, la ou monseigneur Dius
Jesus Christ aura faisto son plaser et son commandemen de luy,
dens la gleyza de Saint Sauri de Brassac, dedins la cappela de la
dicha Madone et de Sancta Catharina. Et donnet et laisset et
leguet a la obre et reparation de la dicha gleyza vint escuz d'aur,
o la valor daquels, losquals volt et autreget lo dich testayre que
sian pagadas de sos bes et de sas causas, dedins quatre ans après
son deces, una (vez) pagatz tant solament et no plus. *Item :* lo
dich Peyre de Galart, testayre, donet, laisset et leguet a la obra
et reparacio de la gleyza de Sant Peyre del Bugat quaranta soutz
tornets, losquals volt et autreget que sion pagadas de sos bes et de
sas causas, una vez tant seulamens e no plus. *Item :* lo dich Peyre
de Galard, testayre, donet, laisset et leguet a la obra et reparacion de la gleyza de Santa Aularia quarante soutz tornets, una
vez pagades. *Item :* lo dich noble Peyre de Galart donet, laisset
et leguet a la obra et reparacion de Sant Clemens quarante soutz
tornets, una vez pagades. *Item :* lo dich noble Peyre de Gualart,
testayre, donet, laisset et leguet a la obra et reparacion de la
gleiza de Sant Johan de Buzono quarante soutz, una vez pagades.
Item : lo dich noble Peyre de Galart, testayre, donet, laisset et
leguet a la obra et reparacio de gleyza de Sant Peyre de Mon-

gaudo quarante soutz tornets, una vetz pagades. *Item* · lo dich noble Peyre de Galard donet, laisset, et leguet a la obra et reparacio de gleyza de Valentane quarante soutz tornets, una vez pagades. *Item :* lo dit noble Peyre de Gualart donet, laisset et leguet amda filhol et filbola, que a vestus, cinq soutz a cascuns, una vez pagades. *Item :* lo dich Peyre de Gualard, testayre, donet, laisset et leguet, per la sua amna et per aquela de son payre et de sa mayre et de tot son linaige, dos tretenares de messas, lasquals volt et autreget que sian dichas et celebradas dins la dicha gleyza de Sant Sauri, et aquo dins l'an aprep son deces, una vez dichas et no plus. *Item :* lo dich noble Peyre de Gualart, testayre, donet, laisset et leguet per la sua amna et per aquela de son payre, de sa mayre et de tot son linaige, cent messas, lasquals volt que sion dichas et celebradas dins la gleyza de Sant Sauri, et aquo dins dos ans aprep son deces, una vez dichas et no plus. *Item :* lo dich testayre donet, laisset, leguet, per la sua amna et per aquela de son payre et de sa mayre et de tot son linaige, una caritat de pa e de vi e de carn ; so es assaber, de una pipa de vi e de doas pipas de blat e de dos porcs, dagun a ung escut d'aur o la valor daquel la pessa, et ung brau de dos ans, loqual volt et autreget que sia pagada dedins dos ans aprep son deces, una vez tant solamen e no plus. *Item :* lodich noble Peyre de Galart, testayre, donet, laisset et leguet a la noble CLARA DE GALARD, sa filha, et molher que es de noble ESTENE DEU GOT, tres cens livras tornesas, et aquo outra la soma de quatre cens escuz d'aur, o la vallor daquels, e dos raubas e dos gouelh et dos capayros, que lodich noble senhor lhi avia donat et promes quant pres per marit lodich Estene de Got, la una rauba et la ung gouelh et la un capayro de drap de France, la dicha rauba folrada e la ung rauba e la ung gouelh e la une capayro de drap d'Angleterra, ladicha roba folrada d'autra drap, etc., am totas sas apartenensas et senhories aultas, bassas, maximas et meritz emperiez, et, otra lo drech et la raso et la actio que el avia et avez devia et alhuy se appartenia en los locs d'Espiens [1] et de Launhac, men la honor et jurisdicio d'aquels que avia donat a la dicha sa filha et a son dich marit, coma son dot. Dans lasquals causas lo dich noble Peyre de Galart, testayre, fet et instituit la dicha nobla Clara, sa filha, heretera particulara, am totz sos bes et causas, et que res plus no puesca demandar a son hereter, dejus scriout, en neguna maneyra, una vez pagades las dichas trescens livras torneses et non plus. *Item :* lo dich noble Peyre de Galart, testayre, donet, laisset et leguet à Clareta, a Guilherma et a Grimenaude, sas bastardas, la vita, en son hostal, tant men estaran a maridar, et quant se maridaran a cascune quarante escuz d'aur, o la valor d'aquels, una vez pagades tant solamen et no plus. *Item :* lo dich noble Peyre de Galart, testayre, volt et autreget que la nobla Bertranda de Manas, sa mayre, sia dona et senhoresse et governayres et adminis-tratritz de sos bes et causas, tant men vivra, xens redre conte à son hereter dejus scriout in neguna maneira. *Item :* lo dich noble Peyre de Galard, testayre, donet, laisset et leguet a noble Anthonia de Marti, sa molher et dona de Saint-Germe, la vita en son hostal de Brassac et vestida et caussada, segon la facultat de sos bes et causas, tant com voldra estar et demorar am son hereter dejus scriout. Et se no volia demorar ni am son hereter, dejus scriout, volt et autreget lo dich noble senhor, testayre, que lo dich son hereter, dejus scriout, sia tengut de ly donar et pagar a la dicha sa molher soyssanta motos d'aur o la valor daquels, pagatz dins

---

1. Ce qui indique que la branche de Brassac avait dû hériter en partie de celle d'Espiens.

x ans aprep son deces; et aquo per los amos, plasers et heurs que ly avia faitz, et que res plu no sia tenguda de demandar a son hereter dejus scriout en neguna maneira, una vez pagaz, loquals dich soyssanta motos d'aur o la valtor daquels, tant solamen et no plus.

Et cum institucio de hereter sia cap et fundamen de tot perdurable et perfeth testamen, sans la qual nulh testamen no val ni pot valer de drech segon que est dich, per l'amor d'aisso lo dich noble Peyre de Galard, testayre, fet, mes et pauset et instituet et hordonet ayssi per son hereter universal et general en totz sos autres bez et causas, fious, drech, et autras pagadas sas las layssas et almonyas et legatz, al dich son testamen contengudas, laissadas et expressadas, et per d'autres pagas a la funeralha de son cors; so es assaber lo son amat JEHAN DE GALART, son fray, alqual donet pleins et liberal poder et especial mandamen de vendre et de cupenhar de sos bes et de sas causas per pagar las layssas, almonyas et leguatz el dich son testamen contengudas, leyssadas et expressadas. Et volt et autreget lo dich noble Peyre de Galart, testayre, que asso sia son derrer testamen nuncupathio, e, sa derrere voluntat, essa derrera disposicio esson derrer voler, esson derrer ordenamen, et casset et annulet et revoquet del tot, am la tenor et auctoritat da present carta, totz autres testamens, codicilles, etc... Actum fuit hoc presens testamentum in dicto castro de Brassaco et in aula ejusdem castri decima octava die mensis octobris anno Domini millesimo quadringentesimo sexagesimo secundo, etc... Testes sunt vocati specialiter rogati per dictum testatorem Petrus Bertrandus, Bernardus Rehart, Petrus Garnii, Petrus del Pol, Johannes Baudet, Jacob Blaiso et ego Johannes de Podio, auctoritate regia notarius publicus, habitator loci Bonisville, qui... hoc presens

instrumentum ingrossavi, recepi, scripsi et in formam publicam
redegi, signoque meo consueto signavi.

Archives du château de Larochebeaucourt, cahier manuscrit[1] de vingt-six
feuillets dont vingt-trois écrits, acte 4.

---

19 OCTOBRE 1462.

Pons de Galejac reconnaît avoir reçu de PIERRE DE GALARD, *seigneur de
Brassac, fils de Jean, les dîmes dues à Louis d'Albret, cardinal,
évêque et comte de Cahors.*

Anno Domini millesimo quadringentesimo sexagesimo
secundo et die decima nona mensis octobris, apud Cadurcium,
nobilis et honorabilis vir Pontius Garlegiaco, archidiaconus
major et canonicus vicarius generalis et in spiritualibus et in
temporalibus dicti episcopi et comitis Caturcensis, recognovit
habuisse et recepisse a dicto nobili PETRO DE GALARD, domino de
Brassaco, præmissas per eumdem de Galard debitas.

Ancien fonds d'Hozier, Bibl. de Richelieu, Cabinet des titres, dossier
de Galard, texte latin de six feuillets, dernière page.

ANNÉE 1435.

*Constatation du mariage d'*AGNETTE *ou* ANNETTE DE GALARD *avec Bernard
d'Orbessan, dans le titre suivant d'un acte conservé aux archives
du séminaire d'Auch.*

1435. Accord sur la restitution de dot d'ANNETTE DE GALARD par
BERNARD D'ORBESSAN son époux.

Archives du séminaire d'Auch, catalogue manuscrit.

1. Tous les actes contenus dans ce cahier sont des expéditions délivrées, collationnées, signées et paraphées par Jean Boyer, notaire de Beauville en 1467.

8 AVRIL 1438.

Transaction entre noble et puissant homme BERTRAND DE GALARD, *chevalier, noble* JACQUETTE DE GALARD, *sa sœur, d'une part, et Raymond de Léaumont, seigneur de Puygaillard, d'autre. Ce compromis se rapporte au remboursement partiel de la dot de Jacquette, veuve d'Odon de Léaumont.*

Raymond de Léaumond, qualifié « noble homme, noble seigneur et damoiseau, seigneur de Puigaillard, en Lomagne, » assista avec son père au contrat de mariage de noble Jean de Montaut du 19 janvier 1406. Il transigea, ainsi que noble Viguier de Léaumont, son jeune frère, le 8 avril 1438, avec noble et puissant homme messire BERTRAND DE GALARD, chevalier, seigneur de l'Isle-Bozon, et noble JACQUETTE DE GALARD, sa sœur, veuve de noble ODON DE LÉAUMONT[1], au sujet de la restitution d'une partie de la dot de cette dernière. Il étoit âgé de plus de 60 ans, lorsqu'il déposa dans une enquête du 21 juin 1450, et ne vivoit plus le 10 juin 1468 que noble Jean de Léaumont, son fils et son héritier universel, reçut quittance du restant de la dot de noble Jeanne de Léaumont, leur fille et sœur respective.

Femme N... On présume que c'est Jeannette de Grossolles, fille de Bernard de Grossolles, chevalier, vicomte de Montgaillard, seigneur de Gensac, Saint-Martin et Arques.

Preuves de M. le vicomte de Léaumont, faites en 1785; Bibl. de Richelieu, Cabinet des titres, ancien fonds d'Hozier.

1. La maison de Léaumont était une des plus anciennes de la Gascogne ; on la trouve alliée aux plus connues, entre autres aux Du Bouzet, Bezolles, Comminges, Montesquiou, Maillé de Brézé, d'Esparbès, de Faudoas, Grossolles, Luppé, La Barthe, Preissac, Polastron, Roquelaure ; elle a fourni des chevaliers de l'ordre du Roi, des évêques, des capitaines de cinquante hommes d'armes, un cordon-bleu, des chevaliers de Malte, un grand prieur de Toulouse.

Avant le 8 avril 1438.

Constatation du mariage de Jacquette de Galard, *sœur de* Bertrand, *seigneur de l'Isle-Bozon, avec Odon de Léaumont.*

Odon de Léaumont épousa noble Jacquette de Galard, sœur de noble et puissant homme messire Bertrand de Galard, chevalier, seigneur de l'Isle-Bozon.

C'est ce qu'on apprend d'une transaction passée, le 8 avril 1438, entre le même Bertrand et ladite Jacquette, d'une part, et Raimond de Léaumont, damoiseau, au sujet de la restitution d'une partie de la dot de Jacquette, qui vraisemblablement n'avait pas eu d'enfants.

L'original de cette transaction a été visé dans les preuves de M. le vicomte de Léaumont, que j'ai entre les mains.

Mss. de l'abbé de Lespine, dossier de Galard, Bibl. de Richelieu, Cabinet des titres.

6 février 1439.

Reçu fourni par Galardon de Galard, *écuyer, gouverneur de l'étendard du sire d'Albret, à Jehan de Sully, receveur des aides, pour la somme de 286 écus d'or et 82 forte monnaie.*

Saichent tuit que je Galardon de Goulard, escuyer, gouverneur de l'estendart de M. de Lebret, lieutenant général du roy, nostre sire, sur le fait de la guerre ès païs de Berry, confesse avoir eu et receu de Jehan de Sully, receveur général des aides, des xvooo escus d'or et de xooo escus francs forte monnoie, mis au païs de

Berry, ès mois d'octobre et de décembre, dernier jour de la délivrance de la Charité, Cosnes et austres places, 286 escus d'or et
82 forte monnoie, pour luy et les gens d'armes et de traits de
l'hostel de M. Lebret et estendart, durant le dit voyage, et de
laquelle somme je me tiens pour content et en quitte le roy, le
dit Jehan de Sully et tous ceux qu'il appartient. Donné en
témoing de ce, soubz mon scel, le dernier jour de février 1429.

G. GOLART.

COLL. GAIGNIÈRES, vol. 773, page 375, coté : Extraits de la chambre des
comptes, quittances scellées; Cabinet des titres, Bibl. de Richelieu [1].

10 AVRIL 1442.

Mention de Jeanne de Séailhes, comme veuve de JEAN DE GALARD,
seigneur d'Aubiac.

Noble Hugues del Bozet, senhor de Lagraulet, mari de Navarrine de Séailhes (fille de noble homme Bernard de Séailhes, seigneur de Séailhes et de Lagraulet, et de noble Jeanne de Verglus, fut institué exécuteur du testament de ladite Jeanne de
Verglus), fait au lieu d'Albiac, le 10 avril 1442, devant Savin de
Noalhacs, notaire public, par lequel ladite dame, après avoir fait
des legs, en fit aussi à noble Marguerite de Séailhes, sa fille,
femme de noble Manaud de Villhères, seigneur de Lagraulet,
lequel elle institue aussi son exécuteur testamentaire, à noble
Navarrine de Séailhes, et institue son héritière universelle noble

1. On trouve également le même titre sur parchemin dans la première série
des pièces originales de *l'ancien fonds d'Hozier*.

Jeanne de Séailhes, veuve de noble Jehan de Galard, seigneur d'Albiac ou d'Aubiac (original en parchemin).

Preuves de noblesse faites au Cabinet des ordres du roi, au mois de mars 1789, par Charles-Maurice-Denis du Bouzet, appelé marquis du Bouzet, seigneur de Corné, capitaine de vaisseau, pour avoir l'honneur de monter dans les carrosses de Sa Majesté et de la suivre à la chasse. *Archives départementales des Hautes-Pyrénées, série E E.*

---

27 octobre 1442.

*Mention d'*Anglaise de Galard, *comme femme de Sénoret de Mérens et comme tutrice de Jeanne de Mérens, sa fille.*

Noble homme damoiseau Jean du Bouzet, seigneur du lieu de Saint-Michel, de Borneilhe, et Hugues du Bouzet, seigneur de Lagraulet, furent porteurs de la procuration qui leur fut donnée, le 27 octobre 1430, devant Jean de la Missa, notaire public, par noble Anglaise de Galard, habitante du lieu de Flamarens [1] et tutrice de noble Jeanne de Merenx, sa fille, héritière de noble Sénoret de Merenx, son mari.

Preuves de noblesse faites au Cabinet des ordres du roi, au mois de mars 1789, par Charles-Maurice-Denis du Bouzet, appelé marquis du Bouzet, seigneur de Corné, capitaine de vaisseau, pour avoir l'honneur de monter dans les carrosses de Sa Majesté et de la suivre à la chasse. *Archives départementales des Hautes-Pyrénées, série E E.*

1. La poésie vulgaire a décrit le château de Flamarens en ces termes :

> Lou castet de Flamarens,
> Let dehoro, bet deguens.

Viguier de Galard, en 1464, était seigneur de Flamarens et de la Capelle.

27 octobre 1442.

Anglaise de Galard confie ses pouvoirs à Hugues du Bouzet.

Noble Anglaise de Galard, qui résidait à Flamarens, donna procuration à Hugues du Bouzet, damoiseau, seigneur de Cots et de Lagraulet, le 27 octobre 1442, pour le règlement de la succession de son mari, Sénoret de Marrens, et pour déterminer les droits de ses enfants dont elle était tutrice.

Archives départementales des Hautes-Pyrénées, série E E. Cahiers généalogiques.

Année 1450.

Constatation du mariage de Marguerite de Galard, fille de Jean, seigneur de l'Isle-Bozon et Saint-Avit, avec Jean de Lucmont ou Léaumont[1].

Noble Marguerite de Golard, fille de noble Jean de Galard, seigneur de l'Isle-Boson et de Saint-Avit, et noble Jean de Lucmont, fils de noble Raimond de Lucmont, seigneur de Poygaillard, passèrent ensemble des articles de mariage par-devant Borderi, notaire à Lectoure, en l'an 1450.

D. Villevieille, *Trésor généalogique,* vol. XLIII, fol. 145, Cabinet des titres, Bibl. de Richelieu. — Registre de Borderi, notaire à Lectoure, fol. 43, ancienne étude de Me Comin.

1. Cette famille, qui a déjà été l'objet d'une petite remarque page 409, eut pour berceau Puygaillard, petit village du canton de Lavit, compris autrefois dans le diocèse de Montauban. Elle forma cinq branches : 1° celle des Léaumont de Puygaillard ; 2° celle des Léaumont de Gariés ; 3° celle des Léaumont de la Briche ; 4° celle des Léaumont, barons de Saint-Lannes ; 5° celle des Léaumont, seigneurs d'Arzac.

22 FÉVRIER 1453.

MARGUERITE DE GALARD[1], *fille d'*AYSSIN *ou d'*ARCHIEU, *seigneur de Terraube, fut la première femme de* JEAN DE LUPPÉ, *chevalier, seigneur de Maravat et autres lieux. Elle disposa de ses biens en faveur de son mari.*

JEAN DE LUPÉ, Ier du nom, chevalier, seigneur de Maravat de la Lanne, de Castelyaloux, de Miremont, de Lauret, etc., qualifié « noble et puissant homme, » fils de Carbonnel III, seigneur de Lupé, et de Navarre de Maravat, sa seconde femme, fut institué légataire d'une somme de 800 florins d'or, par le testament de son père, du 4 juillet 1434, et Marguerite de Maravat, dame de Montaigu, sa tante, le nomma son héritier universel, le 28 octobre 1451. Il fit, le 20 février 1452, conjointement avec Carbonnel, son frère, un échange (dans lequel ils sont nommés « de Leypé ») avec Antoine de *Comera,* habitant de Pins. Le 7 avril 1460, Jean de Lupé reçut le serment de fidélité des habitants de Casteljaloux. Il servait, en 1461, en qualité d'archer de la compagnie de Martin de Chamarre, écuyer, puis en celle d'homme d'armes dans la compagnie de Gaston de Lyon, sénéchal de Toulouse, qui fit montre à Damvilliers, le 11 juin 1475. On le voit compris avec la qualité de « chevalier » (dans les actes antérieurs, il a celle de « damoiseau ») dans un compte de Guillaume de la Croix, trésorier des guerres, commençant au 1er janvier 1476, et finissant le dernier décembre 1477. Il passa un accord avec

1. Cette Marguerite, fille d'Ayssin ou d'Archieu de Galard et femme de Jean de Luppé, seigneur de Maravat, n'a rien de commun avec la précédente Marguerite, née de Jean de Galard, sire de l'Isle-Bozon et mariée avec Jean de Léaumont. Je fais cette remarque de peur que leur voisinage chronologique, effet du hasard, ne les fasse confondre.

les consuls de Casteljaloux, le 2 janvier 1485, renouvela et
confirma le 11 janvier 1488 les anciennes coutumes que Hot
ou Oddon, seigneur de Maravat, chevalier, avait accordées,
en 1276, aux habitants de Maravat, et ne vivait plus le 6 février 1493. Il avait épousé, 1°, par contrat du 22 février 1453,
MARGUERITE DE GALARD, fille d'AISSIN DE GALARD, damoiseau, seigneur
de Terraube. Elle fut autorisée par son mari, le 22 janvier 1455,
à donner quittance à son père, tant de sa dot de mariage
que du legs testamentaire que lui avait fait Seignoret de Montagut,
son oncle. (*Minutes de Me Comin, notaire à Lectoure.*) MARGUERITE DE
GALARD testa en faveur de son mari, le 1er septembre 1465, et mourut sans postérité[1].

DE COURCELLES, *Histoire des Pairs de France,* Généalogie de Lupé,
page 41.

<hr/>

22 FÉVRIER 1453.

*Autre constatation du mariage de MARGUERITE DE GALARD
avec Jean de Luppé, seigneur de Maravat.*

IIIe degré, JEAN DE LUPPÉ, Ier du nom, damoiseau, qualifié
« noble et puissant homme, seigneur de Maravat. »

1. Jean de Luppé se remaria à Florette de Verduzan, fille de Bernard, seigneur
de Miran et de Béliette de Verduzan. Ils eurent, entre autres enfants, Florette de
Luppé, qui épousa Pierre, bâtard d'Armagnac, baron de Caussade, comte de l'Isle
en Jourdain, légitimé en 1510 et né de Charles Ier, comte d'Armagnac, et de Marguerite du Claux. Florette donna à son mari un fils illustre, Georges d'Armagnac,
évêque de Rodez, cardinal du Saint-Siège, légat et archevêque d'Avignon. Le pape
lui confia diverses missions importantes durant les troubles du comtat Venaissin.
Pendant son séjour à Rome il fit faire dans le Tibre des fouilles archéologiques et
envoya en France des antiquités romaines d'un haut prix dont la *Gazette des
Beaux-Arts* a publié le catalogue.

1re femme : Marguerite de Galard, fille d'Ayssin, damoiseau, seigneur de Terraube, mariée par contrat du 22 février 1453. Elle mourut sans enfants après avoir testé le 1er septembre 1465.

2e femme : Florette de Verduzan, fille de noble Bernard, seigneur de Verduzan, et de Béliette de Verduzan, dame dudit lieu, mariée par contrat du 6 . . . . 1466. Jean de Luppé passa un acte le 2 janvier 1485 et ne vivait plus le 6 février 1493.

Mss. de l'abbé de Lespine, dossier de Galard. Bibl. de Richelieu, Cabinet des titres.

Année 1453 [1].

Noble Marguerite de Galard *reçut de son père la part de Terraube qui avait été donnée à celui-ci par noble Seignoret de Montagut.*

Noble Senhoret de Montagut, coseigneur de Terraube, avait légué par son testament la portion qu'il avait audit Terraube à noble Arcieu de Golard, qui la donna, entre autres choses, en dot de mariage à noble Marguerite de Golard, sa fille, par traité passé avec noble Jean de Luppé, seigneur de Maravat, devant Borderi,

1. Dans le rôle des habitants du pays de Buch, qui prêtèrent serment de fidélité, le 7 juin 1454, on trouve un Arnaud Galard qui ne me paraît point se rattacher à la famille, objet de cet ouvrage. J'aligne néanmoins quelques-uns des noms qui figurent sur cette liste, extraite de la Collection de Doat, volume 215, folio 296 verso, Bibl. de Richelieu, Cabinet des titres.

Bernard de Biron.	Bertrand de la Teste.
Jehan deu Rose.	Pey deu Putz.
Andrien deu Rose.	Arnaud deu Putz.
Pey de la Forcade.	Guilhem deu Putz.
Aremon de Rose.	Arnaud Galhart.
Jehan de la Lande.	Etc., etc.

notaire à Lectoure, l'an 1453, fol. 177. (Étude de Me J. Comin, notaire à Lectoure.)

D. VILLEVIEILLE, *Trésor généalogique,* vol. XLIII, fol. 145 v°; Cabinet des titres, Bibl. de Richelieu.

---

21 JANVIER 1455.

Autre extrait de D. Villevieille, relatif à MARGUERITE DE GALARD, *fille d'*ARSIEU *ou* ARCHIEU, *légataire de Senhoret de Montagut et femme de Jean de Luppé, seigneur de Maravat.*

Noble MARGUERITE DE GOLART, fille légitime de noble ARSIEU DE GOLART, seigneur de Tarraube, et femme autorisée de noble JEAN DE LUPPÉ, seigneur de Marabat[1], donna quittance à son dit père de sa dot et d'un legs qui lui avoit été fait par feu noble Senhoret de Montagut, son oncle, en présence de noble Garcie Arnaud de Sanguinède et de Poncet de Pardelhan, damoiseaux, par acte reçu par Borderi, notaire, le 22 janvier 1455. (Étude de Me Jean Comin, notaire à Lectoure.)

D. VILLEVIEILLE, *Trésor généalogique,* vol. XLIII, fol. 145 v°, Cabinet des titres, Bibl. de Richelieu.

---

1. On trouvera une autre alliance de la maison de Luppé avec cel'e de Galard vers la fin du XVIe siècle. Jean de Galard, baron de l'Isle, fut en effet, à cette époque, marié ayec Percide de Luppé, issue elle aussi de la branche des seigneurs de Maravat. La race de Luppé, qui a formé de nombreux rameaux, est une des plus anciennes et des plus marquantes du Sud-Ouest. On retrouve sa trace évidente à partir de 1048. D'après de Courcelles, « d'antiques traditions perpétuées dans la province (de Guyenne) la font descendre d'un puîné des anciens ducs de Gascogne ou, suivant d'autres, des vicomtes héréditaires de Marsan et de Lonviguy, dont les auteurs portaient communément le nom de Loup, *lupus,* Loup Sanche, Loup Centulle, Guillaume Loup, Loup Aner. »

26 JUIN 1472.

Factum pour servir dans un procès intenté par Jean de Luppé, sei-
gneur de Maravat, qui réclamait la dot de 1,000 francs bordelais,
constituée à sa femme, MARGUERITE DE GALARD, fille d'ARCHIEU DE
GALARD, autrefois seigneur de Terraube, et sœur d'autre ARCHIEU,
encore mineur et représenté par son tuteur JEAN DE GALARD, seigneur
de Saint-Avit. La légitime, objet du différend, avait été reconnue
dans le testament du père de Marguerite. Celle-ci, étant passée de
vie à trépas, avait légué la susdite somme de 1,000 francs à son
mari. La partie adverse repoussait cette juste revendication. Jean
de Luppé, le demandeur, obtint gain de cause, et Archieu de
Galard fut condamné au payement des 1,000 francs et aux dépens
par le lieutenant de l'official d'Auch, siégeant à Nogaro, à cause de
la peste. Le jugement venait d'être prononcé par défaut, lorsque
survint en l'audience Jean Barrère, procureur fondé du défendeur,
qui protesta contre la sentence. L'appel fut porté devant la cour
apostolique d'Avignon qui le déclara non recevable.

In nomine Domini, amen. Noverint universi et singuli præsentes pariter et futuri quamdam causam civilem et ordinariam
motam et agitatam fuisse in curia venerabilis et circumspecti
viri domini officialis Auxis et coram eodem domino officiali
Auxitano et curia sua Auxitana, pro reverendissimo in Christo
patre et domino nostro Auxis archiepiscopo, inter nobilem virum
Johannem de Leopodio, dominum loci de Marabato, Lectoræ
diocœsis, agentem et petentem et quoddam monitorium cum
clausula id se causam impetrantem, ex parte una, et nobilem
JOHANNEM DE GOLARDO, dominum loci de Sancto Avito, ejusdem
diocœsis Lectoræ, ut tutorem et tutorio nomine nobilis YSSIVETI
DE GOLARDO, filii, pupilli et hæredis nobilis ARSIVI DE GOLARDO,
quondam domini loci de Terraubia, prædictæ diocœsis Lectoræ,

reum sive deffendentem, facta fuit verbalis petitio tenoris
sequentis.Pars prædicta agens suam verbalem petitionem faciendo
dixit et proposuit : quod olim tractatum et concordatum fuit matrimonium et in sacrosancta facie matris ecclesiæ solempnisatum ac per carnis copulam consumatum inter dominum nobilem
Johannem de Leopodio, dominum loci de Marabato, et nobilem
Margaritam de Golardo, quondam filiam legitimam et naturalem
nobilis Arsivi de Golardo, domini quondam de Terraubia. Item
quod, in tractatu dicti matrimonii, dictus nobilis Arsivus de
Golardo pater constituit in dotem et constituendo solvere promisit eisdem conjugibus summam mille francorum computando
pro franco decem solidos et pro solido sex arditz. Et in dicta
summa mille francorum se obligavit, prout dixit, posse apparere
et constare per tenorem debiti et obligationis instrumenti per
notarium publicum sumpti et retenti anno et die in eodem contentis et expressatis. Ulterius dicta pars agens dixit quod dictus
Arsivus pater ipsius Margaritte dictæ, adhuc constante matrimonio,
veniens ad mortem, prædictam dotem promissam et constitutam
ad dotis fiduciam in suo ultimo testamento confirmavit et ratifi-
cavit, ut latius dixit et asseruit constare per quoddam publicum
instrumentum, per manus notarii publici sumptum et retentum
ibidem judicialiter productum, ne de contentis in eodem ulla
valeat ex adverso patendi ignorantia. Præterea procurator dicti
patris agentis dixit quod dicta nobilis Margarita de Golardo
decessit et viam universæ carnis ingressa est, condito per eam
prius testamento, in quo jure particularis institutionis legavit
dictæ parti agenti, viro suo, dictam summam mille francorum
argenti, ut patet per clausulam dicti testamenti de qua fidem
facere promisit. Item dixit quod prædictus quondam Arsivus de
Golardo, dominus de Taraubia, tempore quo erat in humanis, tes-

tavit et omisit dictis conjugibus dictam fiduciam mille francorum exsolvere; dictaque pars filia morte prænominati nobilis
Arsivi etiam testavit et contradixit promissa et etiam contradicit
die presenti judicialiter requisitum. Item dixit quod dicto
pupillo, prout hæredi, provisum fuit de tutore in persona.....
bonis ejusdem pupilli qui tutor pupilli hereditate prædicta se
ministrat et pro hærede onus gessit ut gerit die presenti. Item
dixit quod promissa apparet et apparere potest dictam partem
ream teneri et esse officialiter obligatam ad dandum et solvendum
dictæ parti agenti dictam summam mille francorum argenti.....
rationibus prædictis. Quare petiit et supplicavit dictam partem
ream seu deffendentem condempnari ad dandum et solvendum
parti agenti dictam summam mille francorum dict... in fiduciam
mille francorum, computando ut supra, una cum expensis in
hac causa legitime factis conductis, etiamque compelli justicia in
omnibus med..... super faciendis vero et aliis vestrum benignum
officium implorando, petens factis respondi et justitiam ministrari et ad hoc forsan si respondere recuset, compelli censura
ecclesiastica dicens fieri debere de jure. Petens ante omnia
interrogari antedictus Yssinetus sit hæres dicti patris sui, in solidum vel in parte, et si parte pro qua et petito super eadem petitione verbali legitime responderi et justitiam ministrari, liteque ex
adverso in dicta causa legitime constituta et responcionibus per
procuratorem seu auctorem partis deffendentis simpliciter et
negative, ut exinde per dictam partem ream et deffendentem prin-
cipalem, juramento medio per eam ad sancta Dei quatuor Evangelia præstito, subsequtis productisque per dictam partem
agentem ad probandum contenta in sua eadem verbali petitione
ex adverso negata, nonnullis testibus eorumque dictis et depositionibus reportatis et deinde traditis per dictam partem ream

sive deffendentem ad elidendum intentionem dicte partis agentis, nonullis per modum deffensionum articulis, et eosdem per dictam partem agentem negativa responsione subsequta, primo simpliciter et deinde juramento medio productisque per dictam partem agentem, ad probandum contenta in eisdem suis defensionum articulis per dictam partem agentem negatis, nonnullis testibus, ipsisque examinatis et reportatis, et demum per dictorum testium pro quamlibet dictarum partium, hinc inde productorum, dictis et depositionibus ac attestationibus earumdem ambarum partium ac omnibus rite peractis, pars prolocuta agens seu ejus legitimus procurator petiit et requisivit in hujus modi causa sententiam definitivam via ordinaria fieri.

Cæterum adveniente die Veneris quæ fuit intitulata seu nominata 26 mensis junii 1472, in porticu ecclesie collegiatæ Beati Nicholaï de Nugarolio Armanhaci, Auxis diocesis in ibi curia ordinaria Auxitana dicti domini officialis Auxis, propter pestis impedimentum mutata hora prima vel nota, coramque venerabili et discreto viro domino Johanne de Broqueto, presbytero, in decretis baccalario, canonico in dicta ecclesia collegiata Beati Nicholaï de Nugarolio, locumtenente perloquti domini officialis..... de quorum officialatu et locumtenentia constitit et constat in articulis processus dictæ causæ principalis. Tunc ibidem in dicta curia jure ordinario, in suam audientiam publicam, palam et in publico tenenti more solito venit, comparuit et se personaliter representavit venerabilis vir dominus Arnaldus Guilhermus de Lanorio, decretorum licenciatus, ut procurator et nomine procuratorio quo supra dictæ partis agentis, prout de ejus procuratione et potestate constat in processu dictæ causæ, ex parte una, qui ad hoc sunt præsentes diem, locum et horam, et coram dicto domino officiali

vel ejus locumtenenti et curia sua citari et adjornare fecerat
litigatione venerabilem virum Johannem Barreriæ, in legibus
licentiatum, procuratorem sive auctorem dictæ partis, reæ seu
deffendentis, cum debita procuratione et hoc cum certis litteris
ab ista curia Auxitana emanatis et obtentis ac sigillo dictæ
curiæ..... coloris in earum tergo sigillatis, cum insinuatione in
eisdem literis citatoriis contenta, visuris et audituris sententiam definitivam in dicta causa juxta continentiam dictarum
litterarum dari et..... vigore et efficacia uniusquidem citationis
ut ejus exploiti producens procurator dictæ partis reæ seu deffendentis, positus instante et requirente procurationem dictæ
partis agentis, in cujus contumacia et defectu, procurator dictæ
partis agentis petiit et requisivit per dictum dominum locumtenentem sentenciam definitivam via ordinaria in causa prædicta juxta insinuationem et continentiam dictarum litterarum
citatoriarum. Quibus peractis dictus dominus locumtenens,
attenta insinuatione in eisdem litteris citatoriis contenta, sacrosanctis Dei Evangeliis coram eo positis et apertis, ut de vultu Dei
suum proderet judicium et oculi ejus semper viderent equita-
tem, signans de signo venerabilis Sanctæ Crucis sic dicendo : In
nomine, etc., ad prolationem dictæ sentenciæ processit verbo,
ut in scriptis patet et quemadmodum continetur in quadam
papiri cedula per eumdem dominum locumtenentem pro tribunali sedentem, alta et intelligibili voce per..... hujus modi
tenoris : Quia visis et diligenter inspectis totius præsentis processus et causæ meritis, habitoque super his peritorum consilio,
constat nobis locumtenenti et judici antedicto intentionem
partis agentis sufficienter fundatam fuisse nilque per partem
ream et deffendentem fuisse dictum, propositum, minus proba-
tum per quod intensio ipsius actoris elidi valeat, in solidum vel

in parte..... quod ad summam 180 francorum burdegalensium,
computando pro quolibet franco 60 arditos, et pro ardito duos
jacquesios. Igitur præmissis attentis et aliis attendendis quæ nostrum moverint animum et cujuslibet alterius recte judicantis
movere possunt et debent, sententialiter et deffinitive prædictam
partem ream et deffendentem, ut tutorem et tutorio nomine cujus
supra, condempnamus ad dandum et solvendum prædictæ parti
agenti, pro terminis hic usque preteritis, sex centos et 90 francorum, computando pro franco et pro ardito ut præmissum est, et
hoc infra sex menses terminum juris et ex causa prorogando pro
futuris vero terminis juxta pacta conventionum in instrumento
matrimoniali exhibitarum, ac pro restanti summa, quæ est
130 francos, infra quatuor annos et quatuor menses continuos
et completos, inchoandos a die festi Omnium Sanctorum proximi
futuro videlicet : anno quolibet quatuor annorum trigenti francos
et in quatuor mensibus, proxime sequentibus, decem francos cum
omnibus expensis in et pro hac causa legitime factis, excepto
quanto majoris facti fuere ad causam prædictam centum et
80 francos plus petitorum in quibus expensis occasione plus
petitorum factis, ipsam partem agentem eidem parti reæ condempnamus, dandis et solvendis per eamdem partem agentem
jamdictæ parti agenti reæ et deffendenti infra duos menses, terminum juris ex causa abreviando et..... plus petitis dictam partem ream et deffendentem absolvendo et relaxando ; quarum
expensarum taxationem et earum executionem nobis et curiæ
nostræ in posterum reservamus, hanc nostram sentenciam definitivam, per modum prædictum, in his scriptis proferentes pro
tribunale, sedente de Broqueto locumtenente ; qua per modum
prædictum per eumdem dominum locumtenentem lata deffini-
tiva sententia, ibidem dictus dominus Arnaldus Guilhermus de

Lanorio, procurator dictæ partis agentis, eam laudavit et agratius eidem domino locumtenente egit de bona justicia sibi seu parti suæ ministrata, requirendo instrumentum publicum per me notarium infrascriptum de dicta sentencia sibi et parti suæ retineri. Et paulo post anno dicto et loco prædicto, domino locumtenente adhuc in eadem audiencia pro tribunale sedente, venit et comparuit dictus dominus Johannes Barreriæ, procurator dictæ partis reæ et deffendentis; qui quidem de Barreria, ut procurator dictæ partis deffendentis protestatus fuit de nullitate totius processus et dictæ sentenciæ jam latæ et..... idem procurator dictæ partis deffendentis et nomine procuratorio ejusdem, non discedendo a prædicta protestatione, una voce a prædicta sentencia tanquam iniqua et injusta, salva dicti domini locumtenentis illam proferentis gratia, protestavit et appellavit ad Sanctam Sedem Apostolicam aut ejus legatum, in Avenione residentem, et ejus curiam, et ad illum et ad illos ad quem et ad quos de jure, statu et consuetudine erat pronotandum et appellandum; actaque et articulos semel 2° et 3° cum debita et multiplicita instantia petiit, postulavit et requisivit dari et concedi. Quamquidem appellationem per dictam partem ream et deffendentem emissam..... prædictus dominus locumtenens tanquam scriptam et inanem et a nullo gravamine..... non admisit nec eidem detulit nisi si et in quantum de jure fuisset admittenda..... appellatus eam duxerint admittendam, assignando eidem appellanti ad illam introducendum si illam prosequi intendit, si apud dominum legatum in Avenione residentem..... unius mensis; si vero apud Sanctam Sedem Apostolicam..... mensium terminum..... per totam responsionem pro apostolis debitis sibi faciendo. De quaquidem appellatione Apostolica..... prænominatus dominus Johannes Barreriæ, procurator antedictus, requisivit retineri, fieri et confici publicum

seu publica instrumentum seu instrumenta..... per me notarium infrascriptum. Lata fuit ejusmodi per modum prædictum
sentencia et ab eadem appellatio emissa et alia præmissa per
modum prædictum. Acta anno, die, loco et hora prædictis,
domino nostro domino Ludovico, Dei gratia Franciæ rege illustrissimo regnante, et reverendissimo in Christo patre et domino
nostro domino Johanne, miseratione divina Auxis archiepiscopo
existente; præsentibus ibidem discretis viris magistris Johanne
de Vasculo, in decretis baccalario, Gastone de Sancto Germano,
Petro de Sancto Monte, Petro de Guinseda, Johanne Netandi et
Baronius, notarius curiæ dicte diocesis officialis Auxis, juratis
testibus ad hoc adhibitis et vocatis, et me Raymundo de
Borduno, ... de publico auctoritatibus ducali ac reverendissimi in Christo patris et domini nostri Johannis, miseri-
cordia divina Dei et Sanctæ Sedis Apostolicæ gratia Auxitanorum
archiepiscopi notario, curiæque dicti domini officialis Auxis
jurato, qui præmissis omnibus sumpsi et promittitus agerentur et fierint una cum prænominatis testibus præsens fui et
ea fieri vidi et audivi et in libris meis registravi. Ex quibus hoc
præsens publicum appellationis instrumentum, manu propria,
abstraxi et in hanc formam publicam redegi, et facta diligenter
collatione cum suo vero originali signo meo publico instrumen
tali consueto quo in meis publicis instrumentis utor signavi,
requisitus et rogatus in fidem et testimonium omnium et singulorum premissorum pro tribunali sedente, datis ut supra [1].

Archives du château de Malliac; Mss. de M. Benjamin de Moncade,
cahier AA 3.

---

[1]. M. Benjamin de Moncade a ainsi décrit cet acte : « Pancarte de 27 pouces de
long sur 15 de large, assez bien conservée. »

16 SEPTEMBRE 1454.

Donations entre vifs, dont la principale est faite par noble et puissant
PIERRE DE GALARD, seigneur de Brassac, en faveur de son frère cadet,
JEAN DE GALARD[1], seigneur de Fauroux. Le donateur ne réserve, sur tous
ses biens meubles et immeubles, que l'usufruit durant sa vie et celle
de noble Antoinette de Martini, sa femme. Cette cession anticipée fut
consentie en considération du mariage projeté entre ledit Jean de
Galard et noble Miraille de Valette, dame de Cusol, en Rouergue.
L'accent d'affection fraternelle que respire cet acte a quelque chose
de touchant.

In nomine Domini, amen. Anno ejusdem Incarnationis millesimo quadringentesimo quinquagesimo quarto et die decima
sexta mensis septembris apud Cusolum, diocœsis Ruthenensis,
domino Carolo Dei gratia rege Francorum regnante, noverint universi et singuli, presentes pariter et futuri, que, en la presencia de
mi notari et dels testimonis jotz scriths, personalemen constituitz
los nobles PEYRE DE GALART, senhor de Brassac, et JEHAN DE GALART,
son frayre, habitants del dich loc, de l'Avescat de Caors et senescaussia de Querci, am dos disans que entre els amigablemen ero
vengus ad amigable acordia de se affrayrer et de donar part et
frayresta, cascus a son par, en totz lors bes que aven de present
ou per lo temps endevenidor auron et conquestriron, en la forma
et maneira que s'en sec. Et sa sobras que davan totas causas lodit
noble Peyre de Galart, senhor de Brassac, davan totas causas se
arresten ap lo castel de Brassac et el loc daquel baillet al dich
Johan, son frayre, lo castel de Fauros et en totz lors autre bes

---

1. Voir dans les documents relatifs à Pierre de Galard, page 389 et suivantes,
ceux qui se rapportent également à son frère Jean dont il est question ci-dessus.

qualque ayo, asaber : losdichs frayres, per afrayrero valemen, que lo dich noble Peyre de Galart, senhor de Brassac, de son bon grat et de sa propria et agradabla voluntat, donet al dich noble Johan de Galard, son frayre, que era aqui metys presen, stipulan et receban la presen carta, per se et per totz los sous voluntares et successors, la metat tota per autres de soz autres bes moblas et no moblas presens et endevenidors et de totas sas rendas, cessas, brups, frugs et usufrugs, leudas, et peatges, et de totz sos autres bes, émolumens et de tots sos autres profeyts que lhi appartenguesso ny lhi poguesso ni lhi deguesso appartener. . . La qual donacio et cessio que ly fiez per causa de nupcias et per suportar los carg de matrimoni que se fera, se Diouz platz, entre lo dich noble Johan, son frayre, d'una part, et la nobla Miracla Valeta, filha de noble Forto Valeta, senhor de Cusol, d'autre part, et par donacio pura, sacha entre los viouz, non revocabla en negun temps. Et per so quar lo dit noble Johan de Galart, son frayre, ly fa parelha donacio coma sen sec, so es assaver : que lo dich noble de Galart, senhor de Fauros, de son bon grat et de sa propria et agredabla voluntat, donet al die noble Peyre de Galart, son frayre, que era aqui metis present, stipulan et receban la present carta, per se et per totz los seos voluntares et successors, la metat de tota parties de totz sos bes moblas et immoblas, presens et auvenidors, et de totas sas rendas, cesses, frucs, usufrucs, peatges et leodas et de totz sos autras emolumens et prenemens et de totz sos autres profeys, que ly apparteno ne ly puesco ni lhi deio apartener, avar de present et per lo temps endevenidor, per qualque dich ny per qualque raso que foz ny qualque nom poguesso ny deguesso estre appeladas. Laqual donacio et cessio, dejus diche, fez lo dich noble Johan de Galart al dich noble Peyre de Galart, son frayre, et per raso et per causa que lo dich noble

Peyre de Galart, son frayre, lhi a faitha parelha donacio de la metat de totz sos bes, ainsi cum dejus dich est, dich et expressat, et per donacio pura, secha, entre los viouz, non revocabla per negun temps per causa de desagradablatat ny de rependement ne per alias, etc... et per so que, entre els, se san affrayras, lo jorn d'eicy, totz lors bes et deuo demorar totz ensemps en un loc et una mayson, araz et per tost temps, sens separar et sens de partir lung de l'autre, et deuo far totas lors besounhas et per ensemps a pagar totz deotas et totz cargs et conquestar tot per ensemps... et biur, lung lautra, coma bes frayres et deuo communiar et adjustar et metre en commu las dotz de lors molhers, et la leur deuo recognoestre, cascu sobre sa part et porcio de lors bes, rata, prorata. Et no si deuo separar lung de l'autre, si non que ses de voler et consentement d'ambidos; et adoncques deuo partis totz los bes per le mitat que aytan ne ayo lung come l'autre, ainsi come bos frayres sens degun debat. Et si sobre los personnas, alcun debat si mouva, que aquil debat remeyio a ung amic de cascuna partida... Et volt lo dit nobla Peyre de Galart[1] que, en lo cas que el desane daquest mon, sens hereter masle de luy dessenden et de loyal matrimoni procreat, que lodit noble Johan de Galart, son fray, ly successie, et foz sun heritier de totz sos bes, etc.

Archives du château de Larochebeaucourt, cahier manuscrit de vingt-six feuillets[2], dont vingt-trois écrits, acte 2.

1. Voir plus haut, pages 390 et suivantes, les actes concernant Pierre de Galard, seigneur de Brassac, gouverneur de Quercy.

2. Tous les actes contenus dans ce cahier sont des expéditions de la fin du xve siècle délivrées et paraphées par Boyeri, notaire. Le seul document que nous n'ayons point transcrit est une donation faite par Pierre de Galard au profit de Jean, son frère, le 11 septembre 1467.

6 AVRIL 1464.

JEAN DE GALARD, agissant pour lui et au nom de PIERRE, son frère aîné, passe une transaction avec Jean de Reynez, curé du Burguet et de Buzenon, au sujet d'un long différend qui existait entre eux relativement à la dîme de blé et de vin, chanvre, lin, etc., des dites paroisses. Les deux seigneurs frères soutenaient que ces droits féodaux appartenaient à leur maison de temps immémorial, et le recteur de Brassac répliquait que les fruits temporels lui étaient nécessaires pour vivre. La querelle fut réglée par un compromis en vertu duquel chacune des parties devait prélever la moitié desdites redevances. Toutefois, d'après une réserve faite par Jean de Galard, l'accord en question ne pouvait en rien préjudicier aux hommages qui lui étaient dus.

In nomine Domini, amen : noverint universi et singuli presentes pariter et futuri, hoc presens et publicum instrumentum infrascriptum visuri, lecturi ac etiam audituri, quod anno et die infrascriptis apud Caturcum in domo episcopali Caturcensi... ibidem fuit dictum fuit debatum et controversia inter discretum virum dominum Joannem de Reinez, rectorem ecclesiarum parochialium Sancti Andreæ de la Burgueda et Sancti Joannis de Buzono, ad invicem unitarum Caturcensis diœcesis, ex una parte, et nobilem PETRUM DE GALLARD, dominum de Brassaco, ac etiam nobilem JOHANNEM DE GALLARD, fratrem dicti nobilis Petri, ex parte altera, ad causam sive occasionem bladi, leguminum et aliorum granorum dictarum ecclesiarnm quas dicti de Galard dicebant et asserebant ad se, bono jure justoque titulo, pertinere et suis predecessoribus pertinuisse ac easdem levasse et in possessione levandi et percipiendi fuisse, et esse a tanto tempore, quod non erat memoria de contrario, et de premissis decimis fuisse ac teneri

facere homagium domino Caturcensi episcopo, et anno quolibet
ei debere nizum privum ; dicto rectore dicente dictas decimas ad
se pertinere de jure et pertinere debere presentim et maxime
cum ipse sit rector dictarum ecclesiarum et opporteat eisdem
ecclesiis in divinis deservire, et parrochianis earumdem sacramenta
administrare, sive id fieri facere ac onera eisdem ecclesiis incum-
bentia, dimitterent, quoniam alii fructus dictarum ecclesiarum ad
sustentationem vitæ suæ et alia premissa non suppetebant. Quæ
partes exinde volentes dictis liti et debato obviare et ad bonam
pacem et concordiam devenire, et de dictis litibus et debatis
compromissent in honorabilem virum dominum Jacobus de Costa,
legum doctorem et canonicum ecclesiæ cathedralis Caturcensis,
et nobilem Guillelmum Bertrandum de Gaustardi, dominum de
la Costa, tanquam in arbitros arbitratores seu amicabiles compositores, est igitur sciendum : quod anno et die infrascriptis prænominati domini arbitri, arbitratores, seu amicabiles compositores,
presentibus supra nominatis rectore ac nobili Joanne de Galard,
fratre dicti nobilis Petri de Galard, ac pro se ipso et dicto ejus
fratre, de et super premissis ad vitam dicti rectoris dumtaxat, quod
dictus rector pro se decimas carnalagii, canapis ac lini ac primi-
tias, quas idem rector in dictis ecclesiis et parochiis earumdem
recipit, prout recipere consuevit, idem rector levet ac percipiat medietatem decimarum bladi, vini, leguminum sive quorumcumque
granorum in dictis parrochiis existentium, et dicto de Galard
aliam medietatem; quamquidem ordinationem ipsi domini arbitri,
arbitratores, seu amicabiles compositores protulerunt et dixerunt,
absque prejudicio dicti domini nostri Caturcensis episcopi, et
ecclesiæ suæ Caturcensis. Et dicti rector et nobilis Joannes de
Galard, pro et nomine dicti Petri nobilis, fratris sui, ac pro se
ipso, quatenus ipsum tangit, homologaverunt, approbaverunt et

rattificaverunt et ratum et gratum habuerunt, sine tamen prejudicio juris sui. Nam idem rector dixit quod non intendebat
præjudiciare juri suo neque ecclesiarum suarum ; et etiam nobilis Joannes de Galard dixit : quod etiam ipse non intendebat
prejudiciare juri suo, neque fratris sui, nec homagio facto pro
premissis domino Caturcensi episcopo. Et promiserunt ipsæ
partes dictam pronunciationem et ordinationem tenere et non
contra facere, dicere seu venire et agere. Et etiam idem Joannes
promisit facere quod dictus frater suus præmissa ratificaret saltem hinc ad festum beati Joannis Baptistæ proximum. Et ibidem
honorabilis vir dominus Bontius de Gaulezac, archidiaconus
major et canonicus ecclesiæ cathedralis Caturcensis, in utroque
jure et sacra theologia baccalaureus, vicarius generalis in spiritualibus et temporalibus reverendissimi in Christo patris et domini
nostri domini Ludovici, Sanctæ Romanæ ecclesiæ, sub titulo sanctorum sanctorum Marcellini et Petri, presbiteri cardinalis, de
Albreto vulgariter nuncupati, miseratione divina episcopi et
comitis Caturcensis, tunc pro tribunali more majorum sedens
ad supplicationem et requestam dictarum partium, in premissis
omnibus et singulis, tanquam rite et legitime peractis, auctoritatem sumam judiciariam pariter et decretum interposuit, jure
dicti domini episcopi et ecclesiæ suæ Caturcensis et quolibet
alieno salvo. De quibu premissi omnibus et singulis, dictæ partes
et quælibet ipsarum petierunt et requisiverunt sibi fieri ac retineri per me, notarium publicum infrascriptum, publicum instrumentum seu publica instrumenta unum aut plura, tot quot sibi
erunt necessaria seu etiam opportuna, quod et quæ concessi
facienda ex meo publico officio qua premisse. Acta fuerunt hæc prædicto die sexta mensis aprilis, anno Domini 1464, regnante illus
rissimo principe domino nostro Ludovico, Dei gratia Francorum

rege, reverendo in Christo patre et domino Ludovico sacrosanctæ
R. E., titulo SS. Marcellini et Petri, cardinali, de Albreto vulgariter nuncupato, episcopo et comite Caturcense, præsidenti; in
presentia et testimonio venerabilium dominorum Joannis Recbey,
licentiati in legibus baccalaurei, rectoris de Senhaco, Joannis de
Decano, prebendati in ecclesia beatæ Mariæ Rupisamatoris, Geraldi
Berald, rectoris parochialis ecclesiæ sancti Desiderii Catursi, habitatorum, testium ad præmissa vocatorum specialiter et vocatorum,
et mei Raymundi de Ysaco, alias de Vignalibus, clerici publici,
cum authoritate dominorum de capitulo Tholosæ et episcopali
Caturcensi, notarii, civitatis Catursi habitatoris, qui de præmissis, ut præmittitur, requisitus, instrumentum retinui et in
notam sumpsi atque hoc presens per alium mihi fidelem pro parte
domini de Brassaco abstrahi, scribi et grossari feci, indeque hic
me subscripsi manu mea propria et signo meo publico sequenti
signavi, in fidem et testimonium præmissorum. RAYMUNDUS DE
YSACO *alias* DE VIGNALIBUS.

Archives du château de Larochebeaucourt, papier in-folio [1].

1. Double feuillet dont le premier contient l'acte ci-dessus sur le recto et partie
du verso. Le deuxième feuillet porte, à son recto, un titre du 26 avril 1693 relatif à
la succession d'Alexandre de Galard de Béarn, et le verso un document d'une autre
nature.

Le 17 juillet 1472 fut passée entre le curé de Monjoye ou Montgaudous et les
consuls dudit lieu une transaction qui terminait une querelle existant depuis
longtemps entre les deux parties. Monjoye ou Mongaudous était une paroisse
mouvante du haut fief de Brassac et possédée par la maison de Galard. L'acte commence ainsi :

In nomine Domini, amen. Noverint universi et singuli presentes pariter et
futuri hoc præsens publicum instrumentum inspecturi, visuri, lecturi ac etiam audituri, quod anno salutis festo de Incarnatione ejusdem Domini, millesimo quadringentesimo septuagesimo secundo, et die vero intitulata sive computata decima sexta
mensis julii, illustrissimo christianissimo principe et domino nostro domino Ludovico
Dei gratia Francorum rege regnante, reverendoque in Christo patre domino Anthonio,

9 MAI 1466.

Noble JEAN DE GALARD, *comme fondé de pouvoirs de* PIERRE DE GALARD, *seigneur de Brassac* [1], *et de noble Raymond d'Orgueilh, seigneur de Lauture, approuve et homologue la vente d'une pièce de terre faite par Guillaume Regis et Pierre de Caveroque à Raymond Calvet. Ce dernier s'oblige à acquitter tous les ans, pour la fête de saint Michel, les droits féodaux.*

Au nom de nostre Seigneur ainsin soit. Scachent tous un et chascun présentz et futurs que l'an de l'Incarnation de nostre

Dei et Sancte Sedis Apostolicæ gracia Caturcense episcopo, constituti in notarii publici et testium infra scriptorum presencia, apud locum Montisgaudii, diocesis Caturcensis senescallie Agenensis, cum, etc., lis, questio, debatum seu controversia esset et magis speraretur esse inter venerabilem et circumspectum virum dominum Joannem de Valvost, presbiterum rectorem predicti loci Montisgaudii, ex parte una, et consules, manantes seu parochiani dicti loci, parte ex alia... Quiquidem consules, manantes seu parochiani predicti loci Arneldus de Podio et Anthonius de Magoules, consules predicti loci, Guillarmus Magoules et Gaillard Targuanaira, scindici predicti loci, Joannes Molinerii, Ramundus Magoules, Guillermus Pau, Joannes Vergo, Arnaldus Pracat, Andreas Domergue, etc., habitatores, parochiani predicti loci Montisgaudii... preffati consules et scindici, in nomine tocius universitatis et aliorum parochianorum predicti loci... instanter supplicaverunt et requisiverunt prefactum Joannem Valvost, rectorem predicti loci, etc... Primo es estat passat per coustuma, per aras et per totz temps, enter lo dich senhor rector, per so et per totz los autres senhors rectors, que per temps advenir seran, de la dite gleysa de Monjoy, tant per loc que per los autres paroquias, que aras son ny per temps advenir seran de la dicha gleiza de Monjoy, que pagaram et seran tengutz de pagar los dichas paroquias al dict senhor rector ou los autres en senhors rectors, que per temps advenyr seran de lou dich loc, sa es assaber per deymes de blat, froment, seigle, mostura, sivada, de totz autres blatz la dechzienne garba, per assaber que per nau garbas seran appartiendran al parioquia, de son detzema garba al dich rector et aquo per aras et per totz temps. Item may est estat autreyat et passa per coustuma, etc. (*Archives du château de Larochebeaucourt, copie du* XVIe *siècle, cahier de six feuillets, dont quatre et demi écrits.*)

1. En 1461, le seigneur de Brassac obtint un arrêt contre les consuls de Lauzerte ; le différend durait encore en 1467. (*Inventaire des titres conservés dans le Trésor de Brassac ; archives du château de Larochebeaucourt, vieux cahier en papier.*)

Seigneur mil quatre cents soixante-six, le neufviesme jour du mois de may, veritablement intitulé regnant illustrissime prince nostre seigneur et sire Louys, par la grace de Dieu roy de France, au lieu de Brassac et en la court dudit chasteau, par devant moy notaire public et presents les tesmoings bas escripts, attesté soit à tous ceux qu'il appartiendra, par certaine vandition faite par Guillaume Regis, de la paroisse de Saint Cyprien habitant, d'une part, et Pierre de Caverocque, de la paroisse de Saint Nazaire de Vallentane habitant, à Raymond Calvet, de la paroisse de Saint-Nazaire de Vallentane habitant, d'autre part, scavoir de certaine pièce de terre, scise et scituée en la paroisse de Saint Nazaire de Vallentane au dedans des limittes du mas appellé du Mas, ainsin qu'il appert par instrument de l'an et jour en icelluy contenu, receu et paraphé par moy notaire en bas escript, laquelle se confronte ainsin qu'il a esté dict, par une sienne part, avec les terres appellées de Auriac et, par autre part, avec les terres dudict Raymon Calvet, acquereur, lesquelles se tient en fief de noble Benoist Dautreys ; et, par autre part, ... avec le ruisseau appellé de Belle Cassaigne, et par autre part des chefs avec les terres de Guilhaulme del Casse et ce avec ses confrontations sy aucunes autres y en a et avec ses autres droicts, actions, servitudes, entrées et sorties et avec autres siennes appartenances universelles ; et tellement que ce jourd'huy, datte de ce present public instrument, personnellement constitué noble JEHAN DE GALARD, comme procureur conommé de procuration de noble PIERRE DE GALARD, en nom. . . . . noble Raymond Dorgueuilh, seigneur de Lauture, laquelle vendition de ladicte piesse de terre dessus nommée limittée et confrontée par indivis, au nom que dessus, il a louée, confirmée, approuvée et esmologuée audict Raymon Calvet, icy prézent, avec les venthes et

accaptes, lesquelz je reconnois avoir receus avec un sol cahor-
sens d'accapte et autant d'arrière-accapte a seigneur ou feodatier muantz et avec trois quartons de froment, en non divis
avec ledict Dorgueilh ; et lesquels ledict noble Jean de Gallard,
au nom que dessus, retient à soy de cens, lesquels ledict Raymon Calvet reconnoist devoir payer et rendre, par chescun
an, audict noble Jehan de Gallard, au nom que dessus ou
au sien certain mandement, à la feste de saint Michel du
moys de septembre, pour ledict fief dessus désigné, et ce avec
les accaptes susdictz et autres droictz de ventes et dominations
feodalles, lors qu'elles adviendront escheoir, et sy touttefoys ledict
Raymond Calvet ne veult vendre, donner, distraire ou alliener,
sera quitte et exempt de touttes choses attribuées aux lieux des
maisons de chevaliers et de clercs de religion et d'autres personnes semblables, de droict, privilegie, et deffendre, moyennant
quoy ledict seigneur feodal, au nom que dessus, y pourra ad-
mettre, sans toutefois perdre en tout ny en partie. . . . . .
et autres honneurs feodalles. Et mesme ne pourra ledict fief,
dessus declairé, en aucun temps diminuer ny sur icelluy mettre
cens sur cens ; lequel dict noble Jean de Gallard, au nom que
dessus, a promis et promet de faire et porter dès à présent, au
nom du feodatier, bonne et seure guarentie, en cas d'esvène-
ment, tant de la part d'honneurs féodalles que de celle des choses
dessus déclairées, et cela tout soubz l'expresse obligation et hipo-
teque de tous et chescuns ses biens, meubles et immeubles, présentz et futurs, soubz et avec entière refection de griefs, despens,
d'hommages et intérestz hors de court et de procèz et mesmement soubz l'entière renonsiation de faict, de droict et de cautelle, etc. Ledict Raymond Calvet feodatier susdict a reseu volontairement en foy ce présent fief et mesme a reconneu et en

véritté confessé, pour luy et les siens successeurs universels, présents et futurs, tenir dudict noble Jean de Gallard, au nom que dessus, icy présent, recevant et stipullant, ...
et pour les siens successeurs universels, présentz et futurs, ledict fief dessus désigné, aloué, confronté et par luy limitté par indivis soubz lesdictz cens, accaptes, arrières accaptes et autres honneurs féodalles. Lequel dict cens ledict feodatier a promis payer par chesquun an à icelluy, es formes et manieres que dessus, et lesdictes accaptes, arrières accaptes et autres honneurs féodalles, lorsque elles advienderont à escheoir, et ce soubz l'expresse obligation et hipothèque dudict fief dessus aloué, dessigné et confronté et de tous ses autres biens, meubles et immeubles, présents et futurs, et mesmement soubz l'entière renonsiation de faict et de droict et de cautelle, a se dhuement requise estre faicte. Et pour touttes et chescunes lesquelles choses les parties susdictes et chescune d'elles ont promis, juré corporellement, en et sur les quatre sainctes Esvangiles de Dieu par elles touchées de leurs mains dextres, d'avoir pour bonnes, louables et agréables toutes et chesqune lesdictes choses en ce présent public instrument contenues et ne venir au contraire, en aucun des temps advenir, par elles ny par aucune autre personne interposée, dont pour touttes et chesqunes d'elles ont demandé et requis, leur estre faicts et receus par moy, notaire, publiquement en bas escript, deux publictz instrumentz pour chescune d'elles d'une mesme et semblable teneur. Ce que je leur ay accordé de faire, comme de droict le peux et doibs faire pour rayson et aucthorité de mon public office de notaire, dont ces présentes furent faictes l'an, jour, lieu, mois et regne que dessus. Tesmoingt et en présence de Jehan Sanson, de la paroisse de Sainct Syprien habitant, Jehan Bach du lieu de Brassac habitant, tesmoingtz à ces pré-

sentes appellez, et moy Jehan de Falqueyrolles, prestre, notaire royal public par auctorité de monsieur le seneschal de Cahors en toute la séneschaussée de Quersy, d'Agenois et de Gascoigne, du lieu de Miremont...... lequel, en conséquence des choses en ces présentes contenues, ay receu et passé ce présent public instrument, comme notaire estant, et icelluy ay mis parmy les miennes protecolles entre lesquelles j'ay icelluy faict fidellement extraire, escrire et grossoyer par un mien clerc juré, lequel j'ai soubzcript de ma propre main et icelluy ay signé de mon seing manuel en bas escript, comme de se faire ayant esté requis. En foy et tesmoignage desquelles choses l'ay ainsin faict d'autant que à moi a esté commandé, tant de la part du dict feodatier que de celle du seigneur féodal, seigneur du lieu de Brassac, donné comme dessus.

(Signé) DE FAYE, pour avoir traduict ce présent acte de latin en françois.

Archives du château de Larochebaucourt ; vieille traduction française de l'original qui était en latin, papier très-endommagé par l'humidité.

----

19 MARS 1470 [1].

Noble dame Aldète de Valette, veuve de noble Guilhem Bertrand de Guiscard, en sa qualité de tutrice de noble Antoine de Guiscard et comme mandataire de Jean de Luzech et de JEAN DE GALARD, seigneur de Brassac, au nom de son fils et pupille, concède à Pierre Meyssonier, laboureur, diverses pièces de terre moyennant une rente de 18 deniers tournois.

In nomine Domini, amen. Noverint universi... quod anno... millesimo quadringentesimo septuagesimo, die vero decima

----

1. L'alliance d'un JEAN DE GALARD, écuyer, tout à fait distinct du précédent et

noʼna mensis marcii,... personaliter constituta la nobla dona
Aldeta Valeta, molher que fo del noble home en Guilhem Bertrand de Guiscard, donsel, senhor del loc de la Costa, deffunct,
laquala coma mayre tutrix e administrayritz, sans rendre compte,
del noble Anthoni de Guiscard, filh e heretier testamentari del dit
noble en Guilhem Bertrand de Guiscart, e ayssi be coma pro-
curayritz dels nobles homes Johan de Lusech, senhor de Lusech,
de Moss' Bernat Valeta, prior de Lunac, de JOHAN DE GOLART,

originaire du Poitou, avec Philiberte de Beauvilliers, est citée dans l'*Histoire des
Grands Officiers de la Couronne*.

Philiberte de Beauvilliers, dame de Ruaudin et de Montlivau en partie, le
15 septembre 1470, était veuve de Jean Goulard, écuyer, seigneur du Breuil-
Milon en Angoumois. (P. ANSELME, *Hist. des Grands Officiers de la Couronne*,
tome IV, page 728.) — Il est fait mention du même Jean Goulard en 1470 dans *les
Hommages d'Angoulême* en ces termes :

JEAN GOULART, 1470, de la terre de la Noyre. (*Extrait de l'inventaire des
titres trouvés au Trésor de M. le comte Jean, commencé en 1487; Hommages
d'Angoulême.*)

Ce qui me fait présumer que ce Jean de Goulard appartient à la famille du
Poitou, c'est l'acte suivant que je recueille dans les notes de l'abbé de Lespine.
Il y est question d'un Jean Goulard qui pourrait être grand-père du précédent.

EXTRAIT D'UN REGISTRE DE LA CHAMBRE DES COMPTES DE PARIS, CONTENANT DES FIEFS
ET DÉNOMBREMENTS, TAILLÉS PAR LES BARONS ET VASSAUX DE POITOU, A TRÈS-
PUISSANT PRINCE JEAN, FILS DU ROI DE FRANCE, DUC DE BERRY, D'AUVERGNE, COMTE
DE POITOU ET D'ESTAMPES, DE BOULOGNE ET D'AUVERGNE, A CAUSE DE SON COMTÉ DE
POITOU.

Hommages Licges, mourans de Fontenay le Comte.

« Jean Brechon, seigneur de Puisec, pour son abergement de Puisec et tiennent
« à foy et hommage de luy, ces seigneurs Renaut de Divonne, Jehan du Plessis,
« à cause de Jeanne Guynère, sa femme, Rousselin, Bigot, chev. Robert de Sausay,
« JEAN GOULARD, Jeanne Brissonne, comme tutrice de Gillet de Saint-Michault, son
« fils, Jean Rabateau, Perrotin Raveau, Guillaume Autard, et Guillaume Rateau,
« le 10 janvier 1401. Jean Goulart, à cause de Jeanne de Raoulette, sa femme,
« pour la prairie appelée Le Martoin, et tient sous lui Jean Harpedène, chev. ses
« choses de Boissy, qui furent à Guillaume Lombart, le 13 avril 1404. »

senhor de Brassac, de Bernat de la Boyssieyra e de Narces, senhor de Gayrac, ê de Folquet de Leserguas, senhor de Cusorn, tutors testamentaris del dit noble Anthoni de Guiscart, heretier dessusdit,... per e en nom del dit pupil, arrendet, affeuset... à fios... à Peyre Meyssonie, laborador qu'esta à Belaye.... so es assaber una pessa de terra e de vinhal pausada.... en la parroquia de Sainct Anha de Belayc, el terrador apelat à la Fongranda de Belayc.... per dasuech deniers tornes de moneda corren de ces e de renda.... Acta vero fuerunt hec in dicto loco de la Costa et in domo dicti pupilli, domini feudalis.... presentibus et audientibus probis viris Raymundo David, loci de Floressas, Guilhermo Bodet, mansi de la Landa, parrochie de Belayco, et Gasberto de la Gresa, testibus ad premissa vocatis et rogatis, et me Johanne de Manso, clerico ville Montiscuci Vallium habitatore, notario auctoritatibus regia et ducali publico, qui de premissis duo publica instrumenta unius et ejusdem tenoris recepi et istud.... manu fidelis coadjutoris mei scribi et grossari feci hicque manu mea propria scripsi signoque meo solito sequenti signavi [1].... (Icy est le monogramme du notaire.)

Armorial général, par Louis-Pierre d'Hozier et d'Hozier de Sérigny, registre IV, article de Guiscard ; Preuves, pages 30 et 31.

11 janvier 1471.

JEAN DE GALARD, *seigneur de Brassac, et noble Aldète de Valette, investie de la tutelle d'Antoine de Guiscard, neveu du premier et fils de la seconde, renouvelèrent un traité emphytéotique avec Jean La Parra pour certains fonds, sis dans la paroisse de Saint-Hilaire.*

In nomine Domini, amen. Noverint universi.... quod anno Incarnationis Domini millesimo quadringentesimo septuagesimo

primo, et die undecima mensis januarii, illustrissimo principe et
domino nostro domino Karolo Dei gratia Francorum rege regnante,
apud locum de Costa, juridictionis Castri de Belayco, diocesis et
senescallie Caturcensis, in condam domini Petri de Campis, presbiteri, publici auctoritate regia notarii dum vivebat in humanis loci
de Podio episcopi dictarum diocesis et senescallie Caturcencis
habitatoris... presentia, existentes et personaliter constituti nobilis
Johannes de Galhardo, dominus loci de Brasaco, diocesis et senescallie predictarum Caturcencis, et nobilis Aldeta Valeta relicta
condam nobilis Guilhermi Bertrandi de Guiscardo ut tutores et
legitimi administratores omnium bonorum nobilis Anthonii
de Guiscardo, filii communis, legitimi et naturalis dictorum
condam nobilium Guilhermi Bertrandi de Guiscardo et Aldete
Valete, nepotisque dicti nobilis Johannis de Galhardo,.... de
novo acessaverunt.... et ad novum feudum sive in emphiteo-
zim et perpetuam pagesiam tradiderunt.... provido viro Johanni
la Parra textori, habitatori dicti loci de Costa..... et primo
unam petiam terre et nemoris..... sitam in parrochia Sancti
Yllarii de Gresello et in territorio vocato a Costa Cauda.... salvo
et retento censu sive redditu annuo et perpetuo pro qualibet
sexteyrata terre, unius quarte frumenti mensure de Belayco,
et unius paris gallinarum..... Acta fuerunt hec in presentia.... providorum virorum Guilhermi de la Barra, Petri del
Brolhet et Anthonii Masacii loci de Gresello habitator et preffati
condam domini Petri de Campis presbiteri publici auctoritate
regia notarii qui olim in premissis omnibus.... presens interfuit
et de eisdem.... hoc presens publicum instrumentum in notam
recepit et in suis protrocollis ejus manu propria scripsit.... sed
quia morte preventus illud grossare non valuit, idcirco ego
Blasius de Campis, clericus publicus auctoritate regia notarius

predicti condam domini Petri de Campis nepos, dicti loci Podii
epíscopi habitator, cui note, registra.... dicti condam domini
Petri de Campis.... collata et collate fuerunt mediantibus certis
litteris.... a nobili et potenti viro domino senescallo regio Caturcensi emanatis.... datis die quarta mensis julhii anno Domini
millesimo quingentesimo octavo.... presens instrumentum a libris
et protrocolis dicti deffuncti domini Petri de Campis patrui mei
astraxi.... et grossari feci, deindeque facta prius diligenti collatione cum suo vero originali, signo meo publico auctentico
sequenti illud signavi... (Signé) B. de Campis[1]. (Icy est son
monogramme.)

Armorial général, par Louis-Pierre d'Hozier et d'Hozier de Sérigny,
registre IV, article de Guiscard, preuves page 31.

11 JANVIER 1471 ET APRÈS.

*Mention d'Antoine de Guiscard comme pupille et neveu
de Jean de Galard, seigneur de Brassac.*

Guillaume Bertrand de Guiscard, IIIe du nom, damoiseau,
seigneur de la Coste, institué héritier universel de son père,
par testament du 27 octobre 1453, transigea le 8 décembre 1470
avec Bertrand de Saint-Géri, seigneur de Saint-Géri, et ne vivoit
plus le 19 mars 1470. (1471.)

Audette Valete, sa veuve, fille de noble Fortun Valete, seigneur
du Cuzoul, en Rouergue, passa deux baux à titre de fief, le 11 janvier 1471 (1472) et le 29 juin 1473, avec noble Jean de Galart,

1. Copié par d'Hozier sur une expédition délivrée d'après la minute vers 1508.

seigneur de Brassac, au nom et comme tuteurs d'Antoine de Guiscard, fils de l'une et neveu de l'autre; vivoit encore le 19 juin 1512, et mourut avant le 8 juin 1522. De son mariage avec Guillaume Bertrand de Guiscard étoient nés deux enfans, qui suivent. Antoine de Guiscard, seigneur de la Laurie, ne vivoit plus le 18 mars 1524 (1525).

Armorial général de France, par Louis-Pierre d'Hozier et d'Hozier de Sérigny, registre IV, article de Guiscard, pages 10 et 11.

1er AVRIL 1471.

Échange de rentes entre JEAN DE GALARD, *seigneur de Brassac, et autres cotuteurs d'Antoine de Guiscard, d'une part, et Bertrand de Saint-Géry de Cabannes, d'autre.*

Échange fait entre noble Aldette Valette, Bernard Valette, prieur du prioré de Sarenhac et de St-Salvador, en Rouergue, Jean de Luzech, sieur dudit lieu, JEAN DE GOLARD, sieur de Brassac, et autres cotuteurs de noble Antoine de Giscard, fils et héritier de noble Guilhem Bertrand de Giscard, sieur de Lacoste-Grézèles, avec ladite Aldette, sa mère, d'une part, et noble Bertrand de St-Géry de Cabannes, d'autre, auquel ledit Guilhem-Bertrand de Giscard avoit baillé, par titre d'eschange, les cens et rentes avec les acaptes et toute la directité, en son vivant, sans en avoir passé contrat authentique que seulement par un cartel par lequel bailloit audit de St-Géry tous les cens et rentes.

Ancien fonds d'Hozier, dossier de Galard, Cabinet des titres, Bibl. de Richelieu.

1ᵉʳ AVRIL 1471.

JEAN DE GALARD, *seigneur de Brassac, Jean, baron de Luzech, et Aldèle*
de Valette, tuteurs d'Antoine de Guiscard, ratifièrent, au nom de
celui-ci, un échange précédemment conclu entre Guillaume-Bertrand
de Guiscard et Bertrand de Saint-Géry.

In nomine Domini, amen. Noverint universi... quod anno ab
Incarnatione Domini millesimo quadringentesimo septuagesimo
primo, et die prima mensis aprilis, apud castrum loci de Costa et in
quadam camera ejusdem castri, honoris, et juridictionis loci de
Belayco, diocesis et senescallie Caturcensis, regnantibus serenissimo et inclito principe ac domino nostro domino Ludovico, Dei
gracia Francorum rege. et excellentissimo ac prepotenti principe
ac domino nostro domino Karolo, regum Francie filio et fratre,
duce Acquitanie, comite Xantonensi et domino de Ruppella.....
existentes et personaliter constituti videlicet honorabilis ac
nobiles viri dominus Bernardus Valeta, prior prioratus de Levin-
haco et Sancti Salvatoris, Ruthenensis diocesis, Johannes de
Luzechio, baronus baronie loci de Luzechio, JOHANNES DE GALART,
dominus loci de Barsaco, Folquetus de Lezerguas, dominus de
Cusornio, et nobilis Aldá Valeta, mater et administatrix, ut tutores
testamentarii et tutorio nomine nobilis Anthonii de Guiscardo,
filii pupilli et heredis universalis nobilis Guillermi Bertrandi de
Guiscardo, condam domini dicti loci de Costa, prout latius contineri dixerunt in instrumento testamenti per notarium publicum sub anno et die in eodem contentis sumpto et recepto,
coram provido viro Brengario Boyer, locumtenente bajuli loci
de Belayco ibidem supra quoddam sedile fusteum sedente, quod
cum, prout ibidem dictum fuit a partibus predictis et assertum,

dictus nobilis Guillermus Bertrandus de Guiscardo condam excambiasset et permutasset cum nobili Bertrando de Sancto-Gerio, domino de Sancto Gerio, honoris et juridictionis ville Montiscuci Vallium census et redditus ac etiam feuda, res et bona in quodam folio papiri contenta et specifficata, de quoquidem excambio seu permutatione nullum fuisset retentum instrumentum per aliquem notarium, nisi solum predictum cartellum manu cujusdam Johannis Germani, clerici, de voluntate dictorum nobilis Guillermi Bertrandi de Guiscardo condam et nobilis Bertrandi de Sancto-Gerio scriptum et subsignatum : volentes supradicti tutores.... et dictus nobilis Bertrandus de Sancto-Gerio adimplere et in firmum ponere contenta in dicto cartello.... ut de predicto excambio retineatur publicum instrumentum. Hinc fuit et est quod anno, die, mense, loco et regnantibus predictis, et coram supradicto Brengario Boyer, locumtenente supradicti domini bajuli de Belayco... existentes et personaliter constituti nobilis Alda Valeta, uxor dicti condam nobilis Guillermi Bertrandi de Guiscardo materque et tutrix ac etiam administatrix, honorabiles ac nobiles viri supradicti dominus Bernardus Valeta, Johannes de Luzechio, JOHANNES DE GALARD, et Folquetus de Lezerguas, ut tutores testamentarii et tutorio nomine nobilis Anthonii de Guiscardo, filii pupilli et heredis dicti nobilis Guillermi Bertrandi de Guiscardo... excambiaverunt... et titulo... permutationis et excambii tradiderunt... dicto nobili Bertrando de Sancto-Gerio... videlicet omnes census et redditus ac etiam feuda, res et bona in dicto cartello contenta... Et vice versa... supradictus nobilis Bertrandus de Sancto-Gerio dominus de Sancto-Gerio... excambiavit... et titulo... permutationis seu excambii tradidit... supradictis nobilibus Alde Valeta, matri dicti nobilis Anthonii de Guiscardo, domino Bernardo Valeta, Johanni de Luzechio,

Johanni de Galard et Folqueto de Lezergas, ut tutoribus et tutorio nomine quo supra dicti nobilis Anthonii de Guiscardo, filii pupilli dicti nobilis Guillermi Bertrandi de Guiscardo, condam domini loci de Costa... omnes census et redditus ac etiam feuda, res et bona in predicto cartello contenta... cujusquidem cartelli tenor sequitur in hunc modum... Acta fuerunt hec anno, die, mense, loco et regnantibus quibus supra, presentibus... nobilibus Naudoneto Raffini, Galhardo de Beynac, domino de Floressas, Johanne de Orgolhio et Hugone de Luzechio, domino de Gravello... et me Johanne de Boria, notario auctoritate regia publico ville Montiscuci Vallium habitatore, qui de premissis duo publica instrumenta... in meis inserui prothocolis... ex quibus hoc presens publicum instrumentum... abstrahi, scribi, grossari et in hanc publicam formam redigi feci, deindeque hic me subscripsi et signo meo auctentico, quo in meis publicis utor instrumentis, sequenti signavi... (Signé) J. de Boria[1]. (Icy est son monogramme.)

Armorial général de France, par Louis-Pierre d'Hozier et d'Hozier de Sérigny, registre IV, article de Guiscard; Preuves, page 34.

---

29 JUIN 1473.

Noble dame Aldète de Valette et noble Jean de Galard, toujours à titre de tuteurs, baillent un champ et une vigne à Brengo Boyer, sous l'obligation d'une rente de trois quartaux de froment, de trois sols caorsins et de deux bonnes poules.

In nomine Domini, amen. Noverint universi et singuli... quod anno ab Incarnatione Domini milesimo quadringentesimo

1. Copié sur l'original par d'Hozier.

septuagesimo tertio et die vicesima nona mensis junii... apud
locum sive hospicium nobile de Costa, juridictionis de Belayt...
personaliter constituti : so es assaber, la nobla dona Aldeta **Valeta,**
e lo noble home JOHAN DE GOALART, senhor de Brassat, per lor e
per los nobles homes Johan de Luzech, senhor de la baronia de
Luzech, e Folc de Lesergas, senhor de Cusorn, e Bernat de la
Boyssiera, e de Nasses senhor de Gayrac, abscentz, tutors testamentaris del noble Anthoni de Giscart, donsel, fil e heretier
universal testamentarii de totz los bes del noble home Guilhem
Bertran de Giscart, condam senhor del dit loc de la Costa,... en
nom... deldit noble Anthoni de Giscard donsel... an baylat an
arenda... e autregat a fos novel, durable per totz temps, à Brengo
Boyé : habitador deldit loc de la Costa,... so es assaber, una pessa
de terra e de vinha tot à hun tenen... situada en la perroquia de
Sanct-Illari de Gresels e el terrador apelat à las Costas... Item
mays hun hostal situat el loc de la Costa... per tres cartos de
fromen à la mesura de Belay et e per tres sols Caurcens, e per
doas bonas galhinas, tot de ces e de renda cascun an... Acta fuerunt hec... presentibus nobili viro Arnaldo de Orgolio, domino
de Volveno... et me Bartholomeo Blandes, notario publico ville
Montiscuci Vallium habitatore, qui de premissis instrumentum
in notam recepi et in meis prothocolis registravi : de quaquidem
nota hoc presens publicum instrumentum per coadjutorem
meum abstrahi, scribi, grossari feci, et facta prius per me diligenti collatione cum suo originali, hic me subscripsi et deinde
signo meo publico sequenti signavi [1]. (Icy est le monogramme
du notaire.)

Armorial général, par Louis-Pierre d'Hozier et d'Hozier de Sérigny,
registre IV, article de Guiscard ; **Preuves,** page 32.

1. Copié sur l'original par d'Hozier.

10 DÉCEMBRE 1373.

Noble dame Aldète de Valette, tant pour elle que pour JEAN DE GALARD
et les autres tuteurs de son fils, absents, confirme une donation faite
par Gisco Boyer au bénéfice de sa fille et de son gendre.

In nomine Domini, amen. Noverint universi... quod anno ab
Incarnatione Domini millesimo quadringentesimo septuagesimo
tertio et die decima mensis decembris, regnante illustrissimo
principe et domino nostro domino Ludovico, Dei gratia Fran-
corum rege, apud locum de Costa juridictionis de Belayc, diocesis
Caturcensis... existens et personaliter constituta la nobla dona
Aldeta Valeta, per si e per los nobles homes : Johan de Luzech,
baro de la baronia de Lezech, Fol de Lesergas, senhor de Cusorn,
Bernat de la Boyssiera, e de Naces senhor de Gayrac, JOHAN
GOALART, senhor de Brassac, abscens, tutors testamentaris del noble
Anthoni de Giscart, donsel, filh e heretier universal de totz los
bes del nobles home Guilhem Bartran de Giscart deffunt, saben
e certifficada per causa que era presente d'una donation facha
per Gisco Boyé de la Costa à Margarita Boyera, sa filha, ensemble
en Pons de Resegat, marit de la dicha Margarita Boyera e son
gendre del dich Gisco Boyé, de las pocessios de jotz confrontadas,
e premieramen d'una pessa de terra... situada en la perroquia
de Greselhs... que es cofronta... am la terra de Peyre de Ressegat... Item mays de una pessa de vinha e de bosc... situada en
la dicha perroquia de Gresels,... la dicha nobla dona tutrix...
coffermet la dicha donacio facha de las dichas pocessios... e aqui
metheys los dichs Margarita Boyera e Pons de Ressegat, marit e
molher... reconogro que ilhs tenio... las dichas pocessios dessus
donadas... en fios... de luy dich noble Anthoni de Giscart, donsel

de susdich, coma de mage senhor de fios am tota directa senhoria... Acta fuerunt hec... presentibus Petro et Stephano Selebran, fratribus, de Cayro habitatoribus... et me Bartholomeo Blandes, notario publico ville Montiscuci Vallium habitatore, qui de premissis instrumentum in notam recepi,... hic me subscripsi et deinde signo meo publico sequente signavi... (Signé) B. Blandes. (Icy est son monogramme.)

Armorial général, par Louis-Pierre d'Hozier et d'Hozier de Sérigny, registre IV, article de Guiscard ; Preuves, page 32.

---

8 SEPTEMBRE 1475.

Dans la montre des hommes d'armes commandés par Gaston du Lyon, comparaissent JEAN *et* LAURELET DE BRASSAC, *de la branche de* GALARD-BRASSAC.

MONSTRE ET REVEUE PASSÉE A MONESTEIL, LE 8 SEPTEMBRE 1475, DE SOIXANTE ET SEIZE HOMMES D'ARMES ET SEPT-VINGT-TREIZE ARCHERS ESTANS SOUS LA CHARGE ET CONDUITE DE GASTON DU LYON, SÉNESCHAL DE TOULOUSE, SA PERSONNE EN CE COMPRINSE, ETC.

HOMMES D'ARMES :

M. le Séneschal.
Jehan de Meritan.
P. Arnault de Castelbayart (Castelbajac).
Bernard de Lavedan.
JEHAN DE BRASSAC.
Jehan de Benac.
Arnault de Saint-Martin.
Arnault de Doyson.
Bernard de Montault.
Jehan de Montesquieu (Montesquiou).
Jehannet du Tac.
Pierre de Clermont.

Jehan de Verssan.
Bernard de Saint-Estève.
Bertrand de Damazan.
Le bastard de Castebayart (Castelbajac).
Gracian de Méritan.
Gracian de Rivière.
Bernard de Coaraze (Coaraze).
Loys de La Porte.
Gaston de Myussans (Mieussans).
Bernard de St-Plancart (St-Blancard).
Bernard de La Devèze.
Jehan de Novailles (Navailles).
Montastruc.

Jehan de Grantmont (Gramont).
Thomas Rabot.
Gracian de La Case.
Philippot Morin.
Anthoine de La Mothe.
Philippe de La Roche.
Pierre de La Roque.
Arnault de Monleson (Montlezun).
LAURELET DE BRASSAC.
Guillemot de Benac.
Bernard de Teisan (Thezan).

Bernard de Salles.
Bertrand de Clermont.
Jehannet de Doyson.
Jehan de La Porte.
Jehan Seignouret.
Blaise de Sequeville (Seguenville).
Guyot de Roset.
Philippot de La Roche.
Pierre de Maubec.
Bridault de Cassaignac. [1]
Etc.

Collection Gaignières, registre 782-5; Cabinet des titres, Bibl. de Richelieu, parchemin.

8 MAI 1478.

JEAN DE GALARD, *seigneur de Brassac, et Jean de Beauville ou Bouville, baron du lieu de son nom, règlent leurs vieux différends par une délimitation des territoires de Brassac et de Bourg-Visa, dont les confins jusqu'alors avaient été indivis et contestés.*

Au nom de nostre Seigneur, ainsin soit-il. Schachent tous un et chescun, presentz et futurs, quy ce présent public instrument verront, liront, regarderont et aussy ouyront, comme ainsin soit que procez, question et debatz et controverse ayent esté, et en espérance de plus estre à l'advenir, entre nobles et puissants hommes Jean de Bosville, seigneur baron des lieux de Bosville, du bourg de Divizac, de Montjoye, de Ferrussac et de plusieurs autres lieux, à luy appartenantz, d'une part, et JEHAN DE GALLARD,

---

1. La compagnie de Gaston du Lyon se trouva, l'année suivante, au siége de Lectoure.

seigneur de Brassac, d'autre part; et ce à cause des divises et limittes des terres et jurisdictions desdictz lieux du bourg de Divizac et de Brassac, sur ce que l'un d'iceux prétendoit que l'une et l'autre jurisdiction fust confrontée et limittée justement au vray. Lesquelles parties et chescune d'elles ayant eu entre elles plusieurs paroles et différentz, est à scavoir que l'an de l'Incarnation de nostre Seigneur mil quatre centz septente huict et le huitiesme jour du mois de may, regnant illustrissime prince nostre seigneur et sire Louis, par la grâce de Dieu roy de France, et révérend père en Jésus-Christ, messire Anthoine, par la misération divine, évesque d'Agen, estant au lieu du bourg de Divizac, en la maison de Bernard Delpeyron, diocèse et seneschaussée de Cahors, par moy notaire public et présentz les tesmoingtz en bas escriptz, ont estéz presentz et personnellement constituez en droict : lesdictz nobles hommes Jean de Beauville, seigneur susdict, d'une part, noble Jean de Gallard, seigneur de Brassac, d'autre part, lesquelles parties et chescune d'elles non induictes, seduictes ny forcées par aucun dol, fraude, tromperie, ny aucunement circonvenues par deception ny machination aucune, mais de leurs grez, pour elles et leurs hoirs et successeurs à venir quelconques, voulantz venir à paix et concorde, ainsin que elles ont dict et mesme esviter les fraix, coustz et despens d'un procèz, comme de ce en craignantz les facheux et doubteux esvenementz, pour lesquelles divizes et limittes des jurisdictions susdictes elles s'en sont accordées et en ont finy et composé en la manière que s'ensuit; c'est à scavoir : en commensant à certain chemin public venant de la mouline d'Aymons, montant au-dessus la roche ou roc de Ceyrissac, passant devant Memaison de Seyrissac et tendant au chef de certaine combe, appelée de Seyrissac, et du chef de la combe allant à certain pas appelé de Rauby, de quoy ledict de Bosville en a et doibt avoir justement dès ledict lieu du bourg de Divisac, jusques à Bosville; et ledit de Galard en tient et possède, en doibt justement tenir et posséder dès le dict lieu de Brassac, jusque aus limites susdictes et autres estans entre elles, tout ainsin qu'il en tient et possède dès àprésent. Et par pacte expresse a esté convenu et accordé entre iceux que toutes et quantes fois que l'un ou l'autre trouvera des instruments ou autres documents des droits de l'un d'eux, l'un devera et sera tenu de montrer et faire justement apparoir à l'autre de ses droictz, et par l'un en faire entièrement restitution à l'autre en faict des divises et limittes susdictes.

Lesquelz pactes et conventions lesdictz seigneurs ont promis et promettent de entiérement et à toujours garder et observer, soubz et l'expresse obligation et hipotèque de tous et chescuns leurs biens, meubles et immeubles, présentz et futurs quelconques et soubz l'entière refection de perte des convenences de despens et d'hommages, et entièrement soubz la renonciation de faict, de droict et de cautelle, à ces choses nécessaires à un et chescun. Et mesmement les dictes parties et chescune d'elles, ainsin que à chescune d'elles touche et peult et pourra toucher à l'advenir, ont renonsé à toutes et chescunes les choses d'exception de la forme et teneur de ce présent instrument pour les divises et limittes desdictz lieux, non ainsin que dessus faictes et non conceddées et à toute exception de dol, de mal, de force, de fraude, de tromperie et debaras; par lesquelles les choses apparoisteroient n'estre faictes ny accomplies que par lesion et déception et indubitablement à toute exception de cause et action en faict d'opposition aux contredicts de cause et de cause injuste et de cause non suivie d'une entière restitution de

bénéfice, et généralement à toute cause de contract par laquelle
il apparoisteroit bonne et juste restitution de l'une partie à l'autre
et autrement au droict, disant avoir esté dict comme escript et
escript comme récité et au contraire, et au droict par lequel
on subvienderoit au faict de lezion et déception par quelconque
tiltre ou autre manière et à toutes lettres impétrées ou à impé-
trer et au droict disant généralle renonciation non valloir sinon
que elle soit expresse et à tous et chescuns les autres droictz,
grâces et bénéfices, deffenses..... faictz et cautelles, par lesquelz
ou par lesquelles on pourroit en aucun des temps advenir faire
dire et venir ou soy deffendre, par quelque cause ou raison que
ce fust ou peust estre, contre l'effect ou teneur de ces présentes.
Et speciallement et générallement lesdictes parties et chescune
d'elles ensemblement veulent et entendent que les choses, dessus
faictes et passées par icelles parties, soient entièrement de géné-
ralles renonciations et que mesme elles subsistent en jugement
et dehors pour l'utillité et commodité des dictes parties. Et mesmement les dictes parties ainsin que à une et chescune d'elles ces
chose touche, ont renoncé volontérement et expressément à tous et
chescuns les cas et statuts et loys canoniques de la coustume, pour
toutes et chescunes lesquelles choses dessus dictes ainsin tenir, garder perpétuellement et inviolament observer et pour ne faire ny
venir au contraire. Les dictz seigneurs et chescun d'eulx, comme à
chescun d'eulx touche et peult et pourra toucher à l'advenir, ont
obligé et hipotequé eulx et tous et chescuns leurs biens, meubles
et immeubles présents et futurs quelconques aux fortz, rigueurs,
cohersions et compulsions des courtz des nobles et puissants
hommes messieurs les seneschaux de Cahors, d'Agen et de
Vasconie et de la court royale de la ville de Lauserte et des véné-
rables et circonspectz hommes messieurs les officiers d'Agen, de

Cahors et des baillifs et consuls du bourg de Divisac et de
Brassac et des autres courtz, tant ecclésiastiques que séculières,
aus jurisdictions desquelles les dictes parties et chescune d'elles
se sont soubzmises et soubzmettent entièrement; par les quelles
dictes courtz et chescune d'icelles les seigneurs susdictz ont
voulu estre compellez par les baillifs susdictz, pour les choses
susdictes, tenir et acomplir, c'est à scavoir par prainse, saysine,
vandition, distraction et alliénation de leurs biens et mesmement en droictz de logement et garnison d'un, de deux ou de
plusieurs sergentz en les biens de chescune d'icelles; et les
portes de leurs maisons estant clauses et fermées de clefs, les
ouvrir par force ou autrement, les mettre à terre s'y mestier
estoit, comme pour une chose jugée claire, liquide, notoire et
manifeste et comme d'une chose jugée, transigée et en jugement confessée d'une dictes courtz pour l'autre ne cessant; mais
sont ce que par une et chescune desdictes courtz sera par l'autre
ou autres de chescune d'icelles entièrement faict et dict, terminé, finy et composé. Et pour la majeure fermeté de toutes
et chescunes les choses susdictes avoir entièrement de droict les
dictz seigneurs ont juré, en et sur les quatre sainctes evangiles
de Dieu, volontairement et corporellement touchées de leurs
mains dextres, pour les choses susdictes en ce présent public
instrument contenues, entièrement tenir, garder, accomplir
inviolablement et perpétuellement observer et ne faire dire,
agir ni venir en contre par eux ny par aucune autre personne,
interposée ou ajuter, poser, en aucuns des temps à venir. Pour
toutes et chescunes lesquelles choses et en ce présent public
instrument contenues, lesdictz seigneurs et chescun d'eux ont
requis et demandé leur estre faict et réservé par moy, notaire
publiq et en bas escript, deux publictz instruments d'une mesme

teneur et substance, ce que je leur ay accordé; dont pour cest effect ces choses ont esté faictes pour l'une et l'autre partie, l'an, jour, lieu et regne que dessus. Tesmoingtz présentz honnorables et discreptz hommes : maistre Jean de Cezerac, bachellier es decretz de la ville de Lauzerte, messire Pierre de Bort, prestre et recteur du lieu de Bosville, messire Jehan Pariolle, recteur dudict lieu du bourg de Divizac, Guy Raymond de Brassac, Guillaume Dornic et maistre Antoine Reilhier, notaire, habitant dudict lieu de Bosville, et moy Philipes Vaneau, notaire public du lieu de Bosville, habitant, diocèse et seneschaussée d'Agenois; lequel, pour preuve de toutes et chescunes les choses ainsin que dessus sont et ont esté faictes avecque et en présence des tesmoingtz dessus nommez, j'ay, en conséquence d'icelles, apprès avoir veu et ouy et entièrement examiné toutes et chescunes les choses contenues en ce présent public instrument, extraicte, grossoyée, escripte et redigée de ma propre main et mesme mise en forme publique une notte tirée d'icelluy, laquelle j'ay signée de mon seing autantique, duquel je use en mes publictz instruments. Sic signatum : Philippus Vanelli [1].

Archives du château de Larochebeaucourt, vieille copie, papier.

1. Il existait autrefois au *Trésor de Brassac,* brûlé en grande partie pendant la révolution, et dont nous n'avons plus que l'inventaire, de nombreux et précieux documents territoriaux ainsi cotés :

— « Titres qui justifient que le seigneur a haute, basse, moyenne justice et « droit de nommer le juge et autres officiers pour la tenir : 1452. »

— « Prise de possession de la dîme de Sainte-Eulalie en 1454. »

— « Arrentement du moulin de Ramond, en 1461. »

— « Aveu et dénombrement, en 1461. »

— « Serment de fidélité par les habitants de Brassac à leur seigneur, en 1467. »

— « Procès pour la dîme, en 1483. »

— « Titres pour la dîme de la Bruguède, en 1483. »

— « Acte de contredit touchant la dîme de la Bruguède. »

— « Transaction avec les habitants, qui prouve les droits du seigneur : 1486. »

26 mars 1490.

Testament de noble Jean de Galard, *seigneur de Brassac, qui laisse la
jouissance de ses terres à noble Miracle de la Valette et distribue
des legs nombreux à ses quatre filles :* Marguerite, *femme de Jean
de Mondenard,* Prohense, *mariée à Jean de Cahuzac,* Anne, *épouse
de Pierre de Montlezun, et* Jeanne. *D'autres donations posthumes
sont par lui faites à ses fils :* Bertrand de Galard, *chanoine de
Rieux,* Gayssias, Arnaud. *Il institue son héritier universel* Hugues
de Galard, *son aîné, seigneur de Cuzol et surnommé « Valette. » Il
substitue à ce dernier, en cas de mort sans postérité mâle, Gayssias,
et, à son défaut, noble Jean de Cahuzac, son petit-fils.*

Testament fait au château de Najac, au diocèse de Rhodès,
devant Jean Cambefort, notaire royal, le 26 mars 1490, par
Johan de Golart, damoiseau, seigneur de Barsac (Brassac), en la
sénéchaussée de Quercy, par lequel il demande à être inhumé
dans l'église de Barsac (Brassac) au tombeau de ses parents et
prédécesseurs; il fait divers legs pieux, laisse l'usufruit de ses
biens à noble Miracle Valete, sa femme, et fait des legs à noble
Marguerite de Golart, sa fille aînée, femme de noble Johan de
Mondanac (Mondenard), seigneur de Tilhac (d'Estillac), à noble
Prohense de Golart, son autre fille, femme de noble Johan de
Cayusac (Cahusac), seigneur de Saint-Miquel, à noble Anne de
Golart, sa troisième fille, femme de noble Pierre de Monlaser
(Montlezun), fils de M. de Merenx et de la Roque, et à noble
Johane de Golart, sa quatrième fille, non encore mariée, et leur
substitue dans ces legs, en caz qu'elles meurent sans enfants,
son héritier et ses descendants, portant son nom et ses armes.
Le testateur fait aussi ses légataires noble Bertrand de Golart,
chanoine de Rieux et prieur de Grandmont en Lomagne, son

fils, noble Gayssias de Golart, son autre fils, destiné à l'état ecclésiastique, noble Arnaud de Golart, aussi son fils ; il institue son héritier universel noble Huc de Golart, aliàs Valète, seigneur de Cusol, son fils (aîné), et lui substitue, en cas qu'il meure sans enfants mâles, ledit Gayssias, s'il n'est point alors dans l'état ecclésiastique, et à celui-ci, dans le même cas, noble Johan de Cayusac (Cahusac), son petit-fils. (*Grosse signée dudit notaire.*)

Mss. de l'abbé de Lespine, dossier de Galard ; Cabinet des titres, Bibl. de Richelieu.

<hr>

26 MARS 1490 ET AVANT.

Notice sur JEAN DE GALARD, *baron de Brassac, par Bouland.*

JEAN DE GALARD de Brassac, né en 1412, IIe du nom, seigneur et baron de Brassac, fils cadet de Jean Ier du nom et de Bertrande de Manas, fut institué héritier universel, tant par ses père et mère que par son frère Pierre, suivant les actes sus dattés.

Il avait la tutelle d'Antoine de Guiscard, seigneur de la Coste et de Lauris, neveu de sa femme, le 11 juin 1471 et 29 juin 1473, jours qu'il passa bail à fief avec Audette de Valette, sa belle-sœur, veuve de Guillaume Bertrand de Guiscard, troisième du nom, seigneur de la Coste, et tutrice du même Antoine de Guiscard, son fils.

Il fit plusieurs baux à cens et rentes en sa terre de Brassac ; il gagna un grand procès à Toulouze au sujet d'une donation faite au curé de Brassac.

Il fit son testament dans le château de Najac, le 26 mars 1490, signé Combeforts, notaire, par lequel il ordonne sa sépulture dans le tombeau de ses ancestres en l'église Saint-Seurin de Brassac, et il substitua ses enfans les uns aux autres, l'aîné préféré.

Il avait épousé, le 19 septembre 1454, MIRAILLE OU MIRACLE DE VALETTE, fille de noble et puissant Forton de Valette[1], seigneur de Cuzol, en Rouergue; elle vivait encore en 1490; il en eut les enfants qui suivent :

1° HUGUES DE GALARD DE BRASSAC;

1. Voici le préambule de la généalogie de la maison de la Valette par de Courcelles en son *Histoire des Pairs de France :*

« La maison de ou de la Valette, en latin, *de Valetta,* répandue successivement « en Languedoc, en Vivarais, en Périgord, en Quercy, en Auvergne, en Catalogne « et aux Pays-Bas depuis le milieu du xviiie siècle, était jadis l'une des plus con- « sidérables de l'ancienne chevalerie de Rouergue. Des emplois éminents, de « nombreuses possessions et de grandes alliances l'ont constamment soutenue au « rang de la principale noblesse dans toutes les contrées où ses diverses branches « se sont établies. Une tradition immémoriale la fait descendre d'un puîné des « vicomtes de *Saint-Antonin,* en Rouergue; mais si les titres manquent pour « établir littéralement cette jonction, on peut dire au moins, à l'avantage de la « maison de la Valette, que les caractères de splendeur qui la distinguent dès son « berceau, et qu'elle a toujours soutenus depuis plus de six siècles, ne la mettent « point au-dessous de cette illustre origine. »

Le sujet initial de cette maison fut Archambaud de la Valette, chevalier, seigneur de Cuzoul, de Saint-Igne et de Prévenquières, qui eut l'honneur de donner l'hospitalité, en 1141, à Bernard, abbé de Clairvaux, lorsque celui-ci vint rehausser de sa présence la consécration de l'abbaye de Beaulieu, sise dans le diocèse de Rodez. Archambaud suivit l'étendard d'Alphonse Jourdain, comte de Toulouse, en qualité de chevalier banneret, lorsque le dit prince, obéissant à la voix de saint Bernard, partit pour la croisade en 1146. Fortuné Ier, seigneur de Valette, de Cuzoul, accompagna Philippe-Auguste en Palestine en 1190 et reprit la route de la France en 1195. Jourdain Ier de la Valette, issu du précédent, fit également partie de la même expédition en Orient et de celle de 1217. Il était sénéchal du Périgord pour le compte du roi de France, en 1213, lors de la terrible bataille de Muret. Durant le combat, son épée vint dégager et sauver de la mêlée furieuse le comte Raimond-Roger de Foix, qui récompensa son dévouement en lui donnant la main de sa fille. Pierre Ier, seigneur de Valette, de Cuzoul, etc., s'embarqua également ment pour la Terre Sainte dans l'armée de saint Louis l'an 1248. A son retour, il fut pourvu de la charge de son père. Ces faits suffisent à démontrer l'antiquité de cette maison qui, entre autres illustrations, produisit Jean de la Valette, grand maître de l'ordre de Malte (1557-1568), sorti de la branche de la Valette-Parisot. L'his-

2° Marguerite de Galard-Brassac, qui épousa le seigneur de Pons [1];

3° Et Jeanne de Galard-Brassac, qui épousa Jean Noé, seigneur de Bonrepos et de Bajeaumont.

Généalogie de la maison de Galard-Brassac de Béarn, par Bouland [2], archiviste, cahier in-fol., neuf feuillets écrits. Archives du château de Larochebeaucourt.

toire de cette famille, qui personnifie en partie celle du Rouergue, durant le moyen âge, exigerait des volumes. Une simple esquisse même dépasserait le cadre d'une note, c'est pour ce motif que nous bornons notre coup d'œil aux faits ci-dessus.

Forton, Fortanier, Fortané ou Fortuné de Valette, II° du nom, père de Miracle et d'Aldette, était chevalier et seigneur de Cuzol, de Saint-Igne et des Oliviers, coseigneur de Genouilhac, capitaine-châtelain pour le roi du château de Clermont. Il résigna le commandement de cette forteresse au profit de son neveu Gaucelin de Veyrolles. Forton avait épousé Yolande de Gontaut-Biron, née de Pierre de Gontaut-Biron, seigneur du Cas, et d'Agathe de Luzech. Yolande rendit son mari père de : 1° Guillot de Valette, marié à Isabeau d'Armagnac de Castanet; 2° Hélix de Valette, femme de Pons d'Agen, seigneur de Loupiac et de Calcomier; 3° Aldete, conjointe le 4 octobre 1454 à Guillaume-Bertrand de Guiscard, seigneur de la Coste-Grezels en Quercy; 4° Miracle ou Miraille, qui contracta encore avec Jean de Galard, seigneur de Brassac.

Miracle de la Valette appartenait à la branche aînée dans laquelle la terre de Cuzol était restée depuis 1141. La devise des Valette ou de la Valette était : *Plus quam valor Valetta valet*, et leur cri de guerre : *Non sed fides*.

Miracle ou Miraille de la Valette, femme de Jean de Galard et fille de Forton de la Valette, seigneur de Cuzol, était contemporaine d'une autre Miracle ou Miraille de Morlhon la Valette, née de Jean II Morlhon la Valette, seigneur de Saint-Vensa, et de Marquise de Balaguier, et mariée, le 17 avril 1480, à Guibert de Cajarc, seigneur de Gailhac, en Quercy. Il ne faut pas confondre ces deux femmes homonymes quant au prénom et à l'appellatif patronymique.

1. Je n'ai trouvé nulle autre part mention de cette alliance avec la maison de Pons; il est possible toutefois que Marguerite de Galard ait été mariée deux fois : la première avec Jean de Mondenard, et la deuxième avec le sire de Pons.

2. Cette généalogie a pour point de départ filiatif Gombaud, duc de Gascogne et comte de Condomois, qui, d'après le généalogiste ci-dessus, avait un frère cadet du nom de N. de Galard, premier fondateur de la maison de ce nom. Cette assertion concorde avec celle de plusieurs historiens et historiographes, cités dans l'inroduction du tome Ier de cet ouvrage.

1490 ET AVANT.

Notice de M. de Beaujon sur JEAN DE GALARD, *époux*
de Miraille de la Valette.

JEAN DE GALARD, seigneur de Brassac, qualifié haut et puissant
homme, titre affecté aux aînés de ses descendans, qui de l'alliance qu'il contracta, vers l'année 1454, avec MIRACLE DE VALETTE
eut : HUGUES DE GALARD et trois filles, dont l'aînée, MARGUERITE,
épousa JEAN DE MONDENARD, seigneur d'Estillac, et fut aïeule
du maréchal de Montluc ; les deux autres furent mariées dans
les maisons de MONTLEZUN et de NOÉ.

État de la noblesse des de Galard-Béarn, dressé par M. de Beaujon, pour
obtenir, en faveur de M. le marquis de Béarn, l'honneur de monter dans les
carrosses du Roi. En marge est écrit de la main de M. de Beaujon : *Envoyé*
pour Sa Majesté le 4 février 1766, et plus bas : *Vu le 3 août 1774.* CHÉRIN.
Cabinet du Saint-Esprit. Bibl. de Richelieu. Mss.

1490 ET AVANT.

Notice sur JEAN DE GALARD, *par Chérin.*

Noble et puissant homme JEAN DE GALARD, damoiseau, seigneur
de Brassac et de Favereux, deuxième fils de Jean, seigneur de
Brassac, et de BERTRANDE DE MANAS, est nommé comme légataire
de trois cents moutons par le testament de son père, du 8 septembre 1448. Il épousa, vers l'an 1454, MIRACLE, fille de noble
Fortanier de Valete, seigneur de Cusol; il fut institué héritier
universel de sa mère, par son testament du 10 février 1465, et
maintenu, après la mort de son frère, dans la possession des châ-

teaux de Brassac et de Favereux contre sa belle-sœur et CLAIRE, sa nièce, par une sentence arbitrale que celles-ci ratifièrent le 28 février 1467, mais à la charge de leur payer la somme de 950 écus d'or : elles donnèrent quittance le 16 juin 1475. Il est nommé avec sa femme au traité de mariage de HUGUES, leur fils, du 9 novembre 1484, où il assista. Il fit son testament, le 26 mars 1490, par lequel il demanda être inhumé dans l'église de Brassac, en Quercy, au tombeau de ses parents et prédécesseurs. Il laissa l'usufruit de ses biens à sa femme sus-nommée, fit des legs à noble MARGUERITE PROHENSE, ANNE, JEANNE, ses filles, à BERTRAND GAYSSIAS et ARNAUD, ses fils, et institua son héritier universel HUGUES son fils. Il est dit mort dans la quittance dotale de Prohense, sa fille, du 22 mai 1503.

Mémoire généalogique dressé en 1766, sur la preuve de Mlle ANGÉLIQUE-GABRIELLE DE GALARD, *pour le Chapitre de Metz.* Bibl. de Richelieu, dossier de Galard, Cabinet des titres. — Archives du château de Larochebeaucourt.

1490 ET AVANT.

Notice de Moréri sur JEAN DE GALARD, *baron de Brassac.*

JEAN DE GALARD, baron de Brassac, rendit hommage au roi le 15 avril 1462 et testa, le 26 mars 1490. Il avait épousé, le 16 septembre 1454, MIRAILLE DE LA VALETTE, fille de Forton de la Valette, seigneur de Cussol. Il en eut : 1° HUGUES DE GALARD, qui suit ; 2° GARCIAS ; 3° ARNAULT, seigneur de Champagnac ; 4° BERTRAND, chanoine de Rieux en 1490 ; 5° MARGUERITE DE GALARD, **mariée à** JEAN DE MONDANAS (pour Mondenard), seigneur de Tillac ; 6° PROHENSE, épouse de JEAN DE CAUSAC DE MIRAN, seigneur de Saint-Michel en 1503 ; 7° ANNE, alliée à JEAN DE DURFORT-DURAS, baron de Bajaumont; 8° JEANNE, à laquelle son père légua 3,000 livres, avoit épousé JEAN DE NOÉ, seigneur de Bonrepos.

MORÉRI, *Dictionnaire historique,* art. de Galard, tome V, page 19.

1490 ET AVANT.

Notice de l'abbé de Lespine sur JEAN DE GALARD et ses enfants.

JEAN DE GALARD [1], chevalier, seigneur de Brassac, Favereux, etc., onzième du nom, qualifié noble et puissant homme, fut légataire de trois cents moutons d'or par le testament de son père, en 1448, et institué héritier universel par celui de sa mère, en 1465; il fut maintenu après la mort de Pierre, son frère aîné, dans la possession du château de Brassac et de Favereux contre sa belle-sœur et Claire, sa nièce, par sentence arbitrale que celles-ci ratifièrent le 28 février 1467, mais à la charge de leur payer la somme de 950 écus d'or, et reçut quittance le 16 juin 1475. Il est nommé au traité de mariage de Hugues, son fils, du 9 novembre 1484, où il assista. Il fit testament au château de Najac, le 26 mars 1490. Il est dit dans un acte d'achat, fait le 1er fé-

---

1. Chazot de Nantigny, en ses *Tablettes généalogiques,* IVᵉ partie, p. 367, répète, après Moréri, d'Hozier et tant d'autres, que Jean de Galard, seigneur de Brassac, était frère d'Hector, chambellan de Louis XI, celui-là même qui, dans le jeu de cartes, fut jugé digne, par sa vaillance, de faire pendant à Vignoles, dit la Hire. Ce dernier, tout le monde le sait, personnifie le valet de cœur, comme Hector de Galard le valet de carreau, sur lequel Chazot de Nantigny s'exprime ainsi : « JEAN, « allié à BERTRANDE DE MANAS, (fut) aïeul d'HECTOR DE GALARD, chambellan du roi « Louis XI, chevalier de Saint-Michel, commandant la compagnie de 100 gentils- « hommes à bec de corbin, créé en 1474 capitaine de la deuxième compagnie des « gardes du corps, et en 1479 grand maréchal des logis de la maison du roi. Son « frère, JEAN DE GALARD II du nom, seigneur de Brassac, qui testa le 26 mars 1490, « avait épousé MIRAILLE DE LA VALETTE. » — Voir dans ce même volume, p. 358, la note 3.

vrier 1489, par Thomas de la Sudrie, prêtre et curé, que ce dernier lui devait un carton de froment.

Il avait épousé, le 16 septembre 1454, demoiselle MIRACLE DE VALETTE, fille de noble Fortanier ou Forton de Valette, seigneur de Cuzoul, dont il eut huit enfants qui sont :

1° HUGUES;

2° BERTRAND DE GALARD, chanoine de Rieux et prieur de Grand-mont, en Lomagne, en 1490;

3° GAYSSIAS ou GARSIAS DE GALARD, destiné à l'état ecclésiastique;

4° ARNAUD DE GALARD, seigneur de Champagnac, dont le sort est ignoré;

5° MARGUERITE DE GALARD, femme de JEAN DE MONDENAR, seigneur d'Estillac;

6° PROHENCE DE GALARD, mariée à noble JEAN DE CAHUSAC, de Miran, seigneur de Saint-Miquel, donna quittance de 800 écus d'or le 22 mai 1503;

7° ANNE DE GALARD épousa noble PIERRE DE MONTLEZUN[1], fils de N. de Montlezun, seigneur de Mérens et de la Roque.

8° JEANNE DE GALARD, alliée en 1515 à noble et puissant homme JEAN DE NOÉ, seigneur de Bonrepaux, au diocèse de Toulouse, qui donna quittance de ses habits nuptiaux le 5 mai 1515.

Mss. de l'abbé de Lespine, dossier de Galard; Cabinet des titres, Bibl. de Richelieu.

---

1. L'*Inventaire de Montlezun,* qui se trouve aux Archives du château de Campaigno (Gers), nous apprend que les Montlezun prirent possession du fief de Sempesserre cent cinquante ans après que cette communauté eut reçu des coutumes d'Ayssieu et de Guiraud de Galard, qui en étaient seigneurs et hauts justiciers l'an 1265. Les de Caumont et les de Beauville exerçaient des droits féodaux sur le territoire de Sempesserre en même temps que les Montlezun, ce qui appert de divers actes, rappelés dans ledit *Inventaire* et portant les dates de 1404, 1427, 1480, 1482, etc.

2 AVRIL 1456.

Accords de mariage entre Étienne de Gout et CLAIRE *ou* CLAIRETTE DE
GALARD, *fille de* PIERRE DE GALARD, *seigneur de Brassac et d'Antoinette de Martini. Cette dernière avait pour auteurs Bernard de
Martini et Urbaine d'Armagnac, coseigneurs de Saint-Germier, en
Fezensaguet. La mère de la future la fait héritière de tous ses
biens après son décès, sous la réserve toutefois de pouvoir disposer
de cent écus d'or si la donatrice avait d'autres enfants. En cas de
survivance de Pierre de Galard à Clairette, sa femme, l'usufruit
des possessions de celle-ci lui appartiendra. Clairette de Galard
reçoit en dot quatre cents écus d'or, dont cinquante seront comptés
le jour des noces. Antoinette de Martini impose à sa fille et à son
gendre de cohabiter avec elle; si cette condition n'est pas observée,
Clairette n'aura plus droit qu'à une légitime de quatre cents écus.
Parmi les témoins du contrat on distingue* JEAN DE GALARD, *seigneur de l'Isle, chevalier; Jean de Roquelaure, Odet de Goth,
seigneur de Rouillac, etc.*

In nomine Domini, amen. — Noverint universi et singuli presentes pariter atque futuri, quod cum matrimonium contractum
et celebratum fuerit, per verba de futuro, et nondum in facie
Sancte Matris Ecclesie sollempnisatum ac per carnalem copulam
consummatum, inter nobilem STEPHANUM DE GUTIBUS, ex una parte,
et nobilem CLARETAM DE GOLARDO, filiam legitimam et naturalem
nobilis PETRI DE GOLARDO, domini loci de Bressaco, ex parte altera,
cumque in initio contemplationeque, favore et occasione sive ad
causam dicti matrimonii, ac pro oneribus ejusdem facilius
subportandis, extiterint facta et inhita certa pacta et conventiones
inter predictum nobilem Stephanum de Gutibus, necnon nobiles
Petrum de Golardo et Claretam de Golardo, ejus filiam, predictos, ac nobilem ANTHONIAM DE MARTINO, dominam loci de Sancto

Germerio, uxoremque ejusdem nobilis Petri de Golardo, prout et quemadmodum in quodam rotulo sive folio papireo in vulgari scripto, quem seu quod predicte partes michi notario infrascripto tradiderunt et exhibuerunt pro inserendo sive incorporando illud in hoc presenti publico instrumento, cujusquidem rotuli sive folii papiri pactorum sive conventionum predictorum tenor sequitur et est talis : « Sieguen se las convenenses escriuptes en loc de Saint Germe, le segon jour de abriu lan mil iiii^c sinquante et six, entre lo noble Perron de Golart, senhor de Bressac, de una part, et la noble Anthonia de Martin, dona de Saint Germe, molher deudit de Golart, dautre part : que cum lesditz marit et molher volent dar et donent de present lor filha Clareta de Golart per molher et per espousa, per paraulas de present, al noble Steve du Gotz ; item volent losditz marit et molher payre et mayre de la dita Clareta, que la dita Clareta sia heretera de la dita Anthonia, sa mayre, de tos sos bes aprep la sua fin. Et si effens mascles y avia de aquest marit de ladita Anthoina ou de autre que sians heretes, enque ladita may se reserve que ela pusque testar per son arma de la somma de cent escutz daur, et si fillas y avia mays que elas sians adotadas a conogudas des amys de cadunas partidas. Item voul ladita noble Anthonia de Martin dona de Saint Germe que si locas se devenie que ela Anthonia moritz premier que son marit et lodit Perron son marit sobrevivo, que lodit Perron sia usufrutuari apres sa fin estant viduament. Item plus lodit Perron de Golard, payre de ladita Clareta, dona en dot et en nom de dot, a la dita Clareta, sa filla, la somma de quatre cens escutz daur pagadors en la manière que sensiet. Et prumenerament voul lodit Perron pagar la summa de sinquante escutz lo jour de las nossas, et quinze escutz daur, de an en an, jusques a tant que ladita somma de quatre cens escutz sia pagada. Item

plus a estat convent entre las ditas partidas que lodit noble Steve
du Gotz ne pusque comular ladita somma; e si per cas daventura
passava de pagas de hun an, que el no pusque demandar sino
quinze escutz per an, et en aysso fasent la dita Clareta, sa filla,
quita lodit Perron, son payre, de tos los bes paternals de so que
la dita Clareta pueria demandar. Item plus a estat convent entre
las ditas partidas que, si per cas davantura, lodit noble Steve deu
Gotz fasia reparacios en hun hostal, situat dedens lo dit loc de
Saint Germe, apelat lostal de Glatens, la qual reparacio ja avia
estada extimada a xxii escutz, ladita Anthoina de Martin es con-
senta de luy reconoysse ladita somma de xxii escutz ou autre
argent necessari, si lodit noble Steve luy aporta, luy reconoysera
en conseilh de sos amys sobre tos sos bes. Item plus vol ladita
noble Anthonia de Marti, dona de Saint Germe, que ladita Clareta,
sa filha, et Steve, son marit, demorant entour de ela, tant cum ela
vivra en aquest monde. Et si lo cas era que lodit Steve volira
transporta la dita Clareta, sa filla de la dita Anthonia, en hun
autre loc, si no que fot per necessitat, que lodit Steve fot malau
ou per mortallitas, vol ladita dona de Saint Germe que la dita
Clareta, sa filla, no aye sobre los sos bes si no quatre cens escutz,
pagadors en la forma et maniere que lodit Perron, son marit
payre de ladita Clareta, donna et paga. Item plus a estat convent
entre las ditas partidas que si lo cas avenia que lodit Steve
moria premier que ladita Clareta, sa molher, et ladita Clareta viva
sobre lodit Steve, son marit, que ladita Clareta sia usufrutuaria
de tos sos bes estant viduament. Et ainssi metis lodit Steve viva
sobre ladita Clareta, sa molher, que el sia usufrutuari tant quant
el vivra en aquest monde, et si effens ou effentas y avia que
possedissent tos los bes. Item plus a estat convent, que si la dita
Clareta morie et lodit Steve viva sobre ela, que lodit noble Steve

de Gotz pusque recuperar tot so que el aura aportat, ainssi cum aparetra per reconoyssances. Item plus ladita noble Clareta, de licensa de sondit marit Steve deu Gotz, quita realment et absols lodit Perron de Galard, son payre, de tos los bes paternaux an aquelz quattre cens escutz. Et volent cascunas partidas que jo estangue una dues ou tres cartes bonas et sufficiantas en conseilh, de sa vie ne mudent la sustancia ne la vertat de lasditas convenenssas. Et de so dessus cascunas partidas a tenir los pactes et convenenssas ou an jurat sus los quatre Sans Evangelis de tenir et observar, et aysso sub yppotheca et obligansa do tos lors bes mobles et immobles presens et endevenidors; et a tenir et observar lesditz pactes se sos sometutz a estre vexatz et compellitz per totas cours, tant spirituals que temporals, et per caption et vendicion de tos lors bes et per garnison de hun commissari et de dos serviens, et que la huna court ne cesse per lautre, mas cascuna sortisqua son efait. En presencia des nobles Johan de Golart, senhor de la Ylheta, chevalier, Johan de Roquelaura, Oddet deu Got, senhor de Rolhac, senhoret de Beo, senhor deu loc de Gui, Bernard de Saysas, senhor de Grac, Tibaut de Seguenvilla consenhor de Tort, et lo noble Guiraut de Polastron, senhor de Montenhac. — Hinc est quod, anno et die inferius expressalis, existentes et personaliter constituti, in mei notarii publici testiumque subscriptorum presencia, videlicet prenominati nobiles Stephanus de Gutibus, ex una parte, necnon Petrus de Golardo et Anthonia de Martino, ejus uxor, ac Clareta de Golardo etiam ejus filia, ex parte altera. Dicta vero Anthonia de Martino mulier faciens omnia et singula infrascripta, de licencia, voluntateque, consensu et auctoritate predicti nobilis Petri de Golardo, viri sui ibidem tunc presentis, licentiamque et auctoritatem virilem eidem Anthonie, uxori sue, quod ad infrascripta facienda dantis et concedentis. Et pariter dicta Clareta de Golardo, mulier faciens omnia et singula infrascripta, de licentia, voluntateque et assensu ac auctoritate dicti nobilis Stephani de Gutibus, viri sui, ibidem tunc presentis, licentiamque et auctoritatem conjugalem eidem Clarete, uxori sue, faciendi et peragendi infrascripta dantis; non coacti nec decepti per aliquam seu aliquos ad infrascripta facienda et peragenda, vi, dolo, metu, fraude, caliditate, suasione, circonventione aut deceptione, nec aliqua alia mala machinatione persone alicujus ad hoc inducti, nec circumventi, prout dixerunt, sed certifficati, instructi, et certiorati ad plenum de factis et juribus suis, ut asseruerunt, gratis et ex eorum certis ac deliberatis scientiis, spontaneisque voluntatibus, omnes insimul et quilibet ipsorum principaliter et in solidum, pro se eorumque heredibus, ordinio et successoribus universis, promiserunt et expresse convenerunt prefate partes et quelibet ipsarum, de licentia et auctoritate quibus supra, quathenus quamlibet partium predictarum tangit et concernit, seu tangere et concernere potest ac debet, videlicet una pars alteri ad invicem vicissim et vice versa predicta pacta et conventiones superius expressatas et declaratas ac in predicto rotulo sive folio papireo, superius inserto et incorporato, contentas et exaratas facere, tenere, actendere, complere et inviolabiliter ac cum effectu, de puncto ad punctum, penitus observare modo et forma superius contentis ac expressatis. Et hoc totum superius expressatum, sub expressa ypotheca et obligatione omnium ac singulorum bonorum suorum, et cujuslibet ipsarum partium, quathenus quamlibet partium predictarum premissa tangunt et concernunt, seu tangere et concernere possunt ac debent, quorumcumque mobilium et immobilium presentium et futurorum, cum omni integra reffectione dampno-

rum, gravaminum et expensarum curie, litis et extra, ac etiam
interesse, sub omne juris et facti renunciatione ad hec necessaria
qualibet pariter et cauthela. Super quibus omnibus et singulis
premissis prenominate partes et quelibet ipsarum, prout quamlibet ipsarum partium tangit et concernit, seu tangere et concernere
potest et debet, de licencia et auctoritate qua supra, renunciaverunt scienter et consulte, prout asseruerunt, gratis, specialiter
et expresse exceptioni hujusmodi matrimonii non facti, non
contracti, et, sic ut premittitur, non celebrati inter dictos nobiles
Stephanum de Gutibus et Claretam de Golardo, modo et forma
superius expressatis, exceptionique dictorum pactorum et conventionum, superius specifficatorum et declaratorum per et inter easdem partes et quamlibet ipsarum non sic factorum et non inhito-
rum modo premisso ; et exceptioni omnium aliorum et singulorum
premissorum et inter easdem partes et quamlibet ipsarum, quathenus quamlibet partium predictarum premissa tangunt et
concernunt, seu tangere et concernere possunt et debent, non
ita actorum, non conventorum, non concessorum et non promissorum per et inter easdem partes unam alteri, ad invicem
vicissim et vice versa, per modum et formam superius annotatos.
Et predicti nobiles Petrus de Golardo et Anthonia de Martino,
ejus uxor, et Clareta de Golardo, etiam ejus filia, et quilibet
ipsorum, de licentia et auctoritate qua supra, certifficati, instructi
et certiorati ad plenum de factis et juribus suis, prout dixerunt
et asseruerunt, renunciaverunt epistole divi Adriani benefficio-
que cedendarum et dividendarum actionum, noveque constitutioni de duobus vel pluribus conreys debendis, auctentice *presente utroque,* et hoc ita de *fidejussoribus.* Et ipse ambo nobiles
Anthonia de Martino et Clareta de Golardo mulieres et utraque
ipsarum, de licentia et auctoritate quibus supra, certifficate,

instructe et certiorate ad plenum de factis et juribus suis, prout
dixerunt et asseruerunt, renunciaverunt benefficio « Senatus
Consulti Velleyani, legi Julie *de fundo dotali,* auctentice : *Si qua
mulier,* et auctentice : *Sive a me,* » omnique privilegio yppothe-
carum suarum dotis sue dotiumque suarum, omnibusque juribus et legibus in favorem mulierum introductis, seu etiam
introducendis, et alias omni exceptioni doli mali, metus seu
fraudis condictioni indebiti sive causa, etc., et omni, in integrum
seu in partem, restitutioni, omnibusque litteris status gracie seu
respectus dictis partibus seu earum alteri de suis debitis non
solvendis eorum creditoribus, usque ad certum tempus concessis
seu etiam concedendis, tam per dominum nostrum Francie
regem seu ejus locumtenentem, aut alium quemcumque ad hec
potestatem habentem, racione presentis vel preterite guerre regni
Francie, duccatus Acquitanie, seu alterius guerre sive exercitus
cujuscumque, seu racione gelu, nebule, aurefrigide, ignis,
incendii, inundationis aquarum, depredationis latronum, tem-
pestatis bonorum, sterilitatis fructuum, seu racione quarumcumque bastitarium pronarum et antiquarum, constructarum seu
etiam construendarum, que per dominum nostrum summum
pontificem seu ejus delegatum vel subdelegatum, racione crucis
sumpte sive etiam assumende in subsidium Terre Sancte, pro
passagio ultramarino contra infideles quoscumque aut alias, sub
quacumque verborum forma in generali vel speciali, et omni
future provocacioni et appellationi interposite seu interponende,
judiciis quinquennalibus majoribus et minoribus, feriisque
messium, vendemiarum reppentinis, et aliis quibuscumque quibus
mediantibus contra premissa vel premissorum aliqua una pars
adversus alteram inde venire posset, aut in aliquo se juvare,
deffendere, vel tueri ullo modo, ullis temporibus in futurum,

pro quibus quidem omnibus et singulis supradictis per dictas
partes unam alteri ad invicem, vicissim et vice versa faciendis,
tenendis, actendendis, complendis et inviolabiliter ac cum effectu,
de puncto ad punctum, penitus observandis, preffate partes et
quelibet ipsarum voluerunt et consentierunt se ipsas et quamlibet
ipsarum ac omnia bona sua mobilia et immobilia presencia et
futura posse et debere cogi, compelli, distringi viriliter atque
urgeri summarie et de plano absque longo strepitu et figura
judicii, ipsis partibus minime citatis, monitis et excommuni-
calis per vires, rigores, districtus atque compulsiones curiarum
et sigillorum dominorum judicum Verduni et vicecomitatus
Fezensaguelli, sigilli majoris regni, senescallie et vicarie Tholosane et Albiensis, domini nostri Francie regis, domusque communis dominorum de Capitulo Tholosæ et parvi sigilli regis
Montispessulani, nec non dominorum officialium Lombariensis
et Tholose et cujuscumque alterius curie ecclesiastice et secularis, et cujuslibet ipsorum et ipsarum, tam conjunctim quam
divisim, una curia pro alia minime cessante tanquam pro re
clara, liquida, cognita, notoria, manifesta, in judicio confessata,
et que jamdiu est, in rem transivit judicatam, sed quod omnes
iste curie conjunctim vel divisim suum sortiantur effectum. Ita
quod exequtio, incepta seu inchoata in una dictarum curiarum,
per aliam non impediatur nec retardetur, sed quod per omnes
dictas curias et quamlibet ipsarum seu earum alteram prossequi,
mediari, terminari valeat et finiri adversus et contra dictas
partes seu earum alteram, ac earum bona quecumque; et hoc
per bonorum suorum et cujuslibet ipsarum partium quorumcumque pignorum captionem, venditionem, distractionem,
alienationem, subbastationem et explectationem eorumdem,
portasque domorum suarum et cujuslibet ipsarum partium appe-

riendo, claudendo, sigillando, disbotando, et per vim aut alias,
si necesse fuerit, ad terram ponendo, bannique, inquestus et
garnisionis unius, duorum aut plurium servientium et unius
commissarii ad vadia consueta in eisdem bonis suis appositionem
et continuam detencionem ; necnon premonitionem, illationem
sentencie excommunicationis, gravaminis et interdicti curie
camere Apostolice domini nostri Pape ejusque auditoris, viceauditoris, locumtenentis et commissarii ejusdem, collectorisque
Apostolici provinciæ Tholosane, dominorumque officialium
Lombariensis et Tholose, et cujuscumque alterius curie ecclesiastice et secularis, et cujuslibet ipsorum et ipsarum, et per
omnes alias vires, rigores, coherciones et districtus prout et
quemadmodum vires, rigores dictarum curiarum et sigillorum
predictorum volunt, exponunt et requirunt, cessione bonorum
suorum et cujuslibet ipsarum partium seu earum alterius facta
seu fienda, cuiquidem cessioni bonorum et in solutum dationi
eorumdem predicte partes et quelibet ipsarum, expresse ac cum
juramentis mediis infrascriptis, renunciaverunt, renunciando
insuper juri dicenti quod... uno et eodem debito in diversis
curiis trahi nec vexari debet, et juri dicenti quod ubi cœptum
est judicium ibidem finiri debet, aliisque juris remediis quibus
melius fieri poterit ac debebit, ordine juris servato vel non servato in exequtando, ac prout vires, districtus acque compulsiones
curiarum et sigillorum predictorum exigunt, postulant et requirunt; exceptis tamen arrestationibus personarum suarum pro-
priarum, ad quas arrestationes minime obligari se voluerunt
tacite neque expresse, et ad comparendum pro premissis, et
hujusmodi instrumentum, ceteraque universa et singula in
eodem contenta confitendum in predictis curiis ecclesiasticis et
secularibus et qualibet ipsarum seu earum altera, ac etiam jura-

menta inferius prestanda in eisdem curiis ecclesiasticis et earum
qualibet fore vera licita, et honesta, et in casu licito et honesto
ac a jure permisso esse et fuisse prestita, observanda, preffate
partes contrahentes et quelibet ipsarum gratis fecerunt, constituerunt, creaverunt ac etiam ordinaverunt suos veros, certos,
speciales, generales et indubitatos procuratores, actores, factores
et negociorum suorum gestores, videlicet procuratores fiscales
et omnes notarios ordinarios dictarum curiarum et sigillorum
predictorum, et cujuslibet ipsorum et ipsarum, qui nunc sunt et
qui pro tempore futuri erunt, et eorum quemlibet insolidum,
ita quod inter eos non sit melior conditio primitus occupantis,
nec deterior subsequentis; sed id quod per unum ipsorum
inceptum fuerit per alium seu alios eorumdem prossequi, mediari, terminari valeat et finiri. Quibusquidem procuratoribus
suis superius constitutis, et eorum cuilibet in solidum, predicte
partes constituentes et quelibet ipsarum dederunt et concesserunt plenam licentiam et liberam potestatem ac speciale sive
generale mandatum pro premissis in dictis curiis comparendi et
premissa modo premisso in eisdem curiis confitendi et precep-
tum seu mandatum a predictis curiis detenendo et complendo
acceptando, et demum ac generaliter omnia alia universa et
singula faciendi, dicendi, procurandi et exercendi que in premissis et certa premissa fuerint necessaria seu etiam opportuna,
et que boni, veri et legitimi procuratores ad talia vel similia
legitime constituti faciunt et facere possunt ac debent, et que
ipsemet partes constituentes et quelibet ipsarum facerent et
facere possent, si in premissis et quolibet premissorum presentes
personaliter interessent, aut merita hujusmodi negocii postulant et requirunt, etiam si talia essent que majore mandato indigerent speciali. Promittentes insuper prenominate partes consti-

tuentes et quelibet ipsarum dictis procuratoribus suis, superius constitutis, et eorum cuilibet in solidum licet absentibus, me autem notario infrascripto, tanquam persona publica pro ipsis procuratoribus absentibus, ac omnibus illis quorum interest, intererit aut interesse poterit in futurum, stipulanti sollempniter ac recipienti, se ratum, gratum atque firmum perpetuumque habituras totum id et quicquid per dictos procuratores suos superius constitutos et quemlibet ipsorum seu eorum alterum in premissis et circa premissa actum, dictum, gestum, comparitum, confessatum, acceptatum, aut alias modo quolibet procuratum fuerit sive gestum, remque ratam habere et judicatum seu confessatum solvi et teneri cum omnibus suis clausulis universis, dictosque procuratores suos superius constitutos et eorum quemlibet in solidum ab omni et quolibet onere satisdandi penitus relevando, et hoc sub consimilibus yppotheca et obligatione omnium bonorum suorum antedictorum ac juris et facti renuntiatione, dampnorumque reffectione, quibus supra. Et ad majorem omnium et singulorum premissorum roboris firmitatem habendam perpetuoque obtinendam prenominate partes et quelibet ipsarum, de licentia et auctoritate qua supra, gratis juraverunt una post aliam, ad et supra sancta quatuor Dei Evangelia, earum et cujuslibet ipsarum manibus dextris corporaliter a se tacta, predicta omnia universa et singula, superius expressata ac etiam in hoc presenti publico instrumento contenta, facere, tenere, actendere, complere et inviolabiliter ac cum effectu de puncto ad punctum penitus et perpetuo observare, et nunquam contra facere, dicere seu venire, nec contra facientibus, dicentibus seu venientibus consentire, de jure nec de facto, per se nec per aliquam aliam personam interpositam, aliquo jure seu titulo, aliqua racione sive causa directe et etiam indirecte ullo modo, ullis temporibus in futurum. De quibus omnibus et singulis supradictis preffate partes contrahentes et quelibet ipsarum pecierunt et requisierunt per me notarium infrascriptum sibi et earum cuilibet fieri, confici et retineri publicum instrumentum, quod feci. Acta fuerunt hec, apud locum predictum de Sancto Germerio, die secunda mensis aprilis anno ab Incarnatione Domini millesimo quadringentesimo quinquagesimo sexto, regnante illustrissimo principe et domino nostro domino Karolo, Dei gracia Francorum rege, et reverendo in Christo patre et domino domino Geraldo, miseracione divina Lombariensi episcopo existente; presentibus tunc ibidem nobilibus viris dominis Johanne de Golardo, domino loci de Ylheta, milite, Johanne de Roquillaura, Oddeto de Gutibus, domino loci de Rulhaco, senhoreto de Beu, domino loci de Gui, Bernardo de Saysas, domino loci de Craco, Geraldo de Polastrono, domino loci de Montunhaco, et Bertrando de Ruppelaura, domino loci de Sancto Albino, in vicecomitatu Fezensaguelli habitatoribus, testibus ad premissa vocatis, et me Petro Broteroni, notario publico auctoritate dominorum de Capitulo Tholose et loci de Colonia habitatore, qui requisitus de premissis hoc presens publicum instrumentum retinui, scripsi et per alium michi fidelem grossari feci, et facta primitus collatione, cum suo vero originali, hic me subscripsi, et signo meo auctentico signavi in fidem omnium premissorum.

Archives du château de Larochebeaucourt; pancarte en parchemin, sans cote.

1. Moréri, que nous avons trop souvent surpris en flagrant délit de distraction, pour ne pas dire plus, donne Claire de Galard, nièce de Jean de Galard, seigneur de Brassac et de Cuzol, comme sœur de ce dernier et de Pierre, gouverneur du Quercy, lequel était père de ladite damoiselle.

30 JANVIER 1456.

Donation par CLAIRE DE GALARD, *femme d'Étienne de Goth, de cent écus d'or, en faveur de son père* PIERRE DE GALARD, *que celui-ci lui restait devoir sur sa dot.*

In nomine Domini, amen. Noverint universi et singuli presentes pariter et futuri hoc presens publicum instrumentum inspecturi, visuri, lecturi ac etiam audituri, quod anno ab Incarnatione ejusdem Domini millesimo quadringentesimo quinquagesimo sexto et die penultima mensis januarii, regnante illustrissimo principe et domino nostro domino Karolo, Dei gracia Francorum rege, apud locum de Sancto Germerio, diocesis Lumbensis et senescalie Tolosanensis, in mei notarii publici et testium infrascriptorum presentia existens et personaliter constituta nobilis CLARA DE GALARDO, filia legitima et naturalis nobilis PETRI DE GALARDO, domini loci de Brassaco, habitatoris dicti loci de Brassaco, senescallie et diocesis Caturcensis, uxor nobilis STEPHANI DEU GOT, domicelli, habitatoris loci deu Boset, diocesis Lectorensis, dicta nobilis Clara de Galardo, de licencia, concensu et auctoritate et voluntate dicti nobilis Stephani deu Got, ibidem presentis, etc. dicta nobilis Clara de Galardo, dicens et asserens esse major sexdecim annorum, minor vero viginti quinque annorum, que juravit ad et supra sancta quatuor Dei Euvangelia, ejus manu dextra sua gratis corporaliter tacta, non venire contra infrascripta, ratione minoris etatis nec petere benefficium restitutionis in jus, jurando quod ad infrascripta specialiter renunciavit, grata et sua spontanea animi voluntate, pro se ipsa suisque heredibus et successoribus ad plenum, dicta nobilis Clara, de jure et de facto, suisque omnibus et singulis infrascriptis quathenus in facto vel in jure constituit instructa, ut dixit, et non vi, dolo, metu, fraude aut timore non seducta per aliquam personam, sed sua spontanea voluntate expressaque voluntate deliberatione preposita, prout asserit et affirmavit, solvit quathenus, dedit, cessit et donavit donacione et cessione pura, mera et simplici et irrevocabili facta... nobili Petro de Galardo, patri dicti nobilis Clare de Galardo, ibidem presenti, stipulanti et recipienti, pro se pro suisque heredibus et successoribus universis, omne jus et omnes actiones personales, reales, mixtas, etc., que et quas nobilis Clara habebat seu quomodolibet habere poterat et debebat in bonis ejus patris et suorum heredum posset in futurum, tam in vita dicti sui patris quam post ejus mortem, racione sive causa filialis dotacionis, etc. Insuper nobilis Clara premisit dicto nobili Petro de Galardo ejus patri pro se suisque heredibus et successoribus universis stipulanti, quod de juribus, actionibus, etc., nobilis Clara de Galardo dicto nobili Petro, ejus patri presenti et ut supra stipulanti, se cessisse et concessisse, ut dixit et asserit, racione et ex causa et pro qua supradictus nobilis Petrus de Galardo, ejus pater, supradicta nobilis Clara ipsa dottaverat prout constat per quoddam publicum instrumentum obligacionis receptum per me notarium infrascriptum publicum, anno et die supradictis, cum supradicto nobili Stephano deu Got, ejus viro. de summa quadringentorum scutorum auri boni auri cum quibus dota, vestibus per dictum nobilem Petrum de Galardo, patrem dicte nobilis Clare de Galardo, in dotem et ex causa tota constitutis. Prelibata nobilis Clara de Galardo, gratis et libere et satisficata ad plenum recognovit, confessit et in veritate confessa fuit a predicto nobili Petro de Galardo, ejus patre, ibidem presenti et ut supra stipulanti et recipienti, quod ipsa nobilis Clara erat contenta de tota parte substenciaque bonorum paternalium que habuerat et receperat a dicto ejus patre, etc.

Archives du château de Larochebeaucourt, cahier manuscrit de vingt-six feuillets, dont vingt-trois écrits [1], pièce 3.

---

18 OCTOBRE 1462.

Noble dame CLAIRE DE GALARD, *femme de noble Étienne de Goth, dûment autorisée par celui-ci et par* PIERRE DE GALARD, *baron de Brassac, son père, fit donation entière de tous ses droits mobiliers et immobiliers sur la baronnie de Brassac, en faveur de son oncle, noble* JEAN DE GALARD.

In nomine Domini, amen. Noverint universi et singuli presentes pariter et futuri hoc presens publicum instrumentum inspecturi, visuri, lecturi et etiam audituri, quod anno ab Incarnatione ejusdem Domini millesimo quadringentesimo sexagesimo secundo et die decima octava mensis octobris, regnante illustrissimo principe et domino nostro domino Ludovico, Dei gratia Francorum rege, apud castrum de Brassaco, diocesis et senescallie Caturcensis, in mei notarii publici et testium infrascriptorum presentia, existens et personaliter constituta nobilis CLARA DE GALARDO, filia legitima et naturalis nobilis PETRI DE GALARDO, domini dicti loci de Brassaco, habitatrix dictarum diocesis et senescallie Caturcensis, uxorque nobilis STEPHANI DEU GOT, domicelli habitatoris loci del Boset, diocesis Lectorensis, dicta Clara de Galardo, cum voluntate, licencia, concensu et auctoritate dicto-

---

1. Tous les actes contenus dans ce cahier sont des expéditions délivrées, collationnées, signées et paraphées par Jean Boyer, notaire de Beauville en 1467.

rum nobilium Petri de Galardo, ejus patris, et Stephani deu Got,
ejus viri, ibidem presencium, et dictas auctoritatem, voluntatem,
licentiam paternalem et conjugalem..... ad infrascripta omnia et
singula peragenda dicta nobilis Clara de Galardo dicens et asserens se esse major sexdecim annorum, minor vero viginti quinque
annorum, que juravit ad et super sancta quatuor Dei Evangelia,
ejus manu sua dextra gratis corporaliter tacta, non venire contra
infrascripta, racione minoris ætatis, nec petere benefficium restitutionis in inthegrum, nec ea adversus esse ipso jure ac benefficio, cum juramento quo ad infrascripta supra his, renunciavit
gratis et sua spontanea animi voluntate, pro se pro suisque heredibus et successoribus universis quibuscumque, satisficata ac
plenum instructa dicta nobilis Clara de Galardo, de jure et de
facto, suisque omnibus et singulis infrascriptis quathenus in
facto vel in jure constituit, instructa, ut dicit, et non vi, dolo,
metu, fraude aut timore seducta per aliquam personam, sed sua
mera et sponthanea expressaque deliberatione proposita, prout
asserit et affirmavit, quitavit, solvit, cessit, dedit et donavit donatione et racione mera, pura et simplici et irrevocabili inter vivos
facta, minusquam causa ingratitudinis aut aliis revocanda, nobili
Johanni de Galardo, ejus avunculo et heredi dicti nobilis Petri de
Galardo, patris dicte Clare, prout constat et continetur in quodam publico testamenti instrumento, scripto et recepto per me
notarium publicum infrascriptum sub anno, die, loco et regnante
quibus supra, ibidem presenti et ut supra stipulanti et recipienti,
pro se et suis heredibus et successoribus universis quibuscumque,
videlicet omne jus et omnes actiones personales, reales, emptas, res
pro se conquetorias utiles et anormalas quod et quas supra nobilis
Clara habet, habebat seu quomodolibet habere poterat et debebat
in bonis et rebus dicti ejus patris et suorum et habere potest in

futurum, tam in vita dicti patris sui quam post ejus mortem sive causa filialis dotacionis, almuctacionis juris nature, sucessionis, legitime porcionis, paterne institutionis, substitucionis directe vel oblique aut quomodolibet alió jure, titulo seu actione, etc. Insuper nobilis Clara predicta premisit dicto nobili Johanni de Galardo, ejus avunculo, pro se suisque heredibus et successoribus universis ibidem presenti et ut supra stipulanti et recipienti, etc.

Archives du château de Larochebeaucourt, cahier manuscrit de vingt-six feuillets, dont vingt-trois écrits, pièce 5.

28 FÉVRIER 1467.

Confirmation de l'arrangement passé entre noble Antoinette de Martini, veuve de noble PIERRE DE GALARD, *et Claire, leur fille, femme d'Étienne de Goth, d'une part, et* JEAN DE GALARD, *beau-frère et oncle des contractantes. En vertu de cet acte, Jean de Galard est maintenu dans la possession de Brassac et de Favereux, sous l'obligation de compter neuf cent cinquante écus d'or à sa nièce ou à son mari.*

Ratification faite à Saint-Germier, en la sénéchaussée de Toulouse, devant François Boyer, clerc, notaire royal de Puymirol, le 28 février 1467, par noble ANTOINETTE DE MARTIN, dame dudit lieu de Saint-Germier, veuve de noble PIERRE DE GALARD, seigneur de Brassac, par noble Étienne de Got, écuyer d'écurie d'illustre monseigneur Jean, comte d'Armagnac, coseigneur d'Andosille, et par noble CLAIRE DE GALARD, fille desdits seigneurs et dame de Brassac, femme dudit coseigneur d'Andosille, d'une sentence arbitrale prononcée entre eux, d'une part, et noble et puissant homme JEAN DE GALARD, damoiseau, seigneur de Brassac et de

Favreux, oncle paternel de ladite Claire de Galard, d'autre part, par nobles hommes Pons de Bonneville, seigneur de Castelsagrat et de Combebonet, Raymond de Palasols, seigneur de Saint-Amans, Jean de Goth, seigneur du Bouzet, frère dudit Étienne, et Jean de Grossolles, seigneur de Montastruc; par laquelle sentence ledit Jean de Galard est maintenu en la possession des châteaux de Brassac et de Favreux, à la charge de payer à ladite Claire de Galard, sa nièce, et auxdits seigneurs d'Andosille et de Brassac, la somme de neuf cent cinquante écus d'or.

Mss. de l'abbé de Lespine, dossier de Galard ; Bibl. de Richelieu, Cabinet des titres.

16 JUIN 1475.

Quittance de neuf cents écus délivrée par CLAIRE DE GALARD, *dame de Saint-Germier, femme de noble Étienne de Gout et fille de* PIERRE DE GALARD *et d'Antoinette de Martini, à* JEAN DE GALARD, *son oncle, seigneur de Brassac.*

Quittance, donnée au lieu de Saint-Germier en Fezensaguet, devant Antoine Maurin, notaire royal, à Puymirol, le 16 juin 1475, par noble CLAIRE DE GOLARD, dame dudit lieu de Saint-Germier, veuve de noble ÉTIENNE DE GOT et fille de feu noblé PIERRE DE GOLARD et d'ANTOINETTE DE MARTINI, à noble JEAN DE GOLARD, seigneur de Brassac, en la sénéchaussée de Quercy, son oncle, frère germain et héritier universel de son père susnommé, de la somme de 900 escus d'or, chacun de 27 sols 6 deniers tournois, à laquelle sa légitime paternelle a été réglée. (Grosse signée dudit notaire.)

Mss. de l'abbé de Lespine, dossier de Galard ; Bibl. de Richelieu, Cabinet des titres.

16 JUIN 1475 ET AVANT.

Notice sur CLAIRE DE GALARD, *par Chérin, dans laquelle est nommé*
JEAN DE GALARD, *son oncle.*

CLAIRE DE GALARD épousa ESTIENNE DE GOT, escuyer, avec lequel
elle est nommée comme légataire au testament de Bertrande de
Manas, son ayeule paternelle, du 11 février 1465. Elle ratifia, le
28 février 1467, avec sa mère et son mary, qualifié dans cet acte :
« seigneur d'Andosille, en partie, et escuyer d'escurie de M. le
comte d'Armagnac, » une sentence arbitrale prononcée entre eux
et JEAN DE GALARD, son oncle, par Jean de Got, seigneur du Bouzet, son beau-frère, et autres, par laquelle son dit oncle avoit été
maintenu dans la possession des châteaux de Brassac et de Favereux, à la charge de lui payer et à sa mère 950 escus d'or. Elle
lui donna quittance de 900 escus d'or pour sa légitime le
16 juin 1475 ; elle étoit veuve alors.

Mémoire généalogique dressé par Chérin sur la preuve de Mlle Gabrielle-
Angélique de Béarn pour le chapitre de Metz ; dossier de Galard, Bibl. de
Richelieu, Cabinet des titres.

---

16 JUIN 1475 ET AVANT.

De Courcelles donne aussi pour père à CLAIRE DE GALARD, *dame de
Saint-Germier,* PIERRE DE GALARD, *baron de Brassac, grand sénéchal de Quercy, et pour mère Antoinette de Martini ou Martin. Constatation du mariage de* CLAIRE DE GALARD *avec Étienne du Gout.*

ÉTIENNE DU GOUT, fils d'Odet du Gout et de Beliette du Bouzet,
était le quatrième enfant né de ce mariage : il est dit seigneur

d'Andoufielle et de Saint-Germier, écuyer d'écurie du comte d'Armagnac. Son mariage avec CLAIRE DE GALARD, dame de Saint-Germier, fille de PIERRE DE GALARD, baron de Brassac, grand sénéchal de Quercy, et d'Antoinette de Martin, est rapporté dans les actes du 10 février 1465 et du 28 février 1467. Elle était veuve lorsqu'elle donna quittance de 900 écus d'or pour sa légitime le 16 juin 1475.

Histoire des Pairs de France, par de Courcelles. Généalogie de Goth ou du Gout, p. 64.

ANNÉE 1460.

Sur le compte de Me Antoine Raguier, trésorier des guerres du roi, figurent LOUIS, JACQUES *et* PIERRE DE GALARD, *en qualité d'archers.*

DU COMPTE VINGT ET UNIÈME DE Me ANTOINE RAGUIER, TRÉSORIER DES GUERRES DU ROY, POUR SEPT MOIS, COMMENCÉ LE 1er JANVIER 1460, FINI LE DERNIER JUILLET 1461.

Messire Louis de Beauveu (*sic*), sénéchal de Provence, 30 lances.

LOUIS GOULART.

Messire Jean du Puy du Fou, chevalier, seigneur du Bois, 20 lances.

JACQUES GOULART et PIERRE GOULART, archers de la compagnie des 20 lances.

Mss. de l'abbé de Lespine, dossier de Galard; Cabinet des titres, Bibl. de Richelieu.

---

7 NOVEMBRE 1475.

LOUIS DE GALARD *figure encore dans la montre ci-après.*

C'est la monstre et veue faicte à Brayne, le septième jour de novembre de l'an 1475, de vingt-sept hommes d'armes et de cinquante-deux archers, estant sous la charge et conduite de Jehan du Fou, grand eschanson de France, sa personne ains comprise, etc.

LOYS GOULARD,

Guion de Pressac.

GAIGNIÈRES, *Montres du 10 avril au 28 novembre 1475,* vol. V, Fonds français, 21,499; Cabinet des titres, pièce 298.

— — — —

14 JUILLET 1460.

Extrait du contrat de mariage passé entre BÉRARD *ou* BERNARD DE GALARD, *fils de* JEAN, *seigneur de l'Isle-Bozon, et Isabeau d'Ysalguier.*

Ad honera matrimonii facilius supportanda, matrimonium tractatum fuerit et peractum per verba, ut moris est, nondum juxta Sanctæ Matris Ecclesiæ solennisatum inter nobilem BERARDUM DE GOLARDO, filium legitimum et naturalem nobilis et potentis viri domini JOHANNIS DE GOLARDO, militis, domini Insule Bozonis et Mota et Cuquomonte, ab una parte, et nobilem ISABELLAM YSALGUERII, filiam legitimam et naturalem nobilis potentis viri domini Jacobi Ysalguerii, militis, domini de Furchis-Vallibus, condam patris sui, sororemque nobilium virorum Johannis Ysalguerii, domini de Furchis-Vallibus, et Bartholomei Ysalguerii, etc.

Primo set combens entre las ditas partidas que lodit BERARD, filh de mossenhor Johan, prendra per molher Ysabel, sor dels dits Johan et Berthemy. Por supportar las cargs de lodit matrimoni los dits Johan et Berthemy donan, en dot et en nom de dot, a la dite Ysabel, lor sor, la soma de tres milia motos d'or. *Item* foc acordat entre las ditas partidas que de la soma des tres dits milia motos de susdits daran a la dita Ysabel los dits Johan et Berthemy al dit senhor de la Hylla et Berard, son filh, la soma de quatre cens escutz d'or de prumera paga quinze jours d'après la solemnisation del dit matrimoni, etc.

Item le dit messire Johan dara et donne, de present per causa de nuptias, au dict BERARD et aulx enfants masles, progreats del dict Berard et de la dicte Ysabel lou loc de la Ylha et tous dretz, rendes, revenus, esmoluments, qualz qui syen, al segnor de la Ylha ·appartenans en tous locs de Saint-Clar, de Marsac, de Vallignac, de Montgailhart et de Voulps et lou pays de Loumaigne, et per les aver et jouayr après sa fin, reservant al dict senhor de la Ylha, per tous tems que vieuvra, lous fruits, proffics et esmoluments desdits locs subsdicts en toute juridiction et seigneurie; et des enfants masles, que decendiran deu dict Berard et Ysabel, au cas que lou prume non fousse avil a succeder que lou secound lou succède et delmeme de gradum en gradum...

Item en lou cas que lou seignor de la Ylha et son fil non foussen d'accord de demourar ensens en una maison après lou dit matrimoni, que lou dit segnor de la Ylha sera tengut de luy bailhar reallement lo loc de la Mothe près de Cumont en toutas rentes, revenuz, droicts, effects, esmoluments ordinayres et extraordynaires, jurisdiction et seigneurie del dict loc per tant que lou segnor de la Ylha vieuvra, etc.

Archives du château de Terraube, carton B. 12, papier.

Année 1468.

Mention du testament de Bernard *ou* Béraud de Galard, *seigneur de l'Isle-Bozon. Indication de sa lignée.*

Testament de Bernard de Goulard, seigneur de l'Hisle en Bouzon, contenant entre autres choses qu'il laissait son héritier mâle Bertrand de Goulard, son premier fils, et en cas que ce dit fils viendrait à mourir sans enfants légitimes, substitue Jean de Goulard son fils, seigneur de Saint-Avit, et Géraud de Goulard son frère, par égale portion [1]; 1468.

Archives de M. le comte de Luppé au château de Saint-Avit (Gers).

25 février 1470.

Transaction entre Béraud *ou* Bernard de Galard, *seigneur de l'Isle-Bozon, et son frère* Géraud, *dans laquelle tous les deux sont énoncés comme fils de* Jean de Galard, *chevalier.*

In nomine Domini, amen. Noverint universi et singuli presentes pariter et futuri, hujus modi presentes publici instrumenti et tenorem inspecturi, visuri, lecturi ac etiam audituri, quod anno ab Incarnatione Domini millesimo quadringentesimo septuagesimo, die vero vicesima quinta mensis februari, apud locum de Cumonte, regnante illustrissimo principe et domino nostro domino Ludovico, Dei gratia Francorum rege, et excellentissimo principe et domino nostro domino Carolo, filio regis Fran-

---

1. Nous ne donnons ici que la cote ou le titre de l'acte qui existe au château de Saint-Avit.

ciæ, duce Aquitaniæ dominante, et cum ibidem in mei notari publici et testium infrascriptorum presentia, dictum fuit et assertum lis, questio, debatum seu controversia moti fuissent seu de proximo separentur seu dubitarentur inter nobilem Berardum de Golardo, dominum Insulæ Bozonis, ex parte una, et nobilem Geraldum de Golardo, ejus fratrem, parte ex alia, impero videlicet quia dictus nobilis Geraldus de Golardo petebat et dicebat et asserebat tertiam partem omnium bonorum, jurium, actionum quæ olim solebat tenere et possidere nobilis et potens vir dominus Johannes de Golardo, miles quondam, fratrum pater; et hoc jure natura et successione suorum predecessorum, tam jure testamenti quam successionis ab intestato. In adversum vero dictus nobilis Berardus de Galardo contrarium dicebat, et asserebat et inter alia dicebat et asserebat quod, tam de dispositione et ordinatione avi et avive suorum, quod etiam ut progenitus et creatus dicti domini Johannis, patris, etc.

Archives du château de Terraube, carton B, pièce 15.

———————

9 SEPTEMBRE 1474.

Une querelle de famille étant survenue au sujet de la terre de Brignemont, entre Jean III, baron de Faudoas, et Michel de Faudoas, seigneur de Sérempouy, de Séguenville, etc., des parents et des amis intervinrent pour donner au différend une solution amiable. Parmi les cautions fournies par le seigneur de Séguenville, on remarque Étienne de Grossolles, Pierre de Manas, BERNARD ou BÉRAUD DE GALARD, seigneur de l'Isle-Bozon.

Michel de Faudoas, écuyer, seigneur de Sérempouy, de Séguenville et de Brignemont en partie.

Il eut de grands demelez avec Jean III, baron de Faudoas et de Barbazan, au sujet de la terre de Brignemont, dont ils jouissoient en paréage, et sur quelques voyes de fait de la part de Michel. Le seigneur de Faudoas le poursuivit criminellement au sénéchal de Toulouse ; mais les parens et amis communs leur firent passer un compromis, le 9 septembre 1474, pour terminer leurs differens à l'amiable. Les arbitres nommez de la part du seigneur de Faudoas furent Odet de Massas, seigneur de Castillon, Odet de Léaumont, seigneur de la Brihe, vénérable homme Antoine de Costa, et discret homme Bernard de Caseneuve, prêtre et bachelier en droit canon. Le seigneur de Séguenville nomma de son côté nobles Jean de Grossoles, seigneur de Flamarens et de Montastruc, Barthélemy de Berard, seigneur de Favas, vénérable homme Bernard de Gavarret, licencié ès loix, et Arnaud Bayette, bachelier ès loix, recteur de Garganvila. Il fut convenu qu'en cas de partage, la decision seroit remise à reverend père en Jésus-Christ Jean de Saint-Estienne, abbé de Belleperche. Le seigneur de Faudoas donna pour cautions de l'exécution de la sentence arbitrale Antoinette d'Estaing, sa mère, et noble Bernard de Bassabat, seigneur de Pordeac. Le seigneur de Séguenville offre de sa part nobles Estienne de Grossoles, seigneur de Caumont, Pierre de Manas, seigneur de Clermont, BERNARD DE GOLARD [1], seigneur de l'Isle-Bozon, et Bernard de Faudoas, seigneur d'Avensac. Ce compromis est tiré d'un registre de Philippe de Parribus, notaire, fol. 45, que j'ai cité ci-dessus.

Histoire généalogique de la Maison de Faudoas, page 176 et 177.

1. D'après l'abbé de Lespine, ce Bernard de Galard est le même que Bérard ou Béraud dont il vient d'être question en 1460.

23 AVRIL 1478.

Vente du lieu de Volps par BÉRARD *ou* BERNARD DE GALARD *à Jean de Montesquiou, en présence de* JEAN DE GALARD, *seigneur de Saint-Avit.*

Noble BÉRARD DE GOLARDO, seigneur de l'Isle-Bozon, vendit pour le prix de treize écus d'or à noble Jean de Montesquiou, seigneur de Marsan, le lieu de Vops, près de Balinhac, en Lomagne, en présence de noble JEAN DE GOLARDO, seigneur de Saint-Avit[1], par acte reçu par Mathei, notaire à Lectoure, le 23 avril 1478.

D. VILLEVIEILLE, *Trésor généalogique,* vol. XLIII, fol. 146, Bibl. de Richelieu, Cabinet des titres.

26 AVRIL 1478.

Prestation de serment des habitants de l'Isle-Bozon entre les mains de noble BÉRAUD *ou* BERNARD DE GALARD, *seigneur de ce lieu.*

Noble BÉRARD DE GALARD, seigneur de l'Isle-Bozon, après avoir repeuplé ledit lieu qui avoit été devasté par les guerres et la peste, se fit prêter serment de fidélité par les consuls et nouveaux habitants d'iceluy, en présence de noble senhoret de Saint-Jean de Flamarenx, par acte reçu par Mathei, notaire à Lectoure.

D. VILLEVIEILLE, *Trésor généalogique,* vol. XLIII, fol. 146, Bibl. de Richelieu, Cabinet des titres.

1. Voir pour Jean de Galard, seigneur de Saint-Avit, page 512 de ce volume.

11 NOVEMBRE 1478.

BÉRAUD *ou* BERNARD DE GALARD *paye la dot de sa sœur* MARGUERITE
à AYSSIEU DE GALARD, *fils de celle-ci.*

Noble AYSSIEU DE GALARD, seigneur de Terraube, requit noble
BERARD DE GOLARDO, son oncle, seigneur de l'Isle-Bozon, qui luy
paya la dot de noble MARGUERITE, sa mère, par acte reçu par Mathei,
notaire à Lectoure, le 11 novembre 1478.

D. VILLEVIEILLE, *Trésor généalogique,* vol. XLIII, fol. 146, Bibl. de
Richelieu, Cabinet des titres.

---

8 MAI 1479 ET AVANT.

Notice de l'abbé de Lespine sur BÉRAUD *ou* BERNARD DE GALARD,
seigneur de l'Isle-Bozon.

BÉRARD ou BÉRAUD, nommé aussi BERNARD DE GALARD, seigneur de l'Isle-Bozon, fut donné pour caution de l'exécution
d'une sentence arbitrale, par Jean III, baron de Faudoas et de
Barbazan, dans un compromis qu'il passa, le 9 septembre 1474,
avec Michel de Faudoas, écuyer, seigneur de Sérempouy (*Généal.
de Faudoas,* p. 177). Il prend dans cet acte le nom de Bernard ;
il vendit le 23 avril 1478 à noble Jean de Montesquiou, seigneur
de Marsac, le lieu de Vops, près de Balignac en Lomagne, pour
le prix de treize écus d'or, en présence de noble JEAN DE GALARD,
seigneur de Saint-Avit. Après avoir repeuplé le lieu de l'Isle-
Bozon, qui avait été dévasté par les guerres et la peste, il se fit
prêter serment de fidélité par les consuls et nouveaux habitants

de ce lieu, le 26 du même mois ; fut requis, le 11 novembre de la même année 1478, par Assieu de Galard, seigneur de Terraube, de payer la dot de Marguerite de Galard, sa mère ; enfin il est nommé dans le codicille de Barthélemy de Montesquiou, chevalier, seigneur de Sales et de Marsan, du 8 mai 1479, qui le chargea par cet acte, ainsi que noble Jean de Galard, seigneur de Saint-Avit, etc., de marier Marguerite de Montesquiou, fille du testateur. Il avait été marié, suivant des mémoires de famille, le 26 avril 1478, ou plutôt était déjà marié avec demoiselle Isabeau d'Ysalguier, dont il eut :

1° Béraud de Galard, mort sans enfants ;

2° Bertrand, dont l'article suit ;

3° Jean de Galard, protonotaire apostolique [1].

4° Catherine de Galard, mariée à Jean de l'Isle, seigneur de Saint-Aignan et coseigneur de Saint-Médard, laquelle testa le 5 août 1525 et vivait encore le 13 décembre 1533 ;

5° Isabelle de Galard, femme du seigneur de Fonpitou.

Mss. de l'abbé de Lespine, dossier de Galard ; Bibl. de Richelieu, Cabinet des titres.

1er mai 1461.

Géraud de Galard, étudiant à l'université de Toulouse, est l'objet d'une donation spéciale de son père Jean, seigneur de l'Isle-Bozon, qui justifie cette préférence par l'ingratitude de ses autres fils.

In nomine Domini, amen. Noverint universi, etc... Nobilis dominus Johannes de Golardo, dominus dicti loci Insulæ Bozonis,

---

1. L'abbé de Lespine a commis une erreur, car Jean, protonotaire, appartient à la génération suivante. Il eut pour auteur Béraud II et non Béraud I, comme on le verra plus loin.

gratis libera et spontanea voluntate et non coactus, non deceptus, non vi, non dolo neque fraude aliqua, etc. . . . . . dedit, donavit, cessit et remisit et donando transtulit, tituloque perfectæ et irrevocabilis donationis et remissionis, propter ingratitudinem alterorum, videlicet dilecto et carissimo filio suo legitimo et naturali GERALDO DE GÓLARDO, studenti in venerabili studio alme universitatis Tholosanæ, ibidem presenti, pro se suisque heredibus, etc.

Archives du château de Terraube, carton B, pièce 13.

25 SEPTEMBRE 1468.

GÉRAUD ou GUIRAUD DE GALARD assiste aux noces de Manaud de l'Isle, seigneur d'Orbessan, avec de comtesse a'Antin.

Noble seigneur GUIRAUD DE GOLARD souscrivit, comme témoin, le contrat de mariage passé à Pelenave, le 25 septembre 1468, entre noble Manauld de l'Isle, seigneur de l'Isle-d'Orbeyssan et coseigneur de Pelenave, d'une part, et noble comtesse d'Antin[1] et des Affites, sénéchal de Bigorre, d'autre part, dont expédition en vertu d'un compulsoire ordonné par le sénéchal de Toulouse et d'Albigeois, le 24 mai 1519.

D. VILLEVIEILLE, *Trésor généalogique,* vol. XLIII, fol. 146, Bibl. de Richelieu, Cabinet des titres.

1. On trouvera plus loin, page 524, une Longuette de Galard, femme de Jean d'Antin, seigneur de Bartères; il est probable qu'elle était cousine de Géraud ou Giraud de Galard sus-nommé. Ce ne sont pas les seuls liens de parenté de la maison de Galard avec celle d'Antin. En 1508, Hugues de Galard, baron de Brassac, épousa en secondes noces Jeanne d'Antin, veuve de Jean de Béarn, baron de Saint-Maurice, et mère de Jeanne de Béarn, mariée à François de Galard, fils dudit Hugues.

AVANT 1461.

Notice sur Barthélemy de Montesquiou, seigneur de Marsan et de Salles,
mari d'ANNELETTE ou AGNÈTE DE GALARD : désignation de leurs
enfants.

Barthélemy de Montesquiou, chevalier bachelier, seigneur de
Marsan, au comté de Fezensac et de Salles, en Lauragais, servit
le roi Charles VII contre les Anglois. Il commandoit, en 1426
(vieux style), en qualité de chevalier bachelier, une compagnie
de 9 écuyers, dont la montre fut faite le 26 mars de cette année,
et donna quittance de ses gages le 26 mai suivant. Son frère
Arsieu lui fit donation, le 23 janvier 1448 (vieux style), de la terre de
Marsan ; est nommé dans une autre faite à son épouse, le 9 mai
1471 ; régla le 28 octobre 1466 les limites de sa terre de Marsan et
de celle de Lussan, avec Guillaume de Montaut et Odet d'Esparbez,
coseigneurs de cette dernière terre ; donna procuration le 9 avril
1471 à Bertrand, son fils aîné, unique de son premier mariage,
pour suivre ses procès. Bertrand, son frère, et Jean de Montesquiou, son neveu, lui donnèrent, le même jour et le 7 juillet
suivant, les droits qu'ils avoient sur les terres de Marsan et de
Salles. Ce dernier acte nomme ses père et mère et tous ses
frères ; est nommé dans une vente faite, le 21 octobre 1477
par son fils aîné sus-nommé. Il fit un premier testament dont
on ignore la date, et y ajouta, peu après, le 8 may 1479, un
codicille, par lequel il fit des legs à tous ses enfants, laissa
au même Bertrand, son fils aîné, la terre de Marsan et toutes
ses dépendances, lui substitua ses enfans mâles, petits-fils de lui
testateur, par ordre de primogéniture, exclut les filles de son
héredité, et y appella, en cas de l'extinction des mâles, ses

plus proches parens de son nom ; fit un deuxième testament
le 7 juillet 1481 et par cet acte il institua son héritier le
même Bertrand, son fils aîné dans la terre de Marsan, et lui
substitua ses autres fils, par ordre de naissance, à ceux-ci Jean
de Montesquiou, seigneur de Marsac, son neveu, et ensuite ses
autres parents paternels de la « maso de Montesquieu, » légua au
même Bertrand la moitié à Manaud son fils aîné, de son second
mariage. Il fut représenté par Bertrand, son fils, dans un bail
à fief qu'il fit le surlendemain, et mourut avant le 7 juillet 1483. Ces divers actes le qualifient noble et puissant homme,
ou noble seigneur, ou noble et puissant seigneur. Il est rappellé
dans des actes rapportés aux articles de ses fils et petit-fils, des
15 octobre 1486, 3 septembre 1492, 22 février 1496 (vieux style),
1er juillet 1516, 8 may 1517, 27 août 1567, et 8 janvier et
14 avril 1577.

I. — Femme, Marguerite de Sinz, nommée au deuxième
testament de son mari, du 7 juillet 1481.

1. — Bertrand de Montesquiou Ier, seigneur de Marsan, de
Salles et de la Serre, qui suit.

II. — Femme, ANNE, alias AGNÈS et AGNÈTE DE GALARD, à
laquelle un particulier donna deux hôtels situés à Lectoure, par
acte du 9 mai 1461, dans lequel son mari est rappellé ; est
nommée dans le codicille et le deuxième testament de son
mari des 8 mai 1479 et 7 juillet 1481 comme légataire de l'usufruit de la moitié de la terre de Marsan et de son habitation
dans le château du même lieu, ou dans celui de Salles, droits
qu'elle vendit le 3 septembre 1492, par le ministère de Manaud,
son fils, à Bertrand de Montesquiou, son beau fils ; et mourut
avant le 22 février 1496 (vieux style). Elle étoit proche parente
de BERNARD DE GALARD, seigneur de l'Isle Bozon, que Barthé-

lemy de Montesquiou chargea de marier Marguerite, sa fille, au refus de Manaud, son fils.

I. — Manaud de Montesquiou, qui a formé la branche des seigneurs de Salles, d'Artagnan, etc., rapportés après la postérité de Bertrand, son frère aîné.

II. — Arnaud de Montesquiou, auquel son père laissa cent écus d'or, par son codicille du 8 mai 1479, et l'hôtel de Gaston, par son testament du 7 juillet 1481; est nommé avec Bertrand, Manaud, Jean, autre Jean dit Gallardon, Mathieu, Arsivet, Jeanne, Gaillarde et Marguerite, ses frères et sœurs, dans l'acte de cession, faite le 22 février 1496 (vieux style) par Arsivet, l'un d'eux, au même Jean dit Gallardon, de ses droits dans les successions de leur père et mère, et dans un arrêt du parlement de Toulouse du 1er juillet 1516 relatif à la demande par eux faite de leurs légitimes.

III. — Jean ou Jeannet de Montesquiou, l'aîné, nommé comme légataire de cent écus d'or et de l'hôtel de Milhas, dans les codicille et deuxième testament de son père, des 8 mai 1479 et 7 juillet 1481 et dans les cessions et arrêts des 22 février 1496 (vieux style) et 1er juillet 1516 qu'on vient de rapporter à l'article d'Arnaud, son frère.

IV. — Jean de Montesquiou, le jeune, alias Galardon, écuyer, seigneur de Gelas, de Lados, de Cumont, de Leyssaux aux diocèses de Condom, de Bazas, de Montauban et d'Auch. Son père lui légua pareille somme qu'à ses frères, par son premier testament et par son codicille du 8 may 1479, et l'hôtel de Copadels, par son deuxième testament du 7 juillet 1481; acquit le 22 février 1496 (vieux style) les droits d'Arsivet, son frère, dans les successions de leur père et mère; est nommé avec plusieurs de ses frères, dans l'arrêt du 1er juillet 1516 rela-

tif à la demande de leurs légitimes. Il céda vers le même
tems à Mathieu, son frère, ses droits dans la terre de
Salles; fit le retrait de celle de Leyssaux, vendue à la faculté
de rachapt, par Pierre de Montesquiou, seigneur de Marsan
(c'étoit son neveu, fils de Bertrand, son frère aîné consanguin,
comme il sera prouvé ci-après à l'article de Pierre); et le 24 février 1521 (vieux style) il prorogea le terme de ce rachat en
faveur de François, fils du même Pierre. Il fit, le 23 septembre
1524, un codicille, par lequel il confirma les dispositions d'un
testament qu'il avoit fait auparavant, institua son héritier Imbert,
son fils, lui substitua Mathieu, son frère, et en confia l'exécution au même Mathieu et à Antoine et Paul de Montesquiou, ses
neveux. Il est dit fils de Barthélemy de Montesquiou baron de
Salles, frère de Manaud aussi baron de Salles, et de Mathieu,
oncle de Jean aussi seigneur de Salles, et d'Arnoul seigneur
du Vernet, fils du même Mathieu, etc., dans une transaction
passée par le même Arnould, le 14 avril 1577, rapportée plus
au long à son article. On apprend de cet acte qu'il avoit
cédé au même Mathieu, son frère, ses droits sur la baronnie de
Salles. Jean de Montesquiou dit Gallardon est la tige de trois
branches ou rameaux connus, le premier sous le titre de seigneurs de Sainte-Colombe, baron de Londat, etc.; le second
sous celui de barons du Faget et d'Auriac, tous deux éteints;
et le troisième sous la dénomination de seigneurs de Xaintrailles,
de la Motte-Cumont, de la Salle, du Maine, etc., dont il ne reste
plus que Pierre de Montesquiou Fezensac, ecclésiastique, appellé
l'abbé de Xaintrailles. Ces branches ou rameaux, sont rapportés
dans l'*Histoire des grands Offic. de la Cour.*, t. VII, p. 280 et suiv.

V. — **Mathieu de Montesquiou**, écuyer, seigneur du Vernet,
fut fait légataire de son père, par son premier testament, de

100 écus d'or, d'une autre pareille somme par son codicille du
8 mai 1479, et, par son deuxième testament du 7 juillet 1481, de
la maison de Canavielle. Il acheta de Pierre de Montesquiou, seigneur de Marsan, son neveu, la terre de Leyssaux, et promit de
la lui rendre pour le prix de l'acquisition, par acte du 29 avril
1496, où il est qualifié écuyer et homme d'armes du roi (c'est-à-
dire de ses ordonnances) dans la compagnie du sénéchal d'Armagnac ; est nommé dans l'acte de cession faite le 22 février suivant,
par Arsivet son frère, à Jean le jeune, son autre frère, de ses
droits dans les successions de leur père et mère, etc.

VI. — Arsivet de Montesquiou, auquel son père légua 100 écus
d'or, par son premier testament, et 100 autres écus par son codicille du 8 mai 1479, legs qui furent confirmés par son second
testament du 7 juillet 1481. Ayant résolu de se faire religieux
de l'ordre de Saint-Jean de Jérusalem, le 22 février 1496 (vieux style)
il vendit à Jean le jeune, son frère, ses droits sur les successions
de ses père et mère ; et est rappelé avec ses frères dans l'arrêt du
1er juillet 1516, cité ci-devant sur la demande de leurs légitimes.

VII. — Jeanne ou Jeannelle, mariée à N., seigneur de Glatens,
nommée aux codicille et testament de son père, des 8 mai 1479 et
7 juillet 1481, et dans l'arrêt du 1er juillet 1516 qu'on vient de
citer.

VIII. — Gaillarde de Montesquiou, aussi nommée dans les
codicille et testament de son père de 1479 et 1481, dans ce dernier comme légataire de 200 moutons d'or, dont son frère Bertrand
ordonna le payement par le sien du 13 octobre 1486, et en fit un
elle-même, le 8 mai 1518, par lequel elle institua son héritier
Pierre de Montesquiou, seigneur de Marsan. C'étoit son neveu,
fils à Bertrand, son frère, comme il sera prouvé à son article.

IX. — Marguerite, alias Mangète de Montesquiou. Son père lui légua 100 écus d'or par son premier testament, y en ajouta 400 autres par son codicille de 1479, en autorisant Bertrand de Galard, seigneur de l'Isle-Bozon, de la marier, au refus de Manaud, son frère, et confirma ce legs par son second testament de 1481.

Généalogie de la Maison de Montesquiou-Fezensac, suivie de ses preuves. Paris, 1784, in-4°, de la page 30 à 39 inclusivement.

AVANT 1461.

Mention de Barthélemy de Montesquiou, de sa femme ANNELETTE *ou* AGNÈTE DE GALARD, *et de leur postérité.*

Nous avons vu qu'Arsieu IV, baron de Montesquiou, avait quatre fils (Arsieu, Bertrand, Roger et Barthélemy), qui soutenaient avec lui, contre les Anglais et les Bourguignons, la cause de Charles VII. Barthélemy, le cadet, était destiné à avoir peu de fortune. Cependant ses frères lui donnèrent en pur don la terre de Salles, en Lauraguais, qui venait de leur mère, et le domaine de Marsan, de l'héritage paternel, à la condition de payer la dot de leur sœur. Arsieu V, son frère aîné, motive ce don sur les services importants que Barthélemy lui avait rendus. Bertrand réclama les droits qui lui appartenaient sur cet antique héritage ; il les céda bientôt à son frère, à la prière de leurs amis communs. Il fut convenu que, si la descendance mâle de Barthélemy s'éteignait (ce qu'à Dieu ne plaise), Marsan retournerait à la maison de Montesquiou. Barthélemy fixa son séjour à Marsan, autant que la guerre le lui permit. Il en fit hommage à Jean V, comte d'Armagnac, termina des différends qui s'étaient élevés entre lui et les consuls de ce lieu, et régla les limites entre les

domaines de Marsan et de Lussan. On ne sait par quel motif
Barthélemy, ainsi qu'un bâtard de son frère aîné, se livrèrent à
des actes de violence contre des gens de Philippe, archevêque
d'Auch, dont ils enlevèrent et déchirèrent les lettres. L'archevêque s'en prit à toute la famille, et mit en interdit la baronnie de
Montesquiou. Arsieu V obtint son pardon en désavouant son frère
et son bâtard, qui s'arrangèrent avec l'archevêque comme ils
purent.

BARTHÉLEMY fut marié deux fois, et prit beaucoup de soin de
séparer les intérêts des enfants issus de ces deux mariages. Bertrand, l'aîné du premier lit, eut la terre de Marsan et fut chargé
de la dot de sa sœur.

Manaud, l'aîné de son second mariage avec ANNE DE GOULARD [1],
eut la terre de Salles, fut chargé de payer les légitimes de ses cinq
frères, et de les nourrir. De plus, son père lui ordonna de marier
sa sœur Marguerite, dont il fixa la dot; et en cas de refus, les
proches parents furent chargés de la marier aux frais de Manaud.

Du reste, il exclut les femmes de son héritage, substitue la
terre de Marsan à ses autres enfants, à défaut d'héritiers mâles,
et successivement à ses parents paternels, pourvu qu'ils portent
le nom de Montesquiou (tamen quod sint de cognomine).

Voici donc les noms des enfants de Barthélemy et des branches qui en sont descendues :

Premier mariage.

Bertrand, tige de la branche de Marsan [2].

---

1. Le P. Anselme, en son *Histoire des grands officiers de la Couronne*, t. VII,
page 272, signale aussi l'alliance de Barthélemy de Montesquiou avec Anne de
Galard, et dénombre leur postérité.

2. Il acquit le 3 septembre 1492 d'Anne de Galard, sa belle-mère, certains
droits qu'elle avait encore sur la terre de Montesquiou.

Deuxième mariage.

Manaud, tige de la branche de Salles et d'Artagnan ;

Jean Gallardon, tige de la branche de Sainte-Colombe et de Saintrailles ;

Mathieu, tige de la branche de Préchac.

Je commencerai par les deux dernières, qui sont éteintes.

Histoire de la Maison de Montesquiou-Fezensac, par M. le duc de Fezensac. Paris, 1847, in-8°, pages 116-119.

<hr>

9 MAI 1461.

Donation de deux hôtels situés à Lectoure, faite par Pierre de la Rous-selle, habitant de Mirepoix, à noble dame ANNE DE GALARD [1], *femme de noble et puissant homme Barthélemy de Montesquiou, chevalier, seigneur de Salles.*

In nomine Jhesu Christi. Noverint universi. . . . quod anno ab Incarnatione Domini millesimo quadringentesimo sexagesimo primo et die nona mensis madii, existens. . . . . in mei notarii publici et testium presencia subscriptorum. . . . . Petrus de la Rosselha, habitator loci de Camato, diocesis Mirapiscensis, filius et heres. . . . considerans plurima et innumerabilia servicia. . . recepisse retroactis temporibus a nobili et honesta domina ANNA DE GOALARD, uxore nobilis et potentis viri domini BARTHOLOMEY DE MONTESQUIVO, militis, domini loci de Salis, dicte diocesis Mirapis-

1. On a vu, page 223 de ce volume, dans les documents relatifs à Jean II de Galard, seigneur de l'Isle-Bozon, que Agnès ou Annelette de Galard, femme de Barthélemy de Montesquiou, seigneur de Salles et de Marsan, était fille dudit Jean de Galard et de Longue de l'Isle.

censis. . . . et in recompensacionem dictorum serviciorum. . .
dedit. . . . . eidem nobili, domine Anne de Goalart. . . . duo
hospicia. . . . scituata infra muros, clausuras et fortalicium dicte
civitatis Lectorensis. . . . . Acta fuerunt hec apud locum supradictum de Salis. . . . . in presencia. . . . . Johannis Borreli et
. . . . . . testium . . . . et mei Stephani Gilaberti, notarii auctoritate regia publici, loci de manso Sanctarum Puellarum habitatoris, qui. . . . . de premissis. . . . . instrumentum in notam
recepi et in meis libris registravi, presensque in hanc formam
publicam redegi. . . . . et signo meo publico, quo in meis
publicis utor instrumentis consueto, signavi.

Généalogie de la Maison de Montesquiou-Fezensac, par Chérin,
preuves, page 51.

---

8 mars 1479.

Noble Barthélemy de Montesquiou, seigneur de Salles et de Marsan,
légua cette dernière terre à Bertrand, son fils aîné, issu d'un pre-
mier lit, sous la condition de restituer son douaire à noble Anne
de Galard, *deuxième femme du testateur. Celui-ci institue son*
héritier particulier Manaud de Montesquiou, né de la seconde
union, et le charge de marier Marguerite, sœur dudit Manaud. Au
cas où cette prescription resterait inaccomplie, il confie le soin de
l'exécuter à noble Bernard de Galard, *seigneur de l'Isle-Bozon, à*
noble Jean de Galard, *seigneur de Saint-Avit, et à noble Jean de*
Montesquiou, seigneur de Marsan.

CODICILLE DE NOBLE MESSIRE BARTHÉLEMY DE MONTESQUIOU, CHEVALIER,
SEIGNEUR DE SALLES ET DE MARSAN.

In nomine Domini, amen. . . . Noverint universi. . . . quod
anno Domini millesimo quadringentesimo septuagesimo nono

et die octava mensis madii. . . . . constitutus apud locum de Marsano comitatus Fezensiaci, Auxis diocesis, in mei notarii publici
et testium infrascriptorum presencia. . . . Nobilis dominus Bartholomeus de Montesquivo, miles, dominus locorum de Salis et
de Marsano, quadam gravi infirmitate detentus. . . . dixit quod
cum nuper ipse idem dominus Bartholomeus de Montesquivo,
suum ultimum nuncupativum condidit testamentum, manu notarii publici sumptum ; . . . . actendensque quod unicuique testatori licitum est usque ad finalem vitæ suæ exitum, legata et ordinationes in suo testamento factas mutare, addere, minuere vel
augere ; et idem dominus testator in dicto testamento certas ordinationes, erga bonorum suorum dispositionem. . . . fecerit
quas mutare vult, ... in hunc qui sequitur modum ; . . . .
accepit de bonis suis, ... pro salute anime sue et omnium
aliorum de genere suo defunctorum, summam centum et quinquagenta scutorum ; cum dictus dominus testator in suo ultimo
testamento legavit. . . . nobili Bertrando de Montesquivo, filio
suo legitimo et naturali, ac primogenito, predictum locum de
Marsano, cum omni jurisdictione alta et bassa, mixtoque mero
imperio ; . . . . plus dictus dominus testator. . . . legavit dicto
nobili Bertrando de Montesquivo, filio suo. . . . omnes terras,
. . . . prata et nemora dicto domino pertinentia, in dicto loco
de Marsano, ... se retinuit. . . . medietatem omnium ren-
darum. . . . dicti loci de Marsano, tantum quantum ipse vixerit,
. . . . et post mortem vero ipsius. . . . ordinavit. . . . . quod
dictus nobilis Bertrandus de Montesquivo teneatur. . . . liberare
domine AGNE DE GOLARDO, uxori sue, medietatem dictarum renda-
rum. . . . tantum quantum. . . . vitam vidualem vixerit; . . .
dixit vendidisse nobili Johanni de Montesquivo, domino de Marsaco, medietatem dicti loci de Marsano ; . . . . voluit quod dic-

tus nobilis Bertrandus de Montesquivo, filius suis supra nominatus, possit. . . . . dictam medietatem dicti loci de Marsano
recuperare a dicto domino de Marsaco, ... legavit nobilibus
viris Arnaldo de Montesquivo, Johanni de Montesquivo, majori, et
altero Johanni de Montesquivo, minori dierum, filiis suis, etc;
. . . . cuilibet ipsorum, centum scuta auri ; . . . . voluit. . . .
quod dictus nobilis Bertrandus de Montesquivo teneatur solvere
domine de Glatenxis, filie sue, dotem sibi. . . . constitutam ; . . .
legavit. . . . nobili Gaillarde de Montesquivo, filie sue . . . .
summam ducentorum francorum Burdegalensium ; . . . nobili
Arnaldo de Montesquivo, filio suo, . . . ultra summam centum
scutorum, relictam in predicto testamento. . . . . centum scuta
auri solvenda per nobilem Manaldum de Montesquivo , filium
suum. . . . dominum loci de Salis ; . . . . legavit. . . . nobilibus viris Matheo de Montesquivo et Issiveto de Montesquivo,
filiis suis . . . . ultra summam centum scutorum auri, cuilibet
ipsorum, relictorum in predicto testamento cuilibet ipsorum,
centum scuta auri ; . . . . ordinavit . . . . quod centum scuta
auri relicta in predicto testamento nobili Johanni de Montesquivo,
majori dierum filio suo . . . . et nobili Johanni de Montesquivo,
minori dierum filio suo. . . . . exsolvantur per nobilem Manaldum de Montesquivo, dominum loci de Salis. . . . . et teneatur
. . . . dare vitam nobilibus viris Arnaldo, Johanni, altero Johanni,
Matheo et Issvieto de Montesquivo fratribus. . . . legavit. . . .
Margarite de Montesquivo, filie sue. . . . ultra summam centum,
scutorum auri, sibi relictam in predicto testamento, summam quatuor centum scutorum auri . . . . vestes et jocalia juxta statum
ejusdem. . . . voluit. . . . quod casu quo dictus nobilis Manaldus de Montesquivo filius suus, dominus dicti loci de Salis, nollet
maritare dictam nobilem Margaritam de Montesquivo. . . . .

ordinavit quod in eum casum nobilis Bernardus de Golardo, dominus de insula Bozonis, nobilis Johannes de Montesquivo, dominus de Marsaco, et Johannes de Golardo, dominus de Sancto Avito,
possent. . . . ipsam maritare sumptibus. . . . . dicti nobilis
Manaldi. . . . voluit. . . . quod si contingebat dictum nobilem
Bertrandum de Montesquivo 'decedere, quod omnia bona deveniant ad primum filium masculum ex legitimo matrimonio dicti
nobilis Bertrandi procreatum, de primo ad secundum, et de
secundo ad tertium, et de tertio ad quartum, et sic de aliis, tot
quot erunt masculi et abiles ad succedendum ; . . . . ordinavit
. . . . . quod casu quo contingat dictum nobilem Bertrandum
de Montesquivo, filium suum, decedere sine libero vel liberis
masculo vel masculis, de suo legitimo matrimonio procreato seu
procreatis, in dictum casum voluit. . . . quod filia seu filie non
succedant ad dictam hereditatem, imo revertatur proximioribus
in gradu parentele, tamen quod sint de cognomine. . . . Actum
fuit hoc apud dictum locum de Marsano. . . . in presentia. . . .
nobilium virorum Johannis de Montesquivo, domini de Marsaco,
Johannis de Golardo, domini de Sancto-Avito[1], Philippi de
Gelas, domini de Rozes. . . . . et mei Guilhermi Rabelli,
notarii publici Tholose, loci de Albineto habitatoris, qui. . . .
hoc presens publicum instrumentum retinui et in meis libris
sive prothocollis registravi.

Et en suivant le dit commandement et precepte à moy susd.
Palato, collationnere susd. par collation à moi faicte par M. le
seneschal d'Armaignac, laquelle est de la teneur : « Jehan de
Golard, chevalier, seigneur et baron de l'Isle, en Loumaigne, etc., »
et en suivant je susdit Palato le present instrument ay mis en la

1. Voir plus loin, page 512, les actes qui concernent Jean de Galard, seigneur de
Saint-Avit.

presente forme et de main autruy l'ay fait escripre et grossoyer
et de mon seing authentic [1].

Généalogie de la Maison de Montesquiou-Fezensac, par Chérin,
preuves, pages 55, 56, 57.

---

8 MAI 1479.

Manaud de Montesquiou, écuyer, seigneur de Salles, en Lauragais,
fils aîné de Barthélemy de Montesquiou, seigneur de Marsan et
de Salles, et d'ANNE DE GALARD, fut le fondateur de la branche des
seigneurs de Salles, qui a produit celle de d'Artagnan.

Manaud de Montesquiou, écuyer, seigneur de Salles (en Lauraguais), sera le fondateur de la branche de ce nom, de laquelle
sortira le rameau de d'Artagnan. Il était l'aîné des enfants de BAR-
THÉLEMY DE MONTESQUIOU, seigneur de Marsan, et d'ANNE ou d'AGNÈS DE
GALARD, sa seconde femme. Son père, dans son contrat de mariage,
lui abandonna la terre de Salles qu'il lui retira postérieurement
pour lui redonner de nouveau un peu plus tard la moitié de
cette possession. Un codicille du 8 mai 1479 prescrivait à Manaud
de désintéresser ses deux cadets (portant l'un et l'autre le prénom
de Jean), ainsi que Gaillarde, sa sœur, des legs inscrits en leur
faveur dans le testament paternel. Par suite d'un échange de
Manaud avec Bertrand, son frère consanguin, le premier se
désista de tous ses droits sur la baronnie de Marsan et le second
de sa part sur la seigneurie de Salles. Cette renonciation réci-
proque fut renouvelée le 7 juillet 1483. Agnès de Galard, de son

---

1. Ce codicille (qui a été résumé par D. Villevieille en son *Trésor généalogique,*
tome XLIII, folio 145, Bibl. de Richelieu, Mss.) portait la date du 8 mai 1479. Il
fut expédié à la requête de Jean de Montesquiou, seigneur de Lasserre, le
10 avril 1567.

côté, céda à son beau-fils Bertrand toutes les jouissances qui lui avaient été laissées par son mari sur la terre de Marsan.

Manaud de Montesquiou et son neveu Pierre, seigneur de Marsan, saisirent le parlement de Toulouse des compétitions d'Arsivet et de Jean, dit Galardon, frères et oncles des parties adverses ; un arrêt repoussa toutes les prétentions élevées par Arsivet et Jean sur la succession paternelle (1er juillet 1516). Manaud mourut le 27 décembre suivant. Ses hoirs furent : Mathieu et Paul de Montesquiou.

. Collection de manuscrits laissés par M. Corne, de Condom (Gers) et relatifs à l'histoire de Gascogne [1].

---

7 JUILLET 1481.

Noble et puissant seigneur Barthélemy de Montesquieu, sire de Salles et de Marsan, fait son testament à la date ci-dessus. Il laisse à sa femme, AGNÈS DE GALARD, la faculté de résider, selon ses préférences, dans les deux châteaux précités, et répartit sa succession entre ses fils de la manière suivante : la part d'Arnaud sera la maison de Gastin, celle de Jean l'hôtel de Milhas, celle de Galardon le manoir de Copadels, Mathieu aura pour lot Canebielle et ses appartenances. Le testateur institue en outre deux héritiers universels, Manaud, fils d'Agnès de Galard, qui aura la moitié de la terre de Salles, et Bertrand, né d'un premier mariage avec Marguerite de Sinz. Ce dernier est apanagé de toutes les possessions sises à Marsan, de la grosse tour de Salles et du fief. Son autre fils Yschivet, et ses filles Jeanne, Gaillarde et Mangette reçoivent leur dot en argent.

Sette lo testament de noble potent senhor, mossen Berthomieu de Montesquiou, sieur de Salas et de Marsan, lequel il

---

1. Cette notice a été évidemment faite d'après celle que l'on trouve dans la *Généalogie de la Maison de Montesquiou-Fezensac*, par Chérin, page 61, et que nous ne croyons pas, pour ce motif, utile de reproduire.

ordena en la forma que sensies. En l'an mila quatre cens quatre
vingtz et ung, le septème jour de jullet, lo noble sieur moussen
Berthomieu de Montesquiou, sieur dels loctz subnommatz, ...
de son movement et pura volantat. . . . vol. . . . lo jour de sa
fin, se es à Salas, estre mis à la gleysa de Salas, et se es à Marsan,
an la gleysa de Marsan ; . . . . ordena que nobla Agneta de
Golard, sa molbe, aya sa demura à Salas ou à Marsan, la out
bon ly semblara et leve la mytat de las rendas dels dicts loctz de
Salas ou de Marsan ; . . . . ordena. . . . à sa filha Johana, dona
de Glatenx, nonobstant, son doure, très scutz ; . . . . à sa filha
Galharda. . . . cc motos. . . . . à la filha dona Mangeta v. c.
sculz, ... à Arnaud, son filh, l'hostal et mayson de Gaslin,
ap totas appartenansas ; . . . . à Joynt, son filh, l'ostau de
Milhas . . . . à Golardon, son filh, la mayson de Copadels. . . .
à son filh Mathieu, la mayson de Canebiella ; . . . . à son filh
Yschivet, II cc. sculz. . . . . ordena ledit testator à son filh
Manaut, légitimi et natural d'el et de Madona Agneta de Golard,
son hereter uneversal de la mytat deu castet de Salas et de la
mytat de la senhoria de Salas ; . . . ordena lodict testator, son
héritier universal son filh Bertrand, legitimi et natural et de
Madona Margarita de Sinz. . . . . de son premier matrimoni de
totz sos bes paternals, soes assaber, del loc de Marsan en Fesen-
sac ab. . . . senhoria auta et bassa ; . . . ordena lodict testator
de sos bes maternals au susdit Bertrand, son filh, soes assaber,
deu loc de Salas, la grossa tour deu castet et l'autra mytat deudit
castet, ab la mytat de la senhoria deudit loc et senhoria de
Salas ; . . . vol. . . . lodict testator que se Bertrand, son filh,
désavina sens fils ou filh mascle, que en aquel cas à Manaut ; et
se Manaud désavina ses filhs ou mascle que tornesse à Arnaud et
se Arnaud à tourt de tourt à Golard et à Mathieu et Ezchivet . . .

et cy los totz désavinnay sans meymes filhs ou filh. . . . . que en aquel cas vol et ordena que totz los bes sud. torpessay au sieur de Marsac Jehan de Montesquiou, son nebot, filh de son frey Rouger, et à ses enfants mascles et en deffaut daquel que turnessa a la maso de Montesquiou. . . .

En foy et tesmoignage du contenu au présent testement, moy susdict Gavaudayn, notaire et collationaire. . . . . me suis signé au présent testament . . . extraict et grossoyi de sa propre cède . . . . et après lay signé de mon signet accoutumé en mes actes publics.

Généalogie de la Maison de Montesquiou-Fezensac, par Chérin, preuves, pages 57 et 58.

Année 1483.

*De Courcelles à son tour donne pour auteur à la branche des Montes-quiou, seigneurs de d'Artagnan, Manaud de Montesquiou, fils de Barthélemy, seigneur de Salles. et d'*Anne de Galard.

Les seigneurs d'Artagnan, comtes de Montesquiou-Fezensac, pairs de France, ont eu pour auteur, au xiiie degré, en 1483, Manaud de Montesquiou, second fils de Barthélemi de Montesquiou, seigneur de Marsan, et d'Anne de Galard de l'Isle-Boson. Paul de Montesquiou, fils de Manaud, servit en qualité d'écuyer Henri II d'Albret, roi de Navarre, et fut père de Jean de Montesquiou, seigneur d'Artagnan, enseigne d'une compagnie au régiment des gardes françaises.

Histoire généalogique et héraldique des Pairs de France, par de Courcelles, tome VIII, page 27.

3 SEPTEMBRE 1492.

*Noble Manaud de Montesquiou, seigneur de Salles, comme procureur d'*AGNÈS DE GALARD*, sa mère, veuve de messire Barthélemy de Montesquiou, chevalier, seigneur de Salles et de Marsan, vend à noble Bertrand de Montesquiou, seigneur de Marsan, les droits que possède ladite Agnès de Golard sur cette dernière terre.*

. . . mini, amen. Noverint universi. . . quod anno ab Incarnatione Domini millesimo quingentesimo decimo octavo et die decima quinta mensis junii. . . . . pro parte nobilis et potentis viri Petri de Montesquivo, scutifferi, domini loci de Marsano, fuerunt exhibite. . . . certe lictere compulsorie a curia honorabilis viri domini. . . . Bernardo de Palato, notario, . . . ville de Albineto habitatori, per magistrum Anthonium de Balmeys, notarium publicum ad locum tenentem. . . . judicis Fezenciaci, dicte ville de Albineto virtute . . . . injunxit ad instanciam dicti domini de Marsano, illarum impetranti. . . . . expedire. . . . . quoddam publicum emptionis instrumentum grossatum ; . . . . retentum per vitaffunctum magistrum Guilhermum Rabelli, condam notarium . . . collatio librorum pertinet michi cui quidem locum tenenti respondi et me obtuli obedire quarum quidem precepti duplum tenor, causa brevitatis inseri omisi. . . fe. . . ingrossacionem dicti instrumenti in dictis licteris notularibus Rabelli, reperti prout sequitur.

Anno ab Incarnatione Domini millesimo quadringentesimo nonagesimo secundo et die tertia mensis septembris constitutus apud locum de Marsano, comitatus Fezenciaci, Auxis diocesis in predicti condam magistri Guilhermi Rabelli, notarii publici testiumque infrascriptorum . . . . . videlicet : nobilis vir Manaldus

de Montesquivo, dominus loci de Salis, ut procurator. . . . .
nobilis AGNE DE GOLARDO, uxoris relicte domini BARTHOLOMEY DE
MONTESQUIVO, condam militis. . . . terrarum de Salis et de Marsano. . . . vendidit. . . . nobili Bertrando de Montesquivo,
domino loci de Marsano. . . . totum jus et omnem actionem
quod et quam habebat supra locum de Marsano, ad causam cujus-
dem legati relicti per dominum Bartholomeum de Montesquivo
condam, pro precio. . . . ducentorum et quinquaginta scutorum;
, . . . quod quidem precium predictum dictorum ducentorum
et quinquagenta scutorum, dictus nobilis Manaldus de Montesquivo, procuratorio nomine quo supra, ab eodem nobili Bertrando
de Montesquivo, domino de Marsano, emptore habuisse. . . . .
recognovit. . . . Acta fuerunt hec omnia. . . . in presencia
. . . . domini Geraldi de Fonte. . . . presbiteri, etc., etc. . . . .
testium et predicti condam magistri Guilhermi Rabelli, notarii
publici, dicti loci de Albineto habitatoris, qui dictum instrumentum retinuit et in suis prothocollis regestravit; sed, quia morte
preventus, illud grossare minime valuit, ideo ego Bernardus de
Palato, notarius publicus, dicti loci de Albineto habitator, cui
collatio librorum cedarum, notarum et prothocollorum dicti condam magistri Guilhermi Rabelli facta existit mediante collatione
per dominum Judicem Fezenciaci, hic causa brevitatis, inseri
homissa, hoc presens instrumentum, . . . grossari feci, indeque
signo meo auctentico. . . . in fidem. . . . omnium et singulorum premissorum signavi[1].

DE PALATO.

Généalogie de la Maison de Montesquiou-Fezensac, par Chérin,
preuves, pages 100 et 101.

---

1. Cet acte du 3 septembre 1492 fut expédié judiciairement en 1518.

22 février 1496.

*Ayssivel de Montesquiou, au moment de se destiner à l'ordre de Saint-Jean de Jérusalem, transporte à noble Jean de Montesquiou le jeune, dit Galardon, son frère, ses droits dans les successions de noble et puissant homme messire Barthélemy de Montesquiou, chevalier, seigneur de Salles et de Marsan, et d'*ANNE DE GALARD, *leur père et mère.*

In nomine Jhesu Christi. . . . Noverint universi. . . . quod anno ab Incarnatione Domini millesimo quadringentesimo nonagesimo sexto et die vicesima secunda mensis februarii, apud locum de manso Sanctarum Puellarum, diocesis Sancti Papuli, nobilis Exivetus de Montesquivo, scutiffer, filius legitimus et naturalis nobilis et potentis viri domini Bartholomei de Montesquivo, militis condam, domini loci de Salis, diocesis Mirapiscensis et loci de Marsano, diocesis Auxis, et nobilis Agne de Golardo, ejus uxoris, personaliter constitutus. . . . in mei notarii publici et testium presencia subscriptorum, qui quidem nobilis Exivetus de Montesquivo. . . . dixit. . . . quod quatuor decim anni, vel circa, possunt effluxisse, predictus condam Bartholomeus de Montesquivo, ejus pater, ab hoc seculo migravit. . . . relictis sibi et eidem domino Bartholomeo, condam ejus patri, super viventibus, videlicet nobilibus viris Bertrando de Montesquivo condam, Manaldo de Montesquivo, Arnaldo de Montesquivo, Johanne de Montesquivo, seniore, altero Johanne de Montesquivo, juniore, alias Golardo, Matheo de Montesquivo, scutifferis, et ipso nobili Exiveto de Montesquivo, nec non Johanna de Montesquivo, Galharda de Montesquivo et Margareta de Montesquivo, sororibus, omnibus filiis et filiabus legitimis et naturalibus ejusdem condam domini Bartholomei de Montesquivo, tam ex prima sua uxore, quam

ex dicta nobili domina Agneta de Golardo, ejus secunda conjuge ;
dicens ulterius idem nobilis Exivetus de Montesquivo, quod post
decessum ejusdem condam domini Bartholomei de Montesquivo,
ejus patris, ad petendum. . . . . et recipiendum ab herede ejusdem condam domini Bartholomei de Montesquivo, partem suam
bonorum et hereditatis predicti condam domini Bartholomei
de Montesquivo, eidem nobili Exiveto pertinentem,. . . .constituit
. . . . procuratorem specialem et generalem, videlicet predictum
nobilem Matheum de Montesquivo ejus fratrem, ... et ipse
nobilis Matheus parum se minime curavit ; quamobrem idem
nobilis Exivetus de Montesquivo, eumdem nobilem Matheum de
Montesquivo ejus fratrem a dicta procuratione revocavit ; . . . .
et cum preffatus nobilis Exivetus de Montesquivo. . . . cupiat,
desideret et affectet seu vellet effici seu fieri religiosus ordinis
Sancti Johannis, et eidem ordini totis temporibus vite sue deservire, ac passagium ultramarinum facere propugnando, totis suis
viribus, contra inimicos fidei christiane, idsirco, anno et die
superius scriptis, idem nobilis Exivetus de Montesquivo. . . . .
vendidit. . . . . supra nominato nobili Johanni de Montesquivo,
juniori, alias Golardo, ejus fratri. . . . omnia et singula bona
atque jura, omnesque raciones. . . . que et quas predictus nobilis Exivetus de Montesquivo habet. . . . seu pretendit. . . . in
bonis et hereditate predicti condam nobilis et potentis viri domini
Bartholomey de Montesquivo, militis condam, ejus patris, quam
etiam dicte nobilis domine Agne de Golardo, ejus matris ; . . . .
hanc autem vendicionem fecit. . . . memoratus nobilis Exivetus
de Montesquivo, venditor, preffato nobili Johanni de Montesquivo, alias Golardo, emptori, ... pro precio. . . . mille et
ducentarum librarum turonensium parvorum, monete currentis
. . . . Acta fuerunt hec. . . . in presencia. . . . Petri Aycardy

. . . . testium, et mei Stephani Gilaberti, publici Tholose, auctoritate regia, notarii, ejusdem loci de manso Sanctarum Puellarum habitatoris, qui de premissis requisitus, hoc presens
publicum vendicionis instrumentum recepi et in meis libris,
regestravi, indeque in hanc formam publicam redegi . . . . et
grossari feci, in quorum testimonium. . . . signo meo auctentico
consueto signavi.

GILABERTI.

Généalogie de la Maison de Montesquiou-Fezensac, par Chérin.
preuves, pages 101 et 102.

------

8 OCTOBRE 1461.

· JEAN DE GALARD, *au nom de sa mère, Longue de l'Isle, présente à une
chapelle fondée par son aïeul Bernard de Bonnefont en la cathédrale de Lectoure.*

Noble JEAN DE GOLARD[1], fils de noble JEAN DE GOLARD, chevalier
et seigneur de l'Isle-Bozon[2], pour et au nom de noble LONGUE DE
L'ISLE, sa mère, patronne de deux chapelles fondées en l'église
cathédrale de Lectoure par feu noble Bernard *de Bonafonte,* présenta à l'une desdites chapelles par acte reçu par Borderi,
notaire, le 8 octobre 1461.·

D. VILLEVIEILLE, *Trésor généalogique,* vol. XLIII, fol. 415 v°, Bibl. de
Richelieu, Mss.

1. Voir plus haut, page 323, les lignes qui le concernent dans l'énumération des
enfants de Jean de Galard et de Longue de l'Isle.

2. Béraud de Faudoas était encore coseigneur de l'Isle-Bozon en 1467, d'après
l'*Histoire généalogique de la Maison de Faudoas,* pages 133 et 134.

11 AVRIL 1468.

Ratification des pactes de mariage intervenus entre noble JEAN DE
GALARD, *seigneur de Saint-Avit, et noble Florette de Gélas, fille de
noble Manaud de Gélas, de son vivant seigneur de Bonas. Ils dis-
posent d'avance de leurs biens, dans l'ordre de primogéniture, en
faveur des enfants mâles qui naîtront d'eux; à leur défaut, la
succession incombera au collatéral le plus proche de la maison de
Galard, à l'exclusion des filles.*

RATIFICATIO CONVENTIONUM MATRIMONIALIUM NOBILIS JOHANNIS DE GOLARDO,
DOMINI LOCI SANCTI AVITI, ET NOBILIS FLORS DE GELANIS, FILIA NOBILIS
MANALDI DE GELANIS, QUONDAM DOMINI LOCI DE BONASSIO, AUXIS
DIOCESIS.

Anno Domini millesimo quadringentesimo sexagesimo octavo
et die undecima mensis aprilis cum matrimonium fuerit tractatum et accordatum, per verba legitima de futuro, inter nobilem
JOHANNEM DE GOLARDO[1], domicellum, domini loci Sancti Aviti, vicecomitatus Leomaniæ, Lectorensis diocæsis, ex una parte, et nobilem FLOREM DE GELAS, filiam legitimam et naturalem nobilis Manaldi
de Gelas, quondam domini loci de Bonassio, comitatus Fezen-
ciassi, Auxis diocesis, ex altera parte...

Et in principio et tractatu dicti matrimonii fuerunt factæ conventiones inter dictas partes, etc.

Archives du château de Terraube, carton B. 17.

1. L'original en parchemin des pactes de mariage dont nous venons donner la
clause inédite de ratification est conservé dans les Archives de M. le comte de
Luppé, au château de Saint-Avit. Nous n'avons pu nous procurer à temps ledit
contrat pour le transcrire, ce qui nous oblige à le réserver pour le supplément.

2. On trouve aux Archives du séminaire d'Auch une quittance pour Jean de
Galart, seigneur de Saint-Avit, sous l'année 1471.

II.   33

13 MAI 1468.

Cote d'un acte emphytéotique passé devant Mathey, notaire,
et consenti par JEAN DE GALARD, *seigneur de Saint-Avit.*

Bail à nouveau fief consenti par JEAN DE GOLARD, de certaine
terre, dont la situation ne paroît point, sous le fief de 4 sols
6 deniers morlas, en faveur dudit de Golard, retenu par Mathey,
notaire de Lectoure, en date du 13ᵉ may 1468. Il y a apparence
que ladite terre est située en Saint-Avit, parce qu'il paroît que
les droits seigneuriaux se payent suivant les coutumes dudit
lieu.

Archives du château de Saint-Avit, parchemin portant le nᵒ 146.

_____

6 SEPTEMBRE 1488.

Testament de noble Agnès de Pardaillan (femme de Manauld de Gélas,
seigneur de Bonas), qui fait un legs à sa nièce et filleule AGNÈTE DE
GALARD, *et choisit pour exécuteur testamentaire noble* JEAN DE
GALARD, *seigneur de Saint-Avit, son gendre.*

TESTAMENTUM NOBILIS AGNETÆ DE PERDELHANO RELICTÆ NOBILIS
MANALDI DE GELANIS DOMINI DE BONASSIO QUONDAM.

In nomine, etc. Quoniam per suprema hominum judicia non
est aliquis carne conditus vel creatus qui possit evadere aut
habeat effugere metas vel terminos mortis, etc. Constituta personaliter apud aulam loci de Rozeriis, diæcesis Auxis, nobilis et
honesta domicella Agnes de Pardeilhano, domina dicti loci de
Rozeriis, per Dei gratiam sana corpore.

Item plus dedit et legavit dicta testatrix nobili AGNETÆ DE
GOLARDO, ejus nepti et filiolæ, videlicet summam decem francorum semel solvendorum duntaxat per heredem suum infra scriptum (nobilem Philippum de Gelanis).

Item dicta testatrix elegit, instituit et esse voluit executores ordinarios hujus sui præsentis ultimi testamenti, damno
et bonorum suorum periculo, videlicet nobiles viros JOANNEM DE
GOLARDO, dominum dicti loci de Sancto Avito, ejus generum[1], et
Joannem de Gelanis, dominum de Lissa, et alterum Joannem de
Gelanis, ejus filios et eorum quemlibet in solidum ; quibus quidem
executoribus dicta testatrix dedit liberam potestatem de bonis
suis omnia et singula sua debita solvendi omnibus et singulis
suis creditoribus et prædicta omnia legata supra scripta singulis
legateriis solvendi, etc.

Inventaire des titres de la Maison de Gélas, coté H. 1889, 3 vol. in-fol.,
tome Ier sans pagination, Bibl. Mazarine. Mss.

---

12 FÉVRIER 1493.

JEAN DE GALARD, *seigneur de Saint-Avit, à celle date, se montre
dans la quittance ci-après.*

Noble homme JEAN DE GOLARD souscrivit la quittance donnée
par noble homme Berenger Hebaralhi, seigneur de Royre, au
diocèse d'Alby, de la dot de noble demoiselle Catherine, sa femme,

---

1. Archieu de Galard, seigneur de Terraube, avait épousé, nous l'avons vu,
le 14 juillet 1425, Florimonde de Gélas, sœur de Manaud de Gélas ; Agnès, fille
de celui-ci et nièce d'Archieu, fut la femme de Jean de Galard, seigneur de
Saint-Avit.

fille de noble homme Jean de Preyssac, seigneur de Cadeilhan, au diocèse de Lectoure, par acte du 12 février 1493.

Archives du château de Maravat. — D. VILLEVIEILLE, *Trésor généalogique*, tome XLIII, fol. 146 v°.

ANNÉE 1498.

JEAN DE GALARD, sire de Saint-Avit, maria sa fille, ANNETTE ou AGNÈTE, avec Géraud de Voisin.

1498. Pactes de mariage de noble GÉRAUD DE VOYSIN et d'ANNETTE DE GOULARD [1], fille de noble JEAN DE GOULARD, seigneur de Saint-Avit.

Archives de M. le comte de Luppé au château de Saint-Avit, parchemin

---

ANNÉE 1500.

Mention de testament de JEAN DE GALARD, seigneur de Saint-Avit, en faveur de sa fille, ANNETTE ou AGNÈTE.

1500. Testament de noble JEAN DE GOULARD, seigneur de Saint-Avit, par lequel il fait son héritière universelle ANNETTE DE GOULARD, sa fille [2].

Archives de M. le comte de Luppé au château de Saint-Avit (Gers).

1. Annette de Galard n'est pas la même que celle mariée à Barthélemy de Voysin en 1492, et qui dans son testament en 1504 se dit femme de Barthélemy susnommé.

2. Nous ne donnons ici que le titre de l'acte qui existe au château de Saint-Avit. Le texte, pour des raisons qu'il est inutile d'indiquer, ne pourra être reproduit que dans le supplément.

4 NOVEMBRE 1461.

Constatation du mariage de MIRAMONDE DE GALARD, *sœur d'*ODET, *seigneur d'Aubiac, avec Jean de Montaut, coseigneur d'Arbieu.*

Noble JEAN DE MONTAULT, écuyer, coseigneur de Castelnau d'Arbieu, donna quittance de portion de la dot constituée en mariage à noble MIRAMONDE DE GOLARD, sa femme, par noble ODET DE GOLARD, seigneur de Aubiaco, frère de la dame Miramonde, par acte reçu par Borderi, notaire à Lectoure, le 14 novembre 1461.

D. VILLEVIEILLE, *Trésor généalogique,* vol. XLIII, fol. 146 ; Cabinet des titres, Bibl. de Richelieu.

---

10 JANVIER 1475.

*Jean de Rochechouart, vicomte de Bruhois, promet de donner satisfaction aux demandes d'*ODON *ou d'*ODET DE GALARD *et de ses autres vassaux touchant l'administration de la justice. Il accorde à chacun d'eux un délai pour accomplir le serment de fidélité et présenter le dénombrement.* JEAN DE GALARD *et Catherine du Pouy, sa femme, sont exceptés de cette faveur pour défaut d'hommage.*

MERCURII DIE DECIMA MENSIS JANUARII.

Anno quo supra et in hospitio nobilis Roberti Lamy, in aula media dicti hospitii, existentes et personaliter constituti nobilis ODDO DE GALHARDO, dominus loci de Aubiaco, et nobilis frater Bernardus de Baulato, præceptor Nominis-Dei, Michael de Insula, Bernardus de Bolato, Guillelmus de Altigiis, Joannes de Fors, Joannes de Mondenard, Joannes de Sancto-Crico, Petrus Berengarii, Robertus Lamy et plures alii nobiles, prior de Leyraco, prior de Pervi-

sio et plures aliæ personæ ecclesiasticæ, Petrus Deuart, Petrus de
Rege, junior, consules loci de Pluma, Joannes de Fabrica, Vesia-
nus de Magistro, consules loci de Montesquivo, et plures alii consules vicecomitatus Brulhesii, coram egregio magnifico et potenti
viro Joanne de Rochechouart, vicecomite de Rochechouart et de
Brulhesio, quibus nobilibus et aliis personis, superius descriptis,
fuit demonstratum per honorabilem virum dominum judicem
prædicti domini nostri vicecomitis, certos articulos tam super
facto justiciæ et regimine officiariorum, et si erant aliqui se con-
querentes de dictis officiariis, cui domino judici responsionem
fecerunt per certos articulos tenor dicitur esse talis : « response et
supplication, etc. » et perlectos, perdictos dominum judicem in
turma omnium nobilium et aliorum, superius descriptorum ; de
qua responsione prædictus dominus noster vicecomes fuit contentus, et dixit eisdem, quod poneret gentes sufficientes ad
regendam justiciam et totum suum vicecomitatum nec non etiam
ad faciendas suas recognitiones. In nono articulo dictorum articu-
lorum, traditorum per nobiles et per alios, superius descriptos,
dicto domino judici prædictus dominus noster vicecomes respondit et dixit dictis nobilibus et aliis, superius descriptis, deditque
et concessit terminum ad faciendum eorum homagia, ad quindecim dies post ejus primum adventum, et ad tradendum eorum
denumeratum seu denumerationes de hoc quod tenent de ipso,
tam præsentibus quam absentibus, excepto Johanne de Galhardo,
domino de Busquono, et Catherina de Podio-Extremo, domina
de Busquono, ejus uxore; quibus fuit positum locis de Busquono in manu dicti domini nostri vicecomitis propter defectum homagii per ipsam de Podio Extremo[1] non præstiti, nec non

---

1. Estrepouy.

propter deffectum denombramenti, non traditi eidem domino nostro vicecomiti, et quod fructus et emolumenta a modo et in
antea quos et quæ dictus de Galhardo et Catherina de Podio
Extremo· habent in prædicto vicecomitatu, levarent et exigerent
per thesaurarium vicecomitatus Brulhesii, inhibendo omnibus
personis, tam præsentibus quam absentibus, quod si aliquas
oblias faciebant eidem de Galhardo et ejus uxori non haberent
solvere, in tantum quantum possent malefacere erga prædictum vicecomitem et sub pœna confiscationis bonorum, et quod
præsentes haberent notificare absentibus sub eadem pœna, de quibus magister Martinus de Chauseg, procurator, retinuit instrumentum quod concessit cum consilio : præhabiti testes Joannes
de Lobrun, habitator loci de d'Aubezia, Geraldus Fortis, habitator de Pluma, loci de Montesquivo, et plures alii.

Collection Doat, vol. CCXXII, fol. 312, 314, Bibl. de Richelieu, Mss.

22 AVRIL 1479.

Au serment de fidélité féodale prêté par Brayle d'Autièges à Jean,
vicomte de Rochechouart, comme vicomte de Brulhois, apparaît
ODO *ou* ODET DE GALARD, *seigneur d'Aubiac.*

HOMAGIUM NOBILIS BRAYLE DE ALTIGIIS.

Anno Domini milesimo quadringentesimo septuagesimo nono
et die vigesima secunda mensis aprilis, apud locum de Auviaco et
in aula domini dicti loci de Auviaco, personaliter constituta nobilis
Brayla de Altigiis, coram magnifico et egregio viro domino Joanne
de Rochechouart, vicecomite de Rochechouart et de Brulhesio,
fecit homagium dicto domino vicecomiti, genibus flexis, mani-

bus junctis, tenendo manus suas intra manus dicti domini nostri vicecomitis, ad et supra sancta quatuor Dei Evangelia, promittens eidem domino vicecomiti, pro se et suis, ibidem præsenti,
quod ipsa erit bona, fidelis et obediens eidem domino vicecomiti
et suis successoribus, sicut vassalus et subditus, ratione loci de
Montesquivo et de omnibus rebus, situatis in jam dicto vicecomitatu Brulhesii et jurisdictionis, debet esse fidelis et obediens
domino suo, et personam, vitam, etc., pone residuum, ut in homagio nobilis Ludovici de Guibrebon. Testes : nobilis Joannes de Mon-
rivello, Arnaldus de Sancto Joanne, habitatores civitatis Agenni,
nobilis Oddo de Gallardo, dominus loci de Auviaco, et dominus
Joannes de Marchia, præsbiter, rector dicti loci de Auviaco.

Collection Doat, vol. CCXXII, fol. 320 ; Cabinet des titres, Bibl. de Richelieu.

---

26 février 1494.

Nobles Jean *et* Odet de Galard, *ce dernier seigneur du lieu d'Aubiac
en Brulhois, apparaissent aux noces de noble Odet de Melignan,
seigneur de Treignan, et de Françoise de l'Isle.*

Noble homme Jean de Golard et Oddet de Golard, seigneur du
lieu d'Aubiac, en Bruilhois, sont présents au mariage de noble
Thibault, fils de noble Oddet de Melinhan [1], seigneur de la Salle
de Trinhan, au diocèze de Condom, avec noble Françoise, fille de
noble Jean de l'Isle, seigneur du lieu de Doazan, de Saint-Anian
et de Saint-Médard, en partie, par contrat du 26 février 1494.

Archives de M. de Mélignan, compilées par D. Villevieille et résumées
par lui dans son *Trésor généalogique,* vol. 43, page 146 verso.

1. Le dernier représentant de cette famille distinguée est mort, il y a quelques
années, laissant sa succession, son nom et ses titres aux de Tartas de Mezin.

23 FÉVRIER 1493.

*Testament d'*ODON *ou d'*ODET DE GALARD *d'Aubiac, qui règle ses dernières dispositions et institue son héritier universel son neveu* ODET DE GALARD, *fils de* BERTRAND DE GALARD *et de Catherine de Lustrac.*

Per hanc presentem attestationem cunctis evidenter appareat et sit notum me Johannem Babuy, auctoritate Apostolica notarium publicum, Moyraci habitatorem, sub anno et die infrascriptis recepisse, sub competenti numero testium et aliis clausulis necessariis et opportunis, testamentum ultimum factum et auditum per nobilem virum ODDETUM DE GOLARDO. . . . . dominum de Aubiaco, in Brulhesio, diocesi Condomiensi et senescallia Armagnaci; in quo quidem testamento idem nobilis Oddetus de Golardo plura legata, tam pia quam alia, fecit et reliquit pluribus viris et personis inibi expressis et nominatis. Inter altera legata fecit discreto viro domino Johanni de Langelergue, presbitero, habitatori dicti loci de Aubiaco, etc. . . . . Item veult et ordonne ledit testateur que soient dictes deux moisses de *requiem* cest a savoir le lundy l'une, et le vendredi l'autre, et ce pour la rédemption des peynes du purgatoire tant de son arme que de tous ceux de qui il seroit tenu de dire priere. . . . . Et pour celebrer lesdites messes pour chascun desdits jours et mieulx porter les charges, veult et ordonne ledit testateur que ledit prestre aura une maison située au lieu d'Aubiac, confrontant, etc. . . . . item plus un casau . . . . item une piece de vigne. . . . . item plus un journau de pré. . . . .

Fait et institue ledit testateur son heritier universel, en tous et chascun des autres biens meubles et immeubles, en quelque part que soient et ne pourroient estre, son cher et bien amé nepveu

ODDET DE GOLARD, fils naturel et legitime de feu BERTRAND DE GOLARD, nos frère, et de la noble CATHERINE DE LUSTRAC. . . . . .

Acta fuerunt hec apud locum de Aubiaco et in domo habitationis nobilis Oddetti de Golardo, die vicesima tertia mensis februarii anno Domini 1496, in presentia et testimonio nobilium discretorum ac providorum virorum Guillermi de la Motha, domicelli, Johannis de Montreto, decretorum doctoris, Bernardi de Lanis, procuratoris regii senescalie Agennensis, Crapasii de Basinhaco, in legibus licentiati, Johannis de Lanzelergue, presbiteri, Johannis, de Solo Menaldi et Arnaldi du Soret.

(*Marque du notaire :* **J. BABUY.**)

Archives du séminaire d'Auch, pièce en parchemin, cotée H ² 6.

ANNÉE 1468.

Dans une note explicative des mots « service, serviteur et valet, » qui contrairement à leur signification d'aujourd'hui étaient autrefois honorifiques, il est question d'une LONGUETTE DE GALARD, femme de Jean d'Antin, seigneur de Barlères ; celle-ci, avant son mariage, était au service de JEANNE DE GALARD, seigneuresse de l'Isle.

Jeannot de Castelbajac, seigneur de la Garde en Bigorre, né vers 1481 et vivant en 1547, avoit été au service de Gaston de Castelbajac, seigneur et baron dudit lieu.

Les termes de « service et de serviteur » n'étoient point autrefois regardés comme à présent. Ce ne sont point les seuls termes qui soient en défaveur. Celui de valet ne nous fournit aujourd'hui rien de brillant ; c'étoit autrefois le nom des jeunes gentilshommes, même des fils de souverain qui n'étoient point encore écuyers ou chevaliers. Jeannot de Castelbajac prend le titre d'écuyer devant deux commissaires de cour souveraine et la qualité ne lui est pas contestée. On doit conclure que l'usage de son siècle étoit différent de celui du nôtre et je vais le prouver.

Noble Bernard de Mirapice étoit serviteur de noble Arnaud Bernard de Benque, seigneur d'Escanecrabe, et fut témoin avec son maître au contrat de mariage d'Emeric de Comenges et de Clariane d'Espagne.

Noble Bernard de la Roche, seigneur de Fontenilles, étoit aussi témoin avec noble Guillaume d'Orbessan, son serviteur, au même contrat en date du 29 avril 1547.

Pierre, baron d'Ossun, lègue par testament, du 5 mai 1580, huit vingt écus sol à noble Hector de la Motte, son page et parent, et dit en avoir eu service.

En 1474, noble Pierre de la Barthe, Arnaud de Landorre et Carbonel de Luppé, étoient écuyers de l'archevêque d'Auch, et noble Harsie Arnaud Sonerié l'étoit d'Antoine de Laur, seigneur de Laur, diocèse d'Aire, sénéchal de Beaucaire.

Noble Jean de Coaraze étoit serviteur de noble Pierre de Preissac, seigneur de Prenhan et Corneillan, au 28 juin 1511.

Noble Bertrand de Barège étoit, au 30 juin 1494, serviteur de noble Pierre Arnaud de Castelbajac, seigneur de Castelbajac, sénéchal de Bigorre.

Noble Bertrand de Majorau étoit, le 31 octobre 1502, serviteur de Gaston de Castelbajac, sénéchal de Bigorre.

Noble Odard de la Roque étoit serviteur de noble Bernard de Senlane le 13 juin 1477.

L'abbé de Seguenville, page 89 de l'*Histoire généalogique de la Maison de Faudoas,* remarque que Jean, baron de Marestang, dans le diocèse de Lombez, épousa le 21 octobre 1489 Agnès,

sœur de Jean de Faudoas Barbasan ; que leur fils, Géraud de
Marestang, fut élevé page de Jean de Faudoas, son oncle, ce qui
se pratiquoit en ce témps-là, dit l'abbé, parmi la noblesse la plus
distinguée de Guienne. Louis XI le fit chevalier de sa main et le
nomma tuteur du comte d'Armagnac.

LONGUETTE DE GOLARD, mariée en 1468 avec JEAN D'ANTIN, seigneur
de Bartères, étoit au service de JEANNE DE GOLARD, dame de l'Isle,
sa proche parente, lors de son mariage.

Je crois que ces exemples suffisent pour faire comprendre
que le mot de « servir, de serviteur, » donnoit autrefois une tout
autre idée qu'il ne donne à présent [1].

Extrait d'un *Mémoire pour l'histoire généalogique de la Maison de
Castelbajac* ; cahier en papier de 82 feuillets, dressé vers le milieu du
XVIIIe siècle ; Archives de M. Denis de Thezan.

---

18 MARS 1464.

Vente de la terre de Balarin à Pierre de Mercier, par VIGUIER DE
GALARD, *seigneur de Castéra-Lectourois et de Flamarens, et par son
frère* BERTRAND DE GALARD.

In Dei nomine, amen. Anno ab Incarnatione Domini quadringentesimo sexagesimo quarto, et die decima octava mensis
martii, illustrissimo principe et domino nostro, Dei gratia rege
Francorum, personaliter constituti, ... nobilis VIGUERIUS DE
GOUALARDO, dominus Castri-Novi Lectorensis et Flamarensis, Lectorensis diocesis, et nobilis BERTRANDUS DE GOUOLARDO, ejusdem

---

1. Voir plus loin la note de la page 546, sur Hector de Galard, valet de carreau,
et celle de la page 491.

Viguerii frater, ex una parte. . . . . et providus vir Petrus de Mercerii tam villæ Montis Regalis quam Condomii habitator, ex alia parte, etc. [1].

Archives du château de Terraube.

---

18 mars 1464.

Pierre de Mercier acheta de Viguier de Galard, *seigneur de Castéra-Lectourois et de Flamarens, ainsi que de* Bertrand de Galard, *son frère, la salle de Balarin. Ceux-ci toutefois se réservèrent la faculté de rachat.*

Noble Viguier de Galard, seigneur de Castelnau-Lectourois et de Flamarens, et noble Bertrand de Galard, son frère, vendirent par ensemble, 10 novembre 1464 [2], le château noble de Balarin (ou

1. Suit le contrat d'échange, duquel il appert que Viguier et Bertrand de Galard avaient précédemment vendu à un autre Mercier, du prénom de Jean, la salle de Balarin et ses appartenances, avec faculté de rachat.

2. 28 juillet 1464. Peu de temps après l'aliénation de Balarin par Bertrand et Viguier de Galard, Pierre et Jean de Mercier, les nouveaux possesseurs, passèrent un compromis avec Hugues, seigneur de Fourcès, au sujet de plusieurs fiefs et services féodaux. Ce Hugues de Fourcès est celui qui figure, page 184 de ce volume, sur le testament de Marguerite de Vicmont; il était fils d'une N. de Galard.

« Anno Domini millesimo quadringentesimo sexagesimo quarto et die xviii mensis julii, apud urbem Forcesii, cum, prout ibidem dictum, fuit debatum, etc., inter dominum Hugonem de Forcesio, militem, ut dominum dicti loci, ex una, et providos viros Petrum et Johannem de Mercerio, habitatores Condomii et Montisregalis, ex alia, super certis feudis de Viraco et fustis dictorum de Mercerio, et pluries debata, injuriæ et lites subsequti essent, etc., hec super certa feuda, in juridictione Forcesii scita. Igitur dictus dominus de Forcesio, pro se, et Petrus de Mercerio, frater et procurator dicti Joannis, ex alia, gratis concordaverunt quod sic : quod par, etc., et quod a utero rationi hujus litis ac debati ac si dictus dominus ratione præmissorum nullum damnum dictis de Mercerio in personnis neque bonis procuraplutôt Valerin) et les terres et droits qui en dépendaient, basse juridiction, etc., à Pierre Mercier, marchand de Condom. Les dites terres étaient situées entre les rivières de Losse et de la Gélise. Pierre, acquéreur, devait en jouir, ainsi que ses successeurs, de la même manière qu'en jouissaient les seigneurs de

vit, ymo amicavit et socios faciet, etc. Item quod dictus dominus non impediet feudis dictos de Mercerio de Valerino nec aliis eisdem pertinentibus. Item nec dicti de Mercerio impediant dicto domino servitia de Viraco et decimas de quadam petia terræ vocata de Saint-Savin, sed quod remaneat dicto de Forcesio. Item quod feuda cujusdam bordeli Joannis de Francia, in parroquia de Sancta Gemma, cum pertinentiis suis, sit per medium inter dictum dominum et de Mercerio. Item etiam feuda cujusdam bordæ et vineæ ac terræ, vocatæ lou Bourdiu, quod debatatantur, de Bordili pertinentiis de Marque, per medium infeudentur, quæ condam fuerant Joannis de Ricali, de partibus bordili de Tournapica quod sit dicto domino de Forcesio et residuum per medium. Item quod afuisamentum, factum per dictum de Mercerio Joanni Lana, sit suum et suis per in perpetuum, absque parte dicti domini. Item quod restituet dicto de Mercerio fustas et nemus, seu terras hermas infeudatas Joanni Lana, seu alteri pertineant totaliter dicto de Mercerio. Item quod solvent expensas factas, ratione premissorum, per medium, etc., obligaverunt etc., voluerunt compelli, etc., renuntiaverunt . . . . . constituerunt procuratores. . . . . . juraverunt . . . . de quibus, etc., cum consilio peritorum virorum, etc. Testes dominus Guillermus Robin, rector dicti loci, Guillermus de Seviaco, dominus de Luzanet, Joannes de Fita, filius, dicti loci, Vitalis et Bertrandus de Fita, filii dicti Joannis, Guillermus de Meilhan.

Ibidem dictus de Mercerio gratis dedit, donatione pura, tam pro se quam ut procurator dicti Johannis, fratris sui, nobili Bertrando de Forcesio, filio dicti domini Hugonis presenti, totum illud jus et autoritatem, quam habet in feudis et servitiis de Viraco jurisdictionis, et pertinentia et servitia contenta in quibusdam instrumentis dicti domini, et ratione multorum servitiorum, per dictum nobilem Bertrandum et dictum dominum factorum, taliter et promisit guirentire, etc. Obligavit, etc., divestivit et ipsum per traditionem note in pocessionem posuit, etc., cum consilio peritorum (virorum) et de terris de Sainct-Savin dictus de Mercerio die datæ presentis instrumenti juravit, etc. (*Archives du château de Magnas; vieille copie sur papier, deux feuillets.*)

L'extrait que nous venons de transcrire fut copié et collationné sur l'original par Domme, notaire royal, à la demande d'HENRI DE GALARD, seigneur de Balarin, le 6 novembre 1664.

Galard. L'acte, qui existe encore au château de Balarin, fut passé
par Jacques Maho, notaire à Montréal.

Archives du château de Malliac, manuscrits de M. Benjamin de Moncade;
notice sur Balarin, cahier A A 2.

Année 1468 et avant.

Viguier ou Bègue de Galard *était frère d'Archieu, troisième du nom
(d'après le titre moderne de l'acte), et comme lui fils de* Jean de Galard,
seigneur de Terraube, et de Marguerite de Galard, *issue d'autre*
Jean de Galard, *sire de l'Isle-Bozon, et de Marguerite de Vicmont.
Après la mort d'Archieu III, la tutelle de son fils, Archieu IV,
incomba à son oncle ledit Viguier de Galard. Celui-ci abusa de sa
situation pour faire disparaître la dispense, du 14 décembre 1457,
qui régularisait le mariage d'Archieu III avec Marguerite, et partant la naissance d'Archieu IV. Par cette suppression, Bègue avait
espéré rendre illégitime l'état de son neveu et s'emparer ainsi du
fief de Terraube. Cette importante affaire fut portée devant le parlement de Bordeaux, où il fut établi que Bègue avait soustrait la
dispense obtenue par les père et mère de son pupille, car elle avait
été enregistrée à l'officialité de Lectoure. Bègue de Galard fut dé-
bouté de ses prétentions, malgré le factum qu'il avait fait rédiger
pour sa défense, et dont nous allons transcrire le texte, à l'aide
duquel on peut remonter quatre générations.*

FACTUM DE BÈGUE DE GOALARD, FRÈRE D'ARCHIEU III,
CONTRE ARCHIEU IV [1].

Ad finem seu fines ut per vos metuendissimos dominos, par-
lamentum Burdegale tenentes, judicetur pro interventione et ad

---

1. Voir la note de la page 363 en ce volume. Cette classification et celle de
l'abbé de Lespine différeront de la nôtre, quand nous disposerons les degrés filiatifs
d'une façon méthodique. Ce seront les mêmes personnages, mais avec une autre
marque numérale.

utilitatem nobilis viri Veguerii de Golardo, scutiferi, domini loci
de Tarraubia, in senescallia Agenensi, actoris in materia petitionis hereditatis et contra et adversus quemdam se nominantem
Arsivetum[1] de Golardo, falso assertum filium legitimum et naturalem alterius Arsiveti de Golardo, defuncti Arsiveti de Golardo,
fratris dicti actoris, deffensoris. Videlicet et per judicium et
arrestum vestrum dicatur et declaretur dictum defensorem non
fuisse neque esse filium saltem legitimum dicti Arsiveti defuncti
de Galardo, fratris dicti actoris, et in omnem eventum etiam ut
judicetur per eumdem arrestum et declaretur nuptias legitimas
non fuisse neque esse potuisse inter dictum defunctum Arsivetum
et quamdam Margaritam de Golardo, matrem dicti defensoris,
consanguineam dicti defuncti Arsiveti ex duobus lateribus, in
secundo et quarto gradibus; duobus impedimentis obstantibus,
videlicet uno dictæ consanguinitatis in dictis gradibus prohibi-
tis et alio alterius matrimonii, prius contracti per juramentum et
verba legitima de presenti inter ipsam Margaritam et Johannem
de Leomonte, dominum de Podio-Galhardo. Et si quas nuptias
præfata Margarita contraxisse reperiatur cum dicto defuncto
Arsiveto fuisse incestuosas et non copulam conjugalem habuisse,
ymo incestum et adulterium commisisse cum dicto defuncto
Arsiveto et consequenter dictum defensorem, qui se dicit genitum
et natum ex dicto defuncto Arsiveto et ex dicta Margarita, fuisse
et esse illegitimum ex damnato, incestuoso et adulterio cohitu
genitum et incapacem hereditatis et successionis, tam dicti
defuncti Arsiveti de Golardo, fratris ipsius actoris, quam alterius

---

1. Dans tout le manuscrit, on peut lire également Arsivetum et Arsinetum :
la première donne en français *Archieu* ou *Arsieu*, traduction adoptée par les historiographes de la noblesse; la deuxième donne *Arsin*. Arsivetum a été pour ce motif
préféré par nous.

predecessoris etiam nominati Arsiveti de Golardo patris ipsius actoris. Et per sequelam, ut etiam dicatur et judicetur, dictum locum de Tarraubia et omnia alia bona que remansserunt ex successu dictorum Arsiveti et alterius Arsiveti de Golardo, patris et fratris dicti actoris, pertinuisse et pertinere dicto actori, et ipsum actorem esse et esse debere verum heredem et successorem universalem de Tarraubia ; et occupator illicitus bonorum dictæ domus et hereditatis condempnetur et compellatur ad restituendum et dimittendum eidem actori dictum locum et alia omnia bona, que fuerunt successive dictorum suorum patris et fratris, cum fructibus perceptis per eumdem defensorem et qui percipi potuissent et ut aliæ petitionis fines et conclusiones utiliores et habiles eidem actori adhuc dicentur, pro quibus obtinendis dictus actor proponit et allegat contra dictum defensorem facta, media et rationes quæ sequuntur.

Et primo providencia discendum præmittit dictus actor quod in Vasconia et in senescallia Agenensi ab antiquo fuerunt duæ domus militares, videlicet domus et locus de Tarraubia et domus et locus de Insula Bozonis, quarum duarum domorum domini habuerunt et portaverunt idem cognomen videlicet de Golardo.

Item proponit et dicit quod successive in dicto loco de Tarraubia fuerunt tres domini nominati hoc nomine Arsiveti de Golardo.

Item ponit et dicit quod primus Arsivetus de Golardo, dominus de Tarraubia, genuit ex legitimo matrimonio Arsivetum de Golardo, hoc nomine secundum, patrem dicti Arsiveti, et Longam de Golardo, uxorem domini loci de Bonnofonte.

Item dictus secundus Arsivetus, successit primo Arsiveto, patri, et fuit dominus de Tarraubia.

Item dictus secundus Arsivetus, filius dicti primi et successive dominus de Tarraubia, pater ipsius actoris, habuit in uxorem legitimam MARGARITAM DE GOLARDO, filiam legitimam et naturalem GOLARDI DE GOLARDO, domini loci de Insula Bozonis, matrem dicti actoris.

Item quod dicta Margarita, filia domini de Insula Bozonis et domina de Tarraubia, habuit et habebat unum fratrem videlicet BERTRANDUM DE GOLARDO, avum dictæ alterius Margaritæ, matris dicti defensoris; fuit dominus dicti loci de Insula Bozonis post suum patrem.

Item et sic dicta Margarita, domina de Tarraubia, et dictus Bertrandus, dominus de Insula Bozonis, erant frater et soror, ex eodem patre et ex eadem matre geniti, et pro talibus erant et fuerunt reputati et tenuti palam et publice.

Item quod dictus secundus Arsivetus et dicta prima Margarita, dominus et domina de Taraubia, ex eorum legitimo matrimonio genuerunt quatuor infantes videlicet : ARSIVETUM, tertium hoc nomine, GOLARDONUM, JOHANNEM et ipsum Beguerium, actorem, suos filios naturales et legitimos.

Item et dictus Bertrandus de Golardo, de quo supra fuit mentio facta, dominus de Insula Bozonis, frater dominæ de Taraubia, inter alios infantes genuit JOHANNEM DE GOLARDO, suum filium legitimum et naturalem et successive dominum de Insula Bozonis.

Item quod dictus Johannes de Golardo, dominus de Insula Bozonis, genuit dictam aliam MARGARITAM, matrem dicti defensoris.

Item quod dicta Margarita, mater dicti defensoris, fuit et erat filia dicti Johannis de Golardo, quondam domini loci predicti de Insula Bozonis.

Item et sic patet quod dictus tertius Arsivetus primogenitus dominus de Taraubia et alii sui fratres erant consobrini dicti Johannis, patris dicte Margarite, ex fratre et sorore geniti, et sic in secundo gradu linee collateralis secundum jus canonicum ex parte genologie paternæ ipsius Margaritæ, genitricis dicti defensoris.

Item quod dictus tertius Arsivetus, frater dicti actoris et dominus de Taraubia ultimo defunctus, assertus pater dicti defensoris et quem ipse defensor asserit suum genitorem esse, et dicta Margarita, filia domini de Insula Bozonis, mater defensoris, fuerunt et erant consanguinei, quia mulier erat filia consobrini dicti viri, et pro talibus se tenebant, vocabant et ab omnibus notis vocabantur, reputabantur et tenebantur, et ita fuit et est notarium, publicum et manifestum apud omnes in patria Agenensi et presertim inter vicinos et parentes, et sic prætensus pater et mater dicti defensoris erant in gradu consanguinitatis prohibito.

Item, ex alio latere, ex parte genologie materne ipsius Margaritæ erant prætenssus pater et mater dicti defensoris consanguinei, quia ponit et dicit dictus actor quod domina Longua de Golardo, soror secundi Arsiveti et amita tertii Arsiveti et ipsius actoris, de qua supra fuit habita mentio, genuit quamdam filiam Gerotam de Bonofonte.

Item et sic dicta Gerota fuit et erat cosobrina et in secundo gradu consanguinitatis dicti tertii Arsiveti, asserti patris dicti defensoris, quia filia suæ amitæ.

Item dicit quod dicta Gerota de Bonofonte genuit Longuam de Insula, uxorem Johannis de Golardo, domini de Insula Bozonis.

Item dicta Longua de Insula genuit, ex dicto domino de Insula Bozonis, dictam Margaritam, genitricem dicti defensoris.

Item et sic patet quod, ex alio latere, mater dicti defensoris erat consanguinea dicti tertii Arsiveti, domini de Tarraubia, ultimo defuncti et in quarto gradu ex genologia materna ipsius Margaritæ.

Item et sic patet quod dictus tertius Arsivetus, dominus de Taraubia, frater dicti actoris, non potuit habere dictam Margaritam, matrem dicti defensoris, in uxorem legitimam nec ipsa illum in virum, cum essent infra secundum, tertium et quartum gradum consanguinitatis patris et matris ipsius Margaritæ.

Item et ex alio impedimento prætenssus pater et dicta mater dicti defensoris non potuerunt esse legitimi conjuges, et ponit in facto dictus actor quod mater dicti defensoris, prius et antequam esset conjuncta concubinatu seu contubernio cum prætensso patre dicti actoris, contraxerat matrimonium per verba de presenti cum Johanne de Leomonte, domino de Podio Galhardo, palam et in presentia plurium, quare aliud prætenssum matrimonium contrahere non potuit cum prætensso patre dicti defensoris.

Item et post dictum matrimonium contractum cum dicto de Leomonte, et eo vivente, dicta mater dicti defensoris, ipsum de Leomonte, suum maritum, dereliquit et contempsit et de facto se conjunxit cum dicto tertio Arsincto, suo consanguineo, et cum eo comisit incestum et adulterium cum eo cohabitando, in eodem lecto dormiendo et carnaliter participando, et istud est notum et publicum et manifestum.

Item et licet dictus tertius Arsivetus, frater dicti actoris et assertus pater dicti defensoris, dum viveret, cessaverit unquam contraxisse verum matrimonium cum matre ipsius defensoris et cessaverit illud sollemnisasse in facie Sancte Matris Ecclesie, ac tamen dictus defensor, ductus consilio et auxilio dictæ suæ matris, maliciosæ et calidissimæ mulieris, de facto se fecit et facit falso nominari filium legitimum et naturalem dicti tertii Arsiveti, consanguinei dictæ suæ matris.

Item sub illo colore et nomine falso filii legitimi et naturalis et heredis dicti quondam Arsiveti tertii de facto et per vim se intrusit in dicto loco et castro de Taraubia, et occupavit et occupat omnia bona hereditatis dictorum Arsiveti secundi et Arsiveti tertii, patris et filii, quia omnia pertinuerunt et pertinent dicto actori et antehac filio et fratre et heredi secundi et tercii Arsiveti, successive dominorum dicti loci de Taraubia ex causa et mediis deducendis.

Item, pro declaratione juris et tituli dicti actoris dicit quod dictus Arsivetus, secundus hoc nomine, maritus dictæ dominæ Margaritæ, filiæ domus de Insula Bozonis, ad mortem veniens suum condidit testamentum in quo dictum actorem et alios suos duos filios porcionavit et instituit heredes particulares in certis summis et rebus, et in reliquo omnium bonorum suorum instituit heredem universalem dictum Arsivetum, suum filium primogenitum, tercium eo nomine, et substituit illi, quandocumque moriretur absque liberis de suo corpore et legitimo matrimonio procreatis, præordinans suos fratres et alios, prout ex dicto testamento intendit ostendere.

Item dicit quod dictus secundus hoc nomine Arsivetus condito suo testamento decessit superstitibus dicto altero Arsiveto hoc nomine tertio, suo primogenito et herede suo universali, et dictis tribus aliis suis filiis videlicet dictis actore, Golardono et Johanne, fratribus heredibus particularibus in certis summis et rebus institutis.

Item quod dictus Arsivetus hoc nomine tertius, filius primogenitus et heres universalis alterius Arsiveti secundi, se inmiscuit hereditati universali dicti sui patris defuncti et fuit verus dominus et pocessor factus dicti loci de Taraubia et aliorum bonorum dicti sui patris.

Item dicit quod exinde Guolardonus et Johannes, filii dicti secundi Arsiveti et fratres dicti tertii, successive decesserunt superstitibus dictis Arsiveto tertio et actore suis fratribus.

Item dicit quod etiam exinde tertius Arsivetus, ultimus dominus dicti loci de Taraubia, decessit absque aliquibus liberis ex primo et legitimo matrimonio procreatis, superstite sibi dicto actore suo fratre germano sibi herede substituto per dictum testamentum paternum, et sic dicta substitutio vendicavit sibi locum.

Item tam medio et ex vi dictæ substitutionis, ut proximior et filius dictæ domus et frater ultimi domini dicti loci de Taraubia, se inmiscuit hereditati paternæ ac adhivit hereditatem fraternam, fuitque et est, et esse debet verus heres et successor suorum patris et fratris, videlicet patris per medium fratris.

Item et etiam absque substitutione dictorum actorum, tanquam proximorum sui fratris, non existentibus ex eo liberis legitimis sibi succesisset et fuit et est ejus heres de jure.

Item quod dicto actori, ut et tanquam heredi et legitimo successori, pertinet dictus locus de Taraubia et cetera bona hereditatis suorum patris et fratris.

Item sed premissis non obstantibus dictus defensor, qui non est filius saltem legitimus dicti tertii Arsiveti et qui est incapax, quia illegitimus est, ut est superius ostenssum, de facto occupavit et adhuc occupat dictum locum et cetera bona hereditatis dictorum patris et fratris dicti actoris injuste et absque titulo saltem bono vero et legitimo[1] . . . . . tor requisivit pluries et de pre-

____

1. Ici manque un *item* ou article entier.

senti requirit dictum a dicta occupatione desisteret et dictum locum [1] . . . . . fratris ejusdem actoris restitueret cum fructibus perceptis [2]. . . . . actore, dictus defensor denegavit et contradixit et de presenti contradicit indebite et absque causa, quare super hiis et per litteras regias ipsum adjornari et convocari fecit coram vobis quas litteras et earum expleta implicat idem actor.

Item et sic ex jam dictis patet de intentione dicti actoris et suam intentionem bene fundatam et quod debet obtinere et consequi suos fines superius intentos.

Item et presertim quod omnia et singula sunt vera, notoria et manifesta et de premissis fuit et est verum et publica fama in dicta patria et locis circumvicinis.

Item et dictus defensor fuit sæpe confessus in judicio et extra omnia et singula premissa fore vera.

Ex quibus concludit ad fines intentos offerens monstrare de suis factis ad sufficienciam videlicet de omnibus aut de parte illorum, et si partem probat per illam partem obtinere intendit non se astringendo ad probandam reliquam partem nec ad ullam superfluam probationem de quo protestatur per expressum et petit expensas damna et interesse [3] . . . . . Dicimus hec salvo jure corrigendi [4] . . . . . mittendi, interpretendi [5] . . . . .

Archives du château de Terraube, carton B, pièce 16.

1. Lacune dans le papier et partant dans le texte.
2. *Idem.*
3. *Idem.*
4. *Idem.*
5. Le factum de Bègue ou Viguier de Galard, dirigé contre son frère Archieu, sa femme et son fils, est un tissu d'odieuses et fausses imputations, qui devant la justice tournèrent à sa grande honte, comme on a pu le constater plus haut, pages 369 et suivantes. Pendant la tutelle d'Archieu, son neveu, qui lui avait été confiée, Viguier de Galard déroba et anéantit la dispense pontificale qui légitimait le

15 JUIN 1470.

*Dans la compagnie du comte de Comminges qui fit montre à Argentan
on voit* HECTOR DE GALARD, *homme d'armes, et* ARNAUD DE GALARD,
archer.

HECTOR DE GOULART, l'un des 95 hommes d'armes de la compagnie de M. le comte de Comminges, revue à Argentan le 15 de
juin 1470.

ARNAUD DE GOULLARD[1], l'un des archers de cette compagnie.

Mss. de l'abbé de Lespine, dossier de Galard ; Cabinet des titres, Bibl.
de Richelieu.

mariage des auteurs de son pupille. Le duplicata de la bulle, enregistrée à l'official
de Lectoure, fut trouvé dans le cours du procès, Archieu la produisit ainsi que le
contrat d'union de son père avec Marguerite de Galard de l'Isle-Bozon et la quittance de la dot constituée à cette dernière. Ces actes et plusieurs autres ont été
insérés par nous dans ce présent volume (de la page 369 à 384). Nous avons en
outre découvert au château de Larochebeaucourt un fragment d'*Inventaire des titres
de la Maison de Galard*, prouvant que la demande de dispense en cour de Rome
fut rédigée par Pomarède, notaire de l'Isle-Bozon.

« 6 août 1457. Nobilis ARCHIVUS DE GUOLARDO, seigneur de Terraube, et MARGUE-
« RITE DE GUOLARD, fille de noble seigneur Jean de Guolard, seigneur de l'Isle-
« Bozon, donnèrent procuration pour solliciter en cour de Rome une dispense, à
« l'effet de se marier ensemble, malgré la parenté qu'il y avait entre eux au troi-
« sième degré de consanguinité, du côté du père, et au quatrième, du côté de la
« mère. Acte passé devant Jean de Pomarède, notaire de l'Isle-Bozon, en présence
« de noble BERTRAND DE GUOLARD, seigneur de Glatenx, et de BÉRAUD DE GALARD. »
(*Archives du château de Larochebeaucourt,* papier, 4 feuillets, dont 2 1/2 écrits.)

1. Cet Arnaud de Galard procréa Jean ou Jeannot de Galard, capitaine de Lombez, que l'on rencontrera plus loin. Cette paternité est déterminée par un acte du
6 novembre 1506, qui sera inséré en son rang chronologique. La présence d'Arnaud
de Galard dans la compagnie d'Hector est un indice de parenté. Leur cousinage, en
effet, était proche, car Arnaud, d'après Chérin et d'Hozier de Sérigny, était le quatrième fils de Jean de Galard, seigneur de Brassac, et de Miraille de la Valette. Un
document des Archives des Basses-Pyrénées nous révèle qu'Arnaud commandait
la place de Lombez avant 1500.

4 SEPTEMBRE 1474.

Lors de la création de la garde des cent gentilshommes de Sa Majesté,
HECTOR DE GALARD, *chambellan de Louis XI, fut pourvu de ce*
commandement. Indication de l'année de sa mort.

LISTE DES CAPITAINES DE LA PREMIÈRE COMPAGNIE
DES CENT GENTILSHOMMES.

HECTOR DE GOLART, écuïer, conseiller et chambellan du roy
Louis XI, pourvu par lui de l'état de capitaine de la première
compagnie, lorsqu'elle fut créée le 4e jour de septembre 1474.

Louis de Graville, écuïer, seigneur de Montagu, conseiller et
chambellan du roy (il l'appelle son cousin), fut pourvu, le dixième
juin 1475, par le décès dudit sieur de Golart.

Thiébault de Beaumont, seigneur de la Forest, écuier, le 18 septembre 1481, par la dépossession du sieur de Graville.

Histoire de la Milice françoise, par le R. P. Daniel, tome II, page 108,
in-4°.

---

4 SEPTEMBRE 1474.

HECTOR DE GALARD *est signalé comme premier capitaine des cent*
gentilshommes à bec de corbin dans l'extrait ci-après.

HECTOR DE GALARD, écuyer, conseiller et chambellan du roy, fut
le premier capitaine des 100 gentilshommes de la Maison du
roy, institués par le roy Louis XI, le 4 septembre 1474.

État de la France de 1722, tome II, page 184.

4 SEPTEMBRE 1474.

La charge de commandant de cent lances fut confiée par Louis XI à
HECTOR DE GALARD, son chambellan, avec mission de les conduire
en Roussillon, où campait alors l'armée.

DE L'INSTITUTION DES CENT GENTILSHOMMES.

Nous avons sur l'institution des deux compagnies des cent
gentils-hommes un livre imprimé il y a plus de cent ans, fait par
un homme judicieux et habile dans la matière sur laquelle il
avoit fait de fort exactes recherches. J'en tirerai ce que je vais
dire de l'institution de cette garde de nos rois. Il seroit à souhaiter que nous eussions de pareils Mémoires sur tout ce qui compose la Maison militaire du roy.

« Ces deux compagnies, dit l'auteur, furent instituées en
« divers tems. Le roy Louis XI étant à Puyseaux, le 4e jour de
« septembre 1474, mit sus pour la garde de son corps une com-
« pagnie de cent lances fournies, selon sa grande ordonnance,
« chacune d'un homme d'armes et deux archers, et en donna la
« conduite à HECTOR DE GOLART, écuier, son conseiller et cham-
« bellan, pour l'amener au païs de Roussillon et de Catalogne
« où lors étoit son armée; et parce qu'elle fut faite de la pluspart
« des gentils-hommes de son hôtel ou pensionnaires, elle fut
« appelée la compagnie de cent lances des Gentils-hommes de la
« Maison du roy, ordonnés pour la garde de son corps. »

J'ai dit ailleurs ce que c'estoit que ces pensionnaires dont il
est fait ici mention.

Histoire de la Milice françoise, par le R. P. Daniel, tome **II**, livre IX,
pages 99 et 100, in-4°.

Année 1474.

Autre mention des provisions de l'office de capitaine des cent vingt gentilshommes de la Maison du roi pour Hector de Galard.

Provisions de la charge de capitaine de VI^{xx} gentils-hommes de l'hôtel du roy en faveur d'Hector Goullart, écuier, l'an 1474.

Recueil des maisons des rois, Cabinet des titres, Bibl. de Richelieu.

1er octobre 1474.

Hector de Galard *tient le premier rang parmi les gardes du corps de Louis XI, comme il résulte du rôle que voici.*

HOMMES D'ARMES.

Hector de Galard, capitaine.
Jean de Dreux.
Jacques de Montmorin.

Pierre de Larroche.
Philippe de Menou.
Beldonin de Champagne, etc.

Notes manuscrites de l'abbé de Vergès, historiographe du roi et aumônier des Dames de France. Archives du séminaire d'Auch. — *Histoire de Gascogne,* par l'abbé de Monlezun, tome IV, page 447.

Année 1474.

*La compagnie des cent gentilshommes à bec de corbin, placée sous la conduite d'*Hector de Galard, *était composée d'hommes d'armes, tous qualifiés et issus des plus illustres et des plus anciennes maisons. Le capitaine disposait absolument de son personnel militaire ; c'était lui qui accordait les provisions à ceux qui lui semblaient dignes d'être admis. Telle fut la charge exercée dès le principe de l'institution, en 1474, par Hector de Galard.*

Changemens arrivez dans les deux compagnies depuis leur institution.

Pour connoître ces changemens, il faut scavoir sur quel pied elles furent d'abord. Premierement, elles estoient toutes deux composées de gentils-hommes, et même des plus qualifiez. Voici comme l'auteur du livre intitulé *l'Origine des deux Compagnies,* etc., parle sur cet article.

« Je puis dire qu'il n'y a guères d'anciennes maison de gen-
« tils-hommes qui ne trouve quelqu'un des siens enrôlé en l'une
« de ces deux compagnies : d'où certes et de semblables écrits
« il seroit bien plus certain et honorable de prouver la noblesse,
« que par contrat et autres titres de moindre foy. Tant il étoit
« constant que dans ces commencemens et long-tems depuis il
« n'y avoit que des gentils-hommes dont la noblesse fût bien prou-
« vée, qui fussent reçus dans ces compagnies. » Ce que je citerai bientôt du maréchal de Fleurange confirmera ce qui est dit ici. Mais en attendant j'ajouterai une nouvelle preuve, c'est qu'en la première année de Charles IX on trouve encore le nom d'un seigneur des plus illustres maisons du royaume parmi les cent gentilshommes : c'est Gabriel de Beauvau, chevalier, sieur de Rivau.

Secondement, chacun de ces gentils-hommes avoit deux archers qu'il entretenoit, montoit et armoit à ses dépens sur sa solde.

Troisièmement, le capitaine étoit absolument le maître de sa compagnie; et Hector de Golart, qui le fut dans le tems de l'institution, non-seulement eut la permission du roy de choisir lui-même tous les gentils-hommes, mais encore il les cassoit comme il le jugeoit à propos, et en mettoit d'autres à la place de ceux qu'il avoit cassez. On voit même que Jacques de Myolans, qui en étoit capitaine sous le règne de Charles VIII, donnoit des lettres de provision aux gentils-hommes pour leurs places dans ce corps; mais cela fut changé, et les gentils-hommes jugèrent qu'il étoit de leur honneur d'avoir leurs provisions du roy même.

Histoire de la Milice françoise, par le R. P. Daniel, tome II, page 101, in-4°.

ANNÉE 1474.

Le roi avait donné à HECTOR DE GALARD *le pouvoir de constituer les compagnies de gentilshommes ordinaires de sa Maison, de changer et de réformer à son gré les hommes d'armes qui en feraient partie.*

Par les lettres de retenuë dudit DE GOLART, en cet estat de capitaine (ainsi s'appelloient lors les provisions) le roy luy ordonne douze cens livres de gages par an, et trois cens soixante livres pour sa place d'homme d'armes, à raison de trente livres par mois, qui étoit la solde que chaque homme d'armes recevoit pour soy et pour les deux archers qu'il montoit et armoit à ses dépens. Ledit sieur Golart eust pouvoir de choisir les cent hommes d'armes et deux cens archers, et de les faire payer pour le temps qu'ils auroient servy, sans estre tenu d'en faire montre ny reveuë pardevant les maréchaux de France, ny aucuns autres commissaires, mais par ses simples ordonnances et certifications, et de les changer, oster, et en mettre d'autres en leur lieu, comme il jugera meilleur.

Après le décès d'Hector de Golart, le mesme roy par ses lettres patentes données à Tours, le dixième juin 1475, retinst (c'est comme on parloit) en l'estat de capitaine de ladite compagnie, son amé et féal cousin conseiller, et chambellan, **Louis de Graville**, escuyer, seigneur de Montagu.

Origine des deux compagnies de gentilshommes ordinaires de la Maison du roi, édition de 1683, in-8°, pages 5 et 6.

Année 1474.

*Extraits établissant qu'*Hector de Galard, *chambellan de Louis XI, commandant des cent gentilshommes à bec de corbin* [1], *personnifie le valet de carreau.*

Un peintre nommé Jacquemin Gringoneur inventa les cartes en 1392 pour amuser Charles VI pendant les intervalles de sa maladie. On lit dans un compte de Charles Poupard, argentier de ce prince : « Donné à Jacquemin Gringoneur, peintre, pour trois jeux de cartes à or et à diverses couleurs de plusieurs devises pour porter devant ledit seigneur, pour son ébattement, 56 sols parisis. »

Le jeu de piquet ne fut inventé que vers la fin du règne de Charles VII. Nombre d'auteurs ont rapporté le fameux ballet exécuté à la cour de ce prince qui donna lieu à ce jeu où toutes les cartes avaient leur signification. Le P. Daniel, le P. Menestrier et surtout M. de Saint-Foix en font mention avec les détails les plus circonstanciés. Sur les cartes des quatre valets, on lit les noms d'Ogier, de Lancelot, deux preux du temps de Charlemagne qui

---

1. On sait que c'est en faveur de la pauvre noblesse, qui n'avait point de quoi s'équiper, que Louis XI créa une compagnie de gentilshommes au bec de corbin, ainsi nommée d'une espèce de hallebarde dont ils étaient armés. (*Nobiliana,* par Alph. Chassant, paléographe, page 158.)

représentaient l'ancienne chevalerie. Ce sont les valets de pique et de trèfle. La chevalerie moderne, représentée par les valets de carreau et de cœur qui étaient capitaines de grande distinction sous Charles VII et Louis XI. Le valet de carreau était HECTOR DE GALARD BRASSAC, chevalier de l'ordre du roi et commandant des gentilshommes au bec de corbin dont on a fait les chevau-légers de la garde. Le valet de cœur était le fameux La Hire à qui Charles VII demandait son avis sur les préparatifs d'une fête qu'il voulait donner dans le temps que la France était au moment de sa perte ; La Hire répondit : *Sire, on ne saurait perdre plus gaiement un royaume.*

Fonds Moreau ; Bibl. de Richelieu, Cabinet des titres. — Mss. de l'abbé de Lespine, dossier de Galard.

Année 1474.

*Velly, en son « Histoire de France, » pense qu'*HECTOR DE GALARD, *original du valet de carreau, fut l'un des ancêtres de M. le comte de Brassac.*

On peut voir encore dans les cartes que nous employons la forme des habillements du siècle où elles devinrent d'un usage plus fréquent. Aux armoiries dont les draperies sont chargées, on reconnoît les règnes de Charles VI et de Charles VII. C'étoit alors la mode de faire broder ses armes sur ses vêtements, ce qui formoit une distinction entre la noblesse et le peuple, distinction qui ne seroit plus praticable aujourd'hui, que le mince roturier surcharge l'écusson de ses pacifiques ancêtres des instruments de guerre les plus meurtriers, modeste encore s'il ne décore pas ces ridicules trophées d'une couronne de comte ou de marquis

Les noms d'Alexandre, de David, de César et de Charlemagne, ainsi que ceux des dames, retracent cet ancien jeu du roi et de la reine. Ceux des valets sont plus modernes. Ogier le Danois et Lancelot rappellent les temps héroïques de nos anciens paladins, et la chevalerie moderne est représentée par deux seigneurs de la cour, qui vivoient encore dans le temps où le jeu de cartes, devenu commun, reçut sa dernière forme. Ces deux seigneurs sont le fameux La Hire et le brave HECTOR DE GALARD, l'un des ancêtres de M. le comte de Brassac. Il étoit chevalier de l'ordre, et commandoit les gentilshommes à bec de corbin, dont on forma dans la suite la seconde compagnie des gardes du corps.

Histoire de France, par Velly de Villart, in-4°. Saillant et Nyon. Paris, 1770, tome VI, note de la page 308.

Année 1474.

La Chesnaye des Bois, à son tour, pense que la chevalerie du cycle carlovingien est figurée par Ogier le Danois et Lancelot, et que celle du temps de Charles VII l'est par La Hire et HECTOR DE GALARD.

Oger le Danois et Lancelot rappellent les temps héroïques de nos anciens paladins, et la chevalerie est représentée par deux seigneurs de la cour qui vivoient encore dans le temps où le jeu des cartes, devenu commun, reçut sa dernière forme.

Ces deux seigneurs sont le François La Hire et le brave HECTOR DE GALARD, chevalier de l'ordre et commandant les gentilshommes à bec de corbin, dont on forma la seconde compagnie des gardes du corps.

Dictionnaire historique des mœurs, des usages et des coutumes, par La Chesnaye des Bois, tome I, pages 374 et 375.

Avant 1474.

Hector de Galard est encore désigné comme le personnage primitif du valet de carreau dans l'extrait que voici :

Le P. Menestrier ajoute pour confirmer son sentiment, qu'on ne voit ni bas-reliefs, ni peintures, ni tapisseries avant ce temps-là où ce jeu soit représenté, au lieu qu'en plusieurs autres on voit des dez, des échiquiers, des cornets, etc., et qu'enfin nos vieux romans parlent en diverses occasions de tous ces jeux sans faire nulle mention des jeux de cartes; d'où il conclut que les jeux de cartes n'ont point été introduits en France avant le règne de Charles VI. Quant au jeu de piquet en particulier, il n'en fixe point l'époque, et c'est celle que nous cherchons.

Une des cartes du jeu de piquet nous le fait connaître. C'est le valet de cœur qui porte le nom de la Hire. C'étoit Étienne de Vignolles, connu dans nos histoires sous le nom de la Hire, un des plus fameux capitaines du roi Charles VII et qui contribua le plus aux conquêtes et au rétablissement des affaires de ce prince.

On pouvoit dire avec vraisemblance que cet Hector étoit un seigneur de la cour de Charles VII, que le roi Louis, fils et successeur de ce prince, fit capitaine de sa grande garde; c'est le titre que l'on donnoit alors à la compagnie des cent gentils-hommes au bec de corbin.

Il s'appelloit Hector de Galard qui fut capitaine de cette compagnie à sa création en 1474. Elle étoit toute composée de gentilshommes, et même de gentilshommes qualifiez, comme on le voit par l'histoire de son institution.

Le valet de pique a le nom d'Ogier : c'étoit un des preux de

Charlemagne, appelé dans nos anciens romans Ogier le Danois. On voit encore dans l'abbaye de Roncevaux sa masse d'argent qui suppose une force extraordinaire dans celui qui la manioit, car elle pèse plus de huit livres. Charlemagne est aussi un des quatre rois du jeu de piquet : cela avec les autres choses que j'ai observées, marquent que ce jeu a été institué en France, et sous le règne de Charles VII. A quoi j'ajoute pour confirmation de tout ceci, que l'on voit au bas de toutes les figures les armes de France à trois fleurs de lis, et il est certain que la manière de les représenter ainsi, et non avec les fleurs de lis sans nombre, commença sous Charles VI à devenir la manière ordinaire : je dis la manière ordinaire, car on avoit quelques exemples, mais peu avant le règne de ce prince.

Mémoires pour l'histoire des sciences et des beaux-arts. Avril et mai 1720, vol. 12, pages 937-940.

Année 1474.

L'opinion de Gabriel Peignot, le célèbre bibliophile, est, relativement à Hector de Galard, *la même que celle des auteurs précédents.*

Passons à l'explication des figures et commençons par les valets, dont les noms sont : Ogier pour le pique, Lancelot pour le trèfle, Lahire pour le cœur, et Hector pour le carreau. Ogier et Lancelot étoient deux preux du temps de Charlemagne ; Lahire et Hector (de Galard) étoient des capitaines de distinction sous Charles VII[1]. Le titre de valet, varlet, étoit anciennement

---

1. Ogier, Oger ou Otger, si connu dans l'histoire romanesque de Charlemagne, attribuée à l'archevêque Turpin, n'est point un personnage fabuleux. Le moine de

honorable, et les plus grands seigneurs le portoient jusqu'à ce

Saint-Gal en parle ainsi dans son *De Rebus bellicis Caroli magni*, lib. II, c. 26.

« Quelques années avant que Charles conquit l'Italie, un des premiers princes,
« qui s'appelait Otger, chercha aurpès de Didier, roi des Lombards, un asile pour
« se soustraire à sa colère. »

Selon toute apparence, cet Otger est le même que Auctaire, un des premiers
seigneurs du royaume de Carloman, frère de Charlemagne, dont parle Anastase
dans la vie du pape Adrien Ier.

Lancelot du Lac étoit un chevalier de la Table-Ronde, l'un de ceux de la cour
du roi Arthus. Il y a un roman sous ce nom, qui étoit l'un des plus estimés parmi
les anciens ouvrages de ce genre.

Lahire est le fameux Étienne de Vignoles, surnommé Lahire, qui contribua
tant par sa valeur à affermir le trône chancelant de Charles VII.

Hector, selon Daniel, est HECTOR DE GALARD, capitaine de la grande garde de
Louis XI. (*Recherches histor. sur l'origine des cartes à jouer,* par Gabriel Peignot.)

Je crois devoir reproduire ici, à la suite de l'article de Gabriel Peignot, celui
d'André de la Roque sur la qualité de valet ou varlet :

« Que le titre de valet équipole à celuy d'écuyer.

« Quelques-uns dérivent le mot de valet de l'hébreu *valud,* qui signifie un
enfant. Il se trouve ordinairement dans les anciens livres de Gascogne. Il estoit considérable en Poitou, parce que ce titre estoit égal à celuy d'écuyer des autres provinces, et qu'il n'estoit pas donné à ceux qui estoient mercenaires ou qui servoient
dans de viles conditions, mais à ceux qui estoient apprentifs du métier des armes
sous des personnes qui en avoient une longue expérience, ausquelles ils obéissoient
aussi volontiers que leurs commandements estoient honorables, ou qui estant infé-
rieurs des autres, et relevant de leurs fiefs, pouvoient estre qualifiez leurs valets
et soumis à leur puissance.

« Georges de Villehardouin estime tant cet ancien titre de valet, qu'il appelle le
prince Alexis, fils d'Isaac, empereur de Grèce, le valet de Constantinople.

« C'est pourquoy l'on ne doit pas s'étonner si Louis, roi de Navarre, Philippe,
comte de Poitou, et Charles, enfants du roi Philippe le Bel, et quelques autres
princes, sont qualifiez valets dans un compte en rouleau de sa maison, daté de la
Pentecoste 1313.

« Dans les registres de la Chambre des comptes, on voit deux titres du mesme
roy Philippe, dont l'un, de l'an 1292, contient que valet est un serviteur noble qui
alloit partout où le chevalier son maître lui commandoit. Par l'autre titre qui est
de 1297, ce prince qualifie valet et damoiseau, Aimery de Poitiers, en ces termes :
« Philippus Dei gratia francorum rex, etc., dilectus et fidelis valedus noster, Aime-
« ricus de Pictavis, domicellus. »

« Ce mesme roy fit une ordonnance à Longchamps, le 10 juillet 1309, dans

qu'ils eussent été reçus chevaliers. Les quatre valets au piquet

laquelle il est parlé de Huet de Beaujeu, valet de la reine, c'est-à-dire écuyer de la reine.

« Guillaume de Lezay est employé avec la qualité de valet au rôle des hommages rendus au roy, à cause de la comté de Poitiers, et Savary, vicomte de Thouars, y est aussi qualifié valet.

« Le titre de valet étoit autrefois si honorable dans toutes les chroniques, que Jean Froissart appelle Guy de Lusignan valet du comte de Poitou.

« L'on pourroit icy faire réflexion que ceux qui ont inventé les figures des jeux de carte, y ont employé quatre valets de cette nature, pour accompagner les quatre rois et les quatre reines qui y sont marquez.

« Ce nom de valet demeurera enfin aux tranchants du roy, depuis appelez écuyers tranchants. Mais le mot d'écuyer, que plusieurs ont voulu beaucoup relever au-dessus de celuy de valet, est maintenant si avily, que les cuisiniers s'en parent, comme s'ils vouloient s'égaler aux valets et écuyers tranchants ou aux maîtres-queux, qui avoient le grand-queux pour supérieur et qui avoient sous eux des écuyers de cuisine, lesquels estoient souvent nobles de naissance ou anoblis.

« Ces charges de valets tranchants ont esté exercées par les plus grands du royaume. Gauvain de Dreux, prince du sang de France, n'a pas cru dégénérer d'en prendre la qualité, comme il se voit par une quittance enregistrée à la Chambre des comptes, scellée du sceau de Dreux, et datée du 24 septembre 1407. » (De la Roque, *Traité de la Noblesse,* édition de 1678, p. 7 et 8.)

Nous trouvons dans les *Mémoires de Trévoux* des renseignements historiques qui nous édifient également sur la qualité de valet ou varlet, laquelle fut primitivement portée par les grands seigneurs et même par les fils de rois. Nous croyons devoir transcrire ici ces pages instructives :

« Je viens de dire que le titre de valet étoit une qualité très-honorable, et cela non seulement du temps de Charles VII, mais encore long-tems auparavant sous le règne de Philippe-Auguste et même avant ce règne. « En ce temps-là, dit une « ancienne Chronique, il n'y avoit point de titre parmi la noblesse plus considé- « rable que celui des braves valets, strenui famuli, comme on le peut prouver par « les cartes et celui de chevalier. »

« Monsieur du Cange, dans ses notes sur Villehardouin, remarque que ce seigneur dans son *Histoire,* donne le nom de valet au fils de l'empereur de Constantinople, et cite plusieurs endroits de nos anciens romans françois sur ce sujet, entre autres le *Roman de Rhou* manuscrit, où, en parlant de Guillaume le Conquérant, il dit :

Guillaume fut valet petit,
A Falaise posé, et norrit.

représentent donc la noblesse, comme les dix, les huit et les sept désignent les soldats.

Recherches historiques sur l'origine des cartes à jouer, par Gabriel Peignot. Dijon, 1826, in-8°, page 207.

« Et en un autre endroit :

> Et me fit avoir en otage
> Deux valets de noble lignage
> N'étoit un chevalier encore,
> Est valleton.

« Et en parlant de Henri II, roi d'Angleterre :

> Cinquante-trois ans plus sa terre justifia
> Après la mort son père, qui valet le laissa.

« Communément, les valets étoient des seigneurs qui, n'ayant pas encore le titre de chevalier, s'attachoient aux chevaliers dans les tournois et dans les armées.

> Armigerique suis dominis qui deesse nequibant,

dit Guillaume le Breton dans son Histoire en vers de Philippe-Auguste. Leurs fonctions étoient de tenir le cheval de bataille du chevalier, jusqu'à ce qu'il voulût le monter pour combattre.

> Ces chevaliers à leurs otez venir,
> Ces blancs haubers endosser et vêtir,
> Ses écuyers, ces beaux chevaux tenir.

« Ils gardoient et lioient les prisonniers que les chevaliers faisoient dans le combat.

> Arripiunt sternuntque viros traduntque ligandos
> Armigeris.

« Ils portoient les armes du chevalier jusqu'à ce qu'il voulût s'en servir, c'est-à-dire sa lance, sa hache d'armes, son bouclier. Lorsque Guillaume des Barres, un des plus fameux chevaliers de Philippe-Auguste, se mit en marche pour aller escarmoucher vers Mante contre Richard, depuis roi d'Angleterre, il prit Guillaume le Breton, sa lance, son bouclier, que son écuyer portoit.

> Armigeri spoliat clypeo latus, et rapit hastam.

« C'est pourquoi ces famuli ou valets ont divers titres. Dans nos anciennes histoires en latin, on les appelle *famuli* ou *valets,* parce qu'ils étoient à la suite des

Année 1474.

D'après l'Encyclopédie des gens du monde, le jeu de cartes ne serait que l'allégorie de la guerre, et le groupe des quatre valets figurerait deux preux du temps de Charlemagne et deux capitaines de l'époque de Charles VII ; l'un de ces derniers serait La Hire et l'autre Hector de Galard.

Jacquemin Gringonneur ne fut donc que l'importateur des cartes qui, en effet, furent d'abord destinées à distraire le roi Charles VI dans les intervalles de sa folie. Une somme considérable pour l'époque fut affectée par la chambre des comptes au paiement du premier jeu confectionné par l'artiste. Gringonneur toutefois ne se borna pas à une imitation servile en transportant ce nouveau jeu dans sa patrie, on peut dire qu'il le naturalisa français par le choix des figures qu'il substitua aux an-

chevaliers, *scutarii*, en françois *écuyers*, parce qu'ils portoient l'écu, ou le bouclier du chevalier, et *armigeri*, pour la même raison. Il n'y a donc pas lieu de s'étonner, si ces valets étant tous gentilshommes, et souvent de grands seigneurs, on donne dans le jeu de piquet le titre de valet à la Hire, à Hector, à Lancelot et à Ogier le Danois. On les y appelle ainsi par rapport à César, à Charlemagne, à David et à Alexandre ; on y voit même qu'ils font une des fonctions d'écuyers ou de valets ; car dans les cartes qui les représentent, ils portent la hache d'armes de ces princes.

« Avec les rois ou empereurs, et les seigneurs ou gentilshommes appellez valets, se trouve dans chaque quadrille une dame ainsi appellée, soit qu'elle soit déesse comme Pallas, ou une simple dame comme Rachel, soit qu'elle soit reine comme je le pense des deux autres ; mais ce sont tout autant d'énigmes que je tâcherai de deviner dans la suite. On sçait, par les romans de ce tems-là, et par les histoires, que les dames avoient toûjours beaucoup de part dans les tournois, dans les carrousels et dans les autres spectacles. » (*Mémoires de Trévoux, Origines du jeu de piquet*, pages 940-946.)

L'article des *Mémoires de Trévoux* que nous venons de rapporter a été pris en substance dans le chapitre de l'*Histoire de la Milice françoise*, par le P. Daniel, tome II, page 127, chapitre intitulé : « Des écuyers et des valets. »

ciennes. Plus tard, sous le règne de Charles VII, il perfectionna encore lui-même son invention prétendue et assigna à ces figures les noms qu'elles portent encore aujourd'hui. Ainsi David, le roi de pique, fut l'emblème de Charles VII, également tourmenté par un fils ingrat, et le roi de cœur prit le nom de Charlemagne, l'un de nos plus illustres monarques. Argine (anagramme de Regina) figura dans la dame de trefle, la reine Marie, épouse du prince régnant, **Pallas**, dame de pique, la vaillante pucelle d'Orléans, Rachel, dame de carreau, la tendre Agnès Sorel, et la dame de cœur Judith, la plus que galante Isabeau de Bavière. Les quatre valets, dans l'origine varlets (ce qui répondait à peu près au titre d'écuyer), furent quatre vaillants capitaines, Ogier et Lancelot sous Charlemagne, Hector de Gallard et Lahire sous Charles VII. Le reste du jeu offrait une sorte d'allégorie guerrière dans le goût du temps. Le cœur était l'emblème de la bravoure, le pique et le carreau représentaient les armes, le trefle les vivres, fourrages et munitions. L'as enfin était dans sa signification latine, ce qu'on a toujours considéré comme le nerf de la guerre, c'est-à-dire l'argent.

En Allemagne, les cartes ont conservé quelques teintes du moyen âge : aux rois, aux reines, aux valets ou *varlets* on a ajouté une quatrième sorte de figures, *les chevaliers*. Un jeu entier, qui n'est chez nous que de 56 cartes, en contint longtemps 64 dans ce pays, et les 21 *à-tous* qu'il renfermait avaient pour désignation *le diable, la mort*, etc. La différence la plus notable entre nos cartes et celles de l'Espagne et de l'Italie, c'est que, dans ces deux contrées, nos quatre couleurs, *cœur, trèfle, pique, carreau*, sont remplacées par les quatre dénominations de *coupe, denier, épée, bâton*.

Encyclopédie des gens du monde, tome V, page 8, in-4°.

Année 1474.

*Portrait d'*HECTOR DE GALARD, *commandant des cent gentilshommes à bec de corbin, qui mérita, par sa bravoure, d'être représenté dans le jeu de cartes sous la figure du valet de carreau.*

Portrait d'après un vieux tableau faisant partie de la galerie de M. le comte de Béarn, prince de Viana, au château de Larochebeaucourt.

Année 1474.

L'opinion générale sur Hector de Galard *a été également adoptée par l'Encyclopédie moderne.*

Les figures de ces premières cartes ne portaient point les noms que nous leur donnons à présent. Le roi de carreau s'appelait Coursube, nom que les Romains donnaient à un ancien roi sarrasin, le roi de pique s'appelait Apollin, du nom d'une idole attribuée aux peuples du Levant par les vieilles histoires des croisades; le valet de trèfle s'appelait Rolan, l'un des preux et neveu de Charlemagne. Plusieurs figures n'avaient point de noms et étaient accompagnées de devises morales ou satiriques. Leur pose et leurs attributs n'étaient point les mêmes que de nos jours ; mais les couronnes des rois étaient toutes formées de fleurs de lis, et les costumes étaient ceux du règne de Charles VII, qui monta sur le trône en 1422. Tout nous indique que c'est du temps de ce prince que les cartes sont devenues insensiblement ce qu'elles sont. Suivant une explication assez ingénieuse, si elle n'est pas rigoureusement exacte, le jeu de cartes serait l'image d'un jeu plus terrible, celui de la guerre. Les cœurs figuraient la bravoure militaire, les piques et les carreaux les armes dont un roi prévoyant doit tenir ses arsenaux toujours remplis, les trèfles les approvisionnements de fourrages et de vivres, enfin les as, nom d'une monnaie romaine, les finances qui sont le nerf de la guerre. Quant aux figures, trois des rois sont censés représenter Alexandre, César et Charlemagne; mais le roi de pique, appelé David, serait l'emblème de Charles VII, qui fut poursuivi par son père, comme David le fut par Saül. La dame de trèfle, nommée Argine, anagramme de Regina, serait

Marie d'Anjou, femme de Charles VII ; la dame de carreau, Rachel, Agnès Sorel ; la dame de pique, Pallas, la Pucelle d'Orléans ; la dame de cœur, Judith, Isabeau de Bavière, femme de Charles VI. Des quatre valets ou varlets, Ogier et Lancelot sont deux preux du temps de Charlemagne ; HECTOR DE GALARD[1] et Lahire, deux capitaines du temps de Charles VII. Si cette explication est juste, elle justifie l'opinion que nous avons émise, que les cartes que Jacquemin Gringonneur peignit pour Charles VI étaient tout à fait différentes de celles dont nous nous servons.

Encyclopédie moderne, Didot, tome VII. page 648, article *Cartes à jouer.*

ANNÉE 1474.

Extrait de la Revue d'Aquitaine concernant HECTOR DE GALARD.

Nul n'ignore qu'à leur origine les cartes à jouer furent allégoriques. Ainsi la dame de trèfle *Argine,* anagramme de *Regina,* désignait la reine Marie d'Anjou, femme de Charles VII ; *Rachel,* la dame de carreau, figurait Agnès Sorel ; sous les traits de l'héroïque Pallas se voilait Jeanne d'Arc ; enfin la sensible et inconstante Isabeau de Bavière était représentée par Judith, deuxième femme de Louis le Débonnaire, réputée pour son humeur galante. Il ne faut pas, par conséquent, la confondre avec son homonyme juive, la libératrice de Béthulie. Chacun sait encore que les quatre rois, David, Alexandre, César et Charlemagne, sont pris dans l'histoire de Judée, de Grèce, de Rome et de France. La provenance des quatre valets (autrefois varlets) est moins connue.

---

1. Et non pas *Galand,* nom fautivement énoncé dans l'article ci-dessus.

VALET DE CARREAU

D'après celui de Iehan Volay, cartier du 17ᵉ siècle.

VALET DE CARREAU

Type bavarois, d'après les cartes imprimées et coloriées chez And, au commencement du 18ᵉ siècle.

VALET DE CARREAU

En satin broché par Georges Panichi (de Florence).

VALET DE CARREAU

En costume Louis XIII, d'après les cartes de F. Delettre, qui fabriquait vers 1655.

Ces types sont tirés de la Collection des Cartes à jouer du Cabinet des Estampes, t. III, Kh 34, 6.

Paris. — Imprimerie Jules Le Clere et Cᵉ, rue Cassette, 29.

Cette qualification au moyen âge impliquait l'idée de bravoure et n'était appliquée qu'aux aspirants écuyers, qu'aux preux et paladins. Sur les quatre, tous, moins *Ogier* le Danois, étaient des enfants de Gascogne. *Lancelot* n'était pas du tout, comme le prétend le roman dont il est le héros, fils de Ban, roi de Brucie, et pupille de la fée Viviane, mais simplement originaire du château du Lac, dans le comté de Gaure. HECTOR DE GALARD [1] et *Lahire* (dit Vignolles), qui contribuèrent, par leur vaillance, à la délivrance nationale, avaient eu pour berceau, le premier le castel de GOALARD, dans le Condomois, et le second le village de Francescas (Lot-et-Garonne).

Revue d'Aquitaine, tome V, page 447.

[1]. Nous reproduisons ci-contre quatre types anciens et pittoresques du valet de carreau ; l'un d'eux a été fidèlement copié sur les cartes en satin broché, exécutées par Georges Paniché, à Florence, et conservées à la Bibliothèque de Richelieu dans la collection des cartes à jouer, et cotée K*h* 534, 6 au Cabinet des estampes.

Le valet de carreau est figuré de deux façons dans les cartes espagnoles. Nous ne connaissons qu'une seule figure pour les Russes.

Dans le jeu de Tarot, le valet de carreau représente le *chevalier du denier.*

Dans quelques jeux historiques, le valet de carreau est remplacé par le sire de Joinville.

Dans certains jeux de fantaisie, le valet de carreau est un *valet de chasse :* il tient une épée d'une main, tandis que de l'autre il mène un chien en laisse.

Dans un jeu, œuvre de Robert Passerel, le valet de carreau ou Hector devient *Roger,* et celui de pique *Renault.*

Dans certains jeux drolatiques, le valet de carreau se change en *Sancho Pança,* et celui de cœur en *Don Quichotte.*

Dans le jeu de cartes du Consulat, le valet de carreau est *un soldat du pont d'Arcole* portant le drapeau.

Dans le jeu républicain, le valet de carreau est transformé en *moissonneur,* celui de cœur en *gardeur,* celui de pique en *vendangeur,* celui de trèfle en *bûcheron.* Les rois sont remplacés par *Caton* et *Solon, Jean-Jacques Rousseau* et *Brutus;* les dames sont *prudence, justice, union, force ;* d'autres fois les valets sont *Annibal, Horace, Decius Mus, Mucius-Scœvola.* On trouve plusieurs variétés du genre avec

ANNÉE 1474.

*Notice de M. Chaudruc de Crazannes sur le château de Brassac, dans laquelle il est question de la branche des seigneurs de Brassac, d'*HECTOR DE GALARD *et du titre de comté existant pour ladite terre en 1402.*

Brassac, dont la position est tout à fait formidable, est construit sur une petite montagne. Ses remparts étaient pour ainsi dire inabordables; les restes de ces fortifications forment aujourd'hui une imposante et colossale ruine; une partie de ses substructions paraît remonter au XIIIe siècle.

La terre de Brassac appartenait, au XIIIe siècle, aux de Beauville, mais non pas en totalité, car une partie fut apportée par Éléonore d'Armagnac à son mari BERTRAND DE GALARD.

Les descendants possédèrent en entier ce grand fief, par suite de l'alliance de GUILLAUME DE GALARD avec BORGNE DE BEAUVILLE vers 1366. Ce Guillaume fut un des zélés partisans d'Angleterre, pour laquelle il combattit, ce qui est prouvé par divers actes de Rymer. On le trouve vers 1361 rendant hommage au roi Richard II.

JEAN, son fils, fut témoin du duel que le comte d'Armagnac eut à soutenir contre le comte de Foix en 1415. Sa femme BERTRANDE DE MANAS lui donna entre autres enfants PIERRE, qui fut

les modifications d'attitude, de costume; dans d'autres le valet de carreau est un *soldat* en costume républicain.

Dans les cartes à jouer dessinées par Nicolas Gatteaux en 1811, le valet de carreau, vêtu de la toge romaine, est travesti en *Curion*, le valet de trèfle en *Parménion*, celui de pique en *Azael*. Les rois gardent les mêmes noms que dans les autres jeux, mais les dames deviennent : celle de cœur *Hildegarde*, celle de trèfle *Statira*, celle de pique *Abigaïl*, celle de carreau *Calpurnine*.

Imp. Lemercier & Cie, 57, rue de Seine, Paris

Aqua fort.

CHÂTEAU DE BRASSAC.

gouverneur de Quercy, JEAN, héritier dudit Pierre privé de postérité masculine, et HECTOR, commandant de cent gentilshommes à bec de corbin, qui formaient en 1474 la garde de Louis XI. Hector est représenté dans le jeu de cartes sous la figure du valet de carreau.

L'inventaire des titres anciens, conservés au Trésor de Brassac et qui devinrent la proie des flammes en 93, sur la place du bourg de Visa, nous apprend que Brassac avait en 1402 le rang de comté. Louis XIII, en élevant la terre à ce titre, ne fit donc que consacrer la tradition.

Une note qui m'a été communiquée par une personne de Moissac rapporte que le comte de Derby éprouva un échec sous les murs de Brassac. N'ayant pu vérifier l'authenticité du fait et la marche du comte de Derby ayant été constamment victorieuse, sa prétendue défaite me paraît tout à fait invraisemblable.

Le seigneur de Brassac étendait son pouvoir juridictionnel, non-seulement sur le dernier fief, mais encore sur les paroisses environnantes, telles que le Bugat, Saint-Clément, Sainte-Eulalie, la Bruguede, Buzenon, Faveroux, Mongoudoux, Saint-Nazaire, Valantane, Miremont.

Durant les guerres de religion, le château de Brassac fut saccagé par les huguenots en haine du seigneur, qui combattait à côté du maréchal de Monluc.

En 1508, l'alliance de HUGUES DE GALARD avec JEANNE DE BÉARN lui imposa de prendre les armes et le nom de la famille de sa femme ; depuis, conformément aux clauses du contrat, les aînés, moins certaines exceptions, se sont appelés de Béarn de préférence.

Les seigneurs de Brassac jouèrent un grand rôle à la cour, où quelques-uns d'entre eux se ruinèrent. Le plus célèbre de tous est Jean, comte de Brassac, qui fut ministre d'État, ambassadeur à Rome, gouverneur de Lorraine et l'un des plus énergiques soutiens de la politique de Richelieu.

En 1740, le seigneur de Brassac eut à soutenir un procès contre les consuls de Castelsagrat. Le différend se termina par une transaction [1].

Notice communiquée à M. Noulens par feu M. le baron Chaudruc de Crazannes, pour être insérée dans la *Revue d'Aquitaine*.

Année 1475 et avant.

Extrait d'un mémoire généalogique par Bouland, d'après lequel Hector de Galard, *chambellan de Louis XI et personnification du valet de carreau, serait fils de* Jean Ier de Galard, *seigneur de Brassac, et de Bertrande de Manas* [2]. *Il y est question de Jean Ier comme cousin du comte d'Armagnac et comme témoin de celui-ci dans son duel avec le comte de Foix. Il y est également dit qu'Hector de Galard figurait au fameux ballet où Charles VII faillit être brûlé vivant.*

Jean de Galard de Brassac, premier du nom, qualifié noble et puissant baron de Brassac, le 1er juin 1407, transigea dans le

---

1. Nous croyons devoir donner à la suite de cette notice une vue des ruines du château de Brassac en l'état où elles se trouvent aujourd'hui. Tout le monde devinera, à l'aspect de ces restes grandioses, la fière mine et l'inexpugnable force que devait avoir le castel au moyen âge.

2. Ni dans le testament de Jean de Galard ni dans celui de sa femme, Bertrande de Manas, où les enfants des deux sexes sont tour à tour nommés, il n'est nullement question d'un fils du nom d'Hector. Ce silence commande la plus grande réserve. On ne peut donc affirmer, comme le fait le mémoire auquel nous avons emprunté l'extrait ci-dessus, qu'Hector de Galard était issu de Jean de Galard et de Bertrande de Manas : la coïncidence d'opinions diverses et sérieuses sur ce point rend néanmoins la chose plausible; mais, je le répète, on ne peut ni on ne doit la don-

monastère de Lauzerte avec noble homme Hugues de Luzerches, sur de prétendus droits que ce dernier prétendoit avoir sur la baronnie de Brassac, moyennant 200 livres tournois payées comptant.

Il étoit aussi propriétaire de la terre et seigneurie de Pradeilhs en Rouergue, dont il donna son dénombrement au roy de France, lequel acte n'est pas daté ; il servit de second à Bernard, comte d'Armagnac, connétable de France, son parent, dans le duel qui eut lieu entre luy et Jean de Foix à la fin de l'an 1415.

Il testa devant Jean de Podio, notaire de Beauville, le 8 septembre 1448 ; par son testament, il fit différents legs pieux et particuliers, et institua pour son héritier universel Pierre de Galard, son fils aîné.

Il avoit épousé en 1402 demoiselle BERTRANDE DE MANÈS ou

---

ner comme authentique. Nous avons vu ailleurs l'abbé de Lespine dire qu'Hector de Galard était provenu de Géraud, lequel ne peut appartenir qu'à la branche de l'Isle-Bozon. Il est vrai que l'honorable professeur à l'École des Chartes s'est démenti dans d'autres notes en adoptant la pensée de ceux qui font sortir le valet de carreau de la ligne de Brassac.

Bertrande de Manas était, d'après quelques historiographes, sœur ou proche parente de Rose de Manas, mariée à Menaud, baron de Barbazan, qui furent les auteurs d'Arnaud-Guillem de Barbazan, premier chambellan du roi Charles VII, gouverneur de Champagne et de Brie ; ce fut lui qui mérita de ses contemporains le surnom de *chevalier sans reproche*. On connaît les magnifiques exploits de ce héros bigorrais, que Charles VII récompensa par le titre de *Restaurateur du royaume et de la couronne de France,* et le privilége d'introduire trois fleurs de lis dans ses armes. Sa tombe est à Saint-Denis, seule rivale de celle de Duguesclin. Le grand capitaine ne laissa qu'une fille et deux sœurs, dont l'une s'était alliée au baron de Faudoas, premier baron chrétien de la Guienne. Si Hector de Galard était fils, comme l'avancent plusieurs généalogistes, de Jean de Galard et de Bertrande de Manas, la charge de chambellan de Louis XI pouvait très-bien lui avoir été transmise par son cousin Arnaud-Guillem de Barbazan. Cette probabilité fortifie par conséquent le dire des écrivains qui attribuent la paternité d'Hector à Jean de Brassac.

Manas. Elle fit son testament dans le château de Brassac, étant veuve, devant Pierre de Beaufort, notaire, le 10 février 1465, par lequel elle institua pour son héritier Jean de Galard de Brassac, son fils cadet :

De leur mariage sont issus :

1° Pierre de Galard-Brassac qui suit ;

2° Jean de Galard qui suit cy après ;

3° Hector de Galard de Brassac, qui fut conseiller et chambellan du roy Charles VII ; il fut capitaine commandant des 100 gentilshommes, appellés au Bec de Corbin, compagnie des gardes du roy, créés par Louis XI, le 4 septembre 1474. Ledit Hector en fut le premier commandant jusqu'à sa mort arrivée en juin 1475 [1]. Ce fut messire Louis Mastes, sire de Granville, seigneur de Montaigu, qui luy succéda. Le même roy Louis XI ayant créé l'ordre des chevaliers de Saint-Michel au château d'Amboise, le 1er aoust 1469, ledit seigneur Hector de Galard fut le premier chevalier inscrit sur le tableau.

C'est de ce même Hector de Galard dont il est fait mention dans le fameux ballet exécuté à la cour du roy Charles VII qui donna lieu au jeu de picquet, où toutes les cartes avoient leur signification. Le roi de picque étoit Charles VII, parce que sa vie ressemble à celle du roy David ; la reine de trèfle étoit Marie d'Anjou, femme de Charles VII, sous le nom d'Argine ; celle de carreau étoit Agnès Sorel sous le nom de Rachel ; celle de picque étoit la pucelle d'Orléans sous le nom de Pallas ; celle de cœur étoit Isabeau de Bavière, femme de Charles VI sous le nom de Judith ; les quatre valets : Ogier, Lancelot, Hector et Lahire. Les

---

1. Il vivait encore en 1479, comme on peut le voir par les deux actes qui vont suivre.

deux premiers étoient deux preux du tems de Charlemagne qui représentoient l'ancienne chevallerie, et les deux derniers étoient deux capitaines de distinction, sous Charles VII, qui représentoient la chevallerie moderne; ledit Hector de Galard est décédé sans alliance.

4° Agnès de Galard épousa Arnaud d'Espagne, seigneur de Durfort[1], deuxième du nom, fils d'Arnaud d'Espagne, seigneur de Durfort, et de Marguerite de Montaut;

5° Marguerite de Galard épousa Jean de Labry, seigneur de Montjoye, en Agenois;

6° Clairette de Galard épousa Jean de Pelagrue[2];

7° Jeanne de Galard épousa noble homme Thibault, seigneur de Séguenville et de Caubiac[3].

Archives du château de Larochebeaucourt; Mémoire généalogique par Bouland, de 14 feuillets, in-fol., papier.

Année 1479.

*Mention d'*Hector de Galard, *comme grand maréchal des logis du palais.*

Hector de Goulart, écuier, maréchal des logis du roy en 1479.

Grands maréchaux des logis de la Maison du roi; Cabinet des titres, Bibl. de Richelieu.

1. Voir plus loin, année 1475, l'extrait du P. Anselme qui les concerne.
2. Famille illustre qui a donné, entre autres personnages éminents, un cardinal.
3. Les de Séguenville étaient une branche de la maison de Faudoas.

Année 1479.

Extrait d'une généalogie manuscrite sur la maison de Galard, dressée et signée par d'Hozier de Sérigny. D'après ce passage, HECTOR DE GALARD, *chambellan du roi Louis XI, qui, dans le jeu de cartes, figure le valet de carreau, serait le frère de* PIERRE DE GALARD DE BRASSAC, *grand sénéchal de Quercy, époux d'Antoinette de Martini, ainsi que de* JEAN II DE GALARD, *seigneur de Brassac, marié à Miraille de la Valette. Hector serait, par conséquent, fils de Jean Ier, seigneur de Brassac, et de Bertrande de Manas.*

Noble PIERRE DE GALLARD DE BRASSAC, grand sénéchal de Quercy, épousa par contrat, passé à Saint-Germier, le 17 février 1431, noble ANTOINETTE DE MARTINI, fille aînée de noble Bernard de Martini et d'Urbaine d'Armagnac, seigneur et dame de Saint-Germier. Son père, JEAN DE GALLARD, l'avoit institué son héritier universel le 18 septembre 1448. Il fit son testament à Brassac le 18 octobre 1462. Sa femme et sa mère sont nommées dans ledit testament. Il mourut sans enfants et laissa son bien à son frère puîné.

JEAN II DE GALLARD de Brassac, qui continua la postérité, épousa, le 16 septembre 1454, noble MIRAILLE DE LA VALETTE, fille de noble Forton de la Valette, seigneur de Cussol. Il fit son testament au château de Najac, le 26 mars 1490, dans lequel sa femme est dite encore vivante; il fut père de Hugues qui suit. Il rendit son hommage au roi le 15 avril 1462.

Frère : HECTOR DE GALARD, chambellan du roi Louis XI et chevalier de son ordre [1], commandant les gentilshommes à bec de corbin en 1474. Louis XI en sa faveur créa la deuxième compagnie des gardes du corps. Il étoit grand maréchal des logis en 1479.

Sœurs JEANNE-MARGUERITE DE GALARD, légataire de son père

Jean, de 300 moutons d'or. Elle est qualifiée femme de noble
Thibaut de Séguenville, seigneur de Caubiac;

Agnès de Gallard, deuxième femme d'Arnault d'Espagne, seigneur de Durfort, sénéchal de Foix en 1475 ;

Noble Clairette de Gallard, mariée à noble Jean de Pelagrue.

Archives du château de Larochebeaucourt, généalogie manuscrite dressée
et signée par d'Hozier de Sérigny, cahier in-fol. de 16 feuillets, papier.

***

5 NOVEMBRE 1470.

*Le captal de Buch mande au chapitre de Saint-André, assemblé sous
la présidence de l'archidiacre de Blaye, que le duc de Guienne
envoie des ambassadeurs à Rome, et qu'il serait bien de profiter de
leur voyage pour prier le pape de reprendre la canonisation de
Pey-Berland. Les chanoines déclarent que, le roi ayant bien voulu
se charger de cette affaire, il faut lui laisser le soin des négociations. Dans cet acte, il est fait mention d'un* Pierre de Galard.

Die martis quinta mensis novembris, existentibus in capitulo
infrascriptis dominis canonicis videlicet Blaviensi que Duc. Brun
camb. . . . . Bocelli c., Petri Galhardi[1], cum dominus capitalis
scripsisset nobis litteram in effectum continentem quod dominus
noster dux mitit Romam ambaxiatores suos pro faciendo obe-
dienciam domino nostro pape, et quod, ut sibi videbatur, esset
bonum facere verbum pro domino nostro duci ut velet scribere
summo pontifici super canonizationem bone memorie domini
Petri Berlandi, et quod super hoc capitulum sibi faceret respon-

---

1. Il ne peut être le même que Pierre de Galard, seigneur de Brassac et grand
sénéchal de Quercy, dont les titres ont été insérés plus haut.

sum : si cum super hoc fieret scrutinium, quod attento quod dominus noster rex incipit hoc negocium et nomine suo id quod factum existit in eo nomine suo factus fuit in tantum quod processus super ea canonizatione facta est penes dictum dominum nostrum regem, et habuit dicere quod ipse erat contentus facere eum canonizari expensis suis et fieret domino nostro regi d. . . . si nos apponeremus alias manum et non videtur. . . . . quod nunc expedit quod scribamus domino nostro duci, ut ipse scribat domino nostro pape super dicta canonizatione, sed rengraciamus dicto domino capitali de sua bona voluntate quam habet erga dictam nostram ecclesiam.

Archives départementales de la Gironde. Chapitre Saint-André : actes capitulaires n° 347, registre de Gérard Duduc, fol. 70.

25 JUIN 1475.

*Contrat de mariage d'*Archieu *ou d'*Ayssinet de Galard, *seigneur de Terraube, avec noble Marie d'Aurensan, fille d'Odo d'Aurensan, seigneur du lieu de ce nom, en Armagnac. Parmi les personnages conviés à la fête nuptiale, on trouve Bernard d'Armagnac, seigneur de Termes ; Raymond-Arnauld de Serilhac, abbé de l'église collégiale de Sainte-Marie de Pendulo ; Guillaume d'Aurensan, seigneur de Bohée. Mille florins furent constitués à la future* [1].

In nomine Domini, amen. Serie presentis publici instrumenti . . . . . cunctis evidenter appareat et sit manifestum quod, anno ab Incarnatione ejusdem Domini millesimo quadringentesimo

1. Ces pactes en latin, qui contiennent des articles en gascon, furent contrôlés par M. de Rabastens, juge-mage et subJélégué de Mgr Pellot pour la vérification des titres de noblesse en 1666.

septuagesimo quinto, indictione septima, die vero vicesima quinta
mensis junii, pontifficatus sanctissimi in Christo patris et domini
nostri domini Sixti, divina clementia pape quarti, anno
quinto, in mei notarii publici ac testium infrascriptorum presencia, personaliter constituti nobilis Oddo, dominus loci de Aurensano, in Armanhaco, Auxis diocesis, pro se et nomine nobilis
Marie filie sue, ex una, et EYSSINETUS DE GOLARD, dominus loci de
Tarrauba, Lectorensis diocesis, pro se partibus, ex alia, de matrimonio contrahendo, inter ipsos nobiles Eyssinetum Golard,
dominum de Tarrauba, et MARIAM DE AURENSANO, filiam naturalem
domini de Aurensano. . . . . quemadmodum in quadam papiri
cedula in verbis romanciis composita et scripta continetur, quamquidem cedulam ad fines inserendi in hujusmodi publico instrumento, michi notario predicto et infrascripto tradiderunt
altaque et intelligibili voce publicari fecerunt, tenorem qui sequitur in se continentem : « Seguense los pactes et convenenses matri-
moniaus feytz entre lo noble Odet, senher d'Aurensan, en
Armanhac, de la diocese d'Auxs, et lo noble Eyssinet de Golard,
senher de Tarrauba, en la diocese de Leytore, en la forme et
maneyre sequentz, primieramentz que lodit senher d'Aurensan
dara et valhera en molher et spose Marie, sa filhe segonte, audict
noble Eyssinet de Golard, senher de Tarraube, et fara solempniser lo dit matrimoni. *Item* que lo dit senhor de Tarraube, dara
soui en marit e spoz à la dite Marie d'Aurensan et acquere pre-
nera per molher e spoze et ab lui lodit matrimoni solempniseia
suivant las solempnitas de Sainte Mayre Gleizo. *Item* lo dit senher
d'Aurensan era et constituira en dot assa dicte filhe la somme de
mil florins. *Item* que lo dict senhor de Tarrauba assignara, per
agensement et aucmentation de son dit dot, à la dicte Marie de
Aurensan, sa molher, la soma de dus centz scutz d'aur. *Item* si

cas era que lo dit senher de Tarrauba morisse primier et que la dicte Marie volosse conbolar a segontes nosses, que en a quet cas podos demandar la meytat deu dict dot. *Item* si cas era que de lor dus noy agosse infantz per succedir en la dicte mayson de Tarraube, que lo hereter no pusque getar ne expellir de la mayson et senhorie de Tarrauba la dicte Marie stant cum dessus. *Item* que lo dict senher d'Aurensan volo et expressament se consenti que au cas Agneta, sa primiera filha et molher de Anthoni de Labedan, senher de Montagut, redde lo degut de natura sentz leyau heret de era procreat, so que diu adverti, que, en aquet cas, la dicte Marie, sa segonte filhe o sous hers procreatz deudict matrimoni, lo primier o segont. . . . succedesquan en la mayson d'Aurensan am sas appartenenses. »

Que quidem pacta et conventiones prenominate partes et ipsarum quelibet promiserunt tenere, servare et complere ac inviolabiliter, de puncto ad punctum, prout superius est expressum, adimplere. Acta fuerunt hec et concessa in villa de Bellormarchesio ; presentibus ibidem nobilibus et potentibus viris dominis Bernardo de Armanhaco, milite, domino de Termas, Raymundo Arnardo de Sadiraco presbitero, abbate secularis et collegiate ecclesie Beate Marie de Pendulo, Raymundo de Abesquato, in decretis licentiato, locumtenenente magne circumspectionis viri domini judicis Ripparie, Guilhermo de Aurensano, domino de Bohee, discretis viris magistris Sancio de Bordis, in decretis vacallario, Guilhermo de Prato, procuratore Ripparie, Pelegrino Daber, vicino et habitatore de Marciaco, Raymondo de Clavis, procuratore Armanhiaci, habitatore loci de Sancto Monte, magïstro Bertrando de Ficta, notario publico, habitatore loci de Bello-Marchesio, Auxis, Tarviensis et Adurensis diocesium, et me Petro de Capitellivo, clerico civitatis Adurii, publicoque ejusdem ac auctoritatibus apostolica, imperiali et regia notario, qui premissis omnibus et singulis supradictis. . . . presens interfui eaque sic fieri vidi et audivi ac in notam sumpsi ex indeque hoc presens publicum instrumentum. . . . . per alium michi fidelem, me aliis occupato negotiis, scriptum, in hanc publicam formam redegi signoque meo instrumentali consueto et quo in publicis utor instrumentis, requisitus. . . . . pro parte dicti nobilis domini de Tarrauba signavi [1].

Archives du château de Terraube, carton C., pièce 1. Acte original en parchemin.

---

25 JUIN 1475.

*Mention de l'alliance d'*ARCHIEU IV DE GALARD, *seigneur de Terraube, avec Marie d'Aurensan; désignation de leurs enfants.*

ARCHIEU IV DE GALLARD, seigneur de Terraube, fils dudit ARCHIEU III et de ladite MARGUERITE, fut marié avec dame MARIE D'AURENSAN, justifié par leurs pactes de mariage du 25 juin 1475. Ils eurent trois enfants : GILLES, FLORETTE et ANNE. Gilles fut seigneur de Terraube; Florette fut mariée avec noble GERAUT DE PRÉCHAC, seigneur de Cadeilhan, justifié par leurs pactes de

---

1. On lit au dos la note suivante :

« Antoine de Lavedan, seigneur de Montagut, épousa Agnète d'Aurensan, fille « aînée de Odet d'Aurensan, seigneur dudit lieu, qui n'avait point d'enfant mâle ; « et EYSSINET DE GOULART, seigneur de Terraube, épousa MARIE D'AURENSAN, « seconde fille. D'Agnète et dudit de Lavedan sortit une fille qui fut mariée à « N. d'Aidie, frère de. . . . . . qui épousa la dame de Lescun; de Marie, « femme dudit seigneur de Terraube, sortit GILLES DE GOULART, seigneur dudit « Terraube. »

mariage de 1503. Anne fut mariée avec noble Arnaud de Plaignoles, seigneur de Ricau, diocèse de Saint-Papoul. Ledit Archieu IV de Gallard, seigneur de Terraube, fonda, le 12 mars 1482, le couvent de la Trinité dudit Terraube.

Généalogie de la maison de Galard, dressée et signée par d'Hozier de Sérigny. Cahier manuscrit de 16 feuillets. Archives du château de Larochebeaucourt.

26 MAI 1476.

Échange de serments entre Archieu, Ayssin, Ayssinet *ou* Arsinet de Galard, *seigneur de Terraube, et les habitants de ce lieu.. Les deux parties promettent respectivement d'observer les coutumes. Dans la copie informe de cet acte, reçu par Bernard Mathei, notaire à Lectoure, il est dit que noble Archieu de Galard, seigneur de Terraube, mourut après avoir fait un testament par lequel il instituait son héritier universel autre* Archieu de Galard, *son fils unique et mineur. Il désigna, pour tuteurs et administrateurs de sa personne et de ses biens, certains notables du lieu de Terraube. A l'âge de majorité, Archieu, voulant régir lui-même ses biens, requit l'hommage des habitants de son fief, et leur jura à son tour d'être un bon et paternel seigneur. Amalric était alors évêque de Lectoure.*

In nomine Domini, amen. Noverint universi et singuli presentes pariter et futuri hoc presens publicum instrumentum inspecturi, visuri, etc., quod cum prout ibidem dictum fuit et assertum per partes infrascriptas nobilis Arsinus de Golardo, condam dominus de Terraubia, Lectorensis diocesis et senescalliæ Agenensis, decessus et viam universæ carnis ingressus fuerit, condito prius testamento per notarium publicum retento, anno et die in eodem contentis, in quo quidem testamento¹ ipse idem nobilis Arsinus fecit, instituit et ordinavit ac expresse nominavit ore sua propria videlicet nobilem Arsinum de Golardo, pupillum filium suum unicum legitimum et naturalem et de legitimo matrimonio procreatum. Instituitque certos tutores testamentarios, gubernatores et administratores personæ et bonorum ejusdem sui filii, pupilli et heredis certos probos homines dicti loci de Terraubia habitatores. Et neominus fuerit etiam post modum provisum per justitiam ipso pupillo de aliis tutoribus de certis nobilibus personis, parentibus ejusdem pupilli, sufficientioribus ad regendum ipsum heredem pupillum et bona. Ipseque idem Arsinus pupillus et hæres prædictus ad presens sit major et extra ætatem pupillarem et ætatis sufficientis et habilis ad regendum et gubernandum ejus personam, bona et hæreditatem et ut talis per justitiam declaratus, et etiam per ejus personæ inspexionem clare manifestabatur, velitque et intendat regere et administrare bona et hæreditatem dicti quondam nobilis Arsini de Golardo, ejus patris, prout facere tenetur et debet, ex quo requisivit et requirit ac postulat providis viris Johanni de Comino, Ramundo de Martret, Arnaldo de Rivo, alias Bidorra, et Bernardo de Castera, consulibus anni presentis infrascripti dicti loci de Terraubia, Johanni deu Cos, Simoni Barba, Johanni de Montecuto, Arnaldo de Montecuto, Sancio de Rivo, Johanni de Rivo, Bernardo de Rivo, Arnaldo de Rivo, alias Nauton, Vitali de Rivo, alias Puyada, Bernardo de Rivo, alias la Rey, Vitali de Rivo, alias Vidalon, Vitali de Rivo, alias Guironet, Guillermo de Rivo, alias Ardura, Ramundo de Antinhan, Vitali de Antinhan, Petro de Antinhan, Johanni de

---

1. Archieu, père de celui qui reçoit l'hommage, à la date ci-dessus du 26 mai 1476, avait fait ses dispositions dernières en 1472. Son testament se trouve aux Archives du château de Saint-Avit chez M. le comte de Luppé.

Doasan, Beguerio de Doasan, Maroni de Doasan, Arnaldo de
Comino, Yssineto de Comino, Ramundo de Mazeras, Petro de
Mazeras, Guillermo de Mazeras, Vitali de Mazeras, alias Vidalet,
Bernardo de Mazeras, Arnaudo de Mazeras, Bernardo de Mazeras,
Petro Desparvès, Ramundo Desparvès, Vitali Desparvès, alias
Vidon, Johanni Desparvès, Vitali Desparvès, Johanni Desparvès,
Ramundo Desparvès, Arnaldo Guillermo Desparvès, Petro Gay-
raüt, Johanni Gayraut, Anthonio Sarrasin, Vitali Deuprat, Vitali
Vesant, Arnaldo de Castilhon, Sancio de Buco, Gayssioto de la
Causada, Bernardo de la Causada, Fortono de la Causada, Guil-
lermo de la Causada, Petro de la Causada, Johanni de la Causada,
Johanni deus Binhaus Johanni de Rabino, Marrino de Rabino,
Johanni de Pau, Vitali de Pau, Arnaldo de Rabino, Bertrando
de Bedès, Bernardo de Bedès, Johanni de Bedès, Guillermo de
Bedès, Vidalono de Bedès, Joanissono de Bedès, Arnaldo de Bedès,
Jacobo de Bedès, Johanni de Bedès, Johanni de Foranhano, Guillermo de Foranhano, Johanni de Fort, Dominico Vitali de Casanova, Guillermo de Casanova, Johanni de Doasan, alias Thin, Guillermo deu Plantè, Bernardo de Remegas, Hugueto deu Mas, Johanni
de Tinte, Vitali deu Cos, Petro de Tin, Johanni de Tin, Garcia
de Tin, Fortono de Castera, Vitali de Castera, Johanni de Castera,
alias Anequin, Arnaldo de Martret, Johanni de Comino, Jacobo
de Castera, Bertrando de Antinhan, Guillermo de Riu, major, Guillermo Vitali de Tailha, Bertrando de Peyra, Bernardo de Clavé,
Johanni de Podio, juniore, Johanni de Sarrameyano, Ramundo de
Sarrameyano, Yssineto de Santo Stephano, Arnaldo Guillermo de
Ayria et Geraldo de la Gardera, singularibus et habitatoribus dicti
loci Terraubiæ, ibidem presentibus et congregatis, quathenus sibi
facerent et prestarent juramentum fidelitatis supra librum missale,
Te igitur et crucem desuper positam, prout in mutatione cujuslibet

domini et in similibus est fieri consuetum. Qua requisitione et pos-
tulatione, sic ut premititur, facta, prænominati consules et singulares habitatores dicti loci de Terraubia, pecierunt et requisiverunt dicto nobili Arsino de Golardo, domino dicti loci de Terraubia,
primitus et ante omnia eis fieri et prestari juramentum fidelitatis
per eumdem nobilem Arsinum de Golardo, dominum dicti loci,
supra librum missale, *Te igitur* et crucem, desuper positam,
et de tuendo et servando usus et consuetudines et privilegia
dicti loci de Terraubia per predecessores suos, dominos dicti
loci, concessa dictis consulibus et singularibus dicti loci de Terraubia, et esse bonus et fidelis ac legualis eisdem, et eos amparare et thueri ab omnibus vi, injuria, et violentia, de se ipso et
de quacumque alia persona, juxta suum leguale posse, prout
quisque dominus tenetur et debet facere suis subditis. Et
ibidem dictus nobilis Arsinus de Golardo, dominus dicti loci
de Terraubia, juravit ad et supra dictos librum missale, *Te igitur*
et crucem desuper positam cum ambabus suis manibus, capite
discoperto, in manibus eorumdem consulum, tenere et observare
dictis consulibus singularibus et habitatoribus dicti loci de Terraubia, qui nunc sunt et in futurum erunt, usus, consuetudines
et privilegia dicti loci de Terraubia per predecessores suos dominos dicti loci dictis consulibus singularibus et habitatoribus dicti
loci de Terraubia priscis temporibus concessa et acthenus observata. Et ipsos consules singulares et habitatores dicti loci evitare
ac eos amparare et quemlibet ipsorum thueri et defendere ab omni
vi, injuria et violentia a se ipso et quacumque alia persona, juxta
suum leguale posse, prout quisque dominus facere debet et tenetur
suis pagesiis et subditis. Et post modum dicto juramento sic ut
prædictum est prestito per dictum nobilem Arsinum de Golardo,
dominum dicti loci de Terraubia, ibidem dicti consules singu-

lares et habitatores dicti loci de Terraubia, unus post alium, juraverunt cum eorum et cujuslibet ipsorum ambabus manibus,
genibus flexis, capite discoperto, supra librum missale. *Te igitur*
et crucem desuper positam, in manibus ipsius nobilis Arsini de
Golardo, domini dicti loci de Terraubia, esse boni et fideles dicto
nobili Arsino de Golardo, domino prædicti loci, et eumdem nobilem Arsinum dominum prædictum evitare et custodire de omni
dampno eidem incurrendo ad eorum leguale posse, eidemque
procurare omne bonum et profiguum, et tandiu quandiu vixerunt,
boni et leguali[1] vassali et subditi, et ejus bona et jura, vitam. et
membra servabunt pro posse, et secreta sibi servabunt et tenebunt
quæ sibi pro secretis erunt comissa, bonumque consilium si requisiti fuerint sibi donabunt et conferent, et ejus jura et juridictionem
servabunt, juxta eorum posse, et si quid scierent in ejus præju-
dicium machinari seu tractari et impedimentum præstare pro
posse sibique domino notificare quam citius possent, et alia quæ
de jure debebant et tenebantur jurare, et in tali juramento fidelitatis et acthenus fieri consuetum de jure vel alias jurarunt. De quibus omnibus et singulis premissis dicti nobilis Arsinus de Golardo,
dominus dicti loci de Terraubia, et consules et habitatores ejusdem loci pecierunt et requisiverunt eis fieri et retineri duo
publica instrumenta unius et ejusdem tenoris et substantiæ, cuilibet parti unum, cum consilio peritorum dictanda et corrigenda
facti substantiam non mutando per me notarium infrascriptum.
Acta fuerunt hæc apud dictum locum Terraubiæ, in cimeterio
ecclesiæ parrochialis dicti loci, die vicesima sexta mensis maii
anno Incarnationis Domini millesimo quadringentesimo septuagesimo sexto, illustrissimo principe et domino nostro domino

---

1. *Sic,* mais il faudrait *leguales* pour *legales, loyaux.*

Ludovico, Dei gratia Franciæ rege regnante, et reverendo in Christo patre et domino domino Amalrico, miseratione divina Lectorense episcopo existente. Hujus rei sunt testes providi viri dominus Arnaldus de Montecuto, Geraldus de Bertino junior, jurisdictionis deu Tauzia, prope Valentiam, Auxis diocæsis, Joannes Comera de Paolhaco, Joannes de Villanova, alias Cabet, loci de Devesia habitator, testibus ad præmissa vocatis, et ego Bertrandus Mathey, civis Lectoræ, publicus autoritate regia notarius, qui in præmissis omnibus una cum dictis testibus presens fui et requisitus instrumentum de eisdem duplicatum retinui, in notam sumpsi et in meis libris sive prothocollis notavi; ex qua nota hoc presens instrumentum duplicatum abstrahi et grossari feci, aliena manu michi fideli, hicque me manu propria subscripsi, et facta prius diligenter collatione cum dicta nota originali hic me signo auctentico instrumentali signavi, in fidem et testimonium omnium et singulorum præmissorum. *Bertrandus Mathey.*

Archives du château de Terraube, carton C, pièce 2.

---

27 JANVIER 1478.

Quittance délivrée par ARCHIEU *ou* AYSSIEU DE GALARD [1], *seigneur de Terraube, à Simon Turba.*

Noble AISSIEU DE GOLART, seigneur de Terraube, donna quittance générale à un sien serviteur, nommé Simon Turba, de l'administration de ses biens, en présence de noble messire frère Bérard

1. Voir, page 489 du volume courant, l'acte du 11 novembre 1478, par lequel noble Ayssieu de Galard exigea de noble Bérard ou Bé-aud de Galard, seigneur de l'Isle-Bozon, son oncle, le payement de la dot de sa mère, Marguerite de Galard, sœur dudit Bérard, seigneur de l'Isle-Bozon.

de Montepensato, prieur de Sainte-Livrade, par acte de Mathei, notaire à Lectoure. — 27 janvier 1478.

D. Villevieille, *Trésor généalogique,* vol. 43, fol. 146 ; Bibl. de Richelieu, Cabinet des titres.

Année 1480.

Procès, devant le parlement de Bordeaux, entre Ayssinet ou Archieu de Galard et le chapitre d'Auch, au sujet de la dîme de Baretge.

1480. — Cum quæstio mota fuerit in curia parlamenti Burdigalæ, inter Ayssinetum de Golardo et syndicum capituli (*Auxis*), super juribus quartorum fructuum decimalium de Baretges, dictus Ayssinetus ipsum syndicum juxta ordinationem per senescallum Agennensem super hoc latam, vere possessorem dicti territorii constituit, et fructus per ipsum receptos reddere promisit.

Histoire de Gascogne, par l'abbé Monlezun, tome VI, p. 444.

---

12 mars 1482.

Noble et puissant Archieu ou Ayssinet de Galard, seigneur de Terraube, fonde le couvent de l'ordre de la Trinité au lieu de Terraube, et se réserve la faculté, pour lui et ses successeurs, de nommer le supérieur dudit couvent, lorsque le siège sera vacant; il consacre à cette œuvre pie sa maison de pierre, appelée le Château d'en bas, ainsi que diverses pièces de terre. Dans la ratification de l'official de Lectoure (18 mai 1483) qui accompagne l'acte ci-dessous, Archieu de Galard est dit « magnæ nobilitatis, altique sanguinis et antiquæ prosapiæ. »

In nomine Sanctæ Trinitatis et individuæ unitatis, Patris et Filii et Spiritus Sancti, amen. — Notum sit tam presentibus

quam futuris paginam hujusmodi presentis publici instrumenti
perpetuo valituri inspecturis, visuris, lecturis seu etiam audituris,
quod, prout ibidem narratum, assertum et prolatum extitit, nobilis et potens vir ARCHIBUS DE GOLARDO, dominus loci de Tarraubia.
Lectorensis diocesis, volens et cupiens inter cætera et super
omnia hujus mundi pericula evitare et saluti animæ suæ providere, et nichilominus considerans quod conditio humani generis
mortem non potest evadere corporalem, et quia primo curandum
est de et super cœlestibus quam de terrenis, affectansque idem
dominus de Tarraubia ad honorem Dei omnipotentis et Beatis-
simæ Virginis Mariæ, matris ejusdem Domini, et totius collegii
supernorum, ac pro salute animæ suæ parentumque suorum
ac Christi fidelium defunctorum, de bonis a Deo sibi collatis,
unum conventum ordinis Sanctissimæ Trinitatis fundare ac
in dicto loco de Tarraubia hedificare. Idcirco notum sit cunctis
quod anno Incarnationis Domini millesimo quadringentesimo
octuagesimo secundo et die duodecima mensis martii, serenissimo ac christianissimo principe et domino nostro domino
Ludovico, Dei gracia Francorum rege, regnante, et reverendissimo in Christo patre domino domino Hugone, permissione
divina Lectorensi episcopo existente, constituti personaliter,
apud locum de Tarraubia et in domo habitationis sive castro
dicti domini de Tarraubia, in mei notarii publici et testium infrascriptorum presencia, videlicet memoratus nobilis et potens vir
Archibus de Golardo, dominus prædictus dicti loci, pro se et suis
heredibus ac successoribus quibuscumque, volens adimplere per
Dei gratiam devotionem, intentionem et voluntatem suas jam
dictas, ex una parte, et venerabilis ac religiosus vir frater Bertrandus de Cantallo, ordinis jam dicti Sanctissimæ Trinitatis conventus Sancti Gaudentii, diocesis Convenarum, pro se et nomine

dicti ordinis, ex alia parte, super premissis et supra fundatione
et hedificatione unius conventus dicti ordinis, inter se fuerunt
facta aliqua pacta et conventiones quæ seriatim describuntur in
verbis romanciis prout sequitur in hunc modum : Et prumeyra-
ment es estat feyt pacte et convenences expressas enter lodit
noble home Archiu de Golart, senhor susdit, per una part, et
enter lavandit fray Bertran de Cantau, per si e per nom de la
dita relegion de la Sancta Trinitat, que lodit noble home senhor
dona per donation feyta enter los vius, per amor de Dieu et de
tot lo collegi supernal et per salut de la sua anima et de sous
parents et de tots los deffunts, a la dita relegion de la Sancta Trinitat, so es a saber : tota aquera sua mayson de peyra desco-
berta et destruyta, ab la terra et plassa on es fondada, situada
didens la clausura deudit loc de Tarraubia, aperada lo Castet-
Debat. Lodit fray Bertran de Cantau, aqui present, per nom de la
dita relegion de la Sancta Trinitat, stipulant et recebent et asso
per fundar et hedifficar ung convent de lavandit orde de la Sancta
Trinitat, salbat et reserbat per lodit senhor de Tarraubia lo bon
voler de nostre senhor lo Rey et de monsenhor de Laytora, et lodit
bon voler la dita religion sia detrengut de aber a sous propis
missions et despensas. *Item* plus dona lodit senhor à la dita relegion de la Sancta Trinitat, à causa que dessus, so es a saber : unas
plassas de hostau vaccantas, las quoals son enter la dita mayson
desus donada et una plassa de hostau de Margarida de Spanha,
enclusa una plassa de hostau que Johan de Ferret a donada a la
dita relegion per hedifficar las claustras deudit convent. Et si lo
cas era que la dita relegion compraba et conquistaba la dita
plassa de la dita Margarita de Castanha, per fer lodit hedifficca-
ment, lodit senhor afranquis de tots fius, oblias, cens et deser-
vicis, la dita plassa et parelhament las causas susditas a la dita

relegion de la Sancta Trinitat. *Item* plus lodit senhor de Tarrauba dona cum dessus a la dita relegion de la Sancta Trinitat,
so es asaber : ung tros o pessa de terra, aperada Vinhassa per fer
una vinha situada en las pertinences deudit loc de Tarrauba
al loc aperat dare lo Castet-Debat, confronta ab las vinhas deudit
senhor per duas parts et ab la terra de Arnaut de Martret et per
autra part ab lo coston deu barat deudit loc. La quoal terra
dona à la dita relegion tota francha de fius, servicis, cens, rendas
et acaptes. *Item* plus lodit senhor afranquis à la dita relegion de
la Sancta Trinitat so es asaber los fius, cens, rendas, acaptes et
servicis de ung casau que Johan deu Binhau, habitant deudit loc
de Tarrauba, a donat a la dita relegion, per amor de Dieu,
situada pres la dita mayson de sus donada de fora lodit loc, al loc
aperat au Cap Barri, confronta ab dus camis publits et ab la
terra de Johan de Besses et ab la terra baccanta deudit senhor.
Item plus lodit senhor de Tarrauba afranquis de tots fius, cens,
servicis, rendas et acaptes à la dita relegion de la Sancta Trinitat,
so es asaber : sieys conquadas de terra, si lo cas era que la dita
relegion ne compres o conquistes en la senhoria o honor deldit
loc de Tarrauba, et que las ditas sieys conquadas de terra se tro-
bessan o mogossan de fius et a cens deldit senhor. *Item* plus lodit
senhor de Tarrauba afranquis de tots fius, cens, oblias, servicis
et acaptes à la dita relegion, so es asaber : una plassa de hostau,
situada didens lo dit loc; si lo cas era que la dita relegion ne
crompes ni conquistes pres la dita mayson desus donada. *Item*
plus lodit senhor a prometut de tenir en salvagarda et protection
los frays deudit convent, et que losdits frayres que se puysquen
gausir de tots los privilegis, usatges et costumas deudit loc cum
fen los habitants deudit loc o an usat a fer. *Item* plus es estat
feyt pacte et expressas convenences enter las ditas partidas que

lodit fray Bertran de Cantau, per nom de la dita relegion de la Sancta Trinitat, a prometut audit senhor de Tarrauba, a qui present, per et e per tots los sous successors, stipulant, que lo prenderan per principal fondador et patron deudit conbent, et parelhament lo prenderan participant en totas las orations, sacrifficis, processions, jejunis, disciplinas e en tots autres bensfeyts que se faran specialment en lodit conbent et generalment en tots los autres conbents de la dita relegion et ne fer expressa commemoration en lor capitol annualmens. *Item* plus lodit fray Bertran de Cantau, per se et per nom de la dita relegion de la Sancta Trinitat, a prometut audit senhor, stipulant et recebent cum dessus, so es asaber : de celebrar en lodit conbent, cascun mes solempnalment, una missa ab diague et ab sudiague, las sieys missas de requiem, duas missas de la Sancta Trinitat, duas missas del Sant Sperit et duas missas de Nostra Dona. Et los frays deldit conbent sian tenguts de celebrar las ditas missas au prumier jorn de cascun mes, et si lo dit jorn no sia opportun sian remetut a lendoman a las celebrar. Et si lo cas era que losdits frays deudit conbent no bolian celebrar las ditas missas, ni far lodit sacriffici et servici en la forma e maneyra que dit es ; alabets, lodit senhor et los sous successors poscan fer dir et celebrar las ditas missas en la forma et maneyra que dit es a las missions et despences deudit conbent. *Item* plus es estat feyt pacte et convenences enter las ditas partidas que los frays deldit conbent, cascun jorn en la missa conbentuala qui se celebrara en lodit conbent, sian tenguts de far commemoration per lodit fundador et patron, et apres la missa un general reppos per tots los deffunts. *Item* plus es estat feyt pacte et convenences enter las ditas partidas que totas et cantas betz lo manistre deudit conbent se mudara, lodit senhor patron et fundador nommara ung deus frays de la dita relegion per manistre, et la dita relegion sia tenguda de lo receber et lodit senhor sia detrengut de metre en pocession al dit manistre en lodit conbent. *Item* plus es estat feyt pacta et convenences enter las ditas partidas que la dita relegion ni los frays deudit conbent no puscan fer feynestras sur las muralhas deudit loc en la clausura sino que sian reyadas de grandas barras de fer et asso per los escandos qui sen poderian debenir. *Item* plus lodit fray Bertran de Cantau a prometut al dit senhor, stipulant cum dessus, que las causas per luy promessas e lo contengut de quest present instrument fara ratifficar et aproar a son mayor o provincial o aquet qui apertendra de la dita orde. *Item* plus lodlt senhor patron et fondador a bolut, ordonat et reserbat que lodit fray Bertran de Cantau, a causa que dessus, sia manistre et gobernador deudit conbent tant que biura en las causas humanas. Et in modum premissum fuerunt factæ et concordatæ prædictæ pactiones et conventiones inter dictas partes. Et ita promiserunt tenere, complere, custodire et inviolabiliter observare et non contra venire nec venienti consentire per se nec per aliquam aliam interpositam personam de jure, consuetudine, usu, statuto preintegro nec de facto, ullis temporibus in futurum. Supplicantesque benigne et humiliter requirentes, prout decet et convenit, et ad majorem roboris firmitatem habendam et obtinendam, serenissimo et christianissimo principe et domino domino nostro regi Franciæ, et reverendissimo in Christo patri domino domino Lectorensi episcopo aut eorum locatenentibus, si eisdem videbitur faciendum aut in præmissis potestatem habentibus premissa omnia et singula, in hoc presenti publico instrumento contenta, approbare, emologare, aboare, consentire et confirmare et decretum aut decreta, et eorum sigillum, ut in talibus est fieri consuetum, apponi et induci, ne lis, questio, debatum, controversia,

impedimentum sive demanda in premissis et circa premissa
deinceps possit oriri, moveri aut generari. De quibus omnibus
premissis universis et singulis dictæ partes et quælibet ipsarum
loco suo requisiverunt sibi fieri et retineri per me notarium
publicum infrascriptum duo publica instrumenta unius et ejusdem tenoris, videlicet cuilibet parti unum, cum consilio peritorum si opus fuerit dictatum, correctum et emendatum, grossatum
vel non grossatum, facti tamen substantia in aliquo non mutata.
Acta fuerunt hæc anno, die, loco, regnante et existente quibus
supra, presentibus ibidem nobili ac religioso viro domino
Berardo de Montepessato, priore Sanctæ Liberatæ, Agenensis
diocæsis, ordinis Sancti Benedicti, nobile Johanne de Salis,
domino de Percheda, in Armanhaco, Johanne de Binhali,
Johanne de Ferreto, Johanne de Doasano, Ramundo Desparberiis, .
Johanne de Casterario, dicti loci de Tarraubia, Johanne Trebin
de Sancto Vite et magistro Johanne Sabaterii, notario Lectoræ,
et me Bonohomine de Bitrina, clerico publico auctoritatibus
regia et imperiali notario procreato villæ Marciaci, Auxis diocæsis,
oriundo, qui requisitus de premissis hoc presens instrumentum
sumpsi et retinui ac in hanc publicam formam manu mea propria redegi signoque meo autentico signavi, in fidem omnium
et singulorum premissorum. *De Bitrina.*

Ac cunctis hoc presens instrumentum intuentibus sit notum et
manifestum quod auctoritas judiciaria et decretum curiæ præsi-
dentialis magnifici et potentis viri domini senescalli Agenensis et
Vasconiæ, sedis suæ Condomii, in rebus factis passatis et concordatis in hujusmodi instrumento per et inter partes superius men-
tionatas, apposita extitit per honorabilem virum dominum Symo-
nem de Impellibus, in lege licentiatum, locumtenentem dicti
domini senescalli, sedis prædictæ Condomii, qui partibus præ-

dictis coram eodem, in domo communi Condomii pro tribunali
sedenti comparentibus, et decretum ac ejus et curiæ prædictæ auctoritatem judiciariam hic apponi postulantibus et requirentibus,
me notario infrascripto et testibus hic subscriptis presentibus, salvo
regio jure et ejus homagii suoque ac quolibet alieno, illud interposuit. Ideo ego Dyonisius Monceti, notarius graffariusque curiæ
prædictæ ac custos sigilli regii dictæ curiæ, sigillum regium in pendenti apposui et signo meo manuali de mandato dicti domini
locumtenentis signavi, per prædictas partes requisitus in presentia
Janneti de Gabarreto, Johannis de Gordonno, Ludovici Cosseti et
Amieli Chelus, habitatorum Condomii. (*Signé* : D. Monceti notarius graffarius et custos dicti sigilli ac de mandato cuius supra.)

Decreti auctoritatem maximam fore docti non ambigunt, nam
per illam judex cui ex publico officio competit contractum futurum justum esse decrevit, dum auctoritatem suam et vigorem
judiciariam cum auctorisabili consensu imponit. Quod igitur
palam sit cunctis hoc instrumentum cernentibus, decretum cum
judiciali auctoritate curiæ spectabilis et egregii viri domini officialis Lectorensis, in rebus gestis suprascriptis concordatis, con-
clusis et passatis inter partes supra et infra nominatas fuisse
appositum. Hinc est quod anno Domini millesimo quadringentesimo octuagesimo tertio, die decima octava mensis aprilis,
magnæ nobilitatis altique sanguinis et antiquæ prosapiæ vir ARCHIBUS
DE GUOLARDO, dominus de Tarraubia, diocæsis Lectorensis, una
cum provido admodumque circumspecto fratre Bertrando de
Cantali, ordinis Sanctissimæ Trinitatis, conventus loci Sancti
Gaudensiis, Convenarum diocæsis, constituti in presentia expec-
tabilis et magnæ auctoritatis domini Bertrandi Guilhoti, decretorum eximii professoris, officialis Lectorensis, pro tribunali in
sua publica audientia in claustro cathedralis ecclesiæ Lectorensis

sedentis, exhibito judicialiter hoc presenti publico instrumento humiliter accepto, quathenus prelibatus dominus officialis in et super contentis in eodem instrumento decretum et auctoritatem judiciariam ponere dignaretur, qui accepto dicto et previsitato instrumento dixit : quod satis ad plenum fuerat fide dignorum testimonio de contentis in eodem propterea signatis omnibus in talibus signari solitis auctoritatis vigorem judiciarium in omnibus et singulis contentis in previsitato instrumento quathenus ad eum pertinere poterant; posuit pariter et decretum jure reverendi in Christo patris et domini nostri domini Lectorensis episcopi rectorisque parocchialis ecclesiæ de Tarraubia et alterius cujuslibet nunc et in posterum semper ...... De quibus prementionatis de Golardo et de Cantalo, pro eis et omnibus quorum intererit in futurum, petierunt sibi fieri et per me retineri instrumentum, quod et feci. Acta fuerunt hæc anno, mense, die, loco quibus supra, presentibus in premissis egregiis viris domino et magistris Petro de Lanis, presbitero, Johanne de Sob, Petro Ferreto, tam in decretis quam in legibus baccalaureis, Lectorensibus habitatoribus, et me Guilhelmo Borderii, publico civitatis et diocæsis Lectorensis auctoritate episcopali, regia et imperiali notario, qui predictis requestus supplicationi decreti interpositione et aliis premissis sic dum, ut præmittitur, fierent et agerentur presens inter se eaque sic fieri vidi et audivi, de eisdemque requisitus hunc instrumentum retinui et in registris dictæ curiæ dicti domini officialis Lectorensis sumpsi et registravi signumque meum authenticum, quo utor auctoritate regia in meis publicis instrumentis, hic apposui, una cum sigillo curiæ dicti domini officialis in secunda cedula cerata rubey et unde roboris impendenti in cera rubea impresso in fidem et testimonium premissorum. *Guilhelmus.* (Coupé d'un parafe.)

Cunctis liquide referetur quod cum nobilis vir ARCHIBUS DE GOLARDO, dominus loci de Tarraubia, donaverat ordini Santissimæ Trinitatis, videlicet unum hospitium nominatum lo Castet-Debat, situatum intus dictum locum, ad fundandum unam ecclesiam et conventum ejusdem ordinis ad honorem Sanctissimæ Trinitatis, et alia bona superius in presenti instrumento specificata et contenta, qui quidem nobilis de Golardo, donator, dictam donationem ratifficat et approbat. Et casu quo in dictæ donationis instrumento nullum defectum esset ad observandum dictam donationem voluit dictus nobilis Archibus quod dictum instrumentum regrossari bis, ter, aut pluries, substantia non mutata, ad utilitatem dicti ordinis in judicio productum vel non productum. Et pro majori firmitate habenda et obtinenda dictus dominus publico donationis instrumento aliisque prædictis peractis decretum suum interposuit et sigillum suum impendens apponi fecit. Ideo ego Bonushomo de Bitrina qui, ad requisitionem dicti domini de Tarraubia presentem ratificationem et decretum scripsi et signavi cum signo meo publico. Acta fuerunt hæc in domo ejusdem domini de Tarraubia, sub anno Incarnationis Domini millesimo quadringentesimo octuagesimo quinto, presentibus ibidem nobili ac religioso viro domino Berardo de Montepessato, priore de Sancta Liberata, ordinis Sancti Benedicti, Arnaldo de Puyolio, clerico, Geraldo de Carreria, Guilhermo de Quercu, Arnaldo de Martreto et Petro de Castanhono, dicti loci habitatoribus, et possit. notarius publicus auctoritate ut supra. ad requisitionem dicti domini. (*Signé :* De Bitrina, not.)

Universis presentes litteras inspecturis frater Robertus Gaguinus, decretor, doctorum major et minister totius ordinis Sanctæ Trinitatis et redemptionis captivorum salutem in eo cui omnia vivunt. Visis et diligenter inspectis litteris quibus hæ nostræ pre-

sentes litteræ sunt annexæ, cum singula in ipsis contenta ad Dei
laudem et nostri ordinis incrementum donata, conventa, stipulata
et conclusa esse videantur, nos Deo in primis et nobili viro
ARCHIBO DE GOLARDO, domino de Tarraubia, primario hujus donationis auctori, gratias agentes omniaque et singula in ipsis
litteris contenta, grata et rata habentes, donationem ipsam atque
stipulationem acceptamus, ratificamus, approbamus et ex nostra
certa scientia confirmamus. Datum Parisiis, in domo nostra
Sancti Maturini, sub sigillo et contrasigillo nostræ majoris administrationis, anno Domini millesimo quadringentesimo octuagesimo tertio, die vigesima prima mensis februarii.

Archives du château de Terraube, carton C, pièce 5.

Année 1488.

Acte en vertu duquel ARCHIEU DE GALARD, *seigneur de Terraube, acquiert
de Jean Ferret les places de l'hospice dudit lieu, pour la somme
de sept écus et demi.*

In nomine Domini, amen. Noverint universi presentes pariter et futuri, hoc presens publicum instrumentum inspecturi,
visuri aut etiam audituri, personaliter constitutus, apud locum
de Terraubia, Lectorensi diocesi, in mei notarii publici et testium
infrascriptorum presentia, Johannes Ferretus, habitator dicti loci,
non coactus, non deceptus, non vi, dolo, metu, fraude, neque
mala machinatione ad hoc inductus seu seductus per aliquem
seu aliquot, prout ibidem dixit et asseruit, sed gratis et sua bona
voluntate, pro se suisque ordinio et successoribus quibuscumque
vendidit, donavit et alienavit, secundum consuetudines loci de
Terraubia, nobili ARCHIVO DE GOLARDO, domino dicti loci ibidem

presenti, pro se suisque heredibus ordinio et successoribus universis stipulanti et recipienti, plateas hospitii, hermas sitas intus
clausulam dicti loci, confrontantes cum carreria publica, ex una
parte, et cum plateis Vitalis Johannis Aniharlis et Monaldi de
Saramezan, ex aliqua parte, et cum aliis confrontationibus si
quæ sunt, a cœlo usque ad abissum, ad habendum, tenendum,
vendendum et alienandum omnes et singulas suas proprias
voluntates ejusdem emptoris et suorum hæredum et successorum
quorumcumque, sua bona legitime acquisita, et hoc sub precio
septem scutorum cum demedio, computando pro quolibet scuto
et quolibet grosso vi ardit, monetæ currentis, quod dictus venditor, pro se et suis, a dicto emptore, ibidem presente, stipulante
et accipiente pro se et suis, habuisse et recipisse recognovit et
de eisdem se tenuit pro bene pagatus[1].

Archives du château de Malliac. Mss. de M. Benjamin de Moncade,
cahier AA 3.

<hr/>

2 JANVIER 1491.

ARCHIEU DE GALARD, *seigneur de Terraube, patron et fondateur du
couvent de la Trinité, nomme, suivant les droits qu'il s'était réservés, avec l'assentiment du provincial de l'ordre, Dominique de
Béon administrateur dudit monastère.*

In nomine Domini, amen. Noverint, etc., quod anno et die
inferius expressatis, in mei notarii publici testiumque subscrip-

<hr/>

1. M. Benjamin de Moncade, qui avait manié cet acte, a noté que la fin manquait
et que le parchemin était écorné à l'un des bouts. On lisait au dos la date fausse
de 1588; c'est 1488 qu'il fallait. Cette rectification était indiquée, paraît-il, par le
caractère de l'écriture aussi bien que par l'existence du dernier Archieu à
l'expiration du xvᵉ siècle. Au déclin du xviᵉ il n'y avait aucun seigneur de Terraube portant ce prénom.

torum presentia, existens personnaliter venerabilis vir frater
Georgius de Rosba, sacræ paginæ professor ordinis Sanctæ Trinitatis provincialisque ejusdem ordinis in tota provincia Aucitana
et Acquitaneis partibus, videlicet nobilis vir Arsius de Goalardo,
dominus loci de Terraubia, qui quidem nobilis Arsius de Goalardo
ibidem dixit, narrabit et proposuit aliquibus annis accursis certa
pacta et conventiones passatas fuisse inter ipsum nobilem Arsium
de Goalardo, tanquam patronum conventus Sanctæ Trinitatis
ejusdem loci de Terraubia, et venerabilem religiosum virum
fratrem Bertrandum de Canetello, ejusdem ordinis, super fonda-
tione de eodem conventu Sanctæ Trinitatis in eodem loco de
Terraubia facta, velut latius continetur et declaratur in quodam publico fundationis et pactorum instrumento, per discretum
virum magistrum Bonumhominem de Bitrina, notarium publicum, anno et die in eodem contentis et expressatis, sumpto et
retento, per quam legitime apparet et apparere dicitur ipsum
nobilem Arsium fore et esse ac remanere verum patronum ejusdem monasterii Sanctæ Trinitatis, necnon etiam habere potestatem et omnimodam dispositionem presentandi ministrum novum
majorem seu provincialem ejusdem ordinis et dicti conventus,
casu occurente vacationem ministratus ejusdem conventus in
quo quidem conventu, post dictam fundationem institutus legitime fuerit in ministrum in eodem conventu videlicet discretum
et religiosum virum fratrem Bertrandum de Canetello prædictum
qui aliquibus diebus decursis, etc., et propter ejus mortem ad
presens officium ejusdem ministratus in eodem conventu vacat
et vacare dicitur, et esset quoque..... nobilis Arsius infra tempus
debitum et a jure statutum prestandi aliquem idoneum et sufficientem ministrum in eodem conventu, tenoris aliorum pactorum et omnimodam dispositionem presentandi novum ministrum

in eodem conventu ejusdem loci pertinuisse et pertinere debere, consideretque. Idem nobilis Arsius patronus predictus, prout dixit, de scientia, discretione et laudabili testimonio venerabilis et religiosi viri fratris domini de Beone, ejusdem ordinis Sanctæ Trinitatis, ibidem presentis ejusdem, tanquam idoneum et sufficientem et legitime in ordine prædicto approbatum, prænominato patri Georgo de Rosba provinciali jam dicto presentabit eodem Beone cum illi honore et reverentia quibus potuit et debuit, supplicando, postulando et requirendo, ipse nobilis Arsius patronus prædictus dicto domino provinciali, quatenus dictum de Beone in verum ministrum ejusdem conventus dicti loci de Terraubia acceptare et sibi de officio ministratus ejusdem conventus dignaretur conferendi, etc.

Archives du château de Terraube, carton C, pièce 7.

12 JUILLET 1496.

ARCHIEU DE GALARD, *seigneur de Terraube, autorise les consuls de ce lieu à porter le chaperon.*

Le 12 juillet permission octroyée aux consuls de Terraube de porter chaperon, par noble homme ARCHIN DE GOLARDO, leur seigneur, sous le bon plaisir du roy, et avec la permission du sénéchal du 12 juillet 1496. J'ai vu ce parchemin coté n° 26. Le seigneur de Terraube y est qualifié ainsi : « Nobili viro ARCHIVO (ou ARCHINO) DE GOLARDO, domino loci de Tarraubia, » devant Pierre Sabinelli, notaire, Anthonioto, cardinal-prêtre du titre de Sainte-Praxède étant évêque de Lectoure.

Mss. de l'abbé de Lespine, dossier de Galard, Bibl. de Richelieu, Cabinet des titres.

25 AVRIL 1500.

Dans la quittance ci-après, Bertrand de Saint-Lary reconnaît avoir touché les 1,000 francs bordelais constitués en dot à FLORETTE DE GALARD, sa femme, de la main de son beau-frère, ARSIN ou ARCHIEU DE GALARD, seigneur de Terraube.

Quittance de constitution de dot, faite par noble BERTRAND DE SANCTO YLARIO, de la juridiction « villæ Florenciæ, » mari de noble et honeste femme FLORÈTE DE GOLARD, sœur germaine de noble ARSINI DE GOLARD, seigneur de Terraube, qui avait reçu un lit et des habits nuptiaux avec une somme de 1000 francs bordelais, comme est dit dans l'acte du contrat de mariage, retenu par discrète personne, maître Jean de R....., notaire public. Le dit noble Bertrand de Sait-Lary oblige tous ses biens meubles et immeubles pour garantie qu'il observera les termes de sa déclaration, les soumet à toute rigueur de justice, renonçant à toute exception de droit et de fait, admettant toute juridiction des cours de Toulouse, d'Alby, etc., et jure sur les quatre saints Évangiles de Dieu, de sa main droite corporellement touchés, de garder et observer les articles contenus dans le dit instrument qu'il veut être livré au dit noble Aissieu de Galard.

« Acta fuerunt hæc apud presentem villam Florentiæ. » Le 25 avril de l'an de l'Incarnation de Notre-Seigneur 1500.

« Serenissimo principe et domino nostro domino Ludovico, « Dei gratia rege Francorum regnante, illustrique et potenti prin- « cipe et domino nostro Alano, domino de Labreta et de Tartassio « vicecomite, ac domino et reverendissimo in Christo patre et « domino domino, miseratione divina Ausciensi archiepiscopo, « presentibus discretis ac prudentissimis viris. . . . . Natali

« Aubusson, Guillelmo de Bustano, notario, etc. . . . . . solito, de
« villa Florentiæ, et Petro de Lausacolixonis, clerico, loci de
« Paulhaco, et testibus ad premissa vocatis, et me Bernardo
« Garyssony, etc., qui presens instrumentum in hanc formam
« publicam redegi et signo meo instrumentali solito signavi in
« fidem et testimonium omnium et singulorum præmissorum
« quod est tale. »

Mss. de M. Benjamin de Moncade, cahier A A 2. Archives du château de
Malliac (Gers).

20 MARS 1501.

ARCHIEU DE GALARD, *seigneur de Terraube, fait son testament, dans
lequel il est qualifié noble et puissant seigneur « Arsinus de Galard ; »
plusieurs établissements religieux, notamment le couvent de la Trinité de Terraube, sont inscrits pour divers legs ; il désigne, comme
usufruitière d'une partie de ses biens, sa femme, noble Marie
d'Aurensan ; il laisse la majeure part de sa succession à Gilles de
Galard, son fils unique, et fait ses héritiers particuliers FLORETTE et
ANNETTE, ses filles, qu'il substitue, par ordre de primogéniture, à
leur frère Gilles. Ladite dame d'Aurensan, son épouse, noble BER-
TRAND DE GALARD, seigneur de l'Isle-Bozon, et Manaud d'Astugue,
seigneur d'Escornebieu, sont nommés ses exécuteurs testamentaires.
Cet acte fut retenu par Jean Doazan, notaire de Terraube.*

In nomine sancte et individue Trinitatis Patris et Filii et Spiritus Sancti, amen. . . . . In mei notarii publici et testium infrascriptorum presencia, personaliter constitutus nobilis et potens
vir ARSINUS DE GOLARDO, dominus de Tarraubia, per Dei graciam
mente et animo sanus, tamen obstante aliqua infirmitate in qua
laborabat, suum ultimum nuncupativum condidit testamentum et

in hunc qui sequitur modum ordinavit: quod casu quo ex hac contingat decedere infirmitate, corpus ejus detur sepulture in ecclesia et conventu religionis fratrum Minorum Lectore . . . . . Item statuit et ordinavit. . . quod. . . largientur decem scuta. . . conventui fratrum et religiosorum virorum Sanctissime Trinitatis Tarraubie, pro uno obitu per eosdem religiosos. . . . . celebrando, videlicet tali die qua ab hoc seculo migraverit. . . . . Insuper dictus testator habendo respectum ad honestatem et bonos mores nobilis dilecte sue uxoris Marie de Aurenssano. . . . . predictam suam dilectam uxorem, omnium et quorumcumque bonorum suorum presentium et futurorum dominam majorissam et usuffructuariam fecit. . . . . *Item* voluit. . . . . quod casu quo dicta nobilis Maria de Aurenssano, ejus uxor, in futurum concordare non se posset cum suo herede universali inferius nominato, quod ipsa tamen remaneat in ejus castro Tarraubie vel in sua aula vocata de Ferreyres, ubi magis voluerit. . . . . Postque dictus testator jussit. . . . . et ordinavit. . . . . tradidi et deliberari dilecte sue primogenite filie naturali et legitime, videlicet Florete de Golardo, summam mille scutorum. . . . . *Item* pariter dictus dominus testator legavit. . . . . alie sue filie naturali et legitime, videlicet Annete de Golardo, summam octo centum scutorum. . . . In omnibus autem aliis bonis suis. . . . sit, tam in dicta villa, loco castroque Tarraubie juridictione et dominatione et aliis quibuscumque. . . videlicet nobilem Gilium de Golardo, ejus unicum filium naturalem et legitimum. Et si contingeret eundem nobilem Gilium decedere. . . . . sine legitimis liberis. . . . . substituit et in locum ejus posuit predictam nobilem Floretam de Golardo. . . . . et si dicta nobilis Floreta decedat. . . . . sine liberis legitimis. . . . . substituit. . . . . aliam suam secundam filiam, videlicet nobilem Annetam de

Golardo. . . . . Et si omnes illi tres liberi. . . . . decederent sine liberis, voluit supradictus dominus testator quod ejus hereditas deveniat ad propinquiorem in gradu parentele, ex parte ipsius testatoris, portantem nomen et arma ipsius nobilis testatoris.

Tutores autem testamentarios atque gubernatores personis et bonis supradictorum suorum liberorum fecit et ordinavit predictam nobilem dilectam suam uxorem Mariam de Aurenssano ac nobilem BERTRANDUM DE GOLARDO, dominum Insule Bozonis, et nobilem Manaldum d'Estugua, dominum loci de Cornebio. . . . Executores. . . . . fecit. . . . . et instituit, videlicet dilectos suos et fideles nobilem venerabilemque et egregium virum dominum Arnaldum de Cassanea, canonicum ecclesie cathedralis Lectorensis, necnon honorabilem et discretum virum magistrum Petrum de Fraxino, juris utriusque bacalarium, predicte civitatis Lectore habitatores. . . . . Acta fuerunt hec, apud castrum de Tarraubia, die vicesima mensis marcii, anno Domini millesimo quingentesimo primo, regnante illustrissimo ac christianissimo principe et domino nostro Ludovico, Dei gracia Francorum rege, et reverendo in Christo patre domino Ludovico. . . . . Lectorensis episcopo presulante ; presentibus ibidem providis viris Johanne de Doasano, Petro de Casterario, Beguerio de Bedes, Ramundo de Ferreto, Jacobo de Comino, Arnaldo de Maseras et Johanne Desperveriis, dicti loci de Tarraubia, habitatoribus. . . . . Et me Johanne de Doasano. . . . . , notario publico, nunc vero habitatore dicti loci de Tarraubia, qui in omnibus et singulis premissis presens interfui eaque sic fieri vidi, audivi, notavi et in libris et protocollis meis descripsi et registravi, a quibus hoc presens publicum testamenti instrumentum per alium michi fidelem et dilectum, facta prius diligenti collatione cum originali, cum quo se convenit et concordat ingrossavi, et in hanc publicam probantem et auctenticam forman redegi, feci, et in fidem, robur et testimonium omnium et singulorum predictorum hic me signo meo auctentico et publico sequenti signavi.

JOHANNES.

Archives du château de Terraube, parchemin, carton C, pièce 10.

1503 ET AVANT.

Notice sur AISSIEU DE GALARD, *damoiseau, seigneur de Terraube, fils d'autre* AISSIEU *et de* MARGUERITE DE GALARD, *marié, en 1475, à Marie d'Aurensan.*

AISSIEU VII DE GALARD, damoiseau, seul seigneur de Terraube, reçut, en 1469 et 1470, des reconnaissances féodales en qualité de fils et héritier d'EYSIBET DE GALARD, seigneur de Terraube; il y est lui-même nommé Aysibet; il avoit alors pour tuteur JEAN DE GALARD, seigneur de Saint-Avit;

Le 26 juin 1472, il fut prononcé une sentence arbitrale sur un procès, mû entre Jean de Lupé, seigneur de Marabat, époux de MARGUERITE DE GALARD, défunte, et Yssinet de Galard, seigneur de Terraube, fils mineur d'AISIEU DE GALARD, au sujet de la dot de ladite Marguerite, sœur dudit Yssinet.

Le 25 juin 1475, Ayssinet de Galard arrêta son mariage avec noble MARIE D'AURENSAN, fille de noble seigneur Odon, seigneur d'Aurensan, en Armanhac, au diocèse d'Auch; ce seigneur constitua en dot à sa fille 2000 florins et lui substitua tous ses biens au cas que Agnès, sa fille aînée, épouse d'Antoine de Lavédan, seigneur de Montagut, vînt à mourir sans enfants. Cet acte fut passé en présence de plusieurs seigneurs et notamment du seigneur Bernard d'Armanhac, seigneur de Termes.

Le 23 avril 1478, Arsieu de Galard, seigneur de Terraube, fils
et héritier de noble Arsieu de Galard et de Marguerite de Galard,
obtint une ordonnance de l'évêque de Lectoure portant injonc-
tion à Guillaume Molinié, prêtre et notaire de Lectoure, de lui
délivrer un extrait de la procédure faite pour obtenir la dispense
de parenté entre ses dits père et mère, dont il avoit besoin pour
la produire dans un procès que lui avoit intenté devant le parlement de Bordeaux Viguier de Galard, seigneur de la Capelle.

Ce Viguier de Galard, oncle paternel d'Arsieu VII, voulut
prouver que son neveu étoit né d'un inceste et que, par conséquent, il n'avoit pas pu recueillir la succession d'Arsieu VI; et
c'est au procès intenté sur ce sujet que nous devons le *Factum*
original que j'ai déjà cité, où Viguier de Galard rapporte sa descendance depuis Arsieu IV qu'il nomme Aissieu I; il donne à son
père et à son grand-père le nom d'Arsinet et dit que Longue de
Galard, épouse du seigneur de Bonnefont, fut fille d'Arsieu IV,
et non de Géraud II, comme on le voit dans La Chesnaye.

Le 9 juin 1477, Arsieu de Galard, seigneur de Terraube, reçut
de Géraud de Galard, seigneur de la Mothe, une quittance de
200 moutons d'or que Marguerite de Galard, mère dudit Arsieu,
avoit légués audit Géraud de Galard, son frère.

Le 12 mars 1482, le noble et puissant homme Aissieu de
Galard fonda le couvent de la Trinité de Terraube.

Le 26 mai 1476, Arsieu de Galard, pupille, fils unique de feu
Arsieu, seigneur de Terraube, après avoir juré sur le missel et la
croix et le *Te igitur* d'observer les coutumes du lieu de Terraube,
reçut le serment de fidélité des consuls dudit lieu.

Le 20 octobre 1495, le noble et puissant seigneur Arsieu de
Galard, seigneur de Terraube, transigea avec le magnifique puissant seigneur Jacques de Lomagne, seigneur de Fimarcon et

vicomte de Couserans, sur un procès élevé entre eux au sujet de la juridiction de Marsolan.

Le 12 juillet 1496, Aïssieu de Galard permit aux consuls de Terraube de porter des chaperons.

Le 6 juin 1499, Florette de Galard, dame de Saint-Lary, en Gaure, fit son testament; elle donna son bien à ses enfants et fit exécuteur de son testament Jean de Galard, seigneur de Saint-Avit[1], et Jean de Galard, seigneur de l'Isle-Bozon.

Le 20 mars 1501, le noble et puissant seigneur Arsieu de Galard, seigneur de Terraube, fit son testament où il institua son héritier Giles de Galard, son fils unique, auquel il substitua Florette et Annète de Galard, sœurs dudit Gilles, et à celles-ci son plus proche parent du nom de Galard; il donna pour tuteurs à ses enfans Marie d'Aurensan, son épouse, et Bertrand de Galard, seigneur de l'Isle.

Arsieu de Galard étoit mort en 1503, lors du mariage de Florette de Galard, sa fille, avec noble Géraud de Preissac, fils de Jean, seigneur de Cadeilhan, et de Marthe de Sédilhac, son épouse; les futurs furent assistés, savoir : l'époux, par noble et puissant homme Béraut de Montaut, chevalier, seigneur de la Grave, et de noble Manaud de Preissac, seigneur d'Esclignac ; et l'épouse par les nobles hommes Bertrand de Galard, seigneur de l'Isle, et Manaud d'Astugue ou d'Estang, ses oncles.

Le 17 septembre 1509, noble Arnaud de Planhol, seigneur de Ricaut, en Lauragais, contracta mariage avec Anne de Galard, fille d'Arsieu, seigneur de Terraube, assisté de Marie d'Aurensan, sa mère, et de Gilles de Galard, son frère, encore mineur.

Archives du château de Larochebeaucourt. Extrait d'une généalogie dressée par l'abbé de Lespine et écrite de sa main.

1. Voir pages 512 et suivantes de ce volume.

Avant 1475.

Arnaud d'Espagne épousa en secondes noces AGNÈS DE GALARD.

ARNAUD D'ESPAGNE, II du nom, seigneur de Durfort, sénéchal de Foix [1], en 1475, testa le 22 février 1485.

I. — Femme, Marguerite de Comminges, sœur de Gaston-Roger de Comminges, seigneur de Solan.

1° Jean d'Espagne, seigneur de Durfort;

2° Arnaud d'Espagne, destiné chevalier de Rhodes par le testament de son frère, fut seigneur de Lissac et père de Jean d'Espagne, seigneur de Lissac en 1505, et aïeul de Paul d'Espagne;

3° Antoine d'Espagne fut destiné à l'Église;

4° Roger d'Espagne;

5° Bertrand d'Espagne, destiné à l'Église;

6° Geoffroy d'Espagne;

7° Jacmette d'Espagne;

II. — Femme AGNÈS DE GOLART.

P. ANSELME, *Histoire des grands Officiers de la Couronne, tome II*, page 656.

_____

Année 1475.

Mariage entre PIERRE DE GALARD, *seigneur de Castelnau d'Arbieu, et Jeanne de Montaut, fille de Jean, coseigneur dudit lieu de Castelnau.*

In nomine Domini, amen. Noverint universi et singuli presentes pariter et futuri et enim prout ibidem dictum fuit matri-

_____

1. Il était issu de l'union d'Arnaud Ier (second fils de Roger, seigneur de Montespan, et de Claire de Grammont) avec Marguerite de Montaut. On sait que les d'Espagne, seigneurs de Durfort, de même que ceux de Ponassuc, de Romefort, de Montespan, de Bruniquel, étaient des cadets de la maison comtale de Comminges.

monium tractatum et grossatum extiterit per verba legitima. . .
et. . . in facie Sanctæ Matris Ecclesiæ solemnisatum nec carnali copula consomatum fuerit inter nobilem PETRUM DE GOLARDO,
dominum Castri-Novi Arbey, ex una, et nobilem JOHANNAM DE
MONTE-ALTO, filiam nobilis Johannis de Monte-Alto, etiam domini
dicti loci de Castro-Novo Arbey, ex alia parte, et eisdem pactis et
conventionibus occasione dicti matrimonii inter dictas partes factis et inhite et acordate nullum staret publicum instrumentum.
Huic igitur est et fuit anno et die infrascriptis constitutus et
existens personaliter apud locum de Curribus, vicecomitatus
Fezensaguelli et Lombesii diocesis, in mei notarii publici et testium infrascriptorum presentia videlicet preffatus nobilis Johannis de Monte-Alto, pater dicti nobilis Johannis. . . per se suosque
heredes et quoscumque in posterum successores, et ad suppor-
tandum onera dicti matrimonii constituit in dotem et nomine
et ex causa dotis preffate nobili Johanne, ejus filie, preloquto
nobili Petro de Golardo, ibidem presenti, pro se suisque heredibus et universis successoribus stippulanti solenniter et recipienti,
videlicet fiducam quadringentorum mutonum auri, computando
pro quolibet mutone decem solidos arditos, necnon lectum,
vestes nuptiales et alia jocalia. . . ipsius nobilis Johanne. . .
ad habendum, tenendum, possidendum, utendum. . . . . omnimodo et sua volontate faciendum quosquidem dotem, lectum,
vestes nuptiales et alia jocalia, etc.

Archives du château de Larochebeaucourt; — Archives du séminaire
d'Auch, J 4, 27 [1].

1. D'après le titre de ce dépôt, l'alliance aurait eu lieu en 1473; le document de
Larochebeaucourt la fixe à 1475; celui du séminaire, étant original, mérite la préférence. Nous regrettons donc d'avoir placé ce contrat sous l'année 1475. Il eût
mieux valu lui assigner celle de 1473 et le classer en conséquence.

5 AOUT 1487.

PIERRE DE GALARD, *coseigneur de Castelnau d'Arbieu, en vertu d'un usage traditionnel dans sa famille, prit la bride de la mule épiscopale et introduisit Pierre d'Abzac, le nouveau prélat, dans la ville de Lectoure.*

Il (Pierre d'Absac de Ladouze, le nouvel archevêque) fit son entrée solennelle dans cette dernière ville le dimanche 5 août. Le récit de cette cérémonie nous a été conservé [1]. Il était à peine six heures du matin lorsque le prélat se présenta à la Porte-Peinte, appelée autrefois de La Bacouère, escorté d'environ deux cent cinquante notables, parmi lesquels on comptait Jean de Boisrond, baron de Laroque et d'Armau, chambellan du roi et sénéchal d'Armagnac, Bernard de Bassabat, seigneur de Pordéac, Jean du Tastet, juge-mage, et les six consuls de Lectoure, Guillaume de Vitrac, licencié en droit, Jacques Honède, Étienne de Laumet, Aspin de Forgerac, Bertrand Abède et Géraud de

1. J'extrais du manuscrit de Bégué, appartenant à M. François Plieux (de Condom), et ayant pour titre : *Recueil de divers endroits historiques et Mémoires concernant la ville de Condom,* la note suivante sur l'arrivée des prélats dans leur ville épiscopale et sur les devoirs et les avantages de leur conduite par les barons diocésains :

« Une des principales cérémonies qui se pratiquaient dans ces entrées solen-
« nelles était qu'un seigneur ou gentilhomme choisi et distingué avait le droit de
« tenir dans sa main et de conduire par la bride, durant tout le cours de la céré-
« monie, la mule ou le cheval sur lequel l'évêque était monté, en récompense de
« quoi ledit gentilhomme pouvait prétendre à la propriété du buffet du prélat ou à
« sa légitime valeur; plus à la selle de la mule ou du cheval. On voit la vérité de
« cet usage à l'égard de l'évêque de Cahors, dans Olive, en ses *Notables questions,*
« livre II, chap. VIII. Pareil usage est de notoriété établi dans l'archevêché d'Auch,
« où M. le marquis de Parabère, en sa qualité de baron de Montaut, est en droit et
« possession de faire la même cérémonie. Semblable coutume existait à Lectoure
« en faveur de M. de Saint-Léonard, de la maison de Sérillac, comme de ceux qui
« sont descendus de la maison de Goalard, près Condom, ainsi qu'il sera remarqué

Saint-Lane. Il montait une mule et toute sa suite était à cheval.

PIERRE DE GALARD, coseigneur de Castelnau d'Arbieu, à pied sans casaque militaire, et n'ayant pour chaussure que la sandale espagnole, l'attendait au milieu d'environ soixante pages, dont chacun tenait à sa main un grand bâton blanc. Il s'avança vers d'Absac et lui remontra que depuis quarante, cinquante, soixante, cent ans et plus, ses ancêtres et lui étaient en possession de conduire l'évêque élu et confirmé, quand il entrait dans la ville en sa qualité d'évêque et de seigneur de Lectoure pour la quatrième partie. Il demanda, en conséquence, à jouir du privilége qu'une coutume immémoriale lui assurait. Le prélat accueillit la demande comme conforme au droit et raisonnable. Le service agréé, Pierre de Galard, se conformant strictement à ce qui avait été pratiqué avant lui, saisit la bride de la mule, et précédé de ses pages il conduisit l'évêque par la rue droite jusqu'à l'église du Saint-Esprit. Changeant alors de rue, il le mena jusque sous le porche de la cathédrale. Là il prit l'évêque dans ses bras et le descendit de sa mule. Mais dès que d'Absac eut

« ci-après, en la vie d'Hérard de Grossolles, XIᵉ évêque, et que même M. le comte « de Gohas, en qualité d'acquéreur de cette maison de Goalard, prétend avoir acquis « l'exercice de ce droit, au préjudice de ceux qui restent de cette même famille « de Goalard. »

Ainsi les de Galard auraient exercé cette prérogative non-seulement à Lectoure, mais à Condom. Voir page 352 de ce volume.

M. Léonce Couture, à l'érudition inépuisable duquel nous devons personnellement une infinité de bons offices, et qui a contribué plus que tout autre par sa science au réveil des études historiques dans le Sud-Ouest, a publié dans la *Revue de Gascogne* une intéressante relation de l'entrée de François de Clermont dans sa ville métropolitaine d'Auch, sous le titre de : « L'entrada de mosson Frances de Clar-« mont, cardinal et arcevesque d'Aux; estan cossos los honorables homes meste Vidau « de Bordali, bacheler, Anthoni Faur, Ramon Gardes, meste Johan de Franco, Vidau « deus Vinhaus, Ramon de Romas, Pierre Bailac et Domenge deu Gendre, qui « paulo ante decessit. »

touché la terre, Pierre de Galard s'élança sur la monture et retourna à la Porte-Peinte, précédé de ses pages. Il refit avec eux le trajet que venait de parcourir le cortége, et quand il fut devant la cathédrale, il salua l'évêque, et sous ses yeux il sortit de la ville, amenant la mule qui désormais lui appartenait.

Histoire de Gascogne depuis les temps les plus reculés, etc., par l'abbé Monlezun, tome V, pages 195 et 196.

---

5 AOUT 1487.

Mise en possession de l'évêque de Lectoure par PIERRE DE GALARD, *sei-gneur de Castelnau d'Arbieu, avec le cérémonial déjà décrit. L'acte latin qui suit a été résumé, par l'abbé Monlezun, dans la page précédemment reproduite.*

In nomine Domini, amen. Noverint universi et singuli præsentes pariter et futuri quod, anno Incarnationis Domini millesimo quadragintesimo octuagesimo septimo et die quadam dominica intitulata sive computata quinta mensis augusti, regnante illustrissimo principe et domino nostro domino Carolo, Dei gratia Francorum rege, apud civitatem Lectoræ, hora prima ejusdem diei, in janua ejusdem civitatis Lectoræ vocata la Porta Pintha alias vocata antiquitus la Porta de Bacuoera, ubi reverendus in Christo pater et dominus dominus Petrus de Abzaco, miseratione divina Lectorensis episcopus, equester super quandam mulam existebat, causa possessionis dicti episcopatus adipiscendæ, existente cum eo magnifico et potenti viro domino Joanne de Bosco Rotundo, domino baroniarum de Ruppe et de Armano, consiliario et cambellano domini nostri regis et senescallo Armanachi, nobi-

libus viris Bernardo de Bassabat, domino de Pordeac, domino
Joanne de Testeto, judice majore senescalli Armanachi, domino
Guillelmo de Vitraco, licentiato in legibus, Jacobo Honedius, Stephano de Laumeto, Arpino de Fogeraco, Bertrando Abeda et
Geraldo de Santlana, consulibus civitatis Lectoræ et pluribus aliis
metabilibus personis, cum eodem equitantibus, usque ad numerum ducentum et centum equorum, coram quo domino episcopo
venit et se presentavit nobilis Petrus de Guolardo, condominus
Castrinovi Arbey, pedester absque clamide, sine sotularibus et
cum caligiis separtitis, associatus pluribus pagesiis usque ad
numerum sexaginta vel circa, cum magnis baculis albis, qui
quidem de Guolardo, coram eodem domino episcopo et in præsentia assistentium et mei notarii infrascripti, verbotenus dixit et
eidem significavit quomodo ipse de Golardo et ejus prædecessores
erant in possessione et saisina a quadraginta, quinquaginta, sexaginta et centum annis citra et ultra et a tanto tempore quod
non erat in memoria hominum, die qua episcopus Lectorensis
electus et confirmatus vult ingredi civitatem causa suæ consecrationis et possessionis, ut episcopus et dominus ejusdem civitatis
in quarta parte adipiscendæ in habitu in quo ipse de Golardo existebat ponendum ipsum episcopum in possessione, videlicet accipiendo equum quem equitat episcopus ad frenum et tenendo per
frenum ducere equum a dicta porta eundo per carreriam rectam
usque ad ecclesiam Sancti Spiritus dictæ civitatis, et a dicta ecclesia
per alteram carrieram reducere et conducere equum semper per
frenum usque ad portam ecclesiæ cathedralis beatorum Gervasii et
Protasii dictæ civitatis; et ibi ante ipsum episcopum manibus suis
propriis ab equo descendere : et ipse de Golardo et ejus prædecessores ibidem incontinenti consuevisse supra equum ascendere
tanquam suum proprium et cum suis pagesiis iterum equester

cum equo ipsius episcopi a dicta porta de Porta Pinta per carreriam rectam equitare usque ad ecclesiam Sancti Spiritus et a dicta
ecclesia per aliam carreriam usque ad portam ecclesiæ prædictæ
Sancti Gervasii redire, et deinde cum equo episcopi sive mula,
tanquam suo proprio, ubi eidem de Golardo placuerit recedere
et suas voluntates de hujusmodi equo sive mula facere. Et cum
ipse de Golardo videret ipsum dominum episcopum equestrum,
causa suæ possessionis adipiscendæ eumdem humiliter cum quibus honore et reverentia decebat requisivit et eidem supplicavit ut
de jure, libertate, honore et prærogativa consuetis uti et gaudere
faceret et permitteret prout sui prædecessores facere consueverant. Tunc ipse dominus episcopus audita hujusmodi suppli-
catione sive requesta ejusdem de Guolardo ibidem certificatus
per plures et metabiles personas, ibidem assistentes, qui præmissa
sciebant fore vera et ita observare viderunt per prædecessores
ipsius domini episcopi, et etiam quia constabat eidem domino
episcopo de propositis coram eo per instrumenta publica per
ipsum de Guolardo coram eo ostenta hujusmodi supplicationem
tanquam juris consonam et rationabilem admisit, et eidem
annuere volens frenum suæ mulæ accipere ad fines præfatos ut
dictus de Guolardo, cum voluntate ipsius episcopi, mulam ad
frenum accepit intrando civitatem et tenendo hujusmodi mulam
ad frenum, pagesiis suis cum baculis albis ante ipsum præeun-
tibus a dicta porta per carreriam rectam equitando ipse episcopus possessionem suam, ut episcopus et dominus in quarta parte
dictæ civitatis, accipiendo usque ad ecclesiam Sancti Spiritus dictæ
civitatis conduxit et per aliam carreriam reducendo et equum sive
mulam per frenum semper tenendo usque ad portam ecclesiæ
cathedralis beatorum Gervasii et Protasii ejusdem civitatis ad-
duxit; et ibi manibus propriis ipsum episcopum de hujusmodi

mula descendit, et incontinenti supra equum sive mulam ejusdem domini episcopi in ejus præsentia ascendit et cum suis pagesiis equester ad portam prædictam de Porta Pinta accessit et a dicta Porta, prout sui prædecessores facere consueverant, equitavit per carreriam rectam usque ad eamdem ecclesiam Sancti Spiritus, et ab eadem ecclesia Sancti Spiritus per aliam carreriam usque ad prædictam ecclesiam Sancti Gervasii; et facto hujusmodi cursu in præsentia ejusdem domini episcopi et aliorum dominorum cum hujusmodi mula, tanquam sua, cum pagesiis suis exivit de civitate, de quibus omnibus et singulis prænominatus nobilis Petrus de Guolardo petiit et requisivit sibi fieri et retineri publicum instrumentum per me notarium infrascriptum unum et plura, tot quot sibi esset necessarium, quod feci de voluntate ejusdem domini episcopi.

Acta enim fuerunt præmissa, anno, die, mense, loco et regnante prædictis, in præsentia et testimonio nobilium et honorabilium virorum Bernardi de Bassabat, domini de Pordeac, Guillelmi de Vitraco, licentiati, magistrorum Joannis de Job, Deodati de Borcio, Jacobi Brucelli, bacchalaurei, et plurium aliorum ibidem existentium testium, ad præmissa vocatorum, et mei Georgii Lucas, notarii, authoritate imperiali publici, civis Lectoræ, qui in præmissis omnibus et singulis præsens fui eaque sic fieri vidi et audivi et de his requisitus notam sumpsi quam in meis inserui protocollis, a quibus hoc præsens publicum instrumentum manu propria scripsi et signo meo publico quo in meis publicis utor actibus sequenti signavi, in fidem omnium et singulorum premissorum.

Histoire de Gascogne depuis les temps les plus reculés, etc., par l'abbé Monlezun, tome VI, page 398.

25 mars 1491.

Le droit de taverne de Castelnau d'Arbieu est affermé par Pierre de
Galard *et Bernard de Montaut, coseigneurs dudit bourg.*

Nobles Pierre de Golardo, et Bernard de Montault, coseigneurs
de Castelnau d'Arbiu, avec les consuls du dit lieu, affermèrent
le droit de taverne audit Castelnau d'Arbiu, par acte reçu par
Lasturris, notaire, le 25 mars 1491. (Étude de M. Labat, notaire
à Lectoure, registre de Lasturris, fol. 250.)

D. Villevieille, *Trésor généalogique,* vol. XLIII, fol. 146 v°; Bibl. de
Richelieu, Cabinet des titres.

Année 1500.

*Le syndic du chapitre d'Auch, après l'aliénation des dîmes de Cas-
telnau par* Pierre de Galard, *réclame du vicaire de l'évêque de
Lectoure la ratification de cet acte.*

In testimonio dominorum N..... præbendariorum in ecclesia Auxis, domini N. canonici dictæ ecclesiæ capitulantes, et
eorum capitulum celebrantes, majorem partem canonicorum
ejusdem facientes, fecerunt eorum et dicti capituli syndicum,
Guillelmum Maurini præbendarium in dicta ecclesia Auxis, qui
syndicus narravit vicario generali Lectorensis episcopi, qualiter
dicti canonici Auxis emerant a Petro de Golardo partem fructuum
decimalium Castrinovi, dictusque syndicus supplicavit vicarium,
quatenus venditionem approbare vellet, qui dictam venditionem
approbavit.

Histoire de Gascogne, par l'abbé de Monlezun, tome VI, fin de la
page 448 et commencement de la page 449.

Année 1522.

Mention du mariage de Pierre de Galard, *seigneur de Castelnau d'Arbieu, sans indication de la femme.*

Pierre de Galard, coseigneur de Castelnau d'Arbiu, avec Bernard de Montaut, fit une afferme le 25 mars 1491; il épousa N., qui testa en . . . . . dont le testament est rappelé en 1522.

Mss. de l'abbé de Lespine, dossier de Galard, Bibl. de Richelieu, Cabinet des titres.

1ᵉʳ JANVIER 1477.

Sur le compte de Guillaume de La Croix, trésorier des guerres du roi, le nom de Bertrand de Goulard, *seigneur de Glatens, second fils de Bertrand, sire de l'Isle-Bozon, et de Bertrande de Kerven de Mauvezin, est inscrit comme homme d'armes de la compagnie du maréchal de Gié, dans laquelle étaient également incorporés d'autres seigneurs du Midi, tels que Poncet de Gourdon, Jehannot de Moncassin et Viget de Savignac, Charles de Montferrant, etc.*

ROLLE DES PARTIES DE DENIERS QUE LE ROY, NOTRE SIRE, A ORDONNÉ ESTRE PAYÉES PAR GUILLAUME DE LA CROIX, SON CONSEILLER ET L'UN DES TRÉSORIERS DE SES GUERRES, POUR L'ANNÉE COMMENÇANT LE PREMIER JANVIER 1477.

Du nombre des cent hommes d'armes et cc archers de la compagnie du mareschal de Gié, sont nommés Denisot des Essars, Adam de la Ranville, Bertran de Goulart, hommes d'armes; Jean le Saige, Jean de Billy, le Bastard de Ribiers, Bouchet, Yvon de la Vallée, archers; Messire Poncet de Gourdon, chevalier, homme d'armes, Jeannot de Montcasin, Viget de Savignac, Jeannot de

Villebrunier, Charles de Montferrant, Guion le Roy, Jean de Quebriac, Robert de Carné, Gacien d'Aoust, hommes d'armes; Jean Fouet, Guillaume Picault, Jaques Husson, Perrin Gourhaut, archers.

Mémoires pour servir de preuves à l'histoire ecclésiastique et civile de Bretagne, par dom Hyacinthe Morice, tome III, col. 350-351, in-fol.

---

20 JUILLET 1478.

Quittance délivrée par BERTRAND DE GALARD, *seigneur de Glatens* [1].

Noble BERTRAND DE GOLART, seigneur de Glatenx, donna quittance de 24 écus d'or qui lui étaient dus par noble Jean de Bonneville, baron et seigneur de Bonneville, par acte de Mathei, notaire à Lectoure, le 20 juillet 1478.

D. VILLEVIEILLE, *Trésor généalogique,* vol. XLIII, fol. 146; Bibl. de Richelieu, Cabinet des titres.

---

29 NOVEMBRE 1479.

JACQUES DE GALARD *assiste au mariage d'Antoine de Villequier, seigneur de Montrésor, avec Charlotte de Bretagne* [2].

A tous ceulx qui ces présentes lettres verront : les gardes des seels royaux establis aux contracts, en la ville et cité de Xaintes et

---

1. Voir dans la notice de Bertrand de Galard, seigneur de l'Isle-Bozon, grand maître des eaux et forêts d'Aquitaine, page 306 de ce volume, l'article qui concerne son deuxième fils, Bertrand de Galard, seigneur de Glatens.
2. Nous ne donnons que le commencement et la fin de l'acte.

de la prévosté de Saint-Pierre le Mostier, pour le roy, nostre sire, salut : scavoir faisons que par devant maistre Jean d'Armaignac, notaire juré de la cour dudit seel royal, establi aux contracts en ladite ville et cité de Xaintes, et André des Touches, aussy notaire juré de la cour dudit seel royal de ladite prévosté de Saint-Pierre le Mostier, pour le roy, nostre sire, estans présens personnellement establis, d'une part : très-haut et puissant seigneur messire Alain, seigneur de Lebret, comte de Dreux, de Gaure, de Paintièvre et de Peyrigord, vicomte de Tartas et de Limoges, captal de Buch et seigneur d'Avesnes, et madame Françoise de Bretaigne, sa compaigne et espouse, et très-haute et puissante damoiselle mademoiselle Charlotte de Bretaigne, sœur naturelle et légitime de madite dame, et fille légitime et naturelle de très-haut et puissant seigneur monseigneur Guillaume de Bretaigne, de bonne mémoire comte de Pentièvre et de Peyrigort, viscomte de Limoges et seigneur d'Avesnes, et d'autre noble et puissant Antoine de Villequier, escuyer, viscomte de Sainct-Sauveur, le viscomte, seigneur de Montrésor, Marquelatz, Menestrasilon et des Isles d'Oleron Marepne, Arincot Brouilhe, Chaissoulxbicos, conseiller et chambellan du roy, nostre sire, lesquels et chascun d'eux en tant qu'il leur peut toucher, compéter et appartenir en faveur et contemplation du traicté et prolocution du mariage a estre faict, solemnisé et accompli en face de nostre mère Saincte Église, dudict noble et puissant Antoine de Villequier, escuyer, seigneur de Montrésor, et de ladite et très-haute et puissante damoiselle Charlotte de Bretaigne, de leur certaine science, bon gré, etc. . . . . .

Ce fut faict et passé en la ville de Nérac, présents et tesmoings à ce appelés et requis : nobles et puissants seigneurs messires Jean de Pompadour, Anthoine de Sallignac, Laurents du Habrot dit le Petit, François Chevalier, Charles de Montperac, Raymo-

net de Sainct-Cyre, Jacques de Livron, Charles de Vernes, Jean
de Lamothe, Pierre de Maresancousin, Gilles de La Vauver, Bertrand de Montelanbrot, Jacques Gollart et Pierre de Jauniches,
escuyer, le vingt et sixiesme jour de novembre l'an mil quatre
cens soixante et dix et neuf. Ainsy signé : *J. Dozinpmac* et
A. des Touches, et scellé de cire verte à double queue.

Collection Doat, vol. XXXIX, pages 271 et suivantes; Bibl. de Richelieu. Mss.

Vers 1480.

Constatation du mariage de Florette de Galard, *fille d'Aissieu
ou d'Archieu de Galard, avec Bernard-de Saint-Lary.*

Florette de Galard, fille de Aissieu de Galard IV du nom, député
avec Odet de Lomagne, seigneur de Fimarçon, au nom de la
noblesse du comté d'Armagnac, aux états généraux du royaume.
Aissieu épousa par dispenses, en 1457, sa parente Marguerite de
Galard, de laquelle vint Florette, mariée à Bernard de Saint-Lary.

Lainé, *Généalogie de Saint-Lary.*

---

6 juin 1499.

Jean de Galard, *seigneur de Saint-Avit*[1], *et* Jean de Galard, *seigneur
de l'Isle-Bozon, furent les exécuteurs testamentaires de* Florette
[de Galard.

Le 6 juin 1499, Florette de Galard, dame de Saint-Lary, en
Gaure, fit son testament; elle donna son bien à ses enfans et fit

---

1. Voir Jean de Galart, seigneur de Saint-Avit, page 512 de ce volume. Voir
aussi page 594 de ce volume, où le choix de Florette est également constaté.

exécuteurs de son testament Jean de Galard, seigneur de Saint-Avit, et Jean de Galard, seigneur de Lisle-Bozon.

Archives du château de Larochebeaucourt. Extrait d'une généalogie sus-mentionnée de l'abbé de Lespine.

20 mars 1501.

Florette de Galard, *fille d'Archieu, seigneur de Terraube, et de noble Marie d'Aurensan, est mentionnée dans le testament de son père et substituée à son frère,* Gilles de Galard, *au cas où celui-ci viendrait à décéder sans enfants, ce qui appert de l'extrait suivant.*

. . . . . Nobilis et potens vir Arsinus de Golardo, dominus de Tarraubia. . . . condidit testamentum, etc. . . . dictus testator jussit et ordinavit tradidi et deliberari dilecte sue primogenite filie naturali et legitime, videlicet Florete de Golardo, summam mille scutorum. *Item* pariter dictus dominus testator legavit alie sue filie naturali et legitime, videlicet Annete de Golardo, summam octo centum scutorum. In omnibus autem aliis bonis suis, situatis tam in dicta villa, loco castroque Terraubie juridictione et dominatione et aliis quibuscumque videlicet nobilem Gilium de Golardo, etc. Et si contingeret eundem nobilem Gilium decedere sine legitimis liberis, substituit et in locum ejus posuit predictam nobilem Floretam de Golardo, et si dicta nobilis Floreta decedat sine liberis legitimis, substituit aliam suam secundam filiam, videlicet nobilem Annetam de Golardo, etc.[1].

Archives du château de Terraube, carton C, pièce 10.

1. Voir l'acte *in extenso* dans les documents qui se rapportent à Aissieu de Galard, page 58.

16 MAI 1484.

Contrat postnuptial de noble Bertrand de Montesquiou, seigneur de Marsan, de Salles et de La Serre, avec Gabrielle de Belcastel. L'acte est suivi de lettres de compulsoires émanant de JEAN DE GALARD, *seigneur de l'Isle-Bozon, conseiller et chambellan des rois de France et de Navarre, sénéchal et gouverneur d'Armagnac.*

In nomine Domini, amen. Noverint universi. . . . . me Johannem Vidilheti. . . . . defuncti magistri Jacobi de Guitgia. . . . . inter notas. . . . . notarii regii. . . . . extensum instrumenti subinserti per eundem quondam de Guitgia recepti, reperisse sequentis tenoris :

In nomine Domini, amen. Noverint universi. . . . . hoc presens publicum instrumentum inspecturi. . . . . quod cum fuerit tractatum. . . . . ac in facie Sancte Matris Ecclesie. . . . . matrimonium solempnisatum. . . . . inter nobilem virum Bertrandum de Montesquivo, dominun loci de Marsan. . . . . diocesis Auxiensis, ex parte una ; et nobilem Gabrielam de Bellocastro, filiam naturalem et legitimam vita functi nobilis viri Ramundi-Bernardi de Bellocastro, quondam domini loci de Campanhaco et de Boria, Caturcensis diocesis, ex parte altera. . . . . est sciendum quod anno Dominice Incarnationis millesimo quadringentesimo octuagesimo quarto et die decima sexta mensis maii. . . . . personaliter constitutus nobilis vir Johannes de Bellocastro, frater germanus dicte nobilis Gabriele de Bellocastro dominusque dictorum loci de Boria et de Campanhaco, ... dedit. . . . . et in dotem assignavit eidem nobili Bertrando de Montesquivo, domino de Marsan, una cum predicta nobili Gabriela de Bellocastro ejus conjuge, ... scilicet vestes nupciales

II.   39

bene convenientes ad corpus. . . . . dicte nobilis Gabriele. . . . .
ac etiam joccalia nupcialia bene convenientia et honesta, et summam duodecim ducentarum librarum turonensium. . . . . Acta
fuerunt hec. . . . . presentibus testibus. . . . . et dicto quondam magistro Jacobo de Guitgia, notario regio. . . . . qui dictum instrumentum retinuit et in suis registravit prothocollis, a
quibus ego Johannes Vidilheti, notarius antedictus, predictorum. . . . . prothocollorum ejusdem quondam de Guitgia collationarius, hujusmodi instrumentum, prout supra insertum,
obtemperando preceptis michi, medio litterarum compulsoriarum. . . . . domini senescalli Armanhaci, ad requestam nobilis
Anthonii de Montesquivo, scutiferi, impetratarum, factis, quarum. . . . . tenor sic se habet : Magnifico et potenti viro domino
senescalo Caturcensi, JOHANNES DE GOLARDO, miles, dominus et baro
Insule Leomanie et Sancte Liberate, consiliarius et cambellanus -
dominorum nostrorum regis et regine Navarre. . . . . eorumque senescallus et gubernator patrie et terrarum Armaignaci
citra Garonam, salutem ; pro parte nobilis Anthonii de Montesquivo, scutiferi, nobis conquerendo, expositum quod exponens is
pro sui juris conservatione, et ad fines producendi in quadam
causa, quam coram nobis et in nostra presidiali Lectore curia
inter dictum exponentem, ex una ; et nobilem Franciscum de
Montesquivo, ex alia, pendet indecisa, ... certum instrumentum conventionum matrimonialium inter nobiles Bertrandum de Montesquivo quondam. . . . . et Gabrielam de Bellocastro ; idcirco juridictiones vestras. . . rogamus quatenus. . .
precipi faciatis notario qui dictum instrumentum retinuit seu
ejus collationario. . . . . dictum instrumentum. . . . . ingrossare. . . . . Datum Lectore die decima septima mensis aprilis,
anno Domini millesimo quingentesimo trigesimo sexto.

Ego Johannes Vidilheti, notarius et collationarius antedictus hic signo meo subsignatus (signé) J. V.

(Avec la marque dudit notaire.)

Généalogie de la Maison de Montesquiou-Fezensac, par Chérin, preuves, page 59.

---

13 OCTOBRE 1486.

Lettres de JEAN DE GALARD, *seigneur de l'Isle-Bozon, en Lomagne, de Sainte-Livrade, en Agenais, sénéchal et gouverneur d'Armagnac, autorisant la levée du testament de noble Bertrand de Montesquiou, seigneur de Marsan. A la suite vient ledit testament.*

JOHANNES DE GUOLARDO, miles, dominus et baro Insule Leomanie et Sancte Liberate. . . senescallus et gubernator patrie. . . Armanhaci. . . etc. Datum Lectore die septima mensis februarii, anno Domini millesimo quingentesimo trigesimo quinto; quarum quidem litterarum virtute volens obtemperare mandato dicti domini senescalli ad abstractionem dicti testamenti a. . . . . prothocollis dicti quondam Rabelli reperti, de verbo ad verbum processi, in hunc qui sequitur modum.

Anno Domini millesimo quadringentesimo octuagesimo sexto et die decima tertia mensis octobris, apud locum de Marsano. . . quoniam solempnitate disposita et ordinata solempniter sunt in scriptis redigenda, nobilis vir Bertrandus de Montesquivo, dominus loci de Marsano, quadam infirmitate detentus, . . . fecit. . . ultimum. . . . . testamentum; . . . . . et primo voluit. . . . . quod sit tumulatus intus ecclesiam de Marsano. . . . . legavit, jure institutionis et hereditarie porcionis, nobili Johanni de Montesquivo, filio suo legitimo et naturali, religioso de Moissaco,

summam sex scutorum; . . . . . nobili Bertrando de Montesquivo, filio suo legittimo et naturali, summam centum scutorum; . . . . . nobili Petro de Montesquivo, majori dierum, filio
suo legittimo et naturali, summam centum scutorum; . . . . .
Item plus legavit nobilis testator. . . . . dedit et reliquit nobile
viro Agnete de Montesquivo et Florette de Montesquivo, filiabus
suis legittimis et naturalibus, scint maritate et adotate ad cogni-
cionem parentum et amicorum suorum, juxta facultatem suorum
bonorum; . . . . . nobili Anthonio de Montesquivo, filio suo
legitimo et naturali, omnia et quecumque res et causas que continentur in conventionibus matrimonialibus ; protestando quod
ipse non tenetur prejudicare, pro dicto testamento predictis
bonis, in dictis conventionibus specificatis, nullam causam eidem
donatam per nobilem et potentem virum dominum Bartholomeum de Montesquivo quondam, et avum suum, militem, ut
continetur in suo ultimo testamento, retento per magistrum
Guillelmum de Avinhone, loci de Avinhoneto habitatorem; . . . .
in ceteris aliis bonis suis. . . . heredem suum universalem. . . .
sibi instituit. . . . . nobilem Jacobum de Montesquivo, filium
suum primogenitum; . . . . et ordinavit quod casu quo. . . .
dictus nobilis Jacobus decederet absque liberis ex suo legitimo
matrimonio procreato seu procreatis. . . . . omnia dicta bona
pertineant. . . nobili Bertrando de Montesquivo, filio suo ; . . .
et quod nullam filiam non possit succedere ad hereditatem; ymo
pertineant proximioribus in gradu parentele, qui sint de cognomine et portent arma dicti nobilis testatoris, ... ordinavit
nobilis dictus testator quod exsolvantur nobili Galarde de Montesquivo, sorori sue, res que fuerunt sibi relicte per dictum
dominum Bartholomeum de Montesquivo, quondam militem et
patrem ipsorum, ut continetur in codicillo per me notarium

infrascriptum retento; . . . . . plus reliquit dictus nobilis testator nobili Gabrielle de Pulcrocastro, uxori sue, videlicet suam
quotam partem et porcionem domus que est pro indiviso cum
heredibus Vitalis de Batz, ... quantum vixerit in humanis[1], etc.

Généalogie de la Maison de Montesquiou-Fezensac, par Chérin,
preuves, pages 60 et 61.

---

9 NOVEMBRE 1484.

Notice de d'Hozier de Sérigny sur HUGUES DE GALARD, *baron de Brassac,
seigneur de la Valette, marié une première fois, le 9 novembre 1484[2],
avec Marie de Grossolles, et une deuxième avec Jeanne d'Antin,
veuve de Jean de Béarn, en 1508. Les frères et sœurs de Hugues
sont énumérés par le susdit généalogiste.*

HUGUES DE GALLARD, baron de Brassac[3], seigneur de la Valette
et de Cussol, chevalier de l'ordre du roi, épousa le 9 novembre 1484 noble demoiselle MARIE DE GROSSOLLES, fille de Jean de

1. Archives de la Maison de Montesquiou. Grosse en parchemin, expédiée
judiciairement en 1535, pages 60 et 61.

2. Extrait d'un *Terrier* cité par M. Lagrèze-Fossat et se rapportant à un ANTOINE
DE BRASSAC, personnage qui existait en 1480, mais auquel nous ne pouvons assigner
un rang dans la filiation de sa branche.

« Les deux articles suivants donneront une idée exacte du mode de rédaction
« adopté par les experts ; ils sont extraits de l'état des possessions d'Antoine de
« Brassac. (Cad. de 1480, f° 224, v°.)

« ART. 31. — Item plus III mealhadas de terra que son al terrador de Masquie-
« ras, confronten d'una part an las terras de Ramon de Cassals en d'autra part an
« lo cami de Corbio, e fan de renda a Johan del Leo IIᵗᵗ..... VIIˢ, IXᵈᵗ.

« ART. 34. — Item plus una dinada de bosc ques a Cautegueis confronten de
« una part an lo cami public et an la terra de Anthoni del Sege, e es franc... Iˢᵗ »
(*Études historiques sur Moissac,* par A. Lagrèze-Fossat, tome II, page 358.)

3. Les seigneurs de Brassac avaient droit de patronage dans la paroisse de
Bugat, comme il est prouvé par des lettres de collation de 1492 et par des prises

Grossolles, seigneur de Pleissa, baron de Montastruc en Agenais, de Flamarens en Lomagne, et de Jeanne d'Absac. Sa femme mourut le 6 août 1505; il en eut FRANÇOIS et plusieurs autres.

Le même Hugues de Gallard se remaria, le 12 novembre 1508, avec dame JEANNE D'ANTIN, fille de noble seigneur et baron Arnault d'Antin, et veuve de noble seigneur et baron Jean de Béarn.

Hugues n'eut point d'enfans de ce second mariage; le même jour qu'il avoit épousé Jeanne d'Antin, il avoit marié son fils avec Jeanne de Béarn, fille de ladite Jeanne d'Antin; ils firent le double mariage. Jeanne d'Antin, sa femme, fit son testament le 4 mars 1513. Son codicille est du 25 mars 1515. Son mari y est dit vivant.

Frères de Hugues.

GARSIAS DE GALLARD;

ARNAUD DE GALLARD, seigneur de Campagnac;

BERTRAND DE GALLARD, chanoine de Rieux en 1490.

Sœurs de Hugues.

MARGUERITE DE GALLARD, mariée à noble JEAN DE MONDANAT, seigneur de Tillac;

de possession de 1475, 1507, 1509, 1538, 1546, 1551, 1557, 1577, par des bulles de 1526 et par l'investiture du recteur en 1576. (*Inventaire des titres conservés dans le Trésor de Brassac:* Archives du château de la Rochebeaucourt, vieux cahiers en papier.) — D'après la même source, les châtelains de Brassac avaient la faculté de pourvoir à la cure de ce lieu, ce qui résulte de plusieurs énoncés de prise de possession en 1501, 1522, 1532, 1561, 1567, 1571, 1576; de brefs du pape de 1502, 1509, 1532, 1552, 1563, 1568, 1576. Le droit dîmaire des seigneurs de Brassac sur ce lieu, sur le Bugat, Saint Clémens, etc., est également établi par l'*Inventaire* en question, où l'on trouve des titres de 1470, 1522, 1597, etc.

Hugues de Galard, seigneur de Brassac, produisit, en 1484, divers titres en faveur du pouvoir judiciaire appartenant de temps immémorial à sa famille; il transigea avec les habitants en 1486.

Prohense de Gallard, mariée à noble Jean de Causac de Miran, seigneur de Saint-Michel en 1503 ;

Anne de Gallard, mariée à Jean de Durfort Duras, baron de Bajomont ;

Jeanne de Gallard. Son père lui légua 3000 lt. Elle avoit épousé noble Jean de Noé, seigneur de Bonrepos.

Généalogie de la maison de Galard de Béarn, par d'Hozier de Sérigny [1]; cahier de seize feuillets, dont quinze écrits. Archives du château de Larochebeaucourt.

6 avril 1497.

Jean de Grossolles et son frère Antoine, seigneurs de Flamarens et de Montastruc, font une donation universelle de tous leurs fiefs au profit de l'un des fils de messire Hugues de Galard, *seigneur de Brassac, et de sa femme, Marie de Grossolles de Flamarens, sous la condition que leur héritier porterait le nom et les armes de la maison de Grossolles. Les deux donateurs se réservent la faculté de choisir entre les enfants issus de ladite union celui qui, à leurs yeux, serait le plus méritant ; au cas où ils ne pourraient fixer leur préférence, la succession devrait incomber à leur sœur, Marie de Grossolles, qui, de concert avec son époux, pourrait disposer des biens légués par un testament spécial.*

In nomine Domini, amen. Noverint universi et singuli presentes pariter et futuri, hujusmodi publici instrumenti seriem et tenorem inspecturi, visuri, lecturi atque audituri, quod, anno

1. Dans une note marginale, d'Hozier désigne les sources où il a puisé les éléments de chaque degré. Celui de Hugues de Galard a été dressé avec les lettres des rois, les deux contrats de mariage, les testaments de son père et de sa première femme, les hommages à l'évêque de Cahors, les titres de Brassac et l'*Histoire des grands officiers de la Couronne.*

ab Incarnatione ejusdem Domini millesimo quadringentesimo nonagesimo septimo, et die sexta mensis aprilis, illustrissimo principe et domino nostro domino Karolo, Dei gracia Francorum rege regnante, apud castrum de Brassaco, diocesis et senescallie Caturcensis, in mei notarii publici et testium infrascriptorum presentia existentes et personaliter constituti nobiles viri Johannes de Grossollis, baro baronie de Monteastruco, senescallie Agenensis et dominus loci de Flamarenxis, diocesis Lectore et senescallie Armanhaci, et Anthonius de Grossollis, fratres, qui, ut dixerunt, non inducti, seducti, nec per aliquem seu aliquos circumventi, decepti nec subornati, vi, dolo, metu, fraude nec mala machinatione decepti, lesi, vel usurpati, sed gratis et sponte, ut dixerunt, pure, mere, libere ac ex eorum et ipsorum cujuslibet certis scientiis et spontaneis animorum voluntatibus, cum hoc presenti publico instrumento nunc et in perpetuum firmiter valituro et minime revocando sed semper duraturo, dederunt, donaverunt, cesserunt, concesserunt, transtulerunt, liberaverunt, atque penitus et perpetuo desampararunt, donatione, cessione et remissione pura, mera, simplici, perpetua et irrevocabili inter vivos facta et habita, nulla ingratitudinis causa aut alias quovismodo revocanda, cuidam ex filiis masculis nobilis Marie de Grossollis, uxoris nobilis Hugonis de Golardo, domini predicti loci de Brassaco, ac sororis dictorum donatorum, eligendo per dictos donatores, dicta Maria ibidem presente et predicto filio suo et aliis quibus interest, intererit aut interesse poterit, una cum notario publico infrascripto stipulantibus et solempniter recipientibus ; videlicet dictos locos de Monteastruco et de Flamarenxis, cum omnibus suis castris, edifficiis, terris, nemoribus, pratis, vineis, censibus, redditibus, pedagiis et aliis juribus suis et pertinentiis universis, ad habendum, tenendum, possidendum, utendum,

fruendum, omnimodas voluntates suas faciendum, cum retentionibus tamen, pactis et conventionibus sequentibus et infrascriptis. — Et primo fuit pactum, conventum, et per pactum expressum retentum per dictos donatores quod premissa donatio valeat
et vires atque roboris firmitatem obtineat, casu quo dicti donatores decedant absque heredibus masculis seu femellis. Item fuit
pactum et expresse retentum per dictos donatores quod, casu
quo ipsi donatores non possent eligere eorum proprium heredem
de liberis dicte Marie eorum sororis et decedant ab intestato,
voluerunt quod, eo casu, dicta Maria, una cum dicto Hugone,
ejus viro, possint eligere heredem unum masculum de eorum
liberis quem voluerint bonorum dictorum donatorum superius
specifficatorum; et casu quo ipsi conjuges non eligerent predictum heredem, dicti donatores dederunt predictos locos et bona,
superius specifficata, cum juribus et pertinentiis suis universis,
heredi masculo dictorum conjugum; cum hoc tamen quod ille
filius masculus portet nomen et arma dictorum donatorum.
Item plus fuit pactum et per dictos donatores expresse retentum
quod, casu quo ipsi donatores aut eorum filii et filie decederent
absque libero vel liberis, masculo seu masculis, femello seu femellis, quod, eo casu, bona ipsorum pertineant et spectent dictis
donatariis superius institutis et ordinatis. Item ulterius fuit pactum et per pactum expressum retentum quod dicti donatores possint et valeant testari et disponere de bonis predictis pro anima
sua juxta statum personarum et facultatem bonorum predictorum, denudantes et se penitus et perpetuo divestientes dicti
donatores de predictis bonis, cum suis juribus ac pertinentiis
universis, et dictos donatarios cum pactis premissis et retentis
investiverunt, et in locum, possessionem et jus suum posuerunt,
miserunt et induxerunt per realem note hujus presentis publici

instrumenti traditionem de manibus dictorum donatorum in manibus dicte Marie de Grossollis, eorum sororis stipulantis et recipientis factam ; et quicquid juris tum actionis, possessionis, proprietatisque etiam dominii prefati donatores habent, habereque possunt et debent, et visi sunt habere seu aliquo tempore · habuisse in predictis bonis, superius per ipsos donatis, cessis et remissis, in eosdem donatarios superius electos et ordinatos transtulerunt, et penitus transportaverunt stipulatione premissa hic repetita et interveniente, et in predictis omnibus ipsos veros dominos et procuratores justosque possessores et suos fecerunt et instituerunt in predictis ut in rebus suis propriis legitime accuisitis, nulla juris subtilitate vel ambiguitate in hoc aliquod impedimentum prestante; dantes et concedentes prefati donatores ipsis donatariis aut eorum legitimis procuratoribus seu eorum certo mandato plenam et liberam potestatem ac speciale et generale mandatum intrandi, aprehendendi, nanciscendi et adipiscendi realem, corporalem, pacifficam et quietam possessionem de premissis, quandocumque voluerint casu premisso, auctoritate sua propria, absque licentia judicis, prethoris, seu alterius superioris persone; et donec et quousque eamdem possessionem de premissis acceperint et adepti fuerint actualem, realem et corporalem, constituerunt se jam dicti donatores et eorum quilibet, prout quemlibet tangit et tangere potest, nunc aut in posterum nomine precario eorumdem donatariorum, sic ut premissum est electorum seu eligendorum, predicta superius donata tenere et possidere. Promittentes inde dicti donatores et remittentes dictis eorum donatariis stipulatione qua supra, omnia, universa et singula supra donata facere, habere, tenere licite et possidere perpetuo paciffice et quiete absque contradictione quacumque, et hoc sub obligatione et expressa hypotheca omnium et singulorum

bonorum suorum quorumcumque, mobilium et immobilium,
presentium et futurorum; et sub omni juris et facti renunciatione
ad hec necessaria qualibet pariter et cauthela. Et renunciaverunt
inde dicti Johannes et Anthonius de Grossolles donatores et quilibet ipsorum super premissis universis omnibus et singulis, gratis et eorum, ut dixerunt, certis scientiis, omni juris et facti
ignorantie et exceptioni hujusmodi donationis per ipsos non sic
facte de premissis, modo et forma ut superius continetur, et exceptioni doli, vis, metus, fori, fraudis, lesionis et cujuslibet deceptionis, pariter et in factum actioni, conditioni indebiti, sine
causa et ob causam injustam, turpem, nullam et invalidam, et
generali clausule que incipit : si qua mihi justa causa esse videbitur, feriisque messium et vindemiarum, induciis quibuscumque
lictoris, status, gracie et respectus concessis et concedendis per
quemcumque dominum ad hoc potestatem habentem, petitioni
et oblationi libelli, copie seu transcripto hujus presentis publici
instrumenti et ejus note ostensioni, et juribus dicentibus conventionem non valere sed revocari posse propter fraudem, propter
ingratitudinem, propter inopiam donantis seu remictentis, propter pacta et conventiones non servatas, et si fuerit immensa sive
ascenderit summam quingentorum aureorum sive solidorum sine
judicis vel prethoris insinuatione, et si non fuerit insinuata coram
judice cum insinuatione judicis vel prethoris competentis, et Cap.
Si unquam, C. *De revocandis donationibus*, et decretali ultime *De
donationibus*, et omnibus casibus et juribus contentis in lege
finali, et omnibus casibus et juribus de revocatione donationum
quovismodo mentionem facientibus tam in textu quam in glossa,
et juridicenti generalem renuntiationem non valere nisi prece-
dat specialis vel subsequatur expressa, et demum generaliter
omni alii juri canonico et civili scripto et non scripto, ac omni

usui, foro, ritui et consuetùdini patrie sive loci, cum quo seu quibus possent adversus premissa vel infrascripta venire aut alias se deffendere, juvare, vel tueri in futurum, que premissa omnia universa et singula in presenti instrumento contenta ipsi donatores promisserunt, convenerunt et firmiter mandaverunt tenere, attendere, servare, complere et cum effectu perpetuo custodire, et non contra facere, dicere vel venire ullo modo, ullis unquam in futurum temporibus, per nec per aliam personam interpositam seu interponendam qualemcumque, clam, palam, publice, tacite, occulte nec expresse; et hoc sub obligationibus et renunciationibus quibus supra. Et ita juraverunt ad et super sancta..... Dei evangelia, eorum et cujuslibet ipsorum manibus dextris gratis, corporaliter tacta. De quibus premissis omnibus universis et singulis, in presenti instrumento contentis et specifficatis, dicta Maria de Grossollis petiit et requisivit sibi et dictis suis liberis, quibus pertinebit et spectabit premissa donatio, fieri et retineri publicum instrumentum seu publica instrumenta, unum aut plura, et tot quot sibi erunt necessaria pariter et opportuna, per me notarium publicum infrascriptum, quod et que sibi concessi faciendum seu facienda ut ex meo publico officio facere poteram et debebam. Volentesque et consentientes prefati donatores quod hoc presens instrumentum possit et valeat corrigi, reffici et emendari cum consilio et dictamine jurisperitorum, licet grossatum vel non grossatum fuerit, aut in judicio productum, facti tamen substantia in aliquo non mutata, sed potius in omnibus observata. Acta fuere premissa anno, die, mense, loco et regnante quibus supra, presentibus in premissis et audientibus discretis et providis viris dominis Geraldo del Bobe, rectore de Campanhac, Guilhermo Raffin, Guillermo Bernet, Nicolao Bardin, Petro

Bonaldi, **Petro** Droulhet, presbiteris, **Petro de Vals, Guillermo, Raffin** et **Petro Lanas,** jurisdictionis predicti loci de Brassac habitatoribus, testibus ad premissa vocatis; et me Johanne de Doato, notario publico loci Sancti-Anthoni Pontis Derato habitatore, qui in premissis omnibus universis et singulis una cum prenominatis testibus presens interfui, eaque sic fieri vidi et audivi, et de hiis requisitus notam sumpsi quam in meis inserui prothocollis, ex qua hoc presens publicum instrumentum extrahi feci per alium scriptorem in hac parte michi fidelem, me aliis occupato negociis, et facta per me collatione cum suo vero originali, hic me subscripsi manu mea propria signoque meo publico solito et auctentico quo in meis publicis utor instrumentis signavi, in fidem et verius testimonium omnium et singulorum premissorum.

J. DE DOATO.

Archives du château de Larochebeaucourt, acte sur parchemin.

1508 ET AVANT.

Notice de Moréri sur HUGUES DE GALARD, *seigneur de Brassac, et ses enfants.*

HUGUES DE GALARD, baron de Brassac, qui vivoit encore en 1515, fut marié deux fois : 1° le 9 novembre 1484 avec MARIE DE GROSSOLLES, fille de Jean, seigneur de Flamarens, et de Jeanne d'Abzac ; elle mourut en 1505 ; 2° le 12 novembre 1508 avec JEANNE D'ANTIN, veuve de Jean de Béarn et fille d'Arnaud, baron d'Antin. Cette dame avoit eu de son premier mari une fille unique, qui fut mariée le même jour qu'elle à François de Galard, fils aîné de son second mari. Hugues de Galard n'eut point d'enfans de ce

second mariage et laissa de sa première femme : 1° François de
Galard ; 2° Jean, abbé de Simorre ; 3° Gratien, grand archidiacre
d'Agen et abbé de Saint-Morin en 1548 ; 4° Antoine, seigneur de
Gretonnade, pronotaire du Saint-Siége ; 5° Bertrand, chanoine
de l'Église de Bordeaux.

Dictionnaire de Moréri, art. Galard, tome V, page 19.

1508 et avant.

Autre notice sur Hugues de Galard, *avec énonciation
de sa postérité.*

Hugues de Galard, écuyer, seigneur de Brassac et de Cuzol,
qualifié noble et puissant homme, fut institué héritier universel
de son père par testament du 26 mars 1490 où il est surnommé
Golard *alias* Valette ; reçut quittance de la dot de Prohence, sa sœur,
le 22 mai 1503, et des habits nuptiaux de Jeanne, aussi sa sœur,
le 5 mai 1515. Il est dit mort par testament de François, son fils
le 6 septembre 1569. Il fut marié deux fois : 1° par pactes du
9 novembre 1484 à demoiselle Marie de Grossolles de Flamarens,
fille de feu noble homme Jean de Grossolles, baron de Montastruc
en Agenois et de Flamarens en Lomagne, et d'Anne d'Abzac de
la Douze. Elle mourut en 1505 ; 2° par pactes du 12 novembre 1508
à dame Jeanne d'Antin, veuve de très-noble seigneur et baron messire Jean de Béarn, chevalier, seigneur de Saint-Maurice, et fille
de très-noble seigneur et baron messire Arnaud d'Antin, chevalier, seigneur du lieu de ce nom. Ces pactes servirent aussi aux
clauses du mariage de François, son fils, avec Jeanne de Béarn,
fille du premier lit de ladite Jeanne d'Antin. En exécution de

l'une de ces clauses, il paya à son fils la somme de 2,000 livres et en reçut quittance, le 13 du même mois, de noble Arnaud, seigneur d'Antin, Gaston de Béarn, seigneur de Saumon, et Bertrand d'Arribère, seigneur de Labatut, tuteurs de sa bru future. Jeanne d'Antin fit son testament, le 4 mars 1513, par lequel elle laissa l'usufruit de ses biens à son mari et institua son héritière Jeanne de Béarn, sa fille unique et héritière de la maison de Saint-Maurice, et lui substitua Jean d'Antin, frère de la testatrice. Hugues avait eu du premier lit entre autres :

1º FRANÇOIS ;

2º JEAN DE GALARD, abbé de Simorre ;

3º GRATIEN DE GALARD, dit de Brassac, archidiacre d'Agen et abbé de Saint-Maurin, fit son testament, avant l'an 1565, en faveur de JEAN DE GALARD, son neveu. Il donna sa démission de l'église paroissiale ou vicairie perpétuelle de Saint-Romain et ses annexes Saint-Cyprien-sur-Seine, sous la nomination et présentation de l'abbé de Moissac, en faveur d'Antoine, son neveu, le 23 août 1548.

Mss. de l'abbé de Lespine, dossier de Galard ; Bibl. de Richelieu, Cabinet des titres.

1485-1499.

*Mention d'*ARNAUD DE GALARD, *comme archidiacre de Lasseube.*

ARNAUD DE GALHART, chanoine de Tarbes et archidiacre de Lasseube, exerçait ces fonctions ecclésiastiques 1485-1499.

Glanage de Larcher, tome XI, page 270, Bibliothèque de la ville de Tarbes, Mss.

9 JUIN 1487.

JEAN DE GALARD, *dit fils de Jeanne de Montalembert, était partie dans le procès de la famille de Montalembert contre Raymond de Lambertye.*

JEANNE DE MONTALEMBERT et JEAN GALARD, son fils, avoient un procès en la prevôté de Paris contre vénérable et discrète personne maître Raimond de Lambertie, bachelier ès décrets, comme procureur de demoiselle Jeanne Vigier, sa mère, qui pour se servir d'un acte de donation, à luy faite par sa mère, dans ledit procès fit certifier qu'il y avoit un seul authentique à Montbrun, le 9 juin 1487. Archives du château de Saint-Martin de Laos.

D. VILLEVIEILLE, *Trésor généalogique,* vol. XLIII, page 146 v°.

ANNÉE 1487.

Notice sur FRANÇOIS DE GALARD, *seigneur de Brassac, de Saint-Maurice, la Rivière, Saint-Loubouer, époux de Jeanne de Béarn, fille de noble Jean, baron de Béarn, seigneur de Saint-Maurice, et de dame Jeanne d'Antin. C'est à partir de cette alliance que les seigneurs de Brassac, par suite d'une obligation insérée dans le contrat du 12 novembre 1508, et imposée par le droit pyrénéen[1], prirent le nom et les armes de Béarn.*

FRANÇOIS DE GALARD, chevalier, seigneur et baron de Brassac, seigneur de Saint-Maurice, la Rivière, Saint-Lauboer, Laporte, et

---

1. La femme, en Bigorre et Béarn, pays où la loi salique n'exista jamais, la femme avait tous les avantages de l'homme et même quelques-uns de plus. Le futur d'une héritière était tenu, le jour des noces, d'adopter le nom de celle-ci et de

Pradeilhes (en Rouergue), gentilhomme ordinaire de la chambre du roi, était né vers 1487, il fit son testament, le 6 septembre 1536, par lequel il demanda à être inhumé à Saint-Surin de Brassac, fit des legs à ses enfants cadets au nombre de douze et institua héritier universel de tous ses biens, tant de ceux situés en Quercy et en Agenois que dans les sénéchaussées des Lannes et de Marsan, Bernardin de Galard, son fils aîné, et lui substitua ses autres fils par ordre de primogéniture. Il décéda au mois d'août 1551 ; il avait épousé, par pactes du 12 novembre 1508, damoiselle JEANNE DE BÉARN, fille de feu très noble et baron messire de Jean de Bearn, chevalier, seigneur de Saint Maurice, la Rivière, Montoisel, Roquefort et en partie de Mont-de-Marsan, et de noble dame Jeanne d'Antin. Il fut stipulé par ces pactes que les enfants à naître de son mariage succéderaient aux biens de la Maison de Saint-Maurice ou de Béarn, et en porteraient les armes unies aux nom et armes de Brassac. Son père promit de lui payer la somme de 2,000 livres tournois; il en reçut quittance le lendemain. Jeanne de Béarn fit son testament étant veuve, le 29 novembre 1555. De son mariage provinrent les enfants suivants :

1° BERNARDIN DE GALARD fut institué héritier universel de son père par son testament du 6 septembre 1536; ne vivait plus en 1555 ;

2° JEAN DE GALARD DE BÉARN ;

3° OCTAVIEN DE GALARD fut institué héritier de sa mère par son testament du 29 novembre 1555, où elle l'appelle « son fils aîné

renoncer au sien. M. Bascle de la Grèze, dans son *Histoire du droit dans les Pyrénées,* dit à ce propos : « L'héritière recevait le mari chez lui et lui donnait jusqu'à son nom. » Nous nous proposons de revenir et d'insister ailleurs sur cet intéressant sujet. C'est dans cette législation que M. Le Play est allé prendre le type de ses familles-souches.

sécularisé et rendu capable de succéder par le roi comme les autres religieux de Saint-Benoît de Condom. » Il était abbé de Simorre le 23 mars 1556 : il transigea avec Jean et Annibal, ses frères, sur le partage des biens de leurs père et mère, ayeul et ayeule maternels. Il eut pour sa part 2,000 écus d'or ;

4° ANNIBAL DE GALARD, chevalier, coseigneur et baron de Roquefort et de Marsan en partie et en tout de Montfort, de la Porte, de la Rivière dans les séneschaussées d'Agenois, de Gascogne et des Lannes. Il fut fait légataire par testament de son père en 1536 ; sa mère confirma par le sien, en 1555, la donation qu'elle lui avait faite de la baronnie de la Rivière, en la séneschaussée des Lannes, et de la maison de la Porte, en la séneschaussée de Marsan. Il se démit de la place de l'un des cent gentilshommes de la Maison du roi en faveur de Jean, son frère, qui en fut pourvu le 17 mai 1558. Il fut institué héritier d'Antoine, son frère, avec Jean, son autre frère, par le testament du même Antoine du 18 septembre 1569 où il est qualifié « noble et seigneur de Marsan ; »

5° FRANÇOIS DE GALARD ;

6° ARNAUDIN DE GALARD ;

7° JEAN-ANTOINE DE GALARD, dit de Brassac, protonotaire du Saint-Siége Apostolique, chanoine de l'église cathédrale d'Agen, qui céda à Jean, son frère, ses droits paternels et maternels moyennant 5,000 livres le 19 janvier 1566. Il était abbé de Simorre, le 18 septembre 1569. Il testa en faveur de Jean et Annibal, ses frères, et de Jeanne et Paule, ses sœurs ;

8° BERNARDINE DE GALARD épousa noble ARNAUD DE GOTH, seigneur de Manleiche, et ne vivait plus en 1555 ;

9° JEANNE DE GALARD fut mariée à noble JEAN DE SAINT-GILLES, seigneur de Saint-Pantaléon ; elle est qualifiée « dame de Cornilhan, » dans le testament d'Antoine, son frère, de l'an 1569;

10° Anne de Galard, demoiselle de Campagnac; elle épousa Jean de Goth, seigneur d'Aubez, le 2 août 1543;

11° Hélène de Galard;

12° Paule de Galard, demoiselle d'Ayos, mariée avec Hector d'Agut.

Mss. de l'abbé de Lespine, dossier de Galard, Bibl. de Richelieu, Cabinet des titres.

Année 1508.

La clause du contrat qui impose aux descendants de François de Galard le port du nom et des armes de la race de Béarn est ainsi résumée par d'Hozier de Sérigny dans une note écrite de sa main.

Cette maison porte ces deux noms ainsi réunis, en conséquence de l'obligation qui lui fut imposée par le contrat de mariage de François de Galard, seigneur de Brassac, avec demoiselle Jeanne de Béarn [1], fille et héritière de Jean de Béarn, chevalier, baron de Saint-Maurice, passé le 12 octobre 1508, ledit acte en forme qui est la minute originale détachée du registre du notaire.

D'Hozier de Sérigny.

Note de d'Hozier de Sérigny, papier, un feuillet in-12. Archives du château de Larochebeaucourt.

---

1. Louis XII manda à ses trésoriers de décharger de 800 livres François de Galard, son amé et féal écuyer, à raison de son alliance avec Jeanne de Béarn, que le roi dotait, sous cette forme, sans doute comme parente. Nous insérerons cet acte de libéralité dans les volumes particuliers à la branche de Béarn.

1508 ET APRÈS.

Notice de Moréri sur FRANÇOIS DE GALARD, *seigneur de Brassac, Saint-
Maurice, Saint-Loboer, faisant suite à celle de Hugues de Galard, son
père. A propos du mariage de François avec Jeanne de Béarn, ce
généalogiste constate que les enfants issus de cette union seraient
tenus de porter les noms et armes de la maison de Béarn. Les
enfants de François de Galard et de Jeanne de Béarn sont dénom-
brés dans cet extrait.*

FRANÇOIS DE GALARD, baron de Brassac, de Cussol et de la Valette,
chevalier de l'Ordre du Roi, en 1508, fonda un chapitre de chanoines à Brassac, et testa le 6 septembre 1536. Il avoit épousé le
12 novembre 1508, le même jour que son père se maria, JEANNE DE
BÉARN, fille unique de Jean de Béarn, seigneur de Roquefort, de
Saint-Maurice, de la Rivière, de Montoisel, et en partie de Mont-
de-Marsan, et de Jeanne d'Antin, seconde femme de son père. Il
fut stipulé dans le contrat de mariage que leurs descendans por-
teroient le nom et les armes de Béarn. Jeanne de Béarn testa le
29 novembre 1555, et eut pour enfans : 1° JEAN DE GALARD DE
BÉARN ; 2° BERNARDIN, institué héritier universel par le testament de
son père, mort sans alliances ; 3° JEAN-BERNARD, chevalier de Malte
en 1536 ; 4° ANTOINE-OCTAVIEN, abbé de Simorre en 1542 ; 5° ANNIBAL,
seigneur et baron de Roquefort, chevalier de l'Ordre du Roi,
gentilhomme de sa maison en 1558, donataire de la baronnie de
la Rivière ; 6° FRANÇOIS, échanson du dauphin en 1543, chevalier
de l'Ordre du Roi et gentilhomme de sa maison ; 7° OCTAVIEN,
qui, ayant été fait religieux bénédictin malgré lui, se fit relever
de ses vœux par le pape, et épousa, le 8 octobre 1566, JEANNE DE
MARSAN, fille de Jean, coseigneur de Roquefort, et de Miramonde
de Noé ; 8° JEANNE DE GALARD, mariée à JEAN DE DURFORT, seigneur
de Bajaumont et de Spersac ; 9° HÉLÈNE, qui épousa N. SEIGNEUR DE

Pantaléon et de Saint-Gilles ; 10° Paule, femme d'Hector d'Agud ; 11° Bernardine, alliée avec Arnault de Goth, seigneur de Malaise ; 12° Anne, épouse de Jean de Belcastel, seigneur de Campagnac.

Dictionnaire historique de Moréri, art. de Galard, tome V, page 19.

17 avril 1533.

François de Galard [1], *seigneur de Brassac, fit son premier testament à la date ci-dessus. Il ordonna d'inhumer ses restes à Saint-Saurin de Brassac, de célébrer trois cents messes, l'année de son décès et celle qui le suivra, de faire porter, le jour de ses funérailles, ses armes et ses panonçaux par treize enfants pauvres. Après diverses fondations et œuvres pies, le testateur rappelle qu'il a marié sa fille* Bernardine *à messire Arnaud de Goth, seigneur de Manleiche, et qu'il lui a constitué un douaire de trois mille cinq cents livres. Ses autres filles,* Jeanne, Anne, Hélène, Paule, Simone, *reçoivent, la première deux mille cinq cents livres et les autres quinze cents. La dernière de ces sommes est pareillement léguée à ses fils puînés, nobles* Jean, *autre* Jean, Annibal *et* François, *qui doivent en outre être entretenus aux écoles et à la guerre par le chef de la maison.* Octavien, *autre cadet, religieux du monastère de Condom, est porté pour cent livres. François de Galard laisse l'administration et l'usufruit de ses biens à sa femme, Jeanne de Béarn, tant qu'elle restera en viduité.* Bernardin, *l'aîné des enfants mâles, est institué héritier universel. Ses frères lui sont successivement substitués. François de Galard désigne comme exécuteurs de ses dernières volontés Hérard de Grossolles, évêque de Condom,* Gratien de Galard, *chanoine de Saint-Étienne,* Jean de Galard, *abbé de Simorre,* Antoine de Galard, *recteur de Grenade,* Guy ou Guyart de Galard, *licencié ès droit, Jean de Beauville, seigneur de Castel-Sagrat.*

In nomine Sancte Trinitatis, Patris, Filii et Spiritus Sancti, amen. — Sçaichent tous que, les an et jour que dessoubz, ez

---

1. Les deux premiers volumes de cet ouvrage et un supplément sont consacrés aux diverses branches de la maison de Galard. A partir de 1508, date du mariage

présences de moy notaire et tesmoingz soubz nommez, noble
messire FRANÇOIS DE GOLARD, chevallier aux armées et seigneur de
Brassac, seneschaucée de Quercy, lequel estant en son bon entendement et parfaicte memoire, considérant les gens suyvans les
armes estre soubjectz à beaucoup d'infortunes, et aussi que toutes
choses vivantes preignent fin par la mort, au moyen de quoy
voulant et affectant pourvoir au salut de son âme et dispouser de
ses biens, afin que par l'advenir, apres son décès, débat, procès
ne question ne soient meuz entre ses parans et successeurs, de
son bon gré et libéralle volunté, tout dol et fraude, ainsin que a
dict, cessans, a faict, ordonné, faict, ordonne et dispouse son dernier et nuncupatif testament, et sa dernière nuncupative volunté
en la manière qui s'ensuit. — Et premièrement, ainsin que ung
bon crestien est tenu de faire, s'est signé du seing de la croix en
disant : « In nomine Patris et Filii et Spiritus Sancti, amen. »
Item, pour ce que l'ame doibt préférer au corps, à ceste cause,
ledit testateur a recommandé et recommande son âme à Dieu
et à la glorieuse vierge Marie, à tous les sainctz et sainctes de
Paradis, lesquelz a prins et prent pour advocatz, patrons et pro-
tecteurs. *Item*, pour ce que à tout corps catholic est donnée
ecclésiastique sépulture, à ceste cause a esleue et eslit sa sépulture de son corps, et icelluy a volu et ordonné estre ensepveli
en l'esglise de Sainct Saurin, aux tombeaux de ses prédécesseurs,

de François de Galard avec Jeanne de Béarn, tous les documents relatifs aux nombreuses ramifications des comtes de Brassac et de Béarn seront réservés pour former
des tomes spéciaux, mais faisant suite au présent ouvrage. On ne doit donc pas
s'étonner de la disparition totale des Galard, comtes de Brassac et de Béarn, après
François, qui sera lui-même repris dans les tomes ultérieurs et présenté sous beaucoup d'autres aspects historiques. En accordant ici une place restreinte à ce personnage, nous avons voulu simplement marquer le point où la branche de Béarn
s'est séparée de la souche pour faire un groupe distinct et particulier.

au cas qu'il allit de vie à trespas au présent pays en les seneschaucées d'Agennois et de Quercy ou duchiés de Guyenne, et en cas que en autre lieu, dans l'esglise perrochielle dans laquelle il ira de vie à trespas. — *Item* a volu et ordonné ledict testateur pour le salut de son âme et rémission de ses péchés, le jour de sa sépulture, novenne et bout de l'an sive anniversaire, chascun desdictz jours estre dictes à sa sépulture troys cens messes, et au bout de l'an aultres troys cens messes, et laisse et lègue à chascun célébrant messe troys soulz tournois, sans toutesfoys reffection corporelle, et si l'année estoit stérile de vivres voulsist que ayent et leur soit payé incontinent troys soulz six deniers tournois. — *Item,* que a chascun desdictz jours honneurs et bout de l'an, a voulu pour faire ses honneurs et funérailles trèze torches chascune d'une livre de cire, et a voullu et ordonné que auxdictz jours soient pourtées lesdictes torches avecques ses armes et panonceaulx par trèze pouvres enfans, et a chascun d'eulx a donné et layssé, donne et laysse une robbe de drap noir commun avec ung chaperon de deul, à l'advis et esgard de ses exécuteurs soubz nommez. — *Item,* icellui testateur a donné et légué au bassin de la réparation de l'esglise de Sainct Saurin de Brassac et chapelle de Saincte Catherine en icelle esglise fundée, la somme de deux livres tournois à payer une foys dans deux ans après son décès. — *Item,* ledict testateur pour le salut de son ame a donné et légué aux réparations des esglises, desquelles icellui testateur et ses prédécesseurs de tout temps immémorial ont accoustumé lever les décimes, sçavoir est : à la réparation de l'église du Buguat, sive au bassin de la queste d'icelle, la somme de sept livres tournois à payer dans deux ans après son décès, sçavoir est, chascune année la moytié. — *Item,* au bassin, sive queste de la réparation de l'esglise de Sainct Clément, vingt soulz tournois à payer dans

le bout de l'an après son décès. — *Item,* au bassin ou la queste
de la réparation de l'esglise de Sainct Pierre de Montmanharie dix
soulz tournois à payer dans l'an après son décès. — *Item,* à la
réparation de l'esglise de Montgaudii dix livres tournois à payer
dans troys ans, sçavoir est, troys livres six solz huict deniers par
chascun an. — *Item,* aux bassins sive questes des esglises de
Sainct Andrieu de la Bruguade et Sainct Jehan de Buzonoy, sçavoir
est, à ladicte esglise de Sainct Andrieu de la Bruguade deux
livres et à ladicte esglise de Sainct Jehan de Buzonoy quatre livres
à payer dans deux ans après son décès, sçavoir est, la moitié par
année à chascune desdictes esglises ; et au bassin sive queste sive
réparation de l'esglise de Sainct Nazare quinze soulz tournois à
payer dans le bout de l'an de son décès ; et à la réparation de
l'esglise de Sainct Martin de Postcastel de Monjoy dix soulz tournois à payer dans l'an après son décès. — *Item,* a voullu et
ordonné ledict testateur que, après sa nouvenne sive honneurs et
durant le terme de temps de deux ans, en ladicte esglise de Brassac soit dict et célébré chascun jour durant ledict temps une
messe haulte de *Requiem* pour son ame et de ses parens aux despens de son herretier soubz nommé. — *Item,* a voullu et ordonné
ledict testateur, durant autres deux années après, estre dictes et
célébrées en ladicte chapelle de Saincte Catherine en ladicte
esglise parrochielle de Brassac une messe petite, et par chascune
messe que dessus a donné et légué à chascun prebtre qui dira
et célébrera ladicte messe deux soulz tournois, et à chascun des
autres prebtres de ladicte parroisse qui ayderont à dire lesdictes
messes six deniers tournois. — *Item,* icellui testateur a dict avoir
conjoincte en mariage noble BERNARDINE DE GOULARD, sa fille légitime, avec noble messire ARNAULD DE GOUST, chevalier, seigneur de
Malaysse, d'Aubèze et du Pargan, et à ycelle avoir donné et

constitué pour son douaire la somme de trois mil cinq cens livres, et ses habilhemens ainsin quest contenu en l'instrument du contract dudict mariage de main publicque reçeu, avec laquelle somme et habilhemens icelluy testateur a faicte et instituée ladicte Bernardine, sa dicte filhe, sa héritière particulière, que ne puisse rien plus demander aux biens dudict testateur et de son héretier avec la somme de cent soulz tournois que luy donne plus par supplément de sa légitime. — *Item,* a donné, légué et layssé ledict testateur, par droict de institution et héréditaire pourtion, à nobles Jehanne, Anne, Hélène, Paule et Symone de Goulard, ses filles légitimes, tant pour leur douaire que particulière institution, sçavoir est, à ladicte Jehanne deux mille cinq cens livres, et à chascune des aultres quinze cens livres tournois, et leurs habilhemens nuptialz, honnestes et compétans, selon la faculté des biens dudict testateur, payables à ladicte Jehanne douze cens livres devant les nopces avec les habilhemens, et après les autres sommes restans chascune année deux cens livres jusques à finalle solution, et avec ce les a faictes et faict et institue ses hérétières particulières, que ne puyssent rien plus demander en ses biens et de son héretier, et si se font nonnains, ne leur laysse que cinq cens livres tournois. — *Item,* pareillement ledict testateur a donné et layssé par particulière institution à nobles Jehan, aultre Jehan, Anybal et François de Goulart, ses filz légitimes et naturelz, à chascun d'eux la somme de quinze cens livres tournois payables par une foys, et avec ce les a faitz et faict et institue ses hérétiers particuliers, que ne puyssent rien plus demander ne quereller en ses autres biens, et à Octavien, religieulx de Condom, cent livres et avec ce le institue son hérétier particulier que ne puysse rien plus demander. — *Item,* et si cas estoit que noble dame Jehanne de Béarn, sa femme, dudict testateur feust enceinte ou grosse d'enfant ou fille ou plusieurs postumes, icelluy testateur donne et laysse et lègue, par droict de institution, à chascun desdictz postumes ou postumes et que pouroient naystre d'elle et naistront doresnavant, en une foys ou en plusieurs de ladicte dame Jehanne de Béarn, sa dicte femme, tant pour leur droict de institution que douaire, la somme de mil livres tournois aux filz masles et à les filhes postumes à chascune mil livres tournois et les habilhemens aux filhes, paiables par une fois comme aux autres dessus, et avec ce ledict testateur les a faictz et faict chascun d'eulx et institue ses hérétiers particuliers, que ne puissent autre chose demander en sesdictz autres biens ne a sondict hérétier soubz nommé. — *Item,* a volu et ordonné, veult et ordonne ledict testateur que sesdictz enfants hérétiers particuliers dessus nommez soient entretenus et nourris sur ses biens aux escolles et a la guerre, ceulx que y vouldront estre, selon la faculté des biens, jusques à ce quilz soient paiés de leurs particulières institutions, ou aussi pourveus en l'Esglise ou au monde, en sorte et manière qu'ils aient de quoy vivre et s'en entretenir honestement. — *Item,* a volu et ordonné ledict testateur que ladicte dame de Béarn, sa femme, soit dame gouverneresse et usufructueresse de tous et chascuns ses biens et enfans, tant qu'elle vivra en viduité honestement, sans ce qu'elle soit tenue randre compte ne prester aucun reliqua de son administration des fontz perceus a aucung personaige, pourveu toutesfois qu'elle sera tenue suporter toutes charges de la maison et biens dudict testateur durant ledict temps de sadicte administration, sauf que ladicte dame ne pourra vendre, engaiger, ne aliéner rien des biens immeubles dudict testateur, sans appeler les tuteurs dessoubz nommez. — *Item,* et si le cas estoit que ladicte de Béarn, sa femme, et son hérétier universel pour l'advenir ne se pourroient convenir et concorder,

audict cas icelluy testateur a volu et ordonné que sondict heoir
puisse prandre à sa main tous et chascun ses biens, droictz et
actions, et d'iceulx disposer comme de sa chose propre, réservé
que ledict testateur dès à présent laysse à ladicte de Béarn, sadicte
femme, elle vivant en viduité honeste, tous droictz et actions
qu'il a et luy appartienent en la maison noble de Sainct Maurice
et ses appartenances. — *Item,* plus ledict testateur considérant
plusieurs plaisirs et aimables services à luy faictz par ladicte
dame, sa femme, en récompense d'iceulx luy a layssé et légué,
elle vivant en viduité honeste, la borde et domaine de Negra par
ledict testateur acquise avecques les maisons, granges, cabanes,
terres, prés, vignes, garennes, saffraniers, arbres et autres ses
appartenances d'iceluy briaige audict testateur appartenans,
pourveu quelle ne pourra poinct coupper arbres au pied, ne dis-
siper le bois, sinon en prendre pour son chauffaige, pour d'icelle
en joyr et user tousjours et par tout, durant sadicte viduité
honeste et non autrement; et le molin de Ramond sur la. . . . .
— *Item,* luy laisse la maison vieille de Brassac et la tierce part
des utencilles qui seront prins par inventaire durant sadicte
viduité, et si elle meurt ou se remarie, tournera à son hérétier.
— *Item,* a volu et ordonné ledict testateur que au cas que par le
temps advenir icelle de Béarn, sadicte femme, se remariast, audict
cas, en récompense de plusieurs aimables services à luy faictz,
luy a donné et légué, donne et lègue la somme de cinq cens livres
paiables une fois, laquelle somme a volu et ordonné luy estre
paiée de l'argent que luy ou ses prédécesseurs ont mis et pourté
en la maison de Sainct Maurice pour rachapter le bien d'icelle
et ses apartenances. — Et pour ce que institution d'hérétier est
chief et fondement de tout testament, sans laquelle institution
de hérétier tout testament est nul et caducque, à ce moyen icelluy

testateur afectant, et desirant donner et mettre chief et fondement
à son présent dernier testament, en tous et chascuns ses autres
biens meubles et immeubles présens et advenir, droictz, noms
et actions quil a et luy apartienent, tant audict Brassac et senes-
chaussées d'Agénois et Quercy, Lanes, Marsan que ailleurs, a
faict, institué et nommé, faict et institue son hérétier universel
et général noble BERNARDIN DE GOLARD, son filz naturel et légitime,
lequel a nommé de sa bouche; par lequel a volu et ordonné icelluy testateur ses ordonances et légatz et debtes estre paiés tout
ainsi que par cydessus il a ordonné. Et au cas que ledict Bernardin, son filz et hérétier universel, alast de vie à trespas sans avoir
enfans masles de son mariaige, luy a substitué et luy substitue
Jehan de Golard et ses enfans masles, sçavoir est, le premier
d'iceulx et icelluy deffaillant ou estant incapable, le second, et
ainsi de l'ung à l'autre, jusques au dernier. Et d'iceulx a substitué l'autre Jehan le jeune, son filz, et ses enfans masles comme
dessus; et audict Jehan le jeune a substitué ledict Anibal de
Golard, sondict filz légitime et ses enfans comme dessus, et audict
Anibal a substitué ledict François et ses enfans, comme aux
autres dessus a substitué le premier postume masle capable,
d'iceulx et d'icelluy au second, et conséquemment aux autres
masles descendans d'eulx, du premier au second jusques au dernier inclusivement. Et au cas que tous les enfants masles descendans d'eulx aillent de vie à trespas sans enfans masles, audict
cas a volu et ordonné ledict testateur que la première fille de
sondict filz et hérétier Bernardin de Golard, soit et l'a instituée
hérétière universelle, et de la première à la seconde, et aux
autres conséquemment. Et au cas que ledict Bernardin, sondict
hérétier universel, n'ait filles, que la première dudict Jehan, sondict filz, après la substitution que dessus, luy succède, et de la

première à la seconde, et aussi de l'une à l'autre fille descendans desdictz enfans masles, leur a substitué et substitue lesdictes filles Bernardine et ses enfans; et si elle mouroit sans enfans masles, luy substitue lesdictes Jehanne, Hélaine, Paule et Simone, l'une après l'autre, pareillement et leurs enfans, et après elles, si n'estoient vives, les filles autres descendans de ladicte de Béarn, et du dict François de Golard et ses enfans en la sorte et façon que des enfans masles dessus a parlé, et après luy les enfans masles l'ung après l'autre comme les autres dessus substitués. Et se le cas que sesdictz hérétiers ou substitués susnommés alassent de vie à trespas sans enfans masles ne femelles, en ce cas ledict testateur a volu et ordonné que tous ses frères puissent jouir de ses biens leur vie durant, tous ensemble, et après leur décès voulsist et ordona ledict testateur que ses biens et héritaiges viégnent et apartiégnent à noble Gracien de Mondanart, seigneur d'Estilhac, et à ses enfans masles de l'un à l'autre, comme a dict des autres cy-dessus. Et si ledict Mondanart n'avoit poinct d'enfans masles, veut ledict testateur que sesdictz biens viégnent à François de Cahusac de Sainct Michel et à ses enfans masles; et voulsist et ordona en oultre ledict testateur que nuls de ses heoirs institués ou substitués puissent vendre aucuns biens immeubles de son hérédité que ne soient de l'aige de trente ans passés: et si le faisoient autrement, que lesdictes aliénations soient irritées et de nulle valeur. — *Item*, a volu et ordonné ledict testateur et par exprès prohibé que son hérétier ou hérétiers substitués, si le cas advenoit qu'il y eust lieu de substitution, ne puissent prandre, retenir, ne distraire aucune carte trabellianicque, affin que sa maison demeure entière. — Tuteurs de ses dictz enfans et biens et aussi exéquteurs de son présent testament, a faictz et ordonnés icelluy testateur, révérend père en Dieu, messire Hérard de Gros-

solles, évesque de Condom, messire GRATIEN DE GOLARD, chanoine
de Sainct Estienne, et révérend père en Dieu, messire JEHAN DE
GOLARD, abbé de Simorre, et noblès messire ANTHOINE DE GOLARD, recteur de Granade, et messire GUYART DE GOLARD[1], licencié ez droictz, et
Jehan de Beauville, seigneur de Castelsacrat, et chascung d'eulx
en seul, auxquelz et a chascung d'eulx en seul a donné et donne
icelluy testateur plain pouvoir, puissance et auctorité régir, défendre et gouverner ses enfans et biens d'iceulx, faire vendre,
inquanter et prandre ses debtes, se aucunes en y a, tant et jusques à ce que tout ce quil a cy dessus ordoné soit accomply et
exéquté et ramené à deue exéqution et fin. Et cest a volu et
ordoné icelluy testateur estre son dernier nuncupatif testament,
lequel a volu valoir par manière de testament ; ou si ne valoit,
ne pouvoit valoir par manière de testament, a volu icelluy valoir
par manière de codicille ou codicil, et s'il ne valoit par manière
de codicille a volu et ordonné icelluy valoir par manière de donation faicte par raison de mort ou autre dernière volunté; et en
oultre icelluy testateur a cassé, révocqué et anulé tout autre
testament, codicille ou donation par luy faict par cydevant, et
iceulx a volu et ordoné estre cassés, révoqués et de nulle valeur,
le présent demeurant en son entier, et a requis et priés icelluy
testateur tous et chascuns les tesmoingz soubz nommés leur sou-
venir et recorder de ce que dessus, et en temps et lieu, si besoing
est et requis en sont, en faire et pourter tesmoignage de vérité.
Desquelles choses et chascune d'elles icelluy testateur a requis a

---

1. Ce Guyart ou Guy de Galard, conseiller au parlement de Bordeaux, fut un
des hommes les plus savants de son époque et un des rares amis de Jules-César
Scaliger. Son fils, Joseph Scaliger, en écrivant la vie de son père, a rappelé cette
intimité et la profonde érudition de celui qu'il nomme « Vidum Brassacum Galar-
dum, virum nobilissimum. » Nous ferons une citation plus complète quand viendra
le tour spécial de cette figure.

moy, notaire soubz-signé, luy estre retenu et faict, et a tous quil apartiendra acte et instrument, ung ou plusieurs, tant quils leur en seront nécessaires et leur feront besoing. Ce que luy a esté octroié. — Faict, dit et récité au domaine de Negra, jurisdiction de Montjoy, en Agénois, le dix-septiesme jour d'avril mil cinq cens trente trois, régnant nostre souverain prince François, par la grâce de Dieu, roy de France. Présens à ce messire Raymond Lardeyrol prebtre, maistres Pierre Bonet, Anthoine Mathei, Bertrand Paulin, Bertholomé de Guerins, Jehan Paulin notaire, Anthoine Sartignies notaire, tesmoings cogneuz, à ce appelez et priés. — Et je. . . . F. Percii notaire royal, et ledit testateur ensemble tous les tesmoings surnommés sont signés à la. . . . du présent testament. — Je Raymond de Sainct-Girons notaire royal. . . . et collationaire des papiers et. . . . de feu Me Fortoy Percii, notaire royal de Montjoy, habitant Grant Vinort, certifie que de la partie de noble et puissant seigneur Jehan de Goulard, chevalier sieur de Brassac, impétrant letres de la court de. . . . . seneschaucée de. . . . . du vingtiesme novembre mil cinq cens soixante six, me furent faictz commandemens de luy expédier le testament de feu messire François de Golard, chevalier seigneur de Brassac, son père, de l'an mil cinq cens trente trois, et obéissant ausdictz commandemens, l'ay extraict et grossoyé de sa. . . . escripte et signée par ledict Percii en ung petit caier, contenant six feilhes, de la forme et teneur que dessus est escript, et pour n'estre prolixe ay layssé y insérer lesdictz letres et commandemens et mes letres de collation, et pour ce que dessus contient vérité me suis cy signé du seing que use en mes publicz instrumentz. — Signé : De Sainct-Girons.

Archives du château de Larochebeaucourt, parchemin avec déchirure à l'angle supérieur ; cote ancienne n° 1, liasse 1, titre 7.

ANNÉE 1489.

Note de l'abbé de Lespine sur JEAN DE GALARD, *abbé de Simorre.*

JEAN DE GALARD, abbé de Simorre, né en 1489, est nommé dans le testament de son frère, du 6 septembre 1536[1].

Mss. de l'abbé de Lespine, dossier de Ga'ard, Bibl. de Richelieu, Cabinet des titres.

1524-1536.

Extrait du Gallia christiana sur JEAN DE GALARD, *abbé de Simorre.*

Heraldus de Grossoles,

JOHANNES DE GOLARDO de Brassaco,

OCTAVINUS DE GALARDO.

Gallia christiana, tome I, col. 1016.

---

3 NOVEMBRE 1525.

Le pape approuve l'accord survenu entre JEAN DE GALARD *et Jean de Casterez. Cette transaction terminait le différend qui existait entre Hérard de Grossolles et ledit Jean de Casterez, qui se disputaient depuis des années l'administration de l'abbaye de Simorre. Jean de Galard, qui avait hérité du siège abbatial de son oncle, avait poursuivi l'instance devant le parlement de Toulouse; au cas où Jean de Casterez n'observera pas strictement les conventions, il sera tenu de rembourser à Jean de Galard toutes les dépenses du procès et de lui restituer les objets détournés du couvent.*

Clemens, episcopus, servus servorum Dei, ad perpetuam rei memoriam. Ex solita Sedis Apostolicæ providentia ad ea per quæ

---

1. François de Galard avait également fait, le 17 avril 1533, un testament dont on trouvera plus haut la teneur, et dans lequel Jean, abbé de Simorre, est nommé exécuteur testamentaire.

singularum præsertim religiosarum personarum concordiæ et
quieti consuli possint, libenter intendimus, et hiis quæ propterea processisse dicuntur et illibata persistant, cum a nobis
petitur Apostolici muniminis præsidium propensius imper-
timur. Sane pro parte dilectorum filiorum JOANNIS DE GOLARDO DE
BRASSACO, infirmarii ecclesiæ Condomiensis, ordinis sancti Benedicti, et Joannis de Casterezio, camerarii monasterii Beatæ Mariæ
de Simorra, dicti ordinis, Auxitanensis diocesis, nobis nuper
exhibita petitio continebat quod nuper cum venerabilis frater
noster Herardus, episcopus Condomiensis, quam et dictus Joannes
de Casterezio, super possessorio seu quasi regiminis et administrationis ac bonorum dicti monasterii qui tunc per obitum
quondam Rogerii de Bartha, olim ipsius monasterii abbatis extra
Romanam Curiam defuncti, seu alias certo modo vacantis,
Herardus episcopus, de persona sui tunc, in minoribus constituti forsan ad nominationem carissimi in Christo filii nostri
Francisci, Francorum regis Christianissimi, Apostolica auctoritate provisum, ac provisionis hujus modi vigore possessionem
seu quasi regiminis et administrationis ac bonorum predictorum
forsan assecutum et in cujus, ut prefertur, vacantis abbatem
Joannes de Casterezio prefati se per saniorem partem dilectorum
filiorum conventus ejusdem monasterii electum fuisse asserebant,
coram certis judicibus secularibus partium illarum se invicem
molestabant seu etiam inter quem et ipsum Joannem de Casterezio lis super eisdem regimine et administratione, aut electionis
predicte confirmatione vel informatione coram certis judicibus
ecclesiasticis pendebat indecisa, regimini et administrationi dicti
monasterii in manibus nostris sponte et libere exsisset et nos
cessionem hujusmodi admittentes, prefato monasterio sive premisso vel per obitum Rogerii hujusmodi, sive alio quovismodo

vacaret, de persona dicti Joannis de Golardo, de fratrum nostrorum consilio dicta auctoritate providissemus, proficiendo ipsum
illi in abbatem, ipsumque Joannem de Golardo, si dictum monasterium litigiosum existeret in omni jure et ad omne jus quod
eidem Herardo, episcopo, in regimine et administratione pre-
fatis, seu ad illa quomodolibet competebat, subrogavissemus, et
ad prosecutionem litis seu molestiæ ac causarum hujusmodi
in eo statu in quo ipse Herardus episcopus tempore cessionis
hujusmodi erat, ac etiam ad possessionem eorumdem regiminis
et administrationis, in qua idem Herardus episcopus existebat
admisissemus, prout in nostris inde confectis litteris plenius
continetur, Joannes de Golardo et Joannes de Casterezio prefati,
tractantibus nonnullis probis viris eorum communibus amicis
pro bono pacis, ad concordiam super premissis devenerunt,
prout in publico instrumento desuper confecto, cujus tenorem
diligenter inspici ac signis et caracteribus omissis de verbo ad
verbum presentibus inseri fecimus, plenius continetur. Quare
pro parte Joannis de Golardo et Joannis de Casterezio predictorum nobis fuit humiliter supplicatum ut concordiæ hujusmodi
pro illius subsistentia firmiori robur Apostolicæ confirmationis
adjicere ac alios in premissis opportune providere de benignitate Apostolica dignaremur. Nos igitur, quorum est quæ concordiæ
sunt favore prosequi benevolo, Joannem de Golardo et Joannem
de Casterezio prefatos ac eorum quemlibet, a quibusvis excommunicationis, suspensionis et interdicti, aliisque ecclesiasticis
censuris et pœnis a jure vel ab homine, quavis occasione vel
causa latis, si quibus quomodolibet innodati existunt, ad effectum
presentium dumtaxat exsequendum harum serie absolventes et
absolutas fore censentes hujusmodi supplicationibus inclinati,
concordiam predictam et prout illam concernit, omnia et singula in

dicto instrumento contenta, auctoritate Apostolica tenore presentium approbamus et confirmamus, supplentes omnes et singulos juris et facti defectus, si qui forsan intervenerunt in eadem. Quocirca dilectis filiis cantori ecclesiæ Tolosanæ et Uxitanis officialibus per Apostolica scripta mandamus, quatenus ipsi, vel duo, aut unus eorum per se vel alium seu alios, presentes litteras et in eis contenta quæcumque ubi et quando opus fuerit, ac quotiens pro parte Joannis de Golardo et Joannis de Casterezio predictorum, seu alicujus eorum, desuper fuerint requisiti, solemniter publicantes..... Tenor vero instrumenti concordiæ hujusmodi sequitur et est talis.

« In nomine Domini, amen. Noverint universi et singuli presentes pariter et futuri, quod quum, prout ibidem dictum fuit, pariter et assertum, super possessorio abbatiæ monasterii Beatæ Mariæ de Simorra, ordinis sancti Benedicti, diocesis Auxis, in magno consilio domini nostri Francorum regis, ac eorum certis judicibus, tam ecclesiasticis quam secularibus, per dictum magnum consilium delegatis inter venerabiles viros dominos Joannem de Golardo de Brassaco, in decretis licenciatum, provisum de dicta abbatia de Simorra per resignationem reverendi in Christo patris domini Herardi de Gorsolis in ipsa abbatia per obitum domini Rogerii de Bartha, tunc vacante, ad nominationem prefati Chistianissimi regis, ex una; et dominum Joannem de Casterezio, electum per obitum ejusdem de Bartha, ex altera partibus, lis, processus..... Hinc si quidem fuit et est, quod anno Incarnationis ejusdem Domini mᵒ. vᵒ. xxvᵒ. et die sexta mensis octobris..... »

Apud civitatem Tholosæ, in domo egregii viri Joannis de Boyssone, jurium doctoris..... Primo fuit concordatum inter eosdem de Golardo provisum, et de Casterezio, electum, quod ipsi de

Casterezio constituit procuratores in curia Romana, ad renunciandum omne jus quod sibi competit in eadem abbatia de
Simorra, vel competere potest, in favorem dicti de Golardo, pro-
visi, et ad supplicandum eidem domino nostro Papæ, ut de illo
jure eidem de Golardo provideatur; nec non constituet procuratores idem de Casterezio in magno consilio eidem de Golardo
et alibi ubi opus fuerit ad renunciandum liti et causæ et consentiendum quod dictus de Golardo in possessorio dicte abbatie ,
jurium et proventuum illius definitive manu teneatur, et ad
omnia alia facienda, quæ in talibus fieri solita et opportuna ac
necessaria et alias prout illi consilio eorumdem de Golardo et de
Casterezio dictabunt. Item ne dictus de Casterezio, electus, ex
dicta renunciatione nimium dispendium patiatur, fuit concordatum quod dictus de Golardo constituet procuratores in
curia Romana, vel coram alioquocumque potestatem habente,
ad consentiendum reservationi seu impositioni pensionis ducentarum librarum turonensium cursum in Francia habentium,
quæ centum ducatos auri de camera, minusque tertiam partem
fructuum dictæ abbatiæ non excedant, super fructibus ejusdem
abbatiæ annuatim quamdiu idem de Casterezio vivet, per dictum
de Golardo et suos in abbatia successores in festo Nativitatis
Domini integraliter sub censuris consuetis solvendæ; dicta pen-
sione extinguenda dum idem de Golardo procuraverit eidem
de Casterezio conferri beneficia regularia ejusdem valoris ducentarum librarum, nec non ad renunciandum officium infirmariæ
in ecclesia Condomiensi, et unam capellaniam monacalem in
eadem ecclesia Condomiensi, et ecclesiam parochialem sancti Vincentii de Corsano cum annexa de Forchis, quas idem de Golardo
tenet, in favorem dicti de Casterezio, quas infirmariam et capellaniam et ecclesiam de Corsano promisit idem de Golardo facere

valoris quingentarum librarum turonensium, omnibus oneribus supportatis et deductis. Propter illas ipse de Golardo renunciabit eidem de Casterezio suam portionem seu suum locum quos obtinet cum præbenda consueta in eadem ecclesia Condomiensi, et erunt dicta beneficia et portio monacalis pacifica. Item fuit concordatum, quod in bulla dictæ pensionis imponendæ eidem de Casterezio erit et expresse cautum et concessum, quod ipse de Casterezio erit prior claustralis et vicarius perpetuus dictæ abbatiæ et abbatis; quibus officiis gaudebit semper dum erit in dicto monasterio de Simorra vel in eo faciet residentiam, non erit alius prior claustralis nec vicarius, ipso presente, minusque abbas, qui pro tempore erit, alium priorem vel vicarium creare in presentia dicti de Casterez, imo erit irrevocabilis et poterit idem de Casterez exercere omnia quæ ipse abbas exerceret, si presens esset, exceptis collationibus et presentationibus ad beneficia et destitutionibus beneficiatorum et officiariorum, et eo modo exprimetur in litteris Apostolicis. Item fuit concordatum, quod pro expensis factis per eumdem de Casterez in processu confirmationis suæ electionis, dictus de Golardo solvet sibi mille et quingentas libras turonensium, scilicet mille in festo Nativitatis Domini proxime futuro, et alias quingentas restantes in festo Purificationis Beatæ Mariæ proxime eventuro in unum annum. Item fuit concordatum, quod ultra premissa omnes fructus et arreragia et bona mobilia et pecuniæ, quæ erant in monasterio seu in domo abbatiali aut alibi tempore mortis dicti de Bartha, abbatis defuncti, vel ex post fuerunt capta per religiosos vel alios quoscumque, et spolia et fructus qui levabuntur ex dicta abbatia, aut levati erunt a die mortis dicti de Bartha donec bulla provisionis dicti de Golardo fuerit in his partibus, et omnia alia quæ poterunt futuro successori in abbatia

pertinere usque ad delationem dictæ bullæ pensionis, eidem de
Casterezio pertinebunt, exceptis omnibus his fructibus, quæ per
dictum episcopum Condomiensem, vel de ejus mandato percepta
erunt. Item fuit conventum quod dictus de Golardo dimittet
pacificos monacos dicti monasterii de Simorra, fratres Guilhermum Filhon in monacali portione quondam fratris Oddoni de
Casterezio, et Petrum de Casa in portione quondam fratris
Arnaldi de Lavadenco, et de novo quatenus opus esset, reci-
peret in monacos dicti monasterii. Item fuit conventum quod
portio monacalis in eodem monasterio de Simorra vacans, si
quæ sit, vel proximo, conferetur per eumdem de Golardo illi qui
per dictum de Casterezio erit sibi nominatus. Item fuit conventum, quod quisque eorumdem scilicet de Golardo et de Casterezio faciet expedire suas bullas respective suis sumptibus et
expensis, ita quod unus nihil solvet pro altero. Item fuit conventum quod omnes processus et lites pendentes in curiis magni
consilii parlamenti Tholosæ, senescalli vel commissariis aut
alibi ubicumque sint inter dictum reverendum in Christo Patrem
et dominum de Gorsolis, episcopum Condomiensem, et dictum
de Casterez, electum, et cum eligentes et eorum syndicum et
nobiles Joannem de la Bartha, senescallum Auræ, Jacobum,
fratres, Rogerium et Dionisium de la Barta, filios dicti senescalli
Auræ, Philippum de la Bartha, dominum de Lassegnano, et
Gastonem de la Bartha, dictum bastardum de Saramont, et alios
quoscumque, qui cum eodem de la Barta erant comprehensi pro
quibuscumque causis sint, cessabunt finitæ, ita quod pro quibuscumque causis scilicet captionis fructuum dictæ abbatiæ vel
bonorum ejusdem tempore vacationis aut aliis quibuscumque
dicti episcopus Condomiensis et de Golardo non sollicitabunt
processus nec prosequentur, dictos de Casterezio et de Bartha, nec

ęorum adhærentes nisi prefati de Casterez, de la Bartha, aut eorum adhærentes vellent inquietare dictos de Golardo in abbatia et possessorio illius, quo casu ipse de Golardo non tenebitur servare presentem articulum, imo poterit prosequi ad placitum molestatores vel perturbatores, et omnes expensæ hinc inde sint ipsis partibus remissæ, et erunt boni amici in futurum. Item fuit concordatum quod omnes processus pendentes ad causam rerum in presenti articulo deliberatarum vel aliarum quarumcumque inter reverendum in Christo patrem dominum episcopum Condomiensem et fratrem Jacobum Casterez fratrem dicti domini electi, et alios suos consanguineos et amicos ejus et omnes alios habitatores ville Simorræ, cessabunt et erunt extincti, ita quod dominus episcopus Condomiensis et de Golardo remittent eis omnem causam et omnem actionem pro quibuscumque causis vel culpis competentem in judicio vel extra, nec dictus de Golardo dum erit pacificus abbas Simorræ, illos male tractabit propter illas causas preteritas. Item fuit conventum, quod si reperiretur eumdem de Casterezio alteri renuntiasse jus quod sibi in eadem abbatia competere posset aut alias facto suo ipsi de Golardo pateretur in abbatia vel aliquo membro ejus litem, turbam vel molestiam in judicio vel extra, ipse de Golardo poterit regressum habere ad sua beneficia sine novo titulo et illorum possessionem continuare et pensio erit extincta, atque dictus de Casterezio restituet omnes pecunias et res sibi datas vel per eum ad causam hujus concordiæ captas, et solvet eidem de Golardo omnes expensas in ipsa concordia factas juramento suo declarandas omne modo predicto turba et molestia seu inquietatio facta dicti de Casterez, ut dictum est interveniant, et presens concordia pro infecta habebitur; et eidem seu vice versa, si dictus de Casterez pateretur litem seu turbam in beneficiis sibi renunciandis remanebit in suo primo jure. Item presens concordia poterit ad dictamen sapientum melius ordinari super requisitis ad complementum illius et autorisabitur per Sedem Apostolicam sub brevi aut alias partes condemnabuntur ad tenendum istam concordiam. Item fuit concordatum, quod approbata ista concordia per Sedem Apostolicam ex predicta signatura, dicti de Golardo et de Casterezio procurabunt ipsam concordiam approbare per capitulum Simorræ : et si capitulum eligeret, quilibet eorum ad suum jus pristinum revertetur sine novis provisione et jure. Premissa et singula omnia supradicta dictæ partes et earum quælibet promiserunt una alteri, et altera alteri, tenere, attendere, servare, complere, et inviolabiliter de puncto ad punctum observare..... Pro quibus premissis sic tenendis..... Nulli ergo omnino hominum liceat..... Datum Romæ apud sanctum Petrum, anno Incarnationis Domini m°. v°. xxv°, tertio nonas novembris, pontificatus nostri anno secundo. A. gratia Dei.

Cartulaire de Condom, conservé à la bibliothèque communale de cette ville, page 343.

1527 ET AVANT.

Extrait des chroniques du diocèse d'Auch, relatif à JEAN DE GALARD DE BRASSAC, *fils de Hugues et de Marie de Grossolles, qui fut d'abord infirmier de l'église de Condom, et devint abbé de Simorre après la résignation de ce siège par son oncle Hérard de Grossolles, évêque de Condom.*

Hérard de Grossoles de Flamarens fortifia son élection par la nomination que le roi François Ier fit de sa personne, en vertu du concordat qu'il avoit passé, en 1516, avec le pape Léon X. Ce

pontife accorda les bulles à Hérard, tant sur l'élection faite par
un religieux que sur la nomination royale, qui fut la première
faite par le roi à cette abbaye.

Pendant que Hérard plaidoit contre Casterès, sur le fondement de la nomination royale, l'évêque Marre rendit l'esprit à
Dieu, et le chapitre de Condom élut Grossoles pour son évêque,
l'an mil cinq cent vingt-un. D'autre côté, le roi nomma à cet
évêché François Dumoulin de Rochefort, ce qui causa un autre
procès à Grossoles, qui le soutint sur le fondement de l'élection
faite par le chapitre. Ces deux instances, poursuivies sur des raisons entièrement opposées, durèrent jusqu'en mil cinq cent
vingt-trois, auquel temps Dumoulin transigea avec Grossoles, à
qui il céda son droit. Dès que Grossoles y fut paisible, il acheva
de faire bâtir son église cathédrale, que Marre avoit commencée
et fort avancée. Cependant le procès de l'abbaye duroit toujours
et fut porté au Conseil d'État où il fut rendu un arrêt, en 1522,
qui adjugea l'administration des revenus de la mense abbatiale
au syndic des religieux, pendant procès. Enfin Grossoles, las
d'un si long procès, résigna l'abbaye en cour de Rome, en faveur
d'un sien neveu, fils de sa sœur, sous la réservation de 500 livres
de pension, l'an 1524. En cette même année, le fameux Érasme
de Roterdam lui dédia son *Exhomologèse ou Confession de foi*.
Hérard donna dans les suites des beaux ornements à l'église de
Simorre, comme il paroît par sa lettre de l'an 1542. Il mourut
l'an 1544.

JEAN III DE GOLARD DE BRASSAC, moine de Condom, prit possession de l'abbaye en vertu des bulles obtenues sur la résignation
de son oncle, le 5 janvier 1525, dans le temps qu'il y avoit un
procès entre le syndic du chapitre, le vicaire perpétuel de la
paroisse et le syndic de la ville, au sujet des réparations de

l'église abbatiale ; car quoique le vicaire perpétuel fît ses fonctions, premièrement dans l'église de Saint-Jean, contiguë au
cimetière qui joint l'abbatiale, et ensuite dans celle de Saint-
Nicolas, proche l'ancien cimetière de la vieille ville, néanmoins
l'église du monastère étoit toujours regardée comme la matrice
paroissiale, étant la seule baptismale, où les paroissiens devoient
être administrés aux jours solennels : de sorte que par arrêt du
parlement de Toulouse, le 17 avril 1726, il fut ordonné que le
tiers des dîmes de la paroisse, tant de l'abbé, du chapitre, que
du vicaire perpétuel, qui prenoit alors le huitième de certains
fruits, et rien des autres, seroit saisi et mis en main tierce pour
fournir aux réparations de l'église, de même que le produit du
bassin de l'œuvre, et que les paroissiens feroient porter à leurs
dépens les matériaux à pied d'œuvre. Peu après l'abbé s'accom-
moda avec Casterès, qui eut l'infirmerie de Condom et garda
par dispense la camérerie de Simorre. Il fut aussi official de
Condom.

Ensuite l'abbé préta et reçut les serments accoutumez à
Simorre, ensemble les hommages pour les métairies du Gour-
got, de Tarsès et de Gariag, le tout par un même acte du
28 mai 1526, et ce fut alors seulement qu'il commença de jouir
des fruits de l'abbaye.

L'année après il alla à Sarrancolin, où il reçut pareillement
le serment de fidélité des consuls et habitants de cette ville et
des lieux en dépendant, le 10 novembre 1527, et fit le même
jour la visite dans l'église et prieuré du même lieu.

Il résigna l'abbaye en faveur du suivant (Octavien de Galard),
en 1536.

D. Louis-Clément de Brugèles, *Chroniques ecclésiastiques du diocèse d'Auch,* 2e partie, pages 212, 213 et 214.

ANNÉE 1531.

Armoiries de la maison DE GALARD, *gravées à la voûte de la cathédrale*
de Saint-Pierre de Condom, dont la reconstruction, commencée par
Marre, évêque de cette ville, fut achevée par Hérard de Grossolles,
son successeur, oncle de JEAN DE GALARD *de Brassac, fils de* HUGUES
DE GALARD *et de Marie de Grossolles. Hérard de Grossolles, qui*
avait conservé l'abbaye de Simorre postérieurement à son élévation
à l'épiscopat, résigna ladite abbaye, en 1524, au profit de son
neveu Jean de Galard, qui était alors infirmier de l'église de Con-
dom et qui avait, en cette qualité, assisté son oncle dans la réédi-
fication de Saint-Pierre achevée en 1531.

Écartelé de Galard et d'Armagnac[1] : la crosse qui surmonte l'écu rappelle que
deux membres de la maison de Galard furent évêques de Condom.

1. L'écartelure des armes d'Armagnac avec celles de la maison de Galard ne
pouvait être qu'une commémoration de la communauté d'origine des deux races,
affirmée par divers auteurs cités dans notre introduction du tome Ier, ou qu'un sou-
venir de l'alliance conclue vers 1280 entre Géraud de Galard, seigneur de Terraube, et Éléonore d'Armagnac. Le lion de cette dernière race existait encore, avant

10 OCTOBRE 1531.

L'église de Condom ayant été terminée à cette date, l'évêque Hérard de Grossolles la consacra. En mémoire de cette cérémonie, une inscription fut gravée au-dessus de la porte de la sacristie de ladite cathédrale. En tête des noms des coparrains figure celui de JEAN DE GALARD, *abbé de Simorre.*

SPÉCIMEN DE L'INSCRIPTION LAPIDAIRE [1].

TEXTE PLEIN DE L'INSCRIPTION [2].

Anno Domini millesimo quingentesimo trigesimo primo et

1789, sur le fronton de la porte principale du château de Goualard en Condomois, berceau de la famille qui nous occupe.

1. Le graveur, peu initié aux signes épigraphiques, a commis quelques fautes qui n'existaient point dans le dessin que nous lui avions donné pour modèle.

2. Chaque alinéa correspond à une ligne épigraphique.

die decima quinta octobris que erat dominica, reverendus in Christo pater dominus

Herardus de Gorsolis episcopus Condomiensis istam ecclesiam et eiusdem altare maius

in honorem Dei et Salvatoris Domini nostri Jesu Christi et memoriam beati Petri, apostolorum principis,

consecravit; ac reliquias beatorum patrum Andree, Jacobi Alphei, Simonis et Jude

apostolorum; Johannis et Pauli, Fabiani et Sebastiani atque Laurentii martyrum; Leonis pape huius

ecclesie fundatoris; sanctarum Agnetis et Prisce virginum; nec non de pulvere beati Johannis

Baptiste; de capite pilis et birretto sancti Stephani protomartyris et de lapide sepulchri eiusdem

Salvatoris in eo inclusit. Singulis Christi fidelibus in die anniversaria huiusmodi consecrationis

ipsam visitantibus quadraginta dies de vera indulgentia in forma Ecclesie consueta concedens.

Presentibus ibidem reverendis patribus dominis JOHANNE DE GOLARDO, Ludovico de Arzaco,

Johanne de Godal, de Simorra, de Pontealto, et de Boillas abbatibus,

nobilibus Antonio de Gorsolis, domino de Buseto, dicti domini consecratoris

fratre; Amaldo de Gorsolis, domino de Flamarenx, Francisco de Pontbriant, domino

de Monteregal Petragorum dicti domini consecratoris nepotibus una cum consu.

libus et civibus Condomii ac aliis promiscui sexus plus quam mille et quingentis.

Année 1492.

Mention du mariage de Barthélemy de Voisin avec Annette de Galard, *qui testa le 24 juin 1504.*

1492. — Pactes de mariage de Barthélemi de Voysin et Annette de Goulard [1].

24 juin 1504. Testament d'Annette de Goulard, femme de Barthélemy de Voysin.

Archives de M. le comte de Luppé au château de Saint-Avit, parchemin.

---

12 février 1493.

Noble Jean de Galard *fut garant de la quittance délivrée par Bérenger d'Hébrail, époux de Catherine de Préissac.*

Noble homme Jean de Galard souscrivit la quittance donnée par noble homme Berenger « Hebaralhi, » seigneur de Royne au diocèse d'Alby, de la dot de noble damoiselle Catherine, sa femme, fille de noble homme Jean de Preyssac, seigneur de Cadelhan, au diocèse de Lectoure, par acte du 12e février 1493. (Arch. du château de Maravat.)

D. Villevieille, *Trésor généalogique,* vol. 43, fol. 146 verso ; Bibl. de Richelieu, Cabinet des titres.

1. Nous ne donnons ici que la cote ou le titre de l'acte qui existe au château de Saint-Avit.

CHÂTEAU DE MAGNAS

26 février 1494.

Jean et Odet de Galard, ce dernier seigneur d'Aubiac, assistent aux noces de Thibaud de Mélignan avec Françoise de l'Isle.

Nobles hommes Jean de Galard et Oddet de Galard, seigneur du lieu d'Aubiac, en Bruilhois, sont présents au mariage de noble Thibaut, fils de noble Oddet de Melinhan; seigneur de la salle de Trinhan, au diocèse de Condom, avec noble Françoise, fille de noble Jean de l'Isle, seigneur du lieu de Doazan, de Saint-Anian et de Saint-Médard en partie; par contrat du 26 février 1494. Expédié le 15 juin 1554. (Arch. de M. de Mélignan.)

D. Vilbevieille, *Trésor généalogique*, vol. 43, fol. 146 verso; Bibl. de Richelieu, Cabinet des titres.

---

2 mai 1521.

Charles, duc d'Alençon, notifie à ses lieutenants ou receveurs de ses comptes que Jean de Galard, écuyer, seigneur de Castelnau d'Arbieu, lui a fait acte de vasselage pour ladite terre et pour celles de Magnas [1], de La Mothe-Ando, etc.

Charles, duc d'Alençon, pair de France, comte d'Armagnac, du Perche, de Roddès, de Fezensac, l'Isle en Jourdain et Pardiac,

---

1. Le château de Magnas, dont nous reproduisons la vue dans l'eau-forte ci-contre, est de construction moderne; il n'existe de l'ancien que certaines parties de murailles et une tour pour ainsi dire absorbées dans le nouveau.

Nous n'avons pas la prétention de dresser une monographie méthodique de Magnas, mais simplement d'appareiller quelques notes qui se rapportent au passé de ce manoir ou de ses détenteurs.

Le nom de Magnas, châtellenie que je présume avoir été le berceau de la grande

viconte de Beaumont-Lomagne, Fezensaguet, Ando..... e autres

race des Manas, est écrit tour à tour, durant le moyen âge, *Manhanco, Manhan* (Magnan), *Manhassio.* Aux xvie et xviie siècles son orthographe latine est *Magnassio,* et la française, *Maignax* et *Maignas.* La terre ainsi appelée confinait à deux fiefs tenus par deux branches de la maison de Galard, celles de l'Isle-Bozon et Castelnau d'Arbieu, et leur servait pour ainsi dire de trait d'union. D'après l'abbé Monlezun, Magnas était une baillivie en 1250. Vers cette époque sans doute, mais à coup sûr peu de temps après, ce fief nous apparaît comme apanage des cadets dans la branche des Galard, sires de l'Isle-Bozon : Vigier de Manhan assistait, le 20 mai 1324, avec son frère Bertrand de Galard, seigneur de l'Isle-Bozon, au codicille de Bertrand de Goth, vicomte de Lomagne et d'Auvillars. Ledit Vigier de Manhan s'allia, en 1329, à Jeanne de Lambert, sa parente, après obtention d'une bulle de dispense. Il fut présent, en compagnie d'un autre Manaud de Manhan, d'Ayssin et de Bertrand de Galard, à l'hommage rendu, le 8 juillet 1330, par Mathe d'Albret, femme de Renaud de Pons, seigneur de Bergerac, pour la baronnie de Castelmoron, à Jean de Bléville, sénéchal de Gascogne ; on le retrouve dans un différend survenu entre Bertrand de Galard, seigneur de l'Isle-Bozon, et l'évêque de Lectoure, au sujet des limites de leurs juridictions. Le procès fut vidé, le 22 juillet 1332, par l'arbitrage d'Archieu de Galard, seigneur de Terraube, et de Vigier de Manhan ou de Manhas. (*Voir tome I de cet ouvrage, pages 417, 418, 419, 420, 423, 424, 426.*)

Sur le rôle des nobles et sujets aux ban et arrière-ban de la sénéchaussée d'Armagnac, dressé dans le xvie siècle, on remarque les seigneurs de Castelnau d'Arbieu et de Magnas.

FÉZENSAGUET :

« MM. d'Encausse, 1 homme d'armes ; de Saint-Aubin, de Montaignac et de « Pouy, 1 archer ; de Marabat et de Labanne, 1 archer ; de CASTELNAU D'ARBIEU, « 2 archers ; DE MAGNAS, 2 archers ; d'Engalin, 1 archer ; de Labrie et de Vignaux, « 1 archer ; d'Augnax, de Corné et d'Esparbès, 1 archer ; de Sainte-Gemme et de « Séran, etc. » (*Histoire de Gascogne par Monlezun, tome VI, page 180.*)

Vers 1600 environ, nous retrouvons les deux terres de Magnas et de la Mothe-Ando dans les mains d'Antoine de Saint-Géry, époux de Marguerite de Saint Lary. Les Saint-Géry devaient s'être approprié ces deux fiefs par suite d'un mariage avec la branche de Castelnau-d'Arbieu ; ils étaient d'ailleurs précédemment apparentés par des alliances communes. Jean de Saint-Géry, baron de Magnas, lieutenant-colonel au régiment de Picardie, mort glorieusement au siége de Montpellier, avait épousé, le 19 septembre 1588, Marguerite de Las, belle-sœur de Guy de Galard, seigneur de Castelnau-d'Arbieu. De cette union provint Joseph de Saint-Géry, que nous reprendrons tout à l'heure.

En 1613, un gentilhomme du nom de Magnas fut inculpé d'intelligence avec le

vicontez, baronnies, terres et seigneuries de la maison d'Armai-

duc de Savoie et fut décollé. Nous ne pouvons dire ce qu'était ce personnage dans la famille qui nous occupe. C'est dans l'*Histoire de la mère et du fils,* par François Eudes Mézeray, Amsterdam 1730, in-4°, page 76, que nous avons trouvé le fait ainsi rapporté :

« Il arriva néanmoins deux sujets de refroidissement qui la retardèrent. Un « nommé Magnas, qui suivoit toujours le conseil, fut pris prisonnier à Fontaine-« bleau au mois de mai; il avoit été accusé d'avoir été gagné par un nommé La « Roche, du Dauphiné, de donner au duc de Savoye avis de tout ce qui se passoit; « il hantoit fort chez Dolé, que le marquis d'Ancre crut que les ministres vouloient « envelopper en cette accusation, dont il se tint offensé, jusqu'à ce qu'au dernier « mois Magnas fut exécuté à mort, sans qu'il soit fait mention que Dolé eût aucune « intelligence avec lui. »

M. Ph. Tamizey de Larroque, dont l'érudition encyclopédique nous a ménagé tant de surprises et révélé tant de particularités oubliées ou inconnues de l'histoire du Sud-Ouest, a, dans la *Revue de Gascogne,* année 1869, page 283, fait quelques additions précieuses à l'article de Moréri sur Joseph de Saint-Géry. Les rares lecteurs que je n'ose guère espérer pour cet ouvrage, d'un caractère peu attrayant, me sauront gré de remettre sous leurs yeux la petite étude de M. Tamizey de Larroque qui s'ajuste parfaitement à notre sujet.

« Ce gentilhomme Joseph de Saint-Géry était fils de Jean de Saint-Géry, lieu-« tenant-colonel du régiment de Picardie, tué au siège de Montpellier, et de Mar-« guerite Delas, qui appartenait à une bonne famille agenaise. Il naquit en 1590 « au château de Magnas et mourut en ce même château, à l'âge de quatre-vingt-« quatre ans, en 1674. Dévoué de bonne heure à la maison de la Valette, il « accompagna d'abord le comte de Candale en Orient, fut nommé plus tard, par « le duc d'Épernon, commandant du régiment de Guienne, lieutenant au gouver-« nement de Lectoure; il fut député par lui à la cour en d'importantes circon-« stances, comme on peut le voir dans l'histoire de la *Vie du duc d'Épernon,* par « Gérard (édition de 1730, in-4°, pages 520, 525, 526) et comme on le verra mieux « encore par la correspondance du négociateur avec les d'Épernon (de 1627 à 1661), « correspondance conservée par la famille de Saint-Géry, et que M. de Villepreux a « l'intention de publier bientôt. « Joseph de Saint-Géry, retiré dans son château de « Magnas depuis 1642, y partagea ses loisirs, nous dit la *Nouvelle Biographie* « *générale,* entre le culte de la poésie et l'étude des sciences physiques. Ses divers « écrits, ajoute l'auteur anonyme de la petite notice, réunis sous le titre d'*Essais* « (Paris, 1663, in-4°), avaient paru isolément à Paris en 1662 et 1663 : ce sont « *Ma félicité, Iris,* longues pièces de vers français, et des dissertations latines *De* « *motu cordis et cerebri* et *De finibus corporis et spiritus.* » La *Nouvelle Bio-*

gnac. A nos amez et feaulx gens de noz comptes..... procureur

« *graphie générale* ne se trompe-t-elle pas en nous présentant l'*Iris* comme une
« pièce de vers français? Je n'ai pu mettre la main sur le très-rare volume in-4°
« (oublié par Brunet) contenant les *Essais de messire Joseph de Saint-Gery, sei-*
« *gneur de Magnas* (chez Thomas Joly et Louis Billaine), mais j'ai vu à la biblio-
« thèque impériale : *Josephi Magnassii Disquisitiones physicæ de motu cordis et*
« *cerebri* (Parisiis, e typographia Admundi Martini, 1663, vol. in-4° de 87 pages
« dédié à Nicolas de Neuvil'e, duc de Villeroy), et du même, *Disquisitio physica de*
« *finibus corporis et spiritus* (ibidem, in-4° de 36 pages dédié à Michel Le Tellier).
« L'*Iris*, ouvrage qui, d'après le *Moréri*, fut imprimé chez Vitré, in-4°, en 1662,
« et qui fut dédié à Louis XIV, n'est autre chose, ce me semble, qu'une disserta-
« tion comme les précédentes, et pouvant être rapprochée de celle de l'académicien
« Cureau de la Chambre : *Nouvelles observations et conjectures sur l'Iris* (Paris,
« in-4°, 1650). J'espère que quelque lecteur de la *Revue de Gascogne*, plus heu-
« reux que moi, aura vu l'*Iris* et prononcera en parfaite connaissance de cause
« entre la *Nouvelle Biographie générale,* qui croit à un poëme français, et moi qui
« crois à une dissertation latine. En finissant, je noterai que Jean-Louis Guez de
« Balzac adressa une petite pièce de vers latins à celui que le Moréri proclame
« un philosophe pieux et sensé et un physicien habile » (*Josepho Magnassio,*
« page 70 de la seconde partie du tome II des *OEuvres complètes,* 1665), et que le
« poëte toulousain, François de Mainard, lui adressa une aimable lettre : A M. le
« baron de Saint-Géry, page 206 des *Lettres de M. le président Mainard,* in-4°,
« 1652. » — (*Revue de Gascogne,* année 1869, pages 283 et 284.)

Après l'article de M. Tamizey de Larroque, citons celui de Moréri.

« SAINT-GÉRY (JOSEPH DE), seigneur de Magnas, dans la famille duquel celle
« de Saint-Lary de Bellegarde étoit entrée par le mariage de Marguerite de Saint-
« Lary, fille de Pierre ou Perroton de Saint-Lary de Bellegarde et de Marguerite
« d'Orbessan, laquelle épousa l'an 1563 Antoine de Saint-Géry de Salvagnac, maré-
« chal des logis de la compagnie d'hommes d'armes de Henry d'Albret, roi de
« Navarre, puis lieutenant de gouverneur à Leictoure, étoit fils de Jean de Saint-
« Géry, lieutenant-colonel du régiment de Picardie, tué au siége de Montpellier, et
« de Marguerite Delas, fille d'un gentilhomme d'Agen, et né en 1590, au château
« de Magnas. Il prit de bonne heure le parti des armes, et suivit le comte de Can-
« dale en 1612, dans la campagne que ce duc fit en mer sur les galères de Flo-
« rence contre le Turc. S'étant attaché dès sa jeunesse à Jean-Louis de la Valette,
« duc d'Épernon, son oncle à la mode de Bretagne, ce duc lui donna le commande-
« ment de son régiment de Guienne en 1637, le fit son lieutenant au gouvernement
« de Leictoure et plat-pays, qui étoit alors la place la plus considérable de son
« gouvernement, et il le députa plusieurs fois à la cour pour les affaires les plus

et receveur ordinayre de nostre vicompté de Fezenzaguet, leurs

« importantes, pendant les brouilleries de la ville de Bourdeaux, qui commen-
« cèrent en 1626, et qui durèrent plus de dix ans. Joseph de Saint-Géry s'acquitta
« de ses différentes commissions avec beaucoup de sagesse et de succès; mais le
« duc d'Épernon ayant été disgracié, cette disgrâce nuisit beaucoup à l'avancement
« de M. de Saint-Géry; et après la mort de ce duc arrivée en 1642, il fut obligé
« de se retirer du service; cependant en 1963, Louis XIV le fit conseiller en ses
« conseils d'État et privé, et de ses finances, etc. Il y avoit déjà quelque temps
« que, las du tumulte des affaires, il avoit cherché le repos dans sa retraite de
« Magnas, au diocèse de Leictoure, et dans l'étude de la nature. Il appeloit ordi-
« nairement cet état sa félicité, et il en fait la description dans une longue pièce
« en vers françois, qu'il a intitulée pour cette raison *Sa félicité,* et qui fut impri-
« mée à Paris in-4°, chez Antoine Vitré en 1662. Elle est dédiée à M. de la Vril-
« lière, conseiller du roi, et secrétaire de ses commandemens, qui avoit toujours
« considéré l'auteur. Mais l'étude de la physique fut ce qui occupa davantage le
« loisir de M. de Saint-Géry, et cette étude a produit plusieurs ouvrages, qu'il a
« donnés au public : savoir, l'*Iris,* dédié à Louis XIV, et imprimé chez Vitré in-4°
« en 1662. — *Disquisitiones physicæ de motu cordis et cerebri, in-4°, en 1663, à*
« *Paris, chez Edme Martin.* — *Disquisitio physica de finibus corporis et spiritus,*
« *en 1663,* au même lieu. On trouve dans ces écrits un philosophe pieux et sensé
« et un physicien habile. L'auteur étoit déjà avancé en âge, quand il donna cette
« dernière dissertation. Il mourut en 1674, âgé de quatre-vingt-quatre ans. Les
« écrits dont nous venons de parler se trouvent réunis dans un volume in-4°,
« que l'on a intitulé *Les Essais de messire Joseph de Saint-Géry, seigneur de*
« *Magnas, à Paris, chez Thomas Jolly et Louis Billaine, en 1663.* Ce gentilhomme
« a eu plusieurs enfans de Jeanne de Montaut de Castelnau, et sa famille subsiste
« encore dans plusieurs de ses petits-fils, entre autres, dans Joseph et Jean de
« Saint-Géry, qui ont été longtemps au service du roi dans ses armées; dans Jean
« de Saint-Géry de Magnas, ci-devant premier aumônier de feu Madame,
« duchesse d'Orléans, et abbé de Nogent-sous-Couci; dans Alain de Saint-Géry,
« prêtre, abbé de Flaran; et dans M. de la Mothe Saint-Géry, qui avoit une sœur,
« laquelle a été célèbre par sa piété. Elle étoit religieuse carmélite au monastère
« de Leictoure, où elle étoit connue sous le nom de : la sœur Marie des Anges. Elle
« est morte le 2 décembre 1733, dans le monastère des carmélites d'Agen. »
(*Grand dictionnaire historique de Moréri, édition de 1759, tome IX, page 42 de
la lettre S.)*

   Saint-Géry (Joseph de) dit la *Biographie universelle,* naquit en 1590, au châ-
« teau de Magnas dans l'Armagnac; il appartenait à une ancienne et illustre famille
« du Languedoc. A l'exemple de ses ancêtres, il entra dans la carrière des armes

lieuxtenans ou commis salut. Savoir faisons que nostre cher e

« et accompagna le duc Henri de Candale, qui avait pris du service sur la flotte du
« grand duc de Toscane, destinée à combattre les Ottomans. En 1637, le duc
« d'Épernon, père de Candale et gouverneur de Guienne, donna le commandement
« du régiment de ce nom à Saint-Géry, dont il était parent, le nomma son lieute-
« nant pour le gouvernement de Lectoure et le chargea de plusieurs missions
« pendant les troubles de sa province. » (*Biographie universelle, rédigée par une
société de gens de lettres et de savants. Paris, Michaud, 1847, in-8°. Supplément,
tome LXXX, page 342.*)

La reproduction de la notice de Moréri et de la *Biographie universelle* sur Joseph
de Saint-Géry, baron de Magnas, me dispense d'incorporer ici celle de la *Nouvelle
Biographie générale*.

Envisageons d'abord le côté militaire de la vie de Joseph de Saint-Géry, nous
passerons ensuite à l'examen de ses œuvres littéraires et scientifiques.

De Saint-Géry concourut à préparer, en 1625, la défense de l'ile de Rhé, dont
nous reparlerons longuement à propos de Philippe de Galard-Terraube. En attendant, découpons le passage relatif au seigneur de Magnas :

« Avant qu'elle mit en mer, Thoiras, gouverneur du fort Loüis, avoit fait des-
« sein de se jetter dans l'isle de Ré, pendant que la flotte du roi se battroit contre
« celle des mécontens. Il avoit envoyé un gentilhomme à la Cour pour y proposer
« ce dessein et pour demander les troupes, qui lui étoient nécessaires pour cela,
« l'on envoya, de la part de la Cour, le baron de Saint-Géry, pour conférer avec
« Thoiras, et voir sur les lieux si les mesures qu'il proposoit pouvoient faire réus
« sir cette entreprise. Comme Saint-Géry eut jugé que ce dessein étoit bien concerté,
« on donna à Thoiras environ dix-sept cens hommes et six-vingts barques, pour
« les porter dans l'isle de Ré avec cinquante ou soixante chevaux. » (*La vie du
cardinal de Richelieu, par M. Le Clerc, édition de 1753, in-12, page 273.*)

Le baron de Saint-Géry, comme on vient de le voir, joua un grand rôle et remplit les missions les plus importantes de la cour dans les opérations préliminaires
du débarquement des troupes royales à l'ile de Rhé bloquée par l'ennemi ; l'extrait
ci-après le prouve aussi bien que le précédent.

« Toiras donques ayant fait quitter le pays de Médoc au sieur de Soubize, s'en
« retourna glorieux, entra dans Bordeaux avec ses troupes, logea chez le sieur de
« Gineste, conseiller au Parlement, où ce Parlement y envoya des députés le
« remercier, et la ville voulut donner de l'argent aux soldats que le sieur de Toi-
« ras deffendit d'accepter, de là il prit le chemin du fort Louis, son gouvernement,
« et receut des remercimens du duc d'Espernon, gouverneur de Guyenne, qui
« estoit alors devant Montauban, d'un si prompt et si favorable secours, contre
« les ennemis de la tranquillité publique. Il receut aussi en mesme temps un

bien aymé Jehan de Goullart, escuyer, nous a aujourdhui fait à

« courrier du roy qui luy donnoit advis de l'arrivée des navires hollandoises aux
« costes de France, et ensuite le roy et son conseil secret luy envoyèrent le baron
« de Sainct-Géry pour conférer avec luy des moyens de faire réussir l'entreprise
« sur Ré, dont il estoit le premier autheur, et en avoit escrit au roy. Sainct-Géry
« receut de luy tous les esclaircissemens qui se pouvoient donner sur une affaire
« de cette nature, et s'en retourna à la Cour en faire son rapport au roy et à son
« conseil, qui jugea cette entreprise faisable, et en résolut l'exécution après l'avoir
« meurement examinée, d'autant que les bons conseils veulent du temps, comme
« la délibération de la fermeté, et l'exécution de la promptitude. » (Histoire du
mareschal de Toiras, par Baudier, in-fol., pages 34-35.)

Voici encore une autre citation qui se rapporte au même fait d'armes et au
même personnage :

« Le roy fut adverty du bruslement de l'admiral hollandois par l'infidélité de
« Soubize. Il fit partir aussi tost de la Cour le duc de Montmorency, pour aller
« trouver ses vaisseaux, avec ample pouvoir de donner bataille aux ennemis, et
« mettre à exécution le dessein sur l'isle de Ré, que le sieur de Toiras luy avoit,
« depuis peu, plus clairement fait entendre par le baron de S. Géry. » (Histoire
du mareschal de Toiras par Baudier, in-fol., page 36.)

Le sieur de Magnas vint demander à Louis XIII le pouvoir de réunir les cha-
loupes et les embarcations amarrées sur la Garonne et la Dordogne. Il promit en
retour, au nom du duc d'Épernon, de ravitailler l'île de Rhé :

« Le mesme jour arriva en cour, de la part du duc d'Espernon, le sieur de
« Magnas, lequel asseura Sa Majesté que, s'il luy plaisoit donner audit sieur d'Es-
« pernon une pareille commission pour prendre toutes les barques, gallions, et
« flinx de la Garonne et Dordogne, et les bleds dont il auroit besoin, avec com-
« mandement au sieur Treillebois de faire ce qu'il luy commanderoit, il promet-
« toit secourir Ré de vivres. » (Relation de la descente des Anglois en l'isle de
Ré, par Michel de Marillac, 1628, in-12, page 81.)

De Saint-Géry fut compromis dans la conspiration organisée par Henri de
Talleyrand, comte de Chalais, contre Richelieu. On sait que la duchesse de Chevreuse avait su inspirer à Chalais autant d'amour qu'elle avait de haine contre le
cardinal. Les sentiments d'exécration de la maîtresse passèrent dans le cœur de son
amant, qui fit fabriquer en Hollande le poignard avec lequel il devait porter le premier coup à Richelieu. Trahi par le commandeur de Valençay, Henri de Talleyrand
fut arrêté à Nantes et jeté en prison avec quelques-uns de ses prétendus complices, au nombre desquels figure de Saint-Géry, accusé, comme Marsignac, d'avoir
été hostile à son Éminence et au mariage de Gaston d'Orléans avec Mlle de Montpensier.

la personne de noz amez e feaulx, conseiller l'evesque de Nys-

L'Histoire du cardinal de Richelieu par Le Clerc, tome III, pages 453, 454 et 456, ne permet aucun doute à cet égard :

EMPRISONNÉS.

« Monsieur de Marsillac, gouverneur de Sommières, envoyé prisonnier à Ave-
« nay, pour avoir tenu des discours insolens en 1626, contre le mariage de Mon-
« sieur le duc d'Orléans, dont est depuis delivré en 162...

« Monsieur le Secq.

« Monsieur de Saint-Géry.

« Le Père du Rozier, minime qui avoit confessé Chalais, renfermé, etc.

« Mercredi douzième août, la seconde séance, le sieur Quiergrais, conseiller, se
« remit au bureau, lut l'inventaire pour le vérifier avec le sieur Peschart conseiller;
« puis lut l'information et quelques dépositions particulières et separées de ladite
« information et l'interrogatoire. Le procureur général fut présent, lequel requit
« ajournement contre la duchesse de Chevreuse, le comte de Soissons, le duc de
« Longueville, et décret de prise de corps contre le duc d'Espernon et le marquis
« de la Valette, l'abbé d'Aubasine, la Louvière des Aunois, Bois d'Almay, Puilau-
« rens, S. Géri, Sainte-Terre, Marsillac, la Mailleraye et Mouy.

« Jeudi treizième, troisième séance. On lut les décrets de prise de corps contre
« l'abbé d'Aubasine et Saint-Géri, et il fut résolu qu'ils seroient exécutés ; mais
« pour ceux qui avoient été ordonnés contre Bois d'Almay, Puilaurens et des Aul-
« nois, il fut arrêté qu'ils ne seroient délivrés sans l'ordonnance de M. le garde
« des sceaux. »

On va voir par l'extrait ci-dessous que de Saint-Géry ne trempa point sérieuse-
ment dans le complot du comte de Chalais, mais qu'il fut arrêté comme créature
du maréchal d'Ornano et de *Monsieur*. Henri de Talleyrand ajoute dans les décla-
rations qu'il fit sur la sellette que de Saint-Géry devait être député aux Huguenots
et leur chef, M. de Rohan, pour traiter avec eux, et que nul aussi bien que lui ne
pourrait édifier le roi sur les machinations de Modène et du maréchal :

« Propose aussi que s'il est du service du roy, que monseigneur espouse
« mademoiselle de Montpensier, l'obstacle du maréchal d'Ornano étant dehors, il
« s'assure que lui et les petits garçons y feront un grand coup, mondit seigneur
« lui en ayant parlé trois jours devant qu'il fust arresté, disant que le maréchal
« d'Ornano n'y pouvoit consentir, et au contraire, qu'il l'en avoit destourné.

« Enquis s'il sçait par une autre voye, que ledit sieur maréchal d'Ornano avoit
destourné monseigneur de ce mariage ?

« A dit que si le roy a agréable de le délivrer, et que ce soit par l'entremise de

mes, nostre vi-chancellier d'Armaignac, et Jehan de Ville Bresme,

« monseigneur et des petits garçons, ce que monsieur de Bellegarde peut négocier,
« faisant entendre à mondit seigneur, que c'est pour l'avoir servi qu'il est en ce
« lieu, et non pas pour avoir fait des cabales ; monseigneur lui ayant procuré ce
« bien, l'en affectionneroit davantage, et s'accréditeroit d'autant plus avec lui, vue
« même la bonne intelligence qu'il a avec les petits garçons, et s'asseure que mon-
« seigneur ne lui céleroit rien, et lui diroit toutes les cabales dudit mareschal.
« Mondit seigneur lui ayant desja dit que ledit mareschal se servoit de l'abbé
« d'Obazine et de Saint-Géry, et croit lui respondant que c'estoit pour les négocia-
« tions qu'il faisoit ; mais que monseigneur ne s'ouvrit pas davantage pour ce
« qu'il survint des personnes qui l'interrompirent.

« Dit outre qu'il y a trois choses qui convient le roy à prendre confiance en
« lui respondant : l'une sa repentance extrême, l'autre sa charge qui est telle qu'il
« n'en peut attendre de semblable de monseigneur, et n'a point le cœur si bas
« qu'il veuille rien espérer d'autre que de son maistre, la troisième est sa teste,
« et l'assurance qu'il ne rentrera jamais en prison s'il reçoit cette grace du roy.

« Qui est tout ce qu'il a dit, enquis et interrogé sur lesdits faits, et lecture
« faite desdites responses, a persévéré et signé. Signé *Henry de Tallerand.*

« Et depuis nous a dit touchant les négociations avec les Huguenots et autres,
« que si quelqu'un y est employé, il croit que ce sera Saint-Géry, son beau-frère
« estant pris, pour ce qu'il a grande intelligence avec les Huguenots et M. de
« Rohan, et que lui respondant descouvrira ce qu'il fera et le fera prendre, et croit
« que par ledit Saint-Géry on aura toute lumière des menées de Modène et du
« mareschal.

« Et lecture faite, a persévéré et signé, Henry de Tallerand, de Marillac et de
« Beauclerc. » (*Pièces du procès de Henri de Tallerand, comte de Chalais, déca-
pité en 1626. —* Londres, 1781, in-12, p. 83-86.)

Dans une autre déposition, le comte de Chalais assure que les hommes de confiance de Gaston, duc d'Orléans, étaient l'abbé d'Obazine, de Saint-Géry et les *Petits
Garçons.* On appelait ainsi Puylaurens et Boisdalmé.

« Premiers interrogatoires, sur la sellette, du sieur Chalais.

« Du mardy dixhuictiesme jour d'aoust mil six cents vingt-six, en la chambre
« de justice à Nantes.

« Fait venir Henry de Tallerand de Chalais, prisonnier accusé ; et icelui, assis
« sur la sellette, a esté son serment pris et receu de dire vérité, interrogé.

« A dict se ressouvenir que à Fontainebleau, Monsieur, frère du roy, portoit
« rancune contre les ministres du roy, à cause de la détention du colonel, et que
« ce fut, dans la cour du chasteau, qu'il lui fut dict contre le sieur cardinal de
« Richelieu.

chevalier, seigneur de Fougères, nostre chambellan ordinaire, à

« Dict que le sieur grand-prieur estoit présent lors dudict projet.

« Dict n'avoir cherché à se défaire de sa charge, mais l'avoir dict pour donner
« contentement à mondict sieur le cardinal et pour donner soubçon de lui.

« Interrogé.

« Dict avoir sceu les desseins de Monsieur et essayé tant qu'il a peu racommo-
« der mondict seigneur.

« Interrogé.

« Dict cognoistre les sieurs de Boisdemets et Puylaurens, et avoir parlé avec eux
« en sa chambre la nuit.

« Desnie avoir fait faire son horoscope, ni parlé aux devins.

« Desnie avoir parlé de la détemption de messieurs de Vendosme et grand-
« prieur, puis confesse en avoir parlé au comte de Louvigny.

« Confesse avoir donné advis de ladite détemption à monsieur le comte par un
« gentilhomme appellé la Louvière.

« Dict que ledict sieur grand-prieur donnoit conseil à mondict seigneur de se
« retirer à Metz, et n'avoir sceu que mondit sieur le grand-prieur aict donné autres
« conseils.

« Confesse que depuis Blois, il a envoyé ledict sieur de la Louvière à Metz,
« trouver le sieur de la Valette avec lettres de créance.

« Dict que lesdites lettres de créance estoient pour scavoir s'il eust voulu estre
« de ses brouilleryes.

« Confesse que ledit sieur de la Valette lui manda que la place n'estoit à lui,
« mais à son père.

« Dict que Monsieur envoya l'abbé d'Obazine à monsieur le duc d'Espernon.

« Desnie avoir donné advis à Monsieur que on le vouloit emprisonner à Paris,
« et ne lui avoir parlé de l'exempt qui est à Honfleur.

« Dict que ce fut plustost par son imprudence, que par l'intention qu'il eut de
« mal faire, qu'il ne donna advis au roy desdits voyages de Metz et veoir ledit
« sieur duc d'Espernon.

« Dict que monsieur de Longueville avoit forces amis en Normandie.

« Confesse qu'il avoit des conférences particulières avec ledit sieur de Boisde-
« mets et Puylaurens.

« Dict que Monsieur avoit mandé à M. le comte de Soissons qu'il ne vint point
« à la cour et qu'il le lui manda de Paris.

« Dict n'avoir sceu la négociation qui se faisoit avec le prince de Piedmont,
« fors que dans le temps de treize jours, qu'il a manqué à donner advis au roy des
« brouilleryes qui se faisoient, il ouit dire à Monsieur que ledit prince de Pied-
« mont promettoit dix mille hommes.

ce par nous commis e ordonnez, lei foy et homaige qu'il nous

« Dict avoir oui dire à Monsieur, que du costé d'Angleterre il debvoit descendre
« des vaisseaulx en Normandie et à la Rochelle, et ne sçavoir qui tramoit ceste
« négociation.

« Dict que le sieur mareschal d'Ornano a traicté avec les estrangers, que l'on
« n'a faict que suivre sa piste.

« Dict que, estant à Bloys, Monsieur lui dist qu'il avoit desseing de se retirer
« de la cour et de se rendre dix ou douze jours à Paris avant le roy, et de là se
« rendre à Metz ou ailleurs.

« Desnie avoir eu communication du desseing sur le Boyer de Vuisance.

« Desnie que on lui aict parlé de fortifier Quilbeuf.

« Confesse que Monsieur lui a dict que le mareschal d'Ornano empeschoit son
« mariage avec mademoiselle de Montpensier.

« Dict que si personne aict sceu des desseins de Monsieur que ce doibt estre
« l'abbé d'Obazine, et Géry et les petits garçons.

« Desnie avoir sceu des desseings des traictés avec ceulx de la religion.

« Dict que le grand-prieur lui a dict, quatre moys avant sa prise, qu'il avoit
« grande amitié avec la dame de Chevreuse.

« Dict qu'il s'est engagé en ceste affaire par la grande confiance que Monsieur
« avoit en lui.

« Dict que le chevalier Jars avoit cognoissance des desseings de M. le grand-
« prieur et du mareschal d'Ornano, parce qu'il le voyoit souvant avoir grande
« conférence avec eux.

« Lui représenté quatre lettres missives estantes au procès, les a recogneues
« estre escriptes de sa main.

« Interrogé.

« Confesse que ung homme lui a dict partie des desseings de M. de Vendosme.

« Dict que c'est M. de Montmorancy qui lui a dict que M. de Vendosme essaya
« de destourner le voyage dudit sieur admiral, en l'armée navale, disant qu'il y
« avoit beaucoup de faction qui se faisoit, et que s'il ruynoit les Huguenots, ils
« perdroient la pluspart des gens de qualité de la France.

« Dict n'avoir rien faict en intention, et contre le service de Sa Majesté. » (*Ut
supra,* pages 155-160.)

De Saint-Géry, reconnu sans doute innocent, n'eut pas une fin tragique comme
semble l'indiquer le jugement ci-dessus, car peu d'années après on le revoit à la
cour jouissant des faveurs du roi et de son ministre.

La population de la Guyenne étant tous les jours de plus en plus hostile au
gouvernement du duc d'Épernon, celui-ci dépêcha M. de Magnas à la cour pour
faire connaître au roi la situation fâcheuse de la province. La mission de M. de

estoit tenu faire pour raison de sa part et porcion de Castetnau

Saint-Géry en 1635 a été rapportée par Girard dans la *Vie du duc d'Epernon*, page 207 du tome IV.

« Pressé des avis qui lui étoient donnez de la mauvaise volonté qui continuoit « dans l'esprit du peuple, il se résolut d'envoyer promptement *Magnas* à la cour « pour faire entendre au roy l'état de la ville et de la province, et pour supplier « Sa Majesté de pourvoir aux maux presens, et à ceux qu'il avoit sujet de craindre « à l'avenir. Sur tout il faisoit instance pour l'envoy du duc de la Vallette, son fils, « auprès de lui, afin qu'il pût être secondé d'un autre lui-même, dans les occasions « où il falloit que sa personne seule pourvût à toutes choses. »

Durant le voyage et le message de Magnas à Paris (année 1635), les foyers de sédition se multiplièrent, dit encore Girard.

« Il vint à la vérité quelques gentilshommes avec beaucoup de peine et de péril, « causé par le nouveau désordre que nous allons encore voir ; car à peine Magnas « étoit parti d'auprès de lui, que la plûpart des villes plus considerables de la « province se révoltèrent à l'exemple de la capitale. »

En réponse aux lettres du duc lui annonçant le mouvement populaire et à la relation orale de Magnas, le roi écrivit à son gouverneur pour le remercier de son zèle à faire rentrer les factieux dans l'obéissance. Sa Majesté avait en outre confié à Magnas le soin de marquer à d'Épernon la reconnaissance due à ses grands services. Confiant dans le langage de son souverain, le duc était loin de prévoir l'imminence d'une disgràce. Laissons la parole à l'historien ci-dessus nommé :

« Le duc ne sçavoit encore rien de ce qui se brassoit contre lui, au contraire se « reposant sur la bonté de ses actions, et sur la reconnoissance que le roy lui en « faisoit espérer par toutes ses dépêches, il n'avoit guères vécu avec plus de repos, « qu'il sembloit en devoir espérer à l'avenir dans son gouvernement. Par les « dépêches de Sa Majesté du dernier juin, elle lui avoit écrit ces mêmes mots : —Mon « cousin : j'ai veu par les lettres que vous m'avez écrites, du dix-sept et dix-neuf « de ce mois, et par la relation qui y étoit jointe, outre le récit que m'en a fait de « bouche le sieur de Magnas, les désordres survenus en ma ville de Bordeaux, dont « l'exemple a produit de pareils soulèvemens, en plusieurs autres villes et lieux de « ma province de Guyenne, ce que je juge être de telle conséquence, que s'il n'y « étoit apporté de puissans et prompts remèdes, il seroit encore à craindre qu'ils « n'eussent de plus grandes et plus dangereuses suites, ainsi qu'il seroit arrivé sans « doute dans ladite ville de Bordeaux, si par votre courage et votre prudence accou- « tumée, vous n'eussiez arrêté les efforts de ce peuple mutiné ; et comme tous les « avis qui m'en ont été donnez, tant par mes principaux officiers de ladite ville, « qu'autres mes serviteurs se rapportent en ce point, que votre valeur ne s'est pas « moins fait paroître en cette rencontre, que vous y avez témoigné d'ardeur et

d'Arbiou et ses appartenances et autres fiefz, agrés, as.... Urdeins,

« d'affection à mon service ; aussi ne veux-je pas obmettre à vous assurer, que
« j'en ai telle satisfaction, qu'il ne s'offrira jamais occasion de vous faire paroitre
« mon ressentiment par les effets de ma bienveillance, que vous ne m'y trouviez
« très-disposé, ce que le sieur de Magnas vous confirmera encore plus expressement
« de ma part. » (*Histoire de la vie du duc d'Espernon, par M. Girard, tome IV,
pages 221-223.*)

Le cardinal mande au duc d'Épernon qu'après avoir lu ses lettres et écouté le
récit de Magnas, le roi n'a jamais mis en suspicion son dévouement et sa fidélité.
Il l'engage à ne pas s'inquiéter des bruits contraires :

« Monsieur, j'ay vû la lettre qu'il vous a plû m'écrire, et entendu M. de Magnas
« sur le sujet de son voyage : sur quoy je n'ay rien à vous dire, sinon, que le roy
« et ses serviteurs n'ont jamais été en doute de la sincérité de votre affection à son
« service, de votre passion au bien de ses affaires, et que vous n'ayez au sujet de
« ce qui s'est passé en Guyenne, les mêmes désirs que Sa Majesté et ceux de son
« Conseil, dont je serai toujours volontiers votre caution. Si quelqu'uns en ont
« parlé autrement, ç'a été seulement à dessein de vous aigrir, non pas qu'ils l'ayent
« cru en effet ; ne pouvant m'imaginer qu'il y ait des personnes assez aveugles,
« qui sçachant ce qui est arrivé à Bordeaux et ce que vous avez fait pour arrêter
« les désordres qu'on y a vûs, puissent douter que vous n'ayez contribué en cette
« occasion, ce qui a dépendu de vous, et ce qu'on pouvoit désirer de votre soin
« pour la sûreté de la province. Je vous conjure de mettre votre esprit en repos de
« ce côté-là, et de croire que le roy et ceux qui ont l'honneur de le servir, ne sont
« point capables d'avoir en ce sujet, ni en tout autre, aucune pensée à votre désa-
« vantage. Sa Majesté a fait écrire au sieur Briet, qu'il s'en vienne icy, etc. » (*Ut
supra, pages 224-226.*)

Nous croyons encore devoir recueillir deux lettres de M. le président Maynard
au baron de Saint-Géry ; la première a été indiquée par M. Ph. Tamizey de
Larroque :

« *A Monsieur le baron de Sainct-Géry.*

« Monsieur,

« J'apprehende vostre silence, et vous conjure de me continuer vos lettres en
« l'absence du baron de Fontes. Vous n'aurez pas occasion de regretter vostre peine,
« je feray travailler ma muse sur tous les sujets que vous me donnerez, et tascheray
« de m'acquerir le nom de vostre historien. A propos de belles choses, vous ne me
« dites rien de la nouvelle Académie ; j'auray grande raison de pester contre vous,
« si vous ne prenez la peine de m'escrire ponctuellement ce que les bons esprits

Maignax, Lamote-Ando et autres lieux, teneus e mouvans de·

« en disent. On m'a escrit qu'on avoit publié une bonne pièce contre ces Messieurs
« les polis, je meurs d'envie de la voir. Entretenez, je vous prie, ce commerce
« avecque moy, et je vous promets que vous aurez plus de nouveautez que la bou-
« tique de Camusat. Je suis, Monsieur, dans l'impatience de vous revoir, et mets
« au nombre des jours que je n'ay pas vescu, ceux que je passe hors de vostre
« conversation. Je suis,

« Monsieur,

« Vostre, etc. »

(Les lettres du président Maynard. Paris, 1653, in-4°, page 296.)

AUTRE LETTRE DU MÊME AU MÊME.

« A Monsieur le baron de Sainct-Géry.

« Monsieur,

« Pour avoir trop désiré que vous m'escrivissiez par le dernier courrier, je croy
« que mon mal-heur vous a mis dans le silence. Il n'est point de souhaits si infor-
« tunez que les miens, je n'ay jamais ce que je demande avec ardeur. Vous m'aviez
« promis une lettre de nostre duc à son agent, je l'attendois impatiemment pour
« mettre fin à nostre négociation. Elle n'est point venuë, et vous n'avez pas daigné
« de m'apprendre pourquoy. Si celuy de qui nous attendons ce secours retourne
« en Cour sans nous avoir tirez de cet embarras, jugez ce qu'on dira de nous et de
« nos promesses, et quel beau lustre vous donnerez à vostre nom et au mien dans
« cette province. Je parle avec une liberté que vous ne devez pas condamner, puis-
« que je n'ay point espéré en cette rencontre, que parce que vous avez voulu que
« je misse dans cette défiance qui m'accompagne en tous mes desseins, et qui
« m'est venuë d'un nombre infiny d'expérience. Je suis mal-heureux, et quiconque
« me choisit pour estre son agent, n'est gueres sçavant en l'histoire de ma vie et
« connoît fort mal la malignité de mon ascendant. Tout cela veut dire que vostre
« bonté et la mienne seront duppées, et que nos amis ne guériront point de leur
« infortune par nos remèdes. Mais, Monsieur, ce n'estoit pas seulement cét affaire,
« qui me faisoit souhaiter de vos lettres. Celle de Sedan est un intrigue dont la
« connoissance m'est extrèmement nécessaire, parce que je suis dans la vicomté de
« Turenne ; et par conséquent j'ay grand sujet d'apprehender l'orage, à cause que
« je passe dans mon païs, pour n'avoir jamais eu de pensées que celles que le
« devoir et la justice donnent à un bon François. Quand vos advis me feront voir

nous, à cause de nostre viconté de Fezenzaguet, ausquel foy et

« la tempeste de loin, je serai mieux préparé à la souffrir ou à l'esviter. En escri-
« vant cette lettre, on vient de m'en rendre une qui m'apprend que Monsieur
« l'evesque de Cahors a esté blessé mortellement et deux religieux qui l'accompa-
« gnoient tuez sur place. Ce désordre est arrivé près de l'Auzerte, en un lieu
« appellé Castel-Sacrat; les huguenots sont accusez de cet assassinat, il y a de
« l'apparence que vous sçaurez la chose plus ponctuellement au lieu où vous estes.
« Dieu veuille que nostre grand roy soit tousjours le maistre, et que les conseils de
« ses ministres continuent à réussir heureusement. Je connoi que nous en avons
« grand besoin, et que si les vœux des mal-contens estoient exaucez, jamais nous
« n'avons ouy parler de confusions pareilles à celles où nous tomberions. Dans mon
« petit village, je fais et feray de beaux prosnes sur ce sujet, sans me lasser de
« prescher l'obeyssance. Je ne vous parleray point des muses, j'attens la response
« de ce que j'ay envoyé à mon confident par le dernier ordinaire ; ma presomption
« est tout à fait tombée, et je ne me sçaurois persuader que ma plume puisse rien
« produire de raisonnable. Sa critique m'a mis dans l'humilité et dans la volonté
« de ne faire plus un mestier où je me trouve novice, après l'avoir fait sous le
« règne de deux rois, et durant plus de quarante années. Mais en voilà trop, aimez-
« moy toujours, Monsieur, et croyez que je mourray,

                          « Monsieur,

                                    « Vostre, etc. »

(Les lettres du président Maynard. Paris, 1653, in-4°, pages 850-853.)

Cet ouvrage étant surtout documentaire, nous croyons bon de donner aussi le
texte latin de la lettre adressée par Jean-Louis Guez de Balzac au baron de Magnas
et signalée par M. Tamizey de Larroque.

      « Joannes Lud. Balzacius Josepho Magnasio S. P. D.

« Scilicet, Josephe Magnasi, ad hæc ludibria nascimur, ut tum potissimum
« nulli simus, cum nos maxime florere arbitramur. Quis enim Gustavum non doleat,
« magno Alexandro, sed sicco et sobrio similem, in ipso flore ætatis fortunæque,
« ereptum esse Orbi Terrarum ? Ea est fatorum iniquitas, idemque quod civitatum
« quarundam institutum. Omne quod eminet, amputandum et quasi complanandum
« censent, neque unquam virtuti parcunt sese nimium attollenti. Ire libeat per
« Gentium Annales, et omnis antiquitatis memoriam replicare, observabis celerius
« semper corruisse magnitudinem festinatam, et esse nescio quam, quæ spes ingen-
« tes decerpat, invidiam, ne ultra quam homini datum est, humana provehantur. Ille

homaige nous l'avons receu, sauf nostre droit et l'autruy en

« quidem deleto hostili exercitu, extremum spiritum in victoria effudit, opportuna
« forsitan morte correptus, ne longioris vitæ beneficio superesset felicitati suæ, et
« ut quam apud superos gloriam habuerat, illibatam ad inferos deferret. Hoc
« vero, Magnasi, vaticinari est, et levioribus remediis curare gravissimum animi
« vulnus. Fieri non potest quin alieno tempore tantus heros nobis occidisse videa-
« tur, maximoque sui desiderio afficiat quicumque excellenti virtuti favent. Prin-
« ceps fuit, non ad unam alteramve laudem, sed ad omnia summa natus; qui rata
« hoc sæculo societate, cum bellicis studiis junxerat sapientiæ decus et exquisitam
« honestarum artium cognitionem. Dux semper et ubique felicissimus; qui posset
« tamen in adversis consilio fortunam emendare. Acerrima præditus acie mentis et
« ignea quadam animi vi : magnitudine cogitationum, celeritate bellandi, cuilibet
« comparandus veterum imperatorum. Sed hoc est gentis humanæ vitium : Vivos
« invidia, mortuos veneratione prosequimur, nosque argui presentibus credimus,
« præteritis erudiri. Audiant nihilominus et fateantur iniqui alienæ gloriæ æstima-
« tores. Deploratis Germaniæ rebus, in summum certe discrimen adductis, et
« extrema spe pendentibus, prodiit velut e machina Deus, quo presentiorem, et ad
« hæc omnia in melius commutanda accommodatiorem, nec optare nec cogitando
« informare poteramus. At quis Deus, inquiunt, eidem spoponderat Germaniæ,
« profligato jam et confecto bello Victorem, integram a se eam, non minus quam
« ab hoste conservaturum, et rebus gestis ipsaque adeo virtute tanta, Rempubli-
« cam, quam defendebat, non oppressurum aliquando? Quis scit an illum vidisse-
« mus, minus imperantem cupiditatibus, longaque fortunæ indulgentia corruptum,
« contra quam non satis cauta mortalitas est? Vaticinantur iterum, Magnasi nobi-
« lissime, et fidei regiæ, sanctissimisque animi dotibus injuriam faciunt. Non
« quærit mihi crede, invisam potentiam, qui veræ gloriæ gustum habet,
« amplam satis laborum suorum mercedem ratus, intueri populos debitores, et
« libertate parem esse ceteris, principem dignitate. Hic distinctis officiorum
« finibus, et maximi regis sustinebat personam, et civis optimi implebat par-
« tes. Nulla in eo morum inclementia, nulla asperitas ingenii, nulla ne livis-
« sima quidem nota Gothicæ indolis apparebat. Spartanum vel Atheniensem
« diceres, Matre peregre profecta in barbaria natum. Ubi hostes cederent, non
« major esse potuit parcimonia inimici sanguinis. Nunquam frustra passus implo-
« rari mansuetudinem suam, nihil in victos acerbe et crudeliter statuebat, in ipso
« belli æstu et armata licentia plurima humanitate temperatus. Quin etiam in
« urbibus deditis societatis Jesu Patres, aut ad colligendam clementiæ famam, ut
« quibusdam placuit, aut verius ut obtemperaret naturæ suæ, suscepit sæpius et
« tractavit liberaliter, quamvis vulgo male audirent nomine Ibericæ factionis,
« eosque togatos Philippi milites, ipse vocare consuevisset. Jam vero tot et tantæ

toutes choses; si vous mandons et à chacun de vous, si comme à

« virtutes nosti quam bene et splendide habitarent, utque omnia, quæ obiret
« munera, formæ tanquam luminibus illustrarentur, redderenturque conspectiora.
« Mira in ore dignitas, cœlestis ardor oculorum, firmissima proceri corporis com-
« pages, longe lateque principem ostendebant. Eam enim, Magnasi, esse scis philo-
« sophorum paulo humaniorum sententiam; affirmatque Aristoteles tuus, si qui
« reperirentur ea specie quam in Deorum statuis admiramur, aliis omnibus et
« quidem volentibus imperaturos, aliquasque etiam fuisse Gentes, quæ in man-
« dandis Imperiis Pulchritudinis præcipuam haberent rationem. Amisimus igitur
« castigatissimum perfecti principis exemplar; in quo nihil præter antiqua sacra
« et communem nobiscum de rebus divinis opinionem, desiderares. Nam eum non
« omnino intactum fuisse ab avaritiæ sordibus, nec alienissimum ab omni lucri
« cupiditate, etiam si fama non et hic quoque mentiretur, ista certe non est Gustavi
« culpa, sed temporum, quibus impune nasci, Deamque Monetam negligentius
« colere, ne Græco quidem Cimoni aut Romano Mecænati liceret. Hæc ad te pluri-
« bus, ut a te plura et meliora eliciam, provocemque sublime ingenium præstan-
« tissimæ materiæ nobilitate, quæ licet suo jure poscat Virgilianam tubam, eam
« tamen per me, more tuo poteris Lucretianis numeris includere. Quanquam enim
« austerum illud priscæ Antiquitatis et frugale redoleant, ita apud te propria sua-
« vitate condiuntur, ut duritia omni dimissa, vetustatis auctoritas sola remaneat.
« Vale, et Pacis artes, vel magni Gustavi exemplo, perge in castra ipsumque in
« campum deducere. » (Les œuvres de M. de Balzac, 1665, in-fol. Joan. Ludovici
Guezii Balzaci carmina et epistolæ, t. II, p. 70-71.)

La préface de l'Iris est signée Magnas et dédiée au roi Soleil; elle est écrite dans
le style pompeux et la manière hyperbolique de l'époque.

L'IRIS, PAR MESSIRE JOSEPH DE S. GÉRY, SEIGNEUR DE MAGNAS. PARIS, A. VITRÉ 1662,
IN-4° AVEC PRIVILÉGE DU ROY.

Au roy.

« Sire,

« Je presente à Vostre Majesté l'Iris qui est le signe et l'image de la paix; ces
« charactères qui luy sont aussi naturels que la beauté, me donnent la hardiesse de
« la faire paroistre aux yeux de V. M. Je souhaitterois, Sire, qu'elle eust quelque
« chose parmy la variété de ses couleurs, qui peust arrester sa veüe quelque
« moment avec plaisir. Je n'ose pas esperer qu'elle ait assez de bonne fortune pour
« cela; mais je sçay bien que si jamais V. M. la regarde d'un œil favorable, elle
« deviendra l'admiration de tous ceux qui la verront. J'advoue, Sire, que c'est moins
« un présent que je fais à V. M. en luy dédiant l'Iris, qu'une faveur que je

luy appartiendra, que pour cause des dits foy et homaige, vous

« demande pour elle, et que j'ay creu luy donner la durée de l'éternité, en la met-
« tant sous la protection du plus grand de tous les roys; mais ce n'est pas le seul
« motif qui m'a porté à la résolution que j'ay prise. V. M. me permettra de luy dire
« que ce chef-d'œuvre de la paix, que ses glorieuses victoires nous ont acquise, est
« quelque chose de si grand que ce n'est pas seulement la cour qui luy donne des
« acclamations; mais qu'il n'y a point de contrée si éloignée, ny de solitude si reti-
« rée où l'esclat de cette action ne se fasse remarquer. Personne ne peut voir sans
« admiration l'alliance que V. M. vient de faire, par laquelle elle a donné le repos
« à la France, et mis en une pleine seureté les conquestes qu'elle tenoit de sa
« valeur. Les suittes de ce traité nous ont descouvert avec plus d'estonnement que
« sa prevoyance avoit compris dans ce projet la tranquillité de toute l'Europe. Oüy,
« Sire, c'est elle qui a rompu le cours des guerres, dans lesquelles l'Allemagne se
« consommoit depuis si longtemps, et parmy une confusion d'interests publics et
« particuliers, que le seul génie de V. M. pouvoit démêler, elle a fait renaistre de
« ses cendres la monarchie d'Angleterre, et rappeler son prince légitime. Quoi
« que nous voyons rien qui puisse résister aux forces de la France et de l'Espagne
« jointes; si est-ce pourtant que dans l'alliance des deux couronnes la seureté
« publique est si bien establie que chacun peut jouir d'un profond repos. Il semble
« que V. M. ait méprisé les trophées qu'elle ne pouvoit élever que sur les ruines
« de ses alliez et de ses voisins; puis que dans les traitez elle a soustenu l'intérest
« de tous les absens, ne réservant pour elle que la gloire d'avoir donné la paix, qui
« surpasse l'esclat des plus glorieuses victoires : ce que je trouve, Sire, de plus
« grand dans tout le dessein de la paix, si V. M. me permet de le dire, c'est sans
« doute la première fin qu'elle s'est proposée de faire revivre dans son royaume
« l'autorité des loix, d'y restablir les vertus et les bonnes mœurs; et de l'embellir
« des connoissances, qui sont les plus parfaits ornemens de la paix. Ceux qui
« sçavent combien il est plus difficile de gouverner ses sujets que de vaincre ses
« ennemis, et de faire qu'un Estat soit heureux que de le rendre redoutable, peuvent
« comprendre combien cette action est glorieuse à V. M. et digne de la grandeur
« de son courage. Après avoir considéré ce traité merveilleux, n'avons-nous pas sujet
« de croire que de mesme que le ciel, après avoir accordé la paix à la terre, luy a
« donné l'Iris pour une marque éternelle de sa réconciliation? Aussi la France après
« avoir esteint les guerres de l'Europe, est-elle aujourd'huy, sous l'autorité sacrée
« de V. M. le mesme signe de cette tranquillité publique, pour luy servir de gage
« d'alliance perpétuelle. J'espère que cet heureux présage pourra rendre mon tra-
« vail agréable à tout le monde, puis qu'il n'y a personne qui ne trouve ses avan-
« tages particuliers dans un bien si général. Mais, Sire, j'ose encore espérer de la
« générosité de V. M. qu'elle ne recevra pas moins favorablement ces foibles

ne faictes ordonnez ne seuffrez estre faict mys, ordonné au dit

« preuves de mon zèle que le feu roy son père a receu les très-humbles services
« que j'ay eu l'honneur de lui rendre dans ses armées, et dans la participation que
« j'ay euë des affaires de sa province de Guienne, dans les rencontres difficiles; et
« qu'elle me fera la grace de croire que parmy le nombre de ceux qui admirent sa
« vertu, personne n'en peut concevoir une plus haute idée, ny estre avec plus de
« respect et de soumission que moy.

« Sire,

« De Vostre Majesté

« Très-humble, très-obéissant et très-fidelle sujet et serviteur,

« MAGNAS. »

*(Les Essais de Messire Joseph de S. Géry, seigneur de Magnas. Paris, T. Jolly, etc.
1663, in-4°, premier épistre du Recueil.)*

Dans la pensée de M. Tamizey de Larroque, l'*Iris* de M. de Magnas n'est point
une composition en vers français, comme le prétend la *Nouvelle Biographie générale,* mais une dissertation latine. Dans le doute, du reste, le judicieux collabora-
teur de la *Revue de Gascogne,* n'osant pas se prononcer, invite les lecteurs pertinents
de ce recueil à trancher la question ; ce que je crois pouvoir faire. C'est la seule fois
certainement où la sagacité de M. Tamizey de Larroque n'ait pas deviné tout à fait
juste. L'*Iris* est bien une étude scientifique, mais en prose française Cette pièce se
trouve, en compagnie des autres œuvres du même auteur, dans les *Essais de
messire Joseph de Saint-Géry, seigneur de Magnas. Paris, T. Jolly,* 1663, in-4°.
Elle commence par ces lignes :

DE L'IRIS.

« La nature ne produit rien de si beau que l'Iris céleste. La splendeur et la
« variété infinie des couleurs qui la composent, la figure parfaite qu'elle forme,
« la rosée dans la quelle elle est conceue, l'espace du ciel qu'elle pare, et la paix
« qu'elle annonce à la terre rendent sa beauté aussi ravissante à la pensée qu'elle
« est agréable à la veue. »

Les sujets traités dans les divers chapitres de ce traité sont :

CHAPITRE I.   — *Des couleurs de l'Iris;*

—   II.   — *Quelle est la nature de la couleur;*

—   III.   — *Quelle est la cause de la variété des couleurs;*

—   IV.   — *Des couleurs fixes et apparentes;*

—   V.   — *De la proportion des couleurs;*

de Goulard aucun destourbier ou empeschement. Ainçoys si les

LA FÉLICITÉ, PAR MESSIRE JOSEPH DE SAINT-GÉRY, SEIGNEUR DE MAGNAS.
PARIS, 1662, IN-4°,

est précédée de cette

*Epistre à Monseigneur de la Vrillière, conseiller du roy dans ses conseils,
et secrétaire de ses commandemens.*

« MONSEIGNEUR,

« Puis que la pensée des choses qui peuvent nous rendre heureux, nous doit estre
« la plus ordinaire et la plus familière, qu'elle remplit l'ame d'une lumière vive
« et agréable, qui relâche la contention laborieuse que les affaires luy apportent
« et lui donnent de nouvelles forces pour reprendre ses occupations nécessaires,
« j'ay sujet de croire que vous n'aurez pas désagréable la liberté que je prend de
« vous offrir ma *Félicité*, que j'ay descrite dans des vers qui n'ont rien de la poésie
« que la mesure et la cadence, sans fables et sans ornemens recherchez; plus
« propres pour la scène que pour la vie, qui se contente de la vérité et de la simpli-
« cité. Vous jugerez, Monseigneur, par cet ouvrage, que je tâche à couler doucement
« le loisir que la fortune et mon âge me donnent; mais je désire aussi vous per-
« suader par ce présent, que je n'oublie point l'honneur que vous m'avez fait de
« me donner quelque part en vostre amitié, ny les graces que j'ay receues de vostre
« bonté, et que dans la plus grande tranquillité que je puisse acquérir, il me
« restera toùjours un désir passionné de vous faire connoistre l'estime très-particu-
« lière que j'ay de vostre vertu, et avec combien de reconnoissance et de respect
« je suis,

« Monseigneur,

« Vostre très-humble et très obéissant serviteur.

« MAGNAS. »

(*Les Essais de Messire Joseph de Saint-Géry, seigneur de Magnas.*)

Joseph de Saint-Géry, seigneur de Magnas, plaça 'ses *Disquisitiones physicæ de*

dites choses estoien et pour ce prinse, saisie, sequestre, et mise

motù cordis et cerebri sous le patronage de Nicolas de Neuville, duc de Villeroy.

JOSEPHI MAGNASII DISQUISITIONES PHYSICÆ DE MOTU CORDIS ET CEREBRI.
PARISIIS, 1663, IN-4°.

Illustrissimo viro Nicolao de Neuville, duci de Villeroy, Franciæ pari et mares-
callo equiti torquato, regis nuper educatori, provinciæ Lugdunensis proregi
consiliorum sacri ærarii principi.

JOSEPHUS MAGNASSIUS.

« Tractatum hunc de motu cordis et cerebri, a quibus præcipua vitæ nostræ
« munia, jure tibi nuncupo dedicoque, vir illustrissime, qui utraque hac parte
« principe, si quis alius, plurimum vales, imo præcellis; nam sive ego te foris,
« sive domi considerem, in utroque vitæ genere vix ullum habes parem, superio-
« rem neminem. Addo præclaram in te mixturam faciunt consilium et auxilium,
« mens et manus, animus et gladius; verbo dicam, utilis et bellorum et pacis
« rebus agendis. Gratulor itaque meæ sorti, quod unus mihi occurreris in quo duo
« illa mirabundus suspiciam, animosum cor, et consultissimum cerebrum; illud
« quondam sensere hostes, hoc universa Gallia, ad cujus gloriam, utilitatem et
« ornamentum totus videris esse compositus. Has in te dotes agnovit augustissima
« Regina mater, cum te Agamemnoni nostro velut alterum Nestora prudens admovit;
« cujus animum vere regium regiis quoque virtutibus informares. Quod tam feli-
« citer consecutus es, ut Rex noster invictissimus, juxta et optimus, tot beneficio-
« rum gratus et memor, te ad supremos honorum gradus consentientibus omnium
« votis evexerit, suisque thesauris præfecerit, quos tu illi et regno, tam necessaria
« quam rara fide custodis. Non ergo aberravi, cum te belli pacisque artibus æque
« instructum, et quem olim in castris imperatorem emeritus miles secutus sum,
« eumdem hodie studiorum meorum judicem et patronum adsciverim : ad id me
« quoque impulit tua illa singularis comitas et benevolentia qua me fovere digna-
« tus es, quæque in tuæ dignitatis hominibus tam clara quam rara est : nam cum
« indiscreta felicium pedissequa sit superbia, vix cuiquam contigit et abundare for-
« tuna, et indigere arrogantia.

« Patere ergo te ab operosis regni negotiis ad otia nostra aliquantisper subduci,
« et hunc ingenii fœtum, haud plane ineruditum, benignius excipe; si Deus ali-
« quando majora tribuat, habebis potiora : interim antiquus ille dierum te diutius
« huic regno servet incolumem, eamque vitæ longævitatem largiatur, quam præter,
« nihil tibi potest felicitatis neque optari, neque accedere. » (*Les Essais de Messire*

en nostre main, mectiez les luy ou fetes mectre incontinant et

Joseph de S. Géry, seigneur de Magnas, épître de la troisième pièce du Recueil.)
L'épître initiale de la *Disquisitio physica de finibus corporis et spiritus* est à
l'adresse de Michel Le Tellier.

JOSEPHI MAGNASSII DISQUISITIO PHYSICA DE FINIBUS CORPORIS ET SPIRITUS.

PARISIIS, 1663, IN-4°.

EPISTOLA.

Illustrissimo domino D. Michaeli Le Tellier, regi ab omnibus et sanctioribus
consiliis et secretis, usque bellicis, etc.

JOSEPHUS MAGNASSIUS

« Ardua hæ tenuioris et spiritalis substantiæ tractatio, vir illustrissime, cujus
« naturam et vires institui declarare, tantum mihi fiduciæ et spiritus attulit, ut
« consentaneum censeam, volumen hoc etsi mole exiguum dicare potissimum tibi,
« qui perspicaci mentis acie omnia providens, omnia cogitans, omnia animadver-
« tens, universæ vitæ æquabilitate, et sublimis animi robore cæteris hominibus
« excellis. Nec insolens debet videri, quod te patronum optem ignotus, cum me
« ignotum beneficio affeceris : ita eadem humanitas tua et grati animi significatio-
« nem extorsit, et ad tanti præsidii spem erexit. Te quidem publicorum munerum
« splendor et dignitas conspicua gravitate, fide et constantia parta omnibus notum
« fecit : quin etiam eruditis singularis illa sapientia quæ te tibi facit notissimum :
« ut mirandum non sit, si ego hunc honorem ambiam ; mihi vero apud te quem
« offero libellum erit pro notore. In quo dum spiritus fines inquiro, non pauca
« cura digna et alta caligine demersa, vulgarium experimentorum ope, et apertæ
« rationis vi, ex intimo naturæ sinu videor eruisse. Utinam ex levi munusculo
« intelligas, in quem beneficium contulisti eum esse, qui si referendæ gratiæ sit
« impar, sit tamen idoneus habendæ. Spero certe futurum, ut tu qui leves spes,
« divitum certamina et populi plausus rides, hos studiorum humaniorum fructus
« lubens excipias, et istuc qualecumque est, propensæ ac summissæ nostræ erga
« te observantiæ specimen æqui bonique consulas. Vale. Id. Sext. 1662. » (*Les Essais*
de Messire Joseph de S. Géry, seigneur de Magnas. — Paris, T. Jolly, 1636, in-4°.
Épître de la cinquième et dernière pièce du Recueil.)

Guillem d'Astros, le poëte gascon qui fut, comme Villon, le précurseur des
peintres réalistes de nos jours et qui décrivit les paysages des bords de l'Arrats avec
tant de vigueur et de couleur locale, était curé de Saint-Clar. Cette dernière ville
avoisinant Magnas, les rapports de d'Astros avec la famille de Saint-Géry étaient

sans aucun delay à plaine délibération, pourveu que le dit de

intimes. Aussi rima-t-il en l'honneur de M. et Mlle de Magnas le souhait suivant pour la multiplication de leur race.

A MOUSSU É MADAMAYSÉLO DE MAGNAS

PROUSÌO D'AQUET HIL É D'AQUÉRO HILLO.

Atau quen hec Dious un é ûo,
Quan héc lou soureil é la lûo ;
Atau héc Latouno en peloun
Sous bessous, Diano é Apoulhoun ;
Atau, ses bous y peca nado,
Pouscats bousaus hé cad'annado,
Qu'es taro que pequets nat an,
Puchque boun aquitats ta plan.
Que haséts hils ande la guérro,
E hillos per poubla la terro.
Lou boun Diou bous léyche bese
Tout ben, tout gay é tout plasé,
Qu'en aqueste mounde bous doungo
Boun bin é bouno bito loungo.
Quets hasso encoua millous que bets
Lous hils é hillos que jazéts.
Qu'un jour pay é may é maynatge,
Touts ples de bertut é més d'atge,
Pouscats touts amasso joui
Deou Céou, é bous arrejoui
Dab Diou é la Bérges Mario
E dab aquô boste prousio.

(*Poésies gasconnes recueillies et publiées par F. T., xviie siècle. J. G. d'Astros-d'Arquier, tome II, pages 91-92.*)

M. le baron de Saint-Géry, seigneur de Magnas, ne se contentait pas seulement d'exceller dans les sciences physiques et dans le métier des armes, mais il maniait encore très-prestement la poésie patoise, comme le prouve le quatrain ci-après adressé à d'Astros, suivi de la réponse du poëte :

MOUSSU DE MAGNAS A MOUSSU D'ASTROS.

S'augoussots embiat un flascou,
Jouts augouri mandat bin blanc
Quets tenguere loc d'un boun cascou,
Quets escauhare plan lou flanc.

Goullard baillera par escript son dénombrement et adveu, actaiché

Respounso.

Per bous, bous aouéts trop parlat,
De m'hé counegue que lou flascou
Me tenguere loc d'un boun cascou :
Tabe m'en bau tout cap pelat.
Més be m'en tirare la sang,
Sa materio sire trop dûro,
Si ou pourtaoui ses hourradûro,
Hourrats-mé ou dounc, sits plats, deou blanc,

(*Poésies gasconnes, etc., tome II, pages 103-104.*)

D'Astros, l'aimable poëte gascon, quoique prêtre, considérait les plaisirs de la
table comme un avant-goût des délices du ciel. Il apprécie fort la fontaine de
Magnas, car elle a l'avantage d'être pour les beaux yeux un excellent miroir, mais
le nez, la bouche et le gosier lui préférent le vin du même lieu.

LA HOUNT DE MAGNAS.

La hount de Magnas es plan béro,
Tous ouéils ne hén yô grano léro,
E se miron en sa berou.
Més, cérto si nous cau hé'nquésto,
Nas, mus, pots, dents, gaüt, lengouo, é tout lou resto
Depauson que lou bin de Magnas es millou.
E més si lou pourtur depauso,
Nous dira jamés auto causo.

(*Ut supra, tome II, page 136.*)

Il résulte de l'état de la France, année 1749, que M. Alain Saint-Géry était abbé
de Flaran en l'évêché de Condom depuis 1725.

On trouve dans le *fonds bleu* du Cabinet des titres à la bibliothèque de Richelieu un *Factum* ayant pour titre : « Mémoire pour messire Jacques de la Valette,
« seigneur de Fenouillet, et dame Marie de Sédilhac de Saint-Léonard, sa femme,
« défendeurs, contre le sieur de Saint-Géry de Magnas, chapelain de madame la
« duchesse d'Orléans, demandeur, en ouverture de substitution. » On voit, page 2
de ce mémoire, que messire Joseph de Saint-Géry avait épousé, en 1617, Jeanne de
Montaut, qui lui donna quatre enfants mâles, savoir : Jean, Alain, Arnault et Nicolas de Saint-Géry. L'aîné, Jean, contracta union en 1645 avec Marguerite de Montesquiou, de laquelle vint Marie de Saint-Géry. Dans son testament, Joseph réduisit
son fils aîné aux biens qu'il lui avait constitués lors de son mariage. Alain, le cadet,

au duplicata de ces présentes, ès mains de nostre dit procureur

fut père de Joseph, chapelain de Mme la duchesse d'Orléans. A la mort de Jean, la terre de Magnas incomba à sa fille unique, Marie, qui apporta ce fief à messire Louis de Sédillac, marquis de Saint-Léonard. Tous ces détails domestiques ont été puisés dans le *Factum* dirigé contre l'abbé de Saint-Géry.

Les seigneurs de Saint-Géry, d'après l'abbé de Lespine, comptent deux alliances antérieures avec les de Galard. FRANÇOIS DE GALARD, baron de l'Isle-Bozon et père de JEAN, le premier marquis de sa branche, fut marié en 1639 à CATHERINE, *alias* CHARLOTTE DE SAINT-GÉRY-MAGNAS. ANTOINE-GABRIEL DE GALARD, seigneur de Pauillac, convola en secondes noces en 1774 avec CLAIRE-FRANÇOISE DE SAINT-GÉRY DE MAGNAS.

L'abbé de Saint-Géry dont il vient d'être question jouissait au commencement du XVIIIe siècle d'une certaine notoriété comme orateur sacré. Il eut l'honneur, à la mort de la princesse Palatine, de prononcer son éloge funèbre. Cet opuscule étant devenu presque introuvable, nous saisissons cette occasion de le réimprimer.

Discours prononcé dans l'église de Saint-Denis, en présentant le corps de Madame (Élisabeth-Charlotte de Bavière, duchesse d'Orléans) avec l'abrégé de sa vie, par M. l'abbé de Saint-Géry de Magnas, premier aumônier de Madame.

« Cette femme forte que le sage trouvoit plus rare et plus précieuse que les perles
« que l'on va chercher jusqu'aux extrémitez de la terre, Monsieur eut le bonheur
« de la trouver, et nous avons aujourd'hui le malheur de la perdre. Mon Révérend
« Père, comme, au milieu de votre profonde solitude, vous n'avez pû ignorer que la
« vie de Madame a ajoûté un nouvel éclat aux lys de la France, nous venons vous
« apprendre que sa mort a été un miracle de la grace.

« Ici représentez-vous la première princesse du royaume, et la plus grande
« de toute l'Europe, prête à rendre les derniers soupirs. A peine a-t-elle reçû le
« sacrement des mourans, dont le seul appareil effraye presque toujours les plus
« forts, qu'elle voit tomber à ses pieds son cher fils, fondant en larmes ; ce fils si
« chéri et désiré par tant de vœux, ce fils enrichi de ces talens qui ont formé dans
« l'antiquité les héros et les sçavans, ce fils enfin digne d'une telle mère. Ce spec-
« tacle qui devoit l'attendrir et lui faire sentir toutes les horreurs de la mort, n'a
« servi qu'à nous donner de nouvelles preuves de sa grandeur d'âme et de sa fer-
« meté dans la religion : uniquement occupée de cette couronne immortelle, que
« Dieu ne réserve qu'à ceux qui combattent généreusement jusqu'à la fin, bien loin
« de pleurer, elle entreprend d'essuyer les larmes les plus justes de son cher fils
« par cette sentence qui devroit, ô mon Dieu, être à jamais gravée dans le fond
« de nos cœurs : Vous pleurez, mon cher fils, lui dit-elle, avez-vous cru que j'étois

dedans quarente jours prochaînent venant sans préjudice de

« immortelle? Et ne sçavez-vous pas que le chrétien ne doit souhaiter de vivre que
« pour apprendre à mourir! Que reste-t-il, ô mon Dieu, pour achever un si grand
« sacrifice, que de vous être offert par des mains aussi pures et aussi innocentes
« que celles de ces illustres et saints religieux, qui font une des plus nobles por-
« tions du troupeau de Jésus-Christ.

ABRÉGÉ DE LA VIE DE MADAME.

« Madame étoit fille de Charles-Louis, électeur palatin du Rhin, etc. Il ne
« regarda pas comme une chose au-dessous de lui de s'appliquer à l'éducation de
« ses enfans; il la crut le premier devoir d'un père. Il faut concevoir les vertus
« de cet électeur, vrai, grave, sévère, bon et religieux, pour connoître les soins qu'il
« prit de son enfance, et les qualitez que ses soins firent naître dans l'âme de
« Madame.

« Demandée en mariage pour Monsieur par Louis XIV, la condition principale fut
« qu'elle embrasseroit la religion catholique. L'ambition ni la légèreté n'eurent
« point de part à son changement; le respect et la tendresse qu'elle conservoit pour
« Madame la princesse Palatine, sa tante, qui étoit catholique, ne lui permirent pas
« de refuser l'instruction. Elle écouta le Père Jourdan jésuite ; née avec cette droi-
« ture qui l'a si fort distinguée pendant sa vie, elle ne résista pas à la vérité.

« Elle fit abjuration à Metz, elle fut épousée par M. le maréchal Duplessis;
« Monsieur vint au-devant d'elle à Chalons, le roy la reçut à Villers-Cotrets.

« La vérité a été le caractère particulier de Madame, elle a regné dans son esprit
« par la justesse de ses pensées, dans son cœur par la droiture de ses sentimens,
« dans ses discours par la sincérité de ses expressions, dans ses promesses par
« sa fidélité à les accomplir, dans ses actions par l'égalité de sa conduite, qui a
« répondu aux bienséances de son rang, aux devoirs de l'humanité et aux maximes
« saintes de la religion.

« On ne peut trop élever, trop louer la fidélité austère, la tendresse, la complai-
« sance qu'elle eut pour Monsieur : pour les femmes, c'est un modèle.

« Née avec un cœur généreux et tendre, elle n'entendoit jamais le récit d'un
« triste événement sans en être attendrie, jusqu'à verser des larmes. Quelle dût
« être sa sensibilité aux malheurs de sa patrie! Trop heureuse si pour l'en délivrer
« elle eût pu comme les Judiths et les Esthers exposer sa vie. Dieu exigea d'elle un
« sacrifice infiniment plus grand, d'immoler toute sa tendresse à la fidélité de son
« roy. Unie à la France, ses interests furent les siens, c'est ce qui lui attira l'estime
« et la confiance de Louis XIV. Pour les princesses étrangères, quel exemple!

« Elle rendit à ses enfans l'éducation qu'elle avoit reçue de son père, elle les

nostre droit et de l'autruy en tout, et qu'il nous fera les services,

« forma pour le bonheur de l'Europe. Elle ne voulut pas même qu'ils reçussent le
« châtiment d'une main etrangère; tous les enfans de Monsieur furent les siens.
« La reine d'Espagne et la reine de Sardaigne l'ont regardée comme leur mère; il y
« eut toujours entre elles un commerce de soins et de tendresse. Ce qu'elle a senti
« pour Monseigneur le duc d'Orléans et Madame la duchesse de Lorraine est au-
« dessus de l'expression; nous n'en donnons point de marques particulières, ceux
« qui l'approchoient sçavent que tout parloit en elle, qu'elle suffisoit à peine au
« seul plaisir de les voir.

« La conduite qu'elle a tenue à l'égard de Mademoiselle, aujourd'hui abbesse de
« Chelles, fait connoître que sa tendresse pour ses enfans, quoiqu'extrême, n'en
« étoit pas moins raisonnable. Cette princesse méritoit par les plus rares qualitez
« l'amitié que Madame lui prodiguoit; elle formoit encore son esprit et son cœur
« sur un si grand modèle; mais fidèle aux attraits de la grace, dès qu'elle connût
« les dangers attachés à sa naissance et à son rang, elle partit de S. Cloud à six
« heures du matin pour Chelles. Madame surprise et irritée d'un départ si précipité,
« impatiente d'en apprendre les motifs, vint trouver Mademoiselle dans sa chère
« solitude. Du côté de son établissement, elle lui fit concevoir les plus hautes
« espérances, l'assurant que malgré la loi qu'elle s'étoit faite de ne se jamais se
« mêler d'aucune négociation, elle entreprendroit celle-cy avec d'autant plus de
« chaleur, qu'elle avoit lieu de se flatter d'un heureux succès. Du côté de sa fer-
« veur et de son zèle, elle lui représenta que vouloir tendre à la plus grande per-
« fection, c'étoit souvent pour les personnes de son âge une tentation très-dange-
« reuse, que rien n'autorisoit plus le mépris que le monde fait injustement des
« États les plus saints que le relachement de ceux qui les embrassent. Madame
« ne refusoit pas de conduire la victime à l'autel, elle craignoit qu'un sacrifice qui
« devoit estre perpétuel, ne devînt rebutant, que la victime trop tendre ne gémît
« enfin sous un glaive toujours levé, toujours pénétrant jusqu'au cœur pour y sépa-
« rer ce qu'il y a de plus sensible et de plus séduisant. Mais la jeunesse se refusa
« constament aux plaisirs, la beauté parut simple et négligée, la délicatesse trouva
« des forces pour souffrir.

« A ces privations cruelles, Madame crut voir tomber du ciel ce feu dévorant
« qui marque que la victime est agréable au Seigneur, elle ne voulut pas lui refuser
« ce qu'il acceptoit par un signe si sensible, elle ne retarda plus l'appareil du sacri-
« fice, elle l'a vû se perpétuer, et conservant jusques à la mort une amitié tendre
« pour cette princesse, elle a montré que la religion avoit fait toute la prudence de
« ses démarches, et la part qu'elle eut à ce sacrifice; aussi a-t-elle vû la puissance
« de son fils s'affermir et nous donner une paix plus aimable que la victoire; des
« rois venir lui demander ses filles en mariage pour les héritiers de leurs États;

debvoirs, serments de fidélité, obéissance comme bon vassal et

« ainsi le sacrifice de la fille de Jephté fit le salut d'Israël et la gloire de sa maison.

« Elle fut si touchée de la mort de Monsieur qu'elle forma le dessein de quitter
« la Cour, elle vint prendre congé de Louis XIV. Elle désiroit qu'il lui marquât le
« lieu de sa retraite; mais ce grand roy ne put se consoler de la perte de Monsieur
« qu'en retenant Madame auprès de lui, mais au milieu de la Cour, Madame ne
« voyant plus celui à qui seul elle avoit voulu plaire, elle renonça aux parures et
« aux ornemens de son sexe et de ses pierreries, elle se fit un fonds pour avoir la
« facilité de payer ses offices.

« Madame ne vivoit point au hazard, elle s'étoit fait un plan de vie, elle s'étoit
« choisi trois jours de la semaine pour la méditation des livres saints, elle fut
« exacte à la prière du matin et du soir, elle lisoit six chapitres de l'Ancien Testa-
« ment, et trois du Nouveau; si elle étoit interrompue dans une pratique si sainte,
« le lendemain elle doubloit sa lecture; de peur que la nécessité la plus juste ne
« devint une occasion de relachement, elle s'étoit fait un devoir d'entendre la
« Messe tous les jours; ses exercices, ses voyages, ses maladies ne furent point pour
« elle un prétexte pour s'en exempter, elle communioit aux jours solennels, nous
« estions édifiez des sentimens de religion qu'elle faisoit paroître.

« Le pauvre paroissoit sans crainte devant elle, ce qu'elle destinoit chaque
« mois pour ses plaisirs, dès le quatrième jour, étoit consommé en charitez.

« Épouse elle fut fidèle, mère elle fut tendre, princesse elle sacrifia tout aux
« interests de l'Etat, veuve elle ne songea plus à plaire, chretienne elle remplit les
« devoirs de la religion, ce qu'elle a dû faire est l'histoire de sa vie.

« Le 2 du mois de may dernier, elle jouissoit d'une santé parfaite, mais on crai-
« gnoit qu'elle ne retombât dans ses assoupissemens, qui nous avoient donné des
« allarmes si cruelles. Son premier médecin la pressa de se laisser saigner, elle
« eut un pressentiment que cette précaution lui seroit funeste, cependant elle per-
« mit qu'on la saignât; le chirurgien après l'avoir piquée se sentit tout à coup affoi-
« blir, et tomba à ses pieds; son bras fut mal lié, elle perdit beaucoup de sang.

« Depuis cet accident, la santé de Madame devint toujours plus foible, elle prit
« si peu de nourriture, que l'on s'apperçut chaque jour qn'elle maigrissoit.

« Languissante et déjà préparée à mourir, cependant déterminée d'entreprendre
« le voyage de Reims, elle nous apprit par son exemple qu'on peut risquer sa vie,
« mais jamais son salut; la veille de son départ Madame se rendit à Saint Eustache,
« sa paroisse, elle y fit ses dévotions avec le même recueillement que si c'eut été
« le moment décisif de son éternité; elle partit le 12 octobre, ne pouvant refuser
« à la tendre amitié qu'elle eut toujours pour son roy, d'assister à son sacre : elle
« le vit, et fut comblée de joie.

« Charmée d'avoir trouvé l'occasion de donner les dernières marques de sa tensujet, pour ce deubz et acoustumez, et qu'il evistera à nous tout

« dresse à **Madame** la duchesse de Loraine, le plaisir qu'elle fit paroistre de la voir
« suivie d'une famille aussi accomplie, nous annonçoit un adieu tragique ; cepen-
« dant le moment du départ arrivé, Madame la duchesse de Loraine parut tout en
« pleurs, et Madame la quitta sans verser une larme ? Occupée du ciel, elle ne
« jetoit plus des regards sur la terre que pour y faire des sacrifices.

« De retour à Saint Cloud, sa maladie augmenta, ses forces diminuèrent, elle
« sentoit des douleurs aiguës, sa foy fit sa patience ; souffrant de ses maux, nous
« voulumes la plaindre : Ah ! nous dit-elle, puisqu'il est juste que le pécheur souffre
« en cette vie, ou en l'autre, il est d'un insensé de ne pas s'estimer heureux de
« souffrir en cette vie.

« Nous luy représentâmes pendant son voyage et les derniers jours de sa vie que
« sa santé ne luy permettoit pas de venir à six heures du matin entendre la messe
« dans les églises de campagne, qui la plûpart sont ouvertes aux vents et aux
« brouillards de l'automne où nous étions, ny de se tenir à genoux, situation où
« elle pouvoit à peine respirer ; elle nous répondoit : Je suivrai la maxime de l'Évan-
« gile ; pour sauver son âme, il faut savoir la perdre.

« Enfin le Révérend Père de Linière luy annonça qu'il falloit mourir, elle ne
« fut point surprise, et se disposa sans trouble à recevoir les derniers sacremens ;
« elle les reçût avec le recueillement et cette tendre piété qui nous avoit édifiés
« tant de fois.

« Elle ne fut point agitée par cette foule de pensées qui rendent la mort du
« pécheur terrible, la paix du cœur avec toute la confiance qu'elle inspire, et toute
« la grandeur qu'elle fait paroistre, régna dans ses actions et ses paroles.

« On fit approcher Monseigneur le duc d'Orléans, elle le vit tomber à ses pieds ;
« nous craignions que ce spectacle ne luy fit sentir toutes les horreurs de la mort,
« il le craignit lui-même, et sembla se refuser à ses embrassemens, elle voulut
« l'embrasser et le bénir, elle ne s'arrêta pas à pleurer un tel fils, elle entreprit
« d'essuyer ses larmes. — Vous pleurez, mon fils, lui dit-elle, avez-vous cru que
« j'étois immortelle, et ne sçavez-vous pas que le chrétien ne doit souhaiter de vivre
« que pour apprendre à mourir ?

« Rien de ce qu'elle alloit quitter ne lui fut caché, ce qu'elle eut de plus cher
« se montra à elle avec tout ce qui fait naître le regret et la douleur. Madame la
« duchesse d'Orléans vint recueillir ses dernières paroles, comme autant de pré-
« cieuses sentences ; elle voulut que Monseigneur le duc de Chartres fût témoin
« d'une mort si héroïque, moins pour l'admirer que pour luy apprendre qu'une
« telle fin ne sçauroit être que le fruit d'une semblable vie ; Madame les combla de
« bénédictions. Que son sacrifice nous parut grand ! Sa force fit notre foiblesse,
« sa chambre retentit de nos regrets et de nos cris. » — (*Saint-Géry de*

dol, mal, et domaige et gardera toutes clauses conteneues es

Magnas. Discours. Paris, 1723, in-4°. Pièce L, *n*, 15479. Bibl. de Richelieu.)

On trouve à la même source, tome II, page 626, année 1736, Jean de Saint-Géry de Magnas qui porte, par erreur sans doute, le prénom de Jean au lieu de celui de Joseph, avec le titre d'abbé de B., Nogent-sous-Crécy, et premier aumônier de feue Madame.

Ce discours fut fort apprécié en son temps, si je m'en rapporte au *Journal de Verdun,* qui résume l'impression de l'auditoire de la manière suivante :

« *Deuil général pour Madame, duchesse douairière d'Orléans.*

« Toute l'Europe est encore en deuil pour la mort d'une princesse que la « France, les cours d'Espagne, de Turin, de Lorraine, et une partie de l'Alle- « magne ont pleuré; sans doute que plusieurs de mes lecteurs la pleureront encore, « en lisant la pièce que je vais joindre ici. On juge déjà aisément que c'est de « Madame, duchesse douairière d'Orléans, que je vais parler. M. l'abbé de Saint- « Géry de Magnas, son premier aumônier, en présentant le corps de cette auguste « princesse à l'église de Saint-Denis, prononça un très-beau discours, qui fut « applaudi de tous ceux qui l'entendirent, et servit à faire redoubler les torrens « de larmes que tous les spectateurs répandoient. » (*Journal historique sur les matières du temps, dit Journal de Verdun, année 1723,* t. XIII, avril, p. 244.)

L'abbé de Saint-Géry est enseveli dans la chapelle de Magnas. Une note de M. Benjamin de Moncade et les traditions de la famille de Galard le déclarent issu de l'union d'Alain et d'une demoiselle de Galard de l'Isle. N'ayant pu véri- fier l'exactitude de cette assertion, je ne la donne que sous bénéfice d'inven- taire.

L'État de la France, année 1749, tome IV, page 197, mentionne M. de Saint- Géry en qualité de major dans le régiment d'infanterie du Médoc ; son colonel était M. de Bréhant, et son lieutenant-colonel M. Bompart.

Le titre de baron, donné aux de Saint-Géry, seigneurs de Magnas, dérivait du rang de cette terre dont nous n'avons pu déterminer la date d'érection. Les de Noé, qui la tenaient par suite d'une alliance avec la maison de Saint-Géry, la vendirent en 1785 à Joseph de Galard, marquis de l'Isle-Bozon, l'une des victimes de la Terreur. Nous verrons plus loin, en 1794, sa vénérable tête tomber sur l'échafaud.

Le fief de Magnas, sur lequel était assise la dot de la femme du marquis, ne fut point confisqué. Ce vaste domaine de Magnas, l'un des plus considérables du Midi, a été fort agrandi par le rachat successif des anciennes dépendances du mar- quisat de l'Isle-Bozon. C'est ainsi que le domaine féodal de Magnas, tenu jadis par la branche des Galard de l'Isle, fit retour à leurs continuateurs avant

chapitres de foy. Aultrement, à faulte de ce faire sera li présent

la Révolution. Le possesseur actuel est M. le marquis Hippolyte de Galard.

M. l'abbé Marquet a publié dans la *Revue de Gascogne* des pages palpitantes d'intérêt sur la *baronne de Saint-Géry* et sur quelques péripéties locales de la Révolution. Ce récit est trop dramatique, et trop adhérent à notre sujet, pour ne pas obtenir place en cette étude, au risque d'outre-passer les proportions d'une note ordinaire.

MADAME LA BARONNE DE SAINT-GÉRY.

Quelques souvenirs de la Révolution.

« Nous devons à Mᵐᵉ de..., petite-fille de Mᵐᵉ la baronne de Saint-Géry, les « récits que nous rapportons, et que maintes fois elle a entendus de la bouche de « sa grand'mère. Pour plus de fidélité, nous la laissons parler elle-même : cela « nous préservera d'ailleurs du danger de mêler nos propres commentaires à sa « rapide narration.

« — Vous savez quelle a été la baronne de Saint-Géry, ma grand'mère, et quels « souvenirs ineffaçables elle a laissés à Magnas et à Lectoure. Ceux de ses anciens « serviteurs qui vivent encore ne parlent jamais d'elle que les larmes aux yeux.

« Elle avait passé la première jeunesse, quand, après avoir déjà pourvu à l'éta- « blissement de ses deux sœurs, elle se maria au baron de Saint-Géry, seigneur de « La Mothe et l'un des plus riches propriétaires des environs de Lectoure. C'était « quelque temps avant la Révolution. La naissance d'un premier enfant, une fille « (qui fut la baronne de Balzac d'Entragues), vint mettre le comble à son bonheur. « Mais dans ces jours mêmes, elle eut comme un pressentiment des maux qui ne « tardèrent pas à fondre sur sa maison et sur elle, et qui devaient remplir d'amertume « le reste de sa vie. Sa fidèle Marie et moi en eûmes la confidence peu de jours avant « sa mort.

« Les événements se précipitaient, la fièvre révolutionnaire avait gagné toutes « les têtes, la plupart des nobles avaient rejoint les princes émigrés, et ceux qui « restaient, en butte à mille tracasseries et menacés de toutes parts, cherchaient le « plus possible à se faire oublier. Ce dernier motif porta mon grand-père à se retirer « au château de La Mothe avec toute sa famille. Il craignait d'être trop en évidence « à Lectoure, où néanmoins il conservait des amis nombreux et dévoués, même « parmi les plus actifs partisans des idées nouvelles. Du reste, c'est une justice à « rendre aux révolutionnaires lectourois : ils crièrent aussi haut que les autres, ils « formèrent un club fort tapageur, — exigence du terroir, — qui ne manqua pas de « s'affilier à celui des Jacobins de Paris ; ils ne négligèrent rien pour organiser le « mouvement dans les communes voisines. Ils pillèrent l'évêché et brûlèrent une

homaige teneu pour non faict et adveneu, et sera procédé à la

« partie des archives et des bibliothèques des couvents ; mais ils ne firent couler
« le sang ni des aristocrates ni des prêtres fidèles, et l'on dit que les plus enragés
« en apparence à les poursuivre n'étaient pas les derniers à leur ouvrir des cachettes
« très-sûres et à leur faire tenir des avis plus qu'utiles, lorsque devaient avoir lieu
« les visites domiciliaires.

« A Magnas néanmoins, le baron avait bien moins à craindre. La population
« simple, agricole, franchement chrétienne, lui était dévouée : pas un homme sur
« qui il ne pût compter au besoin, pas une maison qui ne fût prête à lui donner
« asile. Les folles idées, qui partout ailleurs faisaient tourner les têtes, n'avaient
« aucune prise sur ces braves gens. Pour la plupart tenanciers ou anciens servi-
« teurs de Saint-Géry, ils se regardaient presque comme les membres de la
« famille.

« De plus, l'heureuse situation de La Mothe, permettait facilement d'échapper
« aux poursuites des agents révolutionnaires. Vous connaissez le site. Rebâti dans
« le xviiie siècle, le château présente un grand carré, avec cour d'honneur au
« levant et vaste jardin potager au midi. Au couchant et au nord, il surplombe une
« vallée profonde, pleine de grands arbres, d'abondantes eaux, de verdure, et qui
« se prolonge vers l'est pour se joindre à la vallée de l'Auroue. Des massifs de
« lilas recouvrent le talus. De la porte d'entrée se développait vers l'est une
« quadruple et magnifique rangée de vieux chênes, et puis venaient la garenne
« et le bois de La Mothe à haute futaie. Dans les bois, des sentiers perdus, un
« vrai labyrinthe à travers les rochers, qui, détachés sur tout le flanc de la colline,
« offrent pour retraite des grottes nombreuses, dont les buissons et les hautes
« herbes dérobent l'entrée.

« Les premiers temps du séjour de M. de Saint-Géry à La Mothe furent assez
« tranquilles. Sans franchir les limites de son domaine, il n'avait nul besoin de
« se cacher des habitants de la commune qui venaient travailler chez lui et dont
« la fidélité ne se démentit jamais. Hélas ! ce calme dura peu. La loi sur les
« suspects était en vigueur, et un jour l'adjoint de Magnas donna officieusement
« avis que les gendarmes de Saint-Clar se présenteraient le lendemain et que
« M. de Saint-Géry devait pourvoir à sa sûreté. Cet adjoint était Joseph Lannes,
« qui, dans ces temps malheureux, rendit des services signalés aux nobles, aux
« prêtres et à la religion. Quoique fort pauvre et père d'une nombreuse famille,
« qui s'accrut encore, et qui continue jusqu'à nous ses traditions d'honneur et de
« vertu, Joseph Lannes était l'homme le plus intelligent et le plus instruit de
« Magnas. Amoureux des livres, il s'était fait une jolie bibliothèque, et il prenait
« sur ses heures de sommeil pour développer les quelques connaissances littéraires
« qu'il avait reçues d'un excellent ecclésiastique, l'abbé Cantaloup. Tous les soirs,

prinze et confiscation de ses biens et debvoirs homageables. Par

« il lisait en famille une vie de saint ; et puis, m'a dit sa fille Marie, il se retirait
« seul dans un petit réduit, — car petite était sa maison, — pour lire et pour
« écrire. Il se couchait tard, mais il se levait tôt. Avant de partir pour sa journée,
« il travaillait une portion de quelques lopins de terre qui formaient sa fortune.
« Dans son estime, la religion passait avant tout, et ce qui le détermina à conserver
« ses fonctions d'adjoint durant la révolution fut l'espérance de pouvoir être utile
« aux prêtres persécutés. Tailleur de son état, et allant un jour dans une maison
« et un jour dans une autre, il recueillait tous les bruits du voisinage, comme ses
« rapports officiels avec Saint-Clar lui donnaient connaissance des nouvelles
« publiques et ne lui laissaient pas ignorer les démarches de l'autorité qu'il devait
« favoriser lui-même. L'oreille toujours ouverte, il ne perdit pas une minute pour
« avertir la famille de Saint-Géry du danger qui menaçait son chef. On tint conseil
« au château, et, tout calculé, on crut que le baron ne devait pas quitter Magnas.
    « Sans parler de la retraite dans les rochers, le château offrait une cachette à
« peu près introuvable. A l'angle nord de la cour d'honneur, à la jonction du corps
« de logis avec l'aile qui renferme la chapelle et les divers greniers, existe ou
« plutôt existait un petit passage sur lequel s'ouvraient quatre portes. L'une
« donnait dans la cour, l'autre dans les appartements de mon grand-père, et les
« deux autres communiquaient chacune à un corridor. Ce passage, assez étroit,
« portait sur une colonne en maçonnerie autour de laquelle serpentait l'escalier
« qui descend dans les caves. La colonne était creuse, et en soulevant quelques
« briques, on mettait à découvert une trappe en bois d'où, par trois ou quatre
« marches très-raides, l'on se glissait dans une espèce de trou, haut de 2 mètres
« sur 1 mètre 50 de large. Pour éviter tout soupçon, dans les autres passages et
« dans le vestibule, on avait aussi disjoint les briques, ce qui offrait partout la
« même apparence d'un carrelage vieux et usé, et ne pouvait attirer l'attention des
« perquisiteurs. C'est dans ce trou que s'était réfugié le baron, lorsque le brigadier
« de Saint-Clar, accompagné de deux gendarmes et guidé par J. Lannes, vint
« fouiller le château. M. de Saint-Géry ne fut pas découvert, et la baronne, dont
« on comprend l'anxiété, en fut quitte pour avoir vu sa maison retournée sens
« dessus dessous.
    « Après une semblable alerte, le baron ne sortait guère plus, si ce n'est à la
« dérobée et durant la nuit. A peine paraissait-il aux repas de famille. Les avis
« alarmants parvenaient de tous côtés : les visites domiciliaires se multipliaient, et
« plus d'une fois pris à l'improviste, mon grand-père, à qui le temps ne permet-
« tait pas de regagner sa première cachette, dut se réfugier au milieu des rochers
« et passer des jours et des nuits hors du toit domestique, où les agents révolu-
« tionnaires s'établissaient pour une partie de la semaine. Il errait de roche en

quoy nous mandons et ordonnons au dict procureur, estably

« roche, de bois en bois, mais sans jamais quitter le territoire de la commune. Là,
« il n'y avait pas à craindre de trahison. Joseph Lannes et plusieurs hommes
« dévoués veillaient sur lui. Nos plus proches voisins et bons parents, M. de
« Galard-Magnas, marquis de l'Isle, et son jeune fils, le marquis actuel, partici-
« paient à cette même vie d'aventures.

« C'est au milieu de ces tourmentes que la baronne de Saint-Géry reçut une
« visite bien inattendue. Sur le soir, une jeune femme vêtue d'un costume de
« paysanne, un mouchoir de fil de lin noué autour des cheveux, de gros sabots aux
« pieds, tablier de toile, mine gaillarde et décidée, est introduite dans le salon de
« La Mothe. Plusieurs personnes s'y trouvaient. — Madame, dit l'inconnue à ma
« grand'mère, j'arrive du Poitou, et je vous apporte des nouvelles de votre cou-
« sine, Mᵐᵉ de l'Epinay. —

« (Mᵐᵉ de l'Epinay, amie de Mᵐᵉˢ de La Rochejacquelein et de Lescure, était à
« la fois cousine du marquis de Galard et du baron de Saint-Géry. C'était la fille
« du baron de Montaut, coseigneur de Castelnau-d'Arbieu avec le marquis de
« l'Isle. Un riche mariage l'avait conduite dans le Poitou.)

« La baronne, à ce nom (de Mᵐᵉ de l'Épinay), pàlit, mais se remettant aussitôt :
« — Très-bien, lui dit-elle; mais j'espère que vous passerez la nuit chez moi;
« venez, que l'on vous serve quelque chose. — Et elle sort avec la jeune femme
« qu'elle entraine dans sa chambre.

« A peine seules, l'inconnue lui saute au cou : — Quoi donc, Catherine,
« lui dit-elle, ne me reconnaissez-vous pas? — C'était Mᵐᵉ de l'Épinay elle-
« même qui, à travers les plus grands dangers, lui arrivait de la Vendée sous ce
« déguisement. L'amie de Mᵐᵉˢ de La Rochejacquelein et de Lescure ne voulait
« s'arrêter que peu de jours au château de La Mothe; mais un noble motif l'y
« avait conduite. — Cousine, dit-elle à ma grand'mère, j'ai compté sur vous, et
« je vous amène deux prêtres de Luçon violemment poursuivis; je suis sûre que
« vous les recevrez. — Mᵐᵉ de Saint-Géry, malgré les difficultés de sa position,
« n'hésite pas un instant et prend immédiatement ses mesures pour que les deux
« prêtres proscrits trouvent chez elle un asile assuré. L'un d'eux ne fit qu'y passer,
« mais l'autre y demeura plus de deux ans : on le traitait comme un cousin de
« Madame. Des études en médecine qu'il avait faites avant d'entrer dans l'état
« ecclésiastique lui permirent de soigner une foule de pauvres gens, et dans les
« environs on ne le désignait que sous le nom de médecin de La Mothe. Il opéra
« des cures extraordinaires : plusieurs de ses remèdes sont encore en usage dans le
« pays, et ma grand'mère apprit de lui certaines recettes qu'elle employa toujours
« avec succès, une entre autres contre la rage, dont ma famille a gardé la formule
« et que l'on nous assure être un remède infaillible.

aux dicts biens, à faulte d'homage dessus dict auparavant non

« Mais son dévouement aux pauvres et le désintéressement avec lequel il les
« soignait ne manquaient pas d'attirer sur lui l'attention des révolutionnaires. En
« quelques circonstances il se trouva en rapport avec un médecin, alors très-
« renommé dans le pays, M. Castex du Castéron, et celui-ci posa des questions
« indiscrètes dont le bon ecclésiastique ne se tira qu'à grand'peine et en laissant
« percer son embarras. Il n'en fallait pas tant pour qu'on chuchotât qu'il n'était
« pas ce qu'il paraissait, que c'était un aristocrate déguisé; et l'on appuyait ces
« suppositions sur le refus constant qu'il opposait à toute offre d'honoraires. Ces
« propos revenaient à l'excellente baronne et ne lui apportaient pas de médiocres
« inquiétudes : déjà fort tourmentée à cause de son mari que l'on traquait à
« outrance, elle se voyait encore menacée à cause de son hôte. Elle insista donc
« auprès de ce dernier pour qu'il mît plus de prudence dans sa manière de faire,
« et surtout pour qu'il ne refusât pas le payement de ses visites et de ses consul-
« tations. Sur ce dernier article, le brave homme se montra d'abord intraitable;
« mais Mme de Saint-Géry, qui sentait la nécessité de l'amener à son avis, imagina
« un fort bon argument : — Ah çà, monsieur l'abbé, lui dit-elle, en fin de compte,
« je ne puis pas vous nourrir et vous loger pour rien : prenez quelque chose de vos
« malades, et nous nous entendrons. — Son hôte se rendit, précaution tardive :
« déjà l'éveil était donné, les soupçons se changeaient en certitude, et le bon prêtre
« ne pouvait plus quitter La Mothe sans s'exposer à être arrêté. Il devint le com-
« pagnon de mon grand-père dans la cachette que je vous ai décrite, et où ils
« passèrent ensemble de longues et terribles heures. Cette séquestration réussit à
« le faire perdre de vue, et, après quelques jours, on ne parla plus de lui.

« Hélas! les ennemis et les inquiétudes ne diparurent pas pour les habitants de
« La Mothe. Loin de là : l'acharnement avec lequel on poursuivait M. de Saint-
« Géry ne leur laissait ni trêve ni repos; à tout heure du jour et de la nuit, les
« visites se renouvelaient. A ces tracasseries incessantes se joignaient les contribu-
« tions forcées et la menace d'une confiscation facile à décréter en portant mon
« grand-père sur la liste des émigrés. De Lectoure, les amis qu'il comptait parmi
« les dépositaires du pouvoir lui faisaient dire de se constituer prisonnier, l'assurant
« qu'il ne lui arriverait aucun mal, et qu'ils répondaient de lui. Vaincu par leurs
« instances et fort inquiet des dangers que courait sa famille, M. de Saint-Géry se
« rendit à leur avis, malgré les larmes de sa femme. Il fut d'abord interné dans
« l'ancien couvent des Clarisses de Lectoure, et durant tout le temps qu'il y
« séjourna, il n'eut à se plaindre d'aucune avanie; le maire le traita avec égard, et
« sa famille eut toute permission de le visiter et de pourvoir à ses besoins. Cela
« dura peu. Sous le prétexte d'une surveillance plus facile, le district exigea que
« les aristocrates suspects du département fussent transférés à Auch. Le maire de

faict, qu'il laisse et seuffre jouyr pleinement, paisiblement le

« Lectoure n'y consentit qu'à regret et sur la promesse formelle que ses prison-
« niers, dont plusieurs s'étaient présentés librement, ne seraient pas tracassés. Mon
« grand-père demeura près de deux ans enfermé dans l'ancien palais archiépi-
« scopal.

« Ce fut un rude temps pour ma grand'mère, toujours retirée à La Mothe :
« heureusement qu'elle avait près d'elle les demoiselles de Saint-Géry, ses deux
« belles-sœurs, dont l'une religieuse carmélite chassée de son couvent. Ames douces,
« esprits des plus aimables, leur humeur enjouée dissipait bien des nuages, comme
« leur inébranlable confiance en Dieu ranimait le courage de la baronne, avec qui
« elles partageaient les soins du ménage et l'éducation des enfants. Les affaires
« appelaient souvent Mme de Saint-Géry hors de chez elle ; tantôt à Lectoure, tantôt
« à Saint-Clar, de loin en loin à Auch. Pour ne pas froisser la susceptibilité des
« sans-culottes, ni exciter leur haine rapace, elle voyageait sous le plus modeste
« costume, souvent à pied, plus rarement, lorsque la course était trop longue,
« montée sur le vieux cheval du moulin. Marianne Gril, femme de Joseph Lannes,
« l'accompagnait ordinairement ; jamais sans elle ne se faisait le voyage d'Auch.
« Elles partaient de grand matin, et tricotant et priant durant la route, après plu-
« sieurs haltes sous un arbre ou dans quelque cabane abandonnée, elles arrivaient
« fort tard dans la nuit ; elles descendaient chez le frère de Marianne, dans la
« petite maison qui fait angle au nord, contre l'église de Saint-Pierre. La belle-
« sœur de Marianne, digne femme, morte depuis fort peu de temps, servait de
« commissionnaire ; elle voyait le baron à peu près tous les jours, lui procurait une
« nourriture plus saine et plus abondante que celle de la prison, et lui transmet-
« tait les nouvelles de ses amis et de sa famille. Ma grand'mère n'osa jamais se
« présenter à la prison ; le baron le lui avait défendu ; elle attendait, le tricot à la
« main, assise au bas de la longue pousterle, le retour de la femme Gril. Après
« quelques heures de repos, bien triste, elle reprenait avec sa fidèle Marianne le
« chemin de Magnas.

« Tant que dura la Terreur, le prêtre de Luçon ne quitta pas La Mothe. Comme
« je vous l'ai déjà dit, il n'osait plus sortir. Seuls, les amis intimes de la famille
« et les habitants de Magnas connaissaient sa présence, dont ils profitaient pour
« assister de temps en temps à la messe qu'il célébrait dans la chapelle du château.
« L'on eut souvent des alertes ; mais la Providence veillait sur tous avec un soin
« vraiment paternel. Chose étonnante, on ne se cachait pas des enfants et jamais
« néanmoins parole imprudente ne sortit de leur bouche. Bien plus, en diverses
« rencontres, ils servirent de messagers pour porter des avis pressants, et toujours
« les messages arrivèrent au moment utile. Je me souviens d'un expédient qu'em-
« ployait J. Lannes, quand, pris à l'improviste, il ne pouvait lui-même, sans exciter

dict Jehan de Golard, sieur de Castelnau d'Arbieu, car tel est

« les soupçons, devancer au château les gendarmes envoyés pour quelque perquisi-
« tion. Il savait les amuser chez lui, les mener ensuite par le plus long chemin,
« tandis qu'une petite fille de cinq à six ans, parfaitement dressée au manége, cou-
« rait à toutes jambes chez Mme de Saint-Géry, un billet caché dans les cheveux.

« J. Lannes ni les autres amis de notre famille ne purent pas toujours la pré-
« venir de l'arrivée des agents révolutionnaires, qui parfois tombèrent comme une
« bombe au château de La Mothe.

« Un matin, ma grand'mère, ses belles-sœurs, les enfants et le prêtre de Luçon
« se trouvaient au vestibule qui servait à la fois de salon à manger et de lieu de
« passage. Une porte vitrée le séparait de la cour d'honneur, et à travers la grande
« porte d'entrée les yeux plongeaient jusqu'au milieu du bois. Ce jour-là, comme
« on devisait sans songer à rien, et que l'abbé, debout à un coin de la cheminée,
« se préparait un bol de tisane, la porte s'ouvre et trois gendarmes paraissent. Ma
« grand'mère conserve un sang-froid admirable, et, sans le moindre trouble :
« — Citoyen, dit-elle au brigadier, vous avez à me parler? — Et avant toute réponse,
« se tournant vers l'abbé et vers mes tantes : — Sortez, leur commande-t-elle, lais-
« sez-nous seuls. — Les gendarmes n'objectent rien, et l'abbé, grâce à cette présence
« d'esprit, a le temps de se glisser dans sa cachette.

« Dans une autre circonstance, ma grand'mère n'en parlait qu'en tremblant,
« c'était avant le jour, à l'occasion d'une grande fête, plusieurs personnes avaient
« été admises dans la chapelle du château ; l'autel était orné, et l'abbé disait la
« messe, quand, la consécration à peine faite, un domestique entre précipitamment
« et annonce l'arrivée des gendarmes. L'épouvante gagne tout le monde, les têtes
« tournent, le prêtre ne sait quel parti prendre; seule ma grand'mère ne se sent
« pas le moins du monde troublée: — J'étais bien calme, nous contait-elle plus
« tard; quelque chose me disait à part moi que rien de fâcheux n'arriverait.—Aussi
« avec un ton d'assurance qui ne permettait pas le doute, s'adressant au bon prêtre :
« —Monsieur l'abbé, lui dit-elle, ne craignez rien, tout s'arrangera. Vite, quittez l'au-
« tel et descendez chez vous. — Celui-ci, en ce moment incapable de réflexion,
« s'enfuit aussitôt, abandonnant sur l'autel les saintes espèces et le calice. Ma grand'-
« mère ne quitta pas son prie-Dieu, un long banc à accoudoir recouvert d'un tapis
« de velours rouge, qu'il me semble encore voir à gauche de la porte d'entrée. Quel-
« ques minutes après, les gendarmes pénétrèrent dans la chapelle. A la vue des
« cierges allumés, ils prennent de l'eau bénite, se signent, s'agenouillent, récitent
« une prière, font ensuite la visite du château et puis disparaissent sans poser une
« seule question à Mme de Saint-Géry. Quand on fut bien sûr de leur départ, le
« prêtre sortit de sa cachette et revint terminer le saint sacrifice.

« Que d'autres faits semblables j'aurais à vous raconter! Grand nombre de

nostre plaisir. En tesmoing de la teneur des présentes, etc.

« prêtres fidèles vinrent se cacher à **La Mothe**; c'était leur rendez-vous pour l'ad-
« ministration des baptêmes et la célébration des mariages. De là ils rayonnaient
« ensuite dans les environs et portaient les derniers sacrements aux malades et aux
« infirmes. A peu près tous les jours la messe s'y disait, et néanmoins, malgré les
« visites incessantes et inattendues des agents révolutionnaires, aucun ecclésiastique
« n'y tomba entre leurs mains.

« J'ignore si le prêtre de Luçon s'y trouvait encore au retour de mon grand-
« père, qui, sur la fin de la terreur, n'échappa à la mort que par un vrai miracle.
« Comme vous le savez, plusieurs suspects enfermés à Auch furent traînés devant
« le tribunal révolutionnaire érigé dans cette ville, condamnés à mort et guillotinés
« sur la place d'armes, où l'échafaud demeura dressé près de huit jours. Mon
« grand-oncle, le marquis de Galard, fut au nombre des victimes de cette exécution
« terrible, qui plongea la ville dans la stupeur. A la première nouvelle qu'elle en
« eut, la femme Gril, si dévouée à mon grand-père, accourt à la prison; mais saisie
« d'un violent désespoir, elle ne songe à adresser aucune question, et, noyée de
« pleurs, elle s'assoit à la porte de l'archevêché. Le geôlier, dont elle était parfai-
« tement connue, vint à elle. — Qu'avez-vous donc, lui dit-il? — Ce que j'ai? mais
« mon pauvre M. de Saint-Géry, on me l'a tué! — et ses sanglots redoublent. — Mais
« non, il est encore ici, venez, vous pouvez lui parler.— Effectivement mon grand-père
« avait été épargné, soit qu'on l'eût oublié, soit qu'on le réservât pour un autre
« jour. Ses relations intimes avec M. de Galard et les autres victimes n'étaient-elles
« pas une raison plus que suffisante pour qu'on le condamnât à partager leur
« supplice?...

« Le maire de Lectoure, désolé de la mort de mon grand-oncle, et inquiet
« sur le sort de ses autres prisonniers, à qui il avait assuré que leur détention
« à Auch ne les exposait à aucun danger, s'empressa d'exiger qu'on les confiât
« de nouveau à sa garde. Le baron de Saint-Géry et ses compagnons d'in-
« fortune revinrent donc à Lectoure. En les renfermant de nouveau dans l'ancien
« couvent des Clarisses : — Je ne puis m'empêcher de vous retenir ici, leur
« dit le maire; les verrous seront tirés sur les portes principales, mais venez... —
« Et, leur montrant les jardins : — Vous pourrez y entrer quand vous le voudrez ; il
« vous est facile d'escalader le mur et, qui mieux est, cette porte (elle donnait
« accès sur la rue de la Croix-Rouge) demeurera dans l'état où elle est. Si aucun
« danger ne vous menace, je vous demande votre parole d'honneur que vous ne
« prendrez pas la fuite; mais si jamais des cris de mort s'élevaient contre vous, je
« vous rends votre parole, et fuyez.— C'était chose aisée. Une simple traverse de bois
« qui des deux côtés s'enfonçait dans le mur, sans être nullement condamnée,
« maintenait la porte et ne permettait pas de l'ouvrir de la rue. Du jardin, il suf-

.Donné a Mauvoisin, en Fezensaguet, le deuxième jour de may

« fisait de pousser la traverse pour avoir la clef des champs. Mon grand-père
« n'eut pas besoin de recourir à ce moyen; quelques mois après, il recouvra sa
« liberté et revint dans sa famille.

   « Je ne veux pas terminer sans vous dire que ma grand'mère conserva toute sa
« vie une profonde reconnaissance des bons procédés dont usa envers elle,
« durant ces jours funestes, M. Gauran, alors tout-puissant à Lectoure. Je ne sais
« si c'est le même qui siégea aux Cinq-Cents. Quoi qu'il én soit, c'est à lui, disait-
« elle, qu'elle devait de n'avoir pas eu trop à souffrir des contributions forcées. Il
« lui épargna nombre de désagréments et des pertes considérables soit en argent,
« soit en nature. S'il ne fit pas plus pour elle et pour son mari, c'est qu'il ne le
« put pas, ajoutait-elle : — Un jour que je me plaignais à lui de ne pouvoir con-
« server de chevaux, — on m'en avait déjà enlevé quatre pour le service de la
« République : — Madame, me répondit-il, je ne suis pas le maître... — Mais
« enfin, si vous vouliez ?...

   « — Si je voulais ? mais moi-même je dois subir le même sort que vous. Aussi,
« je me résigne à n'avoir plus de chevaux, et je vous conseille de suivre mon
« exemple. — Du reste, continua-t-il, voulez-vous savoir comme on nous traite
« de Paris ?... — Ce disant, il me montre une lettre, où on lui intimait plusieurs
« ordres, que je ne me rappelle pas, mais au bas je lus ces mots : *Souviens-toi que
« ta tête en répond.*

   « Ici finissent les récits de Mᵐᵉ de...

   « Nous ajoutons un mot sur la famille de Saint-Géry. Le baron demeura
« presque continuellement à La Mothe, le reste de ses jours. Un peu roide, d'un
« tempérament vif, mais le cœur excellent et d'une justice que nous oserions
« appeler minutieuse, si l'excès d'une telle vertu pouvait être un défaut, il se
« plaisait au milieu des paysans, il s'intéressait à eux, il les aidait de sa bourse et
« de ses conseils. Vraie image des anciens patriarches, il savait se concilier l'amour
« et le respect. Un refroidissement qu'il prit en passant tout d'un coup des champs
« à la chapelle pour servir la messe le conduisit en quelques jours au tombeau. »
(*Revue de Gascogne, année 1869, tome X, pages 157-165, 227-234.*)

   M. Léonce Couture complète l'article de M. Marquet, sur Mᵐᵉ la baronne de
Saint-Géry, par les réflexions suivantes :

   « M. l'abbé H. Marquet, dont le travail m'a bien vivement intéressé, aurait pu
« citer, avec l'adjoint de Magnas, le maire ou plutôt le président du district, Frix
« Cantaloup, mon grand-père. A l'époque du maximum, ce dernier garda dans
« sa maison M. de Galard, poursuivi comme aristocrate, qui put entendre fort
« distinctement les questions faites à mon grand-père par les agents inspecteurs
« de la République... Frix Cantaloup était également dévoué à la famille de Saint-

l'an mil cinq cens vingt-un, par monseigneur le duc d'Alençon,
comte d'Armagnac du Perche, de Fezensac, l'Isle en Jourdain, etc.,
a la relation de mes dits seigneurs les commissaires sur ce dépputez.   Signé : *Marin*.

Sceau pendant en cire rouge aux armes du duc d'Alençon.

Archives départementales des Basses-Pyrénées, E. 271. — Mss. de
M. Corne relatifs à l'histoire de Gascogne.

---

17 JUILLET 1521.

JEAN DE GALARD, *seigneur de Castelnau d'Arbieu, fournit le dénombrement de sa terre, relevant du duc d'Alençon, comme comte d'Armagnac et vicomte de Fézensaguet. Son aveu comprend en outre certains fiefs et gélines annuelles, les dîmes et le droit de civazade d'Urdens, etc.*

S'ensuit le dénombrement que le noble JEHAN DE GOLARD, coseigneur du lieu de Castetnau d'Arbiu, fait des terres, possessions,

« Géry. — Dans les premières années du siècle, il quitta Magnas pour se fixer à
« Saint-Clar, et y acheta l'ancien château de l'évêque de Lectoure à M. Capdeville,
« président du district de Lectoure, qui l'avait eu du premier acquéreur, M. Castex
« du Castéron (cité par M. H. Marquet). Vous savez que cet immeuble est resté
« dans ma famille jusqu'à ce qu'il ait été acheté par la ville, pour la construction
« de la nouvelle église. » (*Revue de Gascogne, année 1869, page 234.*)

Nous allons finir cette longue note sur Magnas par l'emprunt de quelques
lignes à la *Statistique de l'arrondissement de Lectoure*, par M. Masson, page 119,
parce qu'elles sont un légitime hommage rendu à l'initiative privée de M. le
marquis de Galard-Magnas, mort, il y a peu de temps, plus qu'octogénaire :

« Un chemin cantonal et deux chemins vicinaux traversent la commune. Ils
« seraient dans un état parfait de viabilité, si tous les habitants suivaient l'exemple
« de M. le marquis de Galard qui, dans les environs de son château, a fait faire
« des travaux considérables ; mais aucun rôle de prestation en nature n'a été créé
« depuis plusieurs années. »

places, seigneuries et autres biens qu'il tient en foy et homaige de hault et puissant prince, monseigneur le duc d'Alençon, per de France et comte d'Armagnac, en sa viconte de Fezensaguet.

Et premièrement le chasteau et moytié du lieu et place de Castetnau d'Arbiu avecque toute juridiction d'icelle, haulte, moiesne, basse, mere et mixte, imperi et l'excercisse de toute justice, au dit lieu et place de Castetnau d'Arbiu, tanerie et mazet d'iceluy avecques toutes les bordes, terres, près, vingnes, boys, herbages, boriages, labouraiges, agriez, décimes, garennes, colombiers, pesquiers, eaucs, arbres, molins, fiefs, ventes, lausimes, investimens, rétentions jure, prelacions, acaptes, arrière-captes, foris capis, et toutes juridicions, devoirs, émolumens, donacions féodales, appartenans au dit noble Jean de Golard, co-seigneur sus dit du dit lieu de Castetnau d'Arbiu, et appartenances d'iceluy lieu ; lequel lieu de Castetnau d'Arbiu se confronte avecques les partenances et juriditions des villes et lieux de Lectoure, Sanct Clar et de Urdenx[1]. Item, recognoist aussi

1. Cent vingt ans après environ, d'Astros, dans la partie de son œuvre demeurée trop longtemps inédite (qui vit pour la première fois le jour par fragments dans la *Revue d'Aquitaine*, en 1864), complimente en rimes faciles et familières M. et Mme d'Urdens, qui étaient vraisemblablement Alexandre de Sédillac et sa femme Jeanne de Galard, s'ils vivaient encore, ou bien noble Alexandre de Montaut et son épouse Lucrèce de Galard. Aussi croyons-nous devoir agrémenter notre prose sévère de cette composition joyeuse :

> B'ac é jou dit que hour' un pic ou uo estacado
>   Autaléou quetz bi marida,
> Plan bous y éts escajuts la pruméro begado
>   Que s'éts sajats de maynada.
>
> Que plan aouéts, moussur é bous, madamo
>   D'Urdens, boste héyt benasit,
> Semblo que Diou bous a baillat, tant et bous amo,
>   De hil ou de hillo causit.
>
> Joum' trobi fort tengut dets dise lou prousio
>   Tant per amò de moun souhéyt,

le dit noble Jehan de Golard, certains fiefs et gelines annueles
au fait du nom Denis de Lectoure et de Lamote-Ando à luy
appartenant insoli..... Item le dit noble Jehan de Golard recognoist certains autres fiefs, agriez, décimes et sivazade annueles
au lieu et juridicion de Urdenx. Item pareillement recognoist le
dit noble Jehan de Golard une borde et ses appartenances, prés,
boys, terres et une rocque nommée Font Angna, et certains fiefs
et agriez au fait de Manhas. Lequel dénombrement a esté fait au
dit lieu de Castetnau d'Arbiu, l'an mil cinq cents et vingt un et
le dix septiesme jour du mois de juillet. En tesmoing de quoy le
dit noble Jehan de Golard, co-seigneur du dit lieu de Castetnau
d'Arbiu, s'est signé de son seing manuel et a commandé à moy,

<blockquote>

Que per amô tabenc d'aquero prouphetio
    Que sur aquô ma mus' a héyt.

Ma muso bous dichouc en quauquous parauletos
    Quets calé hé forso anjoulets,
É més quets calé hé tabe forso anjouletos
    Denquio que houssots aujoulets.

É puch qu'aouéts héyt l'ange aro cau hé l'angélo,
    Nou pas d'aqueros deous pesqués,
Mès uo plan bouno, sajo et béro damaisélo
    Qu'ajo camos é qu'ajo pés.

Boutats, haséts goujous, multiplicats lou poble,
    Hasèts-ne aumens cad'an un cop,
Car un ta bét grihoun é un empéout ta noble
    Nou pouyrè jamés routja trop.

Creséts me, nouts pausets ni dab pax, ni dab guérro
    Maynadats, et nouts sio degréou :
Per atau plubarats per un bét temps la térro,
    É puch per tout jamés lou Céou.

Bousautis coumençats de creyche bosto raço,
    Per countinua tant que pouscats,
Jou coumenci tabe dets dise la proufaço.
    Per countinua souen s'a Diou plats.

Jou nouts boli pas hé tout entié lou prousto
    Denquio qu'ajats héyt trent' ehans ;

</blockquote>

notaire soubz signé, escripre et signer le présent dénombrement, lequel, a sa requeste, ay escript et signé les an et jour sus dits (signé) *Jehan de Golart.*

De mandement du dit de Golard, co-seigneur du dit lieu de Castetnau d'Arbiu, (signé) *de Boneyssec*, notaire[1].

Archives départementales des Basses-Pyrénées, E 271.

> Aquô b'espéri jou de bese, més que sîo
>   En bito d'acy à trent' ans.
>
> Labets jou boli hé retrouni la Gascougno
>   E més beléou tout l'Unibérs,
> En troumpeta pertout bosto noblo besougno
>   Dab lous més tindens de mous bérs.
>
> Jouts bau dise en un mot lou hat que jou desiri
>   Au prumé que Diou bous a dat.
> Pe'ous qui bengon aprés moun souhéyt n'es pas piri,
>   Puch qu'es pertout un urous hat :
>
> Que Diou lour doungo à touts de soun gran-pay la sciençO,
>   Diou lour doun lou cô de soun pay,
> Diou lour doun la pietat, Diou lour doun la couscienço,
>   E la sagesso de sa may.

(*Poésies gasconnes,* XVIIe siècle. *J.-G. d'Astros-d'Arquier, t. II, p. 88-90,* pièce XIV, Paris, Tross, 1869.)

Les souhaits de d'Astros pour l'augmentation de la famille et l'animation du foyer rappellent le couplet naïf du chant populaire de la *Guillouné* ou *Guy-l'An-Neuf,* que nous reproduisons de mémoire :

> Diou éd-zé dougn ostan dé hills
> Coumo la cubo dé mousquills !
>
> « Dieu vous donne autant de fils
> Comme la cuve de moucherons. »

Coumo, est un hispanisme que l'on emploie très-fréquemment pour *que* dans l'idiome gascon.

1. Cet acte est sommairement énoncé dans l'*Inventaire des archives des Basses-Pyrénées,* par Paul Raymond, tome IV, page 67, première colonne.

27 DÉCEMBRE 1522.

Note sur JEAN DE GALARD, *seigneur de Castelnau d'Arbieu,*
et sa postérité.

JEAN DE GALARD, seigneur de Castelnau Arbay (pour Arbieu),
testa le 27 décembre 1522. Il avait épousé demoiselle N... DE
MASSAS DE CASTILLON, fille de noble Jacques de Massas, seigneur de
Castillon, dont il eut quatre fils et une fille :

I. — JEAN DE GALARD, fils aîné, institué héritier de son père
en 1522 [1] ;

II. — JACQUES DE GALARD, substitué à Jean en 1522 ;

III. — BERNARD DE GALARD, légataire en 1522 ;

IV. — JACOB DE GALARD, légataire en 1522 ;

V. — AGNÈS DE GALARD, légataire en 1522.

Mss. de l'abbé de Lespine, dossier de Galard, Bibl. de Richelieu, Cabinet
des titres.

———

27 DÉCEMBRE 1522.

JEAN DE GALARD, *seigneur de Castelnau d'Arbieu, craignant d'être*
atteint par la peste, qui lui avait déjà enlevé sa femme, N. de
Massas, fait son testament; à diverses fondations pieuses pour le
repos de son âme, il ajoute celle d'une chapelle obituaire, objet d'un
legs inaccompli de sa mère. Le testateur nomme AGNÈTE, *sa fille,*
non encore mariée, institue ses héritiers particuliers BERNARD, JACOB
et JACQUES DE GALARD, *deux de ses enfants, et enfin laisse le reste de*
sa succession à JEAN, *son fils aîné, auquel il substitue Jacques.*

« In nomine, etc., apud bordam dictam aus Bording, jurisdictionis de Manoas, diocesis Lectore, nobilis JOANNES DE GOLARDO,

———

1. Voir plus loin ses pactes de mariage avec Marie de Galard, fille de Gilles,
seigneur de Terraube.

dominus Castri Novi Arbay, dubitans sibi evenire pestem in corpore
suo, causa mortis quondam nobilis... DE MASSAS, ejus uxoris, quæ
mortua est causa pestis urgente in dicto loco Castri Novi, » teste
(ou fait son testament), ordonne à sa sépulture 100 prêtres qui
disent la messe pour lui, laisse 20 sols à l'église parochiale dudit
lieu, et aux 4 mendians, etc.; laisse 125 ducats en œuvres pies, etc.;
laisse au fils de La Reysseta, sa ..... 100 liv. tournois; renonce à
tous procès, et en quitte toutes personnes; fonde une chapelle
pour le légat que madona, sa may dudit Golart[1], que Dieu pardonne, avoit laissé par testament; item une autre chapellenie que
« Mgr son pay » avait ordonné par testament; item que le testament
de mademoiselle sa moitié que (Dieu) pardonne, soit exécuté à la
connaissance de noble Jacques de Massas, seigneur de Castilhon,
« pay de ladite domesella; » qu'il soit fondé une messe pour elle
en l'église parochiale de Castronovo; item une messe pour lui à
jamais, en ladite église; laisse à Mgr de La Bartela 30 écus;
ordonne que l'argent que Mgr de Caudroue (ou Couztoue) lui doit
soit baillé à Mgr de Castilhon, auquel il le prêta « per le mariatge
de sa filha »; laisse à AGNETA DE GOLARD, sa fille, pour la marier,
quand elle sera en âge, les habits de sa mère, et l'établit héritière
pour sa légitime; donne à BERNARD et JACOB DE GOLARD, ses fils,
leur douaire, au dire des parents et amis, et ordonne qu'ils
soient nourris, etc.; il fait héritier universel noble JEAN DE GOLARD,
son fils aîné; lui substitue JACQUES, aussi son fils; et parce que

---

1. Le 6 août 1510, plusieurs reconnaissances furent consenties par divers
tenanciers en faveur de Jean de Galard, seigneur de Castelnau d'Arbieu : « Grand
rouleau contenant des reconnaissances faites à noble homme Jean de Golardo, coseigneur de Castelnau, — loci de Castronovo Arbey. — La première est du 6 août 1510.
Ces reconnaissances, au nombre de onze, sont toutes de même date, c'est-à-dire
du 6 août 1510, et passées à Terraube. » (*Mss. de l'abbé de Lespine, dossier de
Galard; Bibl. de Richelieu, Cabinet des titres.*)

lesdits Jean, Jacques et Agnès, ses enfants, sont mineurs, il leur donne pour tuteurs noble Jacob de Massas et messire de Sent-Anhan, qu'il fait exécuteurs avec frère Bernard de Coimbus, prieur des Carmes de Lectoure; l'an 1522, le 27 décembre, etc.

Mss. de l'abbé de Lespine, dossier de Galard, Cabinet des titres.

1498 ET APRÈS.

Mention de Guillaume de Galard *comme maire de Dax.*

L'évêque de Dax, Jean de Laborie, survécut quelques années au sacre du roi et de la reine de Navarre, où nous l'avons vu assister; mais on ne saurait assigner l'époque certaine de sa mort. Sous son épiscopat et la mairie de Guillaume de Galard [1], Charles VIII, en 1490, et Louis XII, en 1498, confirmèrent les priviléges de la ville de Dax. (*Manuscrit de Dax.*)

Histoire de Gascogne, par l'abbé Monlezun, tome V, page 204, note.

1. Des rejetons de presque toutes les branches de la maison de Galard se sont implantés à diverses époques dans le pays qu'on appelait autrefois le Tursan et le Marsan, compris aujourd'hui dans le département des Landes. Raymond de Galard, dit Cortès, assista, l'an 1309, au serment de fidélité prêté par les populations du Marensin à Arnaud Garcias de Goth, comme mari de Miramonde de Mauléon. Ayssin, seigneur de Terraube, était gouverneur et maire de Dax, pour le compte du roi d'Angleterre, en 1314. Guillaume de Galard, nommé dans l'extrait ci-dessus, autre membre de la même race, exerçait de semblables fonctions en la même ville, un siècle et demi après. En 1508, François de Galard, seigneur de Brassac, épousa Jeanne de Béarn, héritière des grands domaines de Saint-Maurice, de Saint-Loboer, de Laporte de Roquefort, de la co-seigneurie de Mont-de-Marsan. La seigneurie de Bombardé, en Chalosse, était en 1570 un des fiefs de la maison de Galard.

En 1835, M. le marquis Rose-Philippe-Hippolyte de Galard, par suite de son alliance avec Mlle de Captan, fille du baron de Captan-Monein, vint se fixer dans le château de Captan, près Saint-Sever, où il fait encore souvent sa résidence d'été.

6 MARS 1498 ET AVANT.

Notice sur BERTRAND IV DE GALARD, *seigneur de l'Isle-Bozon.*

BERTRAND DE GALARD, IVe du nom, seigneur de l'Isle-Bozon, etc., fut présent avec JEAN DE GALARD, seigneur de Saint-Avit, etc., au contrat de mariage, passé, le 6 mars 1498, entre noble Bernard de Biran, seigneur de Roquefort, et noble demoiselle Françoise de Montesquiou, et au testament de noble ASSIEU OU ARSIN DE GALARD, seigneur de Terraube, daté du 20 mars 1501. Il avait épousé, suivant des mémoires de famille, le 14 juin 1485, demoiselle GALÈNE DE RIVIÈRE-LABATUT.

Mss. de l'abbé de Lespine, dossier de Galard, Bibl. de Richelieu, Cabinet des titres.

ANNÉE 1502.

Quittance de Jean de Léaumont, seigneur de Puygaillard, de laquelle il résulte que BERTRAND DE GALARD, *seigneur de l'Isle-Bozon, était père de* MARGUERITE DE GALARD, *deuxième femme dudit Jean de Léaumont.*

. Jean de Léaumont, premier du nom, qualifié noble homme et égrége homme et damoiseau, seigneur de Puygaillard, en Lomagne, au diocèse de Lectoure, etc..., assista avec noble Bertrande de Comminges, sa troisième femme, aux pactes de mariage de Jean de Léaumont, leur fils, du 21 avril 1502; donna quittance à noble BERTRAND DE GALARD, coseigneur du lieu de l'Isle-Bozon, au diocèse de Lectoure, le 16 septembre de la même année, de partie de la dot de noble MARGUERITE DE GALARD sa deuxième femme, fille de noble BERTRAND DE GALARD; fit un codicille, le 3 novembre 1503, et décéda le 5 septembre 1511.

Première femme : Bertrande de Durfort, fille de noble et puissant homme Bertrand de Durfort, seigneur baron de Bajaumont, mariée par contrat du 22 mars 1455.

Deuxième femme : Marguerite de Galard, fille de noble Bertrand de Galard.

Troisième femme : Bertrande de Comminges..

Père de Jean II.

Mss. de l'abbé de Lespine, dossier de Galard, Bibl. de Richelieu, Cabinet des titres.

---

30 AOUT 1504.

Quittance délivrée par BERTRAND DE GALARD, *seigneur de l'Isle-Bozon, à Jean de Léaumont, seigneur de Puygaillard. Les cent écus constituant la dette avaient été remboursés en divers à-compte à* JEAN DE GALARD, *fils de Bertrand, mort depuis prématurément; ce dernier devait, par un mariage, entrer dans la maison de Léaumont. Ce projet ne put être effectué.*

Je BERTRAN DE GUOLART, seigneur de la Ylha confessi aber agut et recebut de noble Johan de Léaumont, seigneur de Poygalhart, en diversas pagas, la soma de sent escutz, las caus abe reconeguts à moss. JOHAN DE GOLART, mon angno, quy Dus pardon, per aucun mariatge que abe trectat enter elz, hocau non ha sortit à son afiet; per que ausi es bertat que jo he recebut losdicts sent escutz, le teni quitti a det et à sous hereters,... reserbat los despentz que sen son ensanguytz, menan lo procès deusdicts sent escutz, tant à la cort deus Capitols de Tholose, que à la cort deub séné-

chal, he feyt escriba la présant quitanse et... et canselhe l'es-
turment en que era hobligat, et senhade de ma man... L'an
mil V^c et IIII, et XXXe d'Ahost. Signé : *La Hylha* [1].

Ancien d'Hozier ; de Léaumont. Cabinet des titres. Ce titre fut communiqué,
en 1778, avec les papiers de Léaumont, au Juge d'armes de France.

---

21 AVRIL 1518.

Testament de Bertrand de Galard, seigneur de l'Isle-Bozon, de Cumont
et de la Mothe, qui recommande d'inhumer son corps dans le
cimetière de la paroisse où il décèdera, à moins qu'il ne soit à
proximité de Cumont. Dans ce dernier cas, c'est en ce lieu qu'on
devra l'ensevelir. Il ordonne de payer à ISABELLE DE GALARD, *dame*
de Poupas, le reliquat de sa légitime ; il exprime la même volonté
au sujet de CATHERINE, *mariée à Jean de l'Isle, seigneur de Saint-*
Agnan. ANNE *est par lui destinée au service de Dieu. Il n'entend*
pas que sa cousine, JEANNE DE GALARD, *puisse ultérieurement rien*
revendiquer. Le testateur enfin lègue à son fils unique, JEAN DE
GALARD, *protonotaire apostolique, mille écus et l'usufruit de l'Isle-*
Bozon. Celui-ci pourra toutefois, en cas d'extinction de sa branche,
laisser sa succession à BERTRAND DE GALARD, *fils de Gilles, seigneur*
de Terraube. A ce dernier ne laissant pas de postérité, il substitue
JEAN, *seigneur de Castelnau d'Arbieu.*

. . . .

Anno quo supra Domini millesimo quingentesimo decimo

---

1. Cette quittance prouve que Bertrand de Galard, seigneur de l'Isle-Bozon,
avait eu un fils du nom de JEAN, autre que le protonotaire apostolique qui existait
lors du testament de son père, le 21 avril 1518, tandis que Jean, dont il est ici
question, héritier de sa branche, n'était plus en 1504, puisque son auteur, dans l'acte
ci-dessus, exprime les regrets de sa mort prématurée en ces termes : « *Mon angno,*
quy Dus pardon, — mon ange que Dieu absolve. »

octavo et die vicesima prima mensis aprilis, apud ecclesiam
Sancti Cirici, dicti loci de Cumonte, diocœsis Montisalbani,
nobilis Bertrandus de Golardo, dominus de Insula Bozonis, de
Cumonte et de Mota, in sua bona et perfecta memoria, bene
videns, audiens, intelligens, suum condidit et fecit testamentum in hunc qui sequitur modum : in primis se signavit et
deinde elegit suam sepulturam in cimiterio in parochia in
qua eundo in dicto viatgio decedet, nisi sit ita prope dictum locum
de Cumonte. . . . .

. . . .

Item voluit quod in suis bonis pars dotis quæ debetur nobili
Isabelle de Golardo, dominæ de Poupats, ejus filiæ legitimæ et naturali, exsolvatur... Item dixit quod nobili Catherinæ de Golardo, ejus
filiæ legitimæ et naturali, cum uxoratha fuit domino de Sancto
Anano, etiam constituit dotem competentem et in parte fuit soluta
et voluit quod restat ad solvendum solvatur eidem. . . . . .

Item dixit quod ille habet unam aliam filiam, nominatam
Anna de Golard, legitimam naturalemque ejus testatoris, ut dixit,
declaravit quod volebat esse in servitio Dei constituta in aliqua
abbatia monacharum . . . .

Item dixit quod nobilis Johanna de Goulardo, ejus consobrina,
quæ est adhuc maritanda, nihil-petere posset. . . . .

Item dixit quod ipse habet unum filium legitimum et naturalem nominatum Johannem de Golardo, Sedis Apostolicæ protono-
tarium, cui quidem nobili Johanni de Golardo, filio, dedit, legavit
et contulit summam mille scutorum, computando pro quolibet
scuto viginti septem solidos et sex denarios turonenses
solvendos per dictum heredem, etc. . . . .

In omnibus autem aliis vero bonis mobilibus et immobilibus
successionis presentis et futuræ heredem suum universalem

et generalem fecit et ore suo proprio nominavit videlicet : nobilem Beraldum de Goulardo, militem, ejus filium legitimum et naturalem, in servitio domini regis, etc. . . . .

Voluit dictus testator quod dictus nobilis Johannes, protonotarius, haberet et teneret, levaret et gauderet de fructibus loci de Insula et Lactore; et ultimo voluit et ordinavit dictus testator quod casu dictus ejus heres descederet, ut supra dictum est, sine filiis legitimis, successio non posset venire dicto nobili Johanni, protonotario predicto, voluit quod hereditas, eo casu, veniat pleno jure ad nobilem Bertrandum de Golardo, filium nobilis Egidii de Goalardo, domini de Tarrauba, filiolo dicti testatoris. Et casu quo dictus nobilis Bertrandus de Golardo, ejus filiolus et substitutus de Terrauba, descederet sine liberis masculis, voluit eo casu quod dicta hereditas veniat et revertatur, pleno jure, ad quartum filium nobilis Johannis de Guolardo, domini de Castronovo, sic unum alteri in modum predictum et alterum alteri substituendo. . . . .

Executores fecit videlicet : nobiles Johannem de la Hille, dominus de Sancto Anano, Johannem de Guolardo, dominum de Castronovo, dominum Bernardum de Castilhono, presbyterum Insulæ Bozonis, et Poletum de Mota. . . . .

Archives du château de Terraube, carton D, pièce 7.

Vers 1501.

Constatation d'une alliance de Pierre La Fitte avec Jeanne de Galard.

Pierre de Fite vivoit dans le xve siècle, vers 1500 ou 1520. Il paroît par les renseignements qu'on m'a donnés qu'il étoit chef d'une branche de sa maison, qu'il avoit épousé demoiselle JEANNE DE GOLARC, GOULARC OU GALARC, d'une des plus anciennes et des plus grandes maisons du Condomois, de laquelle entre autres il eut Arnaud de Fite et Maurinot de Fite.

Archives du château de Larochebeaucourt, note généalogique de l'abbé de Lavaissière.

ANNÉE 1501.

Mariage entre Pierre de Béraut et demoiselle N. DE GALARD, fille de JEAN, seigneur de Castelnau d'Arbieu.

..... Anno Domini millesimo quingentesimo primo et die... mensis octobris, etc., inter PETRUM DE BERAUT, filium legitimum et naturalem nobilis Guilelmi de Beraut, ex una parte, et nobilem... DE GOLARCO, filiam legitimam et naturalem nobilis JOHANNIS DE GOLARCO, domini loci Castrinovi Arbei, ex altera.

Archives du château de Larochebeaucourt, note généalogique de l'abbé de Lavaissière.

26 NOVEMBRE 1506.

Serment prêté par JEAN DE GALARD à Alain, sire d'Albret, comte de Castres; il consent à perdre sa place en paradis, à encourir la damnation éternelle, s'il ne conserve point fidèlement la forteresse confiée à sa garde ou s'il se rend coupable de félonie. Il déclare, en prenant ce commandement, succéder à son père ARNAUD DE GALARD.

Je, JANOT DE GOULLART, escuier, subjet et bassal de monseigneur, monseigneur Alain, sire d'Albret, conte de Castres,

promets à mon dit seigneur et jure sur le présieux corps de
nostre Seigneur cy présent, en le renonsiant, et au basteme que
j'ai pryns sur le fons et à la part que je prétans aboir en paradis,
et ausy sur la damnation de mon âme, que bien et loyalment
je garderay sa plassa et chatel de Lombes en bers toutz et
contra toutz de la quella il ma doné aujourduy l'oufîce de cappitaine par le trespas de fu Arnaut de Goullart[1], mon père, et ne
la balheray à personne bibant en se monde quel qu'il soit fors
que à mon dit seigneur, ne en icelle ne laisaray entrer plus que
de troys personnes sans congié, bouloir et comandement expres
de mon dit seigneur, et fait tout aute serment en tel cas requis
et acostumé, sur peyne de luy estre réputé faulx et traître et
desloial et pour tel estre puny. En tesmoins de se c pour plus
grande sureté, jay escrit et signé seta presenta de ma mayn. A
Nérac le XXVI° jour de novembre, l'an myl cyn sens et six.
(Signé) *J. de Goullart.*

Nous cy soubssignés avons esté presentz en l'église St-Nicolas
de Nérac à boyr faire le serment cy-dessus escript les jour et
an que dessus.

Signé : Pierre de Labat, Gracian de Baqué, vicari, Caza-
rellis, preste, Bertranes Dorinière.

Archives départementales des Basses-Pyrénées série E, titres de famille,
carton 187.

1. Voir plus haut, page 536, la note qui concerne Arnaud de Galard servant
dans la compagnie d'Hector de Galard.

Dans *l'Inventaire sommaire des archives départementales* des Basses-Pyrénées,
dressé par M. Paul Raymond, archiviste, tome IV, p. 45, colonne 2, le serment de
Jean de Galard est enregistré en ces termes : « Jeannot de Goulard, châtelain de
Lombez, jure fidélité à Alain d'Albret. » C'est au même Alain, sire d'Albret, que
Reinardin, seigneur de Gasparès, chatelain de Lézignan, jura foi et dévouement
vers la même époque.

1501-1504.

BERTRAND DE GALARD *sollicite la première prébende disponible en vertu de son titre de bachelier. Sa prétention était fondée sur la Pragmatique Sanction ; mais la prétention des universités à s'emparer des bénéfices étant considérée par le clergé comme attentatoire à ses droits, l'autorité épiscopale repoussa la demande de Bertrand de Galard.*

1501-1504. — La Pragmatique Sanction était encore debout, et ce fut au nom de cette fragile autorité que BERTRAND DE GOALARD osa se présenter devant Bilhonis pour lui demander le premier bénéfice vacant, en vertu de son titre de bachelier, que lui avait décerné l'Académie de Toulouse. La fameuse assemblée de Bourges, sanctionnant les actes de Bâle, avait donné aux universités un droit qu'elle prétendait arracher au pouvoir pontifical. Bilhonis repoussa ces prétentions comme contraires aux libertés de l'Église et au privilége de son évêque.

Bertrand de Goalard ne fut pas plus heureux devant le chapitre de Saint-Étienne. Il présenta ses lettres de gradué devant les chanoines Bernard de Castaing, grand archidiacre, Bernard Perdiguelli, Florent Lombard, Jean Raphaël et Louis de Casabonne ; mais ceux-ci prétextèrent qu'ils n'étaient point assemblés capitulairement, et prétendirent qu'ils ne pouvaient pas délibérer sur la demande du bachelier.

Le nombre des gradués était considérable, et produisit longtemps une grande perturbation dans la collation des bénéfices. Le concordat de Léon X apporta bien des dispositions nouvelles à celles de la Pragmatique Sanction, mais celles-ci ne furent pas anéanties. Elles avaient, du reste, un côté favorable ; car il faut reconnaître que les collateurs négligeaient trop souvent la science dans la dispensation des bénéfices. Toutefois on ne saurait trop déplorer les abus beaucoup trop fréquents amenés par ces constitutions. Il n'était pas rare alors de voir des bénéfices disputés par deux, trois, et même par un plus grand nombre de compétiteurs.

Histoire religieuse et monumentale du diocèse d'Agen, par l'abbé Barrère, tome II, page 160.

Vers 1507.

Notice sur Bertrand de Galard de Brassac, *d'abord prieur de Saint-Macaire, ensuite président de la chambre des enquêtes au parlement de Bordeaux, chanoine dans la même ville, qui administra le diocèse après la mort de Jean de Foix.*

Bertrand de Galard[1] fut prieur de Saint-Macaire, vers 1507, puis écolastre ou grand sacristain de la cathédrale de Saint-André de Bordeaux, chanoine de la dite église, puis conseiller clerc, le 8 mars 1515, l'an 3e du pontificat de Léon X. Ensuite il fut président de la nouvelle chambre des enquêtes du parlement de Bordeaux créé par François Ier. Puis, le 26 janvier ou 19 juillet 1529, il eut neuf voix au chapitre pour être élu archevêque de Bordeaux, à la mort de Jean de Foix, mais Gabriel de Montagut l'emporta à la majorité des voix.

Archives du château de Larochebeaucourt. Généalogie de la maison de Galard par Rouland, archiviste. Cahier in-fo, ms.

1. Il était le deuxième des enfants de Hugues de Galard, baron de Brassac, et de sa première femme, Marie de Grossolles de Flamarens. Bertrand eut plusieurs frères : l'aîné François épousa, en 1508, Jeanne de Béarn. Parmi les puînés, l'un, Guy, succéda à Bertrand dans ses charges ecclésiastiques et judiciaires, l'autre, Gratien, fut abbé de Saint-Maurin et archidiacre d'Agen.

Année 1507 et après.

Autre mention du même Bertrand de Galard-Brassac, *chanoine de Bordeaux.*

Bertrand de Galard, chanoine de Bordeaux, après la mort de Foix, avoit eu neuf voix pour être élu archevêque de Bordeaux, mais Gabriel de Montaigut en eut davantage.

Généalogie manuscrite dressée et signée par d'Hozier de Sérigny. Archives du château de Larochebeaucourt.

Année 1525.

A la mort de Jean de Foix, archevêque de Bordeaux, le chapitre, s'étant réuni pour désigner son successeur, partagea ses voix entre Bertrand de Galard-Brassac *et Gabriel de Grammont.*

L'ordonnance de Charles de Grammont ne dura guère plus que son épiscopat, et son épiscopat finit deux ans après. Le siége de Bordeaux était devenu vacant par la mort de Jean de Foix. Le chapitre se hâta de procéder à l'élection de son successeur; mais les voix se partagèrent. Gabriel de Grammont en obtint quinze, et neuf furent données à Bertrand de Galard-Brassac. Le pape cassa l'élection sous prétexte que le concordat était violé. Néanmoins il consacra lui-même ce qui avait été fait et conféra de sa pleine autorité l'archevêché à Gabriel. Celui-ci, soit qu'il eût vu avec peine sa nomination contestée ou qu'il ne voulût pas précéder son frère aîné, se démit en faveur de Charles, qui eut à Aire pour successeur Gabriel de

Saluces, le dernier des fils de Louis, marquis de Saluces, et de Marguerite de Foix-Candale.

Histoire de Gascogne, par l'abbé Monlezun, tome V, page 189.

Année 1529.

Extrait de dom Devienne sur le même fait.

Jean de Foix mourut à Cadillac, en 1529, et fut enterré dans l'église des carmes de Langon, etc.

Après la mort de Jean de Foix, le chapitre s'assembla. Neuf chanoines donnèrent leur voix à Bertrand Goulard-Brassac, chanoine et sacristain de Saint-André et président aux enquêtes. Les autres élurent Gabriel de Grammont, qui fut nommé le 14 juillet de la même année, etc.

Histoire de l'église de Bordeaux, par dom Devienne; Bordeaux, Lacaze, 1862, in-4°, pages 93 et 94.

Année 1529.

Autre extrait constatant que neuf voix désignèrent Bertrand de Galard-Brassac pour succéder à Jean de Foix, archevêque de Bordeaux.

Cet édit et cette ordonnance firent tomber tout à coup ces oppositions, formées et soutenues avec tant de vivacité, durant dix ans, contre le concordat; et elles constatent indubitablement l'époque de son exécution.

L'histoire la plus exacte et la mieux circonstanciée que nous ayons du concordat, composée par le célèbre monseigneur Dupuy, fait une mention expresse et détaillée de toutes les élections faites contre sa disposition; mais il n'en rapporte aucune de postérieure à cette époque. L'impossibilité de les soutenir désormais, et la persuasion qu'elles seroient cassées au grand conseil, empêcha, sans doute, les chapitres d'y procéder; et l'on peut dire, avec certitude, que celle qui fut faite pour l'archevêché de Bordeaux, en faveur de Gabriel de Gramont, en 1529, est la seule qui ait été hazardée depuis l'édit de l'ordonnance, dont nous venons de parler. Le sçavant et judicieux auteur du *Gallia christiana* dit même, à son sujet, qu'il auroit eu de la peine à croire qu'elle eût jamais été faite, si Lopes, théologal de Bordeaux, historien particulier de son église, ne la citoit, sur la foi des registres capitulaires.

Elle se trouve, en effet, dans ces registres, qui nous ont été communiquez par M. l'abbé d'Alphonce, chanoine. Le siége archiépiscopal vaqua par la mort de Jean de Foix, arrivée à Cadillac, le vendredy 25 juin 1529, à huit heures du matin. Le même jour, à l'heure des vépres, le chapitre de St-André créa les grands vicaires et les officiaux du siége vacant, et nomma deux chanoines pour gérer le temporel de l'archevêché. Il procéda, dix-huit jours après, à l'élection d'un archevêque. De vingt-quatre vocaux, neuf donnèrent leur suffrage à BERTRAND GOULART DE BRASSAC, chanoine, sacristain, et président aux enquêtes du Parlement de Bordeaux; quatorze élurent Gabriel de Gramont. La voix de Bertrand Goulart fut apparemment caduque. Cette élection étoit, sans contredit, une contravention au Concordat; mais elle n'a rien qui doive surprendre, si l'on réfléchit sur la prevention extrême qui regnoit alors contre ce même concordat, dont tout le monde sent aujourd'hui la sagesse et l'utilité. Le chapitre de Saint-André se figura, sans doute, que les élections pourroient être un jour rétablies, comme Louise de Savoye le laissoit croire durant sa régence, en exigeant cependant qu'on se conformât, par provision, au Con-

cordat. Dans cette idée, il crut devoir se maintenir en possession ; il se flatta même que l'élection qu'il alloit faire seroit
d'autant moins improuvée, qu'elle présenteroit un sujet agréable
au prince, et recommendable à tous égards.

*Dissertation sur l'édifice de l'église primatiale de Saint-André de
Bordeaux et sur l'élection à l'archevéché...* par M. l'abbé Xaupi, 1751,
in-4°, p. 23-25.

29 NOVEMBRE 1502.

L'évêque d'Alby pourvoit JEAN DE GALARD, *de l'ordre des hospitaliers,
de la vicairie perpétuelle de Cambon.*

« Forma dignum » accordé par ledit évêque (d'Alby) à frère
JEAN GOLARD, prêtre religieux de l'ordre de Saint-Jean, de la
vicairie perpetuelle Saint-Pierre de Cambon du Temple, vacante
par le décez de frère Pierre Mélos, dernier paisible possesseur
d'icelle, dont le patronat (le cas de vacance arrivant) appartient
au commandeur de Cambon. Datté du pénultième novembre
1502, signée de *Gaboudan*, notaire, écrite en parchemin et cottée
liasse n° 150.

Archives de la Haute-Garonne, salle de Malte. Inventaire des titres de la
commanderie de Rayssac, registre III, fol. 60 verso et 61 recto.

ANNÉE 1505.

Mention de plusieurs reconnaissances reçues par BERNARD DE GALARD,
*de l'ordre de Saint-Jean de Jérusalem, comme administrateur des
commanderies de Caubins et de Morlas.*

Autre roulleau en parchemin où sont toutes les reconnaissances suivantes, consenties en faveur de frère BERNARD DE GOULARD,

rettenues par M⁰ Estienne Estambieu, notaire, en l'année 1505 et 1506.

Suivent 105 reconnaissances.

' Toutes lesdites reconnaissances comprises dans ledit roulleau, rettenues par ledit Estambieu, notaire, payables les censives au premier de l'an, sauf d'aucunes dont le payement est couché à son article, toutes avec la dixme des agneaux, cheuvreaux et pourceaux, sauf ceulx dont mention n'est point faite de la dixme. Ledit roulleau cotté au-dessus n° 34.

Archives de la Haute-Garonne, salle de Malte. Inventaire raisonné des titres et cahiers de reconnaissances de la commanderie de Caubins et de Morlas, ainsi que des membres dépendants, reg. in-fol, n° 57, fol. 62 verso et 83 verso.

Année 1506.

Achat fait par Bernard de Galard, *commandeur de Cours.*

Achat fait par frère Bernard de Goulard[1], commandeur de Cours, d'une chambre dans ledit lieu appartenant à Peyroton Gaillard, moyennant le prix de sept francs Bourdelois, de l'an mil cinq cens six, retenu par Pierre de la Grace, cotté n° 115.

, Archives de la Haute-Garonne, salle de Malte. Inventaire d'Argentens, registre 35, fol. 100.

1. Un Arthur de Gaillard, qui n'est point des nôtres, était chevalier de la Langue d'Auvergne en 1522, et participa en cette qualité au siége de Rhodes.

En 1536, nous trouverons un François de Galard qui nous appartient, membre aussi de l'ordre des Hospitaliers. Gabriel, René et Georges de Galard, tous du Poitou, servaient dans la même milice, le premier en 1540, le second en 1554, le troisième en 1559.

Année 1506.

Reconnaissance consentie par Antoine Chateau, en faveur
de Bernard de Galard, *commandeur d'Argentens.*

Reconnaissance faite par Anthoine Chasteau à feu Bernard
de Goulard, commandeur d'Argentens [1], d'un mayne et héritage,
scis en la paroisse de Bouglon, lieu dit à la Gravète, etc... sous
la censive de deux francs Bourdelois, paiable le premier de l'an,
en datte de l'an mil cinq cens six, retenue par Arnaud Debedat.

Archives de la Haute-Garonne, salle de Malte. Inventaire d'Argentens,
registre 36, fol. 205.

Année 1506.

Transaction passée entre Jean Marre, évêque de Condom, et messire
Bernard de Galard, *commandeur de Saint-Léon, au sujet des*
limites d'un territoire dans le périmètre duquel la dîme devra être
perçue et circonscrite.

1506. — Transaction passée entre Révérend Père en Dieu,
messire Jean Marre, évêque de Condom, et messire frère Bernard
de Goulard, commandeur de Saint-Léon, à raison des dixmes qui
appartiennent à un chacun, par laquelle il fut convenu qu'entre
les dixmaires dudit Saint-Léon et de Saint-Pierre de Puech et
de Gontaut, seront mises des bornes de pierre, dans lesquelles
pierres, du costé dudit Puech Gontaut, les armes dudit évêque, et
une crosse, et du costé de Saint-Léon, une croix blanche de
Saint-Jean. Plus, fut convenu que lesdites pierres ou boules

1. Il était déjà administrateur d'Argentens et membre de la commanderie de
Morlas en 1498.

seront mises à la combe des Erbez, au pied d'un arbre de carpre, lequel est entre les terres de Merijon, deu Troy et Luquet, et seront tout droit à la ligne presque au chef de la vigne de Pierre Saint-Guilhem et de la terre de Long Dubourdieu, de Manauton de la Sarrade, tirant en droite ligne et passant par la terre de Jean de Guitaud, tout droit au rieu de Gatpérait, et là il y aura une boule de pierre à laquelle seront lesdites armes des parties d'un costé et d'autre. Plus sera convenu que du costé où seroient les armes dudit seigneur, évesque de Condom, tirant à Puech Gontaut, et du costé où seront les armes de Saint-Léon, la dixme appartiendroit audit Saint-Léon. Et le tout ci-dessus, les parties promirent d'accomplir, les observer de point en point. Ladite transaction, écrite en parchemin en datte du 14 septembre 1506, restenue par Ménard de Graz, notaire, cottée n° 35.

Archives de la Haute-Garonne, salle de Malte. Inventaire de Morlas et de Caubins, registre in-fol., fol. 83 verso et 84 recto.

Année 1506.

Reconnaissance faite par Raimond Parvie à Bernard de Galard, *commandeur d'Argentens.*

Autre reconnaissance faite par Ramond Parvie à frère Bernard Goulard, commandeur d'Argentens, d'une pièce de terre, scise, en la dite paroisse de Bouglon, au Nouguey de la Grave, confronte, etc.... sous la censive de trante liards, payable le premier de l'an, en datte de mil cinq cens six, retenue par Arnaud Debedat.

Archives de la Haute-Garonne, salle de Malte. Inventaire d'Argentens, fol. 204 verso.

Année 1506.

Autre reconnaissance au profit du même Bernard de Galard.

Reconnaissance par Ramond Rifieu, à frère Bernard Goulard, commandeur d'Argentens, d'une terre, bois et ségue [1], au mayne de Gélibert, contenant 14 journaux, etc.... sous la rente de 42 liards, payable le premier de l'an en datte de l'an quinze cens six [2].

Archives de la Haute-Garonne, salle de Malte. Inventaire d'Argentens, fol. 206 verso.

Année 1512.

Confirmation, par le chapitre provincial de Toulouse, d'un arrangement conclu entre Bernard de Galard, *commandeur d'Argentens, et Jean de Boutet, chevalier.*

Ratification faite par le chapitre provincial de Tholouze, d'un accord fait entre frère Jean Boutet, chevalier, et frère Bernard de Goulard, commandeur d'Argentens, que ledit Goulard donne audit Boutet, pour raison de délaissement qu'il luy fait, de la dixme et autres droits qu'il avoit sur les rectories de Cours, Romasting, Saint-Hubert, Saint-Sylvestre, Auzac, les moulins de Saint-Pastou, avec la pension de deux florins d'or, en datte de l'année mil cinq cens douze, cotté n° 165.

Archives de la Haute-Garonne, salle de Malte. Inventaire d'Argentens, registre 35, fol. 107.

1. Haie.
2. Une série d'actes emphytéotiques au profit de frère Bernard de Goulard, commandeur d'Argentens, accompagne la reconnaissance précédente.

7 JUILLET 1507.

Instruction d'un procès entre le seigneur Jean de Pins et les habitants
de Fleurance, dans laquelle figure un CLÉMENS DE GALARD, en com-
pagnie de N. de Cazenove, de Bernard et Guillaume d'Armagnac,
de Bernard de Forcade, de Guillaume du Prat, d'Odet de Pérès, de
Pierre de Bordes, Pierre et Manaud de Lebé, Raymond du Barry,
Guillaume de Pis, Guillaume de Foix, etc.

L'an mil cinq cens et six et le dernier jour du moys d'octobre,
à nous Jehan de Pins, escuyer, seigneur de Monbrun, de Forgues
et de Colomiers, conseiller, maistre d'oustel du Roy, nostre Sire,
et lieutenant général de monsieur le sénéchal de Tholose, par
maistres Guillaume Arnault de Qarantus, licencié en droits, et
. . . . Desclaux, juge de Gaure, nommé advocat et procureur substituez des manans et habitans de la ville de Florence et
conté de Gaure, leurs consors et adhérans, et de monsieur le
procureur général du Roy, nostre Sire, en sa court de parlement
à Paris, nous furent présentées pour exécuter audict lieu de
Monbrun, certaines lettres patentes de main. . . . . . . com-
mandées par le Roy et autres lettres d'aprest d'icelle court à nous
adressans dont la teneur s'ensuit : LOYS, par la grâce de Dieu,
Roy de France, à nostre amé et féal conseiller en nostre court
de parlement à Paris, maistre Jehan de La Place, et au séneschal
de Tholose ou son lieutenant salut et dilection : de la partie de
noz chers et bien amez les manans et habitans, consors et adhérans de noz ville de Florence et conté de Gaure, en la séneschaussée de Tholose, et de nostre procureur général en nostre
dicte court de parlement joinct avec eulx, nous a esté humble-
ment exposé que pour raison de nos dictes ville de Florence et
conté de Gaure s'est meu procès en nostre dicte court de parle-

ment, entre lesdicts exposans, prétendens iceulx ville et conté estre de l'ancien domaine de nostre couronne, d'une part, et nostre très-cher et amé cousin, le sieur d'Albret et ses enfans, aussi noz cousins au contraire, d'autre, en laquelle nostre dicte court, tant estre procédé entre lesdictes parties que par troys arrestz consécutifz, a esté dit que pendant ledict procès iceulx ville et conté de Gaure seroient regis et gouvernez soubz nostre main et jusques à ce que par icelle autrement en fust ordonné, pour lesquelz arrestz mectre à exécution troys conseillers de nostre dicte court, à ce commis, se sont transportez sur les lieux, mais tetz n'ont peu estre obeiz à cause des grans résistences, portz d'armes, rebellions et désobéissances qui leur ont esté faictes par ledict sieur d'Albret et ses enfans, leurs gens, serviteurs et officiers, et à ceste cause lesdicts exposans se sont de rechef tirez en nostre dicte court de parlement à Paris, laquelle, veuz lesdicts arrestz, procès-verbaux desdicts exécuteurs et informations sur ce faictes, et par iceulx luy est suffisamment aparu desdictes voyes de fait, portz d'armes, rebellion et désobéissances, elle a de rechief dit et ordonné entre autres choses que les dicts arretz, donnez contre iceulx d'Albret et de sesdicts enfans en nostre royaulme, seront mises en notre main et soubz icelle régies et gouvernées par bons et suffisans commissaires jusques à ce que par nostre dicte court autrement en soyt ordonné, ainsi que plus amplement est contenu et déclairé en noz lettres patentes, octroyées par notre 'dicte court ausdicts exposans et cy atachées soubz le contre-scel de nostre chancellerie . . . .

Et en signe de ladicte main mise, les armes du Roy seroient mises aux portes de ladicte ville, et affin que aucun ne peust prétendre cause d'ignorance de ladicte exécution et aussi prendre et recevoir le serment de tous et chacuns lesdicts habitans, avons

commandé les assembler et dès lors les dessusdits Guillaume de
Thomas, Pierre Carrère, Jehan Forre et Pierre Valent, combien
qu'ils fussent consulz, néantmoins ils et chacun d'eulx comme
particuliers, l'un après l'autre, feirent serment à genoux . . .

Et semblable serment feirent tous et chacuns lesdicts autres
habitans dessoubz nommez; c'est assavoir : Guillaume Gautre,
Guiraut de Pelleporc, Bertrand Darties, Arnault de Syte, Pierre
de Brès, Barthelmy de Béarn, Jehan de Barres, Bernard de Beaumont, Menjolet de Sainct Martin, Jehan de Marot, Bernard de
Forcade, Arnault d'Estanguoy, Pey de la Porte, Barthelemy Carrère, Jehan Lane, Vital Lane, Jehan de Vacquerie, Vital Carrière,
Gaxiot deu Boy, Jacques de Maron, Nicholas de Geurs, Jehan de
la Badye, Vital deu Rey, Guillaume deu Prat, Odet de Pérez,
Pey Castaing, Arnauld de Sainct Jéhan, Pierre de Ribère, Vital
de Maent, Pierre deu Torech, Jehan de la Bordère, Jehan Boyer,
Vital Mate, Vital deu Basquinar, Ramond Faget, Dorde de Mo-
quez, Amanieu de Pomarède, Pierre de Baulenx, Pierre de Bordes,
Pierre de Masières, Vital deu Beaumont, Jehan de Beaumont,
Arnault Guillaume de Pérez, Jehan de Nasaussa, Pierre Ber, Guil-
laume de Pys, Bertran Cayron, Pierre Michel, Dommenge de
Labady, Guillaume Calhau, Anthoine de la Mote, maistre Jean de
Bertrandia, notaire, Gaixion de Bereixan, Augier de Lausero,
Jehan de Marsac, Arnault Lane, Jehan Faraon, Pierre de Lebé,
Vital de Pérez, Jehan Crabot, Odet de la Lane, Pierre de Faugières,
Manauld de Lebé, Pierre de Manent, Arnault de Lobène, Arnault
de Castetz, Antoine Roger, maistre Pierre Reumamoy, prestre,
Arnault de Parran, maistre Pierre Hache, prestre, Heliot deu
Forre, Jehan de Canesin, Bernard deu Castiez, Bernard de Mo-
lières, Vital Carrère, Jehan Comin, Pierre de la Serre, Jehan de
Rey, Jehan deu Lana, Bernard de Cahusac, Barthélemy Fèvre,

Pierre Dyvos, Pierre Ricau, Jehan deu Cassanhau, Bernard de
Percin, Anthoine deu Péreir, Vital Deymeyrat, Jehan de Lane,
Barthelemy de Liberos, Bernard d'Espiau, Jehan Lary, Bernard
Deu, Bertrand de Sainct Brès, Vital Dosset, Guillaume de Soles,
Barthelemy de Cauziet, maistre Arnault deu Lavay, prestre, Jehan
Bernès, Bernard des Pierres, Manault Sarget, Guirault de la
Tapie, Pierre Toro, Domange de les Combes, Jehan de Mauguet,
Francès de Cantiran, Guillaume Archie, Pierre de Sales, Jehan
de Casaubon, Blaise de Rey, Jehan Roger, Pierre Rogu, Jehan
deu Coralet, Augustin deu Bananera, Bernard de Labadia, Dom-
menge deu Faget, Anthoine de Abaye, Bernard Carde, Jehan de
Surra, Arnault deu Castera, Bernard deu Guezipoey, Guirault deu
Lana, Forton de Rey, Bernard de Blandin, Senhoret Pascau,
Guillaume de Lausero, Guillaume deu Barry, Jehan de Barres,
Arnault de Mérens, maistre Nohel Aubusson, notaire, Pierre de
Serre, Bernard Blanc, Augier de Faugera, maistre Jehan de Clu-
set, prestre, Pierre Descat, maistre Guillaume deu Buscat, notaire,
Jehan Daste, Guillaume de Larite, Arnault de la Farga, Pierre de
Pey Labera, Jehan Daussurra, Mathieu de la Masera, Bertrand
deu Poey, Bernard de Mérenx, Jehan de la Font, Guillaume
Sauruque, Bernard de Vilhac, Mathieu des Camps, Sanx de Pey
Labera, Jehan de la Farga, Gervast dels Camps, Guillaume de
Margue, Jehan deu Prat, Bernard de Rancorin, Jehan de la Bor-
dera, Jehan de Las Peyras, Menjolet d'Estangoy, maistre Laurens
de Souy, prestre, Jehan dels Pradetz, Hugues delz Pradetz, Men-
jon deu Tauzia, Johan de Biran, Ramond dels Pradetz, Jehan de
Rey, Pierre de Poey, Pierre de Sainct Justin, Yssinet de Mont-
cuq, Raymon Brunet, Arnault de la Borde, Michel deu Casso,
Pierre de la Borde, Guillaume Moyne, Jehan Labat, Bertrand de
Merat, Arnault-Guillaume de Foix, Jehan Comyn, maistre Pierre

Gautrin, prestre, Jehan de Limosin, Pierre de Bétos, Domenge
de Biran, Jehan Grabias, Jehan de la Rieu, Pierre Fita, Pierre
Salas, Vital Salas, Jehan de Serres, Jehan Boyer, Jacques Lary,
Vital de Grille, Ramon Carrère, Jehan de la Rieu, Vital deu Poey,
Bernard de Taranes, Jehan Martin, Jehan de Limotges, Jehan de
Casenove, Domenge de Bédoret, Colas de Limotges, Arnault de
Cahuseras, Bernard de Florensan, Jehan de Lom, maistre Nicolas Baudichon, bachelier en moderne, Jehan de Rey, Bernard
deu Solon, Guillaume Lana, Bernard Begordan, Arnault de Sau-
teron, Pierre Forre, Jehan de la Borda, Barthelémy Darmolin,
Guillaume Trolhan, Bernard de Sainct Michel, Raymond Mar-
man, Anthoine Lana, Saux de Rosès, Bernard de la Farga, Guillaume de Jasède, Vidal de Gaziepoy, Carbonel de Baulenx;
maistre Jehan de le Mosin, notaire, maistre Guillaume de Mons,
prestre, Jehan de Mons, Arnault deu Socaret, Arnault de Nadot,
Jehan de Cassanhau, Guillaume deu Caylat, Jacques de la Tapie,
Jehan de Loste, Pierre de Biran, Jehan de Vidailhan, Arnault
deu Solon, Guirault de Rouergue, Jehan deu Lana, Guillaume
de Las, Jehan Campaignon, Pierre de Nalongua, Bertrand deu
Costau, Arnault Béat, Pierre de la Coma, Jehan Dole, maistre
Morin deu Berry, prestre, Jehan de Lesca, prestre, Pierre de
Sainct Martin, Ramond de Capdeville, Arnault de Reim, Ramond
Despbetz, Guillaume de la Garrosse, Pierre de Biamoret, Bertrand
Despbetz, Bertrand Teyssene, Sanx Carrera, Petit Jehan Demanha,
Pierre deu Cluset, Jehan de Sauveterre, CLEMENS DE GOLARD, Sanx
Cortets, maistre Vital de Berenlx, prestre, Bernard d'Armagnac,
Domenge Leuchon, Guillaume d'Armagnac, Pierre de Nassaron,
Arnault de Sainct Lary, Pierre de Guillament, Sanx Arnault
Botaet, Jehan de Vidailhan, Bernard Dynos, Jehan Varade,
Jacques de Mates, Jehan deu Beusca, Pierre deu Busquer, Arnault

Baudroys, Vidal de Pomarède, Pierre Ramond Dardène, Jehan de Buchos, Lanque de Mas Gautre, Jehan Daussin, Bernard de Poey, Guillaume deu Barade, Jehan de Percin, Guillaume de La Favria, maistre Françoys Bomthat, notaire, Guillaume deu Bouquer, Jehan de ¡Roffiac, Guillaume deu Berry *alias* Aron, Anthoine de Mérenx, Jehan de la Gardera, Jehan deu Barry, Domengon deu Gavarret, Jehan de Bruchs, Manault de Clavet, Jehan de Sénac, Bernard de Ynce, Jehan deu Planté, Senhoret de Boquer, Arnault deu Busca, maistre Morle de Navalhas, prestre, Pierre de la Serre, Arnault de Lestenna, Pierre de Lasseran, Pierre de la Farga, Jehan de la Farga, Jehan de Bouguer, Ramond de Carlos, Pierre deu Junca, Pierre deu Tilh, Domenge deu Castéra, Pierre de Merenx, Berthelemy deu Busca, Anthoine Fite, Bernard de Ribère, maistre Laurens de Rey, notaire, maistre de Lafita, Sorda de la Lana, Arnault de Bordas, maistre Jehan de Ribeyrat, prestre, frère Bertrand deu Cassanhau de l'ordre de Sainct Jehan, Guillaume de Coms, Anthoine de Sénac, Ramond deu Barry, Guillaume Pascau, Guillaume Deber, Guirault deu Fana, Jehan Loys Martin Toro, Pierre Norman, Pierre Carrère, Bernard de la Fargua, Jehan de la Lana, Jehan de Pérez, Guillaume de Vaqué, Nohel Deymer, Bertrand de Ferran, Anthoine de Lavardenx, Martin de Salas, Bernard de Bertramo, Vital de Chausac, Ramond de Nogues, Pierre de Rey, Gaixion de Lebé, Arnauld de Rey, Jehan deu Cos, Jehan de Cahusac, Giles de Cahusac, Jehan Dosset, Pierre de Molères, Jehan de Lebé, Jehan de la Burga, Bernard dels Camps, Jehan Carda, Jehan de la Forga, Gaillard de Molères, Guitard de Guerra, etc.

Registre ms. en parchemin contenant une série d'actes publics, relatifs à la ville de Fleurance ou à la comté de Gaure. Fonds français, n° 16,834, du folio 107 au folio 166, in-fol. Bibl. de Richelieu, Cabinet des titres.

4 FÉVRIER 1509.

Quittance délivrée à GILLES DE GALARD, *seigneur de Terraube, par noble Arnaud de la Plagnole, seigneur de Ricaldo (Ricau), au diocèse de Saint-Papoul. Ledit Arnaud reconnaît avoir reçu la somme de sept cents livres tournois petits, à titre d'à-compte, sur la dot de douze cents, constituée à noble* ANNE DE GALARD, *sœur de Gilles prénommé et fille d'*ARCHIEU.

1509. — Le 4 février, acte passé à Toulouze à l'auberge de Guillaume Delfau, aubergiste à l'enseigne de l'*Estelo,* dans la rue appelée del Saly, par lequel noble ARNAUD DE PLANHOLA, seigneur du lieu de Ricaldo, diocèze de Saint-Papoul, suivant la teneur des pactes de son mariage, donne quittance à noble GILLES DE GOLARD, seigneur du lieu de Tarrauba, de la somme de 700 livres de petits tournois, en déduction de celle de 1200 qui avoit été promise en dot à noble ANNE DE GOLARD, damoiselle, femme du dit Arnaud de Planhole, sœur de Gilles, et fille du dit feu YSSINETI DE GOLARD ; laquelle somme le dit Planhole assigne sur tous ses biens. Cet acte passé en présence de noble et puissant Vitalis Rigaudi, seigneur de Valledrulhia, Jean d'Astugo, seigneur d'Esparric, de Jean Caldagnesii, du lieu de Cantoen, diocèze de Rhodez, servitor du dit seigneur de Valledrulhia, et signé *Mossonis,* notaire.

Acte en parchemin, en latin, signé du dit notaire avec paraphe ; coté au dos H. H. H.

La date du contrat de mariage n'y est pas rappelée.

Mss. de l'abbé de Lespine, dossier de Galard ; Bibl. de Richelieu, Cabinet des titres.

15 JUILLET 1510.

Pactes de mariage de GILLES DE GALARD, *seigneur de Terraube, de Fer-*
rières et de Bordes, avec Gaillarde de Rigaud de Vaudreuilh, fille
de Vital de Rigaud, baron d'Auriac et de Trémolet. Celui-ci cons-
titua à la future trois mille livres tournois et les habits nuptiaux,
dont le détail suit : trois robes de velours, dont une fourrée de
bonne panne de Normandie; deux autres robes de satin ou de
damas; trois gonnelles, dont une de satin, l'autre de damas et la
dernière d'écarlate, toutes richement doublées. Parmi les grands
seigneurs conviés à la fête, nous trouvons nobles Jean de l'Isle, sei-
gneur de Saint-Aignan, Mathieu de Montesquiou, seigneur du
Vernet, Arnaud de la Plagnolle, seigneur de Ricau, Odet d'Aydie,
seigneur d'Aurensan, Jean de Montlezun, seigneur de Caussens,
Odet de Gout, seigneur de Manleiche, Bertrand de Barbotan, sei-
gneur de Saint-Lary, Pierre de Roquefort, seigneur de Garrenache,
et plusieurs autres. Ce contrat fut rédigé en acte public le 15 juil-
let 1510[1], *par Jean Mossonis, notaire royal d'Auriac.*

In nomine Domini, amen... Sit notum quod, anno ab Incarnatione Domini millesimo quingentesimo decimo et die decima

---

1. Il existe aux archives du château de Terraube, carton D, une série d'actes qui
se rapportent à Gilles de Galard, mais dont l'intérêt est tout à fait secondaire ;
voilà pourquoi nous nous contentons d'en donner les titres ; les voici :

1510. — Aliénation de certaines dîmes sur Bonas et Jégun, faite par Gilles de
Galard en faveur du chapitre d'Auch.

15 juillet, même année. — Vente de quelques fiefs par Gilles de Galard aux
chanoines de Cassagne.

23 juillet 1515. — Cession de rentes en avoine et de certains fiefs par Gilles de
Galard à noble Arnaud de la Cassaigne, chanoine de Lectoure.

2 octobre 1518. — Sentence du sénéchal d'Agen, intervenue à la suite d'un différend entre le seigneur et les habitants de Terraube à propos du fossé du midi.

3 décembre 1518. — Échange entre Gilles de Galard et Guillaume de Capdeville.

quinta mensis jullii, regnante illustrissimo principe et domino
nostro domino Ludovico, Dei gratia Francorum rege, in mei
notarii publici et testium infrascriptorum presentia, apud Castrum de Tarrauba, diocesis Lectorensis et senescalie Agenensis,
quemadmodum ibidem dictum fuit, inter partes infrascriptas,
matrimonium tractatum per verba legitima de presenti in
facieque Sancte Matris Ecclesiæ *Hermia* die solempnisatum
fuerit inter nobilem EGIDIUM DE GOLLARD, dominum locorum de
Tarraubia, de Ferrières et de Bourdes, ex una, et nobilem GAIL-
HARDAM RIGAUDAM, domicellam, filiam naturalem et legitimam
nobilis et potentis viri Vitalis Rigaudi, domini de Valledrulhia,
de Accustis, baroniarumque de Halia, de Auriaco, de Tremoleto
et plurium aliorum locorum, alia ex parte; verumque ante
hujusmodi matrimonii in facie Sancte Matris Ecclesie solemp-
nisationem, videlicet in illius exordio, non nulla per et inter

17 décembre suivant. — Autre jugement rendu par le même sénéchal envers
les mêmes parties, au sujet de la boucherie et du droit de taverne.

21 décembre, même année. — Rachat de quelques rentes d'avoine. L'acquéreur est Gilles de Galard, et le vendeur Arnaud de la Cassagne, chanoine de
Lectoure.

19 juin 1525. — Accord entre Gilles de Galard et le susdit chanoine Arnaud de
la Cassagne.

19 février 1526. — Reconnaissance par certains tenanciers de quelques fiefs sis
au terroir de Bordes au profit du seigneur de Terraube.

13 juin 1527. — Reconnaissance de plusieurs habitants de Blaziert pour diverses
terres, mouvantes de la seigneurie de Bordes.

15 septembre 1528. — Donation par Pierre de Castagnet (Chastenet), en faveur
de Gilles, de tous les biens provenant de la succession de Manaud de Salles, habitant du Houga.

30 décembre 1631. — Reconnaissance d'une pièce de terre par Nicolas de Castagnet, seigneur de Puységur, en faveur de Gilles de Galard.

Année 1534. — Vente et achat de dîmes dans Terraube et Blaziert.

31 mars 1538. — Arrangement entre Gilles de Galard et les consuls de Terraube,
relativement aux communs de Ferrières.

ipsas partes, fuerant inhita et passata pacta matrimonialia...
fide et juramento cujuslibet ipsarum partium vallata et dotis
conventiones in talibus et jure more nobilium fieri... solita,
qui nondum instrumento passata extiterant hinc. Igitur fuit et
est quod personaliter constituti... partes predicte, videlicet
nobiles Vitalis Rigaudi, Egidius de Gollard et domicella Gailharda, dicentes... se eadem pacta penes se habere... et illa
rursus promissa firmare... cupiendo et optando in presentia-
rum instrumento debito modo passare, decrevisse ob ideo
illa mox michi notario infrascripto per easdem partes ad fines
huic presenti instrumento inserendi fuere tradita quorum
tenor sequitur. Pactes et convenances faictes... entre noble
Vidal Rigaud, seigneur de Vaudrulle, d'Agutz, et baron des
baronies d'Aliat, Trémolet et Auviac, d'une part, et noble Gilis
de Goulart, seigneur de Tarraube, de Ferrieres et de Bordes,

16 février 1540. — Quatre actes se rapportant à la seigneurie de Lana.

13 mars suivant. — Transaction entre Gilles de Galard et les habitants de
Terraube, touchant les fiefs de ce dernier lieu.

21 mai 1540. — Reconnaissance d'une pièce de terre par Jean de Perrin, bourgeois de Lectoure, en faveur de Gilles de Galard.

15 janvier 1555. — Achat de Nautouet d'Esparbès.

15 mai 1555. — Dénombrement au sujet du ban et de l'arrière-ban fait par le
seigneur de Terraube devant le sénéchal d'Agen.

3 novembre 1559. — Échange entre Gilles de Galard, seigneur de Terraube,
d'une part, et Jean et Anne de Salis, d'autre.

12 février 1560. — Reconnaissance par Antoine d'Arabin, en faveur du seigneur
de Terraube, de certains biens que lui avaient affermés les consuls.

16 février 1560. — Procuration des consuls et habitants de Terraube, sous le
bon plaisir du seigneur.

1561. — Requête pour les réparations des murailles de Terraube.

Même année. — Enquête pour justifier les droits de demi-vente.

7 octobre 1561. — Achat fait à Bernard Garva d'une terre appelée au cap de la
vigne de la Pujade.

Années 1567 et suivantes. — Livre terrier de Gilles de Galard, etc.

au dioceze de Lectore, d'autre part, à cause du mariage qui s'en
suyt. Et premierement a esté accordé... que le dit noble Vidal
Rigaud donne damoiselle Gaillarde, sa fille, pour femme et
espouse au dit noble Gilis de Goulart; et le dit noble Gilis de
Gollart donne soy mesme pour mary et espoux a la dite damoiselle Gailharde. Item a esté pactisé et accordé... que le dit noble
Vidal Rigaud donne, en pour doaire, pour supporter les charges
du dit mariage à la dite damoiselle Gailharde, sa filhe, la somme de
troys mil livres tournoises, c'est ascavoir deux mil livres par
tout le moys de février prochain... Item plus a esté accordé
que là et quant le dit Vidal Rigaud ne payast les dites deux
mil livres par tout le moys de fevrier, prochainement venant,
au dit noble Gilis de Gollard, en ce cas le dit Rigaud donne
de present a la dite Gailharde sa filhe, par donnation faicte
à cause des nopces,... c'est ascavoir le lieu de Cabaniel,
assiz au diocese de Tholoze, avecques sa seignorie haulte,
moyenne et basse... Item a esté accordé... que si... l'ung ou
l'autre des dictz Gilis de Gollart et Gailharde moroit..., eulx
estans en fiansailhes et que le dict Rigaud eust payé les
dictes deux mil livres au dict de Goullart, en ce cas le dict de
Goullart ou ses heritiers seront tenuz de rendre... les dictes
deux mil livres au dict Rigaud dedans six moys apres la
mort; et la et quant que le dict de Goulart ou ses heritiers nau-
roient rendeus la dicte somme, dedans le dict terme de six moys,
en ce cas le dit Gilis de Goullart faict de présent vendition au
dict Vidal Rigaud de la moitié de la ville de Tarraube avecques
la moytié des chasteau, maisons, rentes et aussy de la seigneurie
haulte, moyenne et basse de la dicte ville... Item a esté pactisé
que le dit noble Gilis de Goulart donne, de present, la moytié
de tous ses biens au premier enfant masle descendant du dict

mariage.. Quant du dit premier mariaige n'y auroit que
filhes, en ce cas le dict de Gollard donne la moytié de tous ses
biens... a la première des dictes filhes, saufz que si le dict
Gilis de Goulart convoloit à secondes nopces et que il y eut
enfans masles, en ce cas la dicte donnation, faicte à la dicte
première filhe, n'aura poinct de lieu, pourveu que le dict de
Goulart donne a la dicte première filhe la somme de trois mil
livres et habillements competens, selon l'estat de la maison...
Item plus est accordé que au cas que la dicte Gailharde survivroit
au dict de Golard... et vouldroit convoler a segondes nopces,
soit permis a la dicte Gailharde de lever le dict doaire à elle
constitué. Item est pactisé et accordé que la dicte Gailharde,
moyennant le dict doaire a elle par le dict Rigaud, son père,
constitué, quictera au noble Jehan Rigaud, son frère, filz heyné
du dict Vidal, tous droictz et actions, à la dicte Gailharde appartenans, a cause de sa quote-part et porcion de la succession des
biens paternelz, maternelz, fraternelz, parafernelz; lesquelz
pactes les dictes parties ont promis tenir et observer. Presens les
nobles Arnauld de Montesquieu, seigneur de Rogies, Mathieu
de Montesquieu, seigneur du Vernet, Arnauld de Plainholx,
seigneur de Ricault, Anthoine de Montbrun, seigneur de la
Mothe, Pierre de Roquefort, seigneur den Garrenaches, Nadal
de Sevrac, seigneur de Saint Amatur, Jehan Caldagnes, du lieu
de Canthoin, au diocèse de Rodes, messire Jehan Cabeilh.....
du lieu de Drulle, et moy Jehan Mousson, notaire d'Auriac, au
diocèse de Tholose, qui, de volunté des dictes parties, ces presentz
pactes ay escriptz au chasteau de Vaudrulle, le vingt sixiesme
jour du moys d'octobre l'an mil cinq cens et neuf... Et demum
eisdem pactis, perlectis et declaratis, memorate partes, dicta
inquam nobilis Gailharda, de licentia antedictorum nobilium

Vitalis Rigaudi et Egidii de Goulart, patris et viri suorum, et jam dictus Egidius de Goulart, major annis viginti, minor vero viginti quinque, promiserunt eadem pacta tenere, complere et inviolabiliter observare. Et illico prenominata nobilis Gailharda Rigaude, major quatuor. . . . annorum, minor autem viginti quinque, cessit, remissit nobili Joanni Rigaudi, ejusdem Gailharde, fratri, et prefati nobilis Vitalis Rigaudi, filio naturali et legitimo, aliisque suis filiis, seniori ibidem presenti, omnia jura, nomina, voces et actiones quas dicta Gailharda habet in et super bonis paternis, fraternis, parafernalibus, avictinis. Acta fuerunt hec ubi supra, in presentia et testimonio reverendi patris domini Francisci de Lousiere, abbatis Vallismagne, nobiliumque virorum Johannis de la Yla, domini de Sanct Anhan, Mathei de Montesquino, domini del Vernet, Manaldi d'Astugua, domini del Corne, Johannis d'Astugua d'Esparves, Odeti d'Aydie, domini de Aurensan, Johannis de Monlezun, domini de Causenx, Odeti deu Got, domini de Malleysse, Bertrandi de Barbotan, domini de Sainct-Lary, Francisci de Monlezun, domini de Poy, testium, et mei Johannis Mossonis publici, auctoritate regia, nobilium vivorum dominorum de Cappitulo Tholose notarii, loci d'Auriaco habitatoris, qui in premissis omnibus presens fui et de his instrumentum in notam recepi, et quod per alium michi fidelem juratum abstrahi et in hanc formam publicam redigi feci ; et facta collatione cum predicta originali nota hic me subscripsi, signoque publico et nomine meis quibus in aliis publicis utor actibus signavi. J. Mossonis sic signatus.

Extraict de son propre original, qui est en parchemyn, forme authentique et deuement vidimé et colationé par moy notaire royal soubsigné, habitant de Terraube, le septieme jour du

moys d'aoust mil cinq cens soixante six, en presance de frère
Pierre Foraignan, ministre du couvant de la Trinité du dit
Terraube, signés, et moy Jehan de la Rigaudere, notaire
susdict; (signé) *Fouraignan,* tesmoing, *J. Rigaudère,* notaire
royal (et) *de la Rigaudère.*

Archives du château de Terraube; carton B, pièce 1. Acte en parchemin
et copie en papier de 26 feuillets, collationnée sur l'original en 1566.

---

13 JUILLET 1510.

*Extrait d'un inventaire de pièces généalogiques relatives
à GILLES DE GALARD, seigneur de Terraube.*

GILES DE GOALARD, seigneur de Terraube, fils dudit Archieu et
de ladite d'Aurensan, fut marié avec dame GAILHARDE DE RIGAUD DE
VAUDRUILHE, en Languedoc, justifié par leurs pactes de mariage du
13 juillet 1510, et du susdit testament; ils eurent plusieurs
enfants, BERTRAND, GAILHARD, JEAN. Bertrand fut seigneur de Terraube; Gailhard a fait une branche qui dure encore, qui est celle
de Pauilhac, de laquelle il en est sorti deux, celle de Saldebru,
en Agenois, et Valarin en Condomois; Jean a fait aussi une branche qui dure encore, qui est celle de l'Isle. Ledit Giles servit uti-
lement le roi contre les huguenots [1].

Inventaire de pièces justificatives de l'ancienneté et illustration des
maisons de Galard et de Moret.

---

1. Cette assertion est une erreur; on attribue à Gilles, durant les guerres de
religion dans le Midi, le rôle de son fils aîné Bertrand de Galard, seigneur de Terraube. Des lettres de Montluc, que l'on pourra voir plus loin, et un faisceau d'autres
preuves ne permettent sur ce point aucune confusion.

10 NOVEMBRE 1515.

Dans la revue passée à Pau, le 10 novembre 1515, on voit figurer trois membres de la maison de Galard, GILLES, dit Terraube, ANTOINE et JEAN DE GALARD.

HOMMES D'ARMES :	ARCHERS :
Le bâtard d'Albret.	Gaussan de Montastruc.
Le baron de Castelbajac.	Bertrand de Cazenove.
Forcès.	Bertrand de Pardaillan.
Roquelaure.	Jehannot de Cazaux.
Jehan de Cadillan.	Jehannot d'Antin.
Bernard de Mouchan.	Bertrand du Pony.
Roquepine.	Jehannot de Baylies.
Le baron de Rabat.	Jehan de Puypardin.
Besolles.	ANTOINE GOLART (de Galard) [1].
Rogier d'Angosse.	Jehan de Labat.
Bertrand d'Antin.	JEHAN DU GAULART (de Galard).
Le bâtard de Montespan.	Arnaud du Pleix.
Giraud de Fourcès.	Le bâtard de Miran.
Pierre de Pardaillan.	Gaillard de Cazenove.
Jehannot de Miran.	André de Bordes.
TERRAUBE (GILLES DE GALARD).	Ramon de Labat, etc.
Antoine de Montesquiou.	Etc., etc.

Archives du séminaire d'Auch; — *Histoire de Gascogne,* par Monlezun, tome VI, pages 150-151.

---

24 AOUT 1525.

GILLES DE GALARD, *baron de Terraube, fut avec Pierre de Pardailhan, seigneur de la Motte, l'un des témoins aux fiançailles de François de Gélas et de Marie de Preissac.*

Conventions de mariage entre noble François de Gélas et Marie de Preissac, fille de noble Géraud de Preissac, seigneur de Cadeil-

---

1. Probablement Antoine de Lart, dit de Golard, seigneur de Berrac.

lan. Testes : nobilis Petrus de Pardeilhano, dominus de Motha Pardeilhani, nobilis Joannes deu Bouzet, dominus de Ruppepina, GILLETUS DE GOALARDO, baro dominus de Tarraubia, nobilis Joannes de Preissaco, nobilis Joannes de Cassaigneto, dominus de Caupena, etc. Magister Petrus de Franco, in legibus bacalaureus Condomi, et Gaillardus de Jussano de Lauretho, et ego Petrus Costa, notarius ville Valentiæ qui hoc presens publicum instrumentum retinui. . . . . .

Inventaire des titres de la maison de Gélas, d'après les titres originaux ou expéditions conformes. 3 vol. in-fol., cotés : *Histoire,* 1889, 1889 *a* et 1889 *b,* tome Ier non paginé, mss.; Bibl. Mazarine, Paris.

---

14 MAI 1530.

GILLES DE GALARD *est déchargé de la tutelle de Jean d'Aurensan, héritier universel de son père, Odet d'Aurensan, seigneur, en son vivant, du lieu de son nom.*

Sachent tous présents et advenir que, l'an de l'Incarnation de Notre Seigneur mil cinq cent trente et aujourd'hui mercredi quatrième du moi de mai, heure de vespres dudit jour ou environ, en la ville de Nogaro et en la maison et l'ascoutumée résidence de vénérable et sage personne monseigneur maistre Hélie de la Rivière, licencié ès droits, lieutenant de monseigneur le juge ordinaire d'Armagnac, ainsi que de la lieutenance, appert par les actes de la court dudit juge, comparut noble GILLES DE GOULARD, seigneur de Terraube, en la sénéchaussée d'Agenais, aissi présent noble homme Jehan d'Aurensan, seigneur d'Aurensan, au comté d'Armaignac, et par l'organe de maistre Pierre de Barta, bachelier ès droits, son directeur, dit et expose que souloit vivre entre les humains noble Odet d'Aurensan, seigneur, en son vivant, audit lieu d'Aurensan, qui, à ses derniers jours, laissa institua et nomma ledit Jehan d'Aurensan, son fils légitime et naturel, héritier universel, estant pour lors ledit Jehan moindre d'aage. Après le trépas duquel Odet, ledit Jehan fut pourvu de tuteurs, par autorité de justice. . . . . . de quatre gentishommes, savoir : de monseigneur de Marca [1] et dudit noble Gille de Goulard, seigneur de Terraube et d'autres, lesquels tuteurs, après avoir receu les biens et inventaires, laissèrent la tutelle audit de Goulard qui voulontier la receut et depuis a entreteneu du mieux qu'il l'a peu. . . . . Au reste ainsi que le dit Jehan d'Aurensan à présent est hors de pupillarité, car il a environ vingt ans, lequel, ayant appelé certains nobles et saiges personnages, ledit de Goulard soubz peu de jours aura à rendre son compte, etc. . . . . . Et fut ledit noble Gille de Goulard, illec présent, déchargé d'icelle tutelle, quitté et délivré toutalement de tout ce que en ladite tutelle a été fait et administré.

Archives du château de Terraube, carton D, pièce 16.

11 DÉCEMBRE 1532.

GILLES DE GALARD, *seigneur de Terraube, choisit pour ministre du couvent de la Trinité Jean de Mibielle.*

1532. — Le 11 décembre, acte de nomination du ministre du couvent de la Trinité de Terraube, par noble GILE DE GOLARD, sei-

---

1. Était certainement grand-père ou grand-oncle de M. de Marca, archevêque de Paris et historien du Béarn.

gneur de Terraube, comme patron et fondateur du dit couvent, de la personne de frère Jean de Mibielle, avec l'acceptation du provincial de l'ordre.

J'ai vu cet acte original en parchemin. Le précédent ministre s'appelait Jean Gauterii et le provincial, Martial Tornerii, bachelier en décrets. *De Coays,* notaire.

Mss. de l'abbé de Lespine, dossier de Galard ; Bibl. de Richelieu, Cabinet des titres.

SEPTEMBRE 1549.

Henri II, à la demande de GILLES DE GALARD, *seigneur de Terraube, crée en ce lieu un marché hebdomadaire et une foire annuelle qui devra être tenue le 14 octobre. Les lettres-royaux autorisent en outre le seigneur de Terraube à construire des halles, à établir des bancs et des étals.*

Henry, etc. Sçauoir faisons à tous présens et aduenir nous auoir receu l'humble supplication de nostre cher et bien amé GILLES DE GOLLART, sieur de la ville de Terraube, en Condomoys, et les manans et habitans de ladicte ville, contenant que icelle ville est scituéé et assise en bon et fertil pays, accommodéé de plusieurs diuerses et fructueuses commoditéz, comme de bleds, vins, bestial et autres biens, et convenablement construicte et eddifféé de maisons et peuplée d'habitans, marchans et autres : aussy y affluent, passent et repassent plusieurs marchans et marchandises des pays d'environ. Pourquoy ledict sieur de Terraube et lesdictz manans et habitans desireroient singullierement, pour la décoration et augmentation, proufict et utilité d'icelle ville et pays d'alentour, que nostre bon plaisir feust establir une foire l'an et ung marché par chacune sebmaine. Nous suppliant et requérant les y voulloir créér et establir et sur ce leur impartir noz lettres à ce convenables. Pour ce est-il que nous, ces choses considéréés, inclinant libérallement à la supplication et requeste dudit sieur de Terraube et desdicts manans et habitans, pour les causes dessusdictes et autres ; à ce nous mouvans en ladicte ville de Terraube avons créé, ordonné et estably et par ces presentes ordonnons et establissons ladicte foire l'an et un marché par chacune sebmaine, c'est assavoir ladicte foire le xive jour d'octobre et ledict marché au jour de jeudy. Voullons et nous plaist que en iceulx tous marchans puissent aller venir seurement, vendre bestial, traficquer, trocquer et eschanger toute manière de marchandise licitte, honneste et convenable, et que en ce faisant ilz jouissent et usent de tous telz droictz, privilléges, franchises et libertéz que l'on a acoustumé de faire ès autres foires et marchez de nostre dict royaume. Pourveu touttefoys que ausdictz jours n'y ait, à quatre lieux à la ronde, autres foires et marchez ausquelz ces présentes puissent nuyre ou préjudicier. Sy donnons en mandement par cesdictes présentes aux seneschaux d'Agenois et de Condomoys ou à leurs lieutenants et à tous noz autres justiciers présens et advenir, etc. Et affin. Sauf, etc.

Donné par nous en la ville de Compiégne, ou mois de septembre l'an de grâce mil cinq cens quarante neuf et de nostre régne le troisiesme.

Ainsi signé sur le reply : par le Roy *Me Pierre de Plains*, maistre des requestes de l'hostel, présent *le Chandellier* visa contentor, *le Chandellier,* et sellé en laz de soie de cire verd.

Archives nationales, J J, 259, fol. 246 verso [1].

1. L'original en parchemin existe au château de Terraube.

16 mars 1551.

Accord entre les syndics des habitants de Terraube et GILLES DE GALARD,
seigneur dudit lieu, au sujet de la construction de la halle; ledit
seigneur baille le bois et les tuiles nécessaires au bâtiment et reçoit
en retour des terrains communaux. Extrait.

Saichent tous presens et advenir que aujourd'hui que l'on
compte le sixiesme jour du moys de mars de l'an de grace mil
cinq cens cinquante ung, régnant très chrestien prince Henry
par la grace de Dieu roy de France, dans Terraube, au diocèse
de Lectoure, seneschaussée d'Agenois, en Gascogne, ressort de
Bordaloys, en présence de moy notaire royal soubs signé et des
tesmoings bas escripts et nommés, personnellement establys,
scavoir : noble et puissant GILLES DE GOLARD, seigneur dudit Terraube, d'une part, et Gilles de Doazan, Pierre Poïsson et Forton
de Fourraignan, sindics des consuls, manans et habitans du dit
Terraube, d'autre part, comme ont fait apparoir du consentement
du sindicat par devant moy notaire soubzs signé, etc.

Archives du château de Terraube, carton D, pièce 27.

1558 et avant.

Notice sur GILLES DE GALARD, seigneur de Terraube, dans laquelle il
est mention de ses enfants, continuateurs ou fondateurs des branches
de l'Isle-Bozon, de Balarin et de Saldebru.

GILES DE GALARD, seigneur de Terraube, de Ferrières et de
Bordes, contracta mariage, le 15 juillet 1510, avec noble GAILHARDE
DE RIGAUD, fille de noble et puissant homme Vidal de Rigaud, seigneur de Vaudrulhe, baron de Halia, d'Auriac, de Trémolet, etc.,
qui constitua en dot à sa fille la terre de Cabaniel, au diocèse de

Toulouse, avec haute, moyenne et basse justice, 2,500 livres d'argent et plusieurs habits de velours et de satin.

Le 21 avril 1518, BERTRAND DE GALARD, seigneur de l'Isle-Bozon, étant, dit-il, au moment de partir *ut romipeta* pour le saint voyage de Saint-Jacques en Galice, fit son testament, où il substitue à ses enfans BERTRAND DE GALARD, fils de Giles de Galard, seigneur de Terraube, son filleul.

Le 14 février 1509, Giles de Galard, seigneur de Terraube, fils et héritier de feu noble ASSYNET DE GALARD, reçut une quittance dotale de noble Arnaud de Planhole, son beau-frère.

En 1549, Giles de Galard, seigneur de Terraube, obtint du roi Henri II des lettres patentes portant concession d'une foire par an et d'un marché par semaine dans la ville de Terraube.

Le 8 décembre 1558, le noble et puissant seigneur Giles de Galard, seigneur de Terraube, fit son testament : il donna la jouissance de tous ses biens à Gailharde de Rigaud, son épouse ; nomma JEANNE DE GALARD, sa fille, à qui il donna 3,000 livres, GALHARD DE GALARD, abbé de Bouilhas, SEIGNORET DE GALARD, religieux à Moissac et prieur de Masquières, JEAN DE GALARD, ses fils puînés, FLORETTE DE GALARD, sa fille, religieuse à Condom, et institua son héritier BERTRAND DE GALARD, son fils aîné, auquel il substitua Galhard de Galard, abbé de Bouilhas, son second fils, en supposant que ledit Bertrand mourût sans enfans légitimes, et dans le même cas il substitua à Galhard, Jean de Galard, son quatrième fils, voulant que sa succession passât ainsi, en cas de mort sans enfans légitimes, à tous ses enfans mâles ; Seignoret de Galard fut le seul que son père n'appela pas à la substitution, parce qu'il était religieux profès [1].

1. Si Gailhard de Galhard, abbé de Bouillas, fut appelé à la substitution, c'est qu'il n'était pas comme Seignoret, son frère, religieux profès.

Jean de Galard, quatrième fils de Gilles, recueillit la succession de Galard, seigneur de l'Isle-Bozon, sénéchal de Gascogne, qui le fit son héritier. La postérité de ce Jean de Galard a fini depuis quelques années, et le dernier de ses descendans a institué son héritier le seigneur actuel de l'Isle-Bozon, qui est comme eux un descendant de Galhard de Galard.

Archives du château de Larochebeaucourt, cahier manuscrit de vingt-trois feuillets in-fol., qui paraît être de la main de l'abbé de Lespine.

8 DÉCEMBRE 1558 ET 23 MAI 1560.

GILLES DE GALARD, *dans son testament, choisit le couvent de la Trinité de Terraube pour y être inhumé. Il laisse 100 écus petits aux religieux de la Trinité et la jouissance d'une métairie, à la condition qu'il sera dit par eux, en son honneur, des messes quotidiennes durant l'année qui suivra sa mort et une par semaine à perpétuité ; il constitue à sa fille* JEANNE *un douaire de 3,000 livres ; il confie l'administration de ses biens à Gaillarde de Rigaud de Vaudreuil, à laquelle, en cas de désaccord avec ses enfants, il assigne pour résidence le château de Ferrières. Le testateur lègue 1,500 livres à* GAILLARD DE GALARD, *son deuxième fils, abbé commandataire de Bouilhas ; 500 livres à* SEIGNORET, *son troisième enfant mâle, prieur de Masquières, et à* JEAN, *son quatrième fils.* FLORETTE DE GALARD, *sa fille, qui avait pris le voile dans un monastère de Condom, est inscrite pour 100 livres.* BERTRAND, *l'aîné de ses fils, est nommé son héritier universel. Au cas où ce dernier viendrait à mourir sans postérité masculine, Gailhard de Galard, abbé de Bouilhas, lui est substitué, ce qui prouve qu'il était apte à succéder, c'est-à-dire abbé séculier. A défaut de celui-là, la succession doit appartenir à* JEAN DE GALARD.

Au nom de la Sainte Trinité, etc. Sachent tous présents et avenir aujourd'hui que l'on compte le 8 décembre de l'an de grâce mil cinq cent cinquante-huit, regnant, etc... noble et puissant seigneur GYLIS DE GOLLARD, seigneur de Terraube, lequel par cy-devant a été surprens d'une grosse maladie, etc. En faisant le signe de la Sainte Croix a esleu sa sépulture et voulu estre enseveli et sépulturé dans le chœur de l'église du couvent de la Sainte-Trinité dudit Terraube et au-devant du grand autel où ses ancêtres ont été sepellis. Item a voulu et ordonne, veult et ordonne ledit seigneur testateur, comme patron dudit couvent et pour la nourriture et entretiennement dudit couvent et religieux, que le ministre et religieux soient présents à sa sépulture et soient tenus chanter et célébrer, chacun jour en l'an de son décès, une messe. Item, le seigneur testateur a donné, laisse et lègue pour droit d'institution, part et portion de ses biens, à noble JEHANNE DE GOALARD, sa fille légitime et naturelle, pour soi marier, la somme de 3000 l. tournois. Item, ledit seigneur testateur, ayant esguard à sa chaire moillé, ladite noble GAILLARDE DE RIGAULD, laquelle a fait donne, maitresse et gouvernaresse de tous et chacun ses biens, tant qu'elle vivra parmi les humains. Et si elle et ses filz et hoirs ne pouvoient accorder ensemble, faisant une habitation, et quelle voulsit espartir de ses dits enfants, ycelui seigneur testateur laisse et lègue à ladite noble demoiselle Gaillarde de Rigauld, sa dite femme, toute icelle salle de Ferrières et avec toutes ses appartenances et dépendances, comme bastiments et agriaulx et cazaulx, jardins, greniers, pigeonniers, terres, prés, bois, vinhe aubarède, ensemble toutes deux icelles bordes du Bernas et de la Tintode et touls bétails qu'y seront par lors, avec chauffage, peynatge dans son bois du Bernas, pour en prendre par elle à son plaisir et nécessité sans contradiction quelconque, etc. Item, ledit seigneur testateur donne, lègue et laisse tant par droit d'institution, part et portion de ses biens, à noble

messire GOAILLARD DE GOLLARD, abbé de l'abbaye de Notre-Dame
de Boylhas, son fils légitime et naturel, que pour légitime et
supplément d'icelle, la somme de quinze cens livres tournois, une
fois payées, et avec ce l'a fait son hoir particulier, que ne puisse
rien plus demander en ses biens et à son hoir soubznommé
et escript, mais que avec ce se aye à contempter. Item, ledit
testateur a donné, lègue et laisse par droit d'institution part et
portion de ses biens à noble frère SEIGNORET DE GOLLARD, religieulx
du monastaire de Moissac, prieur de Masquières, son fils légitime et naturel, la somme de cinq cents livres tournois, et avec
ce le fait son hoir particulier que ne puysse rien plus demander en ses biens ni à son hoir soubznommé et escript, mais que
avec ce se aye à contempter. Item, le susdit testateur a donné,
lègue et laisse à noble JEAN DE GOLLARD, son fils légitime et naturel,
pour droit d'institution, part et portion de ses biens, la somme
de quinze cens livres tournois, et avec ce le fait et institue son
hoir particulier que ne puysse rien plus demander, etc. Item a
donné, lègue et laisse par droict d'institution, part et portion de
ses biens à sœur FLORETTE DE GOLLARD, sa fille légitime et naturelle, religieuse du monastaire de Condom, la somme de cent
livres tournois oultre la pension qu'il a donnée, etc. Item fait,
institue et ordonne de sa propre bouche, nomme et congnome
son hoir universel et général, scavoir noble BERTRAND DE GOLARD,
son premier filz, pour succéder en ses biens et hérédité en payant
les leguatz susditz aux lieux et sommes susdits. Et si le dit noble
Bertrand Gollard, son dit hoir, decedoyt sans enfans de son légitime matrimoyne procréés ou procréera, ce cas advenant à substitué et substitue son hoir ledit noble messire Goailhard de
Gollard, abbé dudit Bouillas, sondit fils, et de lui à Jean de
Gollard, son filz aussi par conséquent. Item, ledit seigneur tes-

tateur a faict et ordonné ses exécuteurs testamentaires savoir :
noble Jean de Bordes, seigneur de Doazan, et noble Pons du
Bouzet, seigneur de Roquépine, et maître Mathurin Gondonis,
licencié juge ordinaire dudit Terraube, ausquelz et à chacun
d'eulz ledit sieur testateur a donné plein pouvoir, puissance et
autorité prendre et vendre de son bien pour payer et satisfaire
aux légats et honneurs pour son ame et tout ce qu'ils auront
fait que soyent creus sans forme de serment ni figure de juge
ni justice, etc. [1]

Archives du château de Terraube, carton D, pièce 32.

---

4 OCTOBRE 1566.

Testament de Gaillarde de Rigaud de Vaudreuilh, veuve de GILLES DE
GALARD, *seigneur de Terraube ; elle prescrit à son héritier d'habiller de drap noir six filles pauvres, répartit ses legs entre ses
trois fils puînés,* GAILLARD *ou* GAILLARDON, SEIGNORET, JEAN, *et ses
deux filles,* FLORETTE, *religieuse de Prouilhan, et* JEANNE, *mariée à
Antoine de Bérail, seigneur de Pauillac, et nomme pour son héritier universel* BERTRAND, *l'aîné de ses enfants, déjà seigneur de
Terraube.*

En nom de Dieu soit connue ne y ayant en ce monde nay ny
créé que puysse esviter ne fuyr le jugement divin, par ainsy le
sage dispose de ses biens pendant qu'il est en bonne mémoire,
avant que l'heure de la mort inévitable perturbasse son entendement et aux fins que entre nos enfants nos fils et nos filles ne

1. Voir plus loin les preuves faites, devant d'Hozier en 1749, par Jean-Jacques
de Galard, agréé page du roi. Il produisit plusieurs des titres consignés ci-dessus,
se rapportant à son cinquième aïeul, Gilles de Galard, seigneur de Terraube.

puissent mouvoir, ny sortir débats, question ni procès, à ceste
cause sachent tous présents et advenir que aujourd'hui, quatrième
jours du moys d'octobre mil cinq cens soixante six, dans la salle
de Ferrière, juridiction de Tarraube, sénéchaussée de Condomois
ressort de Bordeloys, reignant Charles, par la grace de Dieu roy
de France, par moi notaire royal soubsigné et en présence des
témoings bas escripts et nommés, personnellement constituée en
sa personne noble GOUAILLARDE DE RIGAULT, damoiselle de Terraube
et vesve à feu noble GILLES DE GOLARD, seigneur de Tarraube en
son vivant, laquelle gissant malade dans son lict et dans sa chambre, toutefois bien saine de son entendement et pensée par la
grace de Dieu, a faict et ordonné son testament et dernière volonté
en la manière que s'ensuit : et premièrement a recommandé son
ame à Dieu et quand il lui plaira son ame séparer de son corps
a voleu que yceluy cors soyt mis et ensebely dans le chœur du
conbent de la Saincte-Trinité de Tarraube et que son héritier
soubscrit soit tenu de bailler et payer à chacun prestre ou religieux trois sols. . . . . Et que son hoirs bas escrit soit tenu de
vestir et accoutrer de drap noir six filles pouvres après son
décès. — *Item* et ladite de Rigault testatrice a légué et lègue à
noble GAILHARDON DE GOLARD, son fils, la somme de cent livres tournoises une fois payables par son héritier bas escrit et nommé.
— *Item* ladite testatrice a légué et donne à noble SEIGNORET DE
GOLARD, son fils, la somme de deux cens livres tournoises, une fois
payables par son héritier bas escrit, etc. — *Item* a donné et lègue
ladite testeresse à noble JEHAN DE GOLARD, son fils, la somme de
quatre cents livres, une foys payables par son héritier baz escrit, etc.
— *Item* ladite de Rigault, testeresse, a donné, laisse et lègue à
noble FLORETTE DE GOLARD, dame religieuse de Prolhian, sa fille,
la somme de cent livres tournoises, une foys payables par son

héritier baz escrit, etc. — *Item* ladite de Rigault, testeresse, a dit que demoiselle JEANNE DE GOLARD, sa fille, avoir été mariée avec noble ANTHOINE DE BÉRAILH, seigneur de Pauilach, en Rouergue, à laquelle elle auroit constitué en dot la somme de mille livres tournoises qui ont été baillées et payées audit seigneur de Pauilach par noble BERTRAND DE GOLARD, seigneur de Terraube, son fils aysné, laquelle somme iceluy de Golard a prinse à la charge d'en payer annuellement les intérets, de laquelle somme de mille livres et des intérets elle en demeure redevable audit de Galard, son filz. A ceste cause a laissé et lègue à ladite Jeanne de Golard, sa fille, un escu sol pour tout droit, etc. Et pour ce que l'institution d'héritier ou héritière est chef et fondament de tout bon et vrai testament, a fait et ordonné et, de sa propre voulonté, nomme et agnomme noble BERTRAND DE GALARD, seigneur de Terraube, son filz aysné, lequel a chargé de payer tous et chascuns les légats que dessus exprimés.

Archives du château de Terraube, carton E, pièce 20.

---

17 DÉCEMBRE 1508.

Contrat de mariage entre noble Arnaud de La Plagnolle, seigneur de Ricau, au diocèse de Saint-Papoul, avec noble ANNE DE GALARD, fille de noble ARCHIEU ou ARSINET DE GALARD et de Marie d'Aurensan, et sœur de GILLES DE GALARD, seigneur de Terraube.

In nomine Domini... Amen... tenore hujus presentis et publici instrumenti, etc. . . . . Sit notum quod, anno ab Incarnatione Domini millesimo quingentesimo nono et die quarta mensis februarii, regnante serenissimo et illustris-

simo principe et domino nostro domino Ludovico, Dei gratia
Francorum rege, apud civitatem Tolosæ, etc. . . . .

Existens et constitutus personnaliter nobilis Arnaldus de
Planhola, dominus loci de Ricaldo, Santi Papuli diocœsis et
seneschalliæ prædictæ, pro se suisque hæredibus et successoribus universis, in sequendo tenorem pactorum matrimonialium
inter Arnaldum de Planhola, ex una, et nobilem Egidium de Golard,
dominum loci de Tarrauba, Lactorensis diocœsis, filium et hæredem universalem defuncti nobilis Arsineti de Golard, domini,
dum viveret, dicti loci de Tarrauba, factorum, passatorum, etc...
ad causam matrimonii, inter jam dictum de Planhola et nobilem
Annam de Golard, domicellam, dicti nobilis Arsineti filiam naturalem et legitimam et præfati Egidii sororis, per verba legitima, etc...

Archives du château de Terraube, parchemin en bon état, signé Mossonis, notaire. Carton D, pièce 2

---

10 DÉCEMBRE 1511.

*Dans l'acte en langage gascon passé à l'occasion de la pose de la pre-
mière pierre de l'église de la Plume, on voit que la terre de Galard
en Brulhois, possédée anciennement par la famille de Galard, de
même que la baronnie du même nom dans le Condomois, était,
en 1511, une dépendance de l'ordre de Saint-Jean de Jérusalem,
ayant pour recteur Bertrand de Villepinte.*

L'année suivante, et le dixième jour de décembre, se faisait
la pose solennelle de la première pierre par le chef même de
l'œuvre, noble Pierre de Saint-Cyr. L'acte en fut dressé en langue
vulgaire, et nous espérons qu'on nous saura gré de le faire connaître dans toute sa naïveté.

Sensec la data quant la glize de la **Pluma** es estada commensada :

L'an mil cinq cens et unze et le dixiesme de décembre, régnant Loys, dozême d'aquest nom, par la gracia de Diu rey de France, duc d'Orlians et de Milan ; et aussi régnant par réintégration lo noble Frances de Rochechouard, viscomte de Brulhés ; et aussi régnant lo reverend payre en Diu Mosem Johan Marra, avesque de Condom, et aussi régnant lo honorable home Mosem Arnaud Fort, rector de ladita glisa, foc comensada de bastir la présenta glisa de Sainct-Barthomiu de la Pluma par ung nomat maistre Guilhem Magantier, peyré, démorant résidentement à Nérac. Et foc pausada la prumera peyra de ladita glisa par lo noble Pey de Sent Sirc, obré de la grand obre de ladita glisa, et metoc lodit de Sanct Sirc ung escut deu soleilh debat ladita peyra ; et asso am consentiment de Johan Manhan, Robin Darcy, Guinot Denarp et de Johan Laporta, consols de ladita vila de la Pluma, regnans l'an et lo jour susdits. Mes maistre Guilhen Magantier, peyré, ne destremec lodit escut au soleilh, car el dise que lodit escut faze tremola la peyra, et la gardaba de la alogar à son degut. Et tout asso foc feyt et dit en presentia deusdits Messenhors, de coussos (des consuls), et de Mossem Ramond de las Coturas, archiprestre de Brulhès, et de Mossem Arnaud Manhan, et de Mossem Pey de Lamarca, et de Mossem Bertrand de Villapinta, rector de Goulard, et de Mossem Pey Coloms, et de Mossem Estère Damblat, et de Mossem Johan Branqua, et de Mossem Johan de Labatut, et de Mossem Arnaud de Berger, estant per aquet temps en l'ordre de subdiachonat ; et aussi en la presentia de beaucoup d'autre gent de bien de la villa de la Pluma. Et per major fermetat, jo desoubs escriupt, estant en l'ordre del diachonat, qui ery au commensament de ladite glisa, et per memoria perpétuella ey escriupta la présent millésima; et durant ladita millésima y abe grand guerre entre lo papa et lo rey de France, auqual Diu done bona vita et aussi bona victoria a l'encontre de ses ennemys.

FRONTET CAPTAINH.

Histoire religieuse et monumentale du diocèse d'Agen, par l'abbé Barrère, tome II, page 179.

---

25 JUIN 1513.

Mariage de messire Raymond de Luppé, seigneur de Tieste et de Sarrade, avec demoiselle JEANNE DE GALARD, née de noble BERTRAND DE GALARD, seigneur d'Aubiac, et de Catherine de Lustrac. La future reçut une dot de 3,000 livres. Au contrat furent présents François de Massencome, sieur de Monluc, Odet de Bouzet, chevalier, seigneur de Caussens.

In nomine Domini, amen. Articles et convenances matrimoniaux passés et accordés entre messire RAMOND DE LUPPÉ, chevalier, seigneur dudit lieu de Tiesta et de Sarrada d'une part, et damoiselle JEHANNE DE GOLLARD, fille de feu noble BERTRAND DE GOLLART, en son vivant seigneur d'Albiac, et de demoiselle Catherine de Lustrac, d'autre part. Et premièrement, en faveur dudit dot et mariage et pour supporter les charges d'icelluy, ladicte de Gollart a porté audit de Luppé la somme de trois mil livres tournois, elle vestue et habillée d'une robe de velors contenant quatorze aulnes de velors doublée de panes noyres, une robe de satyn noyr, contenant quatorze aulnes de velors doublée de panes noyres, une robe de camelos tané, contenant quinze aulnes, une cote de satin cramoysin, contenant huit aulnes doblée de drap; une cote de

damas jaune, contenant huit aulnes doblée de draps; une cote
de satin bleu, contenant neuf aulnes doblée de drap; ung chaperon velors et ung chaperon satin. De laquelle somme de trois
mil livres tournois, noble homme Loys de Lart, seigneur de Birac,
Durance, Samasan et Montpoillan, et seneschal de Castres, pour
et au nom de nobles GABRIEL DE LART et de damoiselle ANNE DE
GOLLARD, conjoints, seigneur d'Albiac, a payé et livré audit de
Luppé, la somme de deux mil livres tournois, ensemble et les
habillemens, et desquels deux mil livres tournois et habillemens,
lesdicts de Luppé et de Gallart, sa femme, se sont tenus pour
bien payés et contentés, et d'iceulx deux mil livres tournois et
habillemens, ont quicté et quictent lesdits nobles Loys de Lart,
Gabriel de Lart et damoiselle Anne de Gallart et les siens au
pacte, de ne leur ny demander jamais aucune chose; et les autres
mil livres tournois restant dudit donné, ledit noble Loys de Lart
a promis payer et satisfaire auxdits de Luppé et de Gallart, sa
femme, dedans le cours d'un an prochain venant à compter du
date de ces présentes, soubz obligation et hypothèque de tous ses
biens et choses. Item et moyennant ladite somme de trois mil
livres tournois et habillemens susdits, ladicte demoiselle Jehanne
de Gallart s'est tenue et repputée pour bien contente et satisfaite
de tout droit par portion et succession de ses père, mère et
ayeuls, tellement que. . . . . et autorité dudit de Luppé, son
espouse illec présent. . . . . à ladicte de Gallart, son espouse,
donnant et octroyant icelle damoiselle Jehanne de Gollart ay
notté et renoncé et dès à present quicté et renoncé à toute succession paternelle, maternelle, fraternelle et. . . . . à tout autre
droit de légitime et autre part et portion qu'elle poroit avoir et à
elle apartenant en la maison noble d'Albiac, ses apartenances,
dépendances et seigneurie d'icelle, en faveur desdits nobles

Gabriel de Lart et damoiselle Anne de Gallart, sa femme, seigneur d'Albiac, illec présent . . . .

Item et en augmentation dudit dot et mariage, ledit de Luppé a recognu et recognoit à ladicte de Gallart, son épouse. . . . . . part dudit donné et mariage qui est la somme de mil livres tournois, lequel dot et mariage de ladicte de Gallart audit de Luppé porte et constitue ensemble ladicte augmentation par icelluy de Luppé à elle faicte, icelluy Ramond de Luppé[1] a recogneu et assigné à ladicte de Gallart sur tous et chacuns des biens et appartenans sur la place et seigneurie de Luppé, cens, rentes et autres deppendances de ladicte place et seigneurie, etc.

Ce fut fait et passé au château et place d'Albiac en la seneschaussée d'Armagnac ou diocèse de Condomois, le 27e jour du mois de juin, l'an 1513, régnant Louis, par la grâce de Dieu roy de France, en présence de Jean de Léaumont, seigneur de Puy-Gaillard, Jehan de Sérilhac, seigneur dudit lieu, François de Massencome, seigneur de Montluc, Jehan de Monlausun, seigneur de Las, messire Oddet de Boset, chevallier, seigneur de Caussens, Jehan de Sérillac, seigneur dudit lieu et de Crosilles, Bertrand de Lasseran, seigneur de Casaulx, maistre Martin de Riparia, messire Gaspard de Jussan et messire Clement de Lort, et lesdites parties qui ont signé le présent instrument, et de moy, André Regnault, notaire royal, demeurant en la ville de Marmande, qui des choses susdites ay reteneu présent instrument, lequel j'ai grossoyé de ma main et en tesmoing de ce me suis soubscrit et signé.

A. REGNAULT.

Archives du séminaire d'Auch, H ², 6, parchemin.

1. De Courcelles a marié Raymond de Luppé avec N. de Jussan, par hypothèse sans doute.

Vers 1520.

*Mention du mariage d'*Isabeau de Galard de l'Isle, *avec* noble et puissant homme Jean de Laurens, seigneur de Soupets et coseigneur de *Puginier. Leur fille, Charlotte de Laurens, épousa le 28 juillet 1545 Achille de Bonne, seigneur de Marguerittes et de Ronel.*

VII. — Achille de Bonne, premier du nom, seigneur de Marguerittes et de Ronel, coseigneur de Missècle, épousa en premières noces, par contrat du 22 juillet 1545, passé devant Pierre Lemiral, notaire à Castres, demoiselle Charlotte de Laurens, fille de noble et puissant seigneur Jean de Laurens, seigneur de Soupets, coseigneur de Puginier, et d'Isabeau de Galard de l'Isle, et sœur de noble Balthazard de Laurens, seigneur de Soupets et de Puginier, auquel Achille de Bonne et son père donnèrent quittance de la dot de Charlotte, devant Gabriel Blanchely, notaire à Castres, le 27 du même mois de juillet 1545.

Histoire généalogique et héraldique des pairs de France, par de Courcelles, tome IV, page 11, article de Bonne.

----

21 avril 1521.

Jeanne de Galard de Terraube, *femme de Jean de l'Isle, seigneur de Saint-Aignan, fut mère de Marguerite de l'Isle, qui se maria en secondes noces, à la date ci-dessus, avec Pierre de Nogaret, seigneur de la Valette.*

Pierre de Nogaret, seigneur de la Valette, épouse, le 21 avril 1521, Marguerite de l'Isle, dame de Casaux et de Caumont, veuve du seigneur de Casaux et fille de JEAN DE L'ISLE [1], seigneur de Saint-Aignan en Condomois, et de JEANNE DE GALARD DE TERRAUBE [2].

Mss. de l'abbé de Lespine, dossier de Galard, Bibl. de Richelieu, Cabinet des titres.

ANNÉE 1522.

Aux revues du grand commandeur de Saint-Jean de Jérusalem qui furent organisées par le grand maître de l'isle Adam, et qui précédèrent la défense de Rhodes, on trouve GÉRAUD DE GALARD.

Catalogue des frères chevaliers et servans d'armes qui, en 1522, se trouvèrent aux revues qui furent faites par le grand commandeur et les chevaliers dell Aquita, Veston, Balin, d'Aubin, Ricard, Chalaut, Marquet et Icelin, commissaires à ce députés, pour se préparer à la défense de Rhodes, sous le grand maître de VILLERS L'ISLE ADAM.

DE LA LANGUE DE PROVENCE.

Frère Boniface d'Alvies.

Frère Bernard de Bedons.

Frère Philippe Broch.

Frère Guiot de la Valette, dit Parisot.

Frère Jean Magnan.

Frère Antoine de Villeneufve, dit Spinosa.

Frère Boniface Flotte.

Frère Bernard Castagnet.

Frère Gilles de la Roque.

Frère Jean de la Valette, dit Parisot, qui fut depuis grand maître.

Frère GÉRAUD DE GALARD.

Frère Antoine de Castelane.

VERTOT, *Histoire des chevaliers de Saint-Jean de Jérusalem,* tome VII, page 424.

1. Père d'autre Jean de l'Isle, seigneur de Saint-Aignan, marié à Catherine de Galard de l'Isle-Bozon.

2. Le P. Anselme, en son *Histoire des grands officiers de la couronne,* a, par erreur, mis TALLART DE TERRAUBE.

21 MAI 1524.

Mention de CATHERINE DE GALARD, *femme de Jean de l'Isle, seigneur de Saint-Aignan, comme mère d'Andrine ou d'Adrienne de l'Isle, mariée à Antoine de Goth, baron de Rouillac.*

Antoine de Goth ou de Gout, seigneur, baron de Rouillac, du Palais, etc., a ces qualités dans un acte du 24 février 1522, par lequel il donna une île sur la Garonne, à féage, de même que dans une requête que lui et demoiselle Andrine de l'Isle, dame de Saint-Aignan, alors sa future épouse, présentèrent au sénéchal d'Agen, contre le baron de l'Isle, parent de cette demoiselle, qui voulait la marier à un autre seigneur contre sa volonté. Une sentence intervenue à Agen, le 21 mai 1524, défendit de la marier à tout autre qu'au seigneur de Rouillac. Leur mariage eut lieu avant le 12 janvier suivant. Elle était fille et héritière de JEAN DE L'ISLE, seigneur de Saint-Aignan, coseigneur de Saint-Mézard, et de CATHERINE DE GALARD. Antoine transigea, le 27 mars 1525, avec Jean du Gout, seigneur de Lieux. Cet acte rappelle la donation que feu Jean de Gout, seigneur de Rouillac, avait faite à Jacques, père du même Antoine, en le mariant à Maffronne ou Maffrée de Comminges. Antoine vivait encore le 20 février 1530 ; mais Andrine de l'Isle en resta veuve avant le 7 octobre 1536, et elle avait encore la tutelle de son fils aîné le 27 novembre 1539. Leurs enfants furent :

1° Jean II l'aîné, dont l'article viendra.

2° Jean II le jeune, auteur de la branche de Saint-Aignan, etc.

Histoire des pairs de France, par de Courcelles, art. de Goth ou du Gout, p. 41.

21 MAI 1524.

Autre extrait dans lequel est relatée l'union de CATHERINE DE GALARD *et de* JEAN DE L'ISLE.

Antoine de Goth, seigneur et baron de Rouillac, du Palais, etc., femme ANDRINE DE L'ISLE, dame de Saint-Aignan, fille et héritière de JEAN DE L'ISLE, seigneur de Saint-Aignan, coseigneur de Saint-Médard, et de CATHERIINE GOLARD, fut mariée, après le 21 mai 1524 et avant le 15 août 1525, époque où sa mère testa et l'institua son héritière universelle. Elle étoit tutrice de son fils aîné, le 27 novembre 1539.

Mss. de l'abbé de Lespine, dossier de Galard; Bibl. de Richelieu, Cabinet des titres.

13 JANVIER 1525.

Reconnaissance emphytéotique, faite par prévoyant homme Jean de la Fargue au profit de CATHERINE DE GALARD, *dame usufruitière de Saint-Aignan, et d'Andrine de l'Isle.*

In nomine Domini, anno 1525, 13 januari, providus vir Joannes La Farga, senior, — reconnoît tenir en fief ou emphitéose perpé-tuelle — a nobili CATHARINA DE GOULARDO, domina usufruictuaria Sancti Anhiani, et Andriana de Insula, domina principali ejusdem loci absente, præsente tamen nobili viro Antonio de Guto, domino de Rouillaco, tanquam viro dictæ nobilis, unam petiam terræ et prati in jurisdictione dicti loci.

Mss. de l'abbé de Lespine, dossier de Galard; Bibl. de Richelieu, Cabinet des titres.

5 AOUT 1525.

CATHERINE DE GALARD, *veuve de Jean de l'Isle, seigneur de Saint-Aignan, fait son testament et rappelle que son père,* BERNARD DE GALARD, *lui constitua une légitime de 1,500 livres, qui furent payées par* BERNARD DE GALARD, *son frère.*

In nomine, etc., anno 1525, 5 aout, nobilis CATHARINA DE GOULART, uxor relicta nobilis JOANNIS DE INSULA, domini Sancti Anhiani, condomini Sancti Medardi, etc., fait son testament parlequel elle ordonne sa sépulture à Saint-Aignan, près de son mari, fait plusieurs legs pieux et fondations, dit que noble BERNARD DE GOULARD, son père, lui assigna 1500 ℔ de dot qu'elle reçut de noble BERNARD DE GOULARD, son frère, à la réserve de 100 ℔ restans, parle de noble Jean de Lisle, père de son mari, dit que son dit mari avoit légué à noble Marguerite de Melinhan, sa nièce, fille de noble Thibaut de Melinhan, seigneur de Trinhano (Treignan), 100 ℔ tournois, qu'elle ordonne être payés, comme aussi qu'il avoit déclaré de bouche avoir acquis injustement certaine somme de deniers en servant le roi de France qu'il ordonne être restituée. Elle fait son héritière universelle noble Andrée ou Adrienne de l'Isle, sa fille, et encor qu'elle mourut sans enfants, lui substitue ses plus proches parentes demoiselles de GOULARD et de l'Isle ; fait exécuteurs testamentaires Antoine de Got, seigneur de Rouilhac, son gendre, et la dite Andrée, sa femme, et Bertrand de Rochanhin[1], « filium domini de Rocanino. »

Mss. de l'abbé de Lespine[2], dossier de Galard ; Cabinet des titres.

1. Il faut de la Roquan ou de la Roquain.
2. L'abbé de Lespine avait fait ces extraits dans les titres domestiques de la maison de Montlezun.

13 décembre 1533.

Catherine de Galard fonde un obit pour elle et ceux de sa race dans le couvent de la Trinité de Terraube.

In nomine, etc. Catharina de Galardo, nobilis uxor relicta nobilis Joannis de Insula, domini de Sancto Anhiano, fonde un obit pour soi et ceux « de genere suo » au couvent de la Trinité de Terraube pour 10 écus petits, à la charge d'une messe basse, qui sera dite pour elle le vendredi avant le dimanche de la Passion à Saint-Aignan ; et pour ce, l'an 1533, le 13 décembre, ses frères assemblés confessent avoir reçu la dite somme.

Mss. de l'abbé de Lespine, dossier de Galard ; Bibl. de Richelieu, Cabinet des titres.

30 juin 1525.

Paulon de Montesquiou, fils de noble Manauld, fait don à sa femme, Jacmette d'Estaing, dame d'Artagnan, de deux sommes d'argent, en présence de Jacob de Galard.

. . . . . Videlicet predictas summas mille quinque centum librarum ab una parte, et ab alia parte, septem centum librarum . . . . . per dictam de Astagno, ejus uxorem receptas ; . . . . . hanc autem donationem . . . . . dictus nobilis Paulonus de Montesquivo, jam dicte nobili Jacmete de Astagno, uxori sue, fecit . . . . . ad causam amoris carnalis ; . . . . . presentibus in premissis Sanceto de Colmeriis, Jacobo Galhard, ... testibus . . . . . et magistro Francisco de Sanctailhiis, notario, quondam . . . . . ville Rapistagni habitatore, qui predictum instrumentum retinuit et in suis libris et prothocollis regestravit; sed morte preventus, illud grossare . . . . . non valuit; post ejus mortem, libri et prothocolla predicti quondam de Sanctailhiis, necnon alia acthenus sibi collata, mihi Dominico de Sanctailhiis, notario, ejus filio et heredi, ville predicte Rapistagni habitatori, collata extiterunt per venerabilem dominum senescallum Bigorre et hoc mediantibus suis patentibus . . . . .

Généalogie de la maison de Montesquiou-Fezensac, in-4°, Paris, 1784, preuves, page 105.

------

5 DÉCEMBRE 1526.

Reconnaissance consentie par noble Jacmette d'Estaing, dame d'Artagnan, en faveur de noble Paulon de Montesquiou, son mari, écuyer du roi de Navarre, fils de noble Manauld de Montesquiou, seigneur de Salles. JACOB DE GALARD *figure dans cet acte, qui se rapporte au payement partiel d'une somme promise par contrat de mariage.*

. . . . . Quam quidem summam dictarum viginti librarum . . . . . jam dicta nobilis Jacma sive Jacmeta de Astagno, domina predicta supradicto de Montesquivo, ejus viro . . . . . ypothecavit . . . . . super dominationem . . . . . ejusdem loci de Artanhano . . . . . Acta fuerunt hec . . . . . in presentia . . . . . JACOBI GALHARD [1], Sanceti de Colomeriis, ville. Rapistagni . . . . . testium . . . . . et magistri Francisci de Sanctailhiis, notarii quondam . . . . . ville predicte Rapistagni

------

1. JACOB DE GALARD était fils de JEAN DE GALARD, seigneur de Castelnau d'Arbieu, dont nous avons donné la notice page 698, et qui reçut plusieurs reconnaissances emphytéotiques en 1510. Jean testa en 1552, durant la peste qui avait emporté sa femme, N. de Manas.

habitatoris, qui . . . . . presens instrumentum retinuit et in
suis libris et prothocollis regestravit, etc.

Généalogie de la maison de Montesquiou-Fezenzac, in-4°, Paris, 1784,
preuves, page 106.

15 NOVEMBRE 1528.

Pactes d'alliance de JEAN DE GALARD, *seigneur de Castelnau d'Arbieu,*
avec MARIE DE GALARD, *fille de Gilles, écuyer, seigneur de Terraube.*

Pactes et convenances faictes, passées et accordées sur le
mariage traicté et que, au voloir de Dieu, sera solempnisé entre
noble JEAN DE GOLARD[1], seigneur de Castelnau d'Arbieu et d'Urdens,
d'une part, et damoyselle MARIE DE GOLARD, fille légitime et naturelle
de noble GILES DE GOLARD, escuyer, seigneur de Tarraube, d'autre
part. . . . . en la ville de Fleurance, sise ou comté de Gaure,
seneschaussée de Tholose, le 11e jour du mois de novembre en
lan mil vᶜxxviii. . . . . ledit sieur de Tarraube a constitué en
douaire. . . . . au dit sieur de Castelnau la somme de 2000 escus
livres tournois, payables (1500 l. promptement et les 600 l. de ce
jour ès six années). . . . . *Item,* ledit sieur de Tarraube a promis
habiller sadite fille le jour des nopces de robbe de velors noir,
doublée de satin noir, cotte de satin tané, manchon de velors
tané, robbe de satin noir, doublée de velors noir, cotte de
damas noir, manchon de velors noir, robbe de camelot, doublée
de panes noires de Lombardie, cotte de fin drap de Paris et man-

---

1. Il était fils aîné de JEAN DE GALARD, seigneur de Castelnau d'Arbieu et de
N. DE MASSAS DE CASTILLON. Voir plus haut l'article de son père, 27 décembre 1522, page 698.

chon de velors violet, deux habilhemens de reste, un pere de coffres et un manteau rouge et un chapeau pareil de satin. . . . Et ont signé les susdites parties pour plus grand fermeté. . . . . noble messire Brandelis de Massas chevalier, sieur de Cadilhan, Beranet d'Antras, sieur de Labadie, Pierre de Labardac, sieur de Mesmes, Jan de Patras, seigneur de d'Aigues-Mortes, Berauld de Boloys, sieur de Boloys, mestre Pierre Forrein, prestre, Jean de Lymosin, Jean Valière, de Fleurance, mestre Domenges Doazan, notaire de Larromieu, et moy Antoine Vaysseon, notaire de Mauvoysin. . . . . Anno Domini mill° quing° xxviii° et die xvᵃ novembris in villa Florentiæ personaliter constituti. . . . . dominus de Tarraube et dominus de Castelnau. . . . . passaverunt dicta pacta per me ibidem lecta alta voce.

Archives du séminaire d'Auch, H², 6, parchemin.

24 FÉVRIER 1534.

Quittance souscrite par JEAN DE GALARD, *seigneur de Castelnau d'Arbieu, en faveur de* GILLES DE CALARD, *son beau-père. Celui-ci avait payé au premier un à-compte de 600 livres sur le douaire plus important constitué à* MARIE DE GALARD, *femme dudit Jean. Les métairies de Mérens et de la Cabane, qui avaient servi de gage à la créance en question, furent restituées à leur légitime possesseur, Gilles de Galard.*

Saichent tous présents et advenir que, aujourd'hui que l'on compte le vingt quatriesme du mois de fabvrier l'an de grâce mil cinq cens trente quatre, regnant très illustre, etc., à la bourde appellée à La Teuleria, en présence de moy notaire royal soubsi-

gné et des tesmoings bas escripts et nommés, personnellement
estably sçavoir est noble JEHAN DE GOLARD, coseigneur du lieu de
Castelnau d'Arbieu, lequel de son bon gré, etc., tant pour luy
que pour ses successeurs, a confessé et confesse avoir reçu de
noble et puissant seigneur GILLES DE GOLARD, seigneur de Tarraube,
la somme de six cents livres tournois et ce pour et en déduction
de plus grande somme que ledict seigneur de Tarraube est tenu
envers ledict seigneur de Castelnau d'Arbieu, pour le douaire de
noble MARIE DE GOLARD, femme dudict seigneur de Castelnau et
fille audict seigneur de Terraube, en cent soixante dix huit escus
d'or soleil comptans et en l'arrendement de Sainct George, jurisdiction de Marsolan, dont il devra jouir à la cuilhida prochaine,
ce qu'a promis ledict seigneur de Tarraube, et luy demeure aux
cas épiscopaux de Mgr l'évesque de Lectoure; de laquelle somme
de six cents livres tournois ledict seigneur de Castelnau se déclare
content et bien payé, et en quicte ledict de Tarraube. Au moyen
de ladicte somme, ledict noble Jehan de Golard, seigneur de
Castelnau d'Arbieu, a rendu audict seigneur de Tarraube les
bordes de Mérens sive la Cabane, le bois de Corp, les dîmes et
fiefs desdictes bourdes et ce pour cinq ans. Et si dans cinq ans,
ledict seigneur de Castelnau est entièrement payé par le seigneur
de Tarraube, ces deux seigneurs seront quictes l'ung envers l'autre. Et si ledict seigneur de Tarraube ne paye pas (ainsy qu'il l'a
promis et le doibt) le reste dudict douaire, après les cinq années
passées, ledict seigneur de Castelnau jouira des dîmes et fiefs des
bordes jusqu'à l'entier payement dudict douaire de sadicte
femme. Et pour prévenir tout empêchement ou contradiction
qui pourroit provenir au sujet de ces conventions, ont obligé lesdicts seigneurs de Tarraube et de Castelnau leurs biens meubles
et immeubles présents et advenir et les soumettent aux rigueurs

et compulsions des cours de messieurs les consuls dudict Lectoure, juge ordinaire dudict Tarraube, sénéchaux d'Agenois et Gascogne, Armaignac et Toloze, et de chascunes d'icelles l'une pour l'autre, nonobstant comme lesdictes cours et rigueurs d'icelles veulent, poustulent et requièrent, et ainsin ont promis et juré respectivement lesdictes parties et chascune d'icelles aux saincts quatre évangiles, nostre Seigneur de leurs mains dextres corporellement . . . . . touché, tenir et observer tout ce que dessus et non venir contre. En vertu dudict jurement ont renoncé à toutes et chascune renonciations de droict establi, ordonnances royaux à fins de moissons et vendanges, à la recepte et numération de ladicte somme, et généralement à tout droit civil et canon, divin et commun, escript et non escript, vieulx et nouveau qui pourroit venir contre la teneur du présent instrument. De quoy lesdictes parties ont requis et demandé leur estre retenu et expédié instrument à chascune partie ung d'une mesme teneur et substance, par moy notaire soubsigné, ce que ay faict et ce en présence de noble frère Bernard de Madirac, prieur de Boillas (Bouilhas), sire Guillaume d'Alas, Bertrand Linca dudict Lectoure, Perrot de Balses, Jehan de Feret dudict Tarraube, et maître Bernard de Sobiran, notaire, de Daubèze habitant, tesmoings à ce appellés et requis par moy Anthoyne de Cays, notaire royal, habitant dudict Tarraube qui requis des chacuns susdicts, ay retenu ce présent instrument; en foy de quoy me suis icy soubsigné de mon seing authentique cy-mis.

Signé : A. Cays, notaire royal.

Archives du château de Malliac. Manuscrits de M. Benjamin de Moncade. Cahier AA 3.

23 JUILLET 1551.

JEAN DE GALARD, *seigneur de Castelnau d'Arbieu, comparaît dans une montre passée à Marmande.*

JEAN DE GOULLARD DE CASTELNAU était homme d'armes de la compagnie de 80 lances des ordonnances du roi, sous la conduite du roi de Navarre [1], suivant le rolle de la revue qui en a été faite au lieu de Marmande, en Guyenne, le 23 juillet 1551.

Glanures généalogiques sur la branche de Castelnau d'Arbieu, par l'abbé de Lespine, note marginale, dossier de Galard; Bibl. de Richelieu, Cabinet des titres.

---

18 JUIN 1565.

Quittance délivrée par BERTRAND DE GALARD *à son frère* JEAN, *pour la part contributive de ce dernier dans le payement de la légitime de* MARIE DE GALARD, *leur sœur, épouse de* JEAN DE GALARD, *seigneur de Castelnau d'Arbieu.*

Saichent tous, etc., dans le château de Terraube, en Agenois, par devant, etc., personnellement constitué en sa personne

---

1. Le paréage conclu entre le roi d'Angleterre et Raymond de Galard, évêque de Condom, et non pas Pierre de Galard, son successeur, comme l'avance l'abbé Monlezun, fut rappelé en 1529 à l'occasion suivante :

« Les deux époux (Henri II et Marguerite de Valois) ne se présentèrent à Condom que le 31 janvier 1529. Henri avait obtenu le gouvernement de la Guienne. L'évêque Hérard de Grossoles lui demanda à ce titre le serment voulu pour le paréage passé entre le prince Édouard d'Angleterre, alors maître du Condomois, et l'évêque de cette époque, PIERRE DE GALARD ; le prince le prêta devant la porte de l'église, à genoux et la main sur le *Te igitur.* L'archevêque de Bordeaux et Georges d'Armagnac, qui accompagnaient le prince, furent témoins de cet acte, ainsi que les consuls et une foule de peuple. » (*Histoire de Gascogne* par l'abbé Monlezun, tome V, page 171.)

noble BERTRAND DE GOALLART, seigneur de Terraube, lequel de son bon gré, tant pour luy, les siens et successeurs, a confessé avoir prins et receu' de noble JEHAN DE GOLLARD, seigneur de Mérens, son frère, illec présent, la somme de soixante six escus, treize sols, quatre deniers. . . . . partie de huit cents livres en laquelle le dit Jehan est tenu de contribuer et fournir au recouvrement de la Borde de la Bernède de la Cabane, engagée au seigneur de Castelnau (d'Arbieu) pour le douaire de feue MARIE DE GOALLARD, sœur des susdites parties, de laquelle somme de 66 escus 13 sols 4 deniers le dit Bertrand s'est tenu pour .comptant et bien payé et en quicte le dit Jehan, et néanmoins a promis et promet le dit Jehan, stipulant et acceptant, de le faire jouir des terres. . . . . de la dite Borde de la Cabane, et ce en récompense de la part qu'il pourroit prétendre comme légataire sur les dites terres, et ce sous obligation de tous et chascun ses biens présents et à venir, meubles et immeubles, qu'il soumet aux rigueurs des cours de MM. les sénéchaux d'Agen, Gascogne, Armagnac, Tholoze, et juges ordinaires des dites sénéchaussées, à une chacune d'icelles comme à toutes les dites cours et rigueurs d'icelles le veuilhent, postulent et requièrent; et ainsi l'a juré et promis, la main dextre levée, au Dieu vivant ne venir ni contrevenir à jamais. De quoy le dit Jehan a requis instrument à moy, notaire soussigné, ce qu'a fait en présence. . . . . habitans du dit Terraube et moy Raimond de Mosnier, notaire royal du dit Terraube, qui requis des dites parties, ai rédigé le présent instrument de ma main, l'ai grossoyé; en foy de quoy me suis signé de mon seing accoustumé suivant. (Signé) *Mosnier*, notaire royal.

Archives du château de Malliac. Mss. de M. Benjamin de Moncade, cahier AA 3.

AVANT 1534.

La terre d'Aubiac fut apportée dans la maison de Lart par le mariage d'ANNE DE GALARD avec Gabriel de Lart, seigneur de Berrac. A partir de cette union, cette branche de la maison de Lart ajouta à son nom celui de Galard.

ANNE DE GALARD porta la terre d'Aubiac à GABRIEL DE LARD, seigneur de Bérac; de ce mariage vint Antoine de Lard qui joignit à son nom celui de Galard, du chef de sa mère.

ANTOINE DE LARD et DE GALARD contracta mariage, en 1534, avec RENÉE DE BOURZOLES, dont il eut:

JOSEPH DE LARD et DE GALARD, chevalier de l'ordre du roi, seigneur d'Aubiac et de Bérac, qui épousa N. DE NOAILLES dont il eut Henrie Renée de Lard, son héritière, femme d'Agésilas de Narbonne, de la maison de Fimarçon, gentilhomme ordinaire de la chambre du roi, à qui elle porta les terres de Bérac, d'Aubiac.

Mémoire pour M. l'abbé de Galard par l'abbé de Lavaissière, auteur du *Nobiliaire de Guienne*. Archives du château de Terraube.

---

14 JUIN 1534.

Mention de l'alliance de noble ANTOINE DE LART DE GALARD avec demoiselle Renée de Bourzolles.

Pactes de mariage entre noble ANTOINE DE LART dit de GOULARD, sieur de Bérac, fils de messire ANTOINE DE GOULARD et de damoiselle RENÉE DE BOURZOLLES[1].

Archives du séminaire d'Auch, liasse H², n° 6.

1. Ces trois lignes forment le titre de l'acte que nous avons recueilli à une

15 JANVIER 1535.

JEAN DE GALARD, *baron de l'Isle, en Lomagne, chambellan de la cour de Navarre, sénéchal d'Armagnac, fait expédier une copie des coutumes de Castelnau d'Arbieu pour le besoin d'une transaction projetée entre les seigneurs et les habitants de cette dernière localité.*

JEAN DE GOLARD, homme d'armes, seigneur et baron de Lomagne et de Sainte-Livrade, conseiller et chambellan, gentilhomme des seigneurs roy et reine de Navarre, comte d'Armagnac, de même sénéchal et gouverneur du pays d'Armagnac, en deça la Garonne, a tous et en général qui verront ces presentes lettres salut : faisons savoir et par la présante teneur attestons, aujourd'hui quatorsieme du mois de mars de l'année mil cinq cens trente cinq, qu'il a été produit devant nous ou notre lieutenant, dans notre cour de presidial, les coutumes du lieu de Castelneau d'Arbieu, à la requisition de Me Hugues Raffi, bachelier ès droits, et Guidon Memond, sindics du dit lieu, les dites coutumes en trois peaux de parchemin décrites par Me Pierre Rabin, signées sans être biffées n'y rayées ny en aucun endroit suspectées, comme nous l'avons vu et touché, et düe collation faite par le dit notaire bas écrit du double sive copie d'icele, et nous ordonnons et commandons expédier aux dits sindics les coutumes, dont la teneur suit et est telle.

Au nom de Dieu, ainsi soit-il. Sachent tous ceux qui verront et entendront cet instrument public, et avec le compromis qui suit entre nobles hommes Vital de Mongailhard, seigneur d'Es-

époque où nous ne songions pas à publier les documents sur la maison de Galard. Il nous était donc impossible de prévoir alors que la teneur entière du contrat nous serait un jour nécessaire.

clignac, Vital de Montaut, seigneur de Dom en partie, Raimond
de Manas, seigneur des Bordils, demoiselle Raymonde de Barthe,
et Arnaude de Sales, habitantes de Castelnau d'Arbieu, comme
dans l'arbitrage sive amiable composition par les parties sous-
écrites et accordées, seur toutes questions, demandes, objections
et contraverses d'aprésant, ou qui étoint ou pourroint etre a l'avenir entre nobles hommes Galin de Montaut, dame Blanche, sa
femme[1], etc.

Coutumes municipales du Gers, recueillies et publiées par M. J. F. Bladé,
première série, p. 141.

----

17 SEPTEMBRE 1535.

Contrat de mariage de messire JEAN DE GALARD, *baron de l'Isle, sénéchal d'Armagnac, avec demoiselle Magdeleine de Sainte-Colombe,
fille de noble et puissant seigneur Jean de Sainte-Colombe, chevalier, et de Catherine de Marestaing.*

Pactes et conventions matrimoniales faictes, passées et accordées entre noble et puissant seigneur messire JEAN DE GALARD, seigneur et baron de Lisle, en Leomaigne. . . . . , d'une part, et
noble damoyselle Caterine de Marestaing, dame de Garrabacque,
d'autre, sur le mariage traité entre ledit messire Jean de Galard et

1. Communiquée par M. Mothe, notaire à Castelnau d'Arbieu. Cette transaction
porte la cote suivante : « Extrait de sentence arbitrale en françois pour Castelnau
d'Arbieu, du 14 jeanvier 1312, faisant mention des coutumes dudit lieu du 3 novembre 1263. Expédiée à Lectoure d'autorité du sénéchal d'Armagnac, le 12 jeanvier 1536, et traduite en françois par le sieur Xaintrailles, feudiste de Montauban,
le cinq du mois d'avril 1789, qui a coûté cent livres avec une autre en latin, conforme au parchemin qui sert de texte original à la communauté. » Le texte latin
de la transaction est perdu, ainsi que l'original de la traduction faite par Xaintrailles.
Il ne reste plus qu'une copie de cette traduction. (*Note de M. Bladé.*)

damoyselle Magdaleyne de Saincte Colome, fille légitime et naturelle de feu noble et puissant seigneur messire de Saincte Colome. Premièrement a esté pactisé et accordé entre les parties que ladite de Marestaing donnera à femme et espouse par parolle du présent ladite damoiselle Magdaleyne, sa fille, audit messire Jean de Galard ; et icelle de Galard a promis icelle prendre par ladite parolle du présent pour espouze et de faire solempniser en face de Saincte Mere Église, etc. Ces presents pactes et convenances matrimoniales ont esté passés et arrestés par..... les parties contractantes convoquées au château de Garrabacque, le dix-septiesme jour du moys de septembre, l'an mil cinq cens trente cinq ; tesmoins : messire Jean de Bourbon, vicomte de Labedan, Jean de Rivière, vicomte de Labatut, Guy de Pardeilhan, Jacques de Saincte Colome, etc.

Archives du château de Terraube.

---

17 septembre 1535.

Autre mention du susdit mariage.

Contrat de mariage de Jean de Goalard[1], sénéchal d'Armaignac, et dame Marie de Sainte-Colombe, du 17 septembre 1535.

Archives de M. le marquis de Galard au château de Magnas. Notes prises sur l'extrait de l'Inventaire de l'Isle, papier in-4°, 4 feuillets.

1. C'est sans doute lui qui avait épousé, en premières noces, Jeanne de Gaulejac, comme il appert de cet article de l'*Extrait de l'inventaire de l'Isle-Bozon :*

« Pactes de mariage pour Jean de Goalard avec Jeanne de Gaulejac de l'année 1516, n° 122. » (*Archives de M. le marquis de Galard au château de Magnas.* Notes prises sur l'extrait de l'Inventaire de l'Isle.)

4 DÉCEMBRE 1536.

Formule exécutoire en latin employée dans les actes publics par JEAN DE GALARD, *baron de l'Isle-Bozon, sénéchal d'Armagnac.*

In nomine Domini, amen. Noverint universi quod, anno salutis fere Incarnationis Domini millesimo quinquentesimo tricesimo sexto et die quarta mensis decembris, regnante illustrissimo principe et domino nostro domino Francisco, Dei gratia Francorum rege, in civitate Lectore, Arnaldus de Plante, dict Pauquet, serviens curie presidialis nobilis et potentis viri domini senescalli Bigore et auctoritate certarum litterarum compulsoriarum a dicta curia, pro parte nobilium Geoffredi de Durbano et Suzannæ de Maloleone, dominorum de Manhassio[1], impetratarum et obtentarum, prescripsit et injunxit michi Deodato Raynaldi, notario librorum, prothocollorum et aliarum quarumcumque publicarum scripturarum magistri Geraldi Constantin, collectionario, quathenus infra octo dies proximas a die precepti michi facti, in anthea computando, nonulla instrumenta recognitionum, feudorum per dictum Constantin ad eorum requisitionem retenta, in numero viginti unius, a dictis libris sive prothocollis abstrahere et in publicam formam redigere et in quodam suo libro recognitionum, sive libre terre pargamenum seriatim scribere haberent, satisfacto michi de salario competenti, et hoc sub viginti quinque marcarum argenti fisco dictæ curiæ applicandarum pena, nisi pareret dictis prescriptis et injunctionibus, quarum quidem litterarum compulsariarum tenor sequitur et est talis : JOHANNES DE GOLARDO, miles, dominus et baro Insule, Leomaniæ, et Sancte

---

1. Voir en ce volume, pour le château de Magnas, la note de la page 655 et suivantes.

Librate, consiliarius et cambellanus dominorum nostrorum regis et reginæ Navarræ, comitum Armagnaci, et pro eis gubernator et senescallus patrie et terrarum Armanaci [1], citra Garonam, universis et singulis justiciariis et officiariis nostris senescalliæ aut eorum loca tenentibus nec non quicumque servienti nostro primo super hoc requirendo salutem : ad instantiam nobilium Geofredi de Durbano et Suzanæ de Maloleone, conjugum, dominorum de Manhas, singulis vestrum qui requiremus precipiendo mandamus quathenus dictorum dominorum nostrorum atque nostra ex parte precipietis et injungatis magistro Antonio Michlaeis, notario Lectore, etc.

Libre de recognoissances de nobles Geoffre de Durban et de Suzanne de Mauléon, seigneurs de Maignas, des fiefs, cens et rentes, aux dits seigneurs appartenans en la ville et cité de Lectoure et juridiction d'icelle, retenues par moy Gerard Constantin, notaire public dudit Lectoure, commencé l'an mil cinq cens dix-neuf. (*Manuscrit de la bibliothèque de M. Albert Soubdès, à Condom, Gers, parchemin.*)

———

4 NOVEMBRE 1540.

JEAN DE GALARD, *baron de l'Isle et de Sainte-Livrade, commissaire du roi, atteste avoir reçu le dénombrement des terres nobles de Jean du Bouzet, seigneur du Castera-Bouzet, qui avait donné pouvoir à Hugues Roux de produire son aveu, déjà présenté devant Gratien Foissin, lieutenant général de la sénéchaussée de Lectoure.*

Nous, JEAN DE GOLLARD, chevalier, seigneur et baron de l'Isle, en Loumaigne et de Sainte-Livrade, sous-sénéchal d'Armagnac, commissaire de par le roy en cette partie, député par ses patentes

—————

1. Jacques de Genouillac avait précédé Jean de Galard dans la fonction de sénéchal et de gouverneur d'Armagnac.

dernières à Compiègne, le 15 de novembre 1539, à tous présents
et à venir, attestons par ces présentes que, aujourd'huy sous
écrit, par-devant nous dit maître Gratien Foassin, licentié es-
droits, lieutenant-général en nostre dite sénéchaussée d'Armaignac, au siége de Lectoure, par nous à ce expressément subrogé,
a comparu et s'est personnellement présenté honorable homme
maître Hugues Roux, licentié es-droits, au nom et comme procureur de noble Jean du Bouset[1], écuyer, seigneur de Castéra-du-
Bouzet, ainsin que de sa puissance a fait apparoir, datée du troisième jour des mois et an sousécrits, signée, etc... nous baille et
produit devers nous ou notre dit subrogé les déclaration et dénombrement des fiefs et autres biens nobles, droits et devoirs seigneuriaux, qu'il tient et possède en notre dite sénéchaussée, écrit
icelui dénombrement en parchemin, signé au pied par ledit du
Bouzet, seigneur susdit; duquel dénombrement le double, duement vérifié, etc... à ces présentes est attaché. Lequel dénombrement, après avoir été affirmé par icelui Roux, procureur susdit,
en ses foy, loyauté et conscience, contenir vérité, a été par nous
ou notredit subrogé reçu sans préjudice toutefois du droit des
roi et reine de Navarre, comtes d'Armaignac, suivant la réquisi-
tion à nous par les procureur et conservateur desdits seigneur
et dame sur ce fait. Et en foi de quoi ces présentes ont été expé-
diées audit Roux, procureur, signées de notredit subrogé et scellées du sceau de nos armes, à Lectoure, le quatrième jour du mois
de novembre, l'an 1540.

Mss. de l'abbé de Lespine, dossier de Galard ; Bibl. de Richelieu. Cabinet
des titres.

1. Jean du Bouzet, fils de Raymond et de Marie de Roquelaure, épousa Marguerite de Léaumont, dont il eut Bernard, Honorat et Catherine, femme de Marc-
Antoine de Saint-Julien.

16 OCTOBRE 1545.

Autre formule exécutoire, en français, de JEAN DE GALARD, *baron de l'Isle-Bozon, chambellan du roi de Navarre et gouverneur d'Armagnac.*

JEHAN DE GOLLARD, chevallier, seigneur et baron de l'Isle, en Lomagne, et de Sainte-Livrade, conseiller et chambellan des roy et reyne de Navarre, contes d'Armagnac, et leur sénéchal et gouverneur audit comté, deça la rivière de Garonne, au premier sargent royal ou aultre sur ce requis, salut. Veues les lettres royaulx en cour d'appel, esmanées de la vénérable chancellerie du roy, nostre sire, en sa cour de parlement de Thoulouse, par la partie du scindic et des consuls, manans et habitants de Lactoure, contre noble Antoine d'Arbieu, seigneur de Poupas, etc... Donné à Lactoure, le setziesme du moy d'octobre l'an mil cinq cens quarante cinq.

Archives communales de Lectoure, série CC[1].

ANNÉE 1547.

Mention d'une sentence rendue par JEAN DE GALARD, *sénéchal d'Armagnac.*

1547-1558. Procès entre Henri II de Navarre, comte d'Armagnac, et Bernard de Batz, seigneur de l'Abbadie, au sujet de la confiscation des biens de Bernard d'Antras, son aïeul paternel. Acquisition de la terre d'Antras par Frise de Batz ; sentence don-

1. Ces archives ont été inventoriées par M. G. Niel.

née en faveur de cette dernière par Jean de Gollart, sénéchal d'Armagnac [1].

Inventaire sommaire des Archives départementales antérieures à 1790, rédigé par M. P. Raymond, archiviste des Basses-Pyrenées, archives civiles, série E, tome IV, page 64, deuxième colonne.

---

3 FÉVRIER 1552.

Jean de Galard, *seigneur de l'Isle, sénéchal d'Armagnac, et* François de Galard, *seigneur de Lécussan, sont désignés dans un acte de retrait lignager, comme cotuteurs de Louis de Beauville.*

Acte passé à Agen, le 3 février 1552, devant M. Deshons, notaire royal, par lequel il conste que noble François de Beauville, seigneur et baron dudit lieu, avoit vendu, en 1546, à honorable homme M. Farramond, licencié ès lois et avocat ès cours d'Agen, la moitié de la seigneurie et rentes de Ferarsac, près Beauville, en Agenois, pour le prix de 25,000 livres, à pacte de rachat, et qu'après sa mort Louis de Beauville, son héritier lors mineur, auroit été pourvu de tuteurs, savoir des personnes de Jean de Gollard, seigneur de Lisle et sénéchal d'Armagnac, et Bertrand de Lolière, seigneur d'Andos, et François de Gollard, seigneur de Lécussan, et que ledit Bertrand de Lolière, assistant tant en son nom qu'au nom de ses cotuteurs, traita avec le susdit acquéreur pour le retrait de ladite seigneurie de Ferarsac au profit dudit Louis de Beauville, son mineur.

Mss. de l'abbé de Lespine, dossier de Galard ; Bibl. de Richelieu, Cabinet des titres.

---

1. Le texte de la sentence se trouve aux archives départementales des Basses-Pyrénées, série E, carton 201.

24 NOVEMBRE 1552.

JEAN DE GALARD, *seigneur de l'Isle et de Sainte-Livrade, chambellan du duc de Vendomois et de la princesse de Navarre, sénéchal et gouverneur d'Armagnac, certifie que, durant les troubles suscités par les Marénaux en Guienne, Pierre de Secondat avait transporté à Lectoure la recette des denrées.*

24 novembre 1552. JEHAN DE GOLLARD, chevalier et baron de l'Isle, en Lomagne, et de Sainte Livrade, conseiller et chambellan de très haut et puissant prince Monseigneur le duc de Vendosmois, per de France, et de Madame la princesse de Navarre, comtesse d'Armagnac, et leur sénéchal et gouverneur audit pays, deça la rivière de Garonne : A tous ceulx qui ces présentes lettres verront salut : Certiffions et atestons que, le jeudi dix septiesme du moy en bas escript, en nostre cour présidiale de Lactore, par devant le juge maige de la séneschaussée d'Armaignac comparust Me Bernard Descuraing, licencié, advocat et consul de ladite ville, en présence de Me Pierre Roux, procureur de ladite séneschaussée ; requeste sommaire apprinse et attestation estre faicte comment le temps que fut faicte par les Marénaux audit pays de Bordalloys, messire Pierre Secondat[1] estant conseiller du roy, nostre sire, et général des finances en Guyenne, etc.

Archives communales de Lectoure, série CC, parchemin.

1. « Pierre de Secondat, deuxième du nom, était fils, — dit M. Samazeuilh, — de Jacques de Secondat et de dame de La Roque de Loubéjac, tante de la femme de Jules-César Scaliger. » Il était seigneur de Clermont-Dessous, La Fleyte, Roques, Belmont, La Montjoye, Lisse, Escassefort, Taillebourg, Samazan, Roquefort, Faugère, Termes, en Agenais, Condomois, Poitou et Armagnac. Des lettres royaux du 18 avril 1544 l'investirent de l'office de trésorier général des finances de France dans toute l'étendue du duché de Guienne. Henri II, roi de Navarre, le nomma en outre réformateur général et protecteur de ses domaines.

3 FÉVRIER 1555.

Le droit de saladure, dans la ville de Lectoure, ayant été vendu moyennant cinq cents écus d'or, le payement de cette somme fut reconnu avoir été effectué devant JEAN DE GALARD, sénéchal d'Armagnac.

En la maison commune de la présente ville de Lectoure, le cinquiesme jour du moys de febvrier mil cinq cens cinquante cinq et pardevant noble et puissant seigneur messire JEHAN DE GOLLARD, chevalier, sénéchal d'Armaignac, a luy assistans messire Blaise Guinhard, docteur juge-maige en ladicte séneschaussée, Gratian Foyssin, lieutenant, Bertrand de Thomas, juge de Fezensaguet, et Bernard Lucas, licencié, se sont présentés messire Jean Percin, sieur de Boloys, et Pierre Bordes, marchand dudit Lectore, comme tuteurs de Dominge Corregis, pupille, fille et héritière universelle du sieur Jehan Corregis, dit Sansoles, et d'Antonine de Rothot, mariés, disant ce jourd'huy, pour et au nom de ladite pupille, avoir acquis des scindics et consuls de Lectoure cinq esmoluments, appartenant à ladite ville, appelés le droict de salladure, moyennant la somme de cinq cens escus, etc.

Archives communales de Lectoure, série CC, parchemin.

---

21 JANVIER 1556.

Charge de lieutenant du pays d'Aure donnée à noble Hugues de Cazaux, par JEAN DE GALARD, seigneur de l'Isle-Bouzon et chambellan du roi.

JEAN DE GALARD, chevalier et baron de Lisle et de Sainte Lieurade, conseilher et chambrelan des roy et reyne de Navarre, comtes d'Armagnac, et leur sénéchal et gouverneur ès païs et terres d'Armaignac, de ça la rivière de Garonne, à noble Hugues de Cazaux, seigneur de Laran[1], en Maignoac, salut : pour ce que souvent et ordinairement nous sont dressées et envoyées plusieurs patentes, commissions et ordonnances, concernant les affaires et services du roy et des roy et reyne de Navarre, nos princes, pour la providence et entretennement desquels nous ne pouvons estre et vaquer par toute notre sénéchaussée pour la longueur et estendue d'icelle, mesmes à l'endroit du païs de Maignoac, vallée et montaignes d'Aure, Barousse et Nestes; à cause de quoy est besoing d'y commettre en nostre lieu quelque notable personne, à ces causes et d'autant que vous estes résidant sur le lieu, confians à plain de vos sens, vertus, prudence et bonne diligence, nous vous avons commis et député commettons, députons et instituons nostre lieutenant en iceux païs de Maignoac, montaignes et vallées d'Aure Barousse et Neste pour prendre guarde, tenir l'œil et avoir le soin et vigilence à ce que toutes les ordonences et comissions qui vous ont esté et seront ci-après dressées et envoyées soient bien et duement exécutées, etc. Mandons et commettons à tous les justiciers officiers et subjets de nostre sénéchaussée que, à vous en ce fesant, comme à nous prestent et donnent secours, faire aide et prisons si besoing est et requis en sont. Donné à l'Isle en Lomagne, sous nos seing et scel, le vingt uniesme jour de janvier 1556.

Histoire de Gascogne, par l'abbé Monlezun, tome VI, pages 470-471.

1. Cette famille est très-ancienne; on trouve fréquemment sa trace dans le fonds manuscrit de Doat (notamment dans les volumes 186 et 188), dans les collections de Bréquigny, de Camps et Gaignières. Elle a fait un rameau en Gascogne où elle a encore des représentants à la Roumieu dans le Gers et à Montcrabeau dans le Lot-et-Garonne.

25 FÉVRIER 1556.

Jean de Galard inhibe à Jacques de Secondat, prieur de Madiran, de ne molester et mettre en peine Jean de Labat, à propos du procès pendant entre eux.

JEHAN DE GOLARD, chevalier, seigneur et baron de l'Isle, en Lomaigne, conseiller et chambellan des roy et royne de Navarre, comtes d'Armagnac et leur séneschal et gouverneur audit pays deça la rivière de Garonne, au premier sergent sur ce requis salut. Comme en certaine cause, en nostre court introduicte et pendente indécise entre Jehan de Labat du lieu de Beaucaire, impétrant pour estre receu en opposition d'une part, et maistre Jacques Secondat, prieur de Madiran exécuter faisant d'aultre, aulcune chose ne deust estre faicte, attempte ne innove. Ce néanmoings noble. . . . . Secondat, à présent, prieur dudit Madiran et successeur dudict maistre Jacques, prenant les arremens de ladicte cause pour mesmes choses, dont est question par le procès et en hayne d'icelluy, auroit nouvellement faict procéder à exécution contre ledict Labat et en ses biens, néanmoings feuct constitué prisonnier ou comandé l'arrest et se jacte journnellement le tirer pardevant juges incompettans et le vexer et mollester en ses personnes et biens attemptant et innovant. Pour ce nous vous mandons que, à la requeste dudit Labat, vous faictes jusion et deffence audict Secondat et tous aultres qu'il appartiendra de ne, en hayne dudict procès pendent, ses annexes et deppendances, rien faire, attempter ne innover contre ny au préjudice dudict Labat et d'icelluy procès pendent, sur peyne de vingt-cinq marcs d'argent au fisc de nostre dicte court à appliquer. Donné à Lectore le vingt-cinquiesme jour de febvrier mil cinq cens cinquante six. Signé : *Doucher.*

Les an et jour dessus escripts a refferré à moy soubsigné Jehan Castaignon, sergent royal de Lectore, en tant que porteur des présentes lettres et à la requeste de l'impétrant d'icelle avoir faict les jusions en la forme et manière que ès dictes lettres et à peyne de vingt cinq marcs d'argent, à Bertrand Fornel, comme procureur dudict Secondat, et à Ramond Gastebost que ont respondu, sçavoir ledict Gastebost que ny avoict aulcun intérest, mais s'en remettant aux parties, et ledict Fornel a demandé double des présentes lettres et exploictz, et après luy a esté bailhé en présence Bertrand Lane et Pierre Gensac, sergent, habitans dudict Lectore.

A la rellation dudict sergent.

Signé : DE CASTAIGNON.

Original en papier, archives de M. Denis de Thezan.

1561 ET AVANT.

Notice de l'abbé de Lespine sur JEAN DE GALARD, troisième du nom, baron de l'Isle-Bozon, conseiller et chambellan de M. le duc de Vendômois. Mention de son mariage avec Magdeleine de Sainte-Colombe.

JEAN DE GALARD, IIIe du nom, chevalier, seigneur et baron de l'Isle-Boson, était conseiller et chambellan de M. le duc de Vendômois en 1552; il est qualifié baron de l'Isle en Lomagne, conseiller et chambellan du roi et reine de Navarre et leur sénéchal et gouverneur au pays et comté d'Armagnac, dans un acte daté de Lectoure, le 26 mars 1558, par lequel il décharge Bernard de Narbonne, marquis de Fimarcon, chargé de quatorze ou quinze enfants, de la tutelle de Jean de Vicmont, dit d'Ornezan, seigneur de Tournecoupe; il était encore sénéchal et gouverneur d'Armagnac en 1561. Sa femme, dont il n'eut pas d'enfants, s'appelait, suivant des mémoires domestiques, MAGDE- LEINE DE SAINTE COLOMBE. En lui finit cette branche.

Généalogie de Galard, branche de l'Isle-Bozon, par l'abbé de Lespine ; Bibl. de Richelieu, Cabinet des titres.

ANNÉE 1536.

Armes de BERNARD DE GALARD, *chevalier de Malte*[1].

BERNARD DE GALARD 1536 : d'or à 3 corneilles de sable becquées et membrées de gueules.

VERTOT, *Histoire des chevaliers de Saint-Jean de Jérusalem,* tome VII, page 39.

ANNÉE 1536.

Le nom de GALARD, *dans les anciens livres terriers de Condom, est toujours précédé de la qualité de « Monseigneur ».*

EXTRAIT DE DEUX VIEUX CADASTRES IN-FOLIO DE 1836, CONSERVÉS A LA COMMUNE.

GOULARD à cette époque appartenait encore à la famille de ce nom. Voir de nombreux passages du registre de l'an susdit. Le nom est écrit MONSEIGNEUR DE GUALLART.

Archives du château de Malliac. Manuscrits de M. Benjamin de Moncade, cahier O.

1. Lainé, en son *Dictionnaire véridique des origines des maisons nobles de France,* dit en parlant de la race de Galard : « MALTE, cette maison compte des chevaliers

Année 1536.

Article du vieux livre terrier de Condom, pour l'année 1536, dans lequel le titre de « Monseigneur » est donné aux membres de la maison de GALARD.

Lo alivrament de noble Francois de Montagut, senhor de Fossarios, tient una salla à Fossarios, etc.

Lo alivrament de noble Audian de Gelas[1], senhor de Leberon.

Lo alivrament de MONSEIGNEUR DE GUOLLART [2].

Archives communales de Condom. Livre terrier de 1536, 2 vol. in-fol.

Année 1536.

Autre mention de JEAN DE GALARD *dans le susdit cadastre de Condom.*

JOHANNOT GUOLHART tient un cazau à la porte de Riguepeu.

Livre terrier, in-folio, pour l'année 1536, archives communales de Condom.

---

et des commandeurs dans cet ordre depuis 1536. » Or c'est bien antérieurement que plusieurs de ses membres se montrent dans la milice des Templiers et des Hospitaliers; nous en avons trouvé en 1310, 1317, etc. Voir notre premier volume, p. 298, 446.

1. Le vieil estoc des Gélas qui a produit les marquis d'Ambres s'est apparenté deux fois avec la maison de Galard par des alliances, l'une contractée le 14 juillet 1425, et l'autre le 11 avril 1468. Nous n'avons fait qu'indiquer sommairement la dernière dans les actes de Jean de Galard, seigneur de Saint-Avit. Nous donnerons le texte entier des pactes en notre *Supplément*.

2. Le lieu de GOALARD est également mentionné dans lesdits registres. « Peyrot de Toczin tient une maison au lieu de GUOLLART, confrontant à la plassa deu castel et à la maison de Guilhem d'Auberny. »

17 avril 1565.

On trouve Jean de Galard, *habitant de Cassagne en Condomois, dans une procuration de noble Antoine de Gélas, écuyer, seigneur de Léberon et de Flaranviel.*

L'an mil cinq cens soixante cinq, et le 17e jour du mois de april, regnant Charles, et dans le chasteau de Leberon, séneschaussée d'Armaignac, etc. Constitué personnellement le dict sieur de Leberon, lequel de son bon gré de noveau a faict, créé et constitué sa procuraresse généralle et spéciale scavoir est damoiselle Anthoinette de Montpeyran, sa femme, etc. Présens à ce noble Jehan Darcizas et Jehan de Gollart[1], au présent habitans de Cassaigne, et ledict sieur qui est soubzsigné. (Signé) *Anthoyne de Leberon.*

Minutes de M⁰ Pierre du Pont, notaire royal de Valence; archives de M. Denis de Thezan.

---

21 juin 1541.

Transaction passée entre Géraud de Galard *et Georges de Manas, frères hospitaliers, d'une part, et Blaise de Massencome, seigneur de Monluc, au sujet des métairies de Capblanc et de Caillavet, comprises dans le terroir de Gimbrède.*

L'an mil cinq cent quarante un et le vingt unième jour du mois de juin, transaction passée entre noble frère Géraud de Golard et frère Georges de Manas, tous les deux religieux de

---

1. Quel était ce Jean qui paraît n'avoir rien de commun avec le baron de l'Isle, sénéchal d'Armagnac?

l'ordre de Saint-Jean de Jérusalem, d'une part, et noble Blaise
de Mansencome, seigneur de Monluc, par laquelle ledit Golard
et ledit de Manas transigent avec le susdit de Monluc, à raison
de deux métairies, situées à Gimbrède, l'une appelée à Capblanc
et l'autre à Caillabet, et autre pièce de terre située dans ladite
juridiction de Gimbrède, les quels biens avoient été adjugés par
arrêté du parlement de Toulouse pour la somme de seize cents
livres auxdits de Golard et Manas; et il est convenu par le susdit
acte que le dit Monluc pourra retirer les susdits biens en rendant la susdite somme, acte retenu par Mivielle, notaire. Ledit
acte avec le procès et arrest sur ce rendus dans une même liasse,
le tout coté 9 n° 1.

Archives de la Haute-Garonne, salle de Malte. Inventaire général de la
commanderie de Golfech, registre 72, fol. 327, 328.

————

Année 1543.

Arnaud de Galard, à titre de commandeur de Caubins,
reçoit 182 reconnaissances emphytéotiques [1].

Premièrement un livre de reconnaissances relié, couvert de
basane noire, du dit membre de Saint-Léon, dépendant de la
commanderie de Caubins, en faveur de noble Arnaud de Goulard,
écrites en 143 feuillets, papier en nombre 182; la première
desquelles est écrite par messire Pierre d'Andiran, prestre, et la
dernière par Étienne de la Porte, toutes les reconnaissances

1. On trouve une reconnaissance de Bernard de Monthus, pour le lieu de
Golard en Agenais, faite à Poncet d'Urre, commandeur de la Cavalerie, le 13 février 1538.

retenues par M⁰ Maucousu, notaire, en l'année 1543. Le dit livre
coté au-dessus n° 1.

Archives de la Haute-Garonne, salle de Malte. Inventaire de Caubins et
de Morlaas, registre 57, fol. 91.

----

12 AOUT 1543.

Mariage de Jean du Gout avec ANNE DE GALARD, *sœur de* JEAN, *baron
de Castelnau d'Arbieu. A la cérémonie nuptiale concoururent ledit
Jean de Galard,* GILLES DE GALARD, *seigneur de Terraube, Bernard
de Montaut, etc.*

Le nom de Dieu invoqué, à tous ceulx qui ces présentes
verront soit notoire et manifeste : que l'an de grace mil cinq cens
quarante trois et le douziesme jour du mois d'aoust, regnant
excellentissime prince François, par la grace de Dieu roy de
France, au lieu de Chateauneuf d'Arbieu, diocèse de Lectoure
et seneschaussée d'Armagnac, en présence de moy, notaire royal
et tesmoins soubz escrits, estably et convenu entre noble JEHAN DE
GOLLARD, conseigneur du dit lieu de Chateauneuf, et ANNE DE
GOLLARD, sa sœur, d'une part, et JEHAN DU GOUT, seigneur de. . . .
ont fait et accordé et, par le fait du présent instrument, font,
passent et accordent en pactes et convenances matrimoniales sur
le mariage à pacter et solempniser entre le seigneur du Gout et
Anne de Gollard, mariés futurs, en la forme et manière que s'en
suit. Et premièrement le seigneur du Gout et damoiselle Anne de
Gollard, au voloir et consentement de noble Jehan de Gollard
coseigneur du dit lieu, son frère, etc., ont promis et promettent, par pactes exprès, eulx prendre comme femme et espoux
comme mari et espouse et entre eux solempniser mariage, par

parolle de present et en face de Sainte Mère Église, à la première et simple sommation et requeste de l'une à l'autre des dictes parties et dudict de Gollard, frère à ladite Anne, et des autres parens et amis. Item et, en faveur duquel mariage et pour supporter les charges d'iceluy, ledit noble Jehan de Gollard a constitué et donné, constitue et donne à ladite Anne, sa sœur, la somme de deux mille et cent escus . . . . . de laquelle somme iceluy de Gollard constituant a payé et bailhé réalhement et en fait . . . . . auxdits mariés futurs la somme de quatorze cens livres, etc. Item a esté accordé entre lesdites parties qu'en faveur et contemplation dudit mariage, ledit de Gout a donné et donne par donation ou agencement à ladite Anne, sa future espouse, la somme de sept cens livres tournois et au cas que ledit de Gout aille de vie à trépas avant elle, etc. En présence de noble messire Jehan de Gollard, frère, seigneur et baron dudit lieu de Chateauneuf, en la seneschaussée d'Armagnac, GILLES DE GOLLARD, seigneur de Taraube, Bernard de Montault, Jacques de Montault, co-seigneur dudit lieu de Chateauneuf, Pierre du Gout, Jehanot du Gout, qui se sont soubsignés à la minute originale.

Archives du séminaire d'Auch, H². 6.

---

20 AVRIL 1550.

Constatation, par l'abbé de Lespine, du mariage de Michel de Bérail, seigneur de Saint-Martin, avec MARGUERITE DE GALARD, *sœur de* FRANÇOIS *qui testa à la date ci-dessus.*

Noble Michel de Bérail, seigneur de Saint-Martin, épousa MARGUERITE DE GALLARD, dame de Saint-Martin, sœur de FRANÇOIS DE GAIL-

LARD (sieur de Lécussan) lequel, par son testament du 20 avril 1550, fit héritiers BERNARD et HECTOR, ses neveux.

Mss. de l'abbé de Lespine; dossier de Galard.

10 JUILLET 1552.

A la montre faite à Condom le 10 juillet 1552, sous les ordres du roi de Navarre, on voit JEAN DE GALARD *dans les rangs des hommes d'armes.*

Ant. de Pardaillan, lieutenant.
Ant. d'Armagnac.
Arniflet de Montesquiou.
Longin de Polastron.
Félix de Labarthe.
Charles d'Aure.
Bertrand de Commihges.
Loys de Laudet.
Michel de Narbonne.

Ar. Guil. de Montagnac.
JEHAN DE GALARD-Castelnau.
Charles de Lafitte.
Arnaud d'Angosse.
J. de Lamothe-Isaulz.
Ar. Guil. de Saint-Orens.
Jehan de Gramont.
Arnaud du Busca.
Antoine de Lamezan [1].

Histoire de Gascogne, par l'abbé Monlezun, tome VI, page 158.

27 AVRIL 1557.

Mariage de noble Philippe d'Esparbès, seigneur de Lussan, avec demoiselle CHARLOTTE DE GALARD, *sœur de Guinot ou Guy de Galard, seigneur de Castelnau d'Arbieu. A la cérémonie des noces on remarque, entre autres membres de la famille, du côté de la future,* GILLES DE GALARD, *seigneur de Terraube,* GAILLARD DE GALARD, *abbé de Bouilhas,* BERTRAND DE GALARD, *seigneur de Ferrières, ainsi qu'Antoine de Saint-Gèry, seigneur de Magnas.*

Saichent, tous présents et advenir que, aujourd'hui vingt septiéme jour du mois d'avril mil cinq cens cinquante sept,

1. Dans cette nomenclature, nous n'avons pas énoncé les noms d'une manière

dans la ville de Fleurance, sénéchaussée de Toulouse, en présence de nous, notaire royaulx, et témoingz bas nommés, ont
été présens et personnellement establiz noble GUYNOT DE GOULARD,
coseigneur du lieu de Chasteneuf d'Arbieu, en la comté d'Armaignac, tant pour lui que pour et au nom de damoyselle CHARLOTTE
de GOULARD, sa sœur, à laquelle a promis faire ratifier et approu-
ver, toutes fois et quantes qu'il sera requiz, le contenu des pactes cy-après, d'une part, et noble PHILIPPE D'ESPARVÈS, seigneur de
Lussan, d'aultre, lesquelles parties et chacune d'elles ont
convenu et traité, accordé pactes de mariage par ces présentes,
conviennent et accordent lesdits pactes de mariage entre ledit
d'Esparvès et ladite damoyselle Charlotte de Goulard, sœur au
seigneur de Castelnaut, en la forme, manière que s'ensuyt : et
premièrement lesdites parties pour de Lussan et damoyselle
Charlotte de Goulard, absente, pour elle faisant le dit noble
Guynot de Goulard, sieur de Castelnaut, son frère, et stipulant
avec nous notaire, du voloir et consentement des prochains
parents, respectivement des parties, ont promis et promettent
par pactes exprès prendre l'ung l'autre pour femme et espouse
et mary et espoux et solempniser mariage par paroles et en face
de Sainte Mère Esglise, en la première et simple requisition de
l'une à l'autre desdites parties, et dudit de Goulard, frère à ladite
Charlotte et de leurs parents et amis. Item a esté accordé et en
faveur duquel mariage et pour supporter les charges d'icelui
ledit noble Guynot de Goulard a constitué et donne à ladite
damoyselle Charlotte, sa sœur, la somme de deux mille escus
sols, tant pour la dot que pour son droict de légitime, léguat

absolument successive. Nous avons descendu le rôle prenant les uns et laissant les
autres.

paternel, succession de ses pères et mères et autres droicts quelconques, que lui compètent; scavoir est les mille escus, le jour
de la solempnisation du mariage, et les mille escus restans, dans
un an après le jour des noces et solempnisation dudit mariage.
Et ce fait ès présence de noble GILLES DE GOULARD, escuyer, seigneur de Tarraube, revérend père en Dieu GAILHARD DE GOULARD,
abbé de Bolhas, BERTRAND DE GOULARD, seigneur de Ferrière, Jehan
d'Esparvès, chanoine de Condom et coseigneur de la Sauvedat,
Antoine de Saint-Géry, seigneur de Maignas, Martial de Massas,
seigneur de Castillon, Jacques du Cos, seigneur de la Fite,
Denys de Mauléon, seigneur de la Bastide, etc. . . . . . qui se
se sont signés, etc.

Archives du château de Terraube, D, 34.

ANNÉE 1557.

Constatation du mariage de Philippe d'Esparbès et de CHARLOTTE
DE GALARD. *Indication de leurs enfants.*

I. PHILIPPE D'ESPARBÈS [1], seigneur de Lussan, fit hommage au
roi, comme conseigneur de Lussan et pupille sous la tutelle
d'Odet de Ros, conseigneur de Beaupuis, le 22 mai 1554, fut
fait chevalier de l'ordre du roi en 1570, capitaine du château de
Mauvesin pour le roi de Navarre, par provisions du 21 février
1574, puis capitaine et gouverneur du vicomté de Fezensaguet,
le 16 février 1575. Il avait acquis, le 27 juillet 1573, l'autre moitié
de la terre de Lussan d'Olimeric de Voisins, baron de Montaut.

Femme, CHARLOTTE DE GOULARD-CASTELNAU [2] près Lectoure.

1. Philippe était fils de Bertrand d'Esparbès, écuyer, seigneur de Lussan et de
Louise de Saint-Félix, mariés par contrat du 21 août 1523.
2. Le P. Anselme reparle de ce mariage, tome VII, page 392.

I. Jacques d'Esparbez, mort âgé de trente ans sans avoir été marié.

II. Pierre d'Esparbez, seigneur de Lussan, gouverneur du château de Tarascon par la démission de François d'Ornano en 1619, 1623, et 1624, et lieutenant de la compagnie d'ordonnance du duc de Guise.

Femme, Madelène d'Ornano, fille d'Alfonse d'Ornano, maréchal de France, et de Marguerite de Pontevez.

N. . . . . d'Esparbez, dame de Lussan, femme de Jacques de Marmiesse, président à mortier au parlement de Toulouse, à qui elle porta la terre de Lussan.

III. François d'Esparbez épousa N. . . . . héritière d'Aulin, dont il eut deux fils et une fille, et mourut âgé de trente-cinq ans.

Le P. ANSELME, *Hist. des grands officiers de la Couronne,* tome VII, pages 451, 452.

---

27 JUIN 1561.

CHARLOTTE DE GALARD, *femme de Philippe d'Esparbès et fille de* JEAN DE GALARD, *seigneur de Castelnau d'Arbieu, avait reçu en se mariant, de son frère* GUY DE GALARD, *un douaire de 2,000 écus, payables en deux termes. Le premier avait été compté le jour de la célébration des noces et le second devait l'être quelque temps après. Jusqu'au jour de l'acquittement inté_ral, les époux avaient la jouissance de la métairie de Tast, sise dans le Castelnau. Le beau-frère, désireux de retirer le gage immobilier en se libérant, versa les mille écus restants, comme il résulte de la quittance qui va suivre.*

Saichent tous présens et advenir, comme ainsy soit et par parties contrahentes ait été dict, narré et récité, mariage avoir

été contracté et solempnisé en face Saincte Mère Église, entre
noble PHILIPPE D'ESPARBÈS, seigneur de Lussan, d'une part, et
demoiselle CHARLOTTE DE GOALLARD, fille naturelle et légitime de
feu noble JEHAN DE GOALARD, en son vivant coseigneur du
lieu de Castelnau d'Arbieu, à faveur et contemplation dudit
mariage par noble GUY DE GOLLARD, fils et héritier dudit feu de
Gollard, coseigneur dudit lieu de Castelnau et frère de ladicte
Charlotte, auroit été constitué douaire à ladicte Charlotte, sadicte
sœur, la somme de deux mille escus sol tant pour le droict de
légitime d'icelle Charlotte, leguat paternel, succession de ses
père et mère et autres droicts quelconques que luy peult appartenir en la maison et appartenances dudit lieu de Castelneuf,
payable ladicte somme sçavoir mille escus sol le jour de la
solempnisation dudict mariage et les autres mille escus dans
certain temps après, toutefois que cependant y ceulx mariés
jouyroient d'une mestairie, audict coseigneur de Castelneuf
appartenante appelée à Tast, avec ses appartenances, assise en
la jurisdiction du lieu de Castelneuf. Sy auroit ledict seigneur
de Lussan promis de recognoistre et assigner ledict douaire
et agencement dudict sur la seigneurie de la Fita, fiefs, rentes,
justice et autres appartenances et généralement sur tous et chascuns ses autres biens, et par ladicte Charlotte renoncer et quitter
à tous ses biens paternels, maternels, fraternels et à tout autre
droict de nature. Et que ledict seigneur de Lussan ait reçeu
comptant dudict noble Guy de Gollard la somme de mille escus
sol vaillant deux mille trois cents livres; et pour les deux mille
escús sol restants auroit prins possession de ladicte borde de
Tast, ainsy que à plein en appert par instrument retenu par
Mᵉ Bertrand La Brunie, notaire de Lectoure, le vingt cinq aoust
mil cinq cent cinquante-sept. Lesquels mille escus sol restants

ledict noble Guy de Gollard voulant payer et recouvrer ladicte mestairie de Tast et appartenances, pour ce est-il que, le jourd'huy, vingt sept juin mil cinq cent soixante un, regnant très-chrétien prince Charles, par la grâce de Dieu roy de France, audict lieu de Castelnau d'Arbieu et dans le chasteau dudit coseigneur d'iceluy lieu, diocèse de Lectoure et sénéchaussée d'Armaignac, pardevant moy, notaire royal soubsigné, en présence des tesmoings basnommés, personnellement estably ledict noble Philippe d'Esparbès, lequel, de son bon gré, tant pour luy que pour et au nom de ladicte demoyselle Charlotte de Gollard, sa femme, absente, à laquelle a promis faire ratiffier le contenu du présent instrument toutes fois et quantes qu'il en sera requis, a prins et réalement reçeu comptant dudict noble Guy de Gollard, illec présent, estipullant et acceptant pour luy, ses hoirs et successeurs à l'advenir, sçavoir est : lesdicts mille escus sols restants de ladite constitution de douaire, nombrés et comptés en présence de moydict notaire soubsigné et tesmoings basnommés en treize portugaloyses, deux nobles, onze angellots, trente-huit escus sol, cinquante-deux escus pistollets, realz quatre et de deux realz pièce, demi realz et douzains, faysant le tout ladicte somme restante de mille escus sol, tellement que d'icelle ledict seigneur de Lussan s'en est tenu pour content et bien payé, et en a quicté et quicte ledict noble Guy de Gollard et promys l'en tenir quicte envers ladicte de Gollard, sa femme. Et ains a ledict seigneur de Lussan, pour luy et sadict femme, a relayché et quicté et transporté audict de Gollard ladicte mestayrie de Tast et ses appartenances, ensemble les fruicts, proufficts et revenus qui y sont à présent excrus et pendants. Et pour raison des choses susdictes a promys ne demander ne faire demander rien audict coseigneur de Castelnau. Et aussy ledict d'Esparbès, suivant les pactes dudict mariage, a recogneu et assigné à sadicte femme ladicte somme de deux mille escus sol dudict douaire, ensemble l'agencement d'icellui instrument, sur ladicte seignheurie de la Fita, fiefs, rentes, justice et autres appartenances et généralement sur tous et chascuns ses autres biens, meubles et immeubles présents et advenir. Et par ce mesme instrument ledict d'Esparbès, de son bon gré pour et au nom de ladicte de Gollard, à laquelle comme dessus a promys faire rattiffier le contenu du présent instrument, a renoncé et quicté, renonce et quicte tous droicts paternels, fraternels, légitime, supplément d'icelle et à tout autre droict de nature qu'elle y pourroit avoir, sauf future succession en faveur dudict noble Guy de Gollard, pris et accepté comme dessus. Promettant ledict d'Esparbès aussy faire faire à ladicte de Gollard, sa femme, comme dessus, ladicte ratiffication et quictance et d'en passer instrument, toutes fois et quantes qu'il en sera requis, et à tenir et observer le contenu du présent instrument; a ledict d'Esparbès ypothéqué et obligé tous et chascuns ses biens meubles et immeubles présents et advenir, lesquels pour ce a soubzmis et soubzmet aux rigueurs et compulsions des cours de messieurs les sénéchaux d'Armaignac, Tholoze, Agen, juges ordinaires et consulats desdictes seigneuries, et auxdictes cours du royaulme de France, et chascunes d'icelles une pour toutes, comme les rigueurs et compulsions desdictes cours et chascune d'elles veulent et requièrent. Et ainsy l'a promys et juré ledict d'Esparbès aux quatre saincts évangilles de Dieu, de sa main dextre touchés, en vertu duquel serment a renoncé à. . . . . et vendainges et générallement à tous droicts canons et civils, escripts et non escripts, au moyen desquels il pourroit venir au contraire du contenu du présent instrument, dont et desquelles choses susdictes ledict de Gollard a requis et demandé acte et instrument luy estre retenu par moydict notaire soubsigné, ce que ay faict. A ce estoient présents nobles Bertrand d'Astugue, seigneur de Corné, Philippe de Ponsan, seigneur de la Ribère, et Mᵉ Jehan Guihan, notaire du lieu de Lupiac, habitants; et moy Hugues Boeli, notaire royal, habitant de ladicte cité, déclare que requis ay retenu le présent instrument et iceluy faict grossoyer par autre main à moy fiable, en tesmoing de quoy me suis soubsigné de mon seing accoustumé suivant : (signé) *Boeli,* notaire royal.

Archives du château de Malliac. Manuscrits de M. Benjamin de Moncade, cahier AA 4.

---

23 mai 1557.

Dans le rôle du ban et de l'arrière-ban de la sénéchaussée du Bazadais, on trouve mention d'un dénombrement fait par Adam *et* Amanieu de Galard, *écuyers, frères. Le procès-verbal de cet aveu fut présenté par* Guillem de Galard *et dressé à Sainte-Bazeilhe.*

Adam de Goulard, escuyer, conseigneur de la maison noble de Goulard, a bailhé par dénombrement, en domaine franc, trente livres tournoizes de revenu annuel, et a esté cottizé pour partie de la dicte soulde pour ung quartier à la somme de quarante sols.

Amanieu de Goulard, escuyer, frère du dict Adam, a bailhé par dénombrement vingt livres tournoizes. A esté cotizé pour partie de la dicte soulde pour ung quartier à la somme de trente sols.

. . . .

Estraict vidimé et collationné a esté le présent procès-verbal cy-dessus par nous, notaires soubsignés, et ce sans à la présente

coppie y avoir rien adjousté ny diminué, prinze et lepvée dans
coppie escripte en papier, signée J. Malescot, comis, par devers
nous, remise par GUILHEM DE GOLLARD, escuyer et a sa requisition,
laquelle, ensemble la présente coppie, le dict sieur de Gollard a
tout incontinent retiré a soy. Faict à Sainte-Bazeille le vingt-
cinquiesme d'apvril mil six cent sept. Ainsi signé M. *Rapen*,
notaire royal, et *Dubernard*, notaire.

Manuscrits de M. Corne (de Condom, Gers), copie de sa main.

ANNÉE 1557.

*D'après la note ci-après, GAILLARD DE GALARD était abbé commandataire
ou séculier de Bouillas ; il était par conséquent libre de tout lien
religieux et capable de contracter alliance.*

NOTE POUR M. ODON DE PINS.

Vous me demandez une note sur GAILLARD DE GALARD [1], auteur
de l'*Aquitainographie* ; je n'ai sur ce personnage que deux ou trois
titres qui m'ont été communiqués par M. Jules de Campaigno.
Étant abbé commendataire [2] de Bouillas, il ne pouvait être dans

---

1. Notre marche dans cet ouvrage est réglée d'après l'ordre de date et non de
primogéniture ; voilà pourquoi Gaillard de Galard et Jean, frères cadets de Bertrand, seigneur de Terraube, se trouvent prendre rang avant leur aîné.

2. Le mot commende est ainsi défini par M. L. Bouchel en sa *Bibliothèque canonique,* folio 567, édition in-folio de 1689 : « Commende est une provision d'un
bénéfice régulier accordée à un séculier, avec dispense de la régularité. » Cette
explication concorde avec celle de tous les ouvrages spéciaux, notamment avec la
Bibliothèque sacrée, page 4, tome I, qui donne au mot *commende* le sens ci-après :
« La commende supplée au défaut de profession religieuse. » Nous corroborerons
tout à l'heure ces deux citations par beaucoup d'autres non moins formelles. Il

les ordres. Les commendataires étaient toujours pris par le roi parmi les séculiers qui ne faisaient qu'administrer leur bénéfice ou plutôt que toucher les revenus. Ils n'avaient pas même droit à l'habit. La preuve que Gailhard de Galard n'appartenait pas au

résulte par conséquent de la signification du terme *commende* que Gaillard de Galard était un séculier qui, quoique dépourvu de la prêtrise, avait été néanmoins pourvu des rentes et droits féodaux de l'abbaye de Bouilhas; ce qui justifie cette interprétation de l'*Encyclopédie Diderot :* « L'abbaye se prend aussi pour le bénéfice même et le revenu dont jouit l'abbé. » Aussi la *Bibliothèque sacrée* a-t-elle raison lorsqu'elle dit : « Les abbés commendataires doivent d'autant moins prétendre à la préséance sur les dignités, qu'ils ne remplissoient pas les dignités spirituelles attachées à la dignité d'abbé; ils ne devoient en avoir ni le rang ni les honneurs. »

Avant, pendant et après la réforme, les papes conféraient l'administration supérieure des couvents à des bras séculiers. En vertu du concordat de Léon X et de François Ier, les princes français furent investis du droit de nommer les abbés. Il n'était pas nécessaire, si l'on était gentilhomme, d'avoir un caractère sacré pour être élu. Le duc de Sully, quoique huguenot, obtint une abbaye de la gratitude de son maître. C'était toujours en dehors du clergé régulier qu'étaient choisis les abbés commendataires. L'auteur du mot ABBAYE, dans le *Dictionnaire de la conversation,* observe avec raison « qu'ils étaient des séculiers tonsurés, destinés à recevoir les ordres, mais qu'ils ne remplissaient jamais cette dernière condition. » Le mariage des abbés laïques comme Gaillart de Galard et même des religieux après sécularisation était très-fréquent et très-normal au XVIe siècle. Octavien de Galard, de la branche de Brassac, abbé régulier de Simorre, se fit relever de ses vœux pour contracter alliance avec Jeanne de Marsan. Son cousin Gaillart de Galard, abbé séculier de Bouillas, fit de même sans avoir besoin de l'intervention pontificale. Ces faits se reproduisaient partout. L'*Histoire de la maison de Plœuc,* par M. Denis de Thézan, nous fournit le cas ci-après : « Anne de Sansay, comte de la Maignane, chevalier de l'ordre du roi, célèbre capitaine ligueur, abbé séculier de Lantenoc, se maria en 1588 à Marie de Tuomelin, dame de Bourouguel, veuve du baron de Penmarch, en Bretagne. » Ce n'étaient point les abbés commendataires seulement qui contractaient union, chose très-légitime, mais les évêques eux-mêmes s'émancipaient dans le même but. Cela était permis à ceux qui avaient gardé l'état séculier, comme à Jean de Rieux, par exemple, mais non aux autres. Puisque je viens de nommer ce personnage, je saisis cette occasion de transcrire les lignes qui le concernent dans l'excellente et consciencieuse *Histoire,* déjà citée, de M. Denis de Thézan *sur la maison de Plœuc.*

clergé séculier et qu'il n'avait pas l'autorité spirituelle en même temps que temporelle, c'est que Bouillas lui fut tout bonnement donné en commende. Gaillard de Galard dont vous possédez la *Cosmographie* n'eut donc pas besoin pour se marier de se faire

« Jean de Rieux, abbé de Prières, fut pourvu de l'évêché de Saint-Brieuc en 1525. Celui-ci n'avait alors que dix-huit ans. La crainte que sa maison ne s'éteignît et le peu d'inclination qu'il avait pour l'état sacerdotal l'empêchèrent de s'y engager, de sorte qu'il administra l'évêché de Saint-Brieuc pendant près de vingt ans sans être ecclésiastique. M. de Rieux, son frère, lui donna en 1531 la seigneurie de Châteauneuf et une partie de celle de Rieux pour son partage. Il se démit en 1544 de son évêché et se maria en 1548 avec Béatrix de Jonchères, dame de la Perrière, en Anjou.

« C'est de l'union dudit Jean de Rieux et de Béatrix de Jonchères que naquirent les marquis de Sourdéac et d'Ouessant. » (DENIS DE THEZAN, *Histoire de la maison de Plœuc*, in-fol., 1872.)

Par malheur, les prélats réguliers agissaient absolument comme ceux qui ne l'étaient pas. Le *Gallia christiana* nous révèle, sous ce rapport, des faits inouïs. Le cardinal de Châtillon-Coligny, archevêque de Toulouse, abbé commendataire de plusieurs monastères, donna lui aussi le spectacle d'une fin peu édifiante : après avoir cumulé en 1535 le siège métropolitain de Toulouse avec l'évêché de Beauvais, il épousa Élisabeth de Hauteville et porta après son mariage, comme durant sa prélature, le titre de comte de Beauvais.

Jean de Monluc, évêque de Valence, non content d'avoir prêché au Louvre en manteau court sous Henri III et de pencher pour les huguenots, contracta union avec Anne de Martin, dont il avait eu Jean de Monluc, seigneur de Balagny, qui devint maréchal de France comme l'avait été son oncle Blaise.

Je crois bon, maintenant que l'on connaît le relâchement général de la discipline dans l'ordre ecclésiastique à tous les degrés, de réimprimer ici, en partie du moins, l'article du *Dictionnaire de la conversation* dont j'ai parlé plus haut, car il éclaire très-bien la situation des abbés commendataires avant et durant la Renaissance :

« Avant la Révolution, la ville, la cour étaient remplies d'abbés, qui n'étaient « guère ecclésiastiques que par la forme; ils couraient les plaisirs, étaient dans « toutes les sociétés : c'étaient ou des cadets de familles nobles ou des roturiers « riches; ils aspiraient à devenir abbés commendataires, etc.

« Au Ve siècle, en France et en Italie, les rois et les grands, tentés par les « richesses des couvents, s'emparèrent de ces établissements et s'en déclarèrent « abbés, afin de jouir de leurs revenus. Malgré les efforts de Dagobert, de Pépin et « de Charlemagne, l'abus continua et se perpétua jusque sous les rois de la troi-

séculariser, ce qui était facile à cette époque. Pendant les guerres de religion (1567-1569), Bouillas tomba aux mains des huguenots. Par suite de cet événement Gaillard de Galard ne fut plus qu'un abbé portatif. Le siége en effet étant occupé par l'ennemi,

« sième race. Charles Martel surtout fit de nombreuses distributions de couvents à
« ses capitaines et courtisans : on devenait abbé comme aujourd'hui on devient
« pensionnaire de l'état ; des femmes en furent titulaires, et on voyait des couvents.
« donnés en dot, en douaire, en apanage. Hugues Capet était abbé de Saint-Denis
« et de Saint-Martin de Tours. Peu à peu les moines secouèrent ce joug, soit en
« rendant des services aux princes, soit en en rachetant leurs abbayes. Cependant ils
- « restèrent toujours pour la plupart sous le patronage de clercs séculiers, et plus
« tard, par le concordat de Léon X et de François Ier, le droit de nommer les abbés
« fut dévolu au roi ; il y eut cependant quelques exceptions en faveur des moines
« de Citeaux, des Chartreux et des Prémontrés. Sous les derniers rois de la monar-
« chie, les abbés furent divisés en deux classes : les uns étaient les abbés réguliers,
« véritables moines ou religieux qui faisaient des vœux et portaient l'habit de
« l'ordre. *Les abbés commendataires, au contraire, étaient des séculiers tonsurés*
« *et destinés à recevoir les ordres. Mais ils ne remplissaient jamais cette dernière*
« *condition;* ce qui ne les empêchait pas de jouir pendant toute leur vie des reve-
« nus de l'abbaye qu'ils avaient en commende. Ne pouvant exercer aucune fonc-
« tion spirituelle, ils étaient remplacés par un prieur claustral, nécessairement
« régulier. Le commendataire faisait trois parts des revenus de son abbaye : l'une
« était pour ses moines; la seconde pour lui; la troisième pour l'entretien et les
« charges du couvent. La distribution de cette troisième portion se faisait par l'abbé
« seul, qui le plus souvent en appliquait la plus forte partie à ses propres besoins.
« *Un abbé commendataire restait ordinairement dans le monde et y dépensait ses*
« *revenus.* L'almanach royal de 1787 donne la liste des abbayes en commende; on
« en compte six cent quarante-neuf. Les moindres abbayes sont d'un revenu d'en-
« viron 2,000 livres, et c'est le plus petit nombre. La moyenne proportionnelle
« est de 16,000 livres de rente. Le revenu de quelques abbayes mentionnées dans
« l'almanach précité s'élève cependant au chiffre de 50, 80 et même 100,000 livres.
« C'est là ce qu'autrefois on appelait un bénéfice. Ils étaient ordinairement don-
« nés aux cadets de familles nobles. Leur suppression date d'un décret de l'As-
« semblée nationale du 12 juillet 1790. — Dans l'Allemagne protestante, les biens
« des couvents, monastères, abbayes, supprimés par la réformation, ont été usur-
« pés tantôt par les princes, tantôt par la noblesse, ou convertis en établissements
« d'asile pour les pasteurs devenus vieux et infirmes, ou encore appliqués à four-
« nir des pensions aux filles nobles qui ne se marient point. L'aristocratie alle-

l'abbé séculier ne fut plus rien qu'un gentilhomme sans emploi rendu à la société.

Fragment d'une lettre adressée à M. Odon de Pins par M. Corne (de Condom), qui a laissé de nombreux manuscrits pour servir à l'histoire de la Gascogne.

« mande trouve dans ces établissements le moyen de perpétuer son influence et « ses richesses, parce que ses majorats ne sont pas de la sorte grevés de l'entre- « tien de ses filles restées célibataires. Ces établissements sont appelés chapitres « nobles ; les femmes qui en font partie prennent le titre de chanoinesses, vivent « dans le monde et jusqu'au milieu des cours. » (Dictionnaire de la conversation et de la lecture, édition in-8° de 1832, t. I, p. 3-5.)

On voit par les extraits précédents que les abbés commendataires étaient présumés avoir l'intention d'entrer un jour dans les ordres, mais qu'en règle générale ils conservaient leur liberté. La seule chose qui les différenciait du commun des hommes était la tonsure, marque dépourvue de toute signification sacerdotale, puisqu'elle était applicable et appliquée à des enfants. Mathurin Regnier la reçut très-jeune, ce qui ne l'empêcha point plus tard de faire des poésies et des satires qui n'étaient point inspirées par la ferveur religieuse. Le mot commende impliquait un pouvoir passager, et cependant la dignité était en réalité presque toujours viagère. Le rôle des possesseurs de ces sortes de bénéfices se résumait à la perception d'une partie de l'usufruit ; la régie des choses spirituelles appartenait au prieur, qui était nécessairement régulier. Ainsi donc Gaillard de Galard, étant simple abbé commendataire de Bouillas, n'avait renoncé à aucun de ses droits civils ; il pouvait par conséquent reprendre sans aucun trouble de conscience sa place dans le monde et s'y marier quand il lui plairait. Sa conduite conforme aux mœurs et habitudes de son temps demeure irréprochable. Telle ne fut point celle de Gabriel de Saluce, évêque d'Aire, qui se maria et garda son évêché, de Jean de Lettes, évêque de Montauban, qui répudia le catholicisme pour épouser Anne de Durfort de Boissière, veuve de Jean de Bousquet, seigneur de Verlhac. On sait que Jean de Lettes eut de cette union trois enfants, nommés dans son testament du 26 juin 1559 (Gallia christiana, tome XIII. — MARY LAFON, Hist. du midi, tome III.)

En résumé, les commendataires comme Gaillard de Galard étaient en plein dans leur droit lorsqu'ils résignaient leur fonction temporelle pour perpétuer leur race. Les membres du clergé régulier ou revêtus de la puissance spirituelle, en faisant un pareil acte dans le même but, étaient au contraire plus qu'irréguliers, car ils étaient engagés par des serments solennels et irrévocables, tandis que Gaillard de Galard ne l'était par aucun.

1557 ET APRÈS.

Notice de l'abbé de Lespine sur GAILLARD DE GALARD,
seigneur de Pauillac, Berrac, Mérenc, etc.

BRANCHE DE BÉRAC OU PAOUILLAC [1].

XII. — GAILLARD OU GALHARD dit GAILLARDON DE GALARD, seigneur de Bérac et de Merenc, de Fraissinet et de Balarin en Condomois, deuxième fils de GILLES I DE GALARD, seigneur de Terraube, et de GAILLARDE DE RIGAUD-DE-VAUDREUIL, se destina d'abord à l'état ecclésiastique, et fut abbé de Bouillas (1557); il prend cette qualité dans le testament de son père, du 8 décembre 1558, dans lequel il fut substitué à Bertrand [2], son frère aîné. Son père lui donna, par un premier codicille, un supplément de légitime en argent; et par un second, daté du 23 mai 1560, il déclara lui avoir donné depuis peu, par un acte public, la Cabane ét le Merenc, avec

---

1. Pauillac, dans l'ancien comté de Gaure, confinait à la forêt du Ramier, où les pauvres gens du village, pendant une période de l'année, allaient ramasser des cèpes et des oronges, ce qui inspira à la verve gasconne le trait suivant :

> Sens lou bruc e l'uuèro,
> Pauillac seré dans la misèro.

(*Contes et proverbes populaires, recueillis en Armagnac* par Jean-François Bladé, p. 75.)

2. Gaillard de Galard fut substitué par son père à son frère aîné. Cette obligation testamentaire montre une fois de plus son aptitude au mariage. La substitution, en effet, impliquait aussi bien la continuation de la race que la prise de possession des biens. Il était rare que, dans une famille où il y avait plusieurs enfants mâles, un religieux fût appelé à recueillir l'héritage au lieu et place de celui qui faisait défaut dans l'ordre de primogéniture. Si Gaillard de Galard fut désigné pour recevoir la succession de son frère Bertrand, au cas où il viendrait à décéder sans postérité, c'est qu'il n'avait point perdu par des engagements monastiques sa capacité civile.

toute justice haute, moyenne et basse, et ordonna que si le dit Gaillard voulait faire usage de cet acte de donation, il fût déchu du legs et supplément de légitime qu'il lui avait donnés dans son testament et dans son premier codicille; il traita, le 19 juin 1563, avec BERTRAND, son frère aîné, seigneur de Terraube, au sujet de l'hérédité de Gilles de Galard, leur père commun. Il donna quittance le 10 mai 1572, au même Bertrand, son frère, d'une somme d'argent en déduction de ses droits légitimaires sur les biens de feu Gaillarde de Rigaut, leur mère commune; lesquels droits avaient été fixés, après un long procès entre les deux frères, par un arrêt du parlement. Ces deux frères terminèrent par une transaction du 12 août 1576 le procès qu'ils s'étaient réciproquement intenté devant le sénéchal de Condom, au sujet 1° de quelques fiefs que feu Gilles de Galard, leur père, avait vendus à Quinchard, juge-mage de Lectoure, et qui étaient, partie dans la jurisdiction de Terraube et partie dans celle de Merenc, desquels fiefs Gaillard de Galard avait fait le retrait lignager; 2° de certaines terres que Bertrand de Galard, seigneur de Terraube, avait acquises auprès du Merenc, et auxquelles Gaillard de Galard prétendait avoir intérêt; 3° enfin des demandes que ce dernier faisait sur la succession d'ISABEAU DE GALARD, leur sœur. Il fut convenu et accordé entre eux que Gaillard céderait à son frère la partie des dits fiefs vendus, et par lui retirés, qui se trouvait enclavée dans la jurisdiction de Terraube ; et Bertrand consentit que les terres qu'il avait acquises auprès du Merenc demeurassent en pâturage, tant pour l'utilité de son dit frère, que pour celle des habitants du Merenc, se réservant seulement d'y faire construire un étang, le long duquel les habitants pourraient abreuver leurs bestiaux. A ces conditions, le seigneur du Merenc renonça à ses prétentions sur l'hérédité d'Isabeau de Galard et consentit que, tant en son absence qu'en sa présence, Bertrand, son frère, fît planter des bornes pour fixer les limites des juridictions de Terraube et du Merenc, relativement à la transaction passée entre eux le 19 juin 1563. Il fut nommé, le 9 octobre 1580, tuteur honoraire des enfants de Bertrand, son frère, et ne vivait plus en 1619.

Il fut marié deux fois ; la première, après avoir quitté sa commende [1] de Bouillas, avec demoiselle N. DE BÉRAC ; il n'en eut

1. Voici des extraits de l'*Encyclopédie Diderot*, relatifs au mot *abbaye*.

« Les biens des monastères, étant devenus considérables, excitèrent la cupidité « des séculiers pour les envahir. Dès le ve siècle en Italie et en France, les rois « s'en emparèrent ou en gratifièrent leurs officiers et leurs courtisans. En vain les « papes et les évêques s'y opposèrent-ils. Cette licence dura jusqu'au règne de « Dagobert, qui fut plus favorable à l'Église ; mais elle recommença sous Charles « Martel, pendant le règne duquel les laïques se mirent en possession d'une partie « des biens des monastères, et prirent même le titre d'abbés. Pépin et Charle- « magne réformèrent une partie de ces abus, mais ne les détruisirent pas entière- « ment, puisque les princes leurs successeurs donnoient eux-mêmes les revenus « des monastères à leurs officiers, à titre de récompense pour leurs services, d'où « est venu le nom de bénéfice, et peut-être l'ancien mot, *beneficium propter offi-* « *cium,* quoiqu'on l'entende aujourd'hui dans un sens très-différent, et qui est le « seul vrai, savoir des services rendus à l'Église. Charles le Chauve fit des lois « pour modérer cet usage, qui ne laissa pas de subsister sous ses successeurs. Les « rois Philippe Ier et Louis VI et ensuite les ducs d'Orléans sont appelés abbés du « monastère de Saint-Aignan d'Orléans. Les ducs d'Aquitaine prirent le titre d'ab- « bés de Saint-Hilaire de Poitiers. Les comtes d'Anjou, celui d'abbé de Saint- « Aubin, et les comtes de Vermandois, celui d'abbé de Saint-Quentin. Cette cou- « tume cessa pourtant sous les premiers rois de la troisième race, le clergé s'op- « posant à ces innovations et rentrant de tems en tems dans ses droits.

« Mais quoiqu'on n'abandonnât plus les revenus des abbayes aux laïques, il « s'introduisit, surtout pendant le schisme d'Occident, une autre coutume, moins « éloignée en général de l'esprit de l'Église, mais également contraire au droit des « réguliers. Ce fut de les donner en commende à des clercs séculiers ; et les papes « eux-mêmes furent les premiers à en accorder, toujours pour de bonnes inten- « tions, mais qui manquèrent souvent d'être remplies. Enfin, par le concordat « entre Léon X et François Ier, la nomination des abbayes en France fut dévolue « au roi, à l'exception d'un très-petit nombre ; en sorte que maintenant presque

qu'une fille, qui mourut jeune, et dont il fut héritier ; il se

« toutes sont en commendes. » (*Encyclopédie de Diderot*, tome I, p. 13 au mot
ABBAYE.)

. « *Commande* ou *commende* (mat. bénéfic.) signifie garde-dépôt. Donner un
« bénéfice en commende, c'est donner en garde à un séculier un bénéfice régulier,
« lequel ne peut être conféré en titre qu'à un régulier, suivant la règle *secularia*
« *secularibus, regularia regularibus,* qui étoit la discipline observée dans les pre-
« miers siècles de l'Église.

« Quelques-uns rapportent l'établissement des commendes à Urbain II, d'autres
« à Clément V, d'autres encore à Léon IV, mais l'usage en paroît encore plus
« ancien.

« En effet, on voit que, dès le tems du troisième concile d'Orléans, tenu sous
« Childebert en 538, les évêques donnoient à des clercs séculiers les monastères
« qui étoient dans leurs diocèses, de même qu'ils leur donnoient des cures et des
« chapelles, et que l'évêque avoit le pouvoir de conserver au clerc qu'il avoit mis
« à la tête d'un monastère la part qu'il avoit dans les revenus de l'église sécu-
« lière à laquelle il étoit attaché, ou de l'obliger à se contenter de ce qu'il pour-
« roit avoir du monastère.

« Saint Grégoire le Grand, qui siégeoit sur la fin du XVIᵉ siècle, admettoit qu'il
« y a des cas où la charité, qui est au-dessus des règles, autorise l'usage de donner
« des monastères en commende à des clercs séculiers.

« Du tems de Clotaire, Saint-Léger, étant archevêque de Poitiers, eut par l'ordre
« de son évêque l'administration de l'abbaye de Saint-Maixent, qu'il gouverna
« pendant six ans.

« On voit par là que le pape n'étoit pas le seul qui conférât des bénéfices régu-
« liers en commende, que les évêques en conféroient aussi sous le même titre.

« Les princes donnèrent même des abbayes à des laïcs. Charles Martel, maire
« du palais, fut le premier qui disposa ainsi des abbayes, de même que des dixmes,
« en faveur des princes et seigneurs, pour les récompenser de la dépense qu'ils
« avoient faite dans la guerre contre les Sarrasins. C'est de là que vinrent les noms
« d'*abbates milites* ou *abbi comites :* ceux-ci établissoient un doyen ou prieur pour
« gouverner les moines. Ces espèces de commendes laïques continuèrent sous les
« rois leurs enfants, et sous leurs successeurs jusqu'à Hugues Capet, qui rétablit
« les élections dans les églises et monastères, et restitua autant qu'il fut possible
« les revenus qui avoient été pris par les derniers rois de la race carlovingienne.

« Pour ce qui est des commendes ecclésiastiques, elles n'ont jamais été prati-
« quées parmi nous pour les évêchés ni pour les cures, mais seulement pour les
« abbayes et les prieurés, tant simples que conventuels.

« Les commendes ecclésiastiques ne furent introduites que pour l'utilité de

qualifia depuis ce temps-là seigneur de Bérac et du Mérenc. Il

« l'Église, c'est pourquoi le commendataire n'avoit pas la jouissance, mais seule-
« ment l'administration des fruits ; d'abord la commende ne duroit que jusqu'à la
« provision ; ensuite on la donna pour un temps limité, quelquefois assez long. Le
« pape défendit aux évêques de donner un bénéfice en commende pour plus de
« six mois ; mais la loi ne fut point pour le législateur ; les papes donnoient en
« commende jusqu'à ce que le commendataire eût acquis les qualités nécessaires.
« Enfin en 1350 les papes, sans permettre aux évêques de donner en commende
« pour plus de six mois, en donnèrent à vie.

« Tant que les papes et les évêques, en conférant des bénéfices réguliers en
« commende, n'ont eu en vue que le bien de l'Église et celui des monastères, les
« Pères et les conciles n'ont point condamné cet usage ; mais vers les VIIIe et IXe siè-
« cles elles dégénérèrent en abus ; et lorsqu'on vit que ces commendataires lais-
« soient tomber en ruine les monastères, que le service divin étoit abandonné, les
« religieux sans chef et manquant du nécessaire, l'Église s'est élevée fortement
« contre les commendes, par rapport au mauvais usage que les commendataires
« en faisoient, et a ordonné en différentes occasions que les abbayes ne seroient
« plus conférées qu'à des réguliers : c'est ce que l'on trouve dans le concile de
« Thionville, tenu en 844.

« Des cardinaux et autres prélats demandèrent ces monastères en commende,
« sous prétexte d'y mettre la réforme, ce qu'ils ne firent point.

« Les commendes devinrent très-communes dans le XIVe siècle, tandis que le
« Saint-Siége étoit à Avignon. Clément V les avoit tellement multipliées qu'il crut
« ne pouvoir réparer le tort que sa trop grande facilité avoit fait à l'Église, qu'en
« révoquant lui-même toutes les commendes qu'il avoit accordées. Benoît XII révo-
« qua celles de Jean XXII, son prédécesseur ; et Innocent VI celles de Benoît XII.
« Elles furent néanmoins rétablies par Urbain VI et par Boniface IX, mais seule-
« ment pour un tems. Paul II, en 1462, les rendit perpétuelles.

« Le cinquième concile de Latran, tenu en 1512, défendit que les monastères
« qui n'étoient point en commende y fussent donnés à l'avenir ; mais le pape
« s'étant réservé la faculté d'y déroger, l'usage des commendes continua comme
« auparavant ; il sembloit encore abrogé, du moins pour la France, par le concor-
« dat fait en 1516 entre Léon X et François Ier. Cependant les choses sont restées
« sur le même pié.

« Le concile de Trente et les conciles provinciaux qui ont été tenus depuis,
« notamment celui de Rouen en 1581, et celui de Reims en 1583, se sont contentés
« de faire des vœux pour le rétablissement de l'ancienne discipline.

« Il y a présentement en France deux sortes de commendes, qui ne sont plus
« pour un tems comme autrefois, mais à vie.

épousa en secondes noces, par contrat du 13 juillet 1579, demoi-

« Les premières sont telles des abbayes et des prieurés conventuels, auxquels le
« roi nomme en vertu du concordat.

« Les autres sont des prieurés simples ou conventuels, qui sont à la nomination
« des princes, cardinaux, abbés et autres qui ont des indults du pape, enregistrés
« et reconnus au parlement, pour les donner en commendes. Mais comme les pro-
« visions en commende sont contre la disposition du droit canonique, et que le pape
« seul peut dispenser de l'inhabileté des personnes, il n'y a que lui qui puisse
« conférer en commende avec la pleine disposition des fruits.

« Au reste la commende ne change point le bénéfice de nature, quelque tems
« qu'il ait été possédé en commende.

« Un bénéfice autrefois en commende, qui est depuis retourné en règle, c'est-à-
« dire qui a été conféré à un régulier, ne peut plus être possédé en commende sans
« obtenir une nouvelle dispense du pape.

« On distingue encore deux sortes de commendes, savoir la commende libre et
« la commende décrétée.

« La commende libre est celle à laquelle le pape n'a opposé aucune restriction,
« de manière que le bénéfice peut passer d'un bénéficier à un autre, à titre de com-
« mende, sans nouvelle dispense du pape, lequel en ce cas ne peut refuser de le
« conférer en commende.

« La commende décrétée est lorsque, dans les provisions données par le pape
« d'un bénéfice régulier, il y a le décret irritant ou clause que le bénéfice retour-
« nera en règle par la démission, résignation ou décès du titulaire, *cedente vel*
« *decedente*.

« Celui qui possède un bénéfice en commende décrétée ne peut le résigner en
« commende libre ; cependant, s'il y avoit eu trois titulaires qui eussent successi-
« vement possédé en commende, le quatrième ne seroit pas obligé de faire mention
« du décret irritant.

« Quand un bénéfice possédé en commende vient à vaquer, le collateur ordi-
« naire peut y pourvoir en titre, c'est-à-dire le conférer à un régulier.

« Un séculier pourvu en commende se faisant religieux, son bénéfice vaque par
« sa profession. » (*Encyclopédie de Diderot*, tome III, pages 685-686.)

Pour faire autant que possible la clarté sur cette question si mal connue des
abbayes et des évêchés en commende, j'ose (au risque de me répéter et d'abuser
des citations) transcrire encore un passage de Durand de Maillane sur cette
matière délicate :

« *Commende* est une provision d'un bénéfice régulier accordée à un séculier,
« avec dispense de la régularité : Commendare autem est deponere.

« *Origine des commendes*. Les commendes sont anciennes dans l'Église ; comme

selle Françoise de Lézir, fille de feu noble Cyprien de Lézir, sei-

« elles n'étoient pas données autrefois pour l'utilité des commendataires, mais
« seulement pour celle de l'Église, les plus saints papes ne se sont pas fait une
« peine de les autoriser ; les lettres de saint Grégoire en sont une preuve ; dans
« la suite on en a abusé comme nous allons voir ; les conciles n'ont, dès cet abus,
« cessé de condamner les commendes, mais en vain.

« Dans les lettres de saint Grégoire, on voit que ce saint pape donnoit des évê-
« chés comme des abbayes en commende à des évêques, mais il ne souffroit pas
« que les clercs d'un ordre inférieur jouissent du même privilége ; il s'éleva
« contre certains de ceux-ci, qui avoient voulu gouverner des abbayes dans la
« Sicile et dans le diocèse de Ravenne.

« Il paroît, par le troisième concile d'Orléans, que les évêques de France ne
« faisoient pas plus de difficulté de confier la conduite des monastères aux clercs
« de leurs cathédrales, que de leur donner les cures de la campagne et les béné-
« fices simples, etc.

« Charlemagne se fit un devoir de retirer les abbayes d'entre les mains des laïcs
« pour les donner à des clercs ; les commendes devinrent ensuite plus communes
« sous Charles le Chauve et Louis le Bègue : ce dernier prince particulièrement en
« donna plus à des laïcs qu'à d'autres, ce qui lui attira de vives représentations de
« la part d'Hincmar, archevêque de Rheims. Le sixième concile de Paris avoit déjà
« prié l'empereur Louis le Débonnaire que, puisqu'on ne pouvoit pas empêcher
« que des laïcs eussent des commendes, il les engageât au moins à obéir aux
« évêques, comme les abbés réguliers. Dans le concile de Mayenne, on délibéra
« long-temps sur le moyen de remédier à tous ces abus ; mais comme on vit qu'on
« ne pouvoit absolument faire changer l'usage des commendes, on prit des mesures
« pour en prévenir autant qu'il seroit possible les mauvais effets. On ordonna que
« dans tous les monastères d'hommes et de filles que des clercs ou des laïcs tien-
« droient *jure beneficii,* les bénéficiers, c'est-à-dire les abbés commendataires,
« nommeroient les prévôts instruits des règles monastiques, pour gouverner les
« religieux, pour assister aux synodes, pour répondre aux évêques et pour avoir
« soin du troupeau, comme des pasteurs qui doivent en rendre compte au
« Seigneur.

« Sous la troisième race de nos rois, on vit toujours l'usage des commendes,
« mais corrigé en ce que les rois n'en donnoient plus à des laïcs ; l'on ne voit pas
« en effet que depuis Hugues Capet les abbayes aient été concédées à des laïcs ;
« mais cela n'a pas empêché les papes, et encore moins les conciles, de crier à
« l'abus des commendes. Innocent VI publia là-dessus une constitution, le
« 18 mai 1353, où il dit : « L'expérience fait voir que le plus souvent, à l'occasion
« des commendes, le service divin et le soin des âmes est diminué, l'hospitalité

gneur de Lézir et de Saldebru, et de défunte dame Jeanne de

« mal observée, les bâtiments tombent en ruine et les droits des bénéfices se
« perdent tant au spirituel qu'au temporel ; c'est pourquoi, à l'exemple de quelques-
« uns de nos prédécesseurs et après en avoir délibéré avec nos frères les cardi-
« naux, nous révoquons absolument toutes les commendes et les concessions sem-
« blables de toutes nos prélatures, dignités, bénéfices, séculiers, réguliers. »
« Clément V et Jean XXII ne suivirent pas trop bien cette sage doctrine, on s'en
« écarta même à tel point dans le malheureux temps de schisme, que les papes fai-
« soient payer les commendes qu'ils accordoient, ainsi que les dispenses d'incom-
« patibilité de bénéfices, de la moitié de leurs revenus, à quoi l'on s'opposoit forte-
« ment en France, comme il paroît par les preuves de l'art. 14 de nos libertés, sans
« pourtant aller jusqu'à la racine du mal, en détruisant l'usage des commendes. Il
« est même surprenant qu'après les bons désirs qu'avoit témoignés le concile de Con-
« stance, le concile de Basle et la Pragmatique Sanction, qui ont fait tant de décrets sur
« les élections, n'aient point touché aux commendes ; peut-être que les souverains ne
« vouloient point se priver d'un moyen si facile d'obliger les personnes de qualité,
« et que les évêques n'en étoient pas fâchés, parce qu'ils y avoient bonne part. Ce
« sont les réflexions que fait le P. Thomassin ; mais il vaut mieux croire qu'on
« commençoit, au temps de la Pragmatique, à s'apercevoir que les revenus des
« bénéfices réguliers étoient mieux entre les mains des séculiers, et que, vu le relâ-
« chement des moines, les commendes n'étoient plus si odieuses. (M. du Clergé,
« tome IV, page 1114, tome XII, page 1014.) Quoi qu'il en soit, le pape Léon X,
« après avoir déploré dans le concile de Latran la désolation du temporel et du
« spirituel des monastères causée par les commendes, ordonne qu'à l'avenir, après
« le décès des abbés, on élira des abbés réguliers, si le Saint-Siége n'en dispose
« autrement pour les besoins pressants de l'Église ; qu'on ne donnera en com-
« mende les abbayes qu'à des cardinaux et à des personnes d'un grand mérite, que
« les commendataires emploieront le quart des revenus en réparations, en orne-
« ments et en aumônes, si les menses sont séparées ; s'il n'y a qu'une mense, le
« tiers sera employé à l'entretien des moines, et ces clauses seront exprimées dans
« les bulles. Ce pape ajoute que les cures, les premières dignités des chapitres, les
« bénéfices qui n'ont pas deux cents écus d'or de revenus, les hôpitaux et les
« maladreries, quelque grands qu'en soient les revenus, ne pourront être donnés
« en commende ; la même bulle défend de conférer en commende les évêchés,
« mais avec la même exception que les papes pourront en user autrement dans les
« besoins de l'Église : — Nisi pro conservatione auctoritatis Apostolicæ Sedis, et ad
« occurrendum malitiis eam impugnantium, pro temporum qualitate, aliter nobis de
« fratrum nostrorum consilio visum fuerit expedire. — Cette dernière clause a tou-
« jours mis obstacle à l'exécution des règlements de Léon X. Pas plus tard qu'en

Lustrac ; la future fut assistée par noble Jean de Carbonnières,

« 1534, Clément VII donna en commende à son neveu Hippolyte, cardinal de
« Médicis, les bénéfices de toute la chrétienté pour six mois de leur vacance, à
« compter du jour qu'il en prendroit possession, avec pouvoir de disposer des fruits
« et de les convertir à son usage.

    « Au concile de Trente, on devoit traiter, après la première session, de la
« réformation des abbayes. Les moines souhaitoient que l'on condamnât les com-
« mendes ; les ambassadeurs de France déclarèrent avec le cardinal de Lorraine
« que la France le souhaitoit aussi ; les Espagnols suivirent le même parti. Et les
« Allemands, chez qui les commendes n'ont presque point été introduites (Hist.
« ecclés., liv, III, n° 148), ne pouvoient s'y opposer. Mais les Italiens, qui avoient
« intérêt de ne pas souffrir une réforme aussi sévère, demandèrent quelque tempé-
« rament ; le concile, après avoir remarqué les suites fâcheuses des commendes,
« tant pour le spirituel que pour le temporel, déclara donc qu'il auroit souhaité le
« pouvoir abolir, mais que l'état malheureux où l'Église se trouvoit réduite ne lui
« permettoit pas d'employer un remède qui auroit paru trop violent. » (Dictionnaire de droit canonique, par M. Durand de Maillane, tome Ier, pages 567-570.)

    Aussi bien que les chefs militaires et les hauts personnages de la cour, les
femmes furent sous la première et la seconde race dotées d'abbayes. Les souverains
de France, de même que ceux d'Italie, les distribuaient dès le v{e} siècle à leurs
mères, à leurs femmes et à leurs filles. Ces dernières étaient pourvues de ces bénéfices pour leurs menus plaisirs. Ogine, mère de Louis d'Outre-mer, se sépara de
son fils par le motif qu'elle avait été dépouillée de l'abbaye de Sainte-Marie de
Laon au profit de Gerberge, épouse du roi susnommé. L'amiral de Joyeuse, d'après
Balzac, rémunéra un sonnet par le don d'une abbaye. La princesse de Conti sous
Louis XIV jouissait de celle de Saint-Denis.

    Le conseil de Henri III, en 1575, avait résolu de convertir tous les monastères
en commendes et de les concéder aux principaux personnages de la cour et de
l'armée à titre de revenus. Ce projet fut abandonné par suite de la mort d'Henri III,
mais il fut repris et amendé plus tard par le marquis d'Argenson, qui ne sut
pourtant le réaliser.

    L'infinité de ces abus, quelquefois refrénés, mais toujours renaissants, contri-
bua puissamment à l'expansion et au succès de la réforme.

    La Bibliothèque sacrée classe les abbés comme suit :

    « Parmi ceux qui ont conservé le titre d'abbé, le droit nouveau distinguait les
« abbés séculiers et les abbés réguliers. (Cap. transmissa J. G. verb. Abbatis de
« renunc. Cap. cum ad monasterium, de statu Monach.)

    « Les abbés séculiers étaient ceux qui possédaient des bénéfices ecclésiastiques
« sous le titre d'abbayes, anciennement régulières et depuis sécularisées. On met

seigneur du Plessy, enseigne de la compagnie de M. le maréchal de Biron, et par Catherine de Lézir, dame de Lastour et Saldebru, épouse dudit seigneur de Carbonnières, et sœur de la future épouse. Leurs enfants furent :

1° JEAN PAUL DE GALARD dont l'article suit ;

2° ALEXANDRE DE GALARD, auteur de la branche de Balarin et de Laromieu en Gascogne ;

3° CHARLES AMAURI a fait la branche de Saldebru en Agenois ;

4° BRANDELISE DE GALARD ;

5° CHARLOTTE DE GALARD.

« au rang des abbés séculiers les abbés commendataires. De ces abbés séculiers non « commendataires, les uns jouissaient de certains droits épiscopaux, les autres « étaient seulement honorés du titre d'abbé, ou n'avaient avec ce titre que le droit « de présider aux assemblées d'un chapitre de cathédrale, par un faible reste de « l'ancienne autorité que l'abbaye donnait en régularité.

« Les abbés réguliers étaient des religieux qui portaient l'habit de leur ordre, « et qui gouvernaient une abbaye régulière pour le spirituel et pour le temporel.

« On appelait encore abbés de régime, dans quelques nouvelles congrégations, « certains prieurs claustraux, pour les distinguer des véritables abbés en titre.

« Nous connaissons en France ces différentes sortes d'abbés ; il y avait des « abbayes comme des prieurés séculiers qui pouvaient être possédés par des clercs « séculiers sans commende : nous avions des chapitres, comme à Narbonne et à « Clermont, où le nom d'abbé était attaché à une des dignités avec certaines pré-« rogatives. Nous distinguions aussi les abbés chefs d'ordre et de congrégation.

« On distinguait encore les abbés universels, les abbés locaux, les abbés per-« pétuels et triennaux.

« Les abbés universels ou généraux étaient les mêmes que les abbés chefs « d'ordre ou de congrégation, qu'on nommait aussi pères-abbés, et qui avaient « plusieurs abbayes sous leur dépendance. On nommait encore père-abbé, l'abbé « d'une maison qui en avait enfanté une autre ; ce qui s'appelait, chez les cister-« ciens, abbé de la grande Église. C'est de là que venaient les grands pouvoirs des « chefs d'ordre sur leur filiation.

« Les abbés locaux étaient les mêmes que les abbés particuliers qui n'avaient « aucune abbaye inférieure et subordonnée à la leur.

« Les abbés perpétuels étaient ceux dont la charge était à perpétuité et pour

Année 1557 et après.

GAILLARD DE GALARD, *bien que désigné comme aumônier de Henri II,*
n'était que clerc tonsuré [1] *lorsqu'il fut investi de la commende de*
Bouilhas. Il obtint, en la résignant, qu'elle fût réservée à son frère
Seignoret de Galard; celui-ci, à raison des circonstances, ne put
prendre possession de son siège qu'en 1573.

GAILLARD DE GOULARD était de la branche de Terraube : il n'était
que clerc tonsuré ; mais le roi [2] le fit un de ses aumôniers [3] à

« toute la vie de l'abbé ; et les triennaux étaient ceux dont la charge ne durait que
« trois ans, comme il est d'usage dans plusieurs réformes.

« Les abbés commendataires étaient des ecclésiastiques séculiers qui jouissaient
« d'une partie des revenus d'une abbaye avec quelques honneurs, mais sans juri-
« diction sur les religieux, à l'exception de quelques-uns qui avaient des indults
« du pape à cet effet. » (*Bibliothèque sacrée ou Dictionnaire universel dogmatique,*
canonique, historique, géographique et chronologique des sciences ecclésiastiques,
par les révérends pères Richard et Giraud, tome 1er, pages 27-29.)

Si j'ai tant insisté, dans les notes ci-dessus, sur les distinctions capitales existant entre la qualité d'abbé régulier et celle d'abbé séculier ou commendataire, ce
n'est point pour couvrir Gaillart de Galard, qui n'en avait pas besoin, mais pour
essayer de faire comprendre les mœurs ecclésiastiques du xvie siècle et de détruire
les préjugés de ceux qui, n'ayant pas étudié la société de cette époque, lui appli-
quent la morale de la nôtre.

1. « Tous les ecclésiastiques séculiers et réguliers doivent porter la tonsure ;
« c'est la marque de leur état ; celle des simples clercs, qu'on appelle clercs à simple
« tonsure, c'est-à-dire qui n'ont d'autre caractère de l'état ecclésiastique que la
« tonsure, est la plus petite de toutes. A mesure que l'ecclésiastique avance dans
« les ordres, on fait la tonsure plus grande ; celle des prêtres est la plus grande
« de toutes, si l'on en excepte les religieux, dont les uns ont la tête entièrement
« rasée ; d'autres ont une simple couronne de cheveux plus ou moins large.

« La simple tonsure que l'on donne à ceux qui entrent dans l'état ecclésiastique
« n'est point un ordre, mais une préparation pour les ordres. » (*Encyclopédie de*
Diderot, tome XVI, pages 413-414.)

2. Henri II.

3. Au xvie siècle, des enfants tels qu'Antoine de Lévy et Antoine de la Rovera
étaient devenus, le premier archevêque d'Embrun, et le second évêque d'Agen, par
le seul fait de leur naissance, ainsi qu'un grand nombre d'autres que nous pour-

cause de son savoir. Il fut ensuite nommé abbé commendataire
de l'abbaye de Bouillas en 1557; il résigna son bénéfice; après

rions citer. La discipline de l'Église avait partout fléchi au point que la règle était
devenue l'exception. Cette méconnaissance des lois canoniques était bien antérieure
au xvi⁰ siècle. Trévoux, dans son *Dictionnaire,* tome I⁰ʳ, page 648, dit en parlant
du « grand aumônier de la couronne, » qu' « il devoit être prêtre. » — « Il semble,
poursuit-il, que, dans la suite, il ne le fut pas toujours, puisque Jean XXIII,
dans la bulle par laquelle il soustrait l'hôtel des Quinze-Vingts à la juridiction de
l'archidiacre et le soumet à celle du grand aumônier, ajoute cette clause : *pourvu
qu'il soit prêtre,* ou sinon à celle du premier chapelain du roy. »

La grande aumônerie, on le sait, était une des dignités les plus élevées : elle
était souvent revêtue par des cardinaux tels que du Perron et Larochefoucauld ; le
titulaire, seul évêque de la cour, était tenu de dire la messe au roi après avoir pris
son heure, de lui administrer les sacrements, d'officier dans les grandes cérémonies, de délivrer les prisonniers graciés par Sa Majesté. Les exigences de cette
fonction imposaient à celui qui voulait l'exercer l'admission préalable dans les
ordres. On vient de voir plus haut que l'on se dérobait à cette prescription et que
le grand aumônier n'avait pas toujours la qualité de prêtre. Amyot, qui le fût sous
Charles IX et Henri III, n'était point pourvu de l'ordination, bien qu'il fût traité
de *prestolet* par Catherine de Médicis qui, comme on sait, le menaça de mort, s'il
ne renonçait pas à son office auprès de son fils. Le traducteur de Plutarque, nommé
postérieurement évêque d'Auxerre, avoua s'être consacré toute sa vie aux lettres
profanes et avoir grand besoin de s'initier aux textes sacrés et aux saints devoirs
de sa prélature. On donnait des évêchés en commende de même que des abbayes.
Cet usage existait déjà sous saint Grégoire.

Amyot, on ne doit pas l'oublier, était contemporain de Gaillard de Galard, qui
fut appelé à la cour avec la qualité de simple aumônier, comme d'autres furent
investis de l'épiscopat, encore adolescents et sans autre marque que la tonsure,
signe tout à fait extérieur porté par les séculiers, aussi bien que par ceux qui ne
l'étaient pas. On pouvait la recevoir après avoir été confirmé et instruit des maximes
les plus utiles au salut. On exigeait tout au plus quelques notions de lecture et d'écriture. Du temps de Gaillard de Galard, c'est-à-dire en 1551, le concile de Narbonne ne réclama pour la tonsure que l'âge de sept ans. Celui de Bordeaux le
porta à douze.

Il résulte de ce qui précède que les grands aumôniers n'eurent pas toujours la
prêtrise et qu'à plus forte raison Gaillard de Galard ne fut pas dans l'obligation de
l'avoir pour devenir simple aumônier. Sa fonction fut donc un bénéfice à simple
tonsure. On appelait ainsi les bénéfices que l'on pouvait obtenir sans autre qualité
que celle de clerc tonsuré.

lui fut élu un autre membre de sa famille, SINIORET DE GOULARD[1]. Les troubles du pays à cette époque ne permirent toutefois de pourvoir à la vacance du siége qu'en 1573.

Archives. des Hautes-Pyrénées, *Dictionnaire manuscrit de Larcher*, série E.

1557 ET APRÈS.

Extrait du « Gallia christiana » qui mentionne, d'après les tables de l'abbaye de Belleperche, GAILLARD DE GALARD, *comme vingt-cinquième abbé de Bouilhas, et* SANCARDUS[2] DE GALARD, *comme vingt-sixième, ce qui constitue une simple différence dans les numéros d'ordre avec l'extrait qui suivra celui-ci.*

ABBAYE BÉNÉDICTINE DE PORTAGLONIO, VULGO BOUILLAS, ORDINE CISTERC. SÉRIE DES ABBÉS.

XXV. GAILLARDUS DE GOUALARD (pour de Goualard) ab. de Bolard (pour Bouillas) scilicet in tabulis Bellæ-Perticæ ubi legitur : testes cum Johanne de Pardailhan, abbate de Moureaux, quando Georgius, cardinalis de Armaniaco, episcopus Rutenensis, abbatiæ Bellæ-Perticæ possessionem accipit, XI decembris anni 1557; reperitur adhuc annis 1560, 1563.

XXVI. SANCARDUS [3] DE GOUALARD, 1573.

Gallia christiana, tome Ier, col. 1025.

1. Sinioret, ou plutôt Seignoret était frère puîné de Gaillard de Galard.

2. Il faudrait *Sanioretus* ou *Senioretus.*

3. L'écriture du XVIe siècle a fait faire plus d'erreurs sous le rapport des noms propres que toutes les chartes gothiques du moyen âge. C'est la lecture fautive de quelque Cartulaire ou de quelque Pouillé qui a très-longtemps empêché de fixer l'identité du Sancardus de Galard que le *Gallia christiana* donne pour successeur à Gaillard de Galard sur le siége abbatial de Bouilhas. Or le prénom de Sancardus n'a jamais été appliqué à aucun membre de cette famille. Dom Brugèles, en ses *Chroniques du diocèse d'Auch,* comme on le verra plus loin, appelle SANIARD DE

1557.

Extrait des « Chroniques du diocèse d'Auch », desquelles il appert que
G AILLARD DE G ALARD *fut le vingt-quatrième abbé de Bouilhas, et*
qu'il eut pour successeur immédiat S EIGNORET DE G ALARD, *auquel*
dom Brugèles donne fautivement le prénom de « Saniard », et le
Gallia christiana » celui de « Sancardus », prénoms qui n'ont
jamais existé dans la famille.

XXIV. (abbé) G AILHARD DE G OLARD en 1557 et 1563. XXV. S ANIARD
DE G OLARD, en 1573. XXVI Bertrand III de Barrau de Pairron,
évêque de Pamiers, abbé en 1575, mourut en 1605.

Chroniques du diocèse d'Auch, par dom Brugèles, page 294.

G ALARD le même personnage, qui était tout simplement le S EIGNORET DE G ALARD,
prieur de Masquières, fils de Gilles, seigneur de Terraube, et de Gaillarde de Rigaud
de Vaudreuil. Il était, par conséquent, le frère puîné de Gaillard de Galard, abbé
commendataire de Bouilhas, son prédécesseur. Les auteurs du *Gallia christiana*
auront converti, par suite de quelque difficulté graphique, ainsi que nous l'avons
dit, *Segnoretus* en *Sancardus;* dom Brugèles, qui n'a jamais péché par excès de
scrupule historique, se sera contenté, à son tour, d'une approximation et aura changé
Seignoret ou *Sanoret* en *Saniard.* Or ce Saniard, de même que Sancardus, ne fait
qu'une seule et même individualité avec Seignoret, déjà nommé. En 1558, Gilles
de Galard fit son testament et donna à Seignoret, dans une clause de cet acte, les
qualités de religieux et de prieur de Masquières. Il est évident que si le frère de
Gaillard de Galard le remplaça en 1673 dans l'administration de l'abbaye, c'est que
ce dernier n'avait point démérité aux yeux du couvent et du pape en rentrant pleinement dans la vie séculière.

En admettant, même contrairement à l'opinion de M. Corne, de Larcher, à la
mienne et à l'évidence des documents, que Gaillart de Galard fût entré tout à fait
dans la profession religieuse, il est certain qu'il se fût fait relever de ses vœux en
cour de Rome. Sans cette mesure préliminaire, en effet, Sa Sainteté n'eût point
ratifié l'élection de son frère Seignoret de Galard comme abbé de Bouilhas. Si le
gouvernement de l'abbaye demeura dans la famille, c'est que la conduite de Gaillard de Galard, je le répète, fut irréprochable, puisque le souverain pontife la sanc-
tionna par le choix de son successeur.

8 DÉCEMBRE 1558.

Résumé du testament fait le 8 décembre 1558 par Gilles de Galard;
on y voit en outre que celui-ci avait, dans un codicille antérieur,
fait donation de la métairie de la Cabane à GAILLARD DE GALARD,
abbé de Bouilhas. Cette libéralité extraordinaire envers un cadet
prouve une fois de plus que ce dernier n'était pas engagé dans les
ordres et qu'il était resté habile à continuer la descendance.

Testament de noble et puissant seigneur GYLIS DE GOLLARD,
seigneur de Terraube, fait le 8 décembre 1558, par lequel, considérant son age de vieillesse, il élit sa sépulture dans le chœur
de l'église du couvent de la Sainte-Trinité dudit Terraube, au
devant le grand autel, où ses feus père et mère étoient ense-
velis, laissant la charge de ses honneurs funèbres à mademoiselle noble GAILHARDE DE RIGAULT, sa femme, et à ses enfans. Item,
comme patron dudit couvent, il veut que le ministre et les
religieux soient tenus, aprèz son décès, de célébrer, chaque jour
durant l'an de son décès, une messe *de mortuis;* et l'an révolu,
chaque semaine une messe haute à tel jour qu'il seroit sépulturé perpetuellement. Et pour le divin office que lesdits religieux diroient perpétuellement, il leur donne la somme de
cent ecus petits, pour assurance desquels il veut que lesdits
ministre et religieux jouissent des fruits et usufruits de la borde
qu'il avoit acquise en la juridiction dudit Terraube au lieu
apelé à la Rey. Il donne et lègue à noble damoiselle JEANNE DE
GOLLARD, sa fille légitime et naturelle, pour soi marier, la somme de
3,000 livres tournois. Il fait ladite Gailharde de Rigault maîtresse
et gouverneresse de tous ses biens. Et si elle et ses fils ne pouvoient s'acorder ensemble, il lui donne toute la salle de Ferrières

avec ses appartenances et les deux bordes du Bernas et de la
Tintade pour en jouir sa vie durant. Il lègue a noble messire
GOAILHARD DE GOLLARD, abbé de l'abbaye Notre-Dame de Boylhas,
son fils légitime et naturel, la somme de 1,500 livres. Il lègue
à noble frère SEIGNORET DE GOLLARD, religieux du monastère de
Moyssac et prieur de Masquieres, son fils légitime et naturel, la
somme de 500 livres tournois. Il lègue à noble JEAN DE GOLLARD,
son fils légitime et naturel, la somme de 1.500 livres tournois;
il lègue à sœur FLORETTE DE GOLLARD, sa fille légitime et naturelle,
religieuse du monastère de Condom, la somme de 500 livres
tournois, outre la pension qu'il lui avoit donnée. Il veut que,
suivant la volonté de son feu père, il soit fait un reliquaire
d'argent à l'église paroissiale Notre-Dame dudit Terraube. Il
institue son heritier universel noble BERTRAND DE GOLLARD, son
premier fils, auquel, en cas de décès sans enfans, il substitue ledit noble messire Goailhard de Gollard [1], abbé dudit Boylhas,
son dit fils, et à lui ledit Jean de Gollard, son autre fils. Il
nomme ses exécuteurs testamentaires, noble Jean de Bordes,
seigneur de Doazan, noble Pons du Bouzet, seigneur de Roquépine,
et Me Mathurin Hondonis, licencié, juge ordinaire dudit Terraube. Ce testament, passé dans le château de la ville de Terraube, diocèze de Lectoure, sénéchaussée d'Agenois et Gascoigne,
ressort de Bourdalois, en présence de Ramond Molnier, greffier,
Gylis de Doazan, Sanxon de la Cassaigne, Jean de Commin,
Pierre d'Arravin et Pierre de Mazères, habitans dudit Terraube,
et reçu par Me Antoine de Coays, notaire royal dudit Terraube.
A la suite est un codicille fait par ledit testateur, le douze février 1559, par lequel il donne audit messire Gailhard de Gollard,

---

1. Voir plus haut, page 796, la note sur cette substitution.

son fils, abbé de Boylhas, la somme de 500 livres, outre les 1,500 livres qu'il lui avoit léguées dans son testament. Il veut que celui ou celle qui tiendroit la borde de la Rey donne chacun an au couvent et religieux dudit Terraube deux cartaux de froment, mesure de Condom, jusqu'à ce qu'ils soient payés de la somme de 100 ecus petits. Ce codicille fut reçu par ledit de Coays, notaire. A la suite en est un autre du 23 mai 1560, par lequel ledit testateur déclare que, depuis son dit testament et premier codicille, il avoit fait don audit messire Goailhard de Gollard, abbé de Boylhas, son fils, de la métairie de la Cabane, située dans la juridiction dudit Terraube, et qu'il laissoit audit messire Goaihard de Gollard le choix ou de ladite métairie ou de la somme de 2,000 livres qu'il lui avoit leguée tant par lesdits testament que codicille. Celui-ci passé audit château de Terraube en présence de Me Ramond Molnier, greffier, Arnaud d'Arravin, Jean de Mazères, consuls, et Louis de Fordoment, habitans dudit Terraube, et reçu par ledit de Coays, notaire. Le tout produit par expédition grossoyée, le 20 février 1567, par Jean la Rigaudère, notaire royal et greffier ordinaire dudit Terraube, auquel les titres et papiers dudit Antoine de Coays, qui n'avoit aucuns enfans pour servir audit état de notaire, avoient été conferés après son décès, le 16 juillet 1563, par Bertrand de Gollard, écuyer, seigneur dudit lieu et juridiction de Terraube, par acte passé en la ville et cité de Lectoure, senechaussée d'Armaignac, lez ledit lieu de Terraube, devant Jean Guirze, notaire royal, habitant dudit Lectoure, et en présence de Pierre Dastin, Antoine Dorgan, et de Dourenzes de la Vernède, brassiers, revandeurs, recardiers et habitans dudit Lectore. Et ce en vertu d'un commandement fait audit la Rigaudère, à la requeste dudit noble Bertrand de Gollard, écuyer, seigneur de Terraube, fils dudit testateur, par Blaise Lavant, licencié, juge ordinaire dudit Terraube et de Bordes, le vingt février 1567.

Archives du château de Larochebeaucourt, vieille copie de l'expédition en parchemin délivrée en 1567.

---

12 AVRIL 1563.

Transaction faite par GAILLARD DE GALARD *avec* BERTRAND, *son frère.*

Saichent tous présens et advenir que l'an mil cinq cens soixante troys et le douziesme jour du mois d'avril . . . . . à la requeste de noble BERTRAND DE GOULARD, seigneur de Terraube, à moi Roux Duluc, notaire royal dudit Lectoure, ai bailhé audict seigneur de Terraube les instruments de vente faite par noble GAILHARD DE GOLARD, abbé de Boylhas, de deux métayries appelées à la Cabane et le Mérenc [1].

Archives du château de Terraube E, 7.

---

30 OCTOBRE 1564.

Résumé d'un testament fait à cette époque par GAILLARD DE GALARD.

Aujourd'hui 30e jour d'octobre 1564, dans la maison et monastère de Proilhan lès Condom, regnant Charles, s'est constitué en sa personne noble GOAILHAR DE GOULARD, sieur de Mérens, abbé de Boilhas, lequel, en présence de moy et témoings bas nommés, a déclairé que le contenu dans le présent papier est son testament et dernière volunté, a voleu et veult que bailhe par

1. Dans cet acte, dont nous donnons un simple extrait, il est question également de JEANNE DE GALARD et du seigneur de Pauilhac, son mari.

manière de testament, si ne peut balloir en manière de testament que bailhe comme codicille ou autre . . . . . que en droit pourra balloir; et de sa déclaration m'a requis luy en retenir acte de loy, maistre François Imbert, la Marque, ... Arnaud Bezolles, dit Cotz de l'Oye. Présens, maistre Pierre Labedan, Guillaume Saume, Gobain et Arnaud Bernès, tous habitans du présent Condom, qui lui ont octroyé, selon la coustume, des susdits nommés qui se sont soubs signés et moi.

Le Guilhamot, notaire.

Archives du château de Malliac. Mss. de M. Benjamin de Moncade, cahier A A 2.

Année 1565.

Notice sur Gaillard de Galard-Terraube, *abbé de Bouilhas.*

La science tâchait évidemment de pénétrer dans la société polie. Galard de Terraube, abbé de Bouillas, dont on cite une *Aquitainographie* introuvable [1], assistait un jour à une discussion sur les causes « de la brièveté et accroissement des jours. » C'était chez le roi Henri II dont il était aumônier, et près de qui il se trouvait alors de service. Il se fit si bien écouter qu'on le pria de mettre ses raisons par écrit. Ce fut l'origine de son *Discours des choses plus nécessaires en la cosmographie* (1565) [2] dont il y eut bientôt une seconde édition (1568).

Bulletin du Comité d'histoire et d'archéologie de la province ecclésiastique d'Auch, tome II, page 584.

1. Il en existe un exemplaire à la bibliothèque du Vatican.
2. N'ayant que l'édition de 1575, nous attendons que l'ordre des matières nous conduise à cette date pour reproduire l'*Introduction.*

Année 1565.

Mention de Gaillard de Galard, *abbé de Bouilhas, dans la Bibliographie des auteurs gascons par Léonce Couture.*

G. (Galard?) de Terraube, abbé de Bouillas, près de Lectoure, publia un

Discours des choses plus nécessaires en la cosmographie, Paris, Fréd. Morel, 1565, petit in-8°.

Je tire cette indication de la Description bibliographique de la librairie J. Techener, 1855, tome I, page 311.

Revue d'Aquitaine, tome I, pages 163 et 164.

Vers 1569.

D'après la note ci-après, Gaillard de Galard, *abbé de Bouilhas, fut contraint de se marier, durant les guerres de religion, par Jeanne d'Albret ou par le comte de Montgomery, son généralissime.*

M. l'abbé Rousselle tient de dom Cortade, religieux de Bouilhas (dans la révolution), qu'il avait lu dans les archives de l'abbaye qu'à l'époque où les protestants parcouraient le pays et que Jeanne d'Albret employait tous ses moyens d'influence pour faire marier les religieux, leur abbé (Gaillard de Galard) se maria. Il paraît que cela s'est passé en l'année 1569 [1], au passage de Montgomery.

Archives du château de Terraube.

1. Cette date est inexacte, car, dans un Mémoire qu'on lira page 828, Gaillard de Galard, en 1566, était déjà veuf de sa première femme Catherine de Berrac.

Vers 1569.

Note de M. Benjamin de Moncade, de laquelle il résulte que Gaillard de Galard, *deuxième fils de Gilles et de Gaillarde de Rigaud de Vaudreuil, avait épousé Catherine de Berrac, dame de ce lieu. Cette terre, après avoir passé dans une branche de la maison de Galard, fit retour à un rameau de celle de Berrac, représenté par le seigneur de Cadreils, à la suite d'une nouvelle alliance entre les deux familles.*

La maison des anciens seigneurs de Berrac a dû se diviser en plusieurs branches. Jeannot de Castillon, seigneur de Mauvezin, épousa, en 1510, Anne de Berrac, fille de Pierre, seigneur de Cadreils. Malgré que Catherine de Berrac, dame de Berrac [1], mariée à Gailhard de Goulard, frère de Bertrand, seigneur de Terraube, n'ait pas laissé d'enfants mâles et qu'à leur défaut son mari soit devenu seigneur de Berrac, et après lui son fils aîné Jean-Paul, il existait, en 1793, un jeune Berrac, seigneur de Berrac, qui, je crois, a péri et qui, rejeton de la branche de Cadreils, avait, lui ou ses devanciers, recouvré Berrac par rachat

1. Nous avons en main des preuves diverses établissant la nobilité de la terre de Berrac à travers les siècles; nous les prenons au hasard dans un fouillis d'extraits authentiques.

« Lettres-patentes d'Édouard, roy d'Angleterre, de l'année 1308, où sont insérées d'autres lettres et commissions du sénéchal de Gascogne, suivant lesquelles Othon de Lomaigne, seigneur de Fimarcon, est remis et restitué en la possession et saisine de la juridiction et ressort qu'il avoit sur les terres de Berrac, Saint-Mézard, Pouy et autres lieux, en présence des seigneurs des dites terres, qui avoient été assignés aux fins susdites et qui ne s'y opposèrent point. Les dittes lettres ci-cottées, n° 4. »

« Hommage rendu par Ayssieu de Berrac à dame Catherine de Ventadour, veuve de noble Othon de Lomaigne, marquis de Fimarcon, pour raison de la troisième partie de la seigneurie de Berrac. C'est une coppie datée du 3 avril 1381. »

« Procédure de M. de Montaigne, conseiller au parlement de Bordeaux et commissaire député par cette cour pour vérifier les lods et ventes dus à la reine Marguerite, dans l'Agenois, Condomois et ailleurs, avec un jugement par lui rendu à ce sujet, par lequel il décharge les seigneurs de Roquépine, Pouy et Berrac du paye-

ou par alliance. Il y a au château de Balarin plusieurs parche-
mins concernant les Berrac.

Anne de Berrac fut mariée, le 6 mars 1615, à Charles de Lustrac, seigneur de Canebrasés. Elle pouvait être de la branche de
Cadreils, la branche aînée s'étant fondue vers 1569 dans la
famille de Gailhard de Goulard. La famille de Bezolles est alliée
à celle de Berrac, Cadreils et de Mazelière.

Archives du château de Malliac. Mss. de M. Benjamin de Moncade,
cahier sans cote.

Vers 1570[1].

Notice de Moréri sur Gilles de Galard, *seigneur de Terraube, dans
laquelle il est question de* Gaillard de Galard, *fondateur des branches de Saldebru et de Balarin, et de* Jean, *restaurateur de celle
de l'Isle-Bozon.*

Gilles I, seigneur de Galard et de Terraube, épousa, par
contrat du 13 juillet 1510, Gaillarde de Rigaud de Vaudreuil.

ment des lods et ventes à eux demandés par les preposés de la reine Marguerite,
réservant au seigneur marquis de Fimarcon de faire valoir ses pretentions comme
il jugeroit à propos; ledit jugement est daté du 29 mars 1612. »

« Arrêt du parlement de Bordeaux qui octroie la main-levée aux seigneurs de
Roquépine, Berrac, de Monlezun, de Campaigno, de leurs biens saisis féodalement,
à la requête du seigneur de Fimarcon, pour en jouir sous la main du roi, avec
defenses au juge d'appeaux dudit seigneur de Fimarcon d'en prendre aucune cour,
juridiction ny connoissance à peine de mille livres, nulité, cassation des procédures
et de tous dépens, domages et intérets, en datte du 27 août 1614. » (*Inventaire des
titres, papiers et documents des terres qui composent le marquisat de Pouy, dont
l'érection en a été faite par lettres-patentes de l'année 1671 sur la tête de messire
Giles de Bouzet, seigneur de Roquépine, gouverneur de la Capelle, qui sont Pouy,
Roquelaure, Belmont et Ligardes, mis en l'ordre qui suit la présente année 1759.
Cahier manuscrit in-4° de 29 pages, archives de M. J. Noulens.*)

1. Nous avons fixé cette date d'après la carrière de Gaillard de Galard, dont le
milieu semble être l'année 1570.

Il en eut : 1. Beltran de Galard, qui suit ; 2. Gaillard de Galard, auteur de la branche de Pauillac, dans le diocèse d'Auch, qui subsiste encore, et de laquelle sont sorties celles des Saldebruc en Agenois, et de Valarin en Condomois ; 3° Jean de Galard, qui releva la branche des seigneurs de l'Isle, qui ne s'est éteinte qu'en 1757, par la mort du chevalier marquis de Galard de l'Isle.

Moréri, *Dictionnaire historique,* tome V, page 19.

Année 1570.

Notice de M. Benjamin de Moncade sur le château de Balarin, dont on trouvera ci-contre et un peu plus loin une double vue. Cette forteresse appartint primitivement à la maison de Galard. Viguier, *un des siens les plus illustres* [1], *en était sire pour son compte et capitaine pour le roi de France en 1347. Balarin fut acquis le 10 novembre 1464, de* Bertrand de Galard *et autre* Viguier de Galard, *par Pierre de Mercier, bourgeois de Condom. Celui-ci se trouva anobli par la qualité du fief qu'il venait d'acheter. Après cent quarante-sept ans de possession, les de Mercier repassèrent la terre de Balarin à* Gaillard de Galard, *par suite de son alliance avec Catherine de Berrac, fille de Pierre de Berrac et de Louise de Mercier, cohéritière de Balarin. En 1770, la dame de ce fief,* Marie de Galard, *le transmit à son petit-neveu, Marie-Joseph de la Mazelière, qui le rendit par testament au comte* Raymond de Galard. *M. Benjamin de Moncade, dans cette étude, donne la filiation régulière de la branche des Galard-Balarin jusqu'à nos jours.*

Balarin, château près de Fourcés, consistant en un corps de logis carré; du côté du jardin, une tour, attenante au bâti-

---

1. Voir pages 3 et suivantes de ce volume.

CHÂTEAU DE BALARIN

ment, se dessine en avant. Il paraît avoir été plus élevé qu'il
n'est aujourd'hui. Il est entouré par un bâtiment circulaire beaucoup plus récent et flanqué de tours aux quatre côtés. Cette
bâtisse, dit le bâtiment neuf, n'était pas encore couverte en 1610.
La tradition raconte que tous les fils Mercier le bâtirent eux-
mêmes, vers la fin de 1500; il est construit en moellon et tombe
en ruine (1835). Ces Mercier n'étaient pas habiles maçons. On
rapporte qu'ils auraient été vingt-deux vivants à la fois au
château de Balarin, ayant 22 chevaux, 22 chiens et 22 fusils. Ils
périrent en peu de temps à la suite d'une espèce de peste ou de maladie épidémique. Balarin était une paroisse et a donné son nom
à un hameau tout près du château. Son église a été rebâtie avec
magnificence en 1824 par Joseph-Marie, vicomte de Mazelière-
Douazan, chevalier de Malte et de Saint-Louis et dernier possesseur de cette terre qu'il a léguée à son petit-neveu Raymond de
Galard-Pellehaut. Voici ce que je sais sur les anciens possesseurs
de Balarin.

Noble Bertrand de Galard, seigneur de Castelnau-de-Lectoure
et seigneur de Flamarens, et noble Viguier de Galard, son frère,
vendirent par ensemble, 10 novembre 1464, le château noble
de Balarin (ou plutôt Valerin) et les terres et droits qui en
dépendaient, basse juridiction, etc., à Pierre Mercier, marchand
de Condom. Les dites terres étaient situées entre les rivières de
Losse et de la Gélise. Pierre acquéreur devait en jouir ainsi que
ses successeurs de la même manière qu'en jouissaient les seigneurs
de Galard. L'acte, qui existe encore au château de Balarin, fut
passé par Jacques Maho, notaire à Montréal.

I. — Pierre Mercier, acquéreur, laissa d'Odette de Moncaup
un fils qui suit.

Noble (à cause de l'acquisition du fief de Balarin). Cet

abus se perpétua jusqu'à l'ordonnance d'Amboise de 1576[1].

II. — Noble Jehan de Mercier, né vers 1435, fut marié en 1463 avec Catherine de Cézaud, et ne vivait plus en 1515. Il fit son testament en gascon dans lequel il mentionna ses six enfants, sa mère, sa femme, etc. Il veut être enterré en la chapelle de Saint-Georges dans l'église de Montréal près de ses prédécesseurs « exceptat soun pay » décédé à Condom. Il laisse plusieurs legs aux églises ; il avait marié sa dernière fille, Catherine, en 1493 ; il fit son héritier universel Pierre, son aîné, qui suit et autres qui viennent après.

III. — Noble Pierre de Mercier, seigneur de Balarin, est appelé par son père tantôt Peyron, tantôt Peyronnet ; il mourut sans tester en 1531.

Sa postérité nombreuse se composait de :

Noble Georges de Mercier hérita de son père les biens situés près des tours DE GOUALARD et le long de Losse, entre les ponts Lartigue et Lambert (mourut en 1544 sans postérité).

Noble Jeanne de Mercier, mariée à noble Guillaume-Arnaud de Lupé, seigneur de Torrebren, avant 1490, dont elle n'eut pas d'enfants. Le frère de Guillaume-Arnaud lui succéda dans la seigneurie de Torrebren.

Catherine de Mercier, femme de noble Jean, seigneur de Podenas.

Odette, mariée à Pey (Pierre) Bernard La Serre, seigneur de La Case.

Autre Catherine, mariée à noble Jean d'Aux de Lescout, septième patron de La Roumieu en 1493. Ces filles furent chacune légataires de deux écus d'or de leur père.

---

1. Erreur, l'ordonnance est de 1563.

Pierre de Mercier, leur frère aîné, laissa de son premier mariage avec Marie Chaussade un fils aîné.

> 1ᵉʳ *lit.* — Noble Guillaume de Mercier, marié et mort sans postérité en 1539.
>
> 2ᵉ *lit.* — 1° Pierre, remarié en 1517 à dame Catherine de Ferragut, en eut entre autres enfants :
>
> Jehan, autre Jean et Pierre de Mercier, tous trois mariés et décédés sans postérité avant 1544.

IV. — Autre Jean de Mercier, seigneur de Balarin, marié sans enfants avec noble Isabeau de Loumaigne, fut cité par Catherine de Berrac, sa nièce, pour l'héritage de Pierre, mort infirme en 1571.

Louise de Mercier, mariée en 1544 à noble Pierre de Berrac, décédée en 1568 laissant une fille unique CATHERINE, mariée avant 1570 à GAILLARD DE GOLARD, frère de BERTRAND DE GALARD, seigneur de Terraube.

Catherine, qu'on croit avoir été femme de N... Malhiac et héritière d'une portion de Balarin, décéda en 1569 suivant un mémoire de famille.

Jeanne de Mercier ne se maria pas, survécut à ses frères et sœurs et disputa l'hérédité de son père, de concert avec Gaillard de Golard, mari de sa nièce. Le parlement de Bordeaux lui adjugea la moitié de l'hérédité, par arrêt de 1574. Moyennant une somme d'argent elle fit cession de ses droits sur Balarin à Jean de Malhiac dont les filles héritèrent. Jean de Malhiac vivait en 1584. Jeanne recueillit la substitution de Jean de Mercier, frère de son bisaïeul.

Goulard de Goulard [1] (ainsi qu'il figurait et est écrit dans les

---

1. C'est le même que le Gaillard de Galard dont nous reconstituons ici la figure.

mémoires exposant les griefs de Jeanne de Mercier (tante de sa femme Catherine de Berrac), avait donc acquis des droits sur Balarin, avant 1570, par son mariage avec l'unique héritière de Louise de Mercier. Ces droits furent soutenus avec vigueur par sa femme qui attaqua, immédiatement après son mariage, Jehan de Mercier, son oncle, fils de Pierre de Mercier II et coseigneur de Balarin, Jehan de Malhiac, son cousin, et tous autres détenteurs des biens de Pierre de Mercier, son aïeul. Jeanne de Mercier se joignit au procès de Catherine, sa nièce, pour demander sa part des droits sur les biens de Pierre de Mercier, son père. La même année 1570, Catherine mourut en couches d'une fille, nommée Jeanne, qui ne vécut pas et dont fut héritier son père Gaillard de Galard.

V. — Jehan de Mercier, ce seigneur de Balarin, décéda en 1571 sans enfants de sa femme, Isabeau de Lomaigne, nièce du cardinal de Ferrare, archevêque d'Auch, qui demeura dans la pauvreté. Gaillard ou Goullard de Golard (ainsi qu'il signait) après la mort de Jehan de Mercier, coseigneur de Balarin, de Catherine de Berrac, sa femme, dont il hérita de la seigneurie de Berrac, et de Jehanne de Golard, leur fille, arrivée en 1571, fut subrogé au lieu de Louise de Mercier, sa belle-mère, et poursuivit l'instance du procès. Il obtint, en 1574, arrêt de la cour du parlement de Bordeaux par lequel la moitié des biens de Pierre II de Mercier lui sont adjugés, comme représentant la personne de Louise de Mercier, sa belle-mère.

Ce qui n'était pas la moitié de la terre de Balarin à cause de la substitution de Jehan de Mercier, frère de Pierre I de Mercier. Le procès continua entre Gaillard de Golard et Jehane de Mercier qui finit par vendre tous ses droits à noble Jean de Malhiac qui devint un antagoniste redoutable par ses richesses et son crédit.

Charles d'Aux de Lescout, frère de Jean V, septième patron de La Romieu, fut seigneur de Cahuzac près Laressingle ; il épousa Armoise de Malhiac, fille de noble Sanx ou Sanche de Malhiac. Par son testament, en 1557, il dispose des biens dépendants du château de Balarin, à lui échus du chef de sa mère Catherine de Mercier. Il demande d'être enterré à La Romieu au tombeau de ses ancêtres et lègue 100 francs à l'église de cette ville.

1510. — Pactes de mariage entre noble Pierre de Mercier et noble Françoise de Castelbajac. (*Bibliothèque du séminaire d'Auch.*)

Ainsi les Mercier possédèrent Balarin cent quarante-sept ans en tout ou en partie.

Gallard de Goulard se maria à FRANÇOISE DE LÉZY, encore vivante en 1629 et mère de trois fils et de deux filles. Gaillard ne vivait plus en 1585. Il laissa de sa deuxième femme cinq enfants :

1° Noble JEHAN-PAUL DE GOULARD, seigneur de Berrac après son père ;

2° ALEXANDRE DE GOULARD, seigneur en totalité de Balarin et de Mérens et mari d'ISABEAU DE CORBIE ;

3° CHARLES-AMAURY DE GOULARD, seigneur de Fraissinet ;

4° et 5° BRANDELIS et CHARLOTTE qui, avec leurs frères, assistèrent au contrat de mariage de leur frère Alexandre en 1611.

ALEXANDRE DE GOULARD, deuxième fils de Gailhard de Goulard et de Françoise de Lézy, termina par son mariage un procès qui durait depuis quarante ans et qui avait été la cause de débats animés et quelquefois sanglants. Il existe un projet d'articles pour ce contrat de mariage long et minutieux, où il est dit que Alexandre et Isabeau devaient habiter à Balarin le bâtiment neuf. Ce sont les baraques bâties autour du grand corps de logis et qui n'étaient pas encore couvertes, etc.

Alexandre de Goulard acquit en 16... la métairie de la Haille de Paul-Antoine de Cassaignet, marquis de Fimarcon. Acte passé par La Tournerie, notaire royal, chez Chambellier, marchand, dans sa boutique à Condom. Il acquit aussi une métairie... de noble Elizei d'Astugue, sieur d'Anquelin (Engalin), et la Roque; témoins : noble Jehan Tarquin de Biechan, sieur de Lartigue, et Jehan-Pierre de Goth (Gout), seigneur de la Roque Saint-Aignan, près de La Roumieu. Alexandre mourut en 16... laissant deux fils :

HENRY qui suit et

AMAURY, seigneur de Luzanet, chef de la branche de Pellehaut et Magnas.

Noble Henry de Golard, seigneur en totalité de Balarin, fut marié, le 2 mars 1652, à noble FRANÇOISE DE SACRISTE DE MALVIRADE fille du seigneur de Tombebœuf, dont sortirent :

Noble HECTOR DE GOULARD, seigneur de Balarin (protestant), marié, le 23 avril 1684, à ANNE DE BRISSAC, aussi protestante, fille du seigneur de Las Masères. Il avait pour sœurs :

N. DE GOULARD, mariée à N. LE GOUNOIS, sieur de Pamplan et d'Argentens, vers 1682, dont une fille : FRANÇOISE.

Hector laissa de son mariage avec Anne de Brissac :

Noble JOSEPH DE GOULARD, seigneur de Balarin, lieutenant au régiment de Lenoncourt, cavalerie, mort sans alliance, ainsi que on frère dit :

N. CHEVALIER DE GALARD, officier au régiment du roi, tué en duel, et deux sœurs dont l'une, JEANNE DE GALARD, alliée à PAUL DE PEDESCLAUX, dont une fille mariée à Benjamin de Mazelière-Douazan, et MARIE DE GALARD, morte sans alliance et enterrée à l'église de Balarin. Elle fut héritière de Balarin. — Marie-Joseph de Mazelière, son petit-neveu, lequel, n'ayant pas eu d'enfants de son mariage avec Mlle Clotilde de Castillon-Mauvezin, a fait son héritier universel RAYMOND DE GALARD, son petit-neveu, fils du comte HECTOR DE GALARD-

CHÂTEAU DE BALARIN

(autre aspect)

PELLEHAUT. Âgé de vingt-quatre ans en 1835, marié en 1843 à demoiselle DE MARIGNAN, il décéda à trente-huit ans le 18 février 1850.

M. de Mazelière avait servi à Malte et dans les chevau-légers de la garde du roi. Il est mort chevalier de Malte et de Saint-Louis et titré vicomte. Il a fait magnifiquement rebâtir l'église de Balarin, où il est enterré, et par son testament a laissé des fonds pour l'entretien d'un prêtre. Quoiqu'il eût acquis le château de Beaumont où réside sa femme, il n'en fit pas moins son séjour à Balarin qu'il embellit de très-belles plantations. Il voulait aussi rebâtir le château, mais le malheur de n'avoir pas d'enfants le fit renoncer à ce projet. Il habitait le bâtiment neuf où il était fort mal et couchait à la tour à droite en entrant audit logis qui tombe en ruine. J'ai beaucoup connu et vu M. de Mazelière pendant mon séjour à Bernet en 1826, 27, 28 et 29 ; il avait pour moi beaucoup de bonté et madame de Mazelière, à qui je dois en partie les détails ci-dessus et bien d'autres, daigne encore me les continuer. M. de Mazelière est mort à soixante-dix-sept ans, fort regretté des pauvres auxquels il faisait d'abondantes aumônes. Depuis sa mort le château de Balarin est inhabité.

Notice de M. Benjamin de Moncade, cahier A A 2. Archives du château de Malliac (Gers).

ANNÉE 1570 ET APRÈS.

Autre extrait des manuscrits de M. Benjamin de Moncade, dans lequel il est question du double mariage de GAILLARD DE GOULARD, *en premier lieu avec Catherine de Berrac, et en second avec Françoise de Lézy ou Lézir.*

Ce GAILLARD DE GALARD, abbé de Bouillas en commende, seigneur de Mérens, et frère de BERTRAND, seigneur de Terraube, me paraît être le même que le Gaillard de Goulard qui fut aumônier du roi Charles IX [1] fut seigneur de Balarin et mari : 1° de CATHE-RINE DE BERRAC ; 2° de FRANÇOISE DE LÉZY. Une lettre adressée par Jean de Bezolles, seigneur de Beaumont, à M. de Goulard et dont l'écriture paraît être de la fin du xvie siècle (laquelle est en ma possession) parle d'une affaire dans laquelle il désirait lui être utile.

Archives du château de Malliac. Mss. de M. Benjamin de Moncade, cahier A A 2.

14 FÉVRIER 1571.

Sentence du parlement au sujet de la succession de Gaillarde de Rigaud de Vaudreuil; dans ce document sont nommés BERTRAND DE GALARD, *seigneur de Terraube,* GAILLARD DE GALARD, *écuyer, seigneur de Berrac,* JEANNE DE GALARD, *femme du seigneur de Pauillac.*

Entre BERTRAND DE GOUALLARD, seigneur de Terraube, appelant du seneschal d'Agenoys ou son lieutenant au siége de Condom, d'une part, et GAILHARD DE GOUALLARD, escuyer, seigneur de Berrac, appellé, d'aultre, aussi contre JOHAN DE GOUALLARD, escuyer, seigneur de Saint-Cirici, demandeur pour raison des biens, succession de feue Goualharde de Rigault, sa mère, d'une part, et ledit Bertrand de Gouallard, seigneur de Terraube, défendeur, d'aultre, veu le prononcé, libelle appellatoire, responces à icelui, quittances produites au procès par ledit Bertrand de Gouallard du vingt-sixiesme septembre mil cinq cent septante un, etc. . . . . constitutions premièrement faites par ledict Bertrand de Gouallard au seigneur de Poilhac et à JEHANNE DE GOUALLARD, sa femme, sœur dudit

1. Erreur, il fut aumônier d'Henri II.

Bertrand, de sa dot, ensemble et intérests des sommes et robes baillées en dot à ladite de Gouallard, femme dudit Poilhac, requestes audit Gailhard de Gouallard du onziesme janvier dernier que sans avoir esgard aux quittances, attendu que ce sont paiemens faits par le seigneur de Terraube afin de se décharger, etc.

Archives du château de Terraube, E, 32.

Avant 1575.

Factum dressé pour défendre les droits de Jeanne de Mercier, qui revendiquait la succession de Balarin contre Gaillard de Galard, *mari de Catherine de Berrac, nièce de la précédente. Gaillard était en outre, avant le procès, donataire de cette même Jeanne, devenue depuis demanderesse. Catherine de Berrac était morte, laissant une fille,* Jeanne de Galard, *qui décéda à son tour en bas âge et dont son père hérita naturellement. Isabeau de Lomagne, veuve de Jean de Mercier, intervint dans l'action en réclamant 1,500 livres, montant de sa dot. Ses intérêts étant pour ainsi dire communs avec ceux de Gaillard de Galard, elle se mit de son côté. La cour de Bordeaux adjugea audit Gaillard les trois quarts des terres disputées, et affecta le reste à l'acquittement des dettes. Les choses étant ainsi réglées, le parlement de Guyenne reconnut que le retrait lignager invoqué par Jeanne était fondé et lui accorda la faculté de racheter les biens. Un arrêt postérieur, rendu le 26 août 1575, attribua à Jeanne les portions de l'héritage non comprises dans la donation qu'elle avait faite à Gaillard de Galard. Le syndic de Bayonne, créancier de Sarrauxon-Pomarède, obtint la maison de Balarin, qui était le gage de son hypothèque. Sur ces entrefaites, Gaillard de Galard, alléguant qu'il avait fait exécuter la sentence du parlement, s'empara de Balarin par la force. La dame de Lomat*

gne et le sieur Dupont, dépositaire de sa légitime, sont de même
que Gaillard de Galard malmenés dans le factum qui nous occupe.
L'affaire fut renvoyée devant le sénéchal de Condom. Jeanne de
Mercier voulait demander sa réintégration dans le château de
Balarin ou la mise sous séquestre. Ses conseillers ne furent pas
de cet avis.

Par arrest de la cour de parlement de Bordeaulx, donné en
l'an mil cinq cens soixante six [1], ladite maison de Valerin feust
décrettée et adjugée à Sarrauxon Pomarède, lequel est mort
pocesseur de ladite maison et appartenances, auquel Sarrauxon
ont succédé Jehanète Martin et Jehanot Pomarède et Marie de
Maribon, lesquels, après le décès dudit Sarrauxon, ont jouy de
ladite maison de Valerin et appartenances; et ledict Jehanot cedde
ses droits au sieur de Maliac.

Et est intervenu Guailhard de Gollard, seigneur de Berrac,
lequel tant comme donataire de demoiselle Jehanne de Mercier,
que comme héritier de Jehanne de Gollard, sa fille, querelle par
procès ladite maison et appartenances et toute la succession des
prédécesseurs de ladite Jehanne de Mercier; et aussy ladicte
Jehanne de Mercier se rend demanderesse en retrait linagier
pour recouvrer ladite maison de Valerin et appartenances,
auquel procès s'est joincte et rendue demanderesse damoiselle
Isabeau de Lomaigne pour le recouvrement de la somme de
mille cinq cens livres, par elle pourtée en ladite maison de Valerin, et y a appellé Francois Dupont, comme deppositaire de ladicte
somme, et toutes les partyes tandent comme ledict sieur Martin

---

1. Cette date est celle d'un arrêt antérieur de quelques années au procès qui
suit. Le mémoire porte Jehanne de Mercier, ce qui est une faute du scribe; il faut
Louise, car c'est elle qui fut conjointe à noble Pierre de Berrac et qui fut mère de
Catherine, femme de Gaillard de Galard. Voir *Notice de Balarin*, page 818.

et Jehane Pomarède, Marie de Maribon et ledict de Maliac, subrogé au lieu dudict Jehanot Pomarède; surquoy s'en est ensuivy arrest général et deffinitif en ladite cour de parlement de Bordeaulx, le septiesme d'apvril mil cinq cens soixante quatorze, par lequel toutes les instances et qualités sont deffinies contenant quatre chefs, assavoyr :

Pour le premier chef est ordonné que la substitution des biens grauviers, appartenant à Jehan de Mercier, frère du visayeul de ladite Jehanne de Mercier, est déclarée ouverte au profict de ladite Jehane Mercier et adjugée audict de Gollard en ladite qualitté de donnataire, les trois quarts partyes desdicts biens de ladicte substitution, et l'autre quatriesme partye réservée pour les créanciers, selon l'ordre de priorité et postériorité.

Pour le second chefz est adjugé audict de Gollard, tant comme donnataire de ladite Jehanne de Mercier que comme héritier de sa fille, la moictié des biens appartenant à feu Pierre de Mercier et Catherine de Ferragut, mariés.

Pour le troisiesme chefz est ordonné que revendition sera faicte à ladicte Jehanne de Mercier, comme linagière de ladite maison de Valerin et appartenances, en payant par elle le principal et loyauts coustz.

Et pour le quatriesme et dernier chefz, ladicte Jehanne de Mercier est condempnée payer à ladicte de Lomaigne ladicte somme de mille cinq cens livres, comme estant partye dudit principal.

Voilà donc la diffinition de toute l'hérédité.

Deppuis et le vingt sixiesme aoust mil cinq cens soixante quinze, par autre arrest, donné en ladicte court, les biens de ladicte substitution adjugée audict de Gollard, comme donnataire de ladite Jehanne de Mercier, sont déclarés non comprins en ladite donnation et partant que de besoing sont adjugés à ladite Jehanne de Mercier.

Oultre lesdicts arrests, le syndic de la ville de Bayonne, créancier dudit feu Sarrauxon Pomarède, s'a faict décretter ladicte maison de Valerin et appartenances par arrest de ladite cour du dix septiesme mars audict an mil cinq cens soixante quatorze.

Après tous lesquels arrests, ledict de Gollard, convoyteulx de ladicte maison de Valerin, c'estant avant sorty du cloistre de l'abbaye de Bouillas, quy cuydant empiéter ladicte maison de Valerin, prétend avoyr faict exécuter l'arrest dudict septiesme apvril mil cinq cens soixante quatorze, sans partye quelconque et sans inthimation, ny signification, ny jamais avoyr monstré ne communicqué aulcung procès-verbal de sa prétendue exécution, et par trois diverses fois entré par main armée et par force dans ladicte maison de Valerin, prins et pillé tout ce quy estoit dedans et les maisons foibles . . . . . et se dit estre . . . . . de ladicte maison jaçoict que par lesdicts trois arrests il ny a aulcung droict . . . . . appartient à ladicte Jehanne de Mercier par deux voyes, l'une comme linagière et l'autre comme estant des biens de la substitution, ou bien il appartient audict syndic de Bayonne et rien audict Gollard. Et néantmoings ayant trouvé pocesseraisse ladicte de Mercier, l'a prins par escalade de nuict ung corps de lougis où elle habitoit séparé de ladicte maison, prins et volé tout son bien et chevance, et par force et violance espoliée.

Prétend aussy Jehanne Fresquet, léguataire audict feu Martin Pomarède, la quatriesme partye de ladicte maison et appartenances luy appartenir.

Et ledict Dupont ayant intelligeance avec lesdicts de Lomai-

gne et Gollard, prétend aussy luy avoyr esté adjugés les biens
des héritiers dudict feu Sarrauxon, pour ladite somme de mille
cinq cens livres de la dot de ladicte de Lomaigne jaçoict que
l'hippotecque feust transférée par ledict arrest général et diffini-
tif sur ladicte maison de Valerin.

Or, estant le procès en la cour de justice, à la requeste de
ladicte de Fréquet et de Jehan Maho, subrogé au lieu dudict
syndic de Bayonne, comme estant de la qualitté de l'édict de
pacification quy tendent asseurer ladicte de Fresquet pour son
quart et ledict Maho pour le tout; monstrant icelledicte de Fresquet l'arrest d'interprétation de décret et exécution d'icelluy et
ledict Maho en ladicte qualitté pour le tout; ledict arrest et procès-verbal d'exécution et prinse de pocession, voudroient faire
appeller lesdicts Jehanne de Mercier, Gollard, Dupont et Lomaigne à ce qu'ils soient réyntégrés des expoliations violantes,
faictes par ledict Gollard, et eulx remis en leur pocession. Et
ladicte de Mercier quy a son arrest d'adjudication en main et
monstre aussy que ladicte maison de Valerin est de la substitution à luy adjugée, requerra par préalable estre réyntégrée
contre ledict Gollard. Et attendu qu'il appert desdicts arrests
exécutés et des troubles et expoliations violantes, faictes par
ledict Gollard, en cas ne leur seroit faict droict promptement sur
leurs réyntégrandes, voudroient requérir le tout estre sequestré.
Considéré aussy qu'il appert par plusieurs informations que
ledict Gollard expoliateur a dicippé et ruyné et continué les
dicippations et ruyne; surquoy plaira au conseil vouloir donner
advis. Est à noter que sur le trouble faict audict Maho par ledict
Gollard, la matière a esté renvoyée au sénéchal au siége de
Condom, mais depuis se querellant le fonds de la maison de
Valerin et appartenances en la court de justice, ledict Maho a

présenté requeste pour faire envoyer ledict procès en ladicte
court, comme y ayant ledict Maho le principal interest; et ledict
de Gollard qui, pour embrouiller les matières d'autant qu'il tient
ladicte maison par force jaçoit qu'il n'y ait rien, a faict assigner
ledict Maho par devant ledict sénéchal à voir présenter ledict
arrest de renvoy, taisant l'instance formée en évocation en
ladicte court de justice; fault savoir ce que ledict Maho doibt
dire à ladicte assignation. Ce sont donc deux poincts sur lesquels
fault donner advis : l'un s'el y aura moyen de faire sequestrer, en
cas de long procès, la maison et appartenances, attendu qu'il a
troublé trois possesseurs, mis par justice en possession; et l'autre
ce que ledict Maho doibt dire à l'assignation à luy donnée par
devant ledict sénéchal ; et s'y seroit trouvé mauvais par la justice sy les despossédés se pouvoient remettre en possession, s'ils
s'y remetoient sans faire excès.

Pour le faict de la maison de Valerin :

Veu le faict à nous communiqué,

Semble que ledict Maho doibt remonstrer par devant le sénéchal de Condom l'instance pendante en la cour de justice sur
ladicte évoquation, et que veu ladicte lite par devant ledict sénéchal n'en peult ny doibt prendre cognoissance; ains doibt ren-
voyer l'instance et circonstances d'icelle en ladicte court de
justice à laquelle requerra estre renvoyé, et ou luy seroit desnyé
ledict Maho en doibt appeller et protester des domages, intérests
et attemptats. Et si ledict Maho a la lettre ou requeste présenté
à la court de justice sur ladicte évocation, fauldroit les faire
signifier audict sénéchal et luy faire les inhibitions portées en
icelles, s'il y en a. Et si ledict sénéchal ordonne qu'il passera
oultre, fault adhérer, appeller et remonstrer qu'il est juge
incompétent et que par l'ordre quant ung appel est interjeté

d'ung deny de renvoy, on ne peult passer oultre non plus que après l'appel d'ung juge récusé et seroit bon ce pendant envoyer relever ledict appel par l'ordre de la chancellerie de Bourdeaulx, attendu que la chancellerie de la court de justice et ladicte court mesmes ne sont à présent séantes, et en vertu desdictes lettres faire inviter tant le sénéchal que partie et donner assignation au premier jour de séance de ladicte court à Peyrigueux.

Quant au séquestre, il n'y a pas moyen de le faire, car fault que cella soit ordonné par ladicte court, les partyes ouyes.

De se remettre en possession le conseil ne peult donner advis à ce faire si faict et tout sans excès ; il y pourroit avoyr moyen de soustenir la reprinse.

Signé: *Boyssonnade* et *Camus*.

Cahier en papier de six rôles dont deux et demi en blanc. Archives du château de Magnas (Gers).

Année 1575.

Introduction et dédicace du livre de GAILLARD DE GALARD, *abbé de Bouilhas, portant le titre ci-après : « Brief discours des choses plus « nécessaires et dignes d'estre entendues en la cosmographie[1], »* *édité à Paris en 1575, par Morel.*

Au très chrestien et très puissant roy de France Henry II, de ce nom, G. DE TERRAUBE, abbé de Boillas, son très-humble aumosnier, désire félicité.

---

1. Morel, imprimeur du roi, avait fait avant cette date deux éditions du même ouvrage (1565-1568). En 1575, année de la troisième, qui est celle dont nous nous sommes servi, Gaillard de Galard était déjà marié depuis longtemps. Il rappelle néanmoins dans la préface qu'il a été aumònier d'Henri II. On doit présumer qu'il ne

Sire, ayant cest honneur de pouuoir me trouuer à vos repas, comme vostre aumosnier, ie vous ai souuent ouy tenir plusieurs bons propos. Et entre autres, estant dernièrement à Beauuais, fut parlé à vostre table de la brieueté des iours sur le commencement de décembre, et comme incontinent ils recroissent, côme l'on dict, à la Sainte-Luce d'un sault de puce. Sur quoy chacun disoit son mot et ie m'aduanturay de dire, que depuis le mois de septembre iusques en mars, aux païs qui sont plus vers Septentrion, les iours sont plus courts qu'icy : tesmoing qu'en Ecosse les iours en hyuer ne durent que quatre ou cinq heures : et y eut quelq'vn qui dist que ce n'estoit pas merueille, veu qu'ils estoient plus loing du soleil. A quoy ie respondy, que ce n'est pas pour estre plus loing car ils sont bien en esté plus loing, et si ont les iours plus longs que nous : de sorte qu'ils ont si peu de nuict en esté, que le soir incontinent que le soleil est couché, en aucuns lieux ils voyent la clarté du iour apparoistre de l'autre costé; il est bien vray que tant plus vn païs est esloigné du Midy, tant moins y fait chauld : tesmoings les Mores, lesquels selon qu'ils approchent de la course du soleil, sont basanez ou noirs. Mais ceste raison d'estre près ou loing, n'a plus lieu en la longueur des iours : ains la raison de cela vient de l'intelligence d'vn cercle imaginé, que l'on appelle l'horizon, et du lieu où le soleil est au Zodiac lequel estant au-delà de l'Equator, déscrit moindres arcs dans l'horizon de ceux qui sont au deça de l'Equator, tant plus nostre pole est esleué : et estant le soleil au deça de l'Equa-

se fût pas enorgueilli de cet office, si au moment où il le remplissait il avait été dans les ordres; il aurait craint d'établir un contraste fàcheux entre son passé et son présent. De l'ensemble de ces données, sans compter les documents produits, il faut nécessairement conclure qu'il n'avait jamais eu de caractère ecclésiastique.

tor, tant plus nous sommes loing de luy, tant plus fait de grands
arcs dans nostre horizon. Qui sont raisons qui ne peuvent estre
entendues, que de ceux qui sçavent l'art. Et la (Sire) ieu m'ap-
perceu qu'il n'y a science au monde, où les hommes qui ne la
sçauent point, puissent mieux soustenir leur opinion contre vn
qui l'entendroit, qu'en ceste cy. Car consistant les autres sciences
en l'inuestigation de raison, vn homme de bons sens et raisonnable peut tousiours entendre leur dispute, encores qu'il n'ait
point estudié. Mais en ceste cy, c'est-à-dire en la cosmographie,
qui ne se prouue point par raison, mais par démonstrations, par
expériences, et par véritez qu'on allégue au lieu de raisons, vn
hôme, combien qu'il soit raisonnable, ne les peut entendre, si
premièrement ne luy ont esté démontrées à l'œil : et pourtant les
auditeurs, qui ne sçauent point telle science, n'entendans point
les raisons du sçauant, les estimeront aussi friuoles que celles de
celuy qui ne sçait rien. Et estant esmeu de ce, et qu'il me sembla
que Vostre Maiesté prendroit plaisir à l'intelligence de telles
choses : côme aussi i en ay veu le roy de Nauarre, qui me feit
cest honneur de me donner à vous, grandement curieux : ie me
deliberay (Sire) incontinent d'en escrire, tant que la mémoire
me pourroit aider et ce en nostre langue, pour deux raisons :
l'une, afin que ceux qui n'ont point le moyen d'estudier, ne
soient trompez par ceux qui s'y cuident entendre : l'autre,
pource qu'il me semble qu'il seroit chose fort utile à chacun
d'entendre comme le monde est fait, et de quelles parties et
matières il est composé, et comme chascune fait l'ofice que Dieu
a ordonné : tant pour louer Dieu d'vn si excellent ouvrage, que
pour le contentement de nostre esprit. Et telle intelligence sert
grandement à cognoistre nous mesmes, qui est, selon l'oracle de
Delphes, la perfection de Sapience. Aussi l'homme est appelé par

les anciens *Microcosmos*, c'est-à-dire vn petit monde : et puisque
le monde contient toutes les choses excellentes qui sont en
nature, cognoistre sa forme et ses parties, et les effects d'icelles,
doit estre la plus belle science du monde. Et semble qu'vn
homme, qui ne sçait que c'est que le monde, n'est pas digne de
viure au monde. Vray est que de telle science ont esté espou-
uantez plusieurs par la façon d'enseigner d'aucuns, qui font par
exprès la chose obscure et difficile, y entremeslant des difficultez,
dont l'on se peut bien passer, et qui ont plus de subtilité que
d'vtilité. Mais l'on les peult laisser à part pour ceux qui font
expresse profession d'y estudier, et s'arester seulement à l'intelligence de ce qui est nécessaire. Et si à aucuns telle intelligence
conuient, elle conuient certes aux princes, ausquels Dieu a baillé
le gouuernement de la terre, comme il est escript : *Terram
dedit filiis hominum;* laquelle mesme nous ne pouuons bien
cognoistre, pour sçauoir son estendue et diuersitez, si nous ne
cognoissons aussi le ciel, auquel elle est subiecte, qui luy cause
les diuersitez. Afin donc qu'aucun ne s'espouuante de la difficulté,
ie veulx asseurer, que ce qui est ceste science, qu'on appelle cosmographie, c'est-à-dire description tant du ciel que de la terre et
autres élémens, est plus beau et plus nécessaire, est aussi fort
facile. Or (Sire) à vous, qui méritez estre roy de toute la terre,
ceste science plus qu'à nul autre conuient, pour cognoistre en
quelle partie du monde Dieu vous fait regner, et soubs quel
endroict de son siège admirable des cieulx, et en quel pays vostre
domination se peult à l'aduenir estendre, pour paruenir à ce que
par vostre deuise vous est promis, et de tous les hommes qui
cognoissent vostre prudence, valeur et bonté, vous est desiré :
qui est, que vostre puissance croisse, *Donec totum impleat
orbem :* c'est-à-dire, iusques à ce qu'elle ayt acheué son cercle

entour toute la terre : comme la lune croist iusques à ce qu'elle
ayt acheué sa rondeur. Et ceste science semblablement conuient
à ceux, qui soubs vostre maiesté ont charge des expéditions que
vous entreprenez pour l'honneur de vostre couronne et repos
de tous voz subiects. Car par icelle ils sçauent qui regne aux
autres lieux, et de quel costé il y a terre, mer, montaignes ou
fleuues, quel moyen on a d'y aller, et quelle commodité on en
peut auoir. Ce qui est fort bien enseigné par les cartes, et les
liures de ceux qui les ont faictes : et ne fault point doubter qu'ils
n'ayent dit les choses à la vérité, car ils ne les ont pas faictes
sur le rapport d'vn ny de deux, mais de plusieurs. Aussi vn ne
peut auoir tout veu : et me semble vanité l'opinion d'aucuns,
qui pour auoir veu vne partie d'vn païs loingtain, veulent qu'on
pense qu'ils puissent bien fidèlement descrire le reste. Comme
si l'on pensoit, qu'vn qui passeroit de Flandres en Espaigne le
droict chemin de Paris à Bordeaux, fust bien suffisant pour
descrire la France : car il n'est pas dict, pour y auoir esté par
l'endroict susdict, que pourtant il sçache quels sont les ports de
Normandie et Bretaigne, ne quel chemin il y a de France en
Suysse, ne en Italie, ne quels sont les ports de Languedoc et
Prouence : de sorte que pour scauoir le tout il n'est que de veoir
les cartes anciennes et modernes, lesquelles ont esté faictes par
gens de grand esprit auec grand soing et diligence, acheuées en
cinq ou six cens ans, y adioustant ou diminuant selon qu'il a
esté besoing, dont la gloire première est deuë à Ptolomee. Mais
telles cartes de description seroient de nulle valeur si elles n'estoient mesurées par le ciel, et si on ne sçait à quel lieu du ciel
chascun lieu de la terre respond selon sa proportion ; et autrement on ne sçauroit combien d'espace vn païs deuroit occuper
sur le globe, n'y vers quel costé il y auroit plus de terre ou plus

de mer, ny pourquoy il y feroit plus chaud ou plus froid, plus longs ou plus courts iours. Mais rapportant ceux qui ont esté sur les lieux, la haulteur du pole, ou, s'ils ne sçauent cela, la longueur des iours, ou la temperature de l'air, la quantité des vmbres, et autres semblables circonstances, les doctes qui ont faict lesdictes cartes, sçauent combien telle contrée se doit estendre vers le Midy ou Septentrion, et combien il y a d'vn lieu en autre, et combien il reste de mer, ou non : et comparant vne espace de la terre selon sa proportion à vne espace du ciel, sçauent soubs quel endroict du ciel chascune terre est située. De sorte que par les cartes et liures lon sçait mieulx la disposition de tout le globe de la terre, et mer, en général, sans bouger d'vne estude, que ne font plusieurs voyageans. Mais, comme l'ay dict, en cela la cognoissance du ciel est si nécessaire, que sans icelle, telle estude seroit de peu d'utilité. Et pource, Sire, desirant pour ma part profiter à la Republique de quelque chose, et vous faire seruice aggréable, ie me suis aduenturé faire vn petit traicté de la cosmographie en nostre langue, mettant de la cognoissance du ciel, qu'on appelle astrologie, tout ce qui sert à preparer vn homme, qui ne fait point profession des estudes, pour pouuoir entendre la geographie auec vtilité : laissant en arrière tout ce dont lon se peut passer, et où il y a plus d'incertitude que d'vtilité, si l'on n'en a vne cognoissance fort exacte. Et encores que plusieurs en ayent escrit par cy deuant plus doctes que moy, si m'asseuray-ie n'auoir rien dict qui ne soit véritable, et l'auoir dict en termes plus faciles que iamais homme ne feit. De sorte qu'il n'y aura homme aucun, ne femme d'entendement, encores qu'ils n'ayent iamais estudié en lettres, qui ne l'entende. Car il est de telle façon couché, que les choses subséquentes sont tousiours declairées par les précédentes. Et l'ayant

fait exprès pour vous (Sire) et pour les princes et gentils-hommes
de robbe courte de Vostre cour, ie me suis enhardy de le
dédier à Vostre Maiesté, et vous faire présent de ce petit monde :
vous suppliant (Sire) le prendre en gré, et vouloir que soubs la
protection de vostre nom il puisse venir entre les mains des
hommes. Et ie prieray Dieu vous donner en prospérité et santé
tres longue vie. De Paris, le vingtsixième de Januier, mil cinq
cens cinquante-huit.

> *Brief discours des choses plus nécessaires et dignes d'estre enten-
> dues en la Cosmographie*[1]. Reveu et corrigé de nouveau. A Paris, de l'im-
> primerie de Frédéric Morel, imprimeur du roy, MDLXXV, avec privilége.

---

6 JUIN 1575.

*Cession de la métairie du Mérens, de divers revenus sur les moulins
d'Orens et de Berrac et du fief de Bordes, faite par* GAILLARD DE
GALARD, *seigneur de Berrac, au profit de son frère,* BERTRAND,
*seigneur de Terraube. Le vendeur se réserve certaines facultés
de rachat.*

Comme soit, etc . . . . . du mois de novembre mille cinq
cens soixante seize, GAILLARD DE GOUALARD, escuier, seigneur de
Berrac, aie vendeu une metterie, sise en la jurisdiction de Mérenc
et lieu appellé la Cabane, ci-après limitée et confrontant et

---

1. L'exemplaire sur lequel nous avons fait notre copie est celui de la bibliothèque de Bordeaux. Cet opuscule, qui se compose d'une trentaine de pages, se trouve
à la suite d'un petit volume in-18, couvert en parchemin et intitulé *Clypeus
astrologicus,* lequel porte le n° 22,573. Le *brief discours,* etc. de G. de Galard, cité
parmi les livres de géographie rares, renferme quelques notions élémentaires de
sphères, mêlées à des choses fort risquées surtout aux yeux de la science moderne.

comme appert . . . . . de ladite vendition reteneue par M⁰ Guillaume Macary, notaire royal de Lectoure, à noble Joseph de Cassaignet, escuyer, sieur de . . . . . pour le prix et somme en l'instrument susdit conteneu par mesme teneur, duquel ledit Cassaignet avoit accordé audit vendeur faculté venditive, pour l'espace de deux ans de ladite metterie de ·la Cabane pour le prix de ladite vente et loyeaux censis (censives); et comme ledit terme de rachapt soit encore aujourd'huy pendant, et ledit de Goualard en liberté et puissance, n'estant pas aucun pacte, de vendre et aliéner la majeur valeur de ladite metterie de la Cabane, à qui bon lui semblera. C'est-il que, aujourd'huy neufviesme juin 1576, dans Terraube, en Condomois, regnant Henry par la grâce de Dieu roy de France, par devant moy, notaire roial soussigné et présens les tesmoins bas nommés, personelement constitué Mᵉ Raimond Mosnier, notaire roial dudit Terraube et comme procureur dudit seigneur de Goualard, comme appert de sa charge et exprès mandement et procuration du 27 novembre 1575, signé : *Laplaigne,* notaire de Cassaignet; la teneur de laquelle s'ensuit. Aujourd'huy vingt septiesme novembre 1575 à Cassaignet, en Agenois, regnant nostre souverain prince Henry, par la grâce de Dieu, roy de France, par moy notaire soussigné et présens les tesmoins bas nommés, a esté présent et establi en sa personne noble Gaillard de Goualard, seigneur de Berrac, lequel libérallement et de son propre mouvement, a fait, créé, institué et ordonné son procureur spécial et général Mᵉ Raymond Mosnier, notaire, habitant de Terraube, pour par exprès au nom pour ledit seigneur constituant vendre, permuter, eschanger et aliéner de ses biens tant meubles, que immeubles, pour retirer et recouvrir à la nécessité où il est et par exprès sa seigneurie de Mérenc, en la sénéchaussée de Condomois, terres, maisons, bois

et prés, appartenances, dépendances d'icelle ou partie d'iceux à tels personages et pour telles sommes que bon lui semblera . . . . .
Item, la vente que ledit seigneur de Berrac a de trente deux sacs de froment sur le moulin d'Aurenque. Item la moitié du moulin de Berrac en la jurisdiction dudit Berrac, aussi faire vendition à noble Bertrand de Goualard, seigneur de Terraube, son frère, de la seigneurie de Bordes, fiefs, dismes et autres droits que ledit sieur constituant y peut avoir pour la somme de sept cens livres ou bien la moitié d'ycelle pour trois cent soixante livres. . . . . .

Archives du château de Terraube, F. 35.

---

8 JUILLET 1579.

Extrait du jugement de maintenue de noblesse en faveur de JEAN-BERNARD DE GALARD, *seigneur de Pauillac, rendu par monseigneur Pellot, intendant de Guienne, après production devant M. de Rabastens, subdélégué. Dans cet extrait, il est fait mention de l'alliance de* GAILLARD *ou* GAILLARDON DE GALARD *avec Françoise de Lézy (Lézir).*

Lequel sieur Gilles de Goalard, seigneur dudit lieu de Terraube, faisant son testament, le 30 décembre 1558, auroit pareillement pris ladite qualité de noble, comme appert dudit testament signé par *La Rigaudère,* notaire, cy-produit et côté E.

Depuis et le 8 juillet 1579 noble Gailhardon de Goalard [1],

---

1. Voir, tome III de cet ouvrage, le texte *in extenso* de cette maintenue de noblesse. Il appert de cette preuve que Gaillardon ou Gaillard de Galard, marié à Françoise de Lézy, était fils de Gilles de Galard, seigneur de Terraube, et de Gaillarde de Rigaud de Vaudreuil, et qu'il fut père de Jean-Paul de Galard, sieur de Berrac. Il le fut aussi de Charles Amalric ou Amauri, seigneur de Saldebru, et d'Alexandre, seigneur de Balario.

passant ses pactes de mariage avec demoiselle Françoise de Lésy, auroit pris ladite qualité de noble, comme il appert de l'extrait des pactes de mariage et insinuation d'iceux, signés *Esparbès* et *Darabey*, notaires, cy-produit et coté F.

Fonds Clairembault, dossier de Galard; Bibl. de Richelieu, Cabinet des titres. — Archives de M. le marquis de Galard de l'Isle, au château de Magnas.

Avant le 13 juillet 1579.

Résumé du contrat de mariage de Gaillard de Galard *avec Françoise de Lézir.*

Mariage de noble Galhardon de Goulard, seigneur de Berrac, du Mérenc, de Frayssinet et Valerin, en Condomois, avec demoiselle Françoise de Lésir, fille de feu noble Cyprien de Lésir[1], écuyer, seigneur de Lésir et de Saldebru, et de feue dame Jeanne de Lustrac. La dot lui fut faite par noble Jean de Carbonnières, seigneur du Plessi, enseigne de la compagnie de M. le maréchal de Biran, et damoiselle Catherine de Lésir, dame de . . . . . et de Saldebru, son épouse, sœur de ladite Françoise et de Claire de Lésir. Acte passé à Saldebru devant Morgue, notaire royal, original en parchemin.

Archives du château de Larochebeaucourt. Papier, quatre feuillets, dont deux et demi écrits.

1. François et Joseph de Lézir, oncle et neveu, firent leurs preuves de noblesse devant monseigneur Pellot, intendant de Guyenne, et furent maintenus sur le catalogue des véritables gentilshommes. Dans cette production de titres il est question d'un Jean de Lézir, sieur de Salvezou. (*Nobiliaire de Montauban et d'Auch*, t. Ier, p. 2, v°.)

13 JUILLET 1579.

Acte de donation consentie par Françoise de Lézir, dans lequel elle rappelle son contrat de mariage avec GAILLARD DE GALARD, sieur de Berrac, et une quittance de 2,200 écus délivrée en 1579 à la suite du payement de sa dot. Leur alliance avait donc eu lieu avant cette dernière date. Le 28 septembre 1619, Françoise de Lézir, alors veuve de Gaillard de Galard, transporte à son fils BRANDELIS et à sa fille CHARLOTTE, sur ses droits légitimaires, 1,000 livres, que HENRI DE GALARD, son fils aîné, est tenu de leur compter.

Aujourd'hui vingt huitième du mois de septembre mil six cents dix neuf après midi, regnant Louys par la grace de Dieu roy de France et de Navarre, dans la ville de Monjoie, en Agenois, et maison de madame de Lamotte, appelée Estilhac, en présence de moi Jehan Hugon, notaire royal soubsigné et témoings bas nommés, a esté constituée en sa personne noble FRANÇOISE DE LESIR, vefve à feu noble GAILLARD DE GOLARD, sieur de Berrac, du présent ledit lieu habitant, laquelle auroit apporté en dot au dit feu sieur son mari la somme de deux mille escus, ainsi qu'appert de son contrat de mariage et d'une recognoissance de la somme de deux mille deux cent escus dessus dite à dot ou tous autres droits, du treizième juillet mil cinq cents septante neuf, reteneu par Morgue, notaire royal, etc., ... Ladite dame de Lezir, de son bon gré et voulunté franche, a donné et donne entre vifs à jamais et irrévocablement à noble BRANDELYS et CHARLOTTE DE GOLLARD, ses enfants légitimes, ledit Brandelys présent, et tant pour lui que pour ladite demoiselle acceptante, etc. . . . . . la somme de mille livres sur celle qu'ils pourroient pretendre à l'advenir sur l'héredité de ladite Françoise par droit de légitime, etc. . . . . . Promet ladite icelle de Lésir, donatrice, faire ladite cession par ces présentes auxdits Brandelys et Charlotte sur les biens de noble HENRI DE GOLARD, sieur de Terraube, qui doit icelle somme de deux mille livres pour pris de l'achat de la seigneurie de Mérenc, en Condomois, qui faisoit partie du bien dudit sieur de Berrac, son mari.

Archives du château de Terraube, G. 40.

1579 ET AVANT.

Notice sur GAILLARD DE GALARD.

GAILHARD DE GALARD, auteur de ladite branche (de Saldrebru), fils cadet de messire GILLES DE GALARD, seigneur de Terraube et de GAILLARDE DE RIGAUD,[1] son épouse, fut abbé commendataire[2] de

1. A la fin du dernier siècle, la maison de Vaudreuil était représentée par le marquis et le comte de Vaudreuil. En 1784, le premier était grand-croix de Saint-Louis et le second chevalier du Saint-Esprit. (*France chevaleresque et chapitrale*, année 1785, p. 5.)

2. En 1534, Octavien de Galard était entré au couvent bénédictin de Condom et s'était, sur le désir formel des siens, voué à la vie claustrale. En 1537, nous le trouvons abbé régulier de Simorre. Au bout de douze ans, il se fit séculariser (dit d'Hozier de Sérigny dans une *Généalogie* manuscrite de sa main déjà plusieurs fois invoquée) « comme s'étant fait religieux malgré lui; » il obtint, eu février 1549, une bulle qui fut suivie du procès-verbal de fulmination, le 4 août 1554, et confirmée par lettres patentes du 4 avril 1555. Ces précautions canoniques n'étaient pas absolument nécessaires, car alors qu'Octavien de Galard était moine de Saint-Pierre de Condom, tous les religieux avaient été relevés de leurs vœux par la cour de Rome de concert avec celle de France. Il aurait pu se contenter de cette sécularisation collective dont les avantages étaient forcément privés et que sa mère rappela en son testament. Nous l'avons vu néanmoins recourir directement au souverain pontife, qui le déchargea une seconde fois de la régularité.

Après ce changement de condition ecclésiastique, Octavien garda plusieurs années encore le monastère en commende. Il le résigna en décembre 1565 au profi,

l'abbaye de Bouillas, puis ayant quitté sa commende, il épousa en premières noces la demoiselle DE BERRAC, en Condomois, de laquelle il n'est issu qu'une fille morte jeune, et elle est décédée en 1578.

de son frère Antoine, moyennant pension, et épousa, le 8 septembre 1566, Jeanne de Marsan, fille de Jean de Marsan et de Miramonde de Noë. Pie V, dit dom Brugèles, recommanda par un bref Antoine de Galard-Brassac, le nouvel abbé, à l'archevêque d'Auch.

Gaillard de Galard ne fut donc pas le seul de sa famille qui préféra les joies domestiques au titre d'abbé commendataire. Il y a toutefois une différence entre lui et son parent de la branche de Béarn de Brassac. Gaillard, simple clerc, n'avait jamais fait profession religieuse, tandis qu'Octavien fut obligé de faire annuler la sienne par Sa Sainteté.

Nous consacrerons, dans les trois volumes de documents, particulièrement réservés à la branche de Béarn-Brassac, à partir de 1508, époque de sa fusion avec la maison de Béarn, plusieurs pages au susdit Octavien de Galard. Aujourd'hui il sera simplement l'objet d'une citation que nous allons faire précéder d'une remarque critique sur dom Brugèles, dont on ne doit accepter les dires que sous bénéfice d'inventaire. Il a dédoublé Octavien de Galard et en a fait deux abbés de Simorre; bien mieux, il a donné la date de leur installation successive. Le même auteur nous apprend qu'Octavien Ier était moine et Octavien II séculier. Or, c'était la même personne qui était passée par ces deux états. L'erreur de dom Brugèles provient de ce que pendant l'instance de sécularisation le siége était considéré comme vacant. Il en était de même lorsque le commendataire voulait devenir régulier. L'abbaye de Simorre resta donc sans administration durant la période nécessaire à la demande et à la réception du brevet royal, des lettres pontificales, de leur insinuation au Parlement, ce qui traînait souvent des années. Octavien de Galard cessa provisoirement de régir l'abbaye et ne put la reprendre qu'après la dispense de Rome. Dom Brugèles a cru sans nul doute qu'Octavien de Galard, abbé régulier de Simorre, avant la vacance, était autre que l'abbé séculier qui reparaît après une éclipse de quelque temps. L'auteur des *Chroniques du diocèse d'Auch* a donc enrichi la série des abbés de Simorre d'un membre qui n'existe point. Non content de cette addition, il a fait de Dominique de Vigerre, administrateur du diocèse d'Auch pour le compte d'Hippolyte-Charles d'Este, un cardinal, alors qu'il ne le fut jamais.

Passons maintenant à la citation dans laquelle dom Brugèles remarque que le pouvoir des commendataires s'exerçait sur tous les fruits temporels et spirituels, mais que l'autorité sur les moines appartenait depuis 1610 aux prieurs claustraux.

Le 13 juillet 1579, devant Morgue, notaire, ledit **Gailhard de Galard**, seigneur de Berrac et du Merenc, de **Fressinet** et de Valerin, en Condomois, contracta un deuxième mariage avec demoiselle Françoise de Lézir, fille de feu noble homme Cyprien

Notre chroniqueur aurait dû savoir qu'antérieurement il en était de même. Voici comment il s'exprime au sujet d'Octavien de Galard et des commendes :

« Octavien II de Golard de Brassac, prêtre séculier, fut le premier pourvu en « commande de l'abbaye de Simorre. La commande n'étoit anciennement que le « dépôt de l'administration d'un bénéfice entre les mains de celui qui ne pouvoit « point en être pourvu en titre, soit parce qu'il en avoit un autre incompatible ou « pour quelque autre raison. Un tel commandataire avoit le gouvernement du béné- « fice, tant au spirituel qu'au temporel, pendant un temps; ensuite la commande « devint perpétuelle. A présent on entend communément par *Commande* la provi- « sion d'un bénéfice régulier en faveur d'un clerc séculier; et le titre de cette « commande, qui est à perpétuité, donne autant de droit que le titre de collation, « pour jouir de tous les fruits spirituels, temporels, utiles, honorifiques et autres « attachez au bénéfice, à la réserve de la juridiction sur les moines, laquelle en « France a passé sur la tête des supérieurs claustraux qui sont établis dans les « monastères tenus en commande, quoiqu'à Simorre les commandataires en ont « joui jusqu'environ l'an 1610. »

Octavien de Galard avait eu pour prédécesseur, comme abbé de Simorre, son oncle Jean de Galard de Brassac. Ce dernier tenait ce bénéfice de son oncle mater- nel Hérard de Grossolles, évêque de Condom. Après Octavien, l'abbaye de Simorre échut à son frère Antoine et demeura, pour ainsi dire presque transmissible dans la famille.

« Sur la fin de la première race de nos rois, dit le Bouchel déjà cité, on donna « en commende des églises et des monastères aux officiers chargés de défendre « l'État contre les Barbares qui attaquoient la France de tous côtés.

« Longtemps avant qu'on eût introduit cette pratique en France, le vénérable « Bede se plaignoit de ce qu'après la mort du roi Alfrède en Angleterre, il n'y « avoit point d'officier qui ne se fût emparé de quelque monastère ; ces officiers se « faisoient tonsurer, et de simples laïcs devenoient non pas moines, mais abbés. « Cependant le même Bede ne trouvoit pas mauvais qu'on entretînt dans les monas- « tères ceux qui avoient défendu l'Église et l'État, et que les officiers de l'armée « qui combattoient contre les Barbares possédassent quelque portion du bien de « l'Église. »

Au milieu du xvIe siècle, cet état de choses n'avait guère changé. Ces bénéfices étaient considérés par certaines maisons féodales comme un apanage héréditaire

de Lézir, seigneur de Lézir et de Saldrebu, et de feue dame
Jeanne de Lustrac, son épouse. De ce dernier mariage sont issus :

1° JEAN-PAUL DE GALARD, seigneur de Berrac, mort sans
alliance.

réservé à leurs cadets. Aussi voyait-on des personnages de même race s'y succéder
régulièrement dès l'âge le plus tendre et avant que les ordres n'eussent pu leur
être administrés. Plusieurs familles s'arrogèrent même le droit, toujours à leur
profit, de substituer leur choix à celui du roi et du pape. Nous n'en citerons qu'un
exemple.

En 1560, l'abbaye bénédictine de Villemagne-l'Argentière qui confinait aux
immenses domaines de la maison de Thezan et qui avait eu depuis le xive siècle
plusieurs de ses membres à la tête de son administration, fut surprise par une
troupe de huguenots. Tristan de Thezan en était alors abbé usufruitier. Impatient de
secourir son frère, Raymond de Thezan, baron du Poujol, rassembla bientôt sa
compagnie et se présenta devant Villemagne qu'il emporta d'assaut. Sa voisine, la
ville de Bédarrieux eut le même sort, et le baron, courant à d'autres exploits, mit
ces deux places sous la garde de son frère, l'abbé, avec cent et quelques hommes
de guerre.

En 1568, nouvelle surprise des religionnaires sur le couvent fortifié de Villemagne. Il se produisit, dans cette période de lutte, des vacances dans l'administration, absolument comme celles que nous avons constatées à Bouillas de 1569
à 1573.

Le fait de la possession des biens de l'Église par des séculiers était tellement
invétéré, qu'il persistait encore sous Louis XIV, impuissant dans sa toute-puis-
sance de monarque absolu à supprimer des abus consacrés par le temps. Nous
en trouvons la preuve dans un document infiniment curieux, relatant un
conflit inouï, survenu entre messire Gabriel de Trotin, nommé abbé commendataire
de Villemagne par diplômes du pape et du roi, et Thomas de Thezan, vicomte de
Poujol, capitaine de cinquante hommes d'armes des ordonnances, soutenu par ses
trois frères, les barons de Poujol, d'Olargues et de Mourèze. Ceux-ci, autorisés par une
habitude traditionnelle, se considéraient comme disposant du bénéfice à l'exclusion
de toute autorité.

Lorsque le nouveau titulaire appelé à remplacer Jean-Jacques de Thezan, décédé,
se présenta pour prendre régulièrement possession de son siége, les quatre gentilshommes susnommés non-seulement s'y opposèrent, mais ils circonvinrent la maison
où ils avaient forcé de Trotin à chercher un asile, lui rasèrent un côté de la figure
avec une épée, le dépouillèrent de ses vêtements, ne lui laissant que sa chemise, et
lui mirent des sabots aux pieds. « Ainsi accoutré » et malgré la rigueur de l'hiver,

2° CHARLES-AMALRIC DE GOLARD.

3° et 4° Deux autres fils qui furent auteurs de la branche de Galard-Paulhac, de l'Isle-Bozon, de Valerin ou Balarin[1] et de Laromieu en Gascogne.

Mémoire généalogique sur la maison de Galard. Papier de quatorze feuillets, grand in-folio. Archives du château de Larochebeaucourt.

le vicomte et ses gens le firent mettre dehors à onze heures de la nuit, le réchauffant dans sa fuite à grands coups de bâton.

Plainte fut portée au parlement de Toulouse par Gabriel de Trotin. Cette cour procéda à l'instruction du procès par contumace et condamna à mort une première, puis une seconde fois, les vicomtes et les barons de Thezan avec leurs complices. Mais c'est en vain qu'on essaya de faire appliquer les arrêts. L'abbé Trotin recourut alors à l'autorité du roi. Ici encore, paraît-il, nouvel échec. « Les ordres de Sa Majesté, dit le rapport du Conseil d'État, furent mesprisez par lesdits de Thezan, comme les arretz du parlement de Toulouse. »

Il fallait cependant en finir : le roi commanda au maréchal de Schomberg, gouverneur du Languedoc, et en son absence au vicomte d'Arpajon, son lieutenant général dans ladite province, enfin à tous gouverneurs et officiers de leur dépendance, « de tenir main forte, mesme faire courir suz, si le besoin est, sur les contrevenants au présent arrest. » Les sévères prescriptions de Sa Majesté n'aboutirent pas davantage; à plusieurs reprises des officiers de justice furent saisis et enfermés dans les divers châteaux de MM. de Thezan. De guerre lasse, le malheureux abbé, commissionné et patronné par Sa Majesté et le Saint-Père, « hors d'espérance de jouir de son siége abbatial et contrainct de l'abandonner, » se vit réduit à se démettre au profit d'un membre de la famille de Thezan, dont les représentants tenaient encore, en 1703, la commende de Villemagne. (*Arrêt du Conseil d'État du roi, signé Phelypeaux, du 19 avril 1644, volume E, 1692, n° 52, minutes des arrêts du conseil, Mss. Archives de France à Paris;* — J. RENOUVIER, *Monuments de quelques anciens diocèses du bas Languedoc,* in-4°, Montpellier, 1840.)

1. Un Raymond ou Raynaud de Balarin apparaît au XII° siècle dans l'acte ci-après que je résume d'après un acte du fonds Doat : « Guillaume de Gordor, voulant faire pénitence de ses fautes, fit présent au monastère de Condom, où il s'était réfugié, de trente sols morlans et d'une rente suffisante pourson entretien. Au nombre des témoins de cet acte comparaissent R. de Balarin; Garcie Thomas et D. de Cassagne. » (*Collection Doat,* t. LXXVII, fol. 596. Cabinet des titres, Bibliothèque de Richelieu.)

5 AVRIL 1582.

Extrait d'une transaction dans laquelle GAILLARD DE GALARD *est désigné comme seigneur de Berrac, frère de* BERTRAND, *seigneur de Terraube* [1], *et comme veuf de Catherine de Berrac.*

Transaction sur procès, en matière féodale, entre GAILLARD DE GOULLARD, écuyer, sieur de Berrac, et Jehan Caignieu, appelé Rizon, par devant Jacques de Lamolle, notaire et tabellion royal en la ville et cité de Bordeaux.

Dans le courant de la cinquième page, il est dit et arrêté : « qu'iceluy Caignieu rendra et délivrera incontinent au susdit « de Goullard une cédulle de mille livres que ledit Caignieu a « devers soi et qu'il a dument monstrée audit sieur de Berrac, « signée de feu noble BERTRAND DE GOULLARD, en son vivant, écuyer, « sieur de Terraube, frère dudit sieur de Berrac. »

Ledit de Berrac est également mentionné à la page suivante comme mari de feue CATHERINE DE BERRAC. On lit à la fin : « Passé à Bordeaux, en ma boutique, le cinquiesme jour d'apvril « 1582, en présence de Robert-Jean de Montaut, seigneur de « Penvéque, habitant de Peyrecave, en Armagnac, et Elzear « Clerc [2]. »

Ainsi signés à la cedde :

DE GOULLARD,

DE CAIGNIEU,

MONTAUT.

Mss. de M. Benjamin de Moncade, cahier AA 3. Archives du château de Malliac, canton de Montréal (Gers).

1. Voir les titres qui le concernent dans le tome III de cet ouvrage.

2. Cette note de M. Benjamin de Moncade n'est que le résumé de l'acte dont on va trouver le texte à la page ci-après et suivante.

15 AVRIL 1582.

Transaction passée entre GAILLARD DE GALARD, *écuyer, seigneur de Berrac, et Jean Caignieu, appelé Rison. Les deux parties étaient en litige depuis longtemps devant le parlement de Bordeaux à propos de revendications réciproques. Les deux adversaires, ayant perdu et gagné tour à tour, résolurent de ne pas continuer l'action judiciaire et de terminer leurs différends par une solution amiable qui donna lieu aux conventions ci-après.*

Saichent tous comme procès soient meus, pendans *in judices,* tant en la cour de parlement à Bordeaux qu'en la cour de la justice, establie par le roy en ses pays et duché de Guyenne, entre GAILLARD DE GOULLARD, escuyer, seigneur de Berrac, d'une part, et Jehan Caigneu, appelé Rizon, d'aultre ; ausquels procès, pendans en ladicte cour de parlement sur diverses instances, il s'agissoit de l'exécution de certain arrest, donné en ladite cour de parlement entre ledict seigneur de Berrac, demandeur en feodies contre ledict de Caigneu, deffandeur, par lequel arrest, datté du trentiesme jour d'apvril mil cinq cens soixante dix sept, ledict de Caigneu avoit esté condamné à recognoistre tenir dudit sieur de Berrac les biens contentieux entre lesdictes parties, entre lesquelles aultre instance estoit pendant en ladicte cour de parlement, à raison de certains biens eschangés par ledict Caigneu, desquels ledict de Berrac demandoit les lods, ventes et honneurs parce qu'il disoit ledict eschange estre valable.

Comme aussi ledict Caignieu estoit demandeur en exécution de certain aultre arrest, donné en sa faveur contre ledict sieur de Berrac, le tiers jour du mois de septembre mil cinq cens soixante et unze, contenant certaine adjudication intervenue contre ledict sieur de Berrac à paier audict Caignieu quelque nombre d'arbres et de bestailh, comme est conteneu par ledict arrest, contre lequel ledict de Berrac avoit presenté en parlement lettres en forme de requeste, etc.

Pour ce est que ce jourd'hui, date de ces presentes, par devant moy, Jacques . . . . . notaire et tabellion royal en la ville et cité de Bordeaux et seneschaussée de Guyenne, présens les témoings bas nommés, ont esté présens et personnellement establis lesdict sieur de Gaillard de Goullard, escuyer, sieur de Berrac, d'une part, et Jehan Caignieu, fils dudit Jehan Caignieu, dict de Rison, au nom et comme procureur et ayant charge de son dict père, comme il a présentement faict apparoir de sa procuration, en datte du vingtiesme jour du mois de febvrier derrens passé, signée *Adam,* notaire du Castera Leytourez, etc., entre lesquelles parties, pour raison des choses dessus dictes et chacune d'icelle, a esté convenu accordé scavoir est : qu'en ce qui touche et concerne ladicte moytié de molin adjugée audict Caignieu, que icelluy Caignieu, dict de Rison, père, fera revendition en la meilheure forme de ladite moytié de molin audict de Goullard, sieur de Berrac, toutefois et quantes et lorsque icelluy de Goulard lui présentera, délivrera et païera en argent comptant ladite somme de douze cens livres tornois, revenant à quatre cens escuz sol en faisant le paiement, de laquelle somme de quatre cens escuz sol par ledict sieur de Berrac, icelluy Caignieu rendra et délivrera audict sieur de Gaillard, etc.

Archives de M. le marquis de Galard au château de Magnas. Papier, vieille expédition.

23 MAI 1583.

GAILLARD DE GALARD *demande à être remis en possession de la seigneurie du Mérens et de la métairie de la Cabane, biens aliénés par lui à son frère* BERTRAND, *sous condition de rachat ; il adresse sa revendication à* JEAN DE GALARD, *baron de l'Isle, qui avait la tutelle des enfants de Bertrand, acquéreur desdits domaines.*

L'an mille cinq cens quatre vingt cinq et le vingt-troisiesme jour du moys de may, heure de neuf devant midy, regnant Henry, par la grâce de Dieu, roy de France et de Pologne, au lieu et vicomté de Lomagne, sénéchaussée d'Armagnac, par devant Mahoo, notaire royal soubsigné et témoings bas nommés, s'est présenté en personne GAILHARD DE GOUALARD, escuyer, sieur de Berrac, lequel parlant à la personne de JEAN DE GOUALARD, seigneur et baron de l'Isle, son frère et son cotuteur des enfants pupilles de feu BERTRAND DE GOUALARD, escuyer, seigneur de Terraube, lui a dit et remonstré comme il auroit par devant vendeu audit sieur de Terraube la seigneurie de Merenx et métayrie, appellée la Cabane, à luy appartenant et que, suivant la faculté de rachapt à lui accordée et à raison de ladite vente, il est prest de racheter lesdits biens. A ces fins lui a offert de lui payer présentement la somme de trois mille cinq cens livres qu'il l'auroit vendue réellement, que le feu sieur de Terraube auroit retenu par le contrat de ladite vente pour payer pareille somme à Jehan de Caignieu, dit Rizon. . . . . A quoi ledit sieur de l'Isle ayant veu et leu ledit contrat, auroit faict responce qu'il avoit ouï par icelui seigneur que ledit de Berrac qui a payé satisfait audit de Rizon la somme de mille livres, a esté adverty par demoiselle Diane de Luzignan, veuve audit sieur de Terraube, qu'elle auroit

fourni audit sieur de Berrac la somme de mille livres et quantité de grains dont elle a son receu, signé de lui, et qu'elle prétend avoir baillé lesdites sommes et quantités pour et au nom de
ses enfans en paiement desdites mille livres ou tant moins
d'icelles que son dit feu mari étoit tenu payer audit Rizon, etc.

Archives du château de Terraube, G 11.

---

8 MAI 1585.

Acte de revente consentie par noble JEAN DE GOULARD, *écuyer, seigneur et
baron de l'Isle, comme tuteur des enfants de noble* BERTRAND DE
GOULARD, *seigneur de Terraube, son frère. Ce dernier avait acquis,
le 28 mai 1585, certains biens de noble* GAILHARD DE GOUALARD [1],
écuyer, seigneur de Berrac, qui s'était réservé la faculté de rachat.

Saichent tous présents et advenir comme soit ainsin . . . . .
que GAILLARD DE GOULARD [2], escuyer, seigneur de Berrac, eust

1. Il est fait mention, le 9 avril 1585, de Gaillard de Galard, seigneur de Berrac,
comme tuteur de la future, dans les pactes d'union de Diane de Galard avec Octavien du Bouzet. On trouvera le titre à l'article *Diane de Galard*, tome III.

Gaillard de Galard est encore nommé, le 13 décembre 1585, dans un acte de
vente fait à Octavien du Bouzet, époux de Diane de Galard. Ce document sera
inséré aussi dans le volume suivant.

2. Extrait d'un *Mémoire généalogique sur la maison de Galard*, dressé et signé
par d'Hozier de Sérigny, dans lequel il est question de Gilles de Galard, de sa femme,
de ses enfants et notamment de Galard qui est dit auteur des branches de Pauillac,
de Saldebru et de Balarin :

« GILLES DE GALLARD, seigneur de Terraube, fils dudit ARCHIEU IV et de ladite
« d'AURENSAN, fut marié avec dame GAILHARDE DE RIGAUT DE VAUDREUIL, en Lan-
« guedoc, justifié par leurs pactes de mariage du 13 juillet 1510 et par le testament
« dudit Archieu du 12 mars 1482. Ils eurent plusieurs enfants : BERTRAND ; GAILHARD
« a fait une branche qui dure encore, qui est celle de Pauillac, de laquelle il est
« sorti deux rameaux : Saledebru en Agenais et Valarin en Condomois. JEAN a fait
« une branche qui est celle de l'Isle. »

vendeu à Bertrand de Goulard, en son vivant seigneur de Terraube, son frère, la seigneurie de Merenc et la métayrie de la Cabane avec ses appartenances et deppendances pour le prix et somme de quatre mil cinq cens livres faisant quinze cents escus sol, avec pacte et faculté de la pouvoir rachapter pour la mesme somme dans cinq ans et au prochain venant et finissant au vingt-quatre may an présent mil cinq cens quatre vingt cinq, ainsin que de ce dessus appert par l'instrument de ladite vente retenu par de Caillau, notaire du Mas de Fiemarcon, le vingt huitiesme may mil cinq cens quatre vingt et par le pacte de rachat, accordé, reteneu par le mesme notaire, le mesme jour de ladite vente; par lequel instrument de vente aussi appert auroit reçu, lors de la passation d'icelui des mains dudit sieur de Terraube, la somme de trois mil cinq cens livres.

Suit l'acte de rachat.

Archives du château de Terraube, carton G, pièce 7.

FIN DU TOME DEUXIÈME

TABLE

DES DOCUMENTS

CONTENUS

DANS CE DEUXIÈME VOLUME.

_____

GUILLAUME DE GALARD, SEIGNEUR DE BRASSAC.

ASSIBAT DE GALARD.

CONDOR DE GALARD.

ARCHIEU DE GALARD, SEIGNEUR DE TERRAUBE, LONGUE, PIERRE ET GARSION DE GALARD, LE DERNIER PRIEUR DE LA GRASSE.

PIERRE DE GALARD, PRIEUR DE SAINT-VINCENT-DU-MAS-AGENAIS.

BERTRAND ET JEAN DE GALARD, SEIGNEURS DU GOULARD, AUTRE BERTRAND DE GALARD, SEIGNEUR DE SAINT-MÉDARD

MANAUT DE GALARD, CAPITAINE DE LAUGNAC.

MONTASIN DE GALARD, SEIGNEUR D'ESPIENS.

PIERRE DE GALARD, SEIGNEUR DE BRASSAC.

ARNAUD DE GALARD.

ANNE DE GALARD.

Galard, seigneur de l'Isle-Bozon, et seigneuresse elle-même de Cocumont et de la Mothe, fait son testament à la date ci-dessus. Après avoir constaté que son corps est infirme et son esprit sain, elle fixe ses dispositions dernières. Elle prescrit de déposer ses restes dans le couvent de Sainte-Claire de Lectoure, rappelle son époux Jean de Galard et distribue des legs aux églises de Beaumont, de la Mothe, de Cocumont, etc. Messire BERTRAND DE GALARD, chevalier, l'aîné de ses enfants, est inscrit pour un don de dix florins; GUILLAUME-BERNARD, un de ses fils cadets, autrefois lésé dans ses droits, est dédommagé par 400 fr. d'or. La testatrice gratifie sa fille JACOBIE, dame de Terraube, de dix florins d'or et en laisse cinq à chacun de ses nombreux petits-fils, notamment à JEAN et BERTRAND DE GALARD, tous deux issus de Bertrand, à MICHEL et HUGO DE FORCÈS, à ASSIN, fils d'autre AYSSIN et de MARGUERITE DE GALARD, sa fille. Marguerite de Vicmont institue son héritier universel GÉRAUD DE GALARD, fils de Bertrand, et lui substitue en cas de décès Jean, son frère. Elle désigne pour ses exécuteurs testamentaires le prieur de Cocumont et l'archiprêtre de Beaumont. Cet acte, passé à l'Isle-Bozon, le 7 mai 1406, ne put être grossoyé par le tabellion qui le retint; expédition fut délivrée, en juin 1444, par Raymond de Gourges, notaire de Beaumont, à noble Jean de Galard, damoiseau, seigneur de Saint-Avit, dont Marguerite de Vicmont, comme on l'a vu, était l'aïeule.   176

BERNARD DE GALARD.

BERTRAND DE GALARD, SEIGNEUR DE L'ISLE-BOZON, DE CASTELROUGE ET DE L'HOTEL DE SAINT-PAUL, EN ROUERGUE, GRAND MAITRE DES EAUX ET FORÊTS D'AQUITAINE, AMBASSADEUR DU ROI DE FRANCE AUPRÈS DU ROI DE NAVARRE, GUILLAUME-BERNARD, VIGUIER ET ARSIEU DE GALARD.

1393 (5 août). — A la suite de la prise du bourg de Saint-Pierre-de-Tonneins, un grand débat avait surgi, d'un côté, entre Nompar de Caumont, et de l'autre, Bérard et Michel d'Albret, BERTRAND DE GALARD, Pons de Castillon, le Bort de Pardeilhan. Une trêve ayant été signée, les parties s'accusaient mutuellement de l'avoir violée par des provocations en paroles et en faits. Arnaud de Merle,

RICHARD DE GALARD.

CHATEAU DE GOALARD OU GALARD.

BERTRAND, JEAN ET PIERRE DE PUYFONTAINE, DITS DE GALARD.

CHATEAU DE GOALARD.

N. DE GALARD, FEMME DE JEAN DE FOURCÈS.

ARSIEU OU ARCHIEU DE GALARD, SEIGNEUR DE TERRAUBE, ET MARGUERITE DE GALARD.

JEAN DE GALARD, CHEVALIER, SEIGNEUR DE L'ISLE-BOZON ET DE SAINT-AVIT, BERTRAND, SON FILS, LONGUE, SIBYLLE, DIANE, CATHERINE ET ANGÈLE DE GALARD.

JEAN DE GALARD, BARON DE BRASSAC, ET SES ENFANTS ; PAUL DE BRASSAC.

BERNARD DE GALARD, SEIGNEUR DE MIRAMONT, DE VILLENEUVE ET GAVARRET.

GUILLAUME-BERNARD DE GALARD, SEIGNEUR DE CASTELNAU D'ARBIEU ET DE PUY-SERRANT; ARCHIEU, SEIGNEUR DE TERRAUBE, ET JACQUETTE DE GALARD.

GÉRAUD OU GUIRAUD DE GALARD, CHEVALIER, GRAND BAILLI DE BERRY; JACMET DE GALARD.

ARCHIEU DE GALARD, SEIGNEUR DE TERRAUBE, MEMBRE DE L'ORDRE DU PORC-ÉPIC; BERTRAND, SEIGNEUR DE L'ISLE-BOZON; GUILLAUME-BERNARD, SEIGNEUR DE CASTELNAU; JEAN DE GALARD; MARGUERITE DE GALARD, ETC.

PIERRE DE GALARD, BARON DE BRASSAC, GRAND-SÉNÉCHAL DE QUERCY; JEAN, SON FRÈRE; CLAIRE, CLAIRETTE ET BERTRAND DE GALARD, SEIGNEUR DE L'ISLE-BOZON.

AGNETTE DE GALARD.

JACQUETTE DE GALARD.

GALARDON DE GALARD, GOUVERNEUR DE L'ÉTENDARD DU SIRE D'ALBRET.

JEAN DE GALARD, SEIGNEUR D'AUBIAC.

ANGLAISE DE GALARD.

CLAIRE, PIERRE ET JEAN DE GALARD, SEIGNEUR DE BRASSAC.

1456 (2 avril). — Accords de mariage entre Étienne de Gout et CLAIRE ou CLAIRETTE DE GALARD, fille de PIERRE DE GALARD, seigneur de Brassac et d'Antoinette de Martini. Cette dernière avait pour auteurs Bernard de Martini et Urbaine d'Armagnac, coseigneurs de Saint-Germier, en Fezensaguet. La mère de la future la fait héritière de tous ses biens après son décès, sous la réserve toutefois de pouvoir disposer de cent écus d'or si la donatrice avait d'autres enfants. En cas de survivance de Pierre de Galard à Clairette, sa femme, l'usufruit des possessions de celle-ci lui appartiendra. Clairette de Galard reçoit en dot quatre cents écus d'or, dont cinquante seront comptés le jour des noces. Antoinette de Martini impose à sa fille et à son gendre de cohabiter avec elle ; si cette condition n'est pas observée, Clairette n'aura plus droit qu'à une légitime de quatre cents écus. Parmi les témoins du contrat on distingue JEAN DE GALARD, seigneur de l'Isle, chevalier, Jean de Roquelaure,

LOUIS, JACQUES ET PIERRE DE GALARD.

BÉRARD OU BERNARD DE GALARD, SEIGNEUR DE L'ISLE-BOZON, JEAN DE GALARD, SEIGNEUR DE SAINT-AVIT, AYSSIEU DE GALARD, SEIGNEUR DE TERRAUBE, ETC.

GÉRAUD OU GUIRAUD DE GALARD.

ANNELETTE OU AGNÈTE DE GALARD.

JEAN DE GALARD, SEIGNEUR DE SAINT-AVIT.

1461 (8 octobre). — JEAN DE GALARD, au nom de sa mère Longue de l'Isle, présente

ODET DE GALARD, SEIGNEUR D'AUBIAC, MIRAMONDE, SA SŒUR, BERTRAND, SON FRÈRE, ET ODET, SON NEVEU.

PIERRE DE GALARD.

ARCHIEU OU AYSSINET DE GALARD, SEIGNEUR DE TERRAUBE, FLORETTE DE GALARD, ETC.

AGNÈS DE GALARD.

PIERRE DE GALARD, SEIGNEUR DE CASTELNAU D'ARBIEU.

BERTRAND DE GALARD, SEIGNEUR DE GLATENS.

ARNAUD DE GALARD, ARCHIDIACRE DE LASSEUBE.

JEAN DE GALARD.

FRANÇOIS DE GALARD, BARON DE BRASSAC, DE SAINT-MAURICE, DE SAINT-LOUBOUER, ETC., FONDATEUR DE LA BRANCHE DE BÉARN.

vra, de faire porter, le jour de ses funérailles, ses armes et ses panonceaux par treize enfants pauvres. Après diverses fondations et œuvres pies, le testateur rappelle qu'il a marié sa fille BERNARDINE à messire Arnaud de Goth, seigneur de Manleiche, et qu'il lui a constitué un douaire de trois mille cinq cents livres. Ses autres filles, JEANNE, ANNE, HÉLÈNE, PAULE, SIMOÑE, reçoivent, la première deux mille cinq cents livres et les autres quinze cents. La dernière de ces sommes est pareillement léguée à ses fils puînés, nobles JEAN, autre JEAN, ANNIBAL et FRANÇOIS, qui doivent en outre être entretenus aux écoles et à la guerre par le chef de la maison. OCTAVIEN, autre cadet, religieux du monastère de Condom, est porté pour cent livres. François de Galard laisse l'administration et l'usufruit de ses biens à sa femme, Jeanne de Béarn, tant qu'elle restera en viduité. BERNARDIN, l'aîné des enfants mâles, est institué héritier universel. Ses frères lui sont successivement substitués. François de Galard désigne comme exécuteurs de ses dernières volontés Hérard de Grossolles, évêque de Condom, GRATIEN DE GALARD, chanoine de Saint-Étienne, JEAN DE GALARD, abbé de Simorre, ANTOINE DE GALARD, recteur de Grenade, GUY ou GUYART DE GALARD, licencié ès droit, Jean de Beauville, seigneur de Castel-Sagrat. 629

JEAN DE GALARD-BRASSAC, ABBÉ DE SIMORRE.

ANNETTE DE GALARD.

JEAN DE GALARD, SEIGNEUR DE CASTELNAU D'ARBIEU, ET ODET, SEIGNEUR D'AUBIAC.

GUILLAUME DE GALARD, MAIRE DE DAX.

BERTRAND DE GALARD, SEIGNEUR DE L'ISLE-BOZON, ET SES ENFANTS.

JEANNE DE GALARD.

N. DE GALARD.

CLÉMENS DE GALARD.

GILLES DE GALARD, SEIGNEUR DE TERRAUBE, ANTOINE
ET JEAN DE GALARD.

ANNE DE GALARD DE LART.

ANTOINE DE LART DE GALARD.

JEAN DE GALARD, SEIGNEUR DE L'ISLE-BOZON.

ARMES DE BERNARD DE GALARD.

MAISON DE GALARD.

JEAN DE GALARD.

FIN DE LA TABLE DES DOCUMENTS CONTENUS
DANS CE DEUXIÈME VOLUME.

TABLE

DES PERSONNES ET DES FAMILLES

MENTIONNÉES EN CE VOLUME.

ERRATA.

Malgré le scrupule apporté dans les corrections, quelques négligences typographiques ont été commises. A raison de leur peu d'importance, nous pourrions rigoureusement nous abstenir de les signaler ; mais, dans un ouvrage documentaire comme celui-ci, l'excès de conscience est obligatoire. C'est pour ce motif que nous relevons les erreurs ci-après :

Page 1, première ligne de la note, dans le prénom de *Bertaud* (de Faudoas), le *t* est de trop, il faut *Béraud.*

Page 14, au lieu de 1855, on doit lire 1355, c'est-à-dire mettre un 3 à la place du 8.

Page 19, dernière ligne, le premier M de Manas, nom patronymique, n'est pas majuscule et devrait l'être.

Pages 86 et 491, le prénom de *Comtesse* ou *Cointesse* (très-usuel dans le Midi au moyen âge, de même que celui de *Marquèse* et *Marquise*) a été pris pour un titre au moment du tirage et un petit *c* a été fautivement substitué au grand C qui s'y trouvait.

Page 128, la note porte *Gazegouy* ; il faut *Gazepouy.*

Page 174, dans le titre courant, lire *Géraud* au lieu de *Gérard.*

Page 279, à la quatrième ligne du titre qui vient après « le 4 mai 1428 » le *9* de 1391 a été retourné, et la date de 1391, qui est la bonne, est devenue 1361.

Page 341, lire 10 février 1465, au lieu de 11 février ; 9 lignes plus bas, dans le titre, il faut *Bertrand de Palasols, son petit-fils,* et non point *Bertrand de Palasols, son neveu.*

Page 604, à la dernière ligne du second titre, il faut supprimer la conjonction « *et* » qui relie le nom propre de *Jehannot de Moncassin* à celui de *Viget de Savignac.*

PARIS. — J. CLAYE, IMPRIMEUR, 7, RUE SAINT-BENOIT. — [492]

www.ingramcontent.com/pod-product-compliance
Lightning Source LLC
Chambersburg PA
CBHW070611270326
41926CB00011B/1657